*Sermones temáticos sobre
grandes temas de la Biblia*
de
John MacArthur

www.clie.es

EDITORIAL CLIE
C/ Ferrocarril, 8
08232 VILADECAVALLS
(Barcelona) ESPAÑA
E-mail: clie@clie.es
http://www.clie.es

© 2017 por John MacArthur

Cualquier forma de reproducción, distribución, comunicación pública o transformación de esta obra solo puede ser realizada con la autorización de sus titulares, salvo excepción prevista por la ley. Diríjase a CEDRO (Centro Español de Derechos Reprográficos) si necesita fotocopiar o escanear algún fragmento de esta obra (www.conlicencia.com; 91 702 19 70 / 93 272 04 47).

© 2022 por Editorial CLIE. Todos los derechos reservados.

Traductor: Juan Antonio Ortega Montoya

Editor: José Carlos Ángeles Fernández

Sermones temáticos sobre grandes temas de la Biblia
ISBN: 978-84-18810-96-1
Depósito legal: B 9792-2022
Ministerio cristiano
Predicación
REL080000

JOHN MACARTHUR nacido el 19 de Junio de 1939, hijo de un pastor bautista conservador norteamericano, estudió en el *Talbot Theological Seminary* (1969). Es pastor de *Grace Community Church* en Sun Valley (California) una de las iglesias de mayor crecimiento en Estados Unidos y cuenta con un programa de radio «*Gracia a Vosotros*» que se transmite en varios idiomas. Autor de numerosos comentarios y libros basados en sus sermones, también traducidos a diversos idiomas, figura entre los autores evangélicos conservadores más leídos y apreciados de nuestra época.

El Pastor John MacArthur es ampliamente conocido por su enfoque detallado y transparente de enseñanza bíblica. Él es un pastor de quinta generación, un escritor y conferencista conocido, y ha servido como pastor-maestro desde 1969 en **Grace Community Church** en Sun Valley, California, E.U.A.

El ministerio de púlpito del Pastor MacArthur se ha extendido a nivel mundial mediante su ministerio de radio y publicaciones, Grace to You, contando con oficinas en Australia, Canadá, Europa, India, Nueva Zelanda, Singapur y Sudáfrica. Además de producir programas radiales que se transmiten diariamente para casi 2 000 estaciones de radio por todo el mundo en inglés y en español, Grace to You distribuye libros, software y audio en CDs y formato MP3 con la enseñanza del Pastor MacArthur. En sus cincuenta años de ministerio, Grace to You ha distribuido más de trece millones de CDs y cintas de audio.

El Pastor MacArthur es el presidente de la universidad **The Master's University** y el seminario **The Master's Seminary**. Él también ha escrito cientos de libros, cada uno de los cuales son profundamente bíblicos y prácticos. Algunos de sus títulos de mayor venta son El evangelio según Jesucristo, La segunda venida, Avergonzados del evangelio, Doce hombres comunes y corrientes y La Biblia de estudio MacArthur.

Junto con su esposa Patricia, tienen cuatro hijos adultos y catorce nietos.

_Índice

I TEMA
ESCATOLOGÍA y PROFECÍA

01_El glorioso regreso de Jesucristo. Parte I 11
02_El glorioso regreso de Jesucristo. Parte II 29
03_El glorioso regreso de Jesucristo. Parte III 51

II TEMA
HOMBRES y MUJERES

04_Jonás. El mejor relato del mundo acerca de un pez 75
05_Ester. Para tiempos como estos 93
06_María y Elisabet. Confirmando la profecía angelical 113

III TEMA
JESÚS y LOS EVANGELIOS

07_El siervo menospreciado de Jehová 135
08_Calmando la tormenta 151
09_Alabando a Dios por tu salvación 169

IV TEMA
PABLO y LIDERAZGO

10_Abel y la vida de fe 189
11_El viaje de Pablo a Roma 215
12_Edificando el cuerpo de Cristo 237

V Tema
SERMONES DE SALVACIÓN

13_La patología de un hipócrita religioso 261
14_Ignorancia bíblica en los lugares altos 281
15_Amando a Dios..299
16_El evangelio: ¿amor propio u odio propio? 321
17_El evangelio en perspectiva...341
18_El papel de Dios en la regeneración................................359
19_La convocatoria divina...379
20_Verdades gemelas: la soberanía de Dios y la responsabilidad
    humana...395
21_Simplemente, cree...413
22_La creencia, el juicio y la vida eterna 429
23_Una perspectiva de primera mano sobre la resurrección...............447
24_Los milagrosos eventos alrededor de la cruz..................465

_Índice escritural...475
_Índice temático 481

I TEMA
Escatología y profecía

01_El glorioso regreso de Jesucristo. Parte I

Entonces vi el cielo abierto, y he aquí un caballo blanco, y el que lo montaba se llamaba Fiel y Verdadero, y con justicia juzga y pelea. Sus ojos eran como llama de fuego, y había en su cabeza muchas diademas; un tenía un nombre escrito que ninguno conocía sino él mismo. Estaba vestido de una ropa teñida en sangre; y su nombre es: EL VERBO DE DIOS. Y los ejércitos celestiales, vestidos de lino finísimo, blanco y limpio, le seguían en caballos blancos. De su boca sale una espada aguda, para herir con ella a las naciones, y él las regirá con vara de hierro; y él pisa el lagar del vino del furor y de la ira del Dios Todopoderoso. Y en su vestidura y en su muslo tiene escrito este nombre: REY DE REYES Y SEÑOR DE SEÑORES.

Apocalipsis 19:11–16

BOSQUEJO

— Introducción

— Hostilidad

— La cena de las bodas del Cordero de Dios

— La culminación del plan de Dios

— El conflicto y la expectativa

— El evento prominente

— Otras teorías

— Imágenes descriptivas

— Oración final

Notas personales al bosquejo

SERMÓN

Introducción

En esta ocasión veremos Apocalipsis 19:11–16. Este es el glorioso retorno de Jesucristo. Hemos esperado llegar a este versículo desde que comenzamos el libro de Apocalipsis. Hemos pasado por los 19 capítulos y 10 versículos preliminares para llegar al versículo 11 donde dice: "Entonces vi el cielo abierto; y he aquí un caballo blanco, y el que lo montaba se llamaba Fiel y Verdadero, y con justicia juzga y pelea. Sus ojos eran como llama de fuego, y había en Su cabeza muchas diademas; y tenía un nombre escrito que ninguno conocía sino Él mismo. Estaba vestido de una ropa teñida en sangre; y Su nombre es: EL VERBO DE DIOS. Y los ejércitos celestiales, vestidos de lino finísimo, blanco y limpio, le seguían en caballos blancos. De Su boca sale una espada aguda, para herir con ella a las naciones, y Él las regirá con vara de hierro; y Él pisa el lagar del vino del furor y de la ira del Dios Todopoderoso. Y en Su vestidura y en Su muslo tiene escrito este nombre: REY DE REYES Y SEÑOR DE SEÑORES". Una descripción muy gráfica y poderosa de Jesucristo que lo retrata en esta visión del apóstol Juan con la gloria de Su Segunda Venida.

Muchas veces me preguntan—creo que las personas saben que soy pastor, que estudio la Escritura y enseño la Biblia— si las cosas en este mundo en conflicto mejorarán. Si todo continuará empeorando cada vez más o si habrá un fin a todas las guerras, al antagonismo, la injusticia, el crimen y el caos. Y siempre contesto la pregunta diciendo que mejorará; no hay duda acerca de eso. Puedo contestar con un rotundo sí a la pregunta de si el mundo mejorará. Pero ese categórico sí está directamente asociado con la segunda Venida de Jesucristo. Eso, y solamente eso, remediará los problemas de nuestro mundo. Solamente eso traerá paz en vez de guerra, justicia en vez de iniquidad, integridad en vez de depravación. Un día Jesucristo vendrá y gobernará al mundo. Retornará para ser Rey y establecer Su Reino. Este pasaje en particular, el cual acabamos de leer, profetiza el momento más sobresaliente de la historia de la humanidad y de la historia de la redención.

Hostilidad

Tal como hemos aprendido en nuestro estudio de este increíble libro de Apocalipsis, este glorioso evento no sucederá sin que antes acontezca una hostilidad preliminar, la cual será extensa y de amplio alcance. Antes del regreso de Jesucristo habrá una hostilidad generada por Satanás, los demonios y hombres impíos, así como hostilidades en todo el mundo generadas por Dios mismo, a medida que derrama Su ira. Hemos aprendido de los esfuerzos de Satanás durante el próximo tiempo de la Tribulación. Hemos aprendido acerca de la identidad del anticristo y su seguidor, llamado el falso profeta. Hemos aprendido acerca de los demonios que serán liberados para plagar la tierra. Hemos aprendido acerca de la maldad intensificada de los hombres en medio del derrame de la furia y la ira de Dios. Ellos continúan siendo cada vez más malvados, más ofuscados, más endurecidos y más resistentes en contra del Evangelio, el cual al mismo tiempo es predicado a ellos como nunca antes. Hemos aprendido cómo Satanás con todas sus huestes viene a pelear contra los objetivos de Dios, contra el pueblo de Dios, contra el plan de Dios, contra los ángeles de Dios y aún contra el Cristo de Dios. Las fuerzas del cielo y las fuerzas del infierno se enfrentarán en una violencia final en la que intervienen las naciones del mundo en una batalla que conocemos con el nombre de Armagedón, en donde las tinieblas procuran detener a la Luz para que no establezca Su reino glorioso sobre la tierra.

A la cabeza de este ejército mundial de fuerzas unidas estará la bestia o el anticristo quien marcha con hostilidad con el poder de Satanás contra Dios y Su Ungido. Vemos que en el versículo 19 dice: "Y vi a la bestia, a los reyes de la tierra y a sus ejércitos, reunidos para guerrear contra el que montaba el caballo, y contra su ejército".

También recordamos Apocalipsis 16:16 donde dice que el lugar central de esa batalla será en un lugar llamado en hebreo Armagedón. Por lo que cuando nos preguntan si las cosas mejorarán, no será sin antes mucha hostilidad, mucha más de la que el mundo ha visto aún. La respuesta es que las cosas definitivamente mejorarán; y mejorarán de un modo instantáneo con la llegada de Jesucristo en un momento catastrófico de la historia de la redención. Pero antes de que mejoren, empeorarán mucho. El mundo aún no ha comenzado a comprender cuán terrible puede ser la vida, cuán aterradoramente injusta puede ser, cuán insostenible puede ser, cuán inmoral, cuán caótica, cuán devastadora y mortal. Si usted quiere vislumbrar eso, entienda el libro de Apocalipsis. A partir del capítulo 6 se desarrollan los siete sellos de juicio, las siete trompetas de juicio y las siete copas de la ira de Dios que culminan en lo que es llamado el día de la ira misma que describe cuán terrible será todo.

Antes de que el mundo mejore en el regreso de Jesucristo, empeorará mucho más de lo que es hoy en día. Y a veces nos preguntamos si todo puede ser aún peor. Y la respuesta es que puede serlo; y será peor. Y luego, en un gran momento de culminación redentora, Jesús vendrá y el mundo será inmediatamente un paraíso recuperado.

La cena de las bodas del Cordero de Dios

Ahora, a medida que nos aproximamos a Apocalipsis 19:11, donde se nos describe el regreso de Jesucristo, queremos recordar el pasaje anterior. Hemos estudiado el libro de Apocalipsis por algunas semanas y no quiero que pierdan la continuidad. Recordarán que en el pasaje anterior estaba la presentación de un gran acontecimiento llamado en el versículo nueve la Cena de las Bodas del Cordero, un tiempo cuando el Cordero de Dios, el Señor Jesucristo, se unirá con Su pueblo redimido; y ellos participarán en esta maravillosa cena de bodas que será disfrutada a pleno durante el tiempo del Reino Milenario, el reino de 1000 años que Jesús establece en la tierra como la primera etapa de Su reinado eterno. Pero, a pesar de ser maravillosa, antes de que ocurra la cena de las bodas del Cordero—cuando el Cordero se reúne con su esposa y entran en la gloria del Reino y participan de ese extraordinario tiempo de celebración—el rey guerrero debe ganar la última batalla.

Él no puede llevar a Su novia al Reino. No puede establecer este gran evento de la cena de boda, esa gran celebración permanente. Él no puede unirse de la manera que prometió y no puede culminar de la manera prometida hasta que retorne victorioso de la mayor batalla de todos los tiempos. Y en anticipación de este gran evento de la cena de las bodas, el gran evento del Reino, el Rey guerrero va a la batalla por última vez. Y es en este momento que la mayor cantidad de enemigos acomete contra el Señor Jesucristo. Para ese entonces estarán los demonios que han estado sueltos y los que han estado atados, pero que en ese momento habrán sido liberados. Doscientos millones de demonios habrán sido liberados, los cuales han estado cautivos por un largo período de tiempo. Se abrirá el abismo del infierno y los demonios que han estado encarcelados con cadenas para el momento de la Tribulación serán soltados. Así que las huestes del infierno serán más terribles de lo que han sido antes. Estará lo que quede de la humanidad en la tierra, los que no hayan sido destruidos por el poder del anticristo o destruidos por los furiosos juicios de Dios. Y se juntarán en grandes ejércitos que serán conducidos a los campos de Meguido; y se extenderán hacia el sur más allá de la ciudad de Jerusalén. Ellos serán en realidad combustible para el fuego del Rey cuando regrese.

El mayor holocausto de la humanidad es usualmente conocido como el gran holocausto de Armagedón. Y antes de que el Rey pueda llevar a su esposa a la cena de celebración, tiene que obtener Su triunfo final. El intrépido desafío del anticristo es aceptado por el cielo mismo, aceptado por el Rey, el Rey guerrero y Sus santos ángeles. Y Él regresa a vengarse con llamas de fuego.

A medida que nos aproximamos a este evento en Apocalipsis 19:11, Babilonia, la gran ciudad capital del imperio del anticristo ya ha sido destruida.

El mundo económico y el sistema religioso han sido destruidos. El imperio del anticristo está en caos, tal como recordamos de los capítulos 17 y 18. Los juicios de los siete sellos han sido abiertos y cumplidos. Las siete trompetas han sido sonadas y sus furiosos juicios ya se han desplegado. Las siete copas de ira han sido derramadas. El día del hombre está por llegar a su fin. La gran Tribulación está por finalizar. El tiempo de Satanás también ha finalizado a medida que Jesucristo llega con triunfo glorioso.

La culminación del plan de Dios

En este momento, para hacer justicia con el objetivo de la Escritura y la anticipación de toda la literatura redentora que existe anteriormente en la Biblia, debemos decir que es la culminación del plan de Dios que Su pueblo ha estado aguardando a lo largo de toda la historia de redención. Esto es lo que se esperaba desde el principio. Este es el momento cuando la cabeza de la serpiente es aplastada por completo. Y eso nos lleva de regreso a Génesis 3:15. Es cuando se le entrega el cetro al Rey verdadero, lo cual nos remite a Génesis 49. También este es el tiempo, por ejemplo, que fue anticipado en la gran profecía dada en 2 Samuel 7; en ese gran capítulo en el cual se le dice a David que vendrá un rey, mayor que cualquier otro; y ese rey será un hijo de David que establecerá un Reino que durará por siempre. Será un Reino que nunca finalizará. Segundo Samuel 7 anticipa este mismo evento descrito aquí en Apocalipsis 19.

Seguramente en el corazón de Isaías estaba la expectativa de este día y momento cuando habló de que vendría un gran Rey siervo, que establecería un trono y un reino. Isaías lo predice en el capítulo 11 y nuevamente en el capítulo 42.

Fue anticipado por Ezequiel en los capítulos 38 y 39. Por Joel en el capítulo 3 de su profecía. Y por Zacarías en el capítulo 14. Y ciertamente Isaías tenía eso en mente en el capítulo 9 cuando dijo que el gobierno estaría sobre Sus hombros. El habló de un niño que vendría a reinar.

El Antiguo Testamento también señala muy claramente que el centro de este Reino que establecerá el Mesías estaría en la ciudad de Jerusalén. El profeta Zacarías hace saber manifiestamente que Jerusalén será el lugar. En Zacarías 12:3: "Y en aquel día yo pondré a Jerusalén por piedra pesada a todos los pueblos; todos los que se la cargaren serán despedazados, bien que todas las naciones de la tierra se juntarán contra ella". En la batalla de Armagedón hay un foco de atención hacia Jerusalén. Y Jerusalén será el lugar donde el anticristo establecerá su gobierno. Después de profanar el templo, durante la Tribulación, él se establece para que le adoren. Establece el centro de su adoración en la ciudad de Jerusalén. Entonces el conflicto afectará también a esa ciudad. Zacarías habla de eso y también lo hace Isaías 9:7.

Entonces, los profetas estaban prediciendo lo que sucedería, que llegaría un día cuando Jerusalén sería un lugar de juicio. Vendría también un día cuando Dios enviaría a Su gran Rey a establecer Su Reino eterno. Y tuvieron que esperar hasta el Nuevo Testamento para tener una revelación aún mayor, como aquélla que fue dada en el discurso del Monte de los Olivos, o como aquélla que fue dada en el libro de Apocalipsis. Ellos comprendieron cómo culminaría finalmente la historia de la humanidad. Vendría Uno del cielo, el Ungido, el Hijo de David, el Rey prometido que quitaría a los Reyes del mundo y establecería un Reino de justicia en el cual el pueblo de Dios sería elevado y exaltado. La paz y la justicia prevalecerían en el mundo. Isaías y los otros profetas sabían y comprendían con seguridad lo que se les decía acerca de este gran evento.

El conflicto y la expectativa

Se establece el conflicto. Lo comprendemos. Hemos aprendido del mismo en el libro de Apocalipsis. Pero también se establece la expectativa. Los cristianos han anhelado la llegada de este gran día. Y ahora estamos leyendo acerca de su advenimiento.

Me recuerda Mateo 13, cómo el Señor al principio de Su ministerio comenzó a hablar acerca de lo que sucedería en el futuro. Recuerden ustedes que en Mateo 13:41–42, Él dice: "Enviará el Hijo del Hombre a Sus ángeles, y recogerán de Su reino a todos los que sirven de tropiezo, y a los que hacen iniquidad, y los echarán en el horno de fuego; allí será el lloro y el crujir de dientes. Entonces los justos resplandecerán como el sol en el reino de Su Padre". Aquí Jesús está diciendo que vendrá un día de juicio, un día cuando los ángeles serán agentes de juicio y los que recogen la cosecha. Pero también será un día de bendición; y los justos verán al sol resplandecer en el Reino de Su Padre.

Y en el gran discurso del Monte de los Olivos, donde Jesús da un sermón acerca de Su Segunda Venida, recuerda nuevamente lo que sucederá, en Mateo 25:41. "Entonces dirá también a los de la izquierda: Apartaos de Mí, malditos, al fuego eterno preparado para el diablo y sus ángeles". Pero por otro lado, les dirá a aquellos que le conocen y le aman: "Venid, benditos de Mi Padre, heredad el reino preparado para vosotros desde la fundación del mundo". Por lo que ese día es un día de gran juicio pero también de gran bendición, gran gozo, gran expectativa.

Recordarán que el apóstol Pablo habla en Romanos 2:5–9 de que viene "el día de la ira y de la revelación del justo juicio de Dios, el cual pagará a cada uno conforme a sus obras: vida eterna a los que, perseverando en bien hacer, buscan gloria y honra e inmortalidad, pero ira y enojo a los que son contenciosos y no obedecen a la verdad, sino que obedecen a la injusticia; tribulación y angustia sobre todo ser humano que hace lo malo". Nuevamente, este suceso indica el juicio y muestra bendición. Y los creyentes a lo largo de la historia han esperado este momento extraordinario.

En 2 Tesalonicenses 1:7, nos habla de un día cuando el señor Jesús será revelado desde el cielo. Es el mismo día que estamos viendo en Apocalipsis 19, cuando Él llega con sus ejércitos celestiales como llama de fuego, vengándose de aquellos que no conocen a Dios y que no obedecen al Evangelio de nuestro Señor Jesús. Y ellos sufrirán la pena de la destrucción eterna, alejados de la presencia del Señor y de la gloria de Su poder. Pero por otra parte, ese día Él vendrá para ser glorificado en sus santos, para ser una maravilla entre todos los que creyeron.

Nuevamente, escuchamos lo mismo. Es un día de juicio terrible de los impíos y un día de inmenso gozo para aquellos que conocen y aman al Señor. Es el día esperado por los santos del Antiguo Testamento, el día esperado por los santos del Nuevo Testamento, un día de juicio; el mismo día en que Juan conoció la dulzura porque Cristo viene, y la amargura porque significa que la condenación de los impíos estaba sellada.

El evento prominente

Por lo tanto, nuestro texto es épico en la historia de la redención. Es el evento prominente. Es el último gran evento. Es verdaderamente el fin de toda la saga. El resto de lo que sucede en el Reino y el final del Reino, la rebelión satánica al final de los 1000 años, es realmente un tipo de operación de limpieza. Es aquello que establece el fin permanente del día del hombre y establece el comienzo eterno del día de Dios y el día de Cristo, cuando Él reinará por siempre. Este es entonces el pináculo de toda la Escritura, de toda la esperanza cristiana, de toda la esperanza de los santos de todos los tiempos. Esta es la batalla culminante final por la soberanía en el universo; y esto determina quién reinará por siempre. Y no será otro que el Señor Jesucristo.

Y deberíamos amar este evento. Deberíamos anhelar este acontecimiento. El apóstol Pablo habló cuando escribió a Timoteo al final de su vida. Y habló palabras muy, muy importantes y prácticas. Él dijo en 2 Timoteo 4:8: "Por lo demás, me está guardada la corona de justicia, la cual me dará el Señor, juez justo, en aquel día; y no solo a mí, sino también a todos los que aman Su venida". Al decir esto, define al cristiano como alguien que ama la aparición de Cristo, alguien que ama Su venida. Cuando pensamos sobre ello, cuando meditamos en eso, obviamente que lo hacemos como cristianos, pero ciertamente no demostramos ese tipo de afecto porque estamos tan atrapados por este mundo, tan satisfechos con este mundo, que pienso que la mayoría de nosotros, si fuéramos honestos y miráramos en nuestros corazones, y se nos hiciera la pregunta ¿Preferirías dejar este mundo y ser llevado a la gloria? ¿Preferirías que Jesús viniera o preferirías seguir disfrutando de la vida? Sería difícil decir que es algo que tenemos bien definido, que renunciaríamos a todo lo de este mundo por la presencia de Jesucristo. No amamos su aparición como deberíamos. Estamos cómodos y cautivados por las cosas de este mundo.

Y creo que mucho más en este tipo de cultura, comparada con otras que son mucho más difíciles, sombrías y no tan atrayentes como nuestra cultura. Quizás el hecho de que nuestra sociedad esté cambiando rápidamente, que se acabó la edad de oro de la historia de Estados Unidos, los días de gloria de este país y nuestra sociedad; quizás el hecho de que las cosas estén empeorando cada vez más, causará que tengamos un amor cada vez mayor por la aparición de Jesucristo. Y que así sea, si ese es el caso.

Y si hoy nosotros, en nuestra situación, podemos amar su aparición, imagine lo que sentirán los santos que pasarán el tiempo de la Tribulación. Imagine lo que será para aquellos que esperan la llegada de Jesucristo mientras tienen que experimentar todo lo que está sucediendo. El anticristo estará actuando con todo el poder, blasfemando abiertamente y desafiando a Dios y a Cristo descaradamente. Todo el mundo adorará a Satanás y al hijo de perdición. Y aquellos que se rehúsen a hacerlo, que pertenezcan al Señor, pagarán con sus vidas. Habrá cuantioso martirio a los creyentes. Todos los hombres y mujeres sobre la faz de la tierra enfrentarán una matanza increíble e inimaginable. Los creyentes de Israel que queden, que hayan sobrevivido a la ira de Dios y que hayan venido a la verdad de Jesucristo estarán en situación crítica de persecución. Ellos clamarán, sin duda, con el salmista que dijo: "Oh Dios, no guardes silencio; no calles, oh Dios, ni te estés quieto. Porque he aquí que rugen tus enemigos, y los que te aborrecen alzan cabeza. Contra tu pueblo han consultado astuta y secretamente, y han entrado en consejo contra tus protegidos. Han dicho: Venid, y destruyámoslos para que no sean nación, y no haya más memoria del nombre de Israel. Porque se confabulan de corazón a una, contra ti han hecho alianza" (Salmo 83:1-5).

Sin duda que los judíos redimidos de la Tribulación encontrarán su camino al Salmo 83 y a esos primeros cinco versículos y clamarán a Dios: "Oh Dios, no guardes silencio". Y los gentiles creyentes que estén vivos se unirán en ese clamor. Aquellos que hayan creído durante ese período y que todavía están vivos y no hayan sido martirizados.

Y luego, los santos martirizados que están en el cielo también estarán clamando: "¿Hasta cuándo, Señor, santo y verdadero, no juzgas y vengas nuestra sangre en los que moran en la tierra?" Tal como lo hacen en

Apocalipsis 6:10. Y entonces, los santos de la tierra, tanto judíos como gentiles, y los santos del cielo bajo el altar clamarán que Cristo venga. Y esperarán ansiosamente su aparición porque la vida será tan aterradora. Querrán que el Rey regrese y establezca su Reino y sea honrado y glorificado. Y ellos estarán, por supuesto, entristecidos por sus propias experiencias, pero aún más por la difamación del carácter de Dios y el nombre de Cristo; y querrán que todo concluya.

Y vendrá el tiempo en el que las oraciones de los santos serán respondidas, y los clamores de aquellos que estén bajo el altar del cielo también serán contestados. Y vemos la respuesta a eso en el capítulo 19: el día llegará. Tal como lo expresó Judas en su epístola en los versículos 14–15: "He aquí, vino el Señor con Sus santas decenas de millares, para hacer juicio contra todos, y dejar convictos a todos los impíos de todas sus obras impías que han hecho impíamente, y de todas las cosas duras que los pecadores impíos han hablado contra Él".

Vendrá. Este gran evento sucederá.

Cuando comienza la escena en el versículo 11—es bueno que lo observen—somos llevados al cielo y vemos que el cielo se abre "y he aquí un caballo blanco, y el que lo montaba se llamaba Fiel y Verdadero, y con justicia juzga y pelea".

Lo que sucederá aquí, sucederá rápidamente. Con rapidez y de modo triunfante, las puertas del cielo se abrirán y el Señor aparecerá en gloria con ejércitos celestiales. Será un triunfo fulminante. Habrá una colisión catastrófica y repentina mientras que Él viene del cielo y llega la tierra. Y quiero enfatizar lo repentino en este texto. Se abre el cielo, Él está allí y viene.

Y tan pronto como llegue, habrá un holocausto que es descrito en el versículo 17 como la gran cena de Dios; y las aves del cielo serán llamadas a comer la carne de los cadáveres que cubrirán esa parte del mundo. La captura repentina de la bestia y de los reyes de la tierra, del falso profeta, aún de Satanás mismo; y todos ellos serán arrojados al lago de fuego que arde con azufre. Y luego, la muerte de los que quedaban en el versículo 21. Y todo esto será muy repentino y rápido. Es importante señalarlo. No será un combate prolongado. No será un sitio. Será una batalla instantánea que en realidad será peleada con una sola arma, que es el arma detallada en el versículo 15 como una espada que sale de la boca de Cristo. Y con ella, Él herirá a las naciones. E inmediatamente después, establecerá su gobierno y gobernará con una vara de hierro.

Quiero enfatizar lo repentino de todo esto por un motivo muy importante; quiero que comprendan que la narración bíblica no nos dice que el Reino llegará de manera silenciosa, que se fusionará una era con la próxima, que quizás hay un Reino y uno no lo puede percibir. Que hay un período de transición.

Otras teorías

Se preguntarán si hay alguien que cree eso. Hay muchos. Son los llamados post-milenaristas. Ellos creen que las cosas mejorarán cada vez más y que habrá una especie de movimiento espiritual; y la iglesia de algún modo tomará algunas de las instituciones humanas y habrá una fusión gradual hasta el establecimiento del Reino. Eso es el post-milenarismo—considerando al milenio como el Reino de los 1000 años. Ellos también pueden ser clasificados bajo el término de reconstruccionistas. A veces leemos acerca de ellos. Son básicamente post-milenaristas que creen que nosotros, como iglesia, reconstruiremos la sociedad alrededor de un marco de realidad espiritual y por lo tanto haremos venir el Reino de Cristo. Algunos de ellos son llamados teonomistas, que creen que de alguna manera podemos fusionar la economía de nuestro tiempo, la estructura social de nuestro tiempo, con una realidad teológica y crear un tipo de reino teonomista.

Algunos de ellos son llamados teólogos del Reino y creen que de alguna manera la Iglesia tendrá un gran poder para hacer milagros. Es el tipo de movimiento de John Wimber, un movimiento carismático de "señales y milagros". Y por medio de este gran poder, podremos vencer demonios y conquistar a las fuerzas de las tinieblas. Y los sacaremos del poder de Satanás y por lo tanto estableceremos el Reino. Y será un proceso. Este movimiento está obsesionado con una mentalidad de batalla espiritual, orando por las grandes ciudades y los demonios que supuestamente las mantienen prisioneras. Y nosotros queremos liberar estas cosas humanas de los poderes de las tinieblas o de los arquitectos sociales de nuestro tiempo. Queremos crear por el poder de la Iglesia expresado ya sea de manera sobrenatural contra las fuerzas demoníacas, o de manera natural contra las fuerzas políticas y sociales; y entonces obtener el Reino, establecerlo y ofrecérselo a Cristo.

Considero que eso está completamente alejado de la Escritura. El establecimiento del Reino en el cual Cristo gobierna con una vara de hierro es un cataclismo repentino instantáneo que no puede ser descrito de ningún otro modo en la Escritura. El cielo se abre. Jesús, sentado en un caballo blanco, irrumpe desde el cielo, embiste a la tierra y simplemente con la espada que sale de Su boca, que no es otra cosa que Su palabra, produce devastación. Él es capaz de destruir con Su boca, del mismo modo que puede crear con ella. Entonces recuerden, la historia no se fusiona de manera tranquila y gradual con el Reino de Cristo; este llega con furia y ferocidad, en una súbita intervención divina desde el cielo. El final llegará violentamente, con un juicio fiero.

Y más aún, el fin no llegará porque las cosas mejoren. El fin llegará porque las cosas empeorarán. La Iglesia nunca conquistará los reinos de este mundo, nunca asumirá el cargo de las instituciones sociales de esta época. No habrá días mejores en el futuro a causa de la influencia cristiana en el mundo. Ni tampoco lograremos conquistar al mundo de las tinieblas desarrollando algún poder espiritual imaginario para luego traer el Reino. No lo haremos. El mundo no mejorará, sino que empeorará. Y es evidente en el libro de Apocalipsis que se pondrá cada vez peor hasta que el Rey intervenga.

El último golpe a un mundo que estará envuelto en sangre hasta el cuello debido a la matanza, al asesinato, al derramamiento de sangre y a la violencia que ha estado aconteciendo, es el holocausto de Armagedón luego del cual el Señor mismo establecerá el Reino. Solo Él puede establecer el Reino. Es por eso que decimos que somos pre-milenaristas. Creemos que Cristo viene al principio del milenio y lo establece; no al final del mismo después de que nosotros lo hayamos establecido. Eso es lo que creen los post-milenaristas.

Y luego están los amilenaristas, que no creen que haya un Reino. Y luego están los pan-milenaristas que creen que todo estará bien de algún modo en el futuro.

Pero cualquiera que siga el curso cronológico literal del libro de Apocalipsis concluirá con una Venida pre-milenarista de Cristo en la cual Él regresa y establece Su reino milenario durante el cual Él gobierna por 1000 años. Ninguna otra cosa tiene sentido en la cronología del libro de Apocalipsis.

Los profetas nos dicen que cuando Cristo venga, la batalla se propagará con violencia en la llanura de Meguido. Y hasta Edom, pasando por Jerusalén, el valle de Josafat. Pero Meguido es el lugar donde parece que la batalla es mayor, donde hay más derramamiento de sangre. Y a aquellos de nosotros que hemos estado en ese lugar nos impresiona la capacidad notable de esa porción de tierra en particular para ser un campo de batalla. En efecto, Napoleón dijo que es el mejor campo de batalla en la superficie de la tierra—al menos el mejor que él hubiera visto. Allí Barac y Débora pelearon contra Sísara, luego Gedeón batalló contra los madianitas, Saúl fue asesinado por los filisteos, el faraón Necao asesino al buen rey Josías, etc. En ese lugar se ha derramado mucha sangre.

Cada batalla peleada allí a través de los años, ya sea por los turcos o los ejércitos de Napoleón; todas esas batallas juntas fueron solo un indicio del gran día de la batalla del Dios todopoderoso. El día del hombre terminará y el día de Dios comenzará. El glorioso retorno de Nuestro Señor Jesucristo, cuyas señales y descripción aquí lo identifican como el mismo Jesús que fue al cielo desde el Monte de los Olivos, vendrá. Creo que vendrá antes de lo que cualquiera de nosotros realmente piensa.

Recuerden ahora que cuando Cristo vino la primera vez, fue despreciado y rechazado, le escupieron, se burlaron y lo ridiculizaron. Pero cuando Él regrese la segunda vez, será exactamente lo contrario. Exactamente lo contrario.

Imágenes descriptivas

Las imágenes de esta sección—no quiero que nos apresuremos—son realmente maravillosas. Describen a Cristo como el Rey guerrero; y Él regresa de acuerdo a ese modelo, o en ese tipo de categoría. Y es realmente muy similar al capítulo 11 de Isaías. De hecho, usted puede pensar que Juan, quien lo escribe, quien ve esta gran visión, conocía el libro de Isaías y podría haber elaborado este paralelo en su mente. Leemos en Isaías 11:1: "Saldrá una vara del tronco de Isaí, y un vástago retoñará de sus raíces". Y por supuesto, el linaje de Isaí era David y entonces el hijo de David, el Mesías, venía del linaje de Isaí. "Y reposará sobre Él el Espíritu de Jehová; espíritu de sabiduría y de inteligencia, espíritu de consejo y de poder, espíritu de conocimiento y de temor de Jehová. Y le hará entender diligente en el temor de Jehová. No juzgará según la vista de sus ojos, ni argüirá por lo que oigan sus oídos; sino que juzgará con justicia a los pobres, y argüirá con equidad por los mansos de la tierra; y herirá la tierra con la vara de su boca, y con el espíritu de Sus labios matará al impío. Y será la justicia cinto de sus lomos, y la fidelidad ceñidor de su cintura" (versículos 2–5).

Esa imagen es muy similar. En Apocalipsis se le llama Fiel y Verdadero. Aquí, dice "la fidelidad [será] ceñidor de su cintura". Se enaltece su justicia en Apocalipsis 19; y también aquí. Aquí, en Isaías 11, al igual que en Apocalipsis 19, hiere la tierra con la vara de su boca. Establece aquí su dominio; y lo mismo hace en Apocalipsis 19. Así que la misma imagen de la llegada del Rey, el Rey guerrero, el Rey que conquista en Apocalipsis 19, es ciertamente muy cercana a la descripción de Isaías 11.

E Isaías 11:6–9 describe al Reino que Él establece. "Morará el lobo con el cordero, y el leopardo con el cabrito se acostará; el becerro y el león y la bestia doméstica andarán juntos, y un niño los pastoreará". En otras palabras, no habrá más hostilidad en el reino animal. "La vaca y la osa pacerán, sus crías se echarán juntas; y el león como el buey comerá paja. Y el niño de pecho jugará sobre la cueva del áspid, y el recién destetado extenderá su mano sobre la caverna de la víbora. No harán mal ni dañarán en todo mi santo monte; porque la tierra será llena del conocimiento de Jehová, como las aguas cubren el mar". Y continúa con la descripción.

Definitivamente, la descripción de Isaías 11 corresponde a un Reino y también describe la llegada del Rey en términos muy similares a Apocalipsis 19.

Pasemos por un momento a Isaías 63:1–6; otras imágenes muy similares. Estoy tan solo señalando que estas imágenes no eran algo nuevo. "¿Quién es Este que viene de Edom?" Esto nos dice que la batalla se extiende desde Meguido en el norte hasta Edom en el sureste. "¿Quién es Este que viene de Edom, de Bosra, con vestidos rojos?" Vestidos literalmente rojos. "¿Este hermoso en su vestido, que marcha en la grandeza de Su poder? Yo, el que hablo en justicia, grande para salvar. ¿Por qué es rojo Tu vestido, y Tus ropas como del que ha pisado en lagar? He pisado Yo solo el lagar, y de los pueblos nadie había Conmigo; los pisé con Mi ira, y los hollé con Mi furor; y su sangre salpicó Mis vestidos, y manché todas Mis ropas. Porque el día de la venganza está en Mi corazón, y el año de Mis redimidos ha llegado. Miré, y no había quien ayudara, y Me maravillé que no hubiera quien sustentase; y Me salvó mi brazo, y Me sostuvo Mi ira. Y con Mi ira hollé los pueblos, y los embriagué en Mi furor, y derramé en tierra su sangre". Aquí está el Mesías contestando la pregunta ¿Quién es Este que viene a derramar sangre?

Y la imagen de esa matanza de Isaías 63—regresen a Apocalipsis 19—también aparece aquí. Versículo 13: "Estaba vestido de una ropa teñida en sangre; y su nombre es: EL VERBO DE DIOS". Él es un conquistador ensangrentado; lo caracteriza su vestimenta manchada con sangre. Este gran evento no solo fue profetizado en Isaías 11 e Isaías 63, sino también en Mateo capítulo 24. Y recordarán que en Mateo 24:29–31, en el discurso del Monte de los Olivos, Jesús hizo una declaración importante: "E inmediatamente después de la tribulación de aquellos días, el sol se oscurecerá, y la luna no dará su resplandor, y las estrellas caerán del cielo, y las potencias de los cielos serán conmovidas. Entonces aparecerá la señal del Hijo del Hombre en el cielo; y entonces lamentarán todas las tribus de la tierra, y verán al Hijo del Hombre viniendo sobre las nubes del cielo, con poder y gran gloria. Y enviará Sus ángeles con gran voz de trompeta, y juntarán a Sus escogidos, de los cuatro vientos, desde un extremo del cielo hasta el otro". Esta también es una descripción del Rey que viene. El acontecimiento de Apocalipsis 19.

Después, en Mateo 25:31, Jesús continúa con este sermón acerca de Su Segunda Venida: "Cuando el Hijo del Hombre venga en Su gloria, y todos los santos ángeles con Él, entonces Se sentará en Su trono de gloria". Así lo habían anticipado los profetas del Antiguo Testamento y ciertamente lo anticipó el señor Jesucristo. Anteriormente, en el libro de Apocalipsis, el apóstol Juan tuvo la visión relacionada con la llegada de Cristo. ¿Recuerdan 14:14–15? "Miré, y he aquí una nube blanca; y sobre la nube uno sentado semejante al Hijo del Hombre, que tenía en la cabeza una corona de oro, y en la mano una hoz aguda. Y del templo salió otro ángel, clamando a gran voz al que estaba sentado sobre la nube: Mete Tu hoz, y siega; porque la hora de segar ha llegado, pues la mies de la tierra está madura".

Lo vemos también en el versículo 20: "Y fue pisado el lagar fuera de la ciudad, y del lagar salió sangre hasta los frenos de los caballos, por mil seiscientos estadios". Esa es la distancia de Meguido hasta el sur, pasando por Jerusalén, hasta las partes del sur que serían cerca de Edom.

Así que hay muchos anticipos. En Apocalipsis 16:14 encontramos la batalla de la guerra del gran día del Señor. Y luego, en el versículo 16, se les reúne en el lugar llamado Armagedón. Todo eso se establece para comprender el regreso de Cristo. Y por cierto, ahora seremos muy cronológicos en el libro de Apocalipsis. Él regresa en el capítulo 19. Establece Su reino. En el capítulo 20, aprendemos acerca del Reino. Y luego el Reino finaliza y nos aproximamos al estado eterno de los capítulos 21 y 22. Entonces, todo lo que falta por venir es el cumplimiento maravilloso, glorioso, de la esperanza y la expectativa de todos los creyentes de todos los tiempos.

¿Pueden creer que esto fue la introducción? ¿Durante cuánto tiempo he estado hablando? Se acabó el tiempo. Es increíble. Y no quiero que ustedes se pierdan nada, así que guardaré lo que planeaba decir para la próxima vez. Pero creo que ustedes comprenden el escenario y su importancia; y eso es fundamental. Y les daré tres importantes perspectivas iniciales a medida que veamos los versículos 11–16: El regreso del Conquistador, los regimientos del Conquistador y el gobierno del Conquistador. Y esta es simplemente la verdad más rica y más maravillosa, por lo que quiero tener tiempo para desarrollarla; y esperaré hasta el próximo domingo para hacerlo. No quiero que se lo pierdan.

Para ser honesto con ustedes, en mi corazón tengo la preocupación que cuando digamos que vamos a presentar la Segunda Venida de Jesucristo haya gente que no venga. No puedo concebir que no se ame su aparición lo suficiente como para querer saber cualquier detalle posible acerca de la misma. Entre hoy y el próximo día del Señor, podrían orar para que Él ponga en los corazones de su pueblo el deseo de demostrar el amor por este evento de tal manera que acudan a escuchar acerca del mismo. Y no lo digo por nuestro bien, porque para ser honesto—esta es una buena acotación para cerrar—nosotros, los que conocemos y amamos al señor Jesucristo seremos raptados, ¿no es cierto? Nosotros estaremos en la segunda Venida, pero no estaremos aquí esperándola; vendremos con Él, lo cual lo hace más interesante. Yo quiero saber lo que estaré haciendo, en que estaré involucrado. ¿Seré parte del juicio? ¿Tendré una espada? ¿Entraré en acción o no? Contestaré esas preguntas la próxima semana. ¿Cuál será mi rol? Y lo más maravilloso de todo esto es que finalmente Jesucristo será exaltado. Toda la difamación, toda la calumnia, todo el deshonor que ha existido contra su nombre acabará por siempre. Y Él será reivindicado y glorificado. Tan solo eso hace que este sea el evento más preciado de todos los eventos. No se lo pierdan. Inclinemos nuestras cabezas para orar.

Oración final

Padre, mientras meditamos acerca de esta maravillosa realidad de la venida de Jesús, estamos muy agradecidos por saber de ella; de lo contrario nos sentiríamos desesperados y confundidos, acerca de lo que sucede en el mundo. ¿Y cómo puede ser que en este tiempo, en el que somos educados, en el que nos hemos elevado material y económicamente, y en el que deberíamos haber aprendido algo con respecto a la lucha de cómo convivir, aquí estamos, matándonos unos a otros a un ritmo increíble, desde el crimen en las calles hasta la masacre de medio millón de personas llevada a cabo por una tribu de África? Existe algo que está tan terriblemente mal en el corazón humano que el tiempo no soluciona, y que la educación no remedia, y que la estructura social no puede controlar. No mejora, siempre es lo mismo, solo que peor. ¿Y qué esperanza tendríamos o dónde iríamos a buscar el resplandor de la luz si no tuviéramos la certeza de que Jesús viene? Que Él viene y hará del mundo el paraíso que Tú querías que fuera. Pero solo para aquellos que aman Su aparición, que invocan Su nombre. Y diríamos junto con el apóstol Juan: "Ven señor Jesús" (Apocalipsis 22:20). Cuanto antes mejor. ¿Quién necesita más de esto? El único motivo por el cual somos reticentes a decir "ven ahora" es porque desearíamos que más personas llegaran a tener fe en Cristo. No deseamos la condenación de los perdidos; y tampoco Tú la deseas. Y es por eso que durante esos últimos días de la Tribulación, el Evangelio será predicado mucho más que en cualquier otro momento de la historia. Y los hombres tendrán mayor oportunidad de escuchar y de creer de la que han tenido; porque Tú no deseas que ninguno perezca, sino que todos procedan al arrepentimiento (2 Pedro 3:9). Tú no encuentras placer en la muerte del impío (Ezequiel 18:23; 33:11).

Pero Señor, queremos que el Evangelio sea predicado, queremos que la gente crea; pero al mismo tiempo, queremos que Cristo venga y sea exaltado y reciba el honor que se merece. Y queremos ser parte del Reino, de ese glorioso Reino desde el cual Él gobierna. Deseamos que lo que acabamos de leer aquí en Apocalipsis 19 acerca del cielo abriéndose, fuera de hecho una realidad, que el cielo estuviera abierto y que Jesús viniera pronto. Gracias por la promesa de que no somos guardados para ira, sino que antes de que esa ira se despliegue, Tú vendrás a llevarnos contigo y retornaremos contigo en la gloria de Tu venida.

Danos un amor por Tu aparición que afecte nuestra vida, el modo en que vivimos, el modo en que pensamos, el modo en que invertimos nuestro tiempo y dinero. Ayúdanos a vivir a la luz de la eternidad; y no del mundo, que es temporal. Ayúdanos a hacer nuestro tesoro en el cielo, donde la polilla y el orín no corrompen y los ladrones no pueden hurtar (Mateo 6:19–20); a invertir en lo eterno; a poner nuestros afectos en las cosas de arriba y no en las cosas de la tierra (Colosenses 3:1–2); a recordar que no somos ciudadanos de este mundo sino que nuestra ciudadanía está en el cielo (Filipenses 3:20), por lo que aguardamos al Señor, quién vendrá a cambiarnos según Su propia imagen (Romanos 8:29). Danos un amor por la aparición de Cristo que nos conmueva. Sabiendo que todas estas cosas sucederán, que recordemos—como Pedro lo hizo—que nosotros también debemos ser intachables y santos en nuestro vivir, creciendo en gracia y en el conocimiento de Cristo (2 Pedro 3:14, 18). Ayúdanos a vivir a la luz de nuestro Rey que regresa; y que hasta entonces seamos fieles para servirle y para llamar a muchos a la justicia, para que ellos también puedan glorificar junto a nosotros a Aquel en cuyo nombre oramos. Amén.

REFLEXIONES PERSONALES

02_El glorioso regreso de Jesucristo. Parte II

Entonces vi el cielo abierto, y he aquí un caballo blanco, y el que lo montaba se llamaba Fiel y Verdadero, y con justicia juzga y pelea. Sus ojos eran como llama de fuego, y había en su cabeza muchas diademas; un tenía un nombre escrito que ninguno conocía sino él mismo. Estaba vestido de una ropa teñida en sangre; y su nombre es: EL VERBO DE DIOS. Y los ejércitos celestiales, vestidos de lino finísimo, blanco y limpio, le seguían en caballos blancos. De su boca sale una espada aguda, para herir con ella a las naciones, y él las regirá con vara de hierro; y él pisa el lagar del vino del furor y de la ira del Dios Todopoderoso. Y en su vestidura y en su muslo tiene escrito este nombre: REY DE REYES Y SEÑOR DE SEÑORES.

Apocalipsis 19:11–16

BOSQUEJO

— Introducción

— El regreso del Conquistador

— Los ejércitos del Conquistador

— El gobierno del Conquistador

Notas personales al bosquejo

SERMÓN

Introducción

Hoy tenemos el privilegio de abrir nuestras Biblias al capítulo 19 de Apocalipsis; y veremos el gran texto que nos detalla el regreso del Señor Jesucristo. Apocalipsis 19:11–16; quiero leerles este texto, un texto poderoso que quiero que ustedes tengan en mente.

Comenzando en el versículo 11, Juan recibe esta gran visión durante el exilio que estaba sufriendo en la isla de Patmos por predicar el Evangelio. Y él dice: "Entonces vi el cielo abierto; y he aquí un caballo blanco, y el que lo montaba se llamaba Fiel y Verdadero, y con justicia juzga y pelea. Sus ojos eran como llama de fuego, y había en su cabeza muchas diademas; y tenía un nombre escrito que ninguno conocía sino Él mismo. Estaba vestido de una ropa teñida en sangre; y Su nombre es: EL VERBO DE DIOS. Y los ejércitos celestiales, vestidos de lino finísimo, blanco y limpio, Le seguían en caballos blancos. De Su boca sale una espada aguda, para herir con ella a las naciones, y Él las regirá con vara de hierro; y Él pisa el lagar del vino del furor y de la ira del Dios Todopoderoso. Y en Su vestidura y en Su muslo tiene escrito este nombre: REY DE REYES Y SEÑOR DE SEÑORES".

Aquí está la gran presentación de la visión de la Segunda Venida del Señor Jesucristo. Ahora, para mostrarles lo importante que son estas páginas de las Escrituras, un total de 1527 pasajes del Antiguo Testamento se refieren a la Segunda Venida del Señor Jesucristo. Hay aproximadamente 8000 versículos en el Nuevo Testamento; y 330 de ellos, es decir, 1 de cada 25 versículos se refiere directamente la Segunda Venida de Jesucristo. De hecho, junto con el tema de la fe, ningún otro tema es mencionado más a menudo que el regreso de Cristo. Por cada vez que se menciona la Primera Venida de Cristo, la Segunda Venida es mencionada ocho veces. Y el Señor mismo se refiere a Su Venida 21 veces; y más de 50 veces somos exhortados a estar listos para ese gran evento. Es un tema principal a lo largo de las páginas de la Escritura.

Claramente, debido al testimonio bíblico tan abundante, podemos tener la certeza de que Jesús vendrá nuevamente. La promesa de Dios lo requiere. Dios, quien no puede mentir, prometió que el Mesías vendría y qué establecería un Reino; y ese trono estaría en Jerusalén y desde él gobernaría al mundo. Dios prometió que Él establecería a Su Rey en Su monte santo, Salmo 2; que el gobierno estaría sobre Sus hombros, Isaías 9; que Él reinaría y gobernaría. Daniel 7 describe Su llegada, al igual que Zacarías 14 y otros pasajes del Antiguo Testamento. Y aún el Nuevo Testamento repite esa promesa. Es repetida para nosotros en el Evangelio de Mateo, en el Sermón del Monte de los Olivos y también en el Evangelio de Lucas.

Entonces, la promesa de Dios requiere el regreso de Cristo. Segundo, las afirmaciones de Jesús lo demandan. Jesús mismo dijo que Él se iría y regresaría en Juan 14. Y nuevamente, en Mateo 24:25, Él describe Su propia venida, la venida del Hijo del hombre en el cielo.

Aún más, la garantía del Espíritu Santo la demanda. El Espíritu Santo fue ciertamente quien inspiró a los autores del Nuevo Testamento a escribir la promesa del regreso de Cristo. Y es el Espíritu Santo en nosotros quien es la garantía o el anticipo de ese gran evento que está por venir. La palabra *arrabon* se utiliza para describir al Espíritu Santo, Él es llamado la garantía del Espíritu. *Arrabon* puede ser traducida como "anillo de compromiso". Él es la promesa que garantiza la boda entre la novia—la Iglesia—y el novio—el Señor Jesucristo.

Y entonces, la promesa de Dios demanda el retorno de Cristo, las afirmaciones de Jesús demandan Su regreso, la garantía del Espíritu demanda que Él regrese. Y aún fuera de la Trinidad misma, el plan para la Iglesia demanda Su regreso. Dios ha establecido el plan para Su iglesia. De hecho, está desplegado con mayor claridad en Hechos 15, donde la Escritura nos dice claramente que el Señor tiene un propósito maravilloso para Su iglesia. Se despliega a partir de los versículos 6–9: "Y se reunieron los apóstoles y los ancianos para conocer de este asunto. Y después de mucha discusión, Pedro se levantó y les dijo: 'Varones hermanos, vosotros sabéis cómo ya hace algún tiempo que Dios escogió que los gentiles oyesen por mi boca la palabra del evangelio y creyesen. Y Dios, que conoce los corazones, les dio testimonio, dándoles el Espíritu Santo lo mismo que a nosotros; y ninguna diferencia hizo entre nosotros y ellos, purificando por la fe sus corazones'". Y entonces Dios estableció su Iglesia, constituida por judíos y gentiles. Más abajo, en los versículos 15–18: "Y con esto concuerdan las palabras de los profetas, como está escrito: 'Después de esto volveré y reedificaré el tabernáculo de David, que está caído; y repararé sus ruinas, y lo volveré a levantar, para que el resto de los hombres busque al Señor, y todos los gentiles, sobre los cuales es invocado Mi nombre, dice el Señor, que hace conocer todo esto desde tiempos antiguos'".

Dios tiene un plan; y es un plan que involucra Su regreso y el establecimiento de Su Reino glorioso. Y nosotros sabemos que esa promesa está especificada para nosotros no solo en el libro de Hechos sino también en el libro de Apocalipsis, tal como veremos en el capítulo 20. Entonces, el plan de Dios para la Iglesia demanda el regreso de Cristo; después de todo, Él tiene que regresar y tomar a la Iglesia para ser Su novia, casarse con la Iglesia. La promesa de la Cena de las Bodas del Cordero, la cual hemos visto anteriormente en este capítulo, involucra a la Iglesia. Él debe regresar para eso.

Y entonces, el plan de Dios para las naciones lo demanda. Él regresará a juzgar a las naciones, dice Mateo 25; también Joel 3 lo dice. Él regresará, Él juzgará a las naciones, establecerá Su reino y gobernará las naciones. El plan de Dios para Israel demanda que Jesús regrese porque el Reino, después de todo, fue prometido en primer lugar a Israel. Ellos tendrán un Mesías; y en última instancia, ellos entrarán al Reino del Mesías. Todo Israel, eventualmente, dice Romanos 11, será salvo. Los huesos secos serán revividos, nos dice Ezequiel; y vendrá un tiempo en el que Israel creerá, cuando miren a Aquel a quien ellos han traspasado, tal como lo expresa Zacarías; y llorarán como se llora por hijo unigénito, afligiéndose por Él como quien se aflige por el primogénito; y entrarán a Su Reino.

Entonces, el plan para la Iglesia, el plan para las naciones, el plan para Israel demanda que Cristo regrese. Pueden mirarlo desde otro punto de vista también, la humillación de Cristo demanda que Él regrese. La primera vez que Él vino fue burlado, fue odiado, fue despreciado y fue humillado. Y eso requiere que Él regrese con la gloria que se merece, con el respeto y el honor y la adoración de se le deberían dar. Aún más, la exaltación de Satanás demanda que Cristo regrese. Satanás, quien es el usurpador, necesita ser derrocado, el que es el príncipe temporal de este mundo, el dios de este mundo, debe ser sacado de su trono; y los herederos legítimos deben ser ubicados en ese trono. La cabeza de la serpiente, que fue magullada en la Cruz, necesita ser finalmente cortada; y él necesita conocer la ejecución que Dios ha planeado para él.

Entonces, las promesas de Dios, las afirmaciones de Jesús, la garantía del Espíritu Santo, el plan para la Iglesia, para las naciones, para Israel, la humillación de Cristo, la exaltación temporal de Satanás, todas esas cosas demandan el retorno de Cristo y el establecimiento de Su reino. Y finalmente, esto nos lleva directamente a la maravilla de todo este pasaje, la expectativa de los santos lo demanda. Nosotros somos aquellos que aman Su aparición, de acuerdo a 2 Timoteo 4. Nosotros somos aquellos que esperan Su venida. Esta es la esperanza cristiana, el regreso del Señor Jesucristo. Y pueden ver a los santos no solo en el Nuevo Testamento, sino a lo largo del Antiguo Testamento, anhelando y anticipando la llegada del Mesías para establecer Su Reino. Entonces, para cumplir con Su promesa, para cumplir con Su propia Palabra, el Señor Jesucristo debe venir. Para que se cumpla la garantía del Espíritu Santo, Él debe venir. Para que Dios instituya Su plan para la Iglesia, para los gentiles y para Israel, Él debe venir. Y para cumplir con la anticipación de los santos, Él debe venir. Y Él vendrá. Y vemos la llegada de Cristo descrita y demostrada en la majestuosidad de las palabras que les acabo de leer en el capítulo 19.

Ahora, quiero dividir estos versículos en tres partes: El regreso del Conquistador, los ejércitos del Conquistador y el gobierno del Conquistador. El regreso, los ejércitos y el gobierno. Sin embargo, antes de que profundicemos en el texto, quiero hablarles un poco acerca del contexto. Es por eso que quiero que vayan en sus Biblias al libro de Isaías. En Isaías 11 tenemos un texto de la Escritura, que les mencioné la última vez, y es importante que lo comprendan porque establece el contexto para esta visión. Recuerden ahora, en Isaías 11:1, "saldrá una vara del tronco de Isaí", que se refiere al Mesías, "viniendo del linaje de Isaí", a través de David quien era hijo de Isaí. "Y reposará sobre Él el Espíritu de Jehová; espíritu de sabiduría y de inteligencia, espíritu de consejo y de poder, espíritu de conocimiento y de temor de Jehová. Y le hará entender diligente en el temor de Jehová. No juzgará según la vista de sus ojos, ni argüirá por lo que oigan sus oídos" (versículos 2–3). En otras palabras, no juzgará de manera superficial. "Sino que juzgará con justicia a los pobres, y argüirá con equidad por los mansos de la tierra; y herirá la tierra con la vara de Su boca, y con el espíritu de Sus labios matará al impío. Y será la justicia cinto de Sus lomos, y la fidelidad ceñidor de Su cintura" (versículos 4–5). Y aquí tienen la promesa del Mesías y Su Reino.

Vayan ahora a Isaías 63; y encontrarán otro texto de la Escritura que en cierto modo es paralelo con la visión que tiene Juan. Isaías 63:1: "¿Quién es este que viene de Edom, de Bosra, con vestidos rojos? ¿Este hermoso en Su vestido, que marcha en la grandeza de Su poder?" Obviamente es el Mesías, este es el fragmento mesiánico de la profecía de Isaías. "Yo, el que hablo en justicia, grande para salvar". Ese es quien viene. Ese es quien viene con vestidos de color, literalmente en hebreo, carmesí, el color rojo de la sangre. Versículo 2: "¿Por qué es rojo tu vestido, y tus ropas como del que ha pisado en lagar?" Como si fuera el jugo rojo de las uvas. ¿Por qué? "He pisado Yo solo el lagar, y de los pueblos nadie había conmigo; los pisé con mi ira, y los hollé con mi furor; y su sangre salpicó Mis vestidos, y manché todas Mis ropas. Porque el día de la venganza está en Mi corazón, y el año de Mis redimidos ha llegado. Miré, y no había quien ayudara, y Me maravillé que no hubiera quien sustentase; y Me salvó mi brazo, y Me sostuvo Mi ira. Y con Mi ira hollé los pueblos, y los embriagué en Mi furor, y derramé en tierra su sangre" (versículos 3–6). Imágenes muy vívidas, ¿no es cierto?

La sangre salpicada, la llegada del Mesías, Él mismo pisoteando con Su ira. Esas dos escenas en Isaías 11 e Isaías 63 tienen algunos paralelos con la visión de aquí, en Apocalipsis 19, y solo quería que prestaran atención a esos textos debido a las expresiones comunes que encontramos en ellos y que también veremos en Apocalipsis.

Ahora, este regreso de Cristo que se nos da en el capítulo 19 ya había sido anticipado. Ustedes recordarán que en Apocalipsis 14:14 Juan miró y "he aquí una nube blanca; y sobre la nube uno sentado semejante al Hijo del Hombre, que tenía en la cabeza una corona de oro, y en la mano una hoz aguda".

Y más abajo, en el versículo 18, se le dice al que tenía la hoz aguda, que la meta y vendimie los racimos de la tierra porque sus uvas están maduras. Dice que el ángel arrojó su hoz en la tierra y vendimió la viña de la tierra; y echó las uvas en el gran lagar de la ira de Dios. Y fue pisado el lagar fuera de la ciudad, y del lagar salió sangre hasta los frenos de los caballos, por 1600 estadios. He aquí otra escena salpicada de sangre, donde la misma alcanza la altura de un caballo, a medida que el Mesías mismo pisotea el lagar de la ira de Dios y el jugo de las uvas se convierte en la imagen de la sangre salpicada.

En el capítulo 16, se da otra visión de esto, tal como se lo señalé la última vez. Versículo 15: "He aquí, Yo vengo como ladrón". Y cuando Él viene, dice el versículo 16, los reúne en el lugar que es llamado en hebreo Armagedón.

Ahora, llegamos a la escena que ha sido anticipada por Isaías y también anticipada por Juan en el libro de Apocalipsis, en esos textos que les he leído. Llegamos al hecho real en la secuencia cronológica, seguida por el capítulo 20, el establecimiento del Reino y la continuación al estado eterno.

El regreso del Conquistador

Veamos entonces, primero que nada, los versículos 11–13; y veamos el regreso del Conquistador. Versículo 11: "Entonces vi el cielo abierto; y he aquí un caballo blanco, y el que lo montaba se llamaba Fiel y Verdadero, y con justicia juzga y pelea".

Nuevamente, en otro momento del libro de Apocalipsis, el cielo se abrirá. Y tendremos un glorioso vistazo del cielo, una visión gloriosa del Señor Jesucristo. Y es muy diferente de la que vimos en el capítulo 1 donde Él estaba ministrando a Su Iglesia. Aquí Él está ciertamente viniendo con venganza ardiente, en llamas. Él viene con una espada de juicio. Con vestidos teñidos en sangre. Este es el momento de Su regreso. Este es el cumplimiento de la promesa que Jesús mismo hizo con Sus propios labios en Mateo 24:27–28: "Porque como el relámpago que sale del oriente y se muestra hasta el occidente, así será también la venida del Hijo del Hombre. Porque dondequiera que estuviere el cuerpo muerto, allí se juntarán las águilas". Será un tiempo de gran matanza. Sucederá inmediatamente después de la Tribulación. "El sol se oscurecerá, y la luna no dará su resplandor, y las estrellas caerán del cielo, y las potencias de los cielos serán conmovidas" (versículo 29). En otras palabras, todo el universo se oscurecerá. "Entonces aparecerá la señal del Hijo del Hombre en el cielo; y entonces lamentarán todas las tribus de la tierra, y verán al Hijo del Hombre viniendo sobre las nubes del cielo, con poder y gran gloria. Y enviará Sus ángeles con gran voz de trompeta, y juntarán a Sus escogidos, de los cuatro vientos, desde un extremo del cielo hasta el otro" (versículos 30–31). Eso es lo que ahora se describe en Apocalipsis 19.

A medida que se desarrolla la escena, nuestros ojos son fijados en el jinete majestuoso, grandioso, poderoso. El cielo es abierto para nosotros; y vemos este caballo blanco. Y sobre el caballo blanco, vemos al jinete. Hablemos ahora acerca de estos detalles, ya que son importantes.

El motivo por el que el cielo es abierto esta vez no es para dejarnos entrar, sino para dejarle salir. Un número de veces en el libro de Apocalipsis, el cielo fue abierto; y se nos dio acceso a eso. Podemos regresar, por ejemplo, al capítulo 4, donde recordamos que el apóstol Juan dice en el versículo 1: "Después de esto miré, y he aquí una puerta abierta en el cielo; y la primera voz que oí, como de trompeta, hablando conmigo, dijo: Sube acá, y yo te mostraré las cosas que sucederán después de estas". Y entonces, la puerta del cielo fue abierta en el capítulo 4 para que Juan pudiera ingresar y ver. Y ahora, la puerta es abierta para que el Hijo del hombre pueda salir.

Jesús, aquel que ascendió al cielo tal como registra Hechos 1, aquel que está sentado a la diestra del Padre, ahora regresa. Él recibirá el Reino que el Padre le ha prometido, el Reino que se merece. A medida que regresan—capítulo 5—recuerden que el Padre está sentado en el trono en el cielo, en Sus manos tiene un libro que es el título de propiedad del universo. Y recordarán que nadie en el cielo o en la tierra—versículo 3—o debajo de la tierra, podía abrir al libro o mirarlo. En otras palabras, nadie tenía el derecho de tomar posesión del universo. Nadie tenía derecho de abrir el pergamino y tomar posesión. Y entonces, Juan dice: "Y lloraba yo mucho, porque no se había hallado a ninguno digno de abrir el libro, ni de leerlo, ni de mirarlo" (versículo 4). En otras palabras, ¿pertenecería siempre el mundo al usurpador, a Satanás, al pecado? ¿No había nadie que pudiera tomarlo nuevamente?

"Y uno de los ancianos me dijo: No llores. He aquí que el León de la tribu de Judá, la raíz de David, ha vencido para abrir el libro y desatar sus siete sellos. Y miré, y vi que en medio del trono y de los cuatro seres vivientes, y en medio de los ancianos, estaba en pie un Cordero como inmolado, que tenía siete cuernos, y siete ojos, los cuales son los siete espíritus de Dios enviados por toda la tierra" (versículos 5–6). Eso también es una referencia a Isaías 11.

"Y vino, y tomó el libro de la mano derecha del que estaba sentado en el trono" (versículo 7). Y aquí tienen al Cordero, el Hijo, Cristo, el Mesías que tiene el privilegio y el derecho de tomar el título de propiedad de la mano de Dios porque Su derecho es tomar el universo. "Y cuando hubo tomado el libro, los cuatro seres vivientes y los veinticuatro ancianos se postraron delante del Cordero; todos tenían arpas, y copas de oro llenas de incienso, que son las oraciones de los santos; y cantaban un nuevo cántico, diciendo: Digno eres de tomar el libro y de abrir sus sellos; porque Tú fuiste inmolado, y con Tu sangre nos has redimido para Dios, de todo linaje y lengua y pueblo y nación; y nos has hecho para nuestro Dios reyes y sacerdotes, y reinaremos sobre la tierra" (versículos 8–10).

Tiene derecho de posesión del mundo. Tiene derecho a establecer Su reino. Y entonces, Aquel que ahora tiene derecho, está en el cielo; y el cielo es abierto. Y Él está por venir. Esa oración de antelación grandiosa y maravillosa que aparece en Isaías 64:1–2: "¡Oh, si rompieses los cielos, y descendieras, y a Tu presencia se escurriesen los montes, como fuego abrasador de fundiciones, fuego que hace hervir las aguas, para que hicieras notorio Tu nombre a Tus enemigos, y las naciones temblasen a Tu presencia!" Esa es la oración, que los cielos se abrieran y descendiera. Y lo que Isaías anticipó y por lo que oró en el capítulo 64, ahora se desarrolla en Apocalipsis 19 a medida que el cielo se abre y Él está listo para venir. Y esta vez Juan no ve al Cordero en el trono, en vez de eso, de acuerdo al versículo 11, ve a un caballo blanco. Este no es un Cordero, este es un caballo blanco. Y cabalgando ese caballo blanco está el gran Conquistador, el Mesías. Cabalgando no del modo que cabalgó cuando lo hizo en Su vida terrenal, sino viniendo como un Conquistador en un modo típico de las procesiones triunfales romanas.

Permítanme mencionarles algo en este momento. Capten esto porque es muy importante. Lo que tienen en la descripción de la visión es una mezcla de símbolos y realidad. Y tienen que comprender eso o de otra manera no podrán entender esto. Existe ahí un lenguaje que es la expresión de la realidad; y existe un lenguaje ahí que es expresión simbólica. Por supuesto, ese simbolismo señala a la realidad. Las personas se preguntan si esto significa que hay realmente caballos en el cielo. La respuesta es que no, así como tampoco significa que cuando Jesús venga, Él realmente tendrá colgando de Su cabeza un montón de coronas; o que cuando Él regrese realmente asomará de Su boca una especie de espada. O como cuando dice que todos los que vengan con Él estarán cabalgando en una miríada de caballos blancos. No hay nada que indique en ningún lugar de la Escritura que los caballos son glorificados, que los caballos son eternamente glorificados y van al cielo. Hay una mezcla de simbolismo y de realidad aquí. Esto no significa necesariamente que es algo real, como tampoco lo es el hecho de que cuando Jesucristo establezca Su Reino, rondará por la tierra con una gran vara de hierro en Su mano, aplastando los cráneos de las personas con él. Y sin embargo, dice que Él regirá con vara de hierro.

Tienen que comprender que el lenguaje simbólico aquí expresa realidad, pero es en sí mismo simbólico de esa realidad. Y el símbolo aquí, el majestuoso símbolo aquí es de un emperador romano quien regresa en una procesión triunfal. Él regresa para una gran batalla, para triunfar y entrar en la gloria de ese triunfo. Un general cabalgaría a la guerra con su caballo blanco, con su vestidura guerrera, liderando a sus increíbles regimientos de batalla. Y la guerra comenzaría. Y cuando la batalla fuera ganada, él entonces iría a

Roma por la Vía Sacra, la calle principal de Roma, al templo de Júpiter en el Monte Capitolino, donde entraría a su gloria. Las imágenes son gráficas.

Juan ve a Jesús ya no como un Cordero, ya no como está descrito en Zacarías 9:9, llegando en humillación, cabalgando sobre un asno, sobre un pollino hijo de asna. Y, de hecho, todo en esas imágenes está en contraste con el humilde asno en el que Jesús cabalgó en la ciudad. Ahora llega como un conquistador, ahora llega como un rey guerrero, ahora llega para destruir a los impíos, para derrocar al anticristo, para atar a Satanás, tomar control de la tierra y del universo y establecerse como REY DE REYES y SEÑOR DE SEÑORES. Y los caballos son simbólicos. La espada de Su boca es simbólica. La vara de hierro es simbólica. Las coronas son simbólicas. Pero la llegada es una realidad y el salmista mismo escribió de este evento cuando escribió: "Ciñe tu espada sobre el muslo, oh valiente, con tu gloria y con tu majestad… Tus saetas agudas, con que caerán pueblos debajo de ti, penetrarán en el corazón de los enemigos del rey. Tu trono, oh Dios, es eterno y para siempre" (Salmo 45:3–6). Inclusive el salmista, bajo la inspiración del Espíritu Santo, pudo tener una mirada de la llegada de Dios en la gloria del gobierno mesiánico para establecer Su reino eterno.

Y entonces, Él viene. La Escritura nos dice que Él viene en gloria. Leímos eso en Mateo 24–25. En Apocalipsis 1:7 dice que: "Todo ojo le verá". Obviamente, todo el mundo ya estará en la oscuridad, tal como les he leído; todo se apagará. Y la brillante gloria de Jesucristo llegará como una realidad tan asombrosa que todos en la faz de la tierra le verán. Y Él no solo vendrá en gloria, no solo de manera visible, sino que también vendrá con venganza, a juzgar y a batallar.

En este momento, me voy a apartar de esto por un momento; y voy a hablarles de algo que necesitan tener en mente. No hay nada en este escenario que coincida con las descripciones del Rapto de la Iglesia en el Nuevo Testamento. Hay dos Escrituras en el Nuevo Testamento que se refieren al Rapto de la Iglesia. Una está en Juan 14 y la otra está en 1 Tesalonicenses 4. Juan 14:1 y siguientes; 1 Tesalonicenses 4:13 y siguientes. Ambas describen la venida del Señor por la Iglesia, la venida del Señor por sus amados. En Juan 14 Jesús dice: "Si me fuere y os preparare lugar, vendré otra vez, y os tomaré a mí mismo, para que donde yo estoy, vosotros también estéis" (versículo 3). Esa no era una advertencia, esa era una promesa. Eso no es un evento al que temer; eso es un evento que anticipar. Prepararé un lugar para vosotros y vendré, los tomaré y llevaré a ese lugar. Eso es muy importante, porque sea como fuere el Rapto de los creyentes, es algo que anhelamos, esperamos y amamos, porque Él vendrá y nos llevará al lugar que está preparando para nosotros.

¿Dónde está Él ahora? En el cielo. ¿Qué está haciendo ahora? Preparando lugar para nosotros en la casa del Padre. Pero cuando Él venga a juzgar,

02_El glorioso regreso de Jesucristo. Parte II

Él vendrá a la tierra, se quedará en la tierra y establecerá Su reino aquí. El Rapto es un evento muy diferente. Tomará y se llevará a la Iglesia a hogares celestiales que han sido preparados para los creyentes. Y es por eso que es muy difícil ver estas dos cosas como el mismo evento.

En el Rapto, inclusive, Cristo no viene a la tierra, nos encuentra en el aire. Aquí, Él llega hasta la tierra. Él no viene a encontrar a Sus santos, los trae con Él. Y le siguen a medida que vienen. En el Rapto, Él viene y encuentra a Sus santos en el aire; y los lleva cielo. En la Segunda Venida, Él llega hasta la tierra con Sus santos y establece Su Reino sobre la tierra. En el Rapto no hay juicio, no hay nada en el texto de Juan 14 o 1 Tesalonicenses capítulo 4 que hable de juicio; pero aquí todo es juicio. El Rapto es un tiempo de bendición. Y este es un tiempo de maldición. Cuando Él regrese, habrá bendición para los piadosos; pero aquí el énfasis está en el juicio; y no se hace ningún énfasis con respecto al Rapto.

Y en el Rapto, como he dicho, Él encuentra a los Suyos en el aire. Y aquí, está con Sus pies en el Monte de los Olivos, de acuerdo con Zacarías 14. Se afirmarán Sus pies sobre el Monte de los Olivos, el monte se partirá por en medio, haciendo un valle en donde Él juzgará al mundo y establecerá Su Reino.

Aún más, el evento de la Segunda Venida de Jesucristo está precedido por la oscuridad, el sol se oscurece, la luna se oscurece, las estrellas comienzan a caer, el humo llena el universo, relámpagos y una gloria cegadora presentan la llegada de Jesucristo. Dichos aspectos no están asociados con Su llegada por los santos en Juan 14 o en 1 Tesalonicenses 4; y es por eso que creemos que la venida por la Iglesia, la cual llamamos el Rapto, el Arrebatamiento, es un evento diferente que precede la llegada de Cristo en juicio para establecer Su reino. Y es por eso que decimos que creemos en un Rapto pre-tribulación, lo cual significa que Jesús arrebata a los Suyos antes del estallido de los terribles juicios de Su ira durante ese período final de siete años, en el cual Él regresa a la tierra con Sus santos que ya han sido raptados, para establecerse y reinar con Él en el Reino.

Y entonces, vemos aquí que Jesús viene con ira de juicio. Él viene como un Conquistador. Miremos nuevamente el versículo 11 y veamos más acerca de Su retorno. Dice que el que montaba este caballo blanco, este símbolo de conquistador y poder puro y santo, es llamado "Fiel y Verdadero". Él es llamado Fiel y Verdadero. Realmente, no hay un nombre más apropiado para el Señor Jesús. Ustedes recordarán que en Apocalipsis 3:14, se le llama "el testigo fiel y verdadero, el principio de la creación de Dios". Entonces aquí, por segunda vez, Jesús es identificado como Fiel y Verdadero. Él es fiel a Sus promesas, Él es fiel a todo lo que promete. Y Él solo habla la verdad. El Fiel y Verdadero regresa.

En Apocalipsis 3:7 se le describe como "el Santo, el Verdadero". ¿Por qué se le llama Fiel y Verdadero? Porque Él mantiene Su palabra, ¿no es cierto? Él prometió que vendría y viene. Él es fiel para mantener Su palabra, Él es la fidelidad y la verdad personificadas. Su nombre está ciertamente en vívido contraste con la infidelidad y la hipocresía mentirosa del anticristo y Satanás. Jesús siempre dice la verdad porque Él es Dios, quien no puede mentir. Él es siempre fiel y verdadero. Él siempre mantendrá Su palabra. Él prometió que vendría, y viene porque es fiel y verdadero.

Estoy seguro que hay muchas personas a quienes les haría feliz escoger las enseñanzas que a ellos les agradan, las enseñanzas de Jesús que encajan con sus sentimientos. Y con alegría rechazarían Sus juicios solemnes y Sus promesas de furia, venganza e ira. Pero Él es tan fiel y verdadero a esas promesas como lo es a las promesas de salvación, gracia y misericordia. Él es fiel y verdadero. Y ustedes nunca lo verán de manera más clara que cuando Él regrese, porque Él será fiel y verdadero a Su promesa de llevar a los justos al Reino y de destruir a los impíos.

El dragón es un engañador. La bestia es un falso Cristo. La segunda bestia es un falso profeta. Y el mundo está en ese momento lleno de falsos adoradores. Pero Jesucristo es fiel y verdadero. Y porque Él es fiel y verdadero, dice en el versículo 11, "Con justicia juzga y pelea". Si Él es fiel y verdadero a Su palabra, tiene que actuar en justicia. Tiene que hacer lo que es justo. Tiene que tener una reacción santa y justa contra el pecado; y entonces lo hace. Fiel a Su carácter justo, fiel a Su naturaleza santa, fiel a Su palabra, Él viene; y cuando viene, tiene que hacer lo que ha prometido hacer, lo que la justicia demanda que haga: Él juzga.

Una vez vino como Salvador, luego vendrá como juez. Cuando estuvo aquí la primera vez, los hombres impíos lo juzgaron. Cuando venga la segunda vez, Él juzgará a los hombres impíos. Él no solo será el juez, sino que también será el verdugo. Recuerden que leímos en Isaías que Él solo pisa el lagar de la ira de Dios. Los ángeles no son verdugos. Los ángeles simplemente son como una especie de grupo de limpieza. Y de acuerdo a Mateo 13, son un grupo que clasifica. Pero solo Él pisa el lagar. Solo Él tiene el poder de ejecutar. Solo Él tiene el poder de traer la furia final y la ira de Dios.

Hubo un tiempo cuando en Su Primera Venida fue traído delante de Pilato y Herodes y Caifás y Anás, y delante de la multitud que clamaba por Su sangre; y ellos lo juzgaron de manera injusta. Y habrá un día cuando Él regrese para juzgar al mundo de manera justa. Será diferente cuando Jesús venga, diferente de como fue la primera vez.

Existe una advertencia de eso en Hechos 17:31, donde dice: "Ha establecido un día en el cual juzgará al mundo con justicia, por aquel varón a quien designó". ¿Qué hombre? "Dando fe a todos con haberle levantado de los muertos". Jesucristo, el hombre. Él regresará a juzgar.

Entonces, Él vendrá con ira juzgar al mundo. Y luego esta declaración asombrosa: "Y pelea". Vendrá como un rey guerrero. Vendrá a pelear.

Regresando a Apocalipsis 2:16, de manera sorprendente, asombrosa, se registra que Él le dijo a la Iglesia de Pérgamo: "Vendré a ti pronto y pelearé contra ellos con la espada de Mi boca"." Él es un guerrero contra los impíos, contra los incrédulos y contra los pecadores.

Por cierto, esa referencia a Él peleando en 2:16, es la única otra mención a Él peleando en toda la Escritura. Y entonces, será muy tarde para los que rechazan; ellos estarán obviamente endurecidos más allá del punto en donde pueden responder de manera positiva. Aún en Apocalipsis 16:21, cuando ellos están en la culminación misma de los horrores del último juicio, cuando el último sello ha sido abierto y la última trompeta ha sido sonada, la última copa derramada y enorme granizo está cayendo sobre sus cabezas, uno pensaría que ellos se arrepentirán. Pero dice que ellos blasfemaron a Dios. Y están en ese punto de endurecimiento total. Y aquí es cuando Él viene, cuando no tiene sentido esperar, cuando ninguna otra cosa hará que ellos se arrepientan, cuando ningún juicio les conmueva y cuando ninguna predicación les conmueva y cuando ningún predicador pueda alcanzar sus corazones; Él regresará y peleará.

Obviamente es un Jesús diferente que el que estamos acostumbrados a ver. Estamos acostumbrados a verlo ministrar a los necesitados, alimentar a los hambrientos, curar a los enfermos, echar demonios de las personas, dar paz a los corazones turbados. Estamos acostumbrados a escucharle invitar a aquellos con cargas pesadas a acudir a Él buscando descanso. Pero no será así. Ahora viene con una misión de guerra; viene a buscar y destruir.

Esto no es nuevo en el carácter de Dios, no es una personalidad diferente del Dios de la Escritura. En el Mar Rojo, recuerden cuando, en Éxodo 15:3, Dios destruyó al faraón y sus ejércitos. Ustedes recuerdan que Israel dijo: "Jehová es varón de guerra". El Señor es un guerrero. Un título sorprendente para Dios. Un título sorprendente para el Hijo de Dios, pero uno real.

Alexander White, comentando acerca de la gran obra maestra de John Bunyan llamada *La Guerra Santa* escribió: "La Santa Escritura está llena de guerras y rumores de guerras, las guerras del Señor, las guerras de Josué y los jueces, las guerras de David con los suyos y muchos otros magníficos himnos de batalla, tanto que el nombre más conocido del Dios de Israel en el Antiguo Testamento es Jehová de los ejércitos; y luego, en el Nuevo Testamento, tenemos a Jesucristo descrito como capitán de nuestra salvación. Y entonces, toda la Biblia es finalizada con un libro, resonando con gritos de batalla, hasta que finaliza con una ciudad de paz en donde ellos cuelgan la trompeta en la sala y no se ocupan nunca más de la guerra".

El Señor es varón de guerra. En Su justicia, Él juzga y pelea. Francamente, el juicio se ha venido desarrollando desde la apertura de los sellos, el sonar de las trompetas y el derramamiento de las copas. Pero ahora, pelea la batalla final. Aquel que ha soportado con paciencia las burlas durante siglos,

los insultos de los hombres que contemplaron el Calvario y le escupían, que demostraron odio humano y desdén, quienes durante miles de años han rechazado la paz que Él obtuvo a través de la sangre en la Cruz. Ellos le verán ahora como un Dios guerrero. Pero ellos no pelearán mucho, el fin llegará en un segundo.

El cielo no puede estar en paz con el pecado. Los ojos de Dios son tan puros que no pueden ver el mal, no pueden ver la iniquidad. La paciencia de Dios tiene un fin. Él no siempre tolerará la iniquidad. La justicia no puede vivir siempre con la injusticia. La verdad no puede vivir siempre con la mentira. La rebelión no puede continuar por siempre. Y cuando el pecado finalmente es incorregible y el hombre incurable, llegará la destrucción. Y la misericordia de la cual se abusó traerá al Verdugo. Aquí, dice un escritor, llega esta espada de la majestad insultada, la ira de la gracia rechazada.

Aún más, este Conquistador no solo viene como otros conquistadores por codicia, ambición, orgullo o el amor por el poder; este Conquistador viene en completa justicia, en perfecta santidad, en estricto acuerdo con cada interés santo. Y hacia allá se dirige la historia del mundo. Ahí es donde finalizará.

Más adelante en la descripción, Apocalipsis 19:12: "Sus ojos eran como llama de fuego, y había en su cabeza muchas diademas; y tenía un nombre escrito que ninguno conocía sino Él mismo".

Él tiene ojos como llamas de fuego. ¿Qué es eso? Bueno, nada escapa a Su mirada. Él tiene ojos penetrantes. Sus ojos penetran y ven todo. Se dice también eso de Él en Apocalipsis 1:14: "Sus ojos como llama de fuego". Tiene que ver con una mirada que traspasa, penetra y también purifica. Él puede ver lo más recóndito de cada corazón humano. Su visión lo penetra todo.

En Apocalipsis 2:18 le dice a la Iglesia de Tiatira: "El Hijo de Dios, el que tiene ojos como llama de fuego". Cuando Él vio por primera vez la tierra, cuando vino por primera vez, Sus ojos destellaron con ternura y gozo a medida que traía Sus hijos a Él, a medida que expresaba Su amor por los pobres y los necesitados. Sus ojos brillaban con compasión como cuando, con una sola mirada, derritió el culpable corazón de Pedro y le hizo llorar amargamente. Sus ojos estaban llenos de lágrimas cuando miraba la ciudad de Jerusalén; y lloró. Los mismos ojos que lloraron en la tumba de Lázaro. Pero vendrá el día cuando esos ojos brillarán con fuego, cuando penetrarán examinando los recónditos lugares más oscuros de cada alma humana y purgarán y purificarán con juicio. Para juzgar de manera justa, debe ver todo. Tiene que sondear las profundidades de cada corazón. Tiene que ver detrás de cada máscara, detrás de cada fachada. Es la visión en llamas de la omnisciencia justa y el enojo.

Y dice luego en el versículo 12: "Y había en Su cabeza muchas diademas". Muchas coronas de reyes. Y esto habla de Su rango real y autoridad real. Y es la idea de que Él ha juntado todas las coronas; y están todas sobre Su cabeza, porque nadie más reina en ningún otro lugar. Aquí está el máximo símbolo de soberanía. Todas las coronas están sobre Su cabeza. Ustedes recordarán, en el capítulo 12, a medida que veíamos la descripción de Satanás, podíamos ver que él era el monarca que gobernaba. En el versículo 3: "Un gran dragón escarlata, que tenía siete cabezas y diez cuernos, y en sus cabezas siete diademas". Y luego, en el capítulo 13, vimos al anticristo y en sus cuernos diez diademas. Entonces, Satanás usaba coronas y el anticristo usaba coronas. Pero llegará el día cuando todos los reyes rendirán sus coronas. Satanás rendirá sus coronas. Y el anticristo rendirá sus coronas. Y los gobernantes del mundo rendirán sus coronas; y todas las coronas estarán sobre la cabeza de Jesús.

Y por cierto, esta era la costumbre del mundo antiguo. Cuando Tolomeo conquistó Antioquía, él colocó dos coronas sobre su cabeza, la corona de Asia y la corona de Egipto, significando la naturaleza comprehensiva de su reino. El dragón tenía siete coronas, la bestia tenía 10 coronas; pero Jesús las tendrá todas. Las pondrá todas sobre Su cabeza. Todo será suyo; y el versículo 16 dice que Él es Rey de reyes. No habrá coronas para nadie más en ese momento.

En Apocalipsis 11:15, escuchamos el mismo pensamiento de un modo diferente. "Los reinos del mundo han venido a ser de nuestro Señor y de su Cristo; y él reinará por los siglos de los siglos". Es un cambio justo, ¿no es cierto? ¿Por una corona de espinas? Un cambio justo. Y se refiere a lo que supongo que podríamos llamar soberanía irrefutable. Él es Rey y nadie puede evitarlo. "Ciñe Tu espada sobre el muslo, oh valiente"—dijo el salmista, como lo he señalado anteriormente—"con Tu gloria y con Tu majestad". Él es el Rey.

Se dice más acerca de Él: "Tenía un nombre escrito que ninguno conocía sino Él mismo". No le puedo decir cuántas personas me han preguntado cuál es ese nombre. Y a todos les he dicho lo mismo: Es un nombre que nadie conoce, ni yo, ni nadie más. No nos gusta algo así, ¿no es cierto? Queremos saber. Pero esto es algo que nosotros no sabemos. Juan pudo ver un nombre ahí, pero cuando lo leyó o no podía leerlo o no podía comprenderlo. Era ininteligible para él. No sabía lo que era. Estaba más allá de la comprensión humana. Estaba más allá del conocimiento humano. Y escuchen, eso es muy alentador. Sabiendo todo lo que sabemos acerca de Jesucristo, no sabremos la totalidad del misterio de Su persona. Juan no lo pudo saber. Quizás habrá cosas que sabremos en la eternidad, con certeza que las hay, que no podemos saber ahora; pero tengo la certeza de que todo el misterio de Su ser no nos será conocido. Conoceremos tal como se nos conoce, en cierto grado, de acuerdo a 1 Corintios 13:12; y es maravilloso pensar en eso. Pero aquí Juan estaba en una visión glorificada, siendo llevado al cielo;

y había una realidad de Jesús que él no podía comprender. Existe algo incomprensible acerca del carácter de Dios que quizás aún siendo humanos eternamente glorificados nunca conoceremos. Sabremos mucho más de lo que sabemos ahora; pero la incomprensibilidad total de Dios siempre será incomprensible. Y entonces, todo lo que Juan dice es que hay algo acerca de Él que está más allá de lo que nosotros alguna vez podamos comprender.

Eso es algo maravilloso de escuchar. A veces pienso que podemos sentirnos demasiado familiarizados con Jesús. Podemos exagerar nuestra comprensión y pensar que realmente lo conocemos mejor de lo que en realidad lo hacemos. Existe una naturaleza profunda en nuestro Señor Jesucristo que solamente es comprensible para Dios. He aquí al Incomprensible, al Soberano, al Fiel y Verdadero, al Rey guerrero que viene a establecer Su juicio.

Y luego, regresando a nuestro pasaje, en el versículo 13, describiendo aún más Su regreso, al gobernante que regresa, dice que: "Estaba vestido de una ropa teñida en sangre". Él está vestido con ropa teñida de sangre; Esta no es la sangre que Él derramó en la Cruz. Y Esta no es una descripción de la redención. Esta es una descripción del juicio. Y basado en lo que leímos en Isaías, la clara descripción detrás de esto en Isaías 63 es de un Rey que viene con una vestidura salpicada de sangre. Jesús vendrá con vestiduras salpicadas de sangre.

Usted se preguntará por qué Su vestidura está salpicada de sangre si la batalla aún no ha comenzado. Se preguntará de dónde vino la sangre. Permítanme recordarle que Esta no es Su primera batalla, Esta es su última batalla. Él ha usado Sus vestiduras de batalla anteriormente. ¿Quién si no Él ha peleado con el dragón? ¿Quién si no Él peleó por Israel en los días de Josué? ¿Quién si no Él peleó contra los reyes de Canaán y Taanac cerca de las aguas de Meguido (Jueces 5:19)? ¿Quién sino Él venció seis poderes mundiales pasados y todas las naciones que para este tiempo habían caído? No, sus vestiduras habían estado salpicadas de sangre durante un largo tiempo… ¿Quién sino Él peleó contra el faraón en el triunfo de Éxodo? Es el Conquistador Todopoderoso que tiene puesta esta vestimenta de guerra; y Su ropa de guerra lleva las manchas de batallas anteriores. Esta no es Su primera batalla.

Es el mismo Conquistador Todopoderoso que peleó contra el pecado en la cruz y mezcló Su propia sangre con la sangre de Sus enemigos en Sus ropas de batalla. Y ahora, esas ropas de batalla deben mancharse nuevamente; y las manchas ahora son quizás más extensas que nunca antes. Él pisará el lagar de la ira de Dios; y la sangre salpicará para todos lados en el holocausto del pavoroso juicio.

En 2 Tesalonicenses 1:7 dice: "Cuando se manifieste el Señor Jesús desde el cielo con los ángeles de Su poder, en llama de fuego, para dar retribución a los que no conocieron a Dios, ni obedecen al evangelio de nuestro Señor Jesucristo". Él viene con furia de juicio para manchar nuevamente Su vestido.

Y luego dice al final de Apocalipsis 19:13: "Y Su nombre es: EL VERBO DE DIOS". En caso de que quede alguna duda acerca de quién es, nosotros sabemos quién es el Verbo de Dios, ¿no es cierto? Juan 1:1–2: "En el principio era el Verbo, y el Verbo era con Dios, y el Verbo era Dios. Este era en el principio con Dios. Todas las cosas por Él fueron hechas, y sin Él nada de lo que ha sido hecho, fue hecho". El Verbo de Dios no es otro más que el segundo Miembro de la Trinidad, Cristo, el Encarnado, quien es también el Creador. Él es aquel que tiene sangre en Sus vestidos, el Rey guerrero. Y Él viene en juicio.

Y aquí, nuevamente, Su nombre es tan majestuoso. ¿Por qué elige Dios llamarlo "el Verbo de Dios"? Porque Él es la expresión de Dios, Él es la revelación de Dios, Él es la declaración de Dios. Él es en quien oímos a Dios hablar y vemos a Dios actuar. Él es la expresión completa de la mente y la voluntad y el propósito de Dios. Él es el Verbo de Dios. Él comunica a Dios.

Entonces, la suma de Sus nombres realmente es una descripción gloriosa, ¿no es cierto? Él tiene un nombre que ningún hombre conoció que expresa Su deidad encarnada. Y Él tiene un nombre, REY DE REYES Y SEÑOR DE SEÑORES, que expresa Su deidad soberana. Francamente, el plan del Evangelio está en esos tres nombres. Él es Dios que se reveló a sí mismo al hombre; y algún día, Él vendrá a reinar sobre todo el universo.

La suma de esos nombres es entonces la suma de la descripción del Conquistador. Esto fue entonces, el regreso del Conquistador.

Los ejércitos del Conquistador

Entonces, vemos tres ejércitos del Conquistador. Brevemente, en el versículo 14: "Y los ejércitos celestiales". Ahora tenemos ejércitos que están en el cielo, ¿quiénes son? Bueno, están "vestidos de lino finísimo, blanco y limpio, le seguían en caballos blancos". ¿Quiénes son esos ejércitos glorificados? Bueno, existe una pista en Apocalipsis 19:8; retrocedan unos versículos. Aquí está la esposa–versículo 7–la esposa es la Iglesia, así como los santos redimidos que han sido juntados para la gran Cena de Bodas que será en el Reino. Y dice que a la esposa, es decir los creyentes que han sido redimidos, "se le ha concedido que se vista de lino fino, limpio y resplandeciente". Y luego dice esto: "porque el lino fino es las acciones justas de los santos". Entonces, más abajo, en el versículo 14, cuando dice que estos ejércitos del cielo estaban vestidos de lino finísimo, blanco y limpio, ¿quiénes son ellos? Ellos tienen que ser los santos. Y tienen que incluir a la novia. Tiene que ser la iglesia.

Entonces, hemos dicho que la Iglesia ha sido raptada, y ahora la Iglesia regresa con Él. Regresa descrita no con un carácter de esposa, sino de justicia. Esto incluiría también, tal como lo hemos notado cuando estudiamos anteriormente el texto en el capítulo 19, a los santos de la Tribulación que han sido glorificados. Porque los vemos en Apocalipsis 7:9 delante del trono y delante del Cordero vestidos de ropas blancas. Y en el versículo 13 dice: "Estos que están vestidos de ropas blancas, ¿quiénes son, y de dónde han venido?" Y dice que son "los que han salido de la gran tribulación, y han lavado sus ropas, y las han emblanquecido en la sangre del Cordero" (versículo 14). Entonces, tenemos la Iglesia vestida de lino fino, blanco y limpio. Tenemos a los santos de la Tribulación en sus vestidos maravillosos, vestidos que han sido hecho puros y limpios. Y luego hay otro grupo, nos dice Judas en el versículo 14: "Vino el Señor con sus santas decenas de millares, para hacer juicio contra todos, y dejar convictos a todos los impíos", etc.

¿Quiénes son las decenas de millares de Sus santos? Bueno, ciertamente podríamos concluir que pueden ser los santos del Antiguo Testamento. Ellos también han estado allí. Y tendrán una resurrección gloriosa al final de la Tribulación. Daniel escribe acerca de eso, una resurrección para vida. Entonces tenemos la Iglesia—la esposa—los santos de la Tribulación y también a los santos del Antiguo Testamento viniendo con el Señor. Y tenemos que añadir otro grupo; y son los ángeles, porque en Mateo 25:31 dice: "Cuando el Hijo del Hombre venga en Su gloria, y todos los santos ángeles con Él". Diez mil veces diez mil ángeles, dos tercios del número original—un tercio cayó con Satanás—los dos tercios restantes de ángeles gloriosos vendrán con Él. Todos los santos del Antiguo Testamento, todos los santos de la era de la Iglesia, todos los santos del tiempo de la Tribulación, todos vendrán resplandeciendo desde el cielo con Él.

Si queremos hacer que el pasaje de Judas se refiera a los ángeles, vimos un pequeño problema. Porque entonces no tenemos a los santos del Antiguo Testamento llegando del cielo, sino que tenemos que su resurrección sucede justo al fin de la Tribulación, que parece ser el mejor tiempo para que suceda; y entonces, ellos entran al Reino resucitados. Pero aún si se juntan estos santos del Antiguo Testamento y se las trae nuevamente, no hay ninguna promesa hecha a ellos de que Dios les haya preparado un lugar en el cielo, al cual tendrían que ir primero en sus cuerpos físicos.

Por lo que quizás es mejor ver que todos los santos vienen. Nuevamente, los caballos blancos son simbólicos; tal como las vestimentas ensangrentadas son simbólicas. No creo que Jesús regrese, en realidad, con ropas sucias. Pero eso es un símbolo de un gran guerrero y de un momento triunfante. El capítulo 9, ustedes recordarán, introdujo el calvario desde el infierno, ¿por qué no desde el cielo? Caballos y carros de fuego protegieron a Eliseo y a Dotán (2 Reyes 6:13–17), y un carro de fuego con caballos de fuego llevó a Elías al cielo (2 Reyes 2:11). Eso obviamente es simbólico de poder angélico.

Entonces, los ejércitos celestiales vienen con el Conquistador. Y son todos los regimientos reunidos en gloria hasta ese momento.

Ustedes se preguntarán qué sucederá con los santos. Qué haremos. Bueno, vendremos a reinar, 1 Corintios 6:2. Apocalipsis 20 nos ve sentados en tronos y reinando. Y entonces, una vez que el Reino sea establecido, gobernaremos y reinaremos en el Reino.

El gobierno del Conquistador

Entonces, vimos el regreso de los ejércitos. Y luego, brevemente, el gobierno del Conquistador; y eso es obvio. Apocalipsis 19:15-16: "De Su boca sale una espada aguda, para herir con ella a las naciones, y Él las regirá con vara de hierro; y Él pisa el lagar del vino del furor y de la ira del Dios Todopoderoso. Y en Su vestidura y en Su muslo tiene escrito este nombre: REY DE REYES Y SEÑOR DE SEÑORES".

El gobierno del Rey se describe en términos muy gráficos. Vemos Su regreso, el ejército y ahora el gobierno. "De Su boca sale una espada aguda", es un símbolo de Su poder que mata. Y Juan ha visto esa espada anteriormente, de regreso en el capítulo 1, en la visión del versículo 16. "De Su boca salía una espada aguda de dos filos". En esa visión particular, la espada defendía, defendía a la Iglesia del violento ataque de Satanás y sus poderes; pero aquí es una espada de juicio. Es la espada llameante de muerte. Y es la espada de Su boca porque habla y se cumple. Todo termina en un segundo. En Sus palabras hay poder que trata con la muerte. Donde una vez habló de consuelo, Él ahora habla de muerte. Y a pesar de que los santos, como he dicho, regresan con Cristo para reinar y gobernar, ellos no son los ejecutores; nosotros no somos aquellos que ejercen la venganza. Esa es Su tarea. Los ángeles pueden ayudar a reunir, pero solo Él pisa el lagar. Y Juan escribió: "Para esto apareció el Hijo de Dios, para deshacer las obras del diablo" (1 Juan 3:8). Él lleva la espada, solo Él la usa, Él pisa el lagar. Los ángeles ayudan en la limpieza y nosotros en gobernar en el Reino. "Mía es la venganza, Yo pagaré, dice el Señor" (Romanos 12:19).

No vemos armas, por cierto, en las manos de nadie más. Ninguno de los santos que vienen con Él tiene armas. Su palabra es suficiente. Y Él, dice Isaías 11:4, "herirá la tierra con la vara de Su boca, y con el espíritu de Sus labios matará al impío".

Entonces, Apocalipsis 19:15 dice: "Para herir con ella a las naciones". Israel ha sido purgado. Los elegidos de Israel han sido redimidos. Y ellos serán preservados para el Reino. Él matará al resto del mundo en un instante con Su propia palabra. Luego, establecerá Su reino y los gobernará con vara de hierro. Es decir que habrá gentiles regenerados—se ha saltado mucho allí—habrá gentiles regenerados, no los matará, ellos irán al Reino. Y en ese

Reino, Él gobernará a las naciones con una vara de hierro. ¿Qué significa eso? Significa juicio instantáneo, castigo rápido.

Apocalipsis 12:5 dice: "Un hijo varón, que regirá con vara de hierro a todas las naciones". Eso viene del Salmo 2:8–9. Regresando al Salmo 2, ahí está la promesa de que el Mesías vendrá y quebrantará a las naciones con una vara de hierro. Eso significa juicio instantáneo, rápido y justo, que será la característica del gobierno y el reino de Jesucristo. Cuando Él venga, Su juicio será seguro. Y será rápido, firme, con absoluta soberanía, con justicia inmediata, con severidad. Y será un mundo muy diferente de lo que es hoy en día, en donde hay injusticia y desigualdad tan extensa. Dios establecerá la ley, Cristo ejecutará la ley, la justicia será absoluta, soberana, instantánea y severa. A todos se les requerirá que se ajusten a esa ley o sean juzgados.

Y, por supuesto, nosotros participaremos en ese momento en el proceso de juicio. De hecho, dice en Apocalipsis 2:26–27: "Al que venciere y guardare Mis obras hasta el fin, Yo le daré autoridad sobre las naciones, y las regirá con vara de hierro". Entonces nosotros estaremos involucrados en ese proceso de gobierno. Él ejecuta, nosotros gobernamos. Los ángeles hacen el trabajo de limpieza después de la ejecución.

Luego Juan da una descripción más amplia de Su juicio diciendo: "y Él pisa el lagar del vino del furor y de la ira del Dios Todopoderoso". Ese comentario se relaciona con Su furia y Su ira. Él aplasta las uvas con Su ira, un símbolo muy gráfico de juicio. En los tiempos antiguos pisoteaban las uvas, aplastando y salpicando todo; la imagen gráfica aquí es de explosión de sangre de las personas.

Entonces, Él viene con furia y Él viene en juicio. Y pisotea en un instante a los impíos; de la boca del Señor Jesucristo llega la condena y la ejecución. Y eso lo pone en una posición de ser REY DE REYES Y SEÑOR DE SEÑORES. Y está escrito en Su vestidura y en Su muslo que ese es en efecto Su nombre. Dice el Salmo 45:3: "Ciñe tu espada sobre el muslo, oh valiente, con tu gloria y con tu majestad". Y en el mismo muslo están el nombre REY DE REYES Y SEÑOR DE SEÑORES."

En la imagen de Juan se le identifica con una inscripción que llega hasta Su muslo; y muestra que Él es finalmente el Soberano, Él es el Rey definitivo. La matanza es algo terrible, aterrador, espantoso. Pero el abuso de la misericordia y el desdén de la gracia alcanzan este punto. Y cuando Él vino la primera vez, prefirieron a un asesino antes que a Él. Y le mataron, matando al Príncipe de la vida, tal como dice el libro de Hechos. Blasfemaron abiertamente contra Dios, se volvieron más y más impíos a medida que el tiempo pasó. Por último, al llegar al fin, su impiedad alcanzó proporciones imposibles de redimir; y el Ejecutor regresa a ejecutar. Y la descripción es clara e inconfundible.

El salmista vio esto—y con esto terminaré—en el Salmo 2; lo vio de manera clara, que vendría con una vara de hierro y dijo en los versículos 10–12: "Ahora, pues, oh reyes, sed prudentes; admitid amonestación, jueces de la tierra. Servid a Jehová con temor, y alegraos con temblor. Honrad al Hijo, para que no se enoje, y perezcáis en el camino; pues se inflama de pronto su ira. Bienaventurados todos los que en él confían".

REFLEXIONES PERSONALES

03_El glorioso regreso de Jesucristo. Parte III

Y vi a un ángel que estaba en pie en el sol, y clamó a gran voz, diciendo a todas las aves que vuelan en medio del cielo: Venid, y congregaos a la gran cena de Dios, para que comáis carnes de reyes y de capitanes, y carnes de fuertes, carnes de caballos y de sus jinetes, y carnes de todos, libres y esclavos, pequeños y grandes. Y vi a la bestia, a los reyes de la tierra y a sus ejércitos, reunidos para guerrear contra el que montaba el caballo, y contra su ejército. Y la bestia fue apresada, y con ella el falso profeta que había hecho delante de ella las señales con las cuales había engañado a los que recibieron la marca de la bestia, y habían adorado su imagen. Estos dos fueron lanzados vivos dentro de un lago de fuego que arde con azufre. Y los demás fueron muertos con la espada que salía de la boca del que montaba el caballo, y todas las aves se saciaron de las carnes de ellos.

Apocalipsis 19:17–21

BOSQUEJO

— Introducción

— La conquista anunciada

— La conquista consumada

Notas personales al bosquejo

SERMÓN

Introducción

Hoy regresamos nuevamente el capítulo 19 de Apocalipsis y al glorioso regreso de Jesucristo. Permítanme leerles el texto que veremos esta noche a medida que estudiamos juntos la preciosa palabra de Dios. Describe para nosotros el fin de los días del hombre. Describe para nosotros el holocausto de la batalla de Armagedón. Describe el efecto del regreso de Jesucristo a la tierra en juicio; describe para nosotros la ejecución final de los impíos, incluyendo la muerte del anticristo y el falso profeta, quienes son los líderes mundiales de Satanás en el fin de los tiempos.

Apocalipsis 19:17-21: "Y vi a un ángel que estaba en pie en el sol, y clamó a gran voz, diciendo a todas las aves que vuelan en medio del cielo: Venid, y congregaos a la gran cena de Dios, para que comáis carnes de reyes y de capitanes, y carnes de fuertes, carnes de caballos y de sus jinetes, y carnes de todos, libres y esclavos, pequeños y grandes. Y vi a la bestia, a los reyes de la tierra y a sus ejércitos, reunidos para guerrear contra el que montaba el caballo, y contra su ejército. Y la bestia fue apresada, y con ella el falso profeta que había hecho delante de ella las señales con las cuales había engañado a los que recibieron la marca de la bestia, y habían adorado su imagen. Estos dos fueron lanzados vivos dentro de un lago de fuego que arde con azufre. Y los demás fueron muertos con la espada que salía de la boca del que montaba el caballo, y todas las aves se saciaron de las carnes de ellos".

Esto, como ustedes saben, es el momento del regreso de Jesucristo y el tremendo impacto de ese retorno contra las naciones que se han unido en guerra contra Él. Ese día es el día preciso del que habló el salmista. Regresen al Salmo 2. Y aquí tienen una profecía de ese mismo suceso. El Salmo 2:1-2 dice: "¿Por qué se amotinan las gentes, y los pueblos piensan cosas vanas? Se levantarán los reyes de la tierra, y príncipes consultarán unidos contra Jehová y contra Su Ungido". Y aquí tienen la escena de la batalla, las naciones del mundo, los reyes de la tierra, los gobernantes se unen para pelear contra el Señor, contra Su Ungido quien es, por supuesto, el Mesías. Y continúa el texto: "Rompamos sus ligaduras, y echemos de nosotros sus cuerdas" (versículo 3). En otras palabras, si ellos tratan de vencernos, de tomarnos cautivos y someternos, nosotros despedazaremos dicho esfuerzo.

Y luego esto: "El que mora en los cielos se reirá"—ese es Dios—"el Señor se burlará de ellos. Luego hablará a ellos en su furor, y los turbará con Su ira. Pero Yo he puesto Mi rey sobre Sion, Mi santo monte" (versículos 4-6). Dios se ríe y establece a Su rey, al Mesías, en el trono de David en Sión.

Luego dice en los versículos 7–12: "Yo publicaré el decreto; Jehová Me ha dicho: Mi Hijo eres Tú; Yo Te engendré hoy. Pídeme, y Te daré por herencia las naciones, y como posesión Tuya los confines de la tierra"— eso es que le hará gobernante del mundo—"Los quebrantarás con vara de hierro; como vasija de alfarero los desmenuzarás. Ahora, pues, oh reyes, sed prudentes; admitid amonestación, jueces de la tierra. Servid a Jehová con temor, y alegraos con temblor. Honrad al Hijo, para que no se enoje, y perezcáis en el camino; pues se inflama de pronto su ira. Bienaventurados todos los que en él confían".

Ahí está la descripción profética del salmista que describe el mismo evento. Y tomando prestado de ese Salmo un pensamiento, este juicio final, este regreso del Señor Jesucristo tal como lo identifica Apocalipsis 19:16 como REY DE REYES Y SEÑOR DE SEÑORES, este juicio espantoso y mortal que ocurre, es la risa de Dios. Es la risa de Dios contra el clímax de la arrogancia y la incredulidad extrema del hombre. Y no se puede evitar ver esta escena, llamada La Gran Cena de Dios en el versículo 17, una cena ofrecida a las aves para que coman carne muerta, en contraste con la cena anterior en este capítulo, en el versículo 9, llamada la Cena de las Bodas del Cordero. ¡Qué contraste! La Cena de las Bodas del Cordero, un tiempo de alegría y de gozo, un tiempo de recompensa y bendición; y la Gran Cena de Dios, un tiempo de muerte pavorosa.

El Dr. Barnhouse escribió comentando sobre esto, y dijo: "Cuando nuestro Señor estuvo en la tierra la primera vez, le habló a Sus discípulos de una gran fiesta a la cual se invitaba a acudir abiertamente a todos los hombres. El amor tendió la mesa y la compasión estaba para servir. La gracia se sentó como anfitriona y el gozo sirvió el vino. Durante casi 2000 años, el Señor ha enviado a Sus sirvientes, proclamando la invitación a todos; y por casi 2000 años, los hombres en su mayoría han despreciado el amor que los invitó y han desairado a la gracia que les suplicó. Sin embargo, ellos presentan excusas débiles de una esposa recién casada, de un campo no visto, de una yunta de bueyes no probada, comprobando de esta manera que la mente humana está en enemistad con Dios. El Señor es el Dios de la paciencia, pero la paciencia no será burlada por siempre. El día de la ira debe venir. Y aquellos que han rechazado la llamada de la gracia al banquete del amor deben ser las víctimas de otra gran cena, en donde su carne será comida por las aves del aire".

Otro gran comentarista, Zeiss, escribió palabras irresistibles que tengo que compartir con ustedes. Él dijo esto con respecto al texto: "Relata una historia horrenda. Habla de la mayor comida compuesta por el hombre para las aves de rapiña; de reyes y líderes fuertes, seguros, devorados en el campo sin que nadie los entierre, de aquellos que pensaban conquistar al Ungido del Rey del cielo, indefensos aún delante de tímidas aves. El gran conquistador desciende, cabalga en el radiante caballo y vuela sobre el viento. De Sus fosas nasales sale humo y de Su boca fuego que devora. Se mueve en medio de tormentas y oscuridad en donde los relámpagos lanzan sus rayos y el granizo se mezcla con el fuego. Él ruge desde Sión; y habla desde Jerusalén hasta que los cielos y la tierra se sacudan. Él desata la furia de Su propia cólera entre nubes de fuego y humo. El sol se apaga, las montañas se derriten y se parten ante Su presencia. Las colinas huyen de su lugar y se dispersan como corderos. Las aguas se desplazan de sus cursos. El mar retrocede aullando de temor. El cielo se rasga y cae como una tienda que se desploma. Es el día para ejecutar a un mundo armado, un mundo en pacto con el infierno para derrocar la autoridad y el trono de Dios; y todo en la naturaleza aterrada se une para señalar a la venganza merecida".

Es la culminación, el clímax y el momento final de aquello llamado el día del Señor. Esta descripción gráfica que se ve aquí no es la primera descripción de este tipo en la Escritura. De hecho, el profeta Isaías claramente vio esto cuando, en Isaías 66:15–16 escribió: "Porque he aquí que Jehová vendrá con fuego, y Sus carros como torbellino, para descargar Su ira con furor, y Su represión con llama de fuego. Porque Jehová juzgará con fuego y con Su espada a todo hombre".

Esto no solo fue visto por Isaías, sino que Dios permitió que el profeta Joel también lo viera. En Joel 3:2 se dan algunas de las descripciones más gráficas de este evento: "Reuniré a todas las naciones, y las haré descender al valle de Josafat, y allí entraré en juicio con ellas a causa de Mi pueblo". Y luego en los versículos 13-14: "Echad la hoz, porque la mies está ya madura. Venid, descended, porque el lagar está lleno, rebosan las cubas; porque mucha es la maldad de ellos. Muchos pueblos en el valle de la decisión; porque cercano está el día de Jehová en el valle de la decisión".

Por cierto, debo añadir que esa no es una decisión que tiene que tomar el hombre, es una decisión que será tomada por Dios. Es el día cuando Dios entrega Su decisión, cuando Dios da Su veredicto. Aquí Dios es quien decide; es muy tarde para los hombres.

"El sol y la luna" —escribe Joel— "se oscurecerán, y las estrellas retraerán su resplandor. Y Jehová rugirá desde Sion, y dará su voz desde Jerusalén, y temblarán los cielos y la tierra" (versículos 15–16). Ese es el día que vendrá. Es ese el día, dice el versículo 21, en que Dios vengará la sangre (LBLA). Ese es el juicio.

Aún el profeta Ezequiel tuvo una visión de dicho evento que llegaría al final del tiempo. Escuchen cómo lo describe Ezequiel 39:1-4: "Tú pues, hijo de hombre, profetiza contra Gog, y di: Así ha dicho Jehová el Señor: He aquí Yo estoy contra ti, oh Gog, príncipe soberano de Mesec y Tubal. Y te quebrantaré, y te conduciré y te haré subir de las partes del norte, y te traeré sobre los montes de Israel; y sacaré tu arco de tu mano izquierda, y derribaré tus saetas de tu mano derecha. Sobre los montes de Israel caerás tú y todas tus tropas, y los pueblos que fueron contigo; a aves de rapiña de toda especie, y a las fieras del campo, te he dado por comida". Y en los versículos 17–20: "Y tú, hijo de hombre, así ha dicho Jehová el Señor: Di a las aves de toda especie, y a toda fiera del campo: Juntaos, y venid; reuníos de todas partes a Mi víctima que sacrifico para vosotros, un sacrificio grande sobre los montes de Israel; y comeréis carne y beberéis sangre. Comeréis carne de fuertes, y beberéis sangre de príncipes de la tierra; de carneros, de corderos, de machos cabríos, de bueyes y de toros, engordados todos en Basán. Comeréis grosura hasta saciaros, y beberéis hasta embriagaros de sangre de las víctimas que para vosotros sacrifiqué. Y os saciaréis sobre Mi mesa, de caballos y de jinetes fuertes y de todos los hombres de guerra, dice Jehová el Señor". Esto describe el juicio de Dios contra las naciones.

En el Nuevo Testamento, el apóstol Pablo habló de eso en 2 Tesalonicenses 1. Judas habló de eso en los versículos 14–15 de su epístola. Jesús habló de eso en Mateo 24–25. Y entonces, hay un número de otros pasajes que nos dan una visión anticipada de este evento muy descriptivo aquí en Apocalipsis 19. Y todos esos pasajes son descripciones de este tipo de juicio, este juicio del fin del tiempo. Hay varias fases, varios aspectos; pero todas esas profecías esperan esos juicios en el fin de los tiempos, el tiempo del regreso de Jesucristo. Esto nos da a nosotros la perspectiva de la destrucción final del imperio de Satanás, el fin del reinado del anticristo en la tierra y los engaños del falso profeta.

Permítanme ahora tratar de explicarles lo que está sucediendo aquí. Este no es el juicio final de los impíos. Esta es implemente su ejecución. No es Su juicio final. Su juicio final no llega hasta Apocalipsis 20:11, después del reino de mil años, en un evento llamado el Gran Trono Blanco. En un sentido, son como cualquier otro criminal, que son llevados prisioneros al infierno. Son enviados allí en virtud de muerte; y son encarcelados en el infierno durante mil años hasta que puedan ser resucitados y traídos al Gran Trono Blanco para su sentencia formal. Esa es la escena tal como está aquí. Aquí, simplemente se les ejecuta. Serán juzgados en mil años; y diremos más acerca de eso cuando lleguemos al capítulo 20.

Este no es el juicio final. Esta es la ejecución de los pecadores impíos del mundo que se han puesto de parte de Satanás durante el tiempo de la tribulación, que se han alineado con el anticristo, que han tomado su marca, le han adorado, han rechazado continuamente al Evangelio. Y Dios viene y los mata a todos. Y estas multitudes que Joel dice que están en el valle de la decisión, no están allí para tomar una decisión; están allí para oír la decisión que Dios ha tomado. El juez ha decidido y este es el día de la ejecución.

Ahora es este mismo juicio que es descrito tan claramente por el Señor Jesucristo en Mateo 25. Regresemos a este pasaje ya que es importante que comprendamos la enseñanza de la Escritura acerca de este evento. Acontece al final del capítulo 25, en el famoso sermón de Jesús acerca de Su Segunda Venida, es llamado el Sermón del Monte de los Olivos porque lo predicó en aquel lugar.

Primero que nada, vemos el escenario del juicio descrito en el versículo 31: "Cuando el Hijo del Hombre venga en Su gloria"—y eso nos conecta con el capítulo 19, es en ese momento que Él viene—"y todos los santos ángeles con Él"—y vimos en el pasaje anterior que así es exactamente como Él vendrá—"entonces se sentará en Su trono de gloria". Él viene del cielo con Sus santos, establece Su reino. Y en ese momento, "serán reunidas delante de Él todas las naciones; y apartará los unos de los otros" (versículo 32).

Pasamos del escenario del juicio a la separación. Y esto es lo que Él hace. Él separará. Él dividirá. Y si pasamos de la separación al próximo punto, pasaríamos a los sujetos. Su separación involucra ovejas y cabritos.

Entonces, Jesucristo vendrá. Él vendrá como juez. Él vendrá a establecer Su trono. Él vendrá con todos Sus santos y Sus ángeles. Él regresará y separará. El separará para llevar a Su reino a los santos y para matar, ejecutar a los impíos.

Por favor, noten que el versículo 32 dice "todas las naciones". Todos los pueblos. Tome la palabra naciones y no le dé un significado colectivo, sino un significado individual. Lo que Él hará es juzgar a todos en el mundo, todos los pueblos, todos los tipos de personas de todos los tipos de lugares y culturas e idiomas y naciones; Él los juzgará a todos ellos. Y no quiero que piensen en este juicio como un juicio colectivo a grupos de personas. Este es un juicio a individuos de cada grupo de gente que han rechazado continuamente al Evangelio. Es un juicio de separación.

Veamos cómo funciona en los versículos 33–34: "Y pondrá las ovejas a Su derecha, y los cabritos a Su izquierda. Entonces el Rey dirá a los de Su derecha: Venid, benditos de Mi Padre, heredad el reino preparado para vosotros desde la fundación del mundo". Este es el valle de Josafat, ahí hay multitudes, Cristo ha venido; Él vendrá al valle de Josafat. No sabemos exactamente dónde es; no es un término histórico, puede ser el valle que el Señor forma cuando llega al Monte de los Olivos y de manera instantánea crea ese valle allí. En ese momento en el cual Él viene a destruir a los impíos, Él realiza el juicio que aquí se describe. Se requiere tiempo para describirlo, pero sucederá rápidamente. Separa a las ovejas; y no las mata. Ellas se quedan aquí en la tierra y van directamente al Reino con Él. Esas son entonces las que habitan el Reino. Habrá judíos, por supuesto, porque muchos judíos se habrán convertido; la nación de Israel será convertida, ellos serán salvos y habrá muchos gentiles y una cantidad innumerable ya se ha convertido en el tiempo de la tribulación; y muchos de ellos han sido martirizados y ejecutados, pero muchos de ellos todavía están vivos. Y entonces las ovejas, o los santos, permanecerán vivos. Él no los ejecutará, obviamente, ¿por qué habría de matarlos? Todavía están vivos y han sido preservados, y sabemos a partir de Apocalipsis 12 que Israel será preservado; y habrá otras naciones que también serán preservadas.

Ustedes se preguntarán cómo sé eso. Porque en el Reino hay muchas naciones; y tienen que comenzar de algún lugar. Entonces, tiene que haber grupos de muchos pueblos que son llevados al Reino para que puedan producir su propia especie. Entonces, Él toma a aquellos que creen y son dejados en el Reino; solo creyentes. Todos los impíos son destruidos. Y los creyentes son llamados ovejas. Y eso es consistente—¿no es cierto?—con la terminología utilizada especialmente por Juan. Pone a las ovejas a Su derecha y los cabritos a Su izquierda.

Cualquier buen pastor haría eso. ¿Saben por qué? Porque las ovejas tienden a ser dóciles y delicadas; y los cabritos son revoltosos e inquietos. Si usted viaja al Medio Oriente, usualmente los puede ver porque son completamente opuestos. Los cabritos allí son negros, muy, muy negros; y las ovejas son blancas. Y ustedes pueden verlos juntos; pero en cierto momento un buen pastor tiene que separarlos. Y esa es la descripción que utiliza el Señor. Y les dirá a aquellos a Su derecha que son las ovejas: "Venid, benditos de Mi Padre, heredad el reino preparado para vosotros desde la fundación del mundo". Es tiempo del Reino, y vosotros viviréis y entraréis directamente al Reino; y Yo reinaré desde el trono de David, en la ciudad de Jerusalén, sobre una tierra restaurada. Tiene que haber alguien vivo en la tierra en su condición natural para disfrutar el cumplimiento de esta profecía. Y entonces los creyentes irán directamente al Reino. Jesús lo iniciará allí.

¿Cuál es el criterio por medio del cual Él identifica a Sus ovejas? Lean los versículos 35–36: "Porque tuve hambre, y Me disteis de comer; tuve sed, y Me disteis de beber; fui forastero, y Me recogisteis; estuve desnudo, y Me cubristeis; enfermo, y Me visitasteis; en la cárcel, y vinisteis a Mí". Así será durante el tiempo de la tribulación. Habrá creyentes que no tendrán ninguna comida. ¿Por qué? Porque no tienen la marca de la bestia. Entonces, no pueden comprar ni vender. ¿Y quién les dará comida? Y estarán sedientos y no podrán tener nada para beber, ¿quién les dará de beber? Y serán forasteros y no tendrán acceso a un lugar donde quedarse porque son parias; serán cazados. Tendrán que ser refugiados, tendrán que esconderse para salvar sus vidas. Y necesitarán vestimenta; y estarán enfermos y alguien necesitará cuidarlos. Y ellos serán encarcelados en prisiones por el sistema del anticristo.

Y alguien les ministrará. Y ustedes se preguntarán sencillamente quién será. Y yo les diré quién será. Serán otros creyentes, ¿no es cierto? No dijo

Jesús en Juan 13:35: "En esto conocerán todos que sois Mis discípulos, si tuviereis amor los unos con los otros". Jesús simplemente está diciendo que las ovejas son aquellas que han evidenciado una vida regenerada por el amor al prójimo. Juan dice en su epístola: "Si alguno dice: Yo amo a Dios, y aborrece a su hermano, es mentiroso" (1 Juan 4:20).

Y nos preguntamos por qué Él dice Me, Me, Me. ¿Por qué? Porque Cristo vive en cada creyente. ¿No es cierto? En Mateo 18 Jesús dice: "Cualquiera que reciba en Mi Nombre a un niño como este, a Mí Me recibe". El modo en el cual usted trata a otro creyente es exactamente cómo usted está tratando a Jesucristo. Y entonces, Él lo hace personal y dice: "tuve hambre, y Me disteis de comer; tuve sed, y Me disteis de beber; fui forastero, y Me recogisteis; estuve desnudo, y Me cubristeis; enfermo, y Me visitasteis; en la cárcel, y vinisteis a Mí". Y por el modo en que ellos trataron a otros creyentes, evidenciaron su propia salvación.

Y luego los justos dirán: "Señor, ¿cuándo Te vimos hambriento, y Te sustentamos, o sediento, y Te dimos de beber? ¿Y cuándo Te vimos forastero, y Te recogimos, o desnudo, y Te cubrimos? ¿O cuándo Te vimos enfermo, o en la cárcel, y vinimos a Ti? Y respondiendo el Rey, les dirá: De cierto os digo que en cuanto lo hicisteis a uno de estos Mis hermanos más pequeños, a Mí lo hicisteis". Hay evidencia de que Estas son ovejas por el modo en el cual tratan a sus hermanos y hermanas en Cristo. No son salvos por sus buenas obras, sino que sus buenas obras son evidencia de su salvación. Y el amor de los hermanos es una realidad dentro de la comunión de la fe. Juan pregunta en su primera epístola: "Pero el que tiene bienes de este mundo y ve a su hermano tener necesidad, y cierra contra él su corazón, ¿cómo mora el amor de Dios en él?" (1 Juan 3:17).

Entonces, las ovejas van al Reino. Y las buenas obras son evidencia de su salvación. Luego, en el versículo 41, Él le dirá a aquellos a Su izquierda, estos cabritos que representan a los que no han sido regenerados: "Apartaos de Mí, malditos, al fuego eterno preparado para el diablo y sus ángeles". ¿Por qué? "Porque tuve hambre, y no Me disteis de comer; tuve sed, y no Me disteis de beber; fui forastero, y no Me recogisteis; estuve desnudo, y no Me cubristeis; enfermo, y en la cárcel, y no Me visitasteis. Entonces también ellos le responderán diciendo: Señor, ¿cuándo Te vimos hambriento, sediento, forastero, desnudo, enfermo, o en la cárcel, y no Te servimos? Entonces les responderá diciendo: De cierto os digo que en cuanto no lo hicisteis a uno de estos más pequeños, tampoco a Mí lo hicisteis. E irán estos al castigo eterno, y los justos a la vida eterna" (versículos 42–46).

Este es el mismo juicio que ven que sucede en Apocalipsis 19. Y las obras mostraron que ellos nunca pertenecieron a Dios. Ellos nunca pertenecieron a Cristo. De manera muy similar, una referencia interrelacionada sería Romanos 2:5–10, donde el apóstol Pablo dice que Dios juzgará en el futuro en base a las obras. No porque seamos salvos por obras, sino que la evidencia de nuestra salvación está en esas obras.

Entonces, Esta es la destrucción de los impíos. Él dice que las ovejas estarán en el Reino, los impíos serán enviados al fuego eterno. Esta, como he dicho, es la destrucción de los impíos.

Por lo tanto, lo que aquí Jesús está diciendo es lo mismo que Juan ve en su visión del capítulo 19. Es importante decirlo porque creo que hay personas que asumen que Jesús es una persona más linda que lo que dicen algunos escritores del Nuevo Testamento. Existía una hermenéutica entre los teólogos liberales llamada "el Espíritu de Jesús". Y cualquier cosa que supuestamente era atribuida a Jesús y no encajaba con el espíritu dócil, casi indiferente, tolerante que ellos le atribuían a Jesús, decían que no era cierto acerca de Él; lo eliminaban. Pero hay obviamente una realidad en la mente y el corazón del Señor Jesucristo que se encargará con tanta firmeza de la venganza así como se encargó de manera compasiva de la misericordia.

Entonces, en el capítulo 19, escuchamos realmente la descripción de Juan del mismo evento que Jesús describió en Mateo 25. Si me permiten, quiero llevarlos de regreso a Apocalipsis 16. Estoy tratando de completar esto para que tengan un entendimiento total. Apocalipsis 16:13: "Y vi salir de la boca del dragón, y de la boca de la bestia, y de la boca del falso profeta, tres espíritus inmundos a manera de ranas". Esta por cierto, es la sexta copa de juicio. Recuerden, siete juicios de sellos, que finalizan en siete juicios de trompetas, que finalizan con siete juicios de copas de fuego rápido. Estamos en el fin. Estos espíritus de demonios, dice el versículo 14, hacen señales. ¿Y qué es lo que hacen? Van a los reyes de todo el mundo y los engañan y los reúnen para pelear en el gran día de Dios Todopoderoso.

A menudo surge la pregunta, de por qué las naciones del mundo, cuando han sido tan devastadas a lo largo del toda la tribulación, piensan que pueden ir y pelear contra Dios. Y la respuesta es porque existen demonios del infierno que van por el mundo y los engañan. Y Dios permite que eso suceda. Entonces, son estos demonios que han ido por el mundo y han reunido a las fuerzas restantes de la humanidad; y las han llevado a la tierra de Israel, que se extiende desde el Norte, desde Armagedón, hasta el sur. Se reúnen con la ilusión de que pueden pelear contra el Señor Jesucristo que está por venir.

El versículo 15, Él dice: "He aquí, Yo vengo como ladrón". Eso significa de repente, de manera aterradora y con resultados devastadores. Y el versículo 16 dice: "Y los reunió en el lugar que en hebreo se llama Armagedón", el valle de Meguido. Y entonces nuevamente les estoy señalando el hecho de que el capítulo 16 también habla del mismo evento. Ustedes lo leen en Joel 3, tal como lo hicimos anteriormente. Lo leen en Sofonías 3, en Zacarías 12, en Zacarías 14.

Entonces, los demonios juntan las fuerzas restantes de los impíos. Recuerden, su capital, la ciudad de Babilonia, ya ha sido destruida. Pero lo que queda del poder mundial es juntado y reunido en la tierra de Israel. Se reúnen para pelear o perecer. En este momento, es pelear o morir. El ejecutor está cerca, Cristo surge del trono juntando a todos Sus santos ángeles del cielo, está por descender en juicio devastador al mundo. Se preguntarán si ellos lo saben. Ciertamente que lo saben, los predicadores se lo han estado diciendo. Y ahora es pelear o morir. Y entonces, llegan armados hasta los dientes. Y pueden ustedes creer que cualquier capacidad nuclear que ellos tengan, cualquier tipo de poder sofisticado, exótico que hayan podido acumular en cuanto a armas, cualquier tipo de operaciones que puedan lograr a partir de los satélites y otras cosas en el cielo, todo eso tendrán. Tendrán toda la cooperación de aquellos que poseen armamento nuclear; y estarán listos para destruir al hijo de Dios cuando venga.

Y entonces, en el versículo 17, nosotros venimos a conquistar. A pesar de todos sus esfuerzos, a pesar de todos sus intentos de victoria, ellos serán vencidos de manera terrible. Y quiero hablar acerca de dos cosas; quizás hoy veamos la primera y la otra la próxima vez: la conquista anunciada y la conquista consumada.

La conquista anunciada

Versículo 17: "Y vi a un ángel que estaba en pie en el sol, y clamó a gran voz, diciendo a todas las aves que vuelan en medio del cielo: Venid, y congregaos a la gran cena de Dios".

Aquí nuevamente un ángel tiene un rol clave, un rol importante en la acción de los días finales en el desarrollo del libro de Apocalipsis. Este ángel estaba de pie en el sol. ¿Qué significa eso? ¿Significa literalmente que él estaba parado en el sol y no se quemaba? Bueno, me parece que si realmente estaba parado en el sol, no tenemos motivo para creer que los ángeles, que son seres espirituales, podrían proyectarse visiblemente a sí mismos desde una posición dentro del sol que podría ser vista por todos. Quiero decir, un pequeño ángel parado en medio del sol, disparando sus llamas a miles de millas en el espacio no sería visto. Creo que aquí el significado es que en la proximidad del sol, quizás a modo de eclipse, tapando el sol, hay un ángel parado. Y él está haciendo al sol lo que la luna hace en un eclipse. El sol brilla solamente en el contorno alrededor de la silueta del ángel.

Él está parado en un lugar que llama la atención; un lugar poderoso. Recuerden que Joel 2:30–32 y Hechos 2:19–20 dice que el sol no dará su luz. ¿Lo recuerdan? Y la luna se oscurecerá cuando el sol se oscurezca por que la luna refleja su luz. Pero la indicación aquí es que el ángel está parado en el sol; y el sol todavía brilla, por lo que asumimos que esto es antes de que Dios apague al sol.

El ángel hace el anuncio. Y cuando el anuncio es finalizado y él convoca a las aves a comer la carne, entonces el sol se oscurece. "El sol"—dice Mateo 24:29—"se oscurecerá, y la luna no dará su resplandor, y las estrellas caerán del cielo, y las potencias de los cielos serán conmovidas". Entonces, aparecerá el Hijo del Hombre.

Ahora regresemos a este ángel. Él clama a gran voz. Algo que los ángeles han estado haciendo a menudo en el libro de Apocalipsis. Capítulo 7, capítulo 10, capítulo 14, capítulo 18, los ángeles gritaban mucho en las visiones que Juan tenía; y siempre presentaban palabras muy importante que anunciaban juicio en gran escala. Ellos están hablando al mundo. Esto será una especie de megáfono celestial; y todo el mundo escuchará esto. ¿Pero a quién se dirige el ángel? El ángel les está hablando a las aves. ¡Sorprendente! ¿Qué aves? Las que vuelan en medio del cielo. ¿Qué es el medio del cielo? Es donde vuelan las aves. ¡Qué razonamiento! Entonces, si cuando leen Apocalipsis 8:13 y 14:6, en donde aparece la expresión griega "en medio del cielo", se preguntan a qué se refiere, aquí Juan lo define. En medio del cielo es donde están las aves. Es arriba de nosotros.

¿Por qué este ángel está parado en el sol clamando a todo el mundo para que le escuche y hablándole a las aves? Les está invitando a alimentarse de la matanza. Él está declarando la victoria antes de que la batalla haya sido peleada. Les está invitando a comer la carroña, los cadáveres de los que serán masacrados en el regreso de Jesucristo.

Y esto tampoco es nuevo. No, aún Jesús habló de esto en Mateo capítulo 24. Es sorprendente lo que Jesús dijo. Él está hablando en el versículo 27 acerca de la llegada del Hijo del Hombre; y luego, en el versículo 28 dice: "Porque dondequiera que estuviere el cuerpo muerto, allí se juntarán las águilas". También Lucas registra la enseñanza de Jesús en Lucas capítulo 17, que en el momento de la venida del Hijo del Hombre, sucederá lo mismo. De hecho, Lucas nos dice que cuando Él venga, habrá dos en una cama, uno será tomado, eso significa llevado al juicio; el otro será dejado para ir al Reino. Dos moliendo en el mismo lugar, una será tomada para juicio y enviada al infierno; y la otra dejada para ir al Reino. "Y respondiendo, le dijeron: ¿Dónde, Señor? Él les dijo: Donde estuviere el cuerpo, allí se juntarán también las águilas" (Lucas 17:37).

Entonces, Jesús, en al menos dos ocasiones—y quizás más a menudo—habló de las aves; aves de rapiña, no solo aves depredadoras, sino aves carroñeras, las que comen la carne de los cadáveres. Podría ser que Esta fuera una metáfora del mundo maldito, podrido, visto como un cadáver en estado de putrefacción, fétido, que no sirve para otra cosa que para ser destruido. Pero creo que no hay motivo para no ver a esto de manera literal.

El ángel ordena a las aves, y él dice: "Venid y congregaos a la gran cena de Dios". Y por cierto, no será la primera cena de carne humana para los pájaros; los pájaros han comido carne humana lo largo de la historia del mundo. Pueden ver una clase de juicio similar. Por ejemplo, regresen al Antiguo Testamento y lo verán en Isaías 18; habla acerca de juicio sobre Etiopía y Egipto y en el versículo 6: "Y serán dejados todos para las aves de los montes y para las bestias de la tierra; sobre ellos tendrán el verano las aves, e invernarán todas las bestias de la tierra". Lo mismo en Jeremías 7:33. A través de todas las guerras de la antigüedad, todas las guerras de la historia humana hasta la época moderna, aves como las que comerán la carne de quienes estén en el fin de los tiempos, habrán comido carnes de otros. Ciertamente, a lo largo de la historia humana, las aves de rapiña y carroñeras se han saturado con carne.

Entonces, es un llamado a la cena de Dios. Y se llama a todas las aves. La batalla será muy breve, abarcando unas 200 millas en donde la sangre salpicará tan alto que alcanzará las bridas de los caballos. Millones de cadáveres esparcidos por todas partes. El profeta nos dice que después de que las aves hayan hecho su trabajo y comido en abundancia, llevará siete meses enterrar los cadáveres (Ezequiel 39:12); siete meses hasta el Reino.

Ahora, si ustedes son curiosos como yo, se preguntarán de dónde vendrán esas aves. Y quiero ayudarles con eso. Quizás les interese saber esto. Si alguna vez han ido a la tierra de Israel, están familiarizados con la Fuerza Aérea Israelí; saben que vuelan sobre ustedes todo el tiempo. Le toma un minuto y medio a un piloto de combate de un jet israelí volar desde la frontera occidental hasta la frontera oriental de Israel. Ellos hacen eso constantemente. Necesitan un poco más de tiempo para hacerlo de norte a sur. Pero es un tema de seguridad para ellos; y eso es una cuestión de vida.

Y ellos han peleado, como ustedes bien saben, en todo tipo de guerras en el Medio Oriente; y esos pilotos arriesgan su vida. Pero quiero que sepan esto: a lo largo de la historia de la Fuerza Aérea de Israel, han muerto muchos más pilotos israelíes a causa de los pájaros que de los enemigos. Y una de las realidades más espantosas en la Fuerza Aérea israelí es cuando un pájaro atraviesa el plexiglás de la cabina del avión y choca contra la cabeza del piloto. Y eso sucede frecuentemente o sucedía, hasta los tiempos más modernos.

Se preguntarán cómo sé eso. Porque tengo un vídeo de entrenamiento producido por la Fuerza Aérea y el gobierno israelíes que fue enviado a cada aeropuerto del mundo. Y se entregó una copia a cada piloto en jefe en cada instalación. Y me encontré con el piloto en jefe de American Airlines en Chicago. Y me dijo que tenía un video que quería darme, que me parecería fascinante. Que era acerca de los pájaros en Israel. Tenían un problema muy importante, inclusive temían que los pilotos no quisieran volar a Tel Aviv debido a la cantidad de pájaros que había en el aeropuerto Ben Gurión;

eran aves marinas, gaviotas y otras aves que viven cerca del mar. Y debido a que había agua al final de una de las pistas, las aves literalmente llegaban como enjambre y eran aspiradas por las turbinas. Y los pilotos morían de ese modo. Y mostraban en la película a un pájaro literalmente decapitando la cabeza del piloto en una filmación desde la cabina de mando. Algo increíble de ver.

Y se dieron cuenta que tenían que hacer algo acerca de este problema. Y entonces—son ingeniosos, usted sabe—decidieron formar un grupo de expertos para estudiar el problema. Y lo que hicieron fue desarrollar planeadores para que volaran con las aves. Y lograron unos descubrimientos sorprendentes.

Primero que nada, todas las aves migratorias, que son los pájaros más grandes, desde Europa occidental hasta Siberia, migran al sur cada año. Y todas ellas migran a través de Israel. Millones y millones de ellas. Se preguntarán por qué. Porque necesitan comida durante su migración. Y no hay comida en el este porque es un desierto completamente árido. Y no hay comida en el oeste porque está el mar. Entonces, vuelan por la estrecha franja de Israel. Llegan a comienzos de la primavera; y ellos saben qué tipos de aves vendrán. Y pueden predecir su llegada con uno o dos días de anticipación. Y llegan diferentes grupos de aves; millones y millones de ellas volando todas por Israel. ¿No es eso sorprendente?

Entonces se preguntarán si eso quiere decir que la Segunda Venida de Jesús será en la primavera. Quizás sea en la primavera o quizás Él las llame antes o las demore hasta más tarde. Pero así es como ellas vendrán.

Existe otro motivo por el cual ellas siempre vuelan por Israel. Es porque en Israel hay corrientes térmicas ascendentes. Y las aves vienen desde lo alto, literalmente planeando en descenso sobre esas corrientes. Y luego se dispersan por el norte de África. Ellas vienen por la comida.

Y entonces, los israelíes comenzaron a estudiar a estas aves; y esto es algo increíble porque nos muestra la mente de Dios en Su poder creativo. Cada tipo de parvada vuela siempre por la misma ruta, a la misma altitud, en la misma época del año. Y ahora, tienen entrenados a todos los pilotos para volar a diferentes altitudes en determinados períodos de tiempo debido a las aves migratorias. Y han solucionado el problema. Es algo increíble. Esta película de entrenamiento fue utilizada entonces por American Airlines para entrenar a todos sus pilotos que vuelan allí para entender las diferentes e inexorables rutas de esas aves. Pero cuando llegue el tiempo de la cena, los pájaros conocerán muy bien el camino. Y llegarán para la gran cena de Dios.

El ángel dice: "Venid, y congregaos a la gran cena de Dios". Ahora, veamos Apocalipsis 19:18. Y aquí está la extensión de Su juicio: "para que comáis carnes de reyes y de capitanes, y carnes de fuertes, carnes de caballos y de sus jinetes, y carnes de todos, libres y esclavos, pequeños y grandes". Y, por supuesto, ustedes comprenden que Él está reuniendo absolutamente a todos. Comed carne de reyes, comenzad desde lo más elevado. Es algo muy indigno para un rey yacer sin ser sepultado y que las aves desgarren su carne. Eso es precisamente lo que sucederá. Nadie cuidará de ellos. No habrá nadie vivo que cuide de ellos. Este es el fin de los reyes, un fin profano. Los pájaros comerán su carne.

Y los gobernantes no podrán guiar a su pueblo, los reyes no podrán dirigirlos porque el miedo será abrumador. La carne de los comandantes—a medida que vamos descendiendo de rango—la carne de los hombres poderosos, grandes soldados, la carne de los caballos y sus jinetes, principalmente de los soldados mismos. Obviamente no habrá ejércitos a caballo del mismo modo que en la antigüedad. Aunque ciertamente puede haber alguno. Eran un instrumento de batalla antiguo; y son emblemáticos para cualquier tipo de instrumento de batalla que será utilizado en el futuro. Quizás habrá caballos allí.

Luego se suma la carne de todos los hombres, miren el versículo 18: "carnes de todos, libres y esclavos, pequeños y grandes". Y la terminología aquí se parece a la de Apocalipsis 6, todos en el mundo serán comida para las aves de rapiña. Todo el mundo. Este es el fin.

El profeta Sofonías lo describió: "Cercano está el día grande de Jehová, cercano y muy próximo; es amarga la voz del día de Jehová; gritará allí el valiente. Día de ira aquel día, día de angustia y de aprieto, día de alboroto y de asolamiento, día de tiniebla y de oscuridad, día de nublado y de entenebrecimiento, día de trompeta y de algazara sobre las ciudades fortificadas, y sobre las altas torres. Y atribularé a los hombres, y andarán como ciegos, porque pecaron contra Jehová; y la sangre de ellos será derramada como polvo, y su carne como estiércol. Ni su plata ni su oro podrá librarlos en el día de la ira de Jehová, pues toda la tierra será consumida con el fuego de Su celo; porque ciertamente destrucción apresurada hará de todos los habitantes de la tierra" (Sofonías 1:14–18). No hay escape, Esta es la ejecución de todos los no redimidos, todos. Nadie escapa: los hombres libres, los esclavos, pequeños, grandes; nadie escapa. Todo se convierte en comida para la cena.

La conquista consumada

Entonces vimos primero la conquista anunciada. Veamos rápidamente en segundo lugar la conquista consumada. Apocalipsis 19:19: "Y vi a la bestia". ¿Quién es esa? Es el anticristo. El gobernante mundial, que fue presentado en Apocalipsis 11:7; y luego descrito en 13:1-8. La bestia y los reyes de la tierra, ¿quiénes son? Bueno, regresando al capítulo 17, recordarán que hay 10 reyes; el anticristo de alguna manera divide al mundo en 10 sectores. Y ha puesto a alguien a cargo de esas partes que le responde él. Entonces, el anticristo gobierna al mundo; y aquellos que están inmediatamente bajo él están gobernando los 10 sectores del mundo. Y luego menciona sus ejércitos. Eso es todos los que están allí. Recuerde ahora, la sexta copa, capítulo 16, el engaño de los demonios que han salido de las bocas del dragón, de la bestia y del falso profeta juntan estos ejércitos. Entonces, Juan dice que vio al anticristo, vio a los 10 Reyes, vio los ejércitos de todo el mundo juntarse para pelear contra Aquel que está sentado en el caballo y contra Su ejército. Ellos tienen ejércitos; Él tiene un ejército, singular.

Se reúnen con el propósito de pelear contra Jesucristo. Y como he dicho, estarán armados hasta los dientes. Y están listos para la batalla. Zacarías 14:5 describe al ejército de Cristo como "todos los santos".

Así que, Sus enemigos lograron matarle cuando vino con humildad y gracia, porque era el plan de Dios para salvación que Él muriera. Lo odiaron cuando Él mostró salvación y misericordia. Imagine cómo le odiarán cuando les haya juzgado y ahora esté listo para ejecutarlos. Y entonces, ellos están armados y listos.

Luego, sucede inmediatamente en el siguiente versículo, Apocalipsis 19:20: "Y la bestia fue apresada, y con ella el falso profeta". Lo primero que uno hace es tomar a los líderes; y entonces habrá destruido la cabeza. Así, la bestia es capturada; y con ella el falso profeta. Recuerden que él hizo señales en presencia de la bestia por medio de las cuales engañó a aquellos que habían recibido la marca de la bestia y a aquellos que adoraban su imagen. Recuerden la descripción del falso profeta en Apocalipsis 13:11-13 y cómo él hizo señales y maravillas para convencer a la gente de que la bestia es Dios. Y entonces, recuerden cómo en 13:16-17 todos los que adoraron a la bestia recibieron una marca, la marca de la bestia en su cabeza o en la palma de la mano. Y por cierto, ellos podían vender y comprar y funcionar dentro de la sociedad. Y Apocalipsis 13:14-15, describe cómo adoraron a la bestia.

Entonces, la bestia y el falso profeta que hacía señales y maravillas y engañaba a aquellos que recibieron la marca, son apresados. En otras palabras, el ejército pierde sus líderes. Estos son dos hombres, por cierto, no quiero alejarme de eso; son dos seres humanos. Uno es un líder político mundial y el otro es un líder religioso que ha hacho que la religión del mundo sea el anticristo, quien es tanto rey como dios. Son capturados primero y los ejércitos inmediatamente pierden sus líderes. Y estos dos hombres son arrojados vivos en el lago de fuego.

Aparentemente ni siquiera mueren; debe haber algún tipo de transformación; pero Cristo tan solo los toma y los arroja en el lago de fuego. Esta es la primera mención de ese lugar que es el infierno final y eterno. Existe el infierno; siempre ha existido un infierno: estar separados de Dios siempre es un lugar de tormento, pero Esta es su forma final. Se le llama el lago de fuego. Cualquier lugar separado de la presencia de Dios es un tipo de infierno;

03_El glorioso regreso de Jesucristo. Parte III

pero Esta es la forma final de ese infierno. Y los primeros dos en ir a él son el anticristo y al falso profeta.

Daniel 7:11 dice lo mismo: "Yo... miraba hasta que mataron a la bestia, y su cuerpo fue destrozado y entregado para ser quemado en el fuego". Entonces, Daniel ve algún tipo de destrucción. Juan dice que fueron arrojados vivos al lago de fuego. Sus cuerpos pueden haber sido literalmente acabados pero, por supuesto, sus espíritus van vivos al infierno. Es difícil resolver esos dos textos. Pero el Señor sabe su significado.

De todos modos, ciertamente ellos tuvieron que ser alterados o cambiados cuando van al infierno para no ser consumidos de manera instantánea. Quizás hay una carne remanente en el mundo a medida que son ejecutados y su ser espiritual de alguna manera es transportado al infierno.

No es el Hades. El Hades es un lugar temporal. Este es el lago de fuego final. Más tarde, por cierto, encontraremos en el capítulo 20 que el diablo y sus demonios serán enviados ahí porque ha sido preparado para ellos. Y tristemente... tristemente, también lo serán todos los incrédulos al final del Juicio del Gran Trono Blanco. Serán tomados y echados al lago de fuego final.

Este lago de fuego nos dice varias cosas que son importantes. Es una buena evidencia de que no existe la aniquilación de los impíos. Algunas personas dicen que cuando los impíos mueren, son aniquilados. No tiene sentido porque estas dos personas, la bestia y el falso profeta, son arrojados al lago de fuego que arde con azufre. Ellos son arrojados; luego comienza el Reino. Más adelante, en Apocalipsis 20:10: "Y el diablo que los engañaba fue lanzado en el lago de fuego y azufre, donde estaban la bestia y el falso profeta; y serán atormentados día y noche por los siglos de los siglos". Entonces, no fueron aniquilados cuando llegaron allí. Y allí siguen mil años después.

Y más adelante, versículo 15: "Y el que no se halló inscrito en el libro de la vida fue lanzado al lago de fuego". Isaías vio ese lago de fuego. Isaías 66:24 dice que es un lugar donde los gusanos nunca morirán, ni el fuego se apagará. Jesucristo vio este lugar y lo llamó el fuego eterno donde el gusano no muere ni el fuego se apaga, lo llamó Gehena (Marcos 9:43–48). Era un fuego que ardía de manera constante en el vertedero de basura de la ciudad de Jerusalén y que nunca se apagaba. Jesús dijo: "De manera que como se arranca la cizaña, y se quema en el fuego, así será en el fin de este siglo. Enviará el Hijo del Hombre a Sus ángeles, y recogerán de Su reino a todos los que sirven de tropiezo, y a los que hacen iniquidad, y los echarán en el horno de fuego; allí será el lloro y el crujir de dientes. Entonces los justos resplandecerán como el sol en el reino de su Padre" (Mateo 13:40–43).

En Mateo 25:41 es llamado el "fuego eterno". Apocalipsis 14:11 dice que "el humo de su tormento sube por los siglos de los siglos". Y Juan dice que este lago de fuego arde con azufre. Apocalipsis 20:10 dice lo mismo: "Lago de fuego y azufre". Apocalipsis 21:8 dice: "el lago que arde con fuego y azufre". Es para hacer una descripción más gráfica. El azufre es un químico sulfúrico que lo hace explosivamente caliente.

Y eso es lo que sucederá para el resto de las personas del mundo, no solo estos dos. Ellos tienen el "privilegio" de ser los primeros dos que poblarán este lugar final de destrucción, el infierno eterno. ¡Qué final tan triste, tan trágico! Pero luego, después de todo, estos solo son los seres humanos más blasfemos que hayan vivido, son los dos que han tenido la mayor exposición a la predicación, al poder milagroso y al juicio; y son los primeros a los que se les da la "distinción" de estar eternamente separados de la presencia de Dios. Y el resto del mundo los seguirá.

Y eso nos lleva al último versículo; llegamos a Apocalipsis 19:21: "Y los demás fueron muertos con la espada que salía de la boca del que montaba el caballo, y todas las aves se saciaron de las carnes de ellos". Recuerden ahora que en el versículo 15 dice: "De su boca sale una espada aguda, para herir con ella a las naciones". Esta es Su palabra, ¿no es cierto? Todo el mundo de pecadores muere, no solo los ejércitos sino cualquier pecador que quede en el planeta. Y no todos ellos serán juntados aquí. Los ejércitos estarán aquí; pero también habrá otras personas que serán muertas. Él destruirá a los pueblos. El versículo 15 dice que con muerte rápida y devastadora, a medida que habla.

John Phillips ha escrito: "Repentinamente, todo habrá terminado. De hecho, no habrá una guerra en el sentido en que nosotros pensamos, sino que Aquel que está sentado en el gran caballo blanco dirá una palabra. Una vez le dijo una palabra a la higuera; y se marchitó. Habló a los vientos y a las grandes olas; y la tormenta desapareció y las olas se calmaron. Una vez le habló a un ejército de demonios que atormentaba al alma de un pobre hombre; y ellos salieron instantáneamente. Y ahora Él habla y la guerra finaliza, la bestia blasfema y vociferante es golpeada. El falso profeta, el hacedor de milagros, el parlanchín del abismo, es herido e inmovilizado. Ambos son lanzados a las llamas eternas. Otra palabra y los ejércitos azotados por el pánico se tambalean y caen muertos, los jefes y generales del campo, almirantes y comandantes, soldados y marineros, soldados rasos, uno y todos caen; y los buitres descienden y cubren la escena".

Una descripción increíble de cómo terminará todo. Zacarías 14:3-4 lo describe con estas palabras: "Después saldrá Jehová y peleará con aquellas naciones, como peleó en el día de la batalla. Y se afirmarán Sus pies en aquel día sobre el Monte de los Olivos, que está enfrente de Jerusalén al oriente; y el Monte de los Olivos se partirá por en medio, hacia el oriente y hacia el occidente, haciendo un valle muy grande; y la mitad del monte se apartará hacia el norte, y la otra mitad hacia el sur". Les mencioné que este bien podría ser el valle de Josafat. "Y huiréis al valle de los montes"—en otras palabras, el pueblo de Dios podrá huir del anticristo y de la devastación por el valle—"porque el valle de los montes llegará hasta Azal; huiréis de la manera que huisteis por causa del terremoto en los días de Uzías rey de Judá; y vendrá Jehová mi Dios, y con él todos los santos. Y acontecerá que en ese día no habrá luz clara, ni oscura. Será un día, el cual es conocido de Jehová, que no será ni día ni noche; pero sucederá que al caer la tarde habrá luz" (versículos 5-7). Estará todo oscuro; y de repente llega la luz de Cristo. "Acontecerá también en aquel día, que saldrán de Jerusalén aguas vivas, la mitad de ellas hacia el mar oriental, y la otra mitad hacia el mar occidental, en verano y en invierno" (versículo 8).

De algún modo, toda la topografía de Israel cambiará. Llega al Monte de los Olivos, divide y separa ampliamente; el pueblo huye, luego a las aguas fluyen a través del nuevo valle y crea un desierto que florece.

"Y Jehová será rey sobre toda la tierra. En aquel día Jehová será uno, y uno Su nombre" (versículo 9).

Luego, dice el versículo 12a: "Y esta será la plaga con que herirá Jehová a todos los pueblos que pelearon contra Jerusalén". Aquí dice cómo morirán, escuchen esto. "La carne de ellos se corromperá estando ellos sobre sus pies, y se consumirán en las cuencas sus ojos, y la lengua se les deshará en su boca. Y acontecerá en aquel día que habrá entre ellos gran pánico enviado por Jehová; y trabará cada uno de la mano de su compañero, y levantará su mano contra la mano de su compañero" (versículos 12b-13). A medida que se estén pudriendo, se matarán unos a otros.

Es una escena aterradora. Ciertamente algo que no es para deleitarse; sino algo que da pavor y temor. Esto vendrá al final. Pero Daniel 12:12 lo amplía 75 días—si lo suman todo—después del fin de la tribulación. Algo así como un período de tiempo. Puede ser que esos 45 días, 75 días en última instancia, sean los días cuando las aves comen el banquete de carne, seguido por el entierro.

Y luego este pasaje cierra el capítulo 19: "y todas las aves se saciaron de las carnes de ellos". ¿Se imaginan a Juan viendo todo esto de manera gráfica? Y leen todo eso y se acuerdan de lo que dijo Pedro. Él dijo, y es difícil de imaginar, en 2 Pedro 3:3-4: "Sabiendo primero esto, que en los postreros días vendrán burladores, andando según sus propias concupiscencias, y diciendo: ¿Dónde está la promesa de su advenimiento?" Siempre habrá quienes nieguen que Jesús viene. "¿Dónde está la promesa de Su advenimiento?" Son burladores. ¿Sabe cuál es su argumento? Es el argumento de lo ridículo, no es un argumento intelectual; es tan solo el argumento del ridículo. Juegan con la amargura de las personas que han estado esperando y esperando y esperando y ansiando y ansiando. Su burla viene de sus corazones burlones.

Y luego su burla viene de su amor al pecado. Dice que andan "según sus propias concupiscencias". Y cualquiera que ande según sus propias concupiscencias no quiere un día de juicio, ¿no es así? Ellos quieren ir tras su deseo sexual y no les gusta la escatología evangélica. Quieren una escatología que encaje con su conducta. Ellos no quieren escuchar acerca de juicio al pecado. Entonces, argumentan desde el ridículo, argumentan desde la moralidad o inmoralidad; y luego argumentan desde la uniformidad. Ellos dicen que "Desde el día en que los padres durmieron, todas las cosas permanecen así como desde el principio de la creación" (2 Pedro 3:4).

¿Saben cuál es su argumento? "Bueno, nunca sucederá porque nunca ha sucedido". Es como decir que yo nunca moriré porque no lo he hecho anteriormente. Es el argumento desde la uniformidad. No puede haber un juicio divino como ese ya que nunca lo ha habido. Hemos estado aquí por billones y billones de años y siempre ha sido lo mismo, no hay un juez, no hay Dios, no hay juicios, no hay escatología, no hay responsabilidad.

Eso es lo que enseña la evolución. Y eso es el enfoque natural de este mundo. Es solo un modo de escapar de la responsabilidad. Y Pedro dice que cree que ellos se han olvidado del Diluvio. Cree que no se acuerdan de que Dios provocó una catástrofe inmensa cuando soltó los cielos en el Diluvio. Jesús vendrá a pesar de sus argumentos necios. ¿Y cuál es el argumento de los creyentes? El argumento de la Escritura. Dice: "Han sido dichas por los santos profetas, y del mandamiento del Señor y Salvador dado por vuestros apóstoles" (2 Pedro 3:2). A pesar de lo que digan los que se burlan en su ridiculización y en su amor al pecado y en su creencia de la uniformidad, nuestro argumento es la Escritura. Segundo, nuestro argumento es la historia, el Diluvio. Tercero, nuestro argumento es la eternidad. ¿Qué significa eso? Dios no está atado a un reloj, no se olviden que "para con el Señor un día es como mil años, y mil años como un día" (versículo 8). Dios no opera con nuestro reloj. Y si alguien observa su pequeño calendario y dice que nunca ha sucedido, por lo tanto nunca sucederá, recuerden que Dios no está limitado a su horario.

Y luego, pueden argumentar desde la gracia. "El Señor no retarda su promesa, según algunos la tienen por tardanza, sino que es paciente para con nosotros, no queriendo que ninguno perezca, sino que todos procedan al arrepentimiento" (versículo 9). Entonces, argumentamos a partir de la Escritura y la historia, argumentamos a partir de la eternidad, argumentamos a partir de la gracia que Jesús viene. Y luego Pedro dice en 2 Pedro 3:10 que "el día del Señor vendrá como ladrón en la noche; en el cual los cielos pasarán con grande estruendo, y los elementos ardiendo serán deshechos, y la tierra y las obras que en ella hay serán quemadas. Puesto que todas estas cosas han de ser deshechas, ¡cómo no debéis vosotros andar en santa y piadosa manera de vivir!" (versículos 10-11). Esa es la cuestión. Yo creo que usted quiere ser el tipo de persona que escapa a este juicio. Eso es sensato. Por la gracia de Dios oro que así sea.

Reflexiones personales

II TEMA
Hombres y mujeres

04_Jonás. El mejor relato del mundo acerca de un pez

Vino palabra de Jehová a Jonás, hijo de Amitay, diciendo: Levántate y ve a Nínive, aquella gran ciudad, y pregona contra ella; porque su maldad ha subido hasta mí. Pero Jonás se levantó para huir de la presencia de Jehová a Tarsis, y descendió a Jope, y halló una nave que partía para Tarsis; y pagando su pasaje, entró en ella para irse con ellos a Tarsis, lejos de la presencia de Jehová. Pero Jehová hizo levantar un gran viento en el mar, y hubo en el mar una tempestad tan grande que se pensó que se partiría la nave. Y los marineros tuvieron miedo, y cada uno clamaba a su dios; y echaron al mar los enseres que había en la nave, para descargarse de ellos. Pero Jonás había bajado al interior de la nave, se había acostado, y dormía profundamente. Y el patrón de la nave se le acercó y le dijo: ¿Qué haces aquí, dormilón? Levántate, y clama a tu Dios; quizás él se acordará de nosotros, y no pereceremos... Él les respondió: Tomadme y echadme al mar, y el mar se os aquietará; porque yo sé que por mi causa ha venido esta gran tempestad sobre vosotros... Así que tomaron a Jonás, y lo echaron al mar; y el mar se aquietó de su furor. Y temieron aquellos hombres a Jehová con gran temor, y ofrecieron sacrificio a Jehová, e hicieron votos. Pero Jehová tenía preparado un gran pez que se tragase a Jonás; y estuvo Jonás en el vientre del pez tres días y tres noches.

Jonás 1:1-6, 15-17

BOSQUEJO

— Introducción

— Oración final

Notas personales al bosquejo

SERMÓN

Introducción

Abramos nuestra Biblia en Jonás, este libro contiene solo cuatro capítulos y es considerado uno de los profetas menores. Ustedes ya conocen la historia, el capítulo con el que abre Jonás. Está colocado en medio de una intensa tormenta, una intensa tormenta en realidad. Los meteorólogos modernos han documentado el desarrollo de ciclones tropicales en el Mar Mediterráneo, que es justamente donde ocurre Esta. Sabemos que una tempestad muy violenta, de acuerdo a los registros meteorológicos, puede alcanzar una velocidad de 150 kilómetros por hora, esto es a nivel de huracán e incluso mayor, y puede crear olas como resultado de esos vientos, estos son vientos atemorizantes y horribles. Este es el tipo de tormenta que podemos asumir que estaba ocurriendo en la historia de Jonás. Pero en realidad sabemos que Esta era algo cualitativamente diferente que eso.

Vayamos al capítulo 1 para comprender cómo era en realidad esta tormenta. Podemos comenzar en el versículo 4, "Pero Jehová hizo levantar un gran viento en el mar, y hubo en el mar una tempestad tan grande que se pensó que se partiría la nave." Esta no es una tormenta natural, es una tormenta sobrenatural. No es una que fue generada básicamente por causas de la naturaleza; Esta fue generada por Dios mismo. Esta es una tormenta violenta que Dios creó de manera sobrenatural.

Y sin duda, los marineros experimentados que estaban en el barco junto con Jonás habían visto otras tormentas y se habían encontrado con muchos desafíos al tratar de navegar por el Mar Mediterráneo en otras ocasiones. Sin duda, podemos decir, que ellos habían sobrevivido en historias de otras horribles tormentas en el pasado, y probablemente se lo decían unos a otros. Pero esta tormenta que golpeó al pequeño barco era algo muy grande, era como una barricada de agua sobre ellos, algo que nunca antes habían visto. Las tablas que formaban parte del barco comenzaban a separarse y astillarse bajo la tremenda presión que se ejercía sobre el barco cuando rompían las olas, y ola tras ola, chocando con el casco, la tensión era visible en todos, estaban en pánico, incapaces de hacer algo por sí mismos. Ellos clamaron en una acción desesperada. Debieron percibir esta tormenta como algo sobrenatural y como algo personal. Ellos pudieron pensar que algún dios estaba ofendido. Incluso pudieron pensar que no había una explicación natural para esta tormenta, por lo que solo había una explicación sobrenatural.

Así es como la historia de Jonás se desarrolla teniendo como escenario de fondo esta tormenta. Pero antes de que veamos la tormenta, vayamos de regreso al inicio del libro, brevemente, y veamos cómo fue que el profeta fue comisionado, en los versículos 1 y 2. "Levántate y ve a Nínive, aquella gran ciudad, y pregona contra ella; porque ha subido su maldad delante de mí."

Aquí es donde el profeta es comisionado para ir y pregonar en contra de Nínive. El mandato es claro, sin posibilidad de error, ve y predica un mensaje de juicio, predica un mensaje de advertencia; diles que Dios los va a juzgar. Nínive es la ciudad capital del Imperio Asirio, y esta es su comisión.

Todos conocemos su respuesta, él se va en otra dirección, leemos en el versículo 3, "Y Jonás se levantó para huir de la presencia de Jehová a Tarsis, y descendió a Jope, y halló una nave que partía para Tarsis; y pagando su pasaje, entró en ella para irse con ellos a Tarsis, lejos de la presencia de Jehová." Esta fue su respuesta; su reacción fue huir, salir huyendo en otra dirección, huir tan lejos como fuera posible ir. Él no quiere tener nada que ver con ir a Nínive y menos predicar a los ninivitas. Así que prefiere ir en una dirección completamente opuesta a la que Dios le dijo que fuera. Él no tiene interés en obedecer a Dios de ninguna manera.

¿Por qué? Parece que básicamente él es un racista. Es un racista con una actitud pésima. Simplemente es un profeta con una actitud mala, es un profeta melancólico, un profeta mal humorado. Y él no tiene interés alguno en ser obediente a Dios. Se va en dirección opuesta a la que Dios le dijo que fuera.

Así es como inicia nuestra historia como ya saben. Jonás está huyendo en la dirección opuesta y es entonces cuando llega la tormenta. La tormenta tiene como intensión captar la atención de Jonás, como ustedes también saben. Y para que Dios pueda captar la atención de Jonás también tiene que captar la atención de los marineros gentiles quienes están conduciendo al barco. Pero ahora veamos a Jonás.

En los versículos 4-5, "Pero Jehová hizo levantar un gran viento en el mar, y hubo en el mar una tempestad tan grande que se pensó que se partiría la nave. Y los marineros tuvieron miedo, y cada uno clamaba a su dios; y echaron al mar los enseres que había en la nave, para descargarla de ellos"—si tan solo pudieran hacer que el barco flote un poco más afuera del agua, hay menos probabilidades de que se llene de agua—"Pero Jonás había bajado al interior de la nave, y se había echado a dormir." Tuvo que estar muy cansado para que pudiera dormir en una situación como esta, pero ahí estaba profundamente dormido en la bodega del barco. El barco estaba dando saltos, giros, y tronando, pero Jonás está completamente dormido.

Así que el capitán se le acerca y le dice, "¿Cómo puede ser que tú estés dormido?" Esa sería la pregunta que yo le haría, pero en realidad no hay una respuesta. "Levántate, y clama a tu Dios; quizá él tendrá compasión de nosotros, y no pereceremos. Y dijeron cada uno a su compañero: Venid y echemos suertes, para que sepamos por causa de quién nos ha venido este mal." ¿Quién es el responsable? El punto es este: en el paganismo alguien dentro de este barco ha ofendido a Dios. Necesitamos encontrar quién es y así él podrá hacer algo para apaciguar a su ofendido Dios. "Y echaron suertes, y la suerte cayó sobre Jonás." Por la providencia de Dios fue Jonás sobre quien cayó la suerte de entre este grupo que trata de responder a su duda por medio de suertes. Eso es solo una forma singular por medio de la cual pueden encontrar al responsable, este era un método primitivo, un método pagano, pero Dios lo usó para señalar directamente a Jonás.

Esto hizo que Jonás fuera identificado como el responsable de haber hecho enojar a Dios, o a los dioses, para que llegara esta tormenta tan amenazante para ellos. Entonces ellos van con Jonás para confrontarlo. La confrontación está en el versículo 8. "Entonces le dijeron ellos: Decláranos ahora por qué nos ha venido este mal. ¿Qué oficio tienes, y de dónde vienes? ¿Cuál es tu tierra, y de qué pueblo eres?"

¿Quién eres tú? Están tratando de resolver quién es este y de dónde viene, con qué está asociado, literalmente están escarbando para llegar al fondo de todos estos asuntos que los tienen atemorizados. Ahora pongamos la historia toda junta. A Jonás se le había dicho que fuera a Nínive, una gran ciudad, y que pregonara en contra de esa ciudad a causa de su maldad. Ahora él era un profeta, recuerden, este es un profeta. ¿Cuál es la función de los profetas? Predicar, advertir, pronunciar juicio, llamar a la gente al arrepentimiento; todo esto es un profeta. Esto es lo que los profetas hacen.

Pero en lugar de dirigirse hacia Asiria y a su capital Nínive, él se sube a un barco para irse a la parte más oeste del Mediterráneo. Tarsis es esencialmente Gibraltar. Se va hasta el extremo más lejano del Mediterráneo, justo en donde sus aguas desembocan al Atlántico. Pero muy pronto encontró lo que nos dice el Salmo 139, que, si nos fuéramos a la parte más remota del mar, ahí está Dios. Él no quiso ir a la capital de Asiria, la cual estaba claramente hacia el este, dentro de desierto ya cerca del río Tigris y, por cierto, era una metrópolis excepcionalmente grande. Es en donde está la moderna Iraq; eso era Asiria, Nínive.

Tenía una población muy grande para aquellos tiempos, esto es realmente sorprendente, una población de 600,000 personas; era una ciudad excepcionalmente grande. Fue construida originalmente por un hombre llamado Nimrod. Recordarán este nombre desde Génesis 10 y 11. Nimrod era el bisnieto de Noé. ¿Recuerdan que construyó para ser tan famoso? La torre de Babel, lo que provocó que las lenguas de la tierra fueran confundidas como señal de juicio. Nínive era la más grande capital pagana. Y todo ninivita o todo asirio, era, según el juicio de Jonás, un enemigo pagano que representaba todo el mal y todo lo que Israel odiaba. Nínive era malvada al grado que era admirable por ello. Los asirios eran brutales, eran depravados, masacraban a sus enemigos, mutilaban a los que se llevaban cautivos, eran conocidos por desmembrar y por decapitar y por quemar a la gente viva. Tenían formas sangrientas e indescriptibles de tortura tanto que era el comportamiento que los distinguía de sus enemigos. Ellos representaban, y estuvieron representando por largo tiempo, un claro peligro a la seguridad nacional de Israel. Y añadiendo a nuestra historia, unas décadas después de la misión de Jonás, los asirios conquistarían a las tribus del norte de Israel y se los llevarían cautivos, en el 722 a.C.

Ellos han sido un enemigo, y en el futuro ellos serán un enemigo devastador, que desaparecerá a las tribus del norte haciendo que ya no se sepa de ellas como tribus. Nunca regresarán de la cautividad asiria. Jonás ministraba en el reino del norte, conocía la amenaza asiria y los odiaba. Su ministerio fue durante el reinado del Jeroboam II, del 793 al 758. No quería tener nada que ver con los asirios. Y sorprendentemente, él no quería que los asirios se arrepintieran.

Cuando tú no quieres que alguien se arrepienta, esto dice que tienes un odio muy grande enraizado. Esto es un sinónimo de un odio muy grande enraizado dentro de ti. Él no quería llevar un mensaje de que había esperanza de gracia para estos enemigos paganos, una civilización de terroristas violentos y asesinos con cualquiera que se entrometiera en su camino. Él quería que Dios los juzgara, quería que Dios los destruyera; tenía un odio agresivo en contra de esta gente. Y me temo que es algo parecido al odio que muchos cristianos de hoy tienen en contra de los musulmanes. Desde luego que Dios conocía completamente la iniquidad de Nínive y, como ya dije, un siglo después de Jonás y del arrepentimiento de los ninivitas durante el ministerio de Jonás, el Señor vendrá y los condenará porque son la nación que tomó a Israel cautivo. Él los condenaría por medio del profeta Nahúm; otro profeta que llegaría cien años después y que profetizaría juicio contra ellos. Y en ese tiempo, Nahúm acusará a Nínive por su arrogancia, por su engaño, por su idolatría, sensualidad y violencia.

Así que cien años después, Dios destruiría a los ninivitas. Pero Dios tiene planes de salvación para la generación que vive en el tiempo de Jonás; esto nos da una maravillosa mirada a los propósitos soberanos de Dios. Por esto Jonás estaba comisionado para entregar este mensaje. Pero el profeta rebelde no quería ver que los enemigos de Israel recibieran misericordia de parte de Dios. De hecho, sabía que el Señor perdonaría a los ninivitas si ellos se arrepentían. Vayamos al capítulo 4:2, "Y oró a Jehová y dijo: Ahora, oh Jehová, ¿no es esto lo que yo decía estando aún en mi tierra? Por eso me apresuré a huir a Tarsis; porque sabía yo que tú eres Dios clemente y piadoso, tardo en enojarte, y de grande misericordia, y que te arrepientes del mal." Sé que haces esto, sé que perdonarás a esta gente, y no pude soportar pensar en esto.

Esto es racismo, esto es algo grave para un profeta. Sabes, si yo estuviera encargado de decidir quién pudiera ser profeta, yo diría, "estás descalificado;

voy a buscar a otro." Pero a Dios le encanta usar a las personas más insospechadas para cumplir sus propósitos.

Bien, Jonás sabía que Dios era compasivo y lleno de amor y misericordia, pero él no quería que Dios actuara de manera misericordiosa con los ninivitas, así qué se subió al barco y se fue al oeste, al lado opuesto. Sabía cuál era su misión; rehuyó a su deber. Lo que pensamos es que Dios simplemente lo debió desechar, descalificarlo como si fuera un profeta en desuso y decir, "estás acabado, tu carrera se terminó. Voy a encontrar a otro; hay muchos otros de entre los que puedo escoger, no necesito a este tipo."

Pero aquí tenemos nuevamente esta maravillosa realidad de que a Dios le gusta usar a las personas más inusuales, incluso a los menos calificados. Y en este caso, Jonás es una especie de microcosmos de toda la falla nacional. Jonás era un tipo de síntoma viviente de la desgracia nacional. Los judíos, el pueblo de Dios, había sido puesto como una nación que testificaría al mundo. Ellos debían declarar al mundo al único Dios vivo y verdadero. Ellos debían llevar el mensaje del único Dios vivo y verdadero al mundo politeísta, o debo decir al mundo polidemonista. Ellos debían ser luz para los gentiles. Eran el pueblo escogido, no eran el fin, sino el medio para el fin. Debían ser una nación de misioneros. Debían ser celosos de que las otras naciones amaran y adoraran al verdadero Dios. Todos ellos debían dar un testimonio corporativo de la grandeza de la bondad, la grandeza del poder y de la grandeza de la misericordia de Dios demostrada por medio de sus vidas, y así declarar que su Dios era el Dios verdadero para todo el mundo e invitar al mundo para que conociera el Dios vivo y verdadero. Pero en lugar de esto, ellos se volvieron racistas y llenos de odio hacia los demás, y Esta fue la razón por la que Dios permitió que los asirios vinieran y aniquilaran completamente a las tribus del norte.

Dentro de la nación de misioneros, Dios seleccionó a ciertos profetas específicos para que guiaran la tarea misionera. Y su responsabilidad era proclamar al verdadero Dios más allá de Israel. De hecho, si recorres desde Isaías donde comienzan los profetas del Antiguo Testamento, y hasta Malaquías, pasando por los cinco profetas mayores y los doce profetas menores, si recorres a todos estos profetas, encontrarás que ellos no solo profetizaron al reino de las tribus del norte y al reino de las tribus del sur, sino que también profetizaron profecías concernientes a Amón, Asiria, Babilonia, Edom, Egipto, Elam, Medo Persia, Moab, Filistea, Fenicia, Siria, Tiro y a todas las naciones.

Ministraron primariamente dentro de las fronteras de Judá e Israel: Judá, el reino del sur; Israel el reino del norte. Ministraron dentro de sus fronteras, pero también dieron profecías y declaraciones directamente a las naciones que los rodeaban. El llamado a Jonás era único, él debía salir de su nación e ir a Nínive, lo cual era inusual para un profeta, ya fuera que dejara

Judá o Israel. Él profetizó acerca de las naciones y en contra de las naciones de afuera, pero en el caso de Jonás, la realidad es que él fue llamado para ir a la capital de Asiria. Israel no solo falló en ser una nación misionera, sino que rechazó a los profetas que Dios les envió. Jesús dijo, "Israel, tú que matas a los profetas, que apedreas a los profetas, fallaste en tu tarea misionera, y tu Dios puso hombres que fueran llamados para hacerte cumplir tu llamado misionero, pero tú los odiaste y los mataste."

Así es como se desarrolló una horrible tragedia en la tierra de Israel, como sería un poco tiempo después en la tierra de Judá. Como una persona infiel, arrogante, apática, la gente fue atrapada en no otra cosa que una adoración superficial a Dios. Al mismo tiempo, la adoración de ídolos y viviendo como ellos querían vivir, ellos fallaron en hacer aquello que Dios les había llamado a hacer, y fallaron en escuchar a los mensajeros que Dios había enviado. Jonás, de alguna manera, se hizo de esta mentalidad anti evangelio, pero él es un profeta. Se suponía que él debía llamar a la gente a cumplir con este ministerio de proclamar al Dios verdadero entre las naciones. Pero por el contrario, él está rechazando cumplir con ello.

Pienso que, en un sentido, Jonás fue enviado a Nínive para avergonzar a Israel. Y podrán decir, ¿Qué quieres decir con esto? Que cuando él fue, toda la ciudad se arrepintió y creyó, fue perdonada y redimida. Y qué reprimenda la que llegó a aquellos judíos que solamente tenían un rechazo total hacia ellos, amargura y odio hacia todas las naciones que estaban alrededor de ellos, y fueron infieles en llevar el mensaje del Dios verdadero y misericordioso a esas naciones. Que reprimenda fue encontrar que, si tú lo hubieras hecho, Esta hubiera sido la respuesta que encontrarías. La ciudad de Nínive que era odiada por ellos, se arrepintió con la predicación de un profeta que rehuía a su llamado. Recordarán ustedes que Jesús uso a Nínive para amonestar a los fariseos incrédulos de su día, quienes rechazaban arrepentirse ante la predicación de el más grande de los profetas, con toda la evidencia de que Él era el Señor y el Mesías. Si los odiados se arrepentirían en Nínive por medio de la predicación de un profeta racista, que estaba en contra, que estaba con mala actitud; ellos van a estar mejor en la eternidad que los fariseos quienes no se arrepentirían cuando el Señor Mesías los llamó en persona. Así que esto es como una doble represión en contra del judaísmo, un regaño a ellos en el tiempo del profeta y en el tiempo de Cristo.

Ahora la mayor parte de los cristianos conocen los nombres de los profetas hebreos. Conocen a Isaías, Jeremías y a Ezequiel. Conocen a Oseas, Joel, Amos, Abdías, Jonás, Miqueas, Nahúm, Habacuc, Sofonías, Hageo y Malaquías, son nombres familiares porque se encuentra dentro de la Biblia. Pero no todos sabemos mucho acerca de su mensaje. Incuso algunas personas dicen, "es un profeta menor." Es un profeta menor en el sentido del tamaño de su mensaje. Pero no son menos importantes que los profetas mayores; su mensaje simplemente es más corto. Ninguna palabra de Dios es menos importante que otra palabra de Dios. Jonás, sin embargo, es uno de los profetas menores, como es normalmente llamado, todos saben de él por su sorprendente papel en su historia. Retraído, actuando a regañadientes, recalcitrante, racista, pensaríamos que Dios simplemente se desharía de él y buscaría a otro. Pero Dios no hace eso.

Vayamos al capítulo 1:11 y retomemos la historia. Los marineros dijeron, "¿Qué haremos contigo para que el mar se nos aquiete? Porque el mar se iba embraveciendo más y más." Y ahora ellos saben que este hombre está desobedeciendo a Dios y todos son de una sola opinión en su pagana superstición: "veamos si al hacerle algo a él esto pacificará al Dios que ha sido ofendido y la tormenta se calma." Él les dijo, "Tomadme y echadme al mar, y el mar se os aquietará; porque yo sé que por mi causa ha venido esta gran tempestad sobre vosotros."

Tiene razón, lo sabe, entiende que esto es obra directa de Dios. ellos rechazan hacer eso. Por lo que vemos que tienen cierta cantidad de amor humano, y en realidad ellos no quieren hacer esto. Los hombres remaron desesperadamente en el versículo 13 para regresar a tierra, pero no pudieron porque el mar se hacía más furioso en su contra. Entonces ellos clamaron al Señor y dijeron, "Te rogamos ahora, Jehová, que no perezcamos nosotros por la vida de este hombre, ni pongas sobre nosotros la sangre inocente; porque tú, Jehová, has hecho como has querido." Ahora comprenden quien es el Dios de Jonás, el Señor. Y están orando al Señor diciendo, "mira, nosotros no queremos tirar a este hombre al agua porque eso será como poner sangre en nuestras manos, y entonces seremos culpables y estaremos en problemas. No queremos echarlo al agua."

"Sin embargo," dice el versículo 13, "aquellos hombres trabajaron para hacer volver la nave a tierra; mas no pudieron, porque el mar se iba embraveciendo más y más contra ellos." Sus oraciones no los iban a ayudar, por lo que el versículo 15 dice que finalmente: "tomaron a Jonás, y lo echaron al mar; y el mar se aquietó de su furor."

Entonces hubo un reavivamiento dentro del barco. "Y temieron aquellos hombres a Jehová con gran temor, y ofrecieron sacrificio a Jehová, e hicieron votos." No conocemos todo lo que sucedió ahí, pero pienso que cuando Jonás les explicó a ellos quien era Dios, ellos escucharon y comprendieron. Y cuando vieron esa demostración milagrosa de parte de Dios cuando hizo cesar la tormenta, ellos entendieron que este era el verdadero Dios. Nunca antes habían visto algo así porque ninguno de sus falsos dioses podía realizar milagros. Ellos se convirtieron ante el mensaje que Jonás les dio. Esto nos dice que puede ser que vayamos a conocer a estos marineros en el cielo.

Bueno, pero mientras tanto, encontramos a Jonás, "Pero Jehová tenía preparado un gran pez que tragase a Jonás; y estuvo Jonás en el vientre del pez tres días y tres noches."

Sabemos que hubiera sido más simple deshacerse de Jonás. Quiero decir, ¿por qué pasar por todos estos problemas? No sé, en cierto sentido, por todos los esfuerzos que Dios tuvo que pasar para crear a este tipo de pez, lo suficientemente grande como para que un hombre pudiera flotar dentro de su estómago. No sabemos muchos detalles acerca de esto excepto que sabemos que hay una palabra en hebreo para ballena y que Esta no es la palabra usada aquí. Así que no es algún tipo de mamífero de sangre caliente; este es algún tipo de pez, frío y mojado, inimaginable e indescriptible. Pero él estuvo dentro del pez durante tres días, hacinado en la oscuridad húmeda, en olor sofocante, en medio de los ácidos gástricos de los peces que van comiendo su piel, un pez en constante movimiento, con presiones cambiantes en las diferentes profundidades del océano, algo absolutamente nauseabundo. El hecho de que él esté dentro de un pez es algo absolutamente milagroso, que el pez estaba preparado para él. El hecho de que él sobreviviera dentro del pez es también algo milagroso. No me pregunten acerca de cómo fue que respiró; no sé nada al respecto. Pero lo que sí sé es que está siendo humillado. Conocen su oración, la vimos hace algunas semanas. Él dice, "Clamé al Señor en medio de mi calamidad, y él me respondió. Clamé pidiendo ayuda desde la profundidad del Seol." Parece que está mirando en retrospectiva y recordando su oración en el pasado conforme está escribiendo esto. Está repasando su oración. "Me has lanzado al abismo, dentro del corazón del mar, y la corriente me atrapó y las mareas pasaron sobre mí. Así que dije, he sido apartado de tu vista. Sin embargo seguiré mirando hacia tu santo templo."

Él pensó que cuando entrara al agua esto terminaría conforme él caía en lo más profundo del mar agitado. Entonces cuando se ve sobreviviendo lo primero que hace es orar. "Y me rodeó la corriente; Todas tus ondas y tus olas pasaron sobre mí. Las aguas me rodearon hasta el alma, El alga se enredó a mi cabeza. Descendí a los cimientos de los montes; La tierra echó sus cerrojos sobre mí para siempre; Mas tú sacaste mi vida de la sepultura, oh Jehová Dios mío. Los que siguen vanidades ilusorias, Su misericordia abandonan. Mas yo con voz de alabanza te ofreceré sacrificios; Pagaré lo que prometí. La salvación es de Jehová."

Está teniendo un momento de adoración delante del Señor. Como yo mencione hace algunas semanas, no vemos ninguna petición especifica aquí, pero si hay un clamor desesperado en esta situación. Lo que él hace es adorar y sabe que Dios es su única esperanza. Y aquí hace un compromiso con Dios, sacrificaré a ti con voz de alabanza, haré lo que he prometido, lo pagare. La Salvación es del Señor.

"Si me salvas de esta Señor, te serviré, cumpliré aquello que te prometí. El voto que yo hice ante ti cuando te confesé como mi Señor y mi Dios." Estando en esas circunstancias sofocantes e inimaginables es cuando él hace esta sorprendente oración. El hombre que rechazaba extender la misericordia a Asiria a pesar de que Dios lo mandaba, ahora sabe que Dios es mejor que Dios le extienda la misericordia a él o no tiene ningún futuro. Él quiere tener al Dios de gracia, y al Dios de compasión, y al Dios de misericordia.

Y él sabe que su única esperanza se encuentra en la bondad de Dios. y Dios, fiel a su personalidad, extiende su gracia y contesta su oración en el versículo 10 diciendo, "Y mandó Jehová al pez, y vomitó a Jonás en tierra." No sé cómo le hizo el pez para llegar hasta tierra firme, o no sé si el pez lanzó a Jonás desde lo lejos cuando lo vomitó, pero el hecho es que se nos dice que él llego a tierra firme. Estaba sin duda cerca de la muerte. Sumergido en lo profundo del océano se acerca a Dios con un corazón deseoso de adorar, alabar a Dios, y le promete que será fiel. Mojado, despeinado, lleno de saliva, en una condición horrible llega a la playa. Pero ahora se ha arrepentido.

¿Puede Dios usarlo en este punto? Aparentemente sí, y esto nuevamente es lo que lo convierte en un héroe inconcebible porque el Señor lo vuelve a comisionar. Veamos 3:1, "Vino palabra de Jehová por segunda vez a Jonás"—volvamos a comenzar, apliquemos el botón de reiniciar—"diciendo: Levántate y ve a Nínive, aquella gran ciudad, y proclama en ella el mensaje que yo te diré." Levántate ve a Nínive y haz lo que te dije la primera vez. Predica el mensaje que yo te diré.

Así que en está ocasión el versículo 3 dice, "Y se levantó Jonás, y fue a Nínive conforme a la palabra de Jehová. Y era Nínive ciudad grande en extremo, de tres días de camino." Como dije antes, Nínive se encuentra a las orillas del río Tigris. Pienso que a unas 500 millas al noreste de Israel. De acuerdo con los historiadores, tenía muros espectaculares; la ciudad estaba rodeada por 12 kilómetros de paredes. El resto de la ciudad tenía una circunferencia que se extendía 24 kilómetros alrededor, era una metrópolis muy grande. El nombre Nínive se piensa que proviene de *ninus*, la cual pudiera ser una derivación de Nimrod, y quiere decir "la residencia de Nimrod." O *nunu*, que en Acadio significa "pez." Es muy probable que fuera "la ciudad del pescado", por lo que el nombre sería apropiado.

¿Por qué llamarían a su ciudad "la ciudad del pescado" si estaba a 800 kilómetros del agua? Bueno, porque ellos adoraban al dios-pez, Nanshe, la hija de Ea, la diosa pez de agua dulce. También adoraban al dios-pez Dagón, quien tenía la cabeza de pez y el cuerpo de hombre. Así que los peces eran de gran importancia para los ninivitas, los peces de agua dulce y estos dioses-pez. Así que cuando Jonás llega tiene una buena historia acerca de un pez para una ciudad que se llama "la ciudad del pescado." Incluso algunos historiadores piensan que Jonás pudo tener apariencia de albino porque los ácidos del estómago del gran pez pudieren haber blanqueado su piel, por lo que cuando llega a Nínive pudo estar extremadamente blanco, casi parecía un fantasma. Tiene esta apariencia cuando cuenta la historia de su pez.

Y bien, el mensaje de Jonás es algo más que una historia de un pez; esto solo era la entrada. Veamos 3:4, "Y comenzó Jonás a entrar por la ciudad, camino de un día, y predicaba diciendo: De aquí a cuarenta días Nínive será destruida." Nínive será destruida; en cuarenta días Nínive será destruida. Y él continuó diciendo esto todos los días que él caminó. Durante ese tiempo el continuó diciendo esto.

Y entonces en uno de los versículos que más es citado de la Escritura para describir una obra milagrosa monumental de parte de Dios, leemos, "Y los hombres de Nínive creyeron a Dios" (versículo 5). Me encantaría tener más detalles acerca de cómo fue que esto ocurrió. Seiscientas mil personas, personas paganas, que adoraban a Dagón, que adoraban a Nanshe, que vivían vidas de pagana idolatría y todo lo que eso conlleva; siendo viles, malvados, personas malvadas que hacen cosas horribles, que asesinan a otros, que los decapitan, que los desmiembran. ¿Qué tipo de gente para creer en Dios? "y proclamaron ayuno, y se vistieron de cilicio desde el mayor hasta el menor de ellos."

"Y llegó la noticia hasta el rey de Nínive, y se levantó de su silla, se despojó de su vestido, y se cubrió de cilicio y se sentó sobre ceniza. E hizo proclamar y anunciar en Nínive, por mandato del rey y de sus grandes, diciendo: Hombres y animales, bueyes y ovejas, no gusten cosa alguna; no se les dé alimento, ni beban agua; sino cúbranse de cilicio hombres y animales, y clamen a Dios fuertemente; y conviértase cada uno de su mal camino, de la rapiña que hay en sus manos. ¿Quién sabe si se volverá y se arrepentirá Dios, y se apartará del ardor de su ira, y no pereceremos?"

Un caballero llegó a mí esta mañana después del primer servicio y me dijo, "sabe, estoy muy preocupado por mi salvación." Yo le pregunte, ¿por qué? Y dijo, "porque creo que la única razón por la que quiero ser salvo es para no ir al infierno."

Y mi respuesta fue, "eso es suficientemente bueno. Puedes madurar al punto donde ves las bendiciones positivas de ser un creyente, y madurarás al punto donde amarás al Señor con todo tu corazón, alma, mente y fuerza, al menos en un sentido relativo, y entonces desearás honrar y servir a Dios, y entonces el amor vencerá al miedo. Pero el temor es donde todos comenzamos." Esto nos habla de que pierden el punto quienes evangelizan hoy en día diciendo con frecuencia, "Dios te ama con un amor incondicional; ¿no quieres ser amado por Dios?" no comprendo. Los profetas, Jesús mismo, y Juan el Bautista—quien dijo, "¡Oh generación de víboras! ¿Quién os enseñó a huir de la ira venidera?"—siempre introdujeron el mensaje de gracia y perdón junto con la advertencia al pecador de las consecuencias de su pecado. Cientos de miles de personas en Nínive se convirtieron al Señor en arrepentimiento.

Ha habido todo tipo de personas que han intentado explicar esto. Los comentaristas liberales dicen, "bueno, ha habido derrotas militares recientes que hacen que la gente tema." Otro escritor dice que hubo terremotos y eclipses que hicieron que muchos estuvieran aterrorizados. Alguien más sugirió que hubo disturbios civiles. Pero no existe ninguna forma de explicación natural para una conversión masiva de cientos de miles de personas. La única posible es una explicación sobrenatural, y simplemente es que Dios determinó salvar la ciudad en aquella generación. Y él usó a un profeta rebelde para llamar a un pueblo rebelde a la fe en Él Mismo. Esta es una historia sorprendente y maravillosa.

Y el rey se incluye en esto. Su nombre, muy probablemente, es o Adadnirari, para aquellos de ustedes que estén interesados en la historia, o bien, Assurdan III; conocemos estos nombres al estudiar historia antigua. Cualquiera que haya sido su nombre, él cambio sus ropajes reales por cilicio y ceniza, y se humilló a sí mismo en un despliegue público de lamento. Y toda la ciudad hace lo mismo, y es así cuando llegamos al versículo 10, "Y vio Dios lo que hicieron, que se convirtieron de su mal camino; y se arrepintió del mal que había dicho que les haría, y no lo hizo." Dios les mostró su misericordia de manera impactante por medio de un profeta profundamente antagónico, amargado, racista y defectuoso, a quien Dios usó como el instrumento humano para una de las manifestaciones masivas de expresión de su divina gracia en la historia. Jonás es ciertamente un héroe inconcebible.

Pero la historia concluye de la manera más extraña. Podríamos pensar que Jonás regresaría a Israel y les contaría, "hermanos les voy a contar lo que me pasó. Les digo que en verdad tienen que escuchar la historia." Toda la ciudad de Nínive se arrepintió, toda la ciudad, incluso el rey, todos y cada uno de ellos. Todos ellos se pusieron cilicio y ceniza como un símbolo de humillación. Ustedes creerían que él regresaría y les contaría, basado en su credibilidad como profeta, toda la historia. La mayor parte de los misioneros estarían eufóricos con esto; no podrían contenerse por nada del mundo para contar esto. Pero Jonás, leamos 4:1, "Pero Jonás se apesadumbró en extremo, y se enojó." ¿No es esto muy extraño?

Esto es increíble, y es aquí cuando dice al Señor, "¿no es esto lo que yo decía estando aún en mi tierra? Por eso me apresuré a huir a Tarsis; porque sabía yo que tú eres Dios clemente y piadoso, tardo en enojarte, y de grande misericordia, y que te arrepientes del mal." Esto es algo que está muy dentro de él, vean el versículo 3, "Ahora pues, oh Jehová, te ruego que me quites la vida; porque mejor me es la muerte que la vida." ¡¡¡¿Qué?!!! "Mátame, no puedo soportar que los Asirios se hayan convertido. Esto es la peor pesadilla." Sí, Esta es la actitud del profeta. Él tuvo una muy mala actitud al principio; puedes ver que era realmente mala pues este es el final. Él quería que Dios lo matara desde el comienzo, "láncenme al agua." Quería que lo mataran. Porque de esta manera él no iría a Nínive, pero el Señor no permitió que sucediera eso y sobrevivió. Ahora está de regreso en Nínive y una vez más quiere estar muerto.

Al parecer él está lleno de perjuicios, orgullo, y no puede tolerar la magnitud de la gracia de Dios hacía una nación bárbara. No quiere tener nada que ver con esto, preferiría estar muerto a que esta gente se convirtiera a Cristo, o bien que se convirtiera a Dios. Esto se ha agravado hasta el extremo, lo que él hubiese preferido era pregonar destrucción, subirse a un monte, esperar cuarenta días y ver como llegaba la destrucción y deleitarse en cada minuto de ella.

Así que en el versículo 3 dice, "quítame la vida." Pero el Señor le dice en el versículo 4, "¿Haces tú bien en enojarte tanto?" ¿Tienes alguna razón para ello? No hay una respuesta a esto, desde luego que no la hay. Él está simplemente preguntando una pregunta retórica para exponer sus prejuicios. "Y salió Jonás de la ciudad, y acampó hacia el oriente de la ciudad, y se hizo allí una enramada, y se sentó debajo de ella a la sombra, hasta ver qué acontecería en la ciudad." Sí, se va a sentar ahí y esperar lo mejor, y lo mejor es que él sea muerto. Pero él se va a sentar ahí con la esperanza de que Dios les cambie su idea.

¿Por qué haría Dios esto? Jonás espera que su arrepentimiento sea hipócrita, superficial, no real; esta es su esperanza. Espera que ellos reconvengan su pensar y muestren que no es real. "Puede ser que si me siento aquí a esperar sea que Dios los vaya a destruir a todos." Él se encuentra ahí y está con mucho calor, se encuentra en la parte del mundo que puede tornarse extremadamente caliente. Se hace un pequeño refugio que resulta no ser adecuado, así que el Señor, me encanta esto, en el versículo 6, "Y preparó Jehová Dios una calabacera, la cual creció sobre Jonás para que hiciese sombra sobre su cabeza, y le librase de su malestar; y Jonás se alegró grandemente por la calabacera."

Este es un tipo de hombre centrado en sí mismo, ¿no creen? Pero, pudieras decir, ¿Qué hace Dios? Quiero decir, esto es gracia sobre gracia sobre gracia para alguien quien no se merece nada. Él está completamente acalorado, y espera sentado que llegue el juicio sobre Nínive. Piensa y espera que todos ellos sean destruidos. Y Dios le da confort para que no se queme con el sol, por lo que se pone muy contento; pero en realidad está a punto de recibir una lección muy objetiva.

Dios preparó un gusano, Dios creó la planta, y después Dios creó a un gusano. "El cual hirió la calabacera, y se secó." Este es un gusano muy poderoso, actuando en una planta muy grande. "Y aconteció que al salir el sol, preparó Dios un recio viento solano, y el sol hirió a Jonás en la cabeza, y se desmayaba, y deseaba la muerte." Esta es la tercera ocasión en la que él quiere morir. Ustedes y yo hubiéramos dicho eventualmente, "bien, muérete, que sea como tú quieres, simplemente muérete."

Y el Señor le enseño a él una lección, "Tuviste tú lástima de la calabacera, en la cual no trabajaste, ni tú la hiciste crecer; que en espacio de una noche nació, y en espacio de otra noche pereció. ¿Y no tendré yo piedad de Nínive, aquella gran ciudad donde hay más de ciento veinte mil personas que no saben discernir entre su mano derecha y su mano izquierda, y muchos animales?" Aquí es donde tenemos el número de 600,000 habitantes en la ciudad, porque hay 120,000 niños quienes no saben distinguir entre su mano derecha y su mano izquierda.

Jonás está lleno de desprecio, quiere ver que Dios condene a toda la ciudad a irse al infierno, está centrado en sí mismo. Lo que él está diciendo es, "dame gusto y haz que esta ciudad se condene en el infierno." Esto es tener el enfoque retorcido. Y es por eso que Dios le enseña una lección. "Tuviste compasión por la planta que te hacía estar confortable, y no tuviste compasión de las almas eternas. ¿No debiera Yo tener compasión de Nínive, la gran ciudad?"

Y aquí es donde esto concluye, me gustaría que hubiera algunas palabras finales de parte de Jonás, pero si él hubiera dicho algo, hubiese sido probablemente, "Quiero morir, quiero morir. Simplemente no quiero ver la compasión de Dios revelada."

Así que al final, ¿qué hemos aprendido? Este libro es acerca de Dios. En la superficie es acerca de Jonás, pero detrás de todo es acerca de Dios. ¿Qué nos dice acerca de Dios? bueno, veamos algunas lecciones. Primero que nada, que Dios es el héroe de la historia. Él es el que rescata a Jonás, Él es quien le da a Jonás el mensaje, Él es quien hace que la gente escuche el mensaje, que crean en el mensaje, que se arrepientan y que se conviertan, y que vengan a adorarlo. Todo, todo es absolutamente acerca de Dios.

Pero si ustedes lo ven en sus diferentes partes, primero que nada, es acerca de Dios el Creador soberano. Es Dios, ustedes pudieron ver, quien inicia la tormenta, quien incita a la tormenta. Dios prepara al pez, Dios hace que el pez se trague a Jonás, Dios hace que Jonás sobreviva. Dios hace que el pez vomite a Jonás sobre la tierra firme, es Dios el que está en acción aun antes de que la tormenta inicie, antes de que todo tome su curso. Es Dios quien calma el mar, es Dios quien hace crecer la planta que le da sombra a Jonás, es Dios quien envía al gusano para que se coma la planta. Es Dios quien manda un viento al día siguiente. Es Dios quien hace todo esto, es Dios quien tiene poder sobre la creación. Incluso los marineros paganos reconocieron a Dios como creador. Sorprendentemente, la única persona dentro de la historia que resiste a Dios es Jonás. Los marineros no se resistieron ante Dios. Los ninivitas no se resistieron ante Dios, solo el profeta de Dios. Esto no hizo convencernos de que Dios debió mejor conseguir a alguien más, pero Dios es un Dios que hace cosas poderosas, cosas enormes por medio de personas que desde el punto de vista humano serían descartadas. Y esto nos debiera motivar a todos nosotros ya que todos nosotros tenemos imperfecciones.

Segundo, no solo aprendemos que Dios es el creador quien controla todo de manera soberana, sino que también aprendemos que Dios es el juez supremo. El mensaje que Jonás tenía que dar era el mensaje de Juicio, en cuarenta días Nínive será destruida por la furia divina y por la ira divina. El reconocimiento de su condenación fue inminente, los ninivitas se arrepintieron.

Y esto nos lleva al tercer y final elemento que aprendemos acerca de Dios y es que Dios es un Salvador que obra por medio de la gracia. Su misericordia no está limitada por nuestros perjuicios, por nuestro orgullo, por nuestra indiferencia. Su misericordia, compasión y gracia no está limitada a buenas personas, sino a paganos idolatras, asesinos y brutales.

Estás tres verdades se encuentran en el corazón del evangelio. Dios es el creador de todos nosotros. Hemos pecado en contra de nuestro creador. La ira y el juicio ha sido pronunciado sobre nosotros. Pero se nos ha dado el evangelio, el cual nos ofrece perdón por medio de la fe en el Señor Jesucristo. En realidad, podemos ver el evangelio en el corazón de Dios dentro de la historia de Jonás. El Dios creador, contra el cual pecamos, nos advierte de su juicio y perdona a aquellos que se arrepienten y lo reciben. Oremos.

Oración final

Te agradecemos Padre por esta historia, la historia de Jonás que nos recuerda que Tú eres el creador a quien hemos ofendido y en contra de quien hemos pecado. Tú eres el juez quien ha pronunciado condenación, condenación eterna sobre nosotros, pero tú también eres el Dios que ofrece perdón para aquellos que se arrepienten y creen en el evangelio de Cristo. Te agradecemos, oh Dios, por la provisión que nos diste en Cristo. Te agradecemos por el Espíritu Santo, por habernos dado vida y fe, así como se las diste a los de Nínive para que pusieran su confianza en el único Salvador. Amén.

REFLEXIONES PERSONALES

05_Ester. Para tiempos como estos

Sucedió, pues, que cuando se divulgó el mandamiento y decreto del rey, y habían reunido a muchas doncellas en Susa, residencia real, a cargo de Hegué, Ester también fue llevada a la casa del rey, al cuidado de Hegué, guarda de las mujeres. Y la doncella agradó a sus ojos, y halló gracia delante de él, por lo que hizo darle prontamente atavíos y alimentos, y le dio también siete doncellas especiales de la casa del rey; y la llevó con sus doncellas al mejor departamento de la casa de las mujeres... Y el rey amó a Ester más que a todas las otras mujeres, y halló ella gracia y benevolencia delante de él más que todas las demás vírgenes; y puso la corona real en su cabeza, y la hizo reina en lugar de Vasti... Entonces dijo Mardoqueo que respondiesen a Ester: No te imagines que por estar en la casa del rey te vas a librar tú sola más que cualquier otro judío. Porque si callas absolutamente en este tiempo, vendrá de alguna otra parte respiro y liberación para los judíos; mas tú y la casa de tu padre pereceréis. ¿Y quién sabe si para una ocasión como esta has llegado a ser reina? Y Ester dijo que respondiesen a Mardoqueo: Ve y reúne a todos los judíos que se hallan en Susa, y ayunad por mí, y no comáis ni bebáis en tres días, noche y día; yo también con mis doncellas ayunaré igualmente, y entonces entraré a ver al rey, aunque no sea conforme a la ley; y si perezco, que perezca.

Ester 2:8-9, 17; 4:13-14

BOSQUEJO

— Introducción

— Oración final

Notas personales al bosquejo

SERMÓN

Introducción

Como siempre soy retado en algunas ocasiones, siendo honesto con ustedes, de quedarme solamente con un versículo. En esta ocasión voy a tomar todo un libro, y este es el libro de Ester. Así que tomen sus Biblias y vayamos al libro de Ester, esto forma parte de nuestra serie de "Doce héroes inconcebibles" en donde vemos algunos del Antiguo Testamento y el nuevo testamento.

Durante muchos años hemos estado estudiando este libro de Ester aquí en Grace Community Church y lo hemos encontrado como un libro maravilloso. Es uno de los dos libros de la Biblia en los cuales el nombre de Dios no es mencionado. En contraste el gobernante que es mostrado en este libro es mencionado 175 veces; Dios nunca es mencionado. Sin embargo, para cualquier lector del libro que tiene entendimiento, Dios es el principal personaje del libro. Dios se hace ver a sí mismo de maneras sorprendentes, a pesar de que no es mencionado.

Permítanme llevarlos a este tiempo en la historia. Esto va a ser un poco más lectura durante este tiempo, así que comencemos. El año era el 480 a.C. en este año un enorme ejército persa fue con determinación a enfrentar las fuerzas rebeldes de Atenas y sus aliados griegos, digamos que es Persia en contra de los poderes de Grecia.

Algunos historiadores antiguos dicen que los persas eran alrededor de un millón de soldados. Otros historiadores modernos creen que esto es una exageración y dicen que solo eran cientos de miles. De cualquier modo, Persia está mostrando un masivo poder militar.

En aquel tiempo el Impero Persa se extendía desde lo que conocemos como Libia y África, hasta Pakistán en medio de Asia. Este fue el más grande imperio de esos días, el segundo después del Imperio Babilónico. Hasta donde podemos saber el Impero Persa constaba de unos 50 millones de personas en aquellos días. Habían conquistado al Impero Babilónico/Caldeo en el 539 a.C. lo que hizo que los persas se posicionaran dominando a todo el mundo del medio oriente. Esto duró doscientos años antes de que ellos fueran remplazados por Grecia, quien después fue remplazada por Roma.

Pero inicialmente las regiones de Grecia habían sido conquistadas por los persas bajo la dirección de Darío, esto desde el 550 y los años siguientes. El ejército de Darío había sido derrotado por los atenienses dentro de la famosa batalla de Maratón en el 490 a.C. Darío estaba determinado a someter a sus enemigos griegos con toda su furia. Él tenía un enorme ejército por lo que regresará a hacer que los griegos paguen el haber ganado la batalla de Maratón, esa famosa batalla en donde un hombre corrió 42 kilómetros. Es de ahí de donde tomamos la medida para los maratones de hoy en día. Con esto vemos que el rey Darío tenía grandes intenciones de satisfacer su sed de venganza. Sin embargo, murió antes de que pudiera ejecutarla. La búsqueda de venganza ahora estaba presente en su hijo, el hijo del rey Darío. Este fue un hombre llamado Jerjes, un nombre famoso para quienes saben de historia. Vivió del 519 al 465 a.C., asciende al trono en 486, y cuando toma el trono, la primera orden que da es negociar con Egipto en Babilonia porque ellos le están dando muchos problemas y tiene que someterlos. Él no puede poner sus ojos en Grecia para ejecutar la venganza que su padre le heredó. Pero en el año 481 está listo para atacar. Así que Jerjes está listo para llevar a cabo la venganza de su padre por lo que le hicieron durante su reinado. Junta a un ejército de 250 mil hombres, acampan en lo que ahora es la moderna Turquía, y están esperando órdenes para invadir Grecia. Pero para que puedan entrar a Turquía necesitan algún medio para lograrlo. Planean cómo hacerlo y lo ejecutan, pero las cosas no se desarrollaron como Jerjes hubiera deseado. Sus ejércitos llegan a Atenas y saquean la ciudad, pero finalmente los griegos derrotan a los persas y los expulsan de Grecia.

Hubo varias batallas famosas, la batalla de Termópilas, los 300 espartanos, ustedes sabrán todo esto; la batalla de Salamis, en donde la fuerza naval de Persia es completamente devastada por los griegos. Creo que ellos perdieron tantos como 300 barcos de guerra. Todo esto para decir que ahí se lleva a cabo una batalla histórica entre el Imperio Persa, el imperio que gobernaba el mundo en aquél momento, y los griegos quienes están a punto de tomar el control del mundo siendo el siguiente gran imperio.

Jerjes pelea repetidas veces contra los griegos. Y tiene éxito en cierta medida, pero tiene más derrotas que éxitos hasta que finalmente llega un hombre con el nombre de Alejandro el Grande, quien es griego, y el impero persa es derrotado definitivamente. Alejandro el Grande conquista el mundo del medio oriente y establece lo que conocemos como el gran Imperio Griego.

Pero, ¿qué tiene que ver todo esto con el libro de Ester? Y, por cierto, hay muchos más detalles de esto en el libro *Doce Héroes Inconcebibles*, pero ¿qué tiene que ver todo esto con el libro de Ester?

Bueno tiene que ver con el libro de Ester porque el emperador a quien los griegos llamaban Jerjes, de este que he estado hablando, tiene un nombre persa diferente, su nombre es Khasayarsha; en hebreo sería Ahashverosh; pero en tu Biblia Reina-Valera 60 se llama Asuero, y este es el nombre que ustedes van a encontrar en el libro de Ester.

El Rey que encontramos en el libro de Ester no es otro sino Jerjes, el hijo de Darío quien peleó con los griegos, y quien finalmente perdió la batalla en contra del Imperio Persa ante el poder de los griegos. Este es el hombre que intentó conquistar Grecia con un cuarto de millón de soldados. Este es el hombre Asuero, el rey que vemos en el libro de Ester, quien es el mismo que se convierte en el emperador de ese imperio después de la muerte de su padre. Y él es el mismo hombre que tiene su corazón conquistado por esta mujer huérfana judía que se llama Ester. Y cuando llegó la oportunidad, ella usaría su influencia para salvar a la raza judía del genocidio. Esa es la historia de Ester, de cómo una mujer, por medio de la providencia de Dios salvó a los judíos del genocidio.

Es libro lleva su nombre, no porque ella lo haya escrito; ella no lo escribió. No sabemos quién lo escribió; posiblemente Mardoqueo su primo. Posiblemente lo escribió Esdras; o tal vez Nehemías, o incluso pudo ser otro judío que en ese tiempo estuviera viviendo en Persia, alguien que pudiera ser capaz de entender la cultura persa y al mismo tiempo alguien que pudiera entender la cultura judía, y que seguramente se deleitara en el conocimiento de ambas.

Pero sin importar quién es el autor, la realidad es que el verdadero autor es Dios. Detrás de este laberinto de eventos y actores se encuentra la divina providencia, sí la divina providencia. Así que comencemos al principio del libro. Podemos ir al capítulo 1, y como de costumbre en estas historias nos moveremos de manera muy rápida. El libro abre describiendo el imponente reino de Asuero. Este se extendía desde Etiopía, como ya dije, hasta los límites con India, toda la extensión desde la moderna Libia y hasta Pakistán. No solo es el hijo de Darío, sino que el también el nieto de Ciro el Grande; el emperador persa quien decretó que los judíos podían regresar a su tierra después de 70 años de cautividad. Así es como comienza el libro de Ester.

Muchos judíos regresaron a Israel bajo el decreto de Ciro, el abuelo de Jerjes. Regresaron y reconstruyeron la ciudad de Jerusalén. Reconstruyeron el templo, el llamado segundo templo. Se restablecieron a sí mismos en la tierra. Sin embargo, había un gran número de estos judíos quienes habían sido deportados a Babilonia pero que permanecieron allá. Se establecieron, se esparcieron y proliferaron al grado que se encontraban en todo el Imperio Persa.

Varios años durante el rey Asuero o Jerjes, el libro de Ester abre cuando él convoca una reunión de seis meses, esto en la ciudad capital de Shushan, o Susa como es llamada aquí. Esto ocurrió en el 483 a.C., esta es una reunión estratégica para planear la guerra, una sesión de estrategia que duraría seis meses. ¿De qué se trata todo esto? El rey va a hacer sus preparativos finales para la invasión a Grecia, la que les dije que fue una derrota. Pero él va a hacer sus planes. El confía en su habilidad de dar un golpe sorpresa a Grecia, está confiando en que sus fuerzas militares van a salir triunfantes.

Así que culmina esta reunión de planeación militar que duró seis meses con un banquete de siete días. Ahora veamos en la Biblia en Ester 1 para ver esta extravagante celebración que se lleva a cabo como un festejo a una victoria anticipada. Había cortinas de lino blanco y azul, versículo 6, estaban sujetadas con cuerdas de lino fino y purpura sobre anillos de plata y columnas de mármol. Los reclinatorios de oro y de plata, sobre losado de pórfido y de mármol, y de alabastro y de jacinto. Servían las bebidas en vasos de oro, vasos que no eran iguales sino completamente diferentes, vino real en abundancia de acuerdo a la generosidad del rey. Si lo piensan esto es una borrachera y orgía de siete días.

Al séptimo día de la fiesta, Asuero, después de una semana de intoxicación y de libertinaje, decide que quiere que todos vean a su esposa, el nombre de ella es Vasti. La reina Vasti. Él manda a su esposa que se presente al séptimo día y se presente en vistiendo sus vestiduras reales.

Sorpresivamente ella dice, "no voy a ir a tu fiesta." Evidentemente consternada de que su dignidad sería manchada cuando apareciera en medio de una multitud, mayormente de hombres que estaban muy borrachos, ella no acepta la orden. Algunos han sugerido que ella pudo haber estado embarazada de su hijo, un hombre llamado Artajerjes, quien es familiar a esta historia. Ella no se sentía cómoda de que fuera a ser vista en público, no quería ser expuesta a una vergüenza pública. Esto hace que ella se vea mal con la corte real junto con la gente que se encontraba ahí. Y de acuerdo con 1:17–18, él tiene miedo de que la acción de la reina comience un movimiento de liberación femenina; de que si la reina se sale con la suya, entonces todas las mujeres van a querer hacer lo mismo.

Así que él decide degradarla, ahora ya no es la reina y se propaga por todos lados la palabra de que ella ya no es la reina. Asuero anuncia su intención de que él quiere tener a una nueva reina, se va a conseguir una nueva reina. Y hace que quede bien claro que nadie puede desobedecer al rey, ni siquiera la reina pues esto haría que quedara depuesta y remplazada.

Asuero, por cierto, tiene un temperamento muy violento y este se muestra a través de sus acciones en contra de la reina. Justo un año después, para que su inmenso ejército pudiera marchar desde Turquía en donde estaban reunidos, como ya dije, para invadir Grecia, Asuero ordena que se construyan puentes a través del Helesponto, esto es el angosto canal de agua entre el Mar Negro y el Mar Mediterráneo, lo necesitaban para poder pasar e invadir Grecia. Estos puentes fueron destruidos por una tormenta antes de que sus tropas pudieran usarlos. Asuero estaba furioso de que la tormenta hubiera destruido los puentes que él construyó. Pensó que en realidad habían sido construidos de forma inadecuada por los ingenieros, así que reunió a todos los ingenieros y les cortó la cabeza. Herodoto, el historiador griego, dice que estaba furioso con el agua al grado que envió soldados dentro del agua exigiendo que el agua de océano fuera latigueada 300 veces por insubordinación. Y luego envió soldados a que arrojaran grilletes en el agua para castigar al agua, y a otros a apuñalar a las olas con hierros al rojo vivo.

Esto es un tipo de ira irracional obviamente. Pero esto bien pudiera ser la explicación de porqué él trata a la reina de esta manera. Pasaron cuatro años y no hubo reina, de acuerdo a Ester capítulo 2:16, cuatro años pasaron antes de que él decidiera buscar a una nueva reina. ¿Por qué cuatro años? La respuesta la encontramos en su fracasada invasión de dos años a Grecia, esto fue con lo que comenzamos a hablar. La invasión a Grecia sucedió dentro de esos dos años y esto fue lo que lo ocupó tanto que no pudo dedicarse a establecer a una nueva reina. La invasión fracasada de Persia a Grecia encaja históricamente muy bien entre la destitución de Vasti entre 483 o 482 a.C. y la coronación de Ester en 479 o 478 a.C.

El rey se encuentra frustrado por su inhabilidad de conquistar Grecia, entonces regresa a casa después de dos años de esfuerzo. Y decide que debido a que la guerra ha ido tan mal, el remedio que él necesita es una reina; el rey necesita distracción. Y la distracción será seleccionar a una nueva reina. Vean el capítulo 2:1-4: "Pasadas estas cosas, sosegada ya la ira del rey Asuero, se acordó de Vasti y de lo que ella había hecho, y de la sentencia contra ella. Y dijeron los criados del rey, sus cortesanos: Busquen para el rey jóvenes vírgenes de buen parecer; y ponga el rey personas en todas las provincias de su reino, que lleven a todas las jóvenes vírgenes de buen parecer a Susa, residencia real, a la casa de las mujeres, al cuidado de Hegai eunuco del rey," esto es un harén en caso de que se lo estén preguntando. "Guarda de las mujeres, y que les den sus atavíos; y la doncella que agrade a los ojos del rey, reine en lugar de Vasti. Esto agradó a los ojos del rey, y lo hizo así." Bien, parece que esto va a ser un concurso de belleza a lo largo de todo el impero, si asumimos que hay unos 50 millones de personas en su imperio, esto quiere decir que hay alrededor de 25 millones de mujeres entre las cuales va a escoger a una mujer. Este es el marco de la escena.

En ese punto, el texto bíblico nos presenta a los dos personajes principales de la historia, dos judíos que son primos. Ellos viven en la ciudad de Susa. Son descendientes de los cautivos originales judíos que fueron llevados por Nabucodonosor en el cautiverio babilónico. Ellos habían sido traídos a Babilonia un siglo atrás, esto es sus padres, y debemos decir que fueron traídos alrededor del 597 y los años siguientes.

El más viejo de los dos es un hombre llamado Mardoqueo y tiene unos quince años más que su joven prima, una huérfana llamada Ester. El versículo 7 dice que sus padres habían muerto cuando ella era muy joven por lo que Mardoqueo la había criado. Así que en medio de 50 millones de personas dentro del imperio persa se encuentran estos dos personajes judíos. El nombre de ella en hebreo es Hadasa, lo que significa mirto, una planta. Su nombre persa es Ester, y este puede estar relacionado con Ishtar, uno de los dioses de los babilonios, y esto puede ser por su familiaridad con la palabra persa que significa "estrella." Entendemos pues que ella tenía el nombre de

Ester, ya sea a causa de la diosa babilonia Ishtar, quien era la diosa del amor, o bien por estrella. Este no era su nombre judío, sino que a los judíos que se encontraban en el exilio se les daban nombres Pesas, como en el caso de Daniel y sus tres amigos quienes originalmente se llamaban Asarias, Misael y Ananías, pero se los cambiaron por Mesac, Sadrac y Abednego, que son nombres Babilonios. Esta era su costumbre.

Ahora regresemos al texto, veamos el capítulo 2:7, dice que sucedió que esta joven virgen que se llamaba Ester era encantadora y hermosa. Por lo que ella no pasó desapercibida por el oficial del rey, así que fue llevada dentro del grupo que vivirían dentro del palacio en el harén con las concubinas y participaría dentro del concurso para ser reina. Josefo el historiador, dice que fueron 400 las vírgenes que fueron llevadas a vivir al palacio, imaginen 400. Digamos que el grupo original del total que hayan sido fue reduciéndose hasta llegar a las 400 más hermosas. Ellas fueron llevadas al palacio para que vivieran durante un año, de algún modo se les permitiría trabajar en ellas mismas durante ese año. Y en algún punto cuando ese año concluyó, ella sería presentadas al rey y él podría hacer su elección. Una de ellas sería elevada a reina. Tenían todo este año para arreglarse, lo que parecía innecesariamente largo para que se arreglaran; no sabemos exactamente a qué se dedicaron durante este año de embellecimiento. Tenían que parecer lo más hermosas que pudieran. Para ello usarían incienso, cosméticos y fragancias. Se les instruiría acerca de las normas de etiqueta real, para que supieran cómo comportarse dentro de la corte imperial y qué era lo que se esperaba de alguien que estuviera alrededor de la realeza. Y esto es un entrenamiento intensivo que duraría doce meses. Y al final de esos doce meses, cada una de las 400 mujeres tendrían una oportunidad para dar una buena impresión al rey y de este modo el seleccionara a la que sería reina.

En el momento señalado, ella se arreglaría con todo tipo de joyería y con todo tipo de vestidos que ella deseara, luego entonces sería presentada al rey. El día después de su presentación, ella regresaría al grupo de damas en espera, con las concubinas y con los miembros del harén real hasta que el rey hubiera analizado a cada una de las 400 y entonces hacer su elección.

Ester debe haber sido veinteañera, ya había cumplido con el requisito de un año, y ahora es su turno para presentarse delante de Asuero, Ester 2:16–17. "Fue, pues, Ester llevada al rey Asuero a su casa real en el mes décimo, que es el mes de Tebet, en el año séptimo de su reinado. Y el rey amó a Ester más que a todas las otras mujeres."

Seguro que ella era una dama muy especial; porque después de que él ha visto a cientos, esto serviría para distorsionar su opinión. ¿Cómo es que ella sobresale de entre cientos de mujeres? Ella obtuvo gracia delante de rey, más que todas las vírgenes, acto seguido él coloca la corona sobre su cabeza y la posiciona como reina en el lugar de Vasti. A continuación, el rey hace un gran festejo, la fiesta de Ester, para todos sus oficiales y siervos, y proclama es día como uno festivo en todas las provincias y dio regalos de acuerdo a la generosidad del rey.

Esto se parece a la historia de la Cenicienta. Ester le robó el corazón al rey y se convirtió en reina. Una huérfana de procedencia judía incierta, la hija de los exiliados, de los conquistados, ahora es exaltada a la más alta posición que ninguna otra mujer pudo haber tenido en todo el mundo en ese momento. Esto no es una coincidencia. Hay un poder que está trabajando aquí y que es mayor que el poder de Asuero. Hay un poder que trabaja providencialmente, orquestando sus propósitos personales por medio de los afectos del emperador. Es significativo que, a través de todo este proceso, Ester guarda en secreto su origen judío. Mardoqueo le dijo que así lo hiciera porque había mucho antisemitismo dentro del Imperio Persa. Pueden ver esto en 4:6. Ester revelaría finalmente que ella es judía, pero solo lo hará cuando sea el tiempo más importante y más necesario.

De este modo fue elegida Ester como reina. Ha pasado de ser una pequeña huérfana judía con pasado oscuro a ser la reina de Persia, todo esto ha sido posible debido a su belleza física y a su carisma personal. Y no mucho después de que Ester es coronada la historia se torna más fascinante; su primo Mardoqueo se encuentra sentado a la entrada del palacio, digamos que anda merodeando por el palacio, ¿por qué creo esto? Simple, ¿quién fue el que crío a Ester? Mardoqueo, él se preocupa por ella. Así que anda merodeando por el palacio para escuchar algo acerca de ella, él quiere saber cómo está ella. Y mientras anda por ahí en el palacio el versículo 21 nos dice que dos de los eunucos del rey, Bigtán y Teres, los guardias de la puerta, se enojaron y buscaron la manera de poner mano en el rey Asuero.

Él escucha un complot, un complot para matar al rey, para asesinar al rey. Estos eran oficiales del rey quienes tenían como encargo cuidar la puerta de las habitaciones privadas del rey. Tenían acceso a él y podían matarlo fácilmente. Y ya que estaban enojados, posiblemente por lo que le había hecho a la reina Vasti. Pero sin importar qué fue lo que los hizo enojar, estaban planeando quitarle la vida y Mardoqueo acababa de escuchar todo su plan. Esto nos indica que Mardoqueo estaba en lugares dentro del palacio a los que no cualquiera podría entrar, de algún modo él pudo obtener un lugar dentro del palacio en donde pudo escuchar una conversación como esta, lo que es una buena indicación de que posiblemente es tenía un tipo de posición oficial de gran prominencia dentro del gobierno imperial, es probable que está hubiera sido promovida por Ester.

Cuando supo acerca del plan en contra del rey fue y lo reportó de inmediato. El mensaje es tan importante y ya que fue conocido por Mardoqueo ahora él es quien se lo dice a la Reina Ester, y Ester se lo dice al rey a nombre de Mardoqueo. Y cuando se investigó acerca de este asunto, este fue confirmado, entonces ambos fueron colgados en la horca. Y escuchen esto, "esto fue escrito en el libro de Crónicas en presencia del rey." Los persas guardaban registro de absolutamente todo. Esta es la razón por la que sabemos tanto de esta historia. Las crónicas del rey registraron lo que sucedió, el complot, que este fue escuchado por Mardoqueo y que Mardoqueo informó a Ester, y que Ester informó al rey, y que le salvaron la vida al rey, y los dos conspiradores que fueron colgados. Las acciones de Mardoqueo fueron registradas en el libro de los registros reales.

¿Por qué hacían ellos esto? Porque ese tipo de cosas necesitaban ser premiadas y los reyes lo sabían. La lealtad necesitaba ser premiada tanto como la deslealtad necesitaba ser castigada. Y en un día futuro llegaría un tiempo cuando este hombre sería premiado por haber salvado la vida del rey. Al igual que todos los monarcas antiguos, Asuero fue cuidadoso de honrar y premiar a aquellos que demostraron lealtad a él. Esta era la forma en la que aseguraban que la lealtad permaneciera. Y con la intensión de ser capaz de hacer lo correcto, ellos guardaban un registro de los actos de valor y de servicio especial que había sido dirigido al monarca.

Todo esto se encuentra en el capítulo 2. Pero ahora llegamos al capítulo 3 en donde se nos va a dar a conocer al siguiente personaje principal dentro del libro, este es un hombre llamado Amán. Este es un hombre quien había sido exaltado por el rey, un hombre muy capaz, era persa, un hombre que estaba por encima de otros príncipes y que era superior a otros oficiales de la realeza. Hay algo muy interesante acerca de este hombre, esto es la clave dentro de toda la historia. Él era agagueo. Dice en 3:1–10, y lo dice nuevamente en el capítulo 8; y nuevamente en el 9, dice, "Amán hijo de Hamedata agagueo." Esto se repite, por lo que no es un detalle que debamos ignorar. Este es el origen de odio de Amán hacía Mardoqueo, y también de su odio a los judíos.

Para comprender por qué es importante enfatizar que era agagueo, retrocedamos un poco. Vamos a regresar algunos cientos de años, casi mil años, vayamos al Éxodo de Egipto. Los israelitas salen de Egipto alrededor del 1445 a.C., así que vamos cerca de mil años antes. Ellos son atacados en el capítulo diez y siete de Éxodo por lo amalecitas, ¿ustedes recordarán este nombre? Los amalecitas los atacaron a ellos, pero los amalecitas son descendientes de Esaú, aquel que vendió su primogenitura. Y debido a que los amalecitas atacaron a los judíos, Dios maldijo a los amalecitas, y esta maldición dice en Deuteronomio 25, "algún día ellos quedarán extintos." Dios pronuncia una maldición sobre los amalecitas, Dios, el Dios de Israel es quien pronunció una maldición en contra de los amalecitas.

Cuatro siglos después, el rey Saúl conquista a los amalecitas, recuerdan esa historia que está en 1 Samuel, él captura a su rey, aquel que tenía por nombre Agag, era el rey de los amalecitas. Se suponía que Saúl debía haber matado a Agag; pero no lo hizo. Lo dejo vivo lo cual no agradó a Dios, y por esto y otras cosas que hizo que no agradaron al Señor, el trono le fue quitado a su familia y el profeta Samuel tuvo que actuar. ¿Recuerdan lo que hizo Samuel a Agag? En 1 Samuel 15 dice, "lo partió en pedazos." Amán era agagueo, y a pesar de que había pasado ya más de un milenio desde que fueron maldecidos, y de que cientos de años habían pasado desde que Agag fuera hecho pedazos para matarlo, Amán conocía la historia de la familia y sabía lo que para ellos significaba un hombre judío, un profeta judío de nombre Samuel, quien había descuartizado a su ancestro real.

Para hacerlo aún peor, Mardoqueo es un descendiente de Cis (Ester 2:5). Cis era de la tribu de Benjamín, y Saúl también era del linaje de Benjamín. Ellos conocían su historia. Podemos decir que había una semilla profunda de odio entre los descendientes de Saúl y los descendientes de Agag por obvias razones. Y por casi 550 años que ya habían pasado, tanto Amán como Mardoqueo, Amán el agagueo y Mardoqueo el benjamita, no habían olvidado su disputa entre pueblos que era tan antigua.

La hostilidad se hace notoria en el capítulo 3:2; leamos primero el versículo 2 y después el 5 y 6. "Y todos los siervos del rey que estaban a la puerta del rey se arrodillaban y se inclinaban ante Amán, porque así lo había mandado el rey; pero Mardoqueo ni se arrodillaba ni se humillaba." Esto es lo que nos muestra que su contienda antigua salió desde lo más profundo de su corazón, Mardoqueo no tenía otra cosa que odio hacia el descendiente amalecita a quien consideraba maldito.

Cuando Amán vio que Mardoqueo no se inclinaba ni le daba honor, Amán se llenó de ira. "Pero tuvo en poco poner mano en Mardoqueo solamente, pues ya le habían declarado cuál era el pueblo de Mardoqueo; y procuró Amán destruir a todos los judíos que había en el reino de Asuero, al pueblo de Mardoqueo." Vemos que decidió que no solo necesitaba matar a Mardoqueo, sino que si no lo hacía el pueblo de Mardoqueo vendría a matarlo, por lo que piensa que sería mejor matarlos a todos ellos, a todo el pueblo judío.

¿Qué fue lo que hizo Amán? Va con los magos y con los astrólogos y les dice, "quiero que ustedes determinen el día optimo por medio de sus fuentes místicas y me digan cuál es el día para aniquilar a los judíos, para que hagamos un genocidio a través de todo el Imperio Persa en ese día." Entonces va con el rey y le dice, "esta nación, este Impero Persa, está lleno de judíos y todos ellos representan una amenaza al emperador. Ellos son una amenaza a tu trono y a tu imperio, esta es la razón por la que deben ser aniquilados." Le dice, "tienen que ser asesinados desde aquí hasta Israel. Necesitamos ir hasta allá y matarlos a todos, aún a aquellos que se han regresado. Amán le dice que todos ellos representan una amenaza para su trono.

Y aún más, si los matamos a todos, podremos confiscar sus propiedades y todos los desechos, todo lo que ellos poseen, una vasta suma de dinero entrará al tesoro real. Por lo que Asuero dice, "muy buena idea."

Le da a Amán su sello real para que Amán pueda sellar con él los documentos que autorizarán el genocidio de judíos. Amán intenta la vía más rápida, y de inmediato despacha el decreto real. Lo envía por todo el imperio. Lo hicieron lo más pronto posible con correo a caballo. Un caballo llegaría lo más lejos posible con el mensaje. Otro caballo y otro jinete irían y muy rápido el mensaje sería esparcido por todos lados, usarían tantos caballos y tantos jinetes como fuera necesario para estar en todos los lugares del Imperio Persa porque una fecha ya había sido establecida. Vena en Ester 3:13, "matar y exterminar a todos los judíos, jóvenes y ancianos, niños y mujeres, en un mismo día" a todos ellos.

En Ester 4:3 dice, "Y en cada provincia y lugar donde el mandamiento del rey y su decreto llegaba, tenían los judíos gran luto, ayuno, lloro y lamentación; cilicio y ceniza era la cama de muchos." Un mensaje que se esparció por todo el Imperio Persa, rápidamente, de que una fecha había sido establecida para que, en cada uno de los lugares, en cada localidad persa, todos los judíos fueran exterminados.

Cuando Mardoqueo escuchó acerca de este decreto genocida rasgo sus vestidos, vistió en harapos, y puso ceniza sobre su cabeza, se lamentó públicamente. Hizo una especie de duelo público a causa de este horrendo acto, el asesinato en masa de toda la población judía.

¿Esto era una venganza simple por parte de Amán? No, esto es algo más grande que eso. Satanás está involucrado en esto. Satanás está involucrado en estos esfuerzos por desaparecer al pueblo judío y de este modo destruir los propósitos de Dios acerca de la redención. Digamos que Amán actúa a nombre de Amán.

No tardó mucho tiempo para las malas noticias llegaran a Ester, ella obtiene el mensaje, Mardoqueo informa a Ester de lo que Amán ha hecho, incluso le da una copia del decreto real. Y él le dice, "Ester, tienes que ir con el rey y rogar por la vida de tu pueblo." ¿Simple, no creen? Pero no es tan simple. En Persia nadie, incluida la reina, podía ir ante el rey sin una invitación personal. Cualquiera que se aventurara en ir ante la presencia del rey sin haber sido invitado podía ser muerto en el mismo lugar. Ester no solo estaría rompiendo con el protocolo real, sino que ella estaría arriesgando su vida.

Veamos Ester 4:11, "Todos los siervos del rey, y el pueblo de las provincias del rey, saben que cualquier hombre o mujer que entra en el patio interior para ver al rey, sin ser llamado, una sola ley hay respecto a él: ha de morir; salvo aquel a quien el rey extendiere el cetro de oro, el cual vivirá; y yo no he sido llamada para ver al rey estos treinta días." Ni siquiera la había visto el rey en treinta días. Tenemos que ser honestos y decir que él tenía otras mujeres. Al grado que no se acerca a Ester durante un mes. Ella tenía miedo de violar potencialmente las normas de su esposo irracional que había degradado a Vasti por un solo acto de rebeldía. Mardoqueo estaba poniendo a Ester en una posición en donde ella podía perder su vida.

Y bien, Mardoqueo regresa y hace un llamado de valentía. Vean 4:13-14, estos son versículos famosos, "No pienses que escaparás en la casa del rey más que cualquier otro judío." Mardoqueo está advirtiendo a su prima la reina. Date cuenta, le dice, si lo haces arriesgas tu vida, y si no lo hacer arriesgas tu vida. Ellos van a saber de un modo o de otro que tú eres judía y estarás muerta si no haces nada. No pienses que vas a escapar. "Porque si callas absolutamente en este tiempo, respiro y liberación vendrá de alguna otra parte para los judíos; mas tú y la casa de tu padre pereceréis." Esto es confianza en las promesas de Dios, el pacto de Dios con Israel de bendecir, sostener y preservar a los judíos. Mardoqueo dice, "Mira Ester, Dios los liberará de otra manera, pero tú no sobrevivirás." Y entonces le da esta famosa línea, "¿Y quién sabe si para esta hora has llegado al reino?"

Con eso afirma la soberanía divina. Él afirma su confianza en la revelación de Dios de que él preservaría a su pueblo. Pero él también entiende que Ester puede morir y que él puede morir y que muchos judíos pueden morir si ella no realiza este acto.

Yendo al versículo 16, tomando su papel divinamente avalado, leemos en el versículo 16, "Ve y reúne a todos los judíos que se hallan en Susa, y ayunad por mí," y añade ella. "Y no comáis ni bebáis en tres días, noche y día; yo también con mis doncellas ayunaré igualmente, y entonces entraré a ver al rey, aunque no sea conforme a la ley; y si perezco, que perezca."

Aun si esto le cuesta la vida lo hará para que ella pueda ser un instrumento en la protección de su pueblo. Ester no menciona la oración, pero si menciona el ayuno. No había ayuno sin oración. Durante tres días, ella y los demás oraron y ayunaron. Sus doncellas, del mismo modo, serían otras mujeres judías quienes se le unirían en esta oración. Es así que ella se acerca al trono, debió ser un momento muy tenso, los segundos que ella esperó para saber si el rey extendería su cetro hacia ella y le daría la bienvenida a su belleza para que estuviera delante de él. Para recalcar su respuesta veamos 5:3, ella viene, él la mira, él extiende su cetro y le hace una pregunta en una típica hipérbole real. "¿Qué tienes, reina Ester, y cuál es tu petición? Hasta la mitad del reino se te dará."

Una vez más vemos que él está sorprendido con su belleza y con su presencia. Pero ella no quiere la mitad del reino, de hecho, no quiere ningún reino. Lo que ella quiere es la vida de la gente de su pueblo. Por lo que la respuesta de Ester fue una simple petición, y le dice a Asuero que haga un banquete para Amán y para ella más tarde. Y entonces él tiene que hacer aquello que ofreció. Ella no pidió la mitad del reino; lo que ella pidió solo fue un banquete para Amán, para el rey, la reina y Amán. Vean Ester 5:5-8, el rey y Amán fueron al banquete que Ester había preparado, al banquete de vino. Entonces el rey dijo a Ester, "¿Cuál es tu petición y te será otorgada? ¿Cuál es tu demanda? Aunque sea la mitad del reino, te será concedida."

"Entonces respondió Ester y dijo: Mi petición y mi demanda es esta: [8]Si he hallado gracia ante los ojos del rey, y si place al rey otorgar mi petición y conceder mi demanda, que venga el rey con Amán a otro banquete que les prepararé; y mañana haré conforme a lo que el rey ha mandado."

¿Qué es esto? Este fue el banquete número uno y él dice, "está bien, hoy estamos aquí en el banquete, Amán está aquí, yo estoy aquí." Ostensiblemente la idea era decirle la verdad acerca de lo que Amán estaba planeando al tiempo que él estaba ahí justo frente al rey. Algo sucedió, no era el momento adecuado, y entonces ella dijo, "Esta es mi petición, ¿podemos hacer esto mismo mañana?" ¿Podemos repetir este banquete mañana? Por alguna razón que no se nos explica no era el momento apropiado. Ella dice, "reunámonos nuevamente mañana y hagamos otro banquete."

A Amán le encantó esto, un banquete al lado del rey y de la reina, un banquete privado con el rey y la reina encajaba bien con su orgullo. Amán dejo el banquete sintiéndose confiado de sí y de sus logros. No solo Asuero lo había exaltado y elevado en su puesto, sino que estuvo de acuerdo con su petición de exterminar a los judíos, ahora el rey y la reina lo habían invitado, no solo a uno sino a dos de los más exclusivos banquetes, no había un honor más alto que pudiera ser dado a ningún ser humano que el de comer con el rey, esto es humanamente hablando. Así que Amán se va a su casa.

Yendo en el camino, pasa por la puerta real y ve a Mardoqueo lo que hace que se vuelva loco de ira. Se va a casa y dice, "me desharé de este hombre. En la mañana pondré cadalsos y lo ejecutare en la mañana, una solución perfecta, ejecutaré a este descendiente de Saúl, a este judío. Esa noche, Amán durmió profundamente, esto es sorprendente, soñó acerca de la venganza que llevaría a cabo el día siguiente.

Por otro lado, Asuero regresó al palacio, pero en un contraste total él no puede dormir. Sea lo que sea que le provocó insomnio, hace algo muy raro. Hace que le traigan los registros reales y que le sean leídos. "Vayan y traigan los libros reales." Él había reinado ya por muchos años, sus libros reales eran muchos pues antes de él había estado su padre y su abuelo. Pero aun así les dice, "traigan los libros reales."

Pudo haber habido cientos para escoger. Alguien fue y los trajo, pienso que él dijo esto será como contar ovejitas, que la monotonía de la lectura de los libros reales fuera como estar leyendo el directorio telefónico, y esto lo haría dormir. Así que alguien los trae y comienza a leerlos. Y sucede que lo que lee es el registro de las acciones de Mardoqueo cuando expuso a los conspiradores quienes planeaban matarlo. Este fue el libro real que le trajeron. Pero él se había olvidado de esto, en el capítulo 6:2-3, encontró que Mardoqueo le había dicho acerca de Bigdan y Teres, dos de los eunucos del rey, los que cuidaban su puerta, que habían planeado poner sus manos sobre él, el rey Asuero. Entonces el rey dijo, "¿qué honor o dignidad se le ha dado a Mardoqueo por esto? Y los siervos del rey que estaban con él dijeron nada se le ha dado a él." Cinco años antes Mardoqueo había reportado el complot, pero nunca fue recompensado por ello. Pero ahora Asuero quiere rectificar esto. Mientras tanto, en la mañana Amán regresa a la corte real en donde él trabaja, va al rey y le pide si puede autorizar la ejecución de Mardoqueo. Él va y piensa obtener un permiso para colgar a Mardoqueo.

Pero antes de que él pueda decir cualquier cosa, Asuero le hace una pregunta, Ester 6:6, "¿Qué se hará al hombre cuya honra desea el rey?" Él piensa que es él. "¿Qué se hará al hombre cuya honra desea el rey?" "Y respondió Amán al rey: Para el varón cuya honra desea el rey, traigan el vestido real de que el rey se viste, y el caballo en que el rey cabalga, y la corona real que está puesta en su cabeza; y den el vestido y el caballo en mano de alguno de los príncipes más nobles del rey, y vistan a aquel varón cuya honra desea el rey, y llévenlo en el caballo por la plaza de la ciudad, y pregonen delante de él: Así se hará al varón cuya honra desea el rey."

En un dramático cambio de expectativas Asuero dice, "Apresúrense entonces, y tomen la túnica y el caballo que tú sugeriste y hagan eso para Mardoqueo el judío que se sienta dentro de las puertas del rey y no dejen de hacer nada de lo que tú has hablado." Las cosas no salieron como Amán las quería. Humillación, vergüenza, ira, pero Amán no tiene alternativa, él será el hombre que guíe el desfile de Mardoqueo por toda la ciudad. Y a todos los lugares que él vaya dirá, "así se hará al hombre a quien el rey quiere honrar."

Cuando toda esta desgracia acaba, se va a casa, está buscando el confort de su familia y amigos. Pero no lo encuentra, en 6:13 dice, "Contó luego Amán a Zeres su mujer y a todos sus amigos, todo lo que le había acontecido. Entonces le dijeron sus sabios, y Zeres su mujer: Si de la descendencia de los judíos es ese Mardoqueo delante de quien has comenzado a caer, no lo vencerás, sino que caerás por cierto delante de él." Estás en problemas, si este hombre judío que ha sido tan honrado por el rey, y que tú estás tratando de deshacerte de él junto con todos los de su pueblo, te encuentras en el lado equivocado de este asunto. Se te volteó la suerte.

Ya confundido, Amán regresa al palacio, el mismo día, para el segundo banquete. Se sienta tratando de estabilizar su ritmo cardiaco, pero se sienta para recibir otra horrible sorpresa. El rey, nuevamente lleno de afecto por su reina, le pregunta qué es lo que ella quiere. Y aquí en el segundo banquete, no duda en decírselo. Veamos Ester 7:3-4, "Entonces la reina Ester respondió y dijo: Oh rey, si he hallado gracia en tus ojos, y si al rey place, séame dada mi vida por mi petición, y mi pueblo por mi demanda. Porque hemos sido vendidos, yo y mi pueblo, para ser destruidos, para ser muertos y exterminados. Si para siervos y siervas fuéramos vendidos, me callaría; pero nuestra muerte sería para el rey un daño irreparable."

Asuero no puede creer lo que está escuchando. ¿Alguien amenaza la vida de la reina? Esto nos da la altura de la traición. El rey está furioso y en el verso 5 dice, "¿Quién es, y dónde está, el que ha ensoberbecido su corazón para hacer esto?"

Sentado en la meza, Amán, siente que el nudo se aprieta alrededor de su garganta. Seguramente piensa, la reina no es judía. Y entonces con su mano señala el rostro rojizo de uno de sus invitados, y dice, "El enemigo y adversario es este malvado Amán." Todo lo que podemos decir es que el rey está lleno de nauseas a causa de su furia, se levanta, y se desahoga en el jardín del palacio. Entonces se acuerda del programa que abarcaba todo el imperio y que Amán le había hecho firmar unos dos meses atrás. ¿Cómo era posible que Amán hubiera dicho eso del pueblo judío, que representaban una amenaza para el Imperio y peor aún, él había firmado el decreto que literalmente promovía la ley que involucraba el asesinato de su propia reina?

Mientras tanto Amán permanece en la mesa del banquete. Se arroja a los pies de Ester justo frente al lugar donde ella está sentada. Él se encuentra rogando por su vida. Asuero, quien regresa del jardín, cegado por la ira, interrumpe su extenso ruego por misericordia, él se encuentra a los pies de Ester pidiendo misericordia. Pero esto se ve más como un asalto a la reina a los ojos del rey cuando este regresa.

Y leemos en el versículo 8, "¿Querrás también violar a la reina en mi propia casa? Al proferir el rey esta palabra, le cubrieron el rostro a Amán." Inmediatamente cubrieron el rostro de Amán y se lo llevaron para ser ejecutado. ¿Y cómo lo mataron? Lo colgaron en el cadalso que él mando construir para Mardoqueo. Cómo puede cambiar el día para alguien. Es sorprendente que veinticuatro horas antes Amán estaba en la cima de la sociedad. Eso fue ayer, pero ahora dice el rey, "tomen todas sus propiedades, y dénselas a la reina." La reina dio todo a Mardoqueo y el rey exaltó a Mardoqueo, Ester 8:2. Y ahora veamos el 9:4, el rey exaltó a Mardoqueo y se convirtió en el rey de Persia como Daniel fue el rey de Babilonia.

¿Qué iba a hacer con respecto al decreto de matar judíos, porque una vez que el rey ha mandado un decreto, no se puede rescindir de este? ¿Qué va a hacer? Tiene que hacer otro decreto que deshaga el decreto previo. Capítulo 9:3–4, "Y todos los príncipes de las provincias, los sátrapas, capitanes y oficiales del rey, apoyaban a los judíos; porque el temor de Mardoqueo había caído sobre ellos. ⁴Pues Mardoqueo era grande en la casa del rey, y su fama iba por todas las provincias; Mardoqueo iba engrandeciéndose más y más." Ya que el rey había elevado a Mardoqueo a tal nivel de prominencia, conocían la actitud que él tendría hacia los judíos. Y seguramente se habría esparcido que la reina también era judía.

Él hizo un decreto de que todos los judíos tenían el derecho de defenderse a si mismos en contra de cualquier esfuerzo que alguien tuviera para quitarles la vida. Ellos se podrían preparar para el día que había sido establecido para su muerte. No pudo deshacer el día ya establecido pero si pudo decirle a la gente, "no tienen por que hacerlo, y los judíos pueden defenderse." El día llegó, el día del juicio, el 7 de marzo del 473 a.C. Los judíos se defendieron, hubo ataques; y hubo muertes. Más de 75 mil de los enemigos de los judíos fueron muertos cuando los judíos se defendieron y el rey los respaldó.

Era un día para recordar pero no por la razón que Amán había pensado. El gran día era el 7 de Marzo del 473 a.C., el cual estableció un festival que los judíos celebran hasta hoy. Lo celebran en ese tiempo del año, cada año, dentro de la sinagoga de los judíos. Este día es llamado "la fiesta del Purim." La palabra "purim" es del hebreo "suerte" porque Amán había echado suertes para determinar en qué día él exterminaría a los judíos. Así que ellos tomaron la palabra purim y la usaron para identificar la fiesta. Esta es una fiesta de triunfo, una celebración por el cuidado que Dios les tuvo. Vean lo que dice Ester 9:23-28, "Y los judíos aceptaron hacer, según habían comenzado, lo que les escribió Mardoqueo. [24]Porque Amán hijo de Hamedata agagueo, enemigo de todos los judíos, había ideado contra los judíos un plan para destruirlos, y había echado Pur, que quiere decir suerte, para consumirlos y acabar con ellos. [25]Mas cuando Ester vino a la presencia del rey, él ordenó por carta que el perverso designio que aquél trazó contra los judíos recayera sobre su cabeza; y que colgaran a él y a sus hijos en la horca. [26]Por esto llamaron a estos días Purim, por el nombre Pur. Y debido a las palabras de esta carta, y por lo que ellos vieron sobre esto, y lo que llevó a su conocimiento, [27]los judíos establecieron y tomaron sobre sí, sobre su descendencia y sobre todos los allegados a ellos, que no dejarían de celebrar estos dos días según está escrito tocante a ellos, conforme a su tiempo cada año; [28]y que estos días serían recordados y celebrados por todas las generaciones, familias, provincias y ciudades; que estos días de Purim no dejarían de ser guardados por los judíos, y que su descendencia jamás dejaría de recordarlos." Y ese es este día, una fiesta que consiste en dos días de celebración, regocijo, compartir comida, entrega de regalos, es una fiesta memorial en la que los judíos celebran el hecho de que ellos fueron liberados del exterminio.

Tiempo después de que Amán fue colgado, Mardoqueo y Ester continuaron floreciendo dentro de la casa real del rey Asuero. El rey exaltó a Mardoqueo como el segundo al mando, y continuó amando a su reina. En contra de toda expectativa, Ester, Mardoqueo y los judíos fueron salvados, y no solo salvados sino elevados, elevados al nivel del gobierno. En Ester 10:3

leemos, "Porque Mardoqueo el judío fue el segundo después del rey Asuero, y grande entre los judíos, y estimado por la multitud de sus hermanos, porque procuró el bienestar de su pueblo y habló paz para todo su linaje."

Sorprendente historia hasta este punto, pero llegamos a la conclusión. ¿En dónde vemos a Dios dentro del libro de Ester? Bien, el verdadero héroe de la historia, el verdadero poder detrás de la historia, nunca es mencionado, pero es Dios. Su mano providencial es manifestada en cada pequeño detalle. Su presencia es más poderosa y dominantemente visible aquí que en otra historia con este grado de complejidad dentro de la Escritura, a pesar de que Él nunca es mencionado. Su providencia es vista al filtrar de entre 25 millones de mujeres a una, una judía, elegida para ser reina. Su providencia es demostrada en Mardoqueo, quien estando en el lugar en donde el pudo escuchar el complot y así poder advertir al rey. Su providencia, su poder, su superintendente soberanía pude ser vista en la noche que el rey no pudo dormir y decide leer el registro real y después de todo pudiera ser leído para él, lo que le fue leído tenía que ver con Mardoqueo, leyó que no había sido premiado por su acción. Incluso la agenda de Amán es perfecta dentro de los propósitos de Dios.

La mano invisible de Dios es evidente en todos lados, la vemos en cada detalle. La ausencia de Dios aquí, pienso, es intencional. Es una estrategia ingeniosa usada por el escritor para llevar al lector a pensar profundamente acerca de cómo las circunstancias de la vida son ordenadas con respecto a los propósitos divinos. Estas no son coincidencias, demasiadas coincidencias. Esto es selectivo, aquí vemos un diseñador, a un coordinador, vemos que hay un poder controlador detrás de todo esto. Literalmente Dios ruge como un estruendo por todo el libro de Ester. No hay milagros en el libro de Ester, sino que toda la historia es un milagro de providencia divina. La gente, los lugares, el tiempo, las acciones, esto es más que milagroso. Ni Amán, ni Satanás usando a Amán, podría destruir al pueblo de Dios, no podría poner un fin a las promesas Abrahamicas y Davididcas, a las promesas de preservación de la nación de la que vendría el Mesías prometido y la salvación final para Israel. Nadie, sin importar cuanto ellos intenten para destruir al pueblo de Dios o los propósitos de Dios, puede tener éxito pues el pacto de amor de Dios hacía Israel será cumplido, está siendo cumplido.

Y el mensaje para ti es este, mientras que estás caminando por la vida e intentas asegurarte de que arreglas todos los pequeños detalles de la vida, debes comprender esto: que, por encima de ti, dentro de ti, detrás de ti, hay un arquitecto divino ordenando cada detalle. Y si verdaderamente le perteneces y estás con Él dentro del pacto de su amor, Él está cumpliendo su perfecta voluntad. Puedes estar confiado en esto, puedes confiar completamente en esto.

El Señor continúa sobre su trono. Estos son tiempos de retos, estamos viviendo en días de retos. Puede ser que estés desanimado por la forma en la que las cosas suceden, de hecho, las cosas que suceden en el mundo son caóticas, desconcertantes, problemáticas, perturbadoras, y de cierto modo atemorizantes. Pero no sucede así dentro del Reino, el arquitecto divino está ordenando nuestras vidas, las de aquellos que le pertenecemos y estamos dentro del pacto de amor con Él. Él está ordenando nuestras vidas para su eterna gloria, cada detalle de ellas. Que maravillosa vida tenemos cuando existe esta confianza. Oremos.

Oración final

Padre, estamos muy animados por esta maravillosa historia que hemos estudiado. Estamos tan agradecidos de que tú eres el mismo Dios hoy como lo fuiste en aquellos días. Sabemos que todas las cosas sirven para bien por medio de tu poder, para tú gloria eterna. Esto es para aquellos que te amamos y que somos llamados de acuerdo a tus propósitos. Te agradecemos porque no vivimos en un mundo en el que hay eventos al azar, sino que todos nuestros pasos son ordenados por el Señor. Te agradecemos de que tienes un plan que está funcionando para nosotros en cada detalle, todo encaja dentro de tus propósitos soberanos. Que maravilloso es saber eso, esto esta inexplicablemente llevándonos a la gloria, al cielo. Gracias por esta gran revelación que nos quita todo temor y duda, nos quita todo cuestionamiento en la vida, por lo que vivimos y descansamos en paz y con tu soberana providencia. Oramos en el nombre de Cristo. Amén.

REFLEXIONES PERSONALES

06_María y Elisabet. Confirmando la profecía angelical

^{39}En aquellos días, levantándose María, fue de prisa a la montaña, a una ciudad de Judá; ^{40}y entró en casa de Zacarías, y saludó a Elisabet. ^{41}Y aconteció que cuando oyó Elisabet la salutación de María, la criatura saltó en su vientre; y Elisabet fue llena del Espíritu Santo, ^{42}y exclamó a gran voz, y dijo: Bendita tú entre las mujeres, y bendito el fruto de tu vientre. ^{43}¿Por qué se me concede esto a mí, que la madre de mi Señor venga a mí? ^{44}Porque tan pronto como llegó la voz de tu salutación a mis oídos, la criatura saltó de alegría en mi vientre. ^{45}Y bienaventurada la que creyó, porque se cumplirá lo que le fue dicho de parte del Señor.

Lucas 1:39–45

BOSQUEJO

— Introducción

— La confirmación personal

— La confirmación física

— La confirmación profética

— Oración final

Notas personales al bosquejo

SERMÓN

Introducción

Lucas 1, este es un gran capítulo que lanza la historia del Cristo prometido, el Salvador del mundo. Ya hemos visto gran parte de la narrativa en este capítulo. La primera narrativa es la historia de la concepción milagrosa de Juan el Bautista dentro del vientre de Elisabet. La segunda historia es la historia de la milagrosa concepción de Jesús el Hijo de Dios dentro del vientre de María.

Lucas inicia el relato de su evangelio con la historia de dos concepciones milagrosas, dos mujeres quienes de acuerdo a todos los estándares humanos no hubieran podido tener nunca un hijo. Elisabet quien era estéril andaba ya alrededor de los sesenta años, posiblemente cerca de los setena e incluso ochentas, ella nunca había podido tener ningún hijo, ya había pasado el tiempo en el que ella era capaz de hacerlo con su esposo Zacarías, quien de igual manera ya había pasado el tiempo de su capacidad para ser padre; ella concibió y llevó en su vientre al gran profeta Juan el Bautista, el precursor del Mesías. La segunda narrativa es acerca de una mujer llamada María, una joven que era virgen, que alrededor de los trece años de edad se embarazó por medio del poder del Espíritu Santo, el poder de Dios creó vida dentro de su vientre sin que un hombre estuviera involucrado en lo más mínimo.

Dos mujeres embarazadas, dos madres milagrosas. Una es ya vieja, casada durante ya muchos años, sin hijos y estéril. La otra es joven, nunca había sido casada y es virgen. Una alrededor de sus años setenta, más o menos, la otra era una adolescente temprana. Algo muy interesante es que Estas dos eran familiares, ambas había sido elegidas por Dios para ser los instrumentos humanos para el nacimiento de dos hombre, muy, muy singulares, uno de ellos Juan el Bautista el más grande de los profetas quien jamás hubo vivido antes; y Jesucristo, el Hijo del Hombre, Salvador del mundo.

Estas dos concepciones milagrosas, estos dos milagros dentro del vientre de dos mujeres son el lanzamiento de toda una serie de mensajes mesiánicos. La milagrosa llegada de Cristo comienza con estas dos concepciones milagrosas. Y a este punto Dios se había inyectado milagrosamente a si mismo dentro de la no menos milagrosa fuente de vida humana. Como les he dicho antes, no había sucedido ningún milagro durante un periodo de 400 años, y no ha habido series de milagros en al menos 500 años. Nadie ha escuchado acerca de un ángel, no han escuchado acerca de Dios en al menos 400 años. No ha habido milagros, Dios no ha hablado, los ángeles no se han hecho presentes hasta este día. Y entonces todo da comienzo con estas dos sorprendentes concepciones milagrosas, Elisabet, elegida para ser la madre de Juan el Bautista, el precursor del Mesías; y María, elegida para ser Madre del Mesías, el Hijo de Dios.

En ambos casos el ángel Gabriel vino para darles el anuncio. En el primer caso, el ángel Gabriel vino a Zacarías quien fue el padre de Juan el Bautista, y Zacarías recibió el mensaje de parte de Gabriel de que él y su esposa, Elisabet, juntos concebirían y tendrían un hijo quien sería el más grande profeta, el predecesor del Mesías. Después Gabriel vino a una virgen, a María, y le dio el mensaje que vimos en los versos 26 al 33, de que a ella se le daría un hijo sin la intervención de un hombre, este hijo sería el Hijo de Dios. Así que repentinamente la historia de la redención llega a un punto culminante.

Hasta este punto estas dos narrativas, a pesar de que están contenidas en los primeros 38 versos de este capítulo, han sido separadas. Elisabet vivía en un lugar de los montes de Judá, los que están alrededor de Jerusalén al sur de Israel. María vivía en Nazaret, un pequeño pueblo en Galilea, como es conocido, esto es al norte de Israel, separado por unas 75 u 80 millas más o menos. Hay increíbles similitudes en los relatos que las hacen inconfundibles.

Por ejemplo, si comparamos el relato en los versos 5 al 23 con Zacarías, Elisabet y Gabriel, y los comparas con el relato de Gabriel y María en los versos 26 al 38, notas el mismo flujo de pensamiento. Estos fluyen como relatos paralelos. Comparten el mismo tipo de progresión. Inician con una introducción de los padres o bien de la madre. Segundo, se enuncian los obstáculos que presentan para poder ser madres, ya sea la esterilidad de Elisabet, o la virginidad de María. Tercero, se menciona la aparición de Gabriel. Cuarto, hay una reacción inmediata ante la aparición de Gabriel. Y vemos que la declaración de Gabriel es la misma en los dos casos, "no temas," Esta se las dice a Zacarías y a María. En ambas está la promesa de un hijo. Y en ambas la descripción del hijo. Hay una objeción en el caso de Zacarías, él no cree; y en el caso de María, ella no puede entender como sucederá eso. Hay una señal que mostrará que esto sucederá, y finalmente la retirada de Gabriel. Y ambos relatos tienen estos mismos puntos en la misma secuencia y en la misma progresión.

Si leemos los dos relatos, por ejemplo, leeremos en el primero la conversación de Gabriel con Zacarías acerca del nacimiento de Juan el Bautista, leeremos que él estaba turbado. Lo mismo se nos dice de María, ella estaba turbada. En el relato con Gabriel y Zacarías, "el ángel le dijo," en el relato de María "el ángel le dijo." A Zacarías le dijo, "no temas," a María le dijo, "no temas." A Zacarías le dijo, "tu esposa Elisabet concebirá un hijo." A María le dijo, concebirás un hijo. A Zacarías le dijo, "llamarás su nombre Juan." A María, "llamarás su nombre Jesús." A Zacarías le dijo, "él será grande." A María, "el será grande." Zacarías respondió y dijo al ángel, más adelante en el verso 24 María respondió y dijo al ángel. Y así podemos seguir, hasta el final continúan siendo relatos paralelos en casi todos sus aspectos. Dos incidentes completamente separados, separados por un número de meses pero con la misma secuencia básicamente. Lucas los pone en paralelo como si fueran relatos similares. Dos mujeres separadas por muchos años, separadas por muchas millas, separadas por circunstancias que se unen en el texto que tenemos frente a nosotros. Este es un texto maravilloso ya estas dos que no sabían nada acerca de la visita personal que les hizo Gabriel, solo se conocían ellas y no lo otro, se reúnen y se comparten mutuamente estas experiencias paralelas.

Veamos el verso 39, "En aquellos días, levantándose María, fue de prisa a la montaña, a una ciudad de Judá; y entró en casa de Zacarías, y saludó a Elisabet. Y aconteció que cuando oyó Elisabet la salutación de María, la criatura saltó en su vientre; y Elisabet fue llena del Espíritu Santo, y exclamó a gran voz, y dijo: Bendita tú entre las mujeres, y bendito el fruto de tu vientre. ¿Por qué se me concede esto a mí, que la madre de mi Señor venga a mí? Porque tan pronto como llegó la voz de tu salutación a mis oídos, la criatura saltó de alegría en mi vientre. Y bienaventurada la que creyó, porque se cumplirá lo que le fue dicho de parte del Señor."

Aquí vemos la María y Elisabet reunidas. Esto nos provoca la pregunta, ¿cuál es el punto de su reunión? ¿Cuál es el propósito de Esta? ¿Por qué María está tan animada y se precipita para ir al sur, recorrer toda esa distancia, y visitar a su ya vieja familiar Elisabet? ¿Qué significa todo esto? ¿Qué significa esto de que el bebé salta dentro del vientre? ¿Y cuál es la profecía que Elisabet entrega? ¿Cuál es el punto en todo esto?

Si se detienen y piensan acerca de esto pueden entender por qué María quería, con este leve impulso que le dio el ángel Gabriel, ir a reunirse con Elisabet tan pronto como le fuera posible. Se le acababa de decir algo que humanamente era imposible en lo absoluto, y francamente inimaginable: que ella sería la madre del Mesías. Ella sería la madre del Hijo de Dios. Ella llevaría un descendiente que sería concebido dentro de ella por el Dios altísimo mismo. Y todo esto sucedería siendo ella una virgen. Había sido elegida por Dios para ser la madre del Mesías, el Mesías sería un descendiente santo. Todo esto sucedería sin la intervención de un hombre; esto sería realizado por Dios. Esto era algo que dejaría a cualquiera consternado, esto era algo que sería más de lo que cualquier ser humano podría entender o comprender. Ninguna mujer que hubiera vivido antes había escuchado tales palabras, palabras que van más allá del entendimiento y de la comprensión. Y añadiendo más a este hecho, hacía ya mucho tiempo que no había sucedido ningún milagro, hacía mucho tiempo que Dios no hablaba y hacía mucho tiempo que ningún ángel se había hecho presente de forma visible.

El ángel sabía que esto era alarmante, era una cantidad devastadora de información. Por lo le da una señal en el verso 36, "Y he aquí tu parienta Elisabet, ella también ha concebido hijo en su vejez; y este es el sexto mes para ella, la que llamaban estéril; porque nada hay imposible para Dios."

No había milagros, no había concepciones milagrosas, a pesar de ello María le creyó al ángel. Ella tenía fe. Su fe tenía una gran medida de fortaleza, pero esto aún está más allá de cualquier comprensión. Con poca imaginación entendemos que ella necesitaba aumentar esa fortaleza para que el milagro sucediera, para concebir que los milagros son posibles y en especial este que ocurriría dentro de su vientre sin que ella entendiera lo milagroso del hecho. Esto no podía ocurrir en ningún día, en ningún punto del tiempo, esto no sería una simple experiencia física personal. Esto sucedería por medio de un milagro de Dios. ¿Cómo es que su cuerpo mortal resistiría la tensión emocional y espiritual de estar llevando en su vientre al Hijo de Dios, al Mesías? Esta joven mujer de carne y hueso, esta joven mujer que conocía su pecaminosidad y su debilidad ¿cómo podría soportar la carga emocional del honor incalculable de procrear al Hijo de Dios dentro de su vientre? ¿Podría estar completamente segura de que esto era verdaderamente una realidad después de examinar todas las evidencias? Esto no se haría evidente en su cuerpo por un periodo de tiempo, pero ella no podía esperar a que ocurriera esto, por lo que ella se apresura, se acelera para ir a ver a Elisabet para asegurarse del hecho de que esto sería hecho por Dios, que Dios lo podía hacer, que Dios lo estaba haciendo, que Dios había llevado a cabo el milagro de concepción en Elisabet; ella sería su prueba viviente de que esto era posible.

Para ella solo había una persona que sería la verificación para ella de que Dios era capaz de llevar a cabo una concepción milagrosa, y esa persona era Elisabet. Así que se nos dice en el verso 39 que ella se levantó y fue con premura a la zona de los montes de Judá, entró a la casa de Zacarías y saludó a Elisabet.

La confirmación personal

Esto es lo primero que quiero decir acerca de esto, todo esto se trata de confirmación. Y a este primer aspecto de la confirmación me gustaría llamarlo la confirmación personal. Todo este asunto de la reunión entre María y Elisabet era para confirmarle a María que las palabras del ángel eran verdad. Esto era algo difícil de creer. No solo era difícil de creer para María, sino que era difícil de creer para cualquiera. Diré algo más acerca de esto en un momento.

María quería que su fe fuera fortalecida. No quiere decir que ella no tenía fe, esto era algo difícil de imaginar para cualquier mente normal. Por lo que ella quería que su fe fuera fortalecida y Elisabet podría proveerle de una confirmación personal.

En el verso 39, ella se lanza dentro de lo que en realidad es la búsqueda de una confirmación personal. Esta le llegaría de una persona, y Esta era Elisabet. El verso 39 inicia así, "En aquellos días," detengámonos aquí por un momento. Esto del tiempo es claro, es el tiempo en el que Gabriel la visitó a ella, es precisamente ese tiempo del que se habla. El tiempo de la visita de Gabriel ella se apresuró, tuvo mucha prisa, no quería perder más tiempo para poder ir con Elisabet, su vieja familiar, ella estaba embarazada, sabía que una mujer de su edad y que había sido estéril toda su vida y no podía quedar embarazada de ninguna manera. Cuando escuchó que ella estaba embarazada en el verso 36 ella ya estaba en el sexto mes de embarazo, así que para este tiempo sería más que evidente que en verdad ella estaba embarazada. Así que ella no perdió tiempo e inicio su viaje para la visita.

Como dije antes, el verso 36 indica que Elisabet ya tenía seis meses de embarazo, pero sigamos esto, vayamos al verso 56, "Y se quedó María con ella como tres meses; después se volvió a su casa." Llegó con ella cuando tenía seis meses de embarazo, y se fue cuando ella tenía nueve meses. Aparentemente justo antes del nacimiento de Juan. Verso 57, "Cuando a Elisabet se le cumplió el tiempo de su alumbramiento, dio a luz un hijo." Llegó cuando ella tenía seis meses de embarazo, se fue justo antes del nacimiento de Juan tres meses después. Por lo tanto ella no pudo perder tiempo. Si ella iba a ir con ella, quedarse tres meses y regresar a su casa justo antes de que el niño naciera, ella debió llegar allá en el sexto mes lo que quiere decir que ella salió casi de inmediato. Ella se levantó y se fue a toda prisa.

No tenemos un reporte aquí, por cierto, de la concepción de María. Debemos asumir que esto ya había sucedido, el milagro ya había sucedido dentro de ella. No se dice nada más al respecto de lo que nos dice el verso 35, "El Espíritu Santo vendrá sobre ti, y el poder del Altísimo te cubrirá con su sombra; por lo cual también el Santo Ser que nacerá, será llamado Hijo de Dios." No se nos dice en qué día o en qué hora o en cuál preciso momento. No hay alguna fanfarrea, no hay nada pero el milagro debió ya haber ocurrido. No siendo capaz de sentir nada de eso en ese punto en particular, tal vez al inicio pudo sentir algunas evidencias de ello, pero no hay suficiente tiempo para que María pudiera ya sentir algo. Ella va, pienso, con ganas de reconocer las maravillosas palabras que le había dado el ángel. Son alrededor de 75-85 millas, tal vez más, desde Nazaret hasta los montes del sur de la región de Judea. Le debió haber tomado entre tres y cuatro días para llegar allá.

Y francamente esto es algo inusual, una jovencita haciendo tal viaje, las jovencitas de su edad estaba bajo la protección de los padres y sus madres. Ellas debían estar en casa en donde ellas podían encontrar cobijo y protección. Así que el hecho de que ella vaya en este viaje que tomaría varios días es algo muy raro. No se nos dice quién fue con ella. Podemos asumir que alguien la acompañó; puede ser que haya ido por sí sola, no sabemos absolutamente nada de esos detalles.

Algunos han sugerido que ella se fue para esconder su embarazo. Pero la realidad es que en este punto ella no tenía nada que esconder. Otros han dicho que ella se fue para evadir la ira de José. Pero en ese punto no hay razón para asumir que José sabía algo porque María, recordarán, había hablado solo con el ángel, y fue un ángel quien después le apareció a José en un sueño y le explicó lo que había sucedido. Así que ella no fue a esconder su embarazo, que hasta este punto no era visible. No se fue para huir de José quien tal vez no sabía de esto hasta este punto en particular. Se fue porque ella quería ver a Elisabet para tener una confirmación personal de que de hecho Dios podía realizar milagros de concepción y esto sería evidente en el caso de Elisabet. Quería ver si en efecto lo que el ángel había dicho era verdad y Elisabet cargaba a un niño dentro de su vientre.

Se fue al área de los montes, esto es alrededor de los edificios de Jerusalén. Si alguna vez has estado en Jerusalén podrás entender porque se le llama la región de los montes. A una ciudad, o mejor a una villa o a algún pequeño poblado de Judea, no sabemos exactamente a cual se refiere. Existe un lugar que tradicionalmente se ha conocido desde el siglo VI y que posiblemente no sea el exacto, pero se encuentra como a cinco millas de Jerusalén. Este era el lugar en donde el sacerdote Zacarías y su esposa, Elisabet, vivían y en donde el desarrollaba su función normal como sacerdote durante todo el año, excepto por las dos semanas que él servía en el templo.

Se fue y nos dice el verso 40 que ella entró en la casa de Zacarías y saludó a Elisabet. Ahora tengo que detenerme en la palabra "saludó" ya que Esta se usa varias veces. La vemos nuevamente en el verso 41, en donde dice, "oyó Elisabet la salutación de María," la volvemos a ver en el verso 44, "como llegó la voz de tu salutación a mis oídos." Debemos entender que en el antiguo oriente el saludo no era "Hola, ¿cómo te va?" No era algo corto. No era una formula sencilla. Lo que incluía un saludo era una conversación larga. Esto era algo así como una ocasión ceremonial. El significado de esta ceremonia yacía en el contenido de la conversación. Les voy a dar una ilustración, puede ser que les interese usar alguno de estos saludos. Vayamos a Éxodo 18:7, "Y Moisés salió a recibir a su suegro, y se inclinó, y lo besó; y se preguntaron el uno al otro cómo estaban, y vinieron a la tienda." Este es un típico saludo en el medio oriente. Hay un abrazo el cual es una manifestación física de afecto, y después entran a la tienda para hablar de cómo es la vida de ambos dentro de ella. Esto es exactamente lo que podemos asumir que ocurrió a la llegada de María cuando se nos dice que saludó a Elisabet. Ella entró y un saludo típico y tradicional tomó lugar lo que significó horas de conversación. Y seguramente ellas tenían mucho pero mucho de qué hablar.

Seguramente Elisabet le dijo a María cómo fue que ella quedó embarazada; cómo Zacarías estaba sirviendo en el templo y se le apareció el ángel Gabriel cuando se encontraba en el altar de incienso; cómo es que había salido con este increíble mensaje de que ellos iban a tener un hijo; cómo el niño sería grande ante los ojos del Señor, que él no bebería vino ni sidra; cómo sería lleno del Espíritu Santo desde el vientre de su madre; cómo él sería el predecesor del Mesías y haría que muchos se hicieran justos. Todo esto había sido profetizado en el 1:13-17 y todo esto había sido posible no mucho después de que Zacarías había regresado a casa, pues era necesario que ellos dos estuvieran juntos para que ella quedara embarazada. Ella permaneció encerrada por cinco meses hasta que se le comenzó a notar para que la gente supiera que cuando ella decía que estaba embarazada no la tomaran por una loca. Le contó la maravillosa historia acerca de la secuencia de la conversación con Gabriel y le contó toda la historia tal y como la registró Lucas. En toda esta conversación María le debió contar la historia que era una especie de paralelismo, como vimos que lo es en muchas formas, acerca de cómo Gabriel había venido a ella en su casa en Nazaret y le había dicho que ella sería la madre del Hijo de Dios; y que esto ocurriría sin la intervención de un hombre, que Dios sería quien plantaría a un hijo dentro de su vientre; Dios sería quien crearía a ese niño sin necesidad de una concepción humana normal. Ellas debieron hablar de sus historias. Los paralelos debieron ser fascinantes para ellas. Todo esto era importante para Dios, el hecho de que hubiera tantos paralelos entre las dos historias, pues esto hacía claro que todo lo que María había escuchado sonaba completamente similar a lo que Zacarías y Elisabet habían escuchado. Y debido a que lo que había sido prometido a Elisabet había sucedido, lo que había sido prometido a María sucedería también. Los patrones eran idénticos.

Así debió ser la forma en la que ellas dos se saludaron. Esto es lo que llamé la confirmación personal. Elisabet sentada, dialogando, repasando el relato y notando cómo las historias eran paralelas, el hecho de que ella llevará ya seis meses de embarazo proveía esta confirmación personal. Si Dios pudo llevar a cabo concepciones milagrosas, aquí pudo ver su confirmación personal y fue justo con la persona que se sentó frente a ella. Con solo ver a Elisabet y comprender su condición de cómo era que una mujer que ya había pasado el tiempo en el que se podía embarazar, casada con un hombre ya viejo, había pasado por el mismo predicamento de saber la realidad de que de hecho Dios había realizado un milagro dentro de ella. Y cuando colocas a Gabriel dentro de esta mezcla, la conversación debió ser casi idéntica, está es una gran confirmación.

Ahora, hay algo más que debemos comprender. Pienso que María fue por la confirmación pero también pienso que fue a ver a Elisabet porque ella sabía que solo Elisabet le podría creer. Pongámoslo en el contexto normal, tu hija de 13 años viene y te dice que está embarazada, le contestas ¿qué? Y te contesta, "un ángel vino a mí y me dijo que Dios me embarazó y que voy a ser la madre del Salvador." ¿Sí?

Parece como algo normal con lo que una adolecente pudiera llegar, ¿no lo creen? ¿Cómo puedes creer que eso es verdad? Al menos trata de decir algo que sea más racional. Lo que quiero decir es que hay muy poca, muy poca probabilidad de que alguien pudiera creer esto. Hasta José quien conocía a María pudo asumir lo mismo cuando supo que ella estaba embarazada. Él pudo asumir que fue violada o que había traicionado sus votos hacía él, o bien que había cometido pecado. Por lo que él se dijo, "o la mato a pedradas o me divorcio." Él la amaba, la conocía, conocía a su familia y debió haber conocido algo acerca de su carácter, incluso hubiera sido algo contradictorio a su carácter que ella cometiera este tipo de pecado. Pero la realidad es que no había otra explicación. Siendo honestos no había otra mujer en el mundo que pudiera creer la historia de María. Solo Elisabet le creería, y el único lugar al que ella pudo ir y contar su historia era con ella.

El texto no dice nada acerca de lo que pudo o no decirle a su familia o a José o a cualquier otra persona. Solo nos dice que salió para ir con Elisabet, la única persona que pudo tener una razón de peso para creer que lo que ella estaba diciendo era de hecho una verdad. Viéndolo de esta manera entendemos que el hecho de decirlo en primera instancia a Elisabet tiene sentido.

Elisabet pudo ser de mucho apoyo para ella cuando le dijera a todos los demás. Ya que Elisabet estaba viva, ella era la confirmación personal de que Dios estaba realizando milagros de concepción. Si le dijéramos a cualquier persona, pensarían que María inventó la historia acerca de Gabriel y de ser la madre del Hijo de Dios. Nadie creería eso. Y los paralelos son asombrosos.

Así, que María y Elisabet se reúnen para proveer a María una confirmación personal. Debió ser un gran momento para ella cuando se le confirmó por medio del encuentro personal con Elisabet, que era cierto que Dios podía realizar un milagro de concepción. Y que lo que Gabriel dijo a Elisabet se hizo realidad, por lo tanto lo que Gabriel dijo a María podía ser confiable. Esta fue una tremenda confirmación.

La confirmación física

Segundo, en adición a la confirmación personal estaba la confirmación física. Físicamente sucedió algo que confirmó que María iba a ser la madre de un descendiente santo. Físicamente sucedió algo para confirmar que María iba a llevar dentro de su cuerpo al Hijo de Dios. ¿Qué fue lo que sucedió? Verso 41, "Y aconteció que cuando oyó Elisabet la salutación de María," en medio de la conversación cuando esto está sucediendo y Elisabet está escuchando que María iba a ser la madre del Mesías, el Salvador del Mundo, el Hijo de Dios, "la criatura saltó en su vientre." Ahora detengámonos aquí por un momento.

Siendo honestos, aquí podemos especular muchas cosas porque no se nos dice más. No estoy aquí para describir la patología de este suceso. No estoy aquí para describirte que fue lo que sucedió desde el punto de vista clínico. Todo lo que te puedo decir es que cuando María estaba contando su historia a Elisabet, de cómo era que el Espíritu de Dios iba a plantar al Mesías dentro de su vientre, el bebé saltó. Este mismo término se usa en el Salmo 114:4 y es traducido en la Septuaginta con la palabra "brincó." El movimiento de un bebé dentro del vientre no es anormal. De hecho, creo que esto es uno de los placeres que experimenta la mujer al estar embarazada, sentir dentro de ella esta vida. Y conforme el niño va creciendo y creciendo, más se siente esta vida. Y ustedes saben, todos los que somos padres que nos interesó el embarazo de nuestra esposa, pusimos nuestras manos sobre su vientre y pudimos sentir esas pequeñas patacitas del niño cuando se movía. Esto es algo muy emocionante y maravilloso porque estamos sintiendo que la vida ya es un hecho por medio de esto.

Esto es normal, es decir, que el niño se mueva dentro del vientre. Pero no podemos pensar que simplemente coincidió aquí. Después de todo, ese pequeño feto es un profeta, y si lo piensan, no solo es que él sea un profeta sino que es el profeta más grande que ha habido. No solo eso, ese pequeño profeta es Juan el Bautista y su responsabilidad es ser el predecesor del Mesías. Podemos decir que este es su primer anuncio, es una profecía silenciosa de su parte.

¿De qué estamos hablando? Regresando al verso 15 del capítulo 1 dice acerca de Juan el Bautista que será lleno del Espíritu Santo desde el vientre de su madre. ¿Ahora lo entienden? Pero, ¿por qué hizo esto? ¿Para qué aclarar que él fue lleno del Espíritu Santo desde el vientre de su madre? No habría ningún propósito en llenarlo, o pude haber un gran propósito para llenarlo desde dentro del vientre de su madre. ¿Para qué llenarlo? ¿Para qué llenaría Dios con su Santo Espíritu a ese pequeño feto sino para que el Espíritu Santo de Dios lograra algo sobrenatural por medio de él? Cuando hablamos de ser lleno del Espíritu Santo estamos hablando de obedecer la palabra de Dios y de seguir la voluntad del Espíritu Santo, es decir ser guiado por el Espíritu Santo. Esto es bueno. El Nuevo Testamento despliega esto para nuestro entendimiento. Pero hay un aspecto de la llenura del Espíritu Santo que está conectado a la profecía, veremos un poco más acerca de esto en un momento. Esto está conectado a la profecía. Ellos fueron llenos del Espíritu Santo, o el Espíritu vino sobre ellos y entonces ellos hablaron la palabra de Dios. Este es un escenario típico del Antiguo Testamento. Este pequeño feto dentro del vientre fue llenado del Espíritu Santo aun cuando estaba dentro del vientre porque este iba a hacer algo importante de manera sobrenatural dentro de los propósitos de Dios.

Esto no es la primera vez que sucede. Si vamos a Génesis 25, ¿recuerdan a Rebeca? Rebeca tenía dentro de su vientre a dos hijos. Sus nombres eran Jacob y Esaú. Dios dio profecías por medio de estos dos niños cuando aún no habían nacido en el verso 22 del capítulo 25. Dice el verso 21, que los niños que ella concibió, es decir Rebeca e Isaac, "estos niños luchaban dentro de ella." Y una cosa es que cuando nacieran pelearan entre ellos, pero estos niños comenzaron a pelear desde el vientre. Y ella dijo, "Si es así, ¿para qué vivo yo?" Así que ella fue ante el Señor y le dijo, "¿Señor sabes por qué está sucediendo todo esto dentro de mí? Y Él le contestó, "esto es profético." Y le dijo, "Dos naciones hay en tu seno, y dos pueblos serán divididos desde tus entrañas; el un pueblo será más fuerte que el otro pueblo, y el mayor servirá al menor." El conflicto que está sucediendo dentro de ti es una profecía del conflicto que sucederá cuando estos dos niños nazcan, ese conflicto continúa hasta nuestros días cuando hablamos de Israel y el mundo árabe, entre Jacob y Esaú.

Con esto vemos que cuando Dios quiere pude enviar un mensaje profético por medio de algo que está ocurriendo físicamente dentro del vientre de una mujer. Esto es algo inusual, muy inusual. Esta es la única ocasión en la que el Antiguo Testamento menciona algo así, y aquí en el Nuevo Testamento también es la única ocasión en la que se menciona algo similar. Pero después de todo, no hay una explicación humana de esto. Este es un tiempo milagroso, aquí encontramos un conjunto de concepciones milagrosas. Pero sería normal que esperáramos que hubiera cosas milagrosas sucediendo conforme Dios movía las cosas para la llegada del Salvador del mundo, el Mesías. El movimiento de un feto es algo común y normal, pero este no es un movimiento que pueda ser calificado así, esto no es con incidental, lo sabemos por el verso 44, Elisabet recibió un mensaje de parte de Dios. "Porque tan pronto como llegó la voz de tu salutación a mis oídos, la criatura saltó de en mi vientre para reacomodarse." No dice así ¿verdad? El bebé solo estuvo motivado por gozo, alegría. Así es como Elisabet interpreta los movimientos del niño.

Juan el Bautista era un profeta verdadero. Si él no podía hablar, simplemente saltaba. Y esto era lo único que podía hacer, solo podía saltar. Saltaba con un profundo gozo inspirado por Dios. Su madre tuvo que hablar siendo inspirada por Dios para poder interpretarlo de esta manera. Así que en una manera física Juan el Bautista, aun cuando estaba en el vientre, dio su aprobación para el nacimiento del Mesías. Esto no era simplemente el curso normal de las cosas, esta era la palabra que provenía de parte de Dios hacia el reino físico.

En Juan 3:29 Juan el Bautista está hablando acerca de Cristo y dice, "El que tiene la esposa, es el esposo." Cristo es el esposo. "Mas el amigo del esposo," este era él, él era el amigo del esposo quien lo llevó y lo dio a la esposa, Juan dice, "El amigo del esposo quien está a su lado y le oye, se goza grandemente de la voz del esposo, es mi gozo está cumplido." Si había algo que caracterizaba a Juan, esto era el gozo, gozo, gozo. ¿Por qué? Porque el esposo ha llegado, el Mesías ha llegado. Y este gozo fue promovido por el Espíritu Santo de Dios cuando él aún se encontraba dentro del vientre. Esto es lo que da el tono de su ministerio.

Juan el Bautista, en este momento también es el más pequeño de los profetas que nunca antes había existido. Pesaba más o menos unos 800 gramos. Era el profeta más extraño de todos pues su piel era transparente, a pesar de que todas sus partes ya estaban formadas, esa pequeña vida, esa pequeña vida de un profeta, el más grande de los profetas que jamás había vivido, estaba siendo usado por Dios por medio del poder del Espíritu Santo para indicar el gozo que había por el hecho de que el Mesías ya había sido concebido en María. Literalmente Dios dio una confirmación física a María por medio del movimiento de ese niño y que fue interpretado así por Elisabet.

María necesitaba saber, y ahora tiene una confirmación personal de que Dios realiza milagros de concepción y de que lo que le dijo Gabriel era verdad, esto por medio del testimonio de Elisabet. Ahora ella tiene una confirmación física de que Dios puede obrar dentro del vientre porque ella ve la reacción en el vientre y que es interpretado para ella como el movimiento del Espíritu Santo de Dios sobre ese feto para producir el gozo que produce el movimiento, el salto.

La confirmación profética

Y eso es todo lo que puedo decir acerca de este punto, de hecho me tomó todo un día resolver esto. Pero hay otro punto de confirmación, personal, física y profética.

Aquí está la confirmación que llega de manera profética. Una revelación de Dios por medio de palabras. Hasta este punto ha sido por medio de una persona, Elisabet, de manera física, por medio del movimiento del niño, pero ahora viene la confirmación directa por medio de las palabras del Señor. Veamos el verso 41, "y Elisabet fue llena del Espíritu Santo." Ya nos estamos acostumbrando a ver esto, el ser lleno del Espíritu Santo. Esto le sucedió a Juan cuando él estaba en el vientre pero ahora aquí está la evidencia de ello cuando se movió con gozo. Elisabet está llena del Espíritu Santo, y nos dice inmediatamente en el verso 42, "y exclamó a gran voz, y dijo."

La idea de ser lleno del Espíritu Santo es frecuentemente conectada al mensaje hablado de Dios. Segundo de Samuel 23:2 es una de muchas ilustraciones que hay en el Antiguo Testamento. "El Espíritu de Jehová ha hablado por mí, Y su palabra ha estado en mi lengua." El Espíritu del Señor habló por medio de mí y su palabra estuvo en mi lengua. Aun estos que escribieron la Escritura, de acuerdo al testimonio de Pedro, en 2 Pedro 1:21, "los santos hombres de Dios hablaron siendo inspirados por el Espíritu Santo." Toda la escritura es dada por medio de la inspiración de Dios. Así que nosotros sabemos que Dios llena a ciertas personas para producir la revelación que Él decide que sea dada.

En el verso 67, por ejemplo, Zacarías, el esposo de Elisabet, tuvo una experiencia similar. "Y Zacarías su padre fue lleno del Espíritu Santo, y profetizó, diciendo." Este es un escenario típico, cuando alguien es lleno con el Espíritu Santo. Esto significa que el Espíritu Santo está completamente al control. Y esto resulta en un revelación entregada, primero la llenura del Espíritu, y después la revelación.

Si avanzamos dentro del relato de Lucas 2, ya ha nacido Jesús y sus padres lo llevan al templo para la ceremonia acostumbrada, la costumbre de la ley. Y ellos conocen a un hombre ahí que tiene el nombre de Simeón, verso 25, quien es un hombre justo. Simeón, verso 27, "Y movido por el Espíritu, vino al templo." Aquí nuevamente el Espíritu de Dios viene sobre Simeón. Él llega, en el verso 28, y toma a este pequeño bebé, Jesús, en sus brazos, bendice a Dios y dice, de sus labios sale una revelación que proviene del cielo. Él estaba lleno del Espíritu cuando esto sucedió.

Así que la idea de ser lleno con el Espíritu en el caso de Elisabet, en el caso de Zacarías, en el caso de Simeón es para indicar que lo que ellos hablaron era revelación divina. Esto es algo familiar para el Antiguo Testamento.

Regresando al capítulo 1 verso 42, Elisabet, habiendo sido llenada con el Espíritu Santo, el Espíritu de Dios llega justo en ese momento y toma todo el control, "Y exclamó a gran voz…" Probablemente ella no acostumbraba a hablar así. Ciertamente esto no hubiera sido de ninguna ayuda pues en este caso su esposo estaba sordo como una piedra, Dios lo había hecho sordo, recuerdan que esto fue a causa de que él no creyó el mensaje de Gabriel. Dios lo dejo sordera de modo que no hubiese importado que tan fuerte gritara ella, ella no estaba tratando de que él la escuchara. Ella estaba gritando por dos razones, pienso, con entusiasmo, acerca de esta increíble verdad que ha sido puesta en su mente y entregada por medio de ella, y también, pienso, para enfatizar la autoridad de esto. Ella literalmente gritó en griego, ella gritó esta confirmación profética gloriosa. La palabra "gran voz", si ves en tu concordancia y la sigues en todos los pasajes podrás, notar cuantas veces es asociado con la revelación divina. Esto nos muestra la idea de que Dios quiere asegurarse de que lo que tiene que decir, sea escuchado. Es por eso que dice "a gran voz." Así que ella abre su boca y lo que sale es esta revelación que en realidad es un himno de alabanza. Este es el primero de cinco.

Elisabet da uno y después en el verso 46 María da otro. Más adelante Zacarías dará uno más. Y a continuación en el capítulo 2 los ángeles dan otro. Finalmente Simeón da el quinto de ellos. Hay cinco himnos de adoración rodeando la concepción del Mesías dentro del vientre de María, himnos maravillosos de adoración. Los veremos más de cerca cuando estudiemos esa sección de Lucas.

Veamos su himno comenzando en el verso 42, "y exclamó a gran voz, y dijo: Bendita tú entre las mujeres, y bendito el fruto de tu vientre. ¿Por qué se me concede esto a mí, que la madre de mi Señor venga a mí? Porque tan pronto como llegó la voz de tu salutación a mis oídos, la criatura saltó de alegría en mi vientre. Y bienaventurada la que creyó, porque se cumplirá lo que le fue dicho de parte del Señor."

Así de simple, esto simplemente salió de su boca con gran voz. Este es un himno de bendición, es un himno de adoración. Este es un pronunciamiento de bendición sobre María, pronuncia una bendición sobre el hijo de María, pronuncia una bendición sobre Elisabet. Y después pronuncia una bendición al final sobre todos los que creen en la palabra de Dios. Bendice en todas direcciones.

Primero, "Bendita tú entre las mujeres." Esta es una construcción simple en el hebreo que significa tú eres la mujer más bendecida de todas las mujeres. Eres la mujer más bendecida. ¿Por qué? Bien pues en la cultura hebrea, en el mundo judío una mujer ganaba su grandeza por medio de los niños que ella engendraba. En el capítulo 11 de Lucas sale esto nuevamente. Jesús está hablando, verso 27, "Mientras él decía estas cosas, una mujer de entre la multitud levantó la voz y le dijo." Una de las mujeres que estaban dentro de la multitud habla con gran voz y dice, "Bienaventurado el vientre que te trajo, y los senos que mamaste." Esta era una forma judía típica de honrar a una madre porque se hacía notoria la grandeza de su hijo. Es por eso que Elisabet dice, tú eres la más bendita porque tú tienes al más grande de todos los niños.

Aquí hay humildad porque a Elisabet se le acaba de decir que su hijo también sería grande, pero no tan grande. Su hijo sería el predecesor del Mesías pero el hijo de María sería el Mesías. Elisabet reconoce la superioridad del privilegio de su joven parienta. Ella reconoce que María es aún una más grande beneficiaria de la bondad de Dios y ella tendrá un llamado más grande, un privilegio más grande y un hijo más grande. Y esto de alguna manera fue en contra de las perspectivas tradicionales, esto era como un retroceso de la convención social normal. Lo que quiero decir es, lo viejo es menos que lo joven, y el viejo da honor al más joven. El privilegio de María es más grande que el de Elisabet del mismo modo que Jesús es más grande que Juan. Pero María es la que es verdaderamente bendecida, y Elisabet lo sabe. Ella es una mujer justa que también está encantada con la idea de no solo ser quien lleva al predecesor del Mesías, sino que también se siente igual por el hecho de que el Mesías llegó a ella y ella pudo reconocerlo como lo dice en el verso 43, como "mi Señor." Una cosa es llevar dentro a un profeta, y otra muy diferente es llevar dentro al Señor.

Bendita eres, María, entre todas las mujeres, tú fuiste elegida para llevar al Salvador del mundo y en el verso 42, también, "Bendito el fruto de tu vientre," ese niño es bendito. Tú eres bendita y Él es aún más bendecido. El Mesías, el Salvador del mundo, el niño más bendecido que jamás antes había nacido, aquél que recibirá toda la bendición celestial sin mezcla, sin reducciones, aquél que será libre de pecado, aquél que heredará todo lo que el Padre posee, aquél al que se le dará una humanidad redimida para adorarlo, glorificarlo y servirlo para siempre, aquél que será el objeto de alabanza eterna en la gloria, este es el más bendecido. Tú eres bendita y tu hijo es bendito. Un niño, dice literalmente, el niño que tú llevarás dentro, se traduce como el fruto de tu vientre, refiriéndose al niño que ella llevará. Esta es una frase que es familiar en el Antiguo Testamento.

Esto nos indica otra confirmación. Este es el Espíritu de Dios llenando a Elisabet y catapultando su tono normal de voz, por lo que grita hasta el máximo nivel de su voz esta palabra profética que proviene de Dios, y esta palabra profética que proviene de Dios afirma no solo que María es bendita sino que ella también está cargando al Mesías bendito. Y más aún, el niño que está dentro de su vientre es definido en el verso 43 como "mi Señor." Esta es una confirmación profética.

El verso 43 es una especie de bendición de Elisabet hacia ella misma. Es una sorpresa, ella dice, ¿cómo es que me ha sucedido que la madre de mi Señor haya venido a mí? ¡Oh! Ella realmente es bendecida, el niño es bendito y yo soy bendecida. Asombro, humildad, sorpresa, ella no es digna y lo sabe. Esta declaración, "la madre de mi Señor," es una declaración muy grande. Esta es una confirmación profética de que en el vientre de María se encuentra el Señor, es el Señor de Elisabet. No se trata de un asunto familiar, esto se trata acerca del Señor de Elisabet. Y "Señor" se usa para referirse a Dios unas 25 veces en Lucas 1 y 2. No puede haber otra conclusión que la de que el niño es también Dios. Dios es llamado Señor 25 veces. Este es un título divinamente exaltado. Cuando estamos diciendo que Jesús es Señor, estamos diciendo también que Jesús es Dios.

Una nota aquí. Dice en el verso 43 que Elisabet está en asombro por todo esto, "que la madre de mi Señor haya venido a mí." Por favor note esto, María es la madre de su Señor, pero en ningún lugar de la Escritura María es llamada la madre de Dios, nunca. Nadie es la madre de Dios. Dios siempre ha existido. Dios nunca fue producido, nunca fue concebido, nunca nació, nunca fue generado. El Dios eterno siempre ha existido. Dios no tiene una progenitora. Cuando la gente dice, "María, la madre de Dios," ellos no están hablando de la María de la que se habla en las Escrituras. Ella fue la madre de Jesús, el hombre. Ella no es la madre de Dios. La deidad es una realidad en Jesús, pero no está confinada a Jesús. María fue la madre del hombre Jesús, ella no es la madre de Dios. Este es un error terrible. El que residía en María era un humano, un niño físicamente quién era dentro de su persona el mismo Dios, quién siempre ha existido, el Dios eterno, el Hijo quien había vivido desde toda la eternidad.

Bien, en el verso 44, ya lo hemos visto. Está la explicación de Elisabet y está vino del Señor. "Porque tan pronto como llegó la voz de tu salutación a mis oídos, la criatura saltó de alegría en mi vientre." Dios le reveló que esta no era solo un movimiento común y normal del niño, sino que Dios el Espíritu Santo se había movido en ese pequeño profeta y lo había hecho saltar con gozo, afirmando con esto que Dios había obrado dentro del vientre de Elisabet y obraría dentro del vientre de María.

Elisabet cierra después de haber bendecido a María, de haber bendecido a Jesús, y de haber pronunciado una bendición para sí misma por haber sido aquella a quien la madre del Señor había venido. El verso 45 es algo así como una bendición general, es como para ampliar todo. "Y bienaventurada la que creyó"—cualquiera—"porque se cumplirá lo que le fue dicho de parte del Señor." "Bienaventurada la que creyó," seguramente se refiere a María, y desde luego que María es bienaventurada porque ella creyó. Pero como puedes ver, no dice "bienaventurada eres tú María." Solo dice, "bienaventurada la que creyó," y lo pone en tercera persona. Quienquiera que crea que Dios cumple sus promesas será bienaventurado, bendecido. Es por eso que la bienaventuranza comienza con María, continua con el niño, incluye a Elisabet y va más allá.

María es un maravilloso ejemplo para nosotros. Ella no es la madre de Dios, ella no es la reina del cielo. Pero ella es un modelo de creyente y fue bendecida no solo porque tuvo el privilegio, no solo porque ella fue elegida para llevar dentro de sí al Mesías. Ella fue bendita no solo por lo que Dios hizo a ella sino también por la forma en la que ella respondió, ella fue bienaventurada, bendecida, porque ella creyó. Si la contrastamos con Zacarías, Zacarías escuchó el mensaje que le dio el ángel y no creyó, por lo tanto no fue bienaventurado. En vez de eso fue maldecido, Dios lo hizo mudo y sordo. Y podemos asegurar que Elisabet sabía esto, e incluso pudo haber estado viendo a Zacarías cuando dijo esto, "bienaventurada la que creyó." No sé si él podía leer los labios mientras estuvo sordomudo, pero Elisabet pudo haber dicho, "Bienaventurada la que creyó." Es decir, "Si quieres ser bendecido, cree."

Esto es lo que tienes que hacer con María, no hacerla la reina del cielo, no la haces una corredentora con Cristo, no la haces la responsable de la entrada hacía Jesús, como si ella fuera una mediadora. No la haces como si fuera la única que puede convencer a Jesús de que conteste la oración penitente de un pecador. No la haces la madre de Dios. Lo que haces es ver a María como alguien que es un modelo de fe. Ella creyó que llegaría el cumplimiento de lo que se le había hablado de parte del Señor. Y debido a que ella creyó esto, ella buscó a Elisabet, la fue a ver y entonces obtuvo toda esta confirmación.

¿Qué es lo que quieres de María? Solo esto, ella no va a escuchar tus oraciones. Ella nunca ha escuchado las oraciones de nadie. Ella no está atendiendo esto. Solo Dios escucha las oraciones, ella no fue puesta con tal propósito. María establece el ejemplo para nosotros. Ella nos muestra cómo es que los creyentes debemos responder cuando Dios habla, escuchas, crees, obedeces, y entonces estallas en adoración (verso 46). Ella es una creyente modelo. Ella escuchó, ella creyó, ella obedeció, y ella adoró. ¿Qué más podemos decir? Y benditos son todos, él, ella o cualquiera que hace lo mismo. Ella es un maravilloso ejemplo. Escuchó la verdad de Dios, la creyó, la obedeció y ella, como respuesta, adoró. Esta es la María que tienes el derecho de hacer parte de tu vida, solo un ejemplo entre muchos otros fieles creyentes.

Ella recibió su confirmación y debió haber regresado regocijándose tres meses después. Aparentemente ella no se quedó a ver el nacimiento, no lo necesitaba. Para entonces ella misma ya llevaba tres meses de embarazo. Era tiempo para que ella regresara y siguiera con su propia vida.

Esta es la forma en la que debemos seguir nuestras vidas. Nosotros no recibiremos mensajes como los que ella recibió, pero te diré algo, Dios nos habla…, por medio de su palabra. Y entonces la pregunta sería, ¿creemos, como María, que habrá un cumplimiento de todo lo que Dios nos ha dicho? ¿Crees en su Palabra? ¿La obedeces? ¿Lo adoras a causa de ello? Este es el punto.

Oración final

Padre, te agradecemos por este tiempo de estudio al enfocarnos en esta gran historia, este es un relato emocionante. Gracias por la forma en la que Tú la pusiste en términos simples, pero profundos, de manera que los podemos ver. Te agradecemos por la forma en la que hiciste llegar a nuestro Salvador. Gracias porque fue a través de María que nos trajiste al Salvador, concebido virginalmente, nacido virginalmente para que diera su vida por la gente, de quienes nosotros somos parte, te alabamos por todo esto. Amén.

REFLEXIONES PERSONALES

III TEMA
Jesús y los Evangelios

07_El siervo menospreciado de Jehová

¿Quién ha creído a nuestro anuncio? ¿Y sobre quién se ha manifestado el brazo de Jehová?

Subirá cual renuevo delante de él, y como raíz de tierra seca; no hay parecer en él, ni hermosura; le veremos, mas sin atractivo para que le deseemos.

Despreciado y desechado entre los hombres, varón de dolores, experimentado en quebranto; y como que escondimos de él el rostro, fue menospreciado, y no lo estimamos.

Isaías 53:1-3

BOSQUEJO

— Introducción

— ¿Cuál es el tema de este capítulo?

— ¿Acaso la persona que es descrita aquí merecía este tipo de sufrimiento incansable?

— ¿Acaso Dios trató de proteger al Justo que sufrió?

— ¿Es coherente con la naturaleza justa de Dios, dejar que este Hombre sufra?

— ¿Por qué un Hombre que es justo sufriría por los pecados de los injustos?

— ¿Cuál es el resultado de esto?

— ¿Por qué rechazaron a Jesucristo?

— Primera razón: menospreciaron Su origen

— Segunda razón: menospreciaron Su vida

— Tercera razón: menospreciaron Su fin

Notas personales al bosquejo

SERMÓN

Introducción

Estamos estudiando el capítulo 53 de Isaías. Algunos consideran que este es el capítulo más grandioso en el Antiguo Testamento. No hay duda acerca del hecho de que es la profecía más detallada acerca del Mesías que el Antiguo Testamento contiene. Es un poderoso capítulo que tiene que ser considerado frase por frase, si no es que palabra por palabra, debido a su gran impacto y verdad profunda.

Y hoy vamos a cubrir los versículos 1 al 3 y en el proceso de estudiar este capítulo. Quiero que estén tan familiarizados con él, que se convierta en parte de su vida. Esto a su vez causará que adoren al Señor de maneras que serán frescas, nuevas y ricas, y que serán una bendición para sus vidas. Pero también podrán comunicar las glorias de nuestro Salvador, que este capítulo presenta, a cualquier persona que pregunte.

Quiero comenzar con una serie de preguntas y darles un panorama de este capítulo. Lo abordaremos a manera de introducción mediante una serie de preguntas que nos ayudará a entender el panorama general.

¿Cuál es el tema de este capítulo?

El tema es sufrimiento horrendo, terrible, traumático, agonizante, doloroso y mortal. Versículo 3, "varón de dolores, experimentado en quebranto". Versículo 4, "llevó Él nuestras enfermedades, y sufrió nuestros dolores; y nosotros le tuvimos por azotado, por herido de Dios y abatido". Versículo 5, fue herido, molido, castigado, llagado. Versículo 6, "Jehová cargó en Él el pecado de todos nosotros". Versículo 7, "Angustiado Él, y afligido... como cordero fue llevado al matadero". Versículo 8, enfrentó cárcel y juicio, "fue cortado de la tierra de los vivientes". Todo esto indica que Esta es una experiencia de sufrimiento terrible. El versículo 10 repite que fue quebrantado, sujeto a padecimiento. El versículo 11 habla de la angustia de Su sufrimiento. ¿Quién puede soportar un sufrimiento tan inmenso? Se podría decir que alguien en algún lugar merece sufrir así. Pero eso lleva a una segunda pregunta.

¿Acaso la persona que es descrita aquí merecía este tipo de sufrimiento incansable?

No. El final del versículo 9 dice "nunca hizo maldad, ni hubo engaño en Su boca". Y lo que está en la boca es lo que está en el corazón, "porque de la abundancia del corazón habla la boca" (Mateo 12:24; Lucas 6:45). Entonces no había maldad ni engaño en Su boca porque no había nada de esto en Su corazón. De hecho, este que sufre es identificado en el versículo 11 como el justo. Esta es una profecía de Alguien que sufrió de manera horrenda y terrible. ¿Fue merecido el sufrimiento? No. Eso lleva a una tercera pregunta.

¿Acaso Dios trató de proteger al Justo que sufrió?

La respuesta es no. El versículo 10 dice, "Jehová quiso quebrantarlo, sujetándole a padecimiento". Es una historia asombrosa, sufrimiento sin paralelo, sufrimiento inmerecido de un Justo que sufrió desprotegido por un Dios justo. Esto nos lleva a la cuarta pregunta.

¿Es coherente con la naturaleza justa de Dios, dejar que este Hombre sufra?

La respuesta es sí. Debido a lo que leímos comenzando en el versículo 5, "Él herido fue por nuestras rebeliones, molido por nuestros pecados; el castigo de nuestra paz fue sobre Él, y por su llaga fuimos nosotros curados". Versículo 6: "Jehová cargó en Él el pecado de todos nosotros". Al final del versículo 8, "Porque fue cortado de la tierra de los vivientes, y por la rebelión de mi pueblo fue herido". Ellos merecían el castigo. Versículo 11, "llevará las iniquidades de ellos". Versículo 12, "habiendo Él llevado el pecado de muchos". Él es Alguien que sufrió de manera vicaria. Él es Alguien que sufrió de manera sustitutiva. Él está sufriendo, no por Sus propios pecados, sino por los pecados de otros. Lo cual lleva a otra pregunta.

¿Por qué un Hombre que es justo, sufriría de una manera tan horrible, sería desprotegido por Dios, y sufriría de manera vicaria por los pecados que Él no cometió, sino por los pecados de otros?

La respuesta es porque estaba dispuesto, porque deseó hacer eso. Sí, versículo 10, "Cuando haya puesto su vida en expiación por el pecado". Sí, versículo 12, "derramó su vida hasta la muerte". Qué asombrosa persona que sufrió tanto, que sufrió inmerecidamente, que sufrió sin la protección de un Dios justo aunque era justa, que sufrió de manera vicaria y dispuesta. ¿Por qué? Esa es la siguiente pregunta.

¿Cuál es el resultado de esto?

Primero, en el versículo 11, por hacer esto, "justificará mi siervo justo a muchos". Esto es, mediante Su sufrimiento Él hará a muchos justos y será exaltado. Como resultado de la aflicción de su alma, versículo 11, "verá la luz" (NVI). Eso es lo que significa ese versículo. Él verá luz, Él verá vida, Él quedará satisfecho. Y versículo 12, Él tendrá "parte con los grandes, y con los fuertes repartirá despojos". En otras palabras, Él será recompensado, Él será exaltado. ¿Cómo será exaltado? Bueno recordemos lo que dice Isaías 52:13, "será prosperado, será engrandecido y exaltado, y será puesto muy en alto". Versículo 15, "así asombrará Él a muchas naciones; los reyes cerrarán ante Él la boca, porque verán lo que nunca les fue contado, y entenderán lo que jamás habían oído". ¿Quién es Este? Bueno, no puede ser alguien más que ¿quién? El Señor Jesucristo. ¿Acaso el mundo no puede ver eso? Esto fue escrito aproximadamente 700 años antes de que Jesús naciera. Lo cual es suficiente evidencia de que Dios es el autor de las Escrituras porque solo Dios conoce el futuro a detalle. ¿Cómo puede el mundo no ver esto? Este tiene que ser Jesucristo. Todos estos detalles fueron cumplidos en Él. Pero de nuevo, el mundo no tiene la Biblia, no lee la Biblia, no conoce la Biblia. Entonces cuando vamos a los gentiles, las naciones del mundo, no necesariamente esperaríamos que creyeran en Jesucristo. No conocen Isaías 53, el Antiguo Testamento, la verdad del Nuevo Testamento, la escritura del registro de Jesús.

Pero ¿qué hay, entonces, acerca de los judíos? Ellos conocen la historia de Cristo, si no es por otra razón más que asegurarse de que todo el mundo sepa que ellos lo rechazan. Parte de ser judío en el mundo es asegurarte de ser claro en que Jesús no es el Mesías, Jesús no fue el Salvador. ¿Por qué los judíos no creen esto? ¿Cómo es que los judíos no toman Isaías 53 y lo colocan junto a los evangelios, Mateo, Marcos, Lucas y Juan, y dicen "Este solo puede ser Jesús"?

Uno de ellos, alguien que ama al Señor Jesús, llamado Mitch Glaser, tiene un ministerio llamado el Ministerio del pueblo escogido y ha escrito un artículo muy interesante en un libro recientemente publicado, titulado *El Evangelio Según Isaías 53*. Debemos reconocer que solo un 10 % de los 14 millones de judíos en el mundo son ortodoxos. Esto significa que escudriñan las Escrituras, que saben algo acerca de las Escrituras. El otro 90 % es indiferente en un grado u otro, a las Escrituras y a la interpretación cuidadosa de las mismas. Entonces lo que Mitch Glaser dice es que la mayoría de ellos no sabe nada acerca del Antiguo Testamento ni de Isaías 53.

Además, él dice que "la mayoría de ellos no cree en la profecía bíblica. No cree en el pecado. No cree en la depravación lo cual significa una pecaminosidad irreversible que es inherente al ser humano. No cree en la expiación. No cree en el sacrificio. No cree en el derramamiento de sangre para el perdón. No cree en la encarnación. No cree en el rechazo. No cree en el Nuevo Testamento. Y entonces, no cree en Jesús". Entonces cuando usted habla con el pueblo judío acerca del Señor Jesucristo, no puede asumir que ellos están familiarizados con Isaías 53. Los componentes asombrosos de este capítulo no tienen lugar en su manera de pensar. Entonces, el capítulo comienza diciendo, "¿Quién ha creído a nuestro anuncio?" Ellos admitirían que no lo han creído.

Es algo asombroso. El mundo está lleno de gente que no lo cree. La mayoría de las naciones no lo creen. No creen el mensaje acerca de Jesucristo. Fuera de los verdaderos cristianos, las religiones del mundo no creen el mensaje acerca de Cristo. Y qué mensaje es este. Para los judíos que lo conocen, Pablo dijo en Romanos 10, está en tu boca, está cerca de ti. Conoces el relato. Conoces las declaraciones de Cristo pero no las crees.

Imagínense, no creen en este mensaje, las buenas nuevas del cielo de que el amor de Dios lo ha motivado a rescatar a pecadores del infierno mediante la muerte de Su Hijo. No creen el mensaje de las buenas nuevas de que un Dios invisible ha enviado a un Salvador invisible a esta generación invisible para proveer bendiciones invisibles en un cielo invisible para ser recibida por una fe invisible. No creen las buenas nuevas de salvación y perdón para pecadores del pecado e ira y juicio. No creen las buenas nuevas de un Salvador crucificado como medio de esa salvación. No creen las buenas nuevas de que hay justicia divina disponible, mediante la cual pecadores culpables pueden estar sin temor y santos delante de Dios, envueltos en Su propia justicia. No creen las buenas nuevas de un perdón otorgado por el cielo al pecador sentenciado y encarcelado, que puede recibir ese perdón por fe en Cristo. No creen las buenas nuevas de que hay un médico que cura a todos los que vienen a Él, infalible y eternamente de todas las enfermedades del alma, y lo hace de manera libre y no rechaza a ningún paciente. No creen las buenas nuevas de que hay un festín ilimitado preparado para almas hambrientas, al cual a todos se les invita, teniendo a Cristo mismo como anfitrión y comida. No creen las buenas nuevas de un tesoro sin precio que no puede ser comprado, ya comprado y después ofrecido como un regalo, compuesto de bendiciones inagotables y gozos que nunca se acaban, tanto ahora como siempre para el que recibe el regalo. No creen las buenas nuevas de una victoria ganada por Jesucristo sobre Satanás, la muerte y el mundo, un triunfo al cual todos los que creen en Él pueden entrar y participar. No creen las buenas nuevas de paz eterna con Dios comprada por la sangre de Cristo para pecadores indignos y ofensores.

¿Qué mensaje es este como para no creer? Pero no lo creen. Y aquí en Isaías 53 tenemos una confesión de los judíos. Las palabras de Isaías 53 hasta el último versículo, son las palabras de una generación futura de judíos, la nación de Israel, que hará esta confesión y dirán, "No lo creímos". ¿Quién lo ha creído? Muy pocos.

Cualquiera que lo crea, judío o gentil, en cualquier punto será salvado. Pero no lo creímos. Ellos confesarán eso. Recuerden que estamos hablando del hecho de que este capítulo está en tiempo pasado. Todos los verbos están en tiempo pasado. La mayoría de la gente cree que está prediciendo lo que le va a suceder a Jesús. Sí hace eso porque describe a detalle Su sufrimiento y Su muerte y Su resurrección y Su exaltación. Pero todo está en verbos en tiempo pasado, lo cual significa que brinca por encima de lo que le sucede a Jesús y lo ve hacia atrás desde el final de la historia humana, cuando Israel finalmente vea al que traspasaron, llore por Él como un único Hijo, reconozca que han rechazado a su Mesías, y una fuente de limpieza esté abierta para ellos y la salvación venga a la nación de Israel. Mientras tanto, hasta ese arrepentimiento nacional, cualquiera puede venir a Cristo y ser salvo, pero la nación se arrepentirá en el futuro y será salva. Y cuando en ese entonces lleguen a esa consciencia, Zacarías dice, cuando las naciones del mundo estén congregadas para destruir a Israel, cuando estén rodeados y listos para ser eliminados, en ese punto el Señor vendrá para ser su defensor y serán salvos.

En Isaías 59 tenemos un retrato de eso conforme los judíos estén diciendo, "Estamos en problemas, nuestras transgresiones se están acumulando, no hay justicia en la tierra. ¿A dónde vamos? ¿Qué hacemos?" Este es un retrato de Israel en el futuro. En la actualidad Israel dice, "¿Cómo nos defendemos? El mundo nos persigue. Dios no viene a ayudarnos". Y después en Isaías 59:16 dice, "Y vio que no había hombre" para ayudarlos. No hay líder humano que pueda rescatar a Israel de su castigo por rechazar a Cristo. Esto está sucediendo inclusive ahora. El mundo está amenazando su existencia con poder nuclear. Dice en Isaías 59 que Dios vio y no había hombre. Y después el lenguaje más hermoso, Dios responde al hecho de que no había alguien para salvar a Israel.

Escuchen el 59:16, "Y vio que no había hombre, y Se maravilló que no hubiera quien se interpusiese; y lo salvó Su brazo". ¿Quién es su brazo? El Mesías, el brazo del Señor quien es revelado. Entonces es Su propio brazo. Y esto es dramático. Vemos al Mesías, el Señor Jesús, quien "de justicia se vistió como de una coraza, con yelmo de salvación en su cabeza; tomó ropas de venganza por vestidura, y se cubrió de celo como de manto, como para vindicación, como para retribuir con ira a sus enemigos, y dar el pago a sus adversarios; el pago dará a los de la costa. Y temerán desde el occidente el nombre de Jehová, y desde el nacimiento del sol su gloria; porque vendrá el enemigo como río" (versículos 17–19).

Entonces tenemos a Cristo que viene a salvar a Israel de la destrucción en el momento en el que viene a defenderlos de los enemigos que están congregados alrededor de ellos. Lo que sucederá es que castigará a los impíos y versículo 20, "vendrá el Redentor a Sion, y a los que se volvieren de la iniquidad en Jacob". Esa es la hora de su salvación. Él será ese Redentor. Esto sucederá porque Dios lo prometió en el versículo 21, "Y este será mi pacto con ellos... El Espíritu mío que está sobre ti, y mis palabras que puse en tu boca, no faltarán de tu boca, ni de la boca de tus hijos, ni de la boca de los hijos de tus hijos, dijo Jehová, desde ahora y para siempre". Esa es la salvación de la nación de Israel, salvación del Nuevo Pacto. Mirarán a aquel a quien traspasaron. Llorarán. Serán salvos. Y el Señor Mismo será el guerrero que los defienda en esa hora cuando envíe al Mesías para defenderlos, como también para traer su salvación.

Cuando ese tiempo venga, en el futuro, entonces mirarán atrás y dirán, "No creímos. El brazo del Señor, inclusive el Mesías Mismo, el poder de Dios vino revelado en Él y no lo creímos. No lo creímos". Harán esa confesión abierta de los horrores de generaciones de incredulidad. Y surge otra pregunta.

¿Por qué rechazaron a Jesucristo?

Tomemos esta pregunta como nuestro punto de entrada al texto de Isaías 53. Ellos nos dirán por qué. Le dirán a Dios por qué. Y la confesión que harán en el futuro y que cualquier persona que viene a Cristo ahora debe hacer, está en los versículos 2 y 3. "Subirá cual renuevo delante de Él, y como raíz de tierra seca; no hay parecer en Él, ni hermosura; Le veremos, mas sin atractivo para que Le deseemos. Despreciado y desechado entre los hombres, varón de dolores, experimentado en quebranto; y como que escondimos de Él el rostro, fue menospreciado, y no lo estimamos". Esa es la razón por la que los judíos han rechazado a Jesucristo por varias generaciones. Esa es la confesión que hará esa generación futura que se vuelva a Él. Y recuerde que Dios limpiará a la nación de los rebeldes, dice Zacarías, y un tercio de los judíos en el mundo en este punto, eso quizás sean cuatro o cinco millones de ellos, confesará a Jesús como Señor y dirán, "Esta es la razón por la que lo rechazamos por varias generaciones". Tres razones son dadas aquí por las que rechazaron a Jesucristo y todas tienen que ver con el menosprecio hacia Él.

Primera razón: menospreciaron Su origen

"Subirá cual renuevo delante de Él, y como raíz de tierra seca" (Isaías 53:2). Él creció "delante de Él", lo cual significa delante de Dios, Él estuvo ante los ojos de Dios, quien estuvo totalmente complacido con Él, "Este es mi hijo amado en quien tengo complacencia" (Mateo 3:17; 17:5). Dios vio cada momento de Su vida, Dios lo vio conforme creció "en sabiduría y en estatura, y en gracia para con Dios y los hombres", como lo presenta Lucas 2:52. Dios estaba muy atento, observando el crecimiento de Su Hijo encarnado. Así que Él creció delante de Dios, y delante de Dios significa en el placer de Dios, de la manera en la que Dios quiso, de acuerdo con el plan de

07_El siervo menospreciado de Jehová

Dios. Pero desde nuestro punto de vista Él era como una raíz, Él era como una raíz de tierra seca.

Quiero decirles que Esta es una sociedad agrícola, estas personas trabajan en la tierra, cultivan cosas, tienen árboles y huertas y plantan en la tierra y por ello las ilustraciones vienen de esa esfera. Decir que Él es como un renuevo es decir simplemente que Él es un vástago, es la palabra hebrea *yoneq* y significa un vástago. Los vástagos se aparecen sin cultivo, sin expectativa y lo que haces con un vástago es cortarlo, para que no quite la vida y el fruto de las otras ramas. Es superfluo, pequeño, innecesario, irrelevante, insignificante. Los vástagos se aparecen, no salen por diseño, no son cuidados, no son esperados, no son necesitados y son cortados.

A algunos comentaristas les gusta pensar que este árbol del que sale el vástago es una referencia metafórica, o una referencia alegórica a algo como la casa de David o lo que sea. Realmente eso es estirar el texto de manera innecesaria. Este es lenguaje muy simple. Esto simplemente es una manera de decir que Su principio fue irrelevante, no fue importante, fue insignificante, no importó, Él fue un nadie de los nadies, de ningún lugar.

Vimos a Jesús y ¿qué vimos? Una familia insignificante, José, María, una ciudad insignificante, Nazaret, lejos del camino principal. Nacido en un lugar insignificante, en una posada, en un establo y colocado en un comedero para animales, y hubo pastores ayudando en su nacimiento quienes eran las personas de más bajo rango en la escala social. No hubo nada de nacimiento real, ni estatus social, ni nobleza familiar, ni educación formal. Fue un carpintero en Nazaret durante treinta años. Sin contactos con alguien de interés para la élite, para con los importantes.

Él es un vástago, Él es irrelevante. O es como una "raíz de tierra seca". Conforme el sol viene a esa parte del mundo, en el Oriente Medio, el suelo se seca y conforme el suelo se encoge debido a que el agua se evapora, algunas de las raíces comienzan a salir a la superficie, raíces sucias, de color café, en el suelo seco, descuidadas. Esas serían las raíces de un árbol que nadie cuida porque si lo cuidaran, estarían regándolo. De nuevo, es otra manera de decir que Él es innecesario, indeseable, no impresionante, sin valor, sin mayor importancia que un vástago o una raíz en un lugar seco que nadie cultiva, que nadie cuida y que nadie riega. Un principio miserable. Inclusive ellos dijeron cosas tales como, "¿De Nazaret puede salir algo de bueno?" (Juan 1:46).

Él no ganó nada de Su origen familiar. Él no ganó nada de Su estatus social. Él no ganó nada de la economía de Su familia. Él no ganó nada de Sus seguidores. Ellos no eran brillantes, no estaban preparados, no eran poderosos, no eran influyentes, no eran importantes. No hubo un rabino, fariseo, saduceo, sacerdote, escriba. Nadie importaba. Primordialmente eran un montón de pescadores anónimos, incluyendo a otros cuantos raros como un recaudador de impuestos y un terrorista. No tenían posición. No tenían dinero. Y en cierta manera se unieron al principio teniendo la idea remota de que quizás podían sacarse la lotería del reino, si se mantenían cerca. Podría haber una gran recompensa.

Ninguno de ellos tenía algún logro de cualquier tipo. Y los judíos vieron eso y dijeron, "Esperen un momento, este no puede ser el Mesías porque el Mesías no va a entrar así". Esto no encaja con el perfil que se desarrolló tanto a lo largo de siglos entre los judíos de una llegada gloriosa del Mesías. En Marcos 6, Él estaba en Nazaret, Su propia ciudad, en donde todos lo conocían. Vino el día de reposo, Él comenzó a enseñar en la sinagoga, y la gente estaba asombrada de lo que dijo. "¿De dónde tiene Este estas cosas?" Este "don nadie", este vástago, esta raíz de tierra seca "¿De dónde tiene Este estas cosas? ¿Y qué sabiduría es esta que Le es dada, y estos milagros que por Sus manos son hechos?" (versículo 2).

Ellos reconocieron Su sabiduría, ellos reconocieron las cosas que enseñó, ellos reconocieron los milagros que hizo. Y después dijeron, "¿No es Este el carpintero, hijo de María, hermano de Jacobo, de José, de Judas y de Simón? ¿No están también aquí con nosotros Sus hermanas? Y se escandalizaban de Él" (versículo 3). Estaban ofendidos ante cualquier declaración que Él llegó a hacer de ser su Mesías, a pesar del poder milagroso que Él mostró. Entonces, menospreciaron Su origen.

Segunda razón: menospreciaron Su vida

Menospreciaron lo que Él se volvió. Él tuvo una vida adulta menospreciable. Regresen al versículo 2 una vez más, "no hay parecer en él, ni hermosura; le veremos, mas sin atractivo para que le deseemos". Les importaba mucho la apariencia, por eso escogieron a Saúl como su primer rey, ¿verdad? Él fue más guapo y alto que todos los demás. Todavía parece ser una fórmula para el éxito.

Pero con Jesús... esperen un momento, quizás Él no es lo suficientemente alto, lo suficientemente guapo, lo suficientemente majestuoso. De nuevo, no ha habido mucho progreso desde 1 de Samuel 9 cuando estaban escogiendo a Saúl. No hay nada de realeza en Jesús, nada exaltado acerca de Jesús. De hecho, la idea de que era rey era tan absurda y tan desagradable, y les molestó tan profundamente, que cuando Pilato llegó al final de la proverbial serie de acontecimientos, después de haber sido chantajeado y amenazado por los judíos en este asunto con Jesús, lo amenazaron diciéndole que si no Lo crucificaba, le iban a decir a CEsar y él no sobreviviría otro reporte al emperador. Él sabía eso.

Ellos lo chantajearon y él se vengó, se lo devolvió a esos judíos, colocando en la parte de arriba de la cruz, "Este es Jesús de Nazaret, Rey de los judíos". Esa fue la venganza de Pilato porque él sabía que esa era la declaración más censurable que Jesús hizo, aunque Él mostró poder divino y sabiduría divina y verdad divina y gracia divina y santidad. Pero ellos no vieron nada de la hermosura de la realeza en Él, nada atractivo acerca de Él.

Tercera razón: menospreciaron Su fin

Ellos se habían burlado desde el principio, de Su origen. Se habían burlado en medio, de Su vida. Y en tercer lugar, ellos menospreciaron Su fin. Para esto vayan al versículo 3, "Despreciado y desechado entre los hombres, varón de dolores, experimentado en quebranto; y como que escondimos de Él el rostro, fue menospreciado, y no Lo estimamos". En las primeras dos líneas se ve Su fin. Ellos no solo menospreciaron Su comienzo y Su vida, sino también en especial Su muerte. Recuerde que ellos no pensaban que necesitaban que alguien muriera por sus pecados. Estaban inmersos en justicia propia. Iban a agradar a Dios al ser buenos y religiosos y hacer obras. Y aquí viene este Mesías, este que dice ser el Mesías y el Rey, y en lugar de ser triunfal, en lugar de que Su carrera terminara en gloria y majestad y triunfo y victoria y elevación y exaltación, Él es despreciado, desechado entre los hombres, todo termina en dolor y quebranto.

Ellos podrían haber visto la muerte de Jesús con todos sus horrores y haber dicho, "Saben, este es el sacrificio que hemos estado esperando. Este es el sacrificio que es representado cuando Abraham encuentra un carnero en el zarzal para sustituirlo por su hijo, y quita el cuchillo para no matar a Isaac y en lugar de él mata al carnero. Este es cumplimiento de la matanza del Cordero Pascual y de colocar la sangre en los postes y el dintel, y escapar de la ira de Dios porque un Cordero ha sido sacrificado". Este es el sacrificio final, el único sacrificio salvador verdadero representado en los millones de sacrificios que realizaron día tras día tras día conforme los animales eran matados a lo largo de su historia. Ellos podrían haber hecho eso, pero no se vieron a sí mismos tan pecaminosos, y no necesitaron un sacrificio, y no necesitaron una expiación, y no necesitaron un Salvador. Entonces cuando vieron a su Mesías autoproclamado siendo un varón de dolores y experimentado en quebranto, con Su vida terminando de la manera en la que terminó, fue menospreciable.

Ellos lo rechazaron y así lo rechazan ahora porque lo rechazaron entonces. Él fue "despreciado", un término fuerte, significa tratar con desprecio. Lo trataron con desprecio, y todavía lo hacen. La palabra hebrea para Jesús es *Yeshua*. A lo largo de los años los rabinos han cambiado ese nombre al quitar la última "a" y lo llaman *Yeshu*. *Yeshu* es un acróstico que significa, "Que Su Nombre Sea Borrado". Entonces en los escritos rabínicos ustedes ven Yeshu, que Él sea borrado, lo cual es la manera contemporánea de decir,

"No dejaremos que este hombre reine sobre nosotros", lo cual es lo que dijeron cuando gritaron por Su crucifixión.

Él es llamado por los rabinos "El Transgresor"" Él es llamado por los rabinos el *Tolui*, el colgado. "Maldito todo el que es colgado en un madero" (Gálatas 3:13). Quizás una de las cosas más molestas es la identificación de Jesús con las blasfemias Ben Stada y Ben Pandera. Esto significa lo siguiente. La historia real de Jesús, dicen los rabinos, es la historia de Yeshu. Según ellos, es la historia de un hombre llamado Ben Pandera y una mujer llamada Miriam Ben Stada. Supuestamente Ben Pandera es Su padre y Ben Stada, Su madre.

Su madre, alguna mujer llamada Miriam Ben Stada era una peluquera que tuvo una relación adúltera con José Ben Pandera, un mercenario romano, y produjeron a Yeshu. Entonces Él es el hijo ilegítimo de una estilista y un mercenario romano quien entonces, dicen los rabinos, fue a Egipto a aprender las artes mágicas y desviar a los hombres. Todo eso está en el Talmud. Los rabinos llamaron Sus buenas nuevas *avon-gillajon* en lugar de evangelio, como el evangelista escribiendo la verdadera historia, lo cual significa la escritura pecaminosa. Durante generaciones se han burlado de Jesús en un grado u otro, claro. Así que fue despreciado. Lo dice al principio del versículo 3, lo dice al final del versículo 3: Él fue despreciado o menospreciado. Eso continúa.

Y después dice que Él fue "desechado entre los hombres". Quiero que observen eso. Eso quizás no es tan simple como se ve. Desechado entre los hombres no en un sentido general, eso habría sido *ben adam*, eso significa hombres en general. Esto es *ben ish*, lo que eso significa es señores, gobernantes, líderes, gente prominente.

Entonces ¿qué dice el pueblo? "Miren, comienzo menospreciable, vida menospreciable, fin menospreciable en el cual ninguna persona importante Lo reconoció. Veamos a nuestros líderes y ellos son los que claman por Su sangre". En Juan 7 hay un testimonio importante de esto. Juan 7:45, "Los alguaciles vinieron a los principales sacerdotes y a los fariseos; y estos les dijeron: ¿Por qué no le habéis traído?" Los enviamos para que lo trajeran, para que lo capturaran, y nos lo trajeran. Entonces estos alguaciles, policías del templo dijeron, "¡Jamás hombre alguno ha hablado como este hombre!" No sabemos qué hacer con Él, simplemente nos asombró Su enseñanza. "Entonces los fariseos les respondieron: ¿También vosotros habéis sido engañados?" Escuche esto. "¿Acaso ha creído en Él alguno de los gobernantes, o de los fariseos?" (versículo 48). Ninguna persona importante creía en Él.

Entonces cuando los judíos en el futuro miren atrás, van a decir, "Miren, vimos el principio de Su vida, la mitad de Su vida, y el final de Su vida, y no había nada en ella que Lo hiciera atractivo y no encajaba con nuestro retrato. Y después Su muerte es tan horrenda, Él es despreciado, Él es desechado, ninguna persona importante está de Su lado. ¿Qué debemos hacer? Seguimos a nuestros líderes". Ninguna de las personas de la élite de poder estaban cerca de Él, ninguno de ellos Lo apoyó, ninguno de ellos creyó en Él. Unos cuantos que debían haber creído en Él retrocedieron porque el precio era demasiado alto. Y hubo unos cuantos discípulos secretos que más tarde se aparecieron. Pero la gente de rango no estaba impresionada, los principales hombres de Su nación, los que estaban por encima de la multitud. Y era una jerarquía, una jerarquía rígida y determinada, la gente estaba muy por debajo de ellos y los gobernantes tenían el poder y la autoridad. Los grandes hombres se alejaron de Él. Ninguna de las personas de distinción estaba de Su lado.

Esto todavía es una realidad en el mundo. Las obras, el poder de Jesús fueron atribuidos a Satanás, fueron los líderes los que dijeron Él hace lo que hace por los poderes del infierno, Belzebú, Satanás. Y entonces persiguieron y martirizaron a Sus seguidores. Llamaron apóstatas a los apóstoles y dijeron que eran peor que los paganos. Y en esos primeros años se desarrolló una oración que decía, "Que los seguidores de Jesús sean destruidos repentinamente, sin esperanza, y borrados del libro de la vida". Así era la profundidad del rechazo y la burla. Y Él terminó como un "varón de dolores, experimentado en quebranto" (versículo 3).

Vemos Su vida y es algo triste. Ese no puede ser el Mesías. En lugar de causarle tristeza a los enemigos de Israel, y a las naciones, como dicen los profetas que sucedería, Él mismo es un "varón de pesares" (como traducen algunas versiones), literalmente dolores, pero no dolores externos, sino tristeza del corazón en todas sus formas, sería el hebreo de esa palabra. Y después "experimentado en quebranto", quebranto o tristeza del alma. Él fue una persona triste. Él estuvo triste por dentro. Podríamos verlo de esta manera, lo vieron como patético, tristeza profunda. Él llora, no hay registro alguno en todo el Nuevo Testamento de que en algún momento Él se rió. ¿Dónde está el gran líder, triunfal, victorioso, lleno de gozo, emoción, entusiasmo? ¿Quién es este hombre que está quebrantado de corazón, triste, que sufre dolor? Y claro, encima de eso, estuvo el dolor físico. Y fue tanto, dice el versículo 3, que "como que escondimos de Él el rostro". Para cuando llegó a la cruz, Él estaba desfigurado más que cualquier otro hombre, dice Isaías 52:14. Una corona de espinas aplastada sobre Su cabeza; sangre corriendo por Su cuerpo; moscas cubriéndolo en Su desnudez colgando bajo el sol en la cruz; clavos atravesando Sus manos; marcas de los golpes y azotes; escupitajos secos sobre Su rostro y cuerpo; heridas de los golpes en el rostro y los golpes con varas.

La realidad de Su sufrimiento simplemente no encaja con el retrato del Mesías. Ahora recuerde, ellos no pensaban que necesitaban un Salvador. Y Jesús dijo, "No puedo hacer nada con ustedes porque no vine a llamar a los justos al arrepentimiento". Él es alguien totalmente reprobable. Entonces, "como que escondimos de Él el rostro", alguien tan grotesco, tan deformado, tan feo, tan reprobable que ni siquiera volteas a verlo, es demasiado vergonzoso, es demasiado penoso, es demasiado feo, es demasiado horrible, es demasiado inolvidable. No quieres tener esa imagen en tu cara. Esa es la actitud continua de Israel hacia Jesús. Él es espantoso para ellos como un Mesías, infame.

Entonces, al final del versículo 3, "fue menospreciado, y no lo estimamos". Esa última frase es muy benévola en español, "no lo estimamos". Lo que significa es que lo consideramos nada, lo consideramos inexistente. Esa es la burla definitiva, Él no es nada para nosotros.

Esa es la perspectiva histórica de Jesús por parte del pueblo judío. Le doy gracias al Señor porque muchas personas judías, una por una, están viniendo a Cristo a lo largo de toda esta época de la iglesia y lo están viendo por quién realmente es. Y ¿no son buenas noticias que algún día la nación se volverá y lo verá y hará esta confesión? Sé que algunas personas podrían decir, "Bueno esto se oye como que es algo antijudío".No, esta no es una confesión gentil, esta es una confesión de los judíos en el día futuro cuando miren atrás y se den cuenta de lo que hicieron. Esta no es una evaluación gentil de incredulidad judía, esta es una evaluación judía, esto es arrepentimiento. Estas son palabras que la nación hablará en su confesión de corazón quebrantado del peor pecado imaginable al rechazar a Cristo. Y estas son palabras que necesitas hablar si has estado rechazando a Jesucristo. Necesitas decir estas mismas palabras ahora, judío o gentil, seas quien seas, para que una fuente de limpieza te pueda ser abierta.

Hasta el tiempo en el que crean en el futuro, y quizás en el futuro cercano, queremos decir esto, Romanos 1:16, "Porque no me avergüenzo del evangelio, porque es poder de Dios para salvación a todo aquél que cree; al judío primeramente, y también al griego".En el último minuto o dos quiero cerrar pasando a Hechos 3. Aquí tenemos el sermón de Pedro después del sermón en Pentecostés en los días de la primera iglesia. Es un sermón grandioso. Comenzando con el versículo 13 Pedro dice, "El Dios de Abraham, de Isaac y de Jacob, el Dios de nuestros padres, ha glorificado a Su Hijo Jesús, a Quien vosotros entregasteis y negasteis delante de Pilato, cuando este había resuelto ponerle en libertad. Mas vosotros negasteis al Santo y al Justo, y pedisteis que se os diese un homicida",—Barrabás—"y matasteis al Autor de la vida, a Quien Dios ha resucitado de los muertos, de lo cual nosotros somos testigos. Y por la fe en Su nombre, a este",—a quien acababan de sanar—"que vosotros veis y conocéis, le ha confirmado su nombre; y la fe que es por Él ha dado a este esta completa sanidad en presencia de todos vosotros". Él dice, "Han rechazado, asumen la responsabilidad de rechazar y matar al Autor de la vida".Y después, continuando con el versículo 17, es tan importante. "Mas ahora, hermanos"—les habla a estos judíos como sus hermanos—"sé que por ignorancia lo habéis hecho, como también vuestros gobernantes. Pero Dios ha cumplido así lo que había antes anunciado por boca de todos Sus profetas, que Su Cristo había de padecer".— ¿A dónde creen que se dirige con eso? Es muy probable que sea Isaías 53—"Así que, arrepentíos y convertíos". ¿Acaso no son estas buenas noticias? Acaban de matar al Autor de la vida y Dios les está diciendo arrepiéntanse y regresen. Y cuando lo hagan, su pecado será borrado. Eso es literalmente lo que Jesús dijo cuando estaba muriendo en la cruz, "Padre perdónalos, porque no saben lo que hacen" (Lucas 23:34). Ustedes son ignorantes, lo hicieron en incredulidad. Arrepiéntanse, regresen, para que sus pecados sean borrados. Y después ¿qué pasará? Cuando se vuelvan y se arrepientan y sus pecados sean borrados, vendrán tiempos de refrigerio. Ese es el Reino. Porque Él enviará a Jesucristo "que os fue antes anunciado" (Hechos 3:20) Esa es Su Segunda Venida, para establecer Su Reino. El Cielo debe recibirlo por ahora, "hasta los tiempos de la restauración de todas las cosas, de que habló Dios por boca de sus santos profetas que han sido desde tiempo antiguo" (versículo 21). El Reino de nuevo, el Pacto Abrahámico prometido, el Pacto Davídico, reiterados por los profetas, la salvación y todas las promesas del Reino, vendrán cuando Cristo regrese. Cristo regresará en los tiempos de restitución, los tiempos de restauración, los tiempos de refrigerio, cuando se arrepientan.

Siguiendo con el versículo 24 Pedro dice, "Y todos los profetas desde Samuel en adelante, cuantos han hablado, también han anunciado estos días"—los días del reino—. "Vosotros sois"—todavía—"los hijos de los profetas, y del pacto que Dios hizo con nuestros padres, diciendo a Abraham: En tu simiente serán benditas todas las familias de la tierra. A vosotros primeramente, Dios, habiendo levantado a su Hijo"—o Siervo (en el griego), que es el título que le da Isaías 53—"lo envió para que os bendijese, a fin de que cada uno se convierta de su maldad". Ustedes mataron al Mesías, pero Dios no ha terminado con ustedes. Vendrá el día cuando Él los convierta de sus pecados y envíe a Su Hijo para establecer Su Reino y cumplir Su promesa.

Dios no ha terminado con Israel. Mantengan un ojo en Israel. Su salvación está asegurada por la promesa de Dios. Mientras tanto, la salvación está abierta a todos los que lo invocan.

REFLEXIONES PERSONALES

08_Calmando la tormenta

Aquel día, cuando llegó la noche, les dijo: Pasemos al otro lado.

Y despidiendo a la multitud, le tomaron como estaba, en la barca; y había también con él otras barcas.

Pero se levantó una gran tempestad de viento, y echaba las olas en la barca, de tal manera que ya se anegaba.

Y él estaba en la popa, durmiendo sobre un cabezal; y le despertaron, y le dijeron: Maestro, ¿no tienes cuidado que perecemos?

Y levantándose, reprendió al viento, y dijo al mar: Calla, enmudece. Y cesó el viento, y se hizo grande bonanza.

Y les dijo: ¿Por qué estáis así amedrentados? ¿Cómo no tenéis fe?

Entonces temieron con gran temor, y se decían el uno al otro: ¿Quién es este, que aun el viento y el mar le obedecen?

Marcos 4:35–41

BOSQUEJO

— Introducción

— La calma antes de la tormenta

— La calma durante la tormenta

— La calma después de la tormenta

— La tormenta después de la calma

— Oración

Notas personales al bosquejo

SERMÓN

Introducción

Vayamos al cuarto capítulo del evangelio de Marcos, y en especial a la parte final que comprende los versículos 35 al 41. Recordemos que el propósito de Marcos al escribir este evangelio nos lo declara en el capítulo uno versículo uno, "principios del evangelio de Jesucristo, hijo de Dios". Marcos, al igual que los otros escritores, Mateo, Lucas y Juan, tiene como objetivo principal declarar de una manera clara que Jesucristo no es otro más que Dios mismo, que es un hombre totalmente, pero también que es Dios, por lo tanto Dios-Hombre. Esto será demostrado de manera más eficiente en el pasaje que tenemos delante de nosotros. Veremos un hermoso retrato de su humanidad y una sorprendente demostración de su deidad.

Veamos la historia comenzando en el versículo 35. "Aquel día, cuando llegó la noche, les dijo: Pasemos al otro lado. Y despidiendo a la multitud, le tomaron como estaba, en la barca; y había también con él otras barcas. Pero se levantó una gran tempestad de viento, y echaba las olas en la barca, de tal manera que ya se anegaba. Y él estaba en la popa, durmiendo sobre un cabezal; y le despertaron, y le dijeron: Maestro, ¿no tienes cuidado que perecemos? Y levantándose, reprendió al viento, y dijo al mar: Calla, enmudece. Y cesó el viento, y se hizo grande bonanza. Y les dijo: ¿Por qué estáis así amedrentados? ¿Cómo no tenéis fe? Entonces temieron con gran temor, y se decían el uno al otro: ¿Quién es este, que aun el viento y el mar le obedecen?"

La respuesta es simple a esta pregunta: "Él es Dios porque solo Dios tiene un tipo de poder como este sobre el viento y las olas". No deberíamos sorprendernos por esto, ya hemos escuchado el testimonio de Juan en Juan 1:1-3: "En el principio era el Verbo",—dando a entender a Cristo—"y el Verbo era con Dios, y el Verbo era Dios. Era en el principio con Dios. Todas las cosas por él fueron hechas, y sin él nada de lo que ha sido hecho, fue hecho". Esto es para decir que Cristo, el Verbo, es el Creador de todo lo que existe. Si Él tiene el poder para crear, Él tiene el poder para controlar lo que ha creado.

En Hebreos capítulo 1 habla acerca del Hijo de Dios quien fue constituido como heredero de todas las cosas, versículo 2: "Y por quien asimismo hizo el universo". Y en el verso 3: Él sustenta todas las cosas por medio del poder de su palabra. Aquí se nos dice que Dios hizo el mundo a través de la intervención de Cristo y que Cristo sustenta todo por medio de su poder.

En Colosenses 1:16 encontramos un testimonio similar que da el apóstol Pablo donde nos dice: "Porque en Él", esto es Cristo, "fueron creadas todas las cosas, las que hay en los cielos y las que hay en la tierra, visibles e invisibles; sean tronos, sean dominios, sean principados, sean potestades; todo fue creado por medio de Él y para Él. Y Él es antes de todas las cosas, y todas las cosas en él subsisten". Este es el testimonio de la Escritura. Y estos son solo ejemplos del tipo de testimonios que encontramos acerca de Cristo esparcidos por todo el Nuevo Testamento. Otro se encuentra en 1ª Corintios 8:6 donde de manera similar se nos dice que Él es el que ha hecho todo lo que ha sido hecho: "solo hay un Dios, el Padre, del cual proceden todas las cosas, y nosotros somos para él; y un Señor, Jesucristo, por medio del cual son todas las cosas". Él es el Creador del universo, todas las cosas existen porque Él las hizo y todas subsisten porque Él las sustenta.

Así que cuando llegamos a una ocasión como Esta, lo que estamos viendo anecdóticamente, lo que estamos viendo en el incidente que ocurre, es este poder creativo. El poder creativo es demostrado en cada una de las sanidades milagrosas. Siempre que Jesús sanó a alguien, fue un milagro creativo. Él tuvo que darles a las personas nuevos miembros o nuevos órganos. Esto es creación. Pero aquí, a gran escala, Él demuestra su poder sobre el mundo inanimado, el viento y las olas. Él ha desplegado su poder sobre los demonios, puede controlar el mundo espiritual. Él ha desplegado su poder sobre la enfermedad. Él puede controlar el mundo humano aun físicamente. Y aquí Él tiene poder sobre la creación natural.

Esta demostración es única en el Nuevo Testamento. Existen otros milagros físicos como la alimentación de los 5000 y la alimentación de los 4000 dónde Él creará virtualmente comida de la nada, Él habla y las cosas existen. Estas son claras indicaciones de su poder creador.

Pero esto es de una escala mucho mayor y más poderosa. Y el Señor no pudo haber seleccionado un mejor lugar para demostrar su poder sobre su creación. El lago que se tiene en perspectiva aquí es el muy familiar Mar de Galilea. No se le menciona aquí, pero no es necesario porque conocemos el contexto. El ministerio de Jesús está ocurriendo en Galilea. Su cuartel general se encuentra en Capernaum, en la orilla norte del Mar de Galilea. Él se ha estado moviendo en esa área y ha estado enseñando en las villas y pueblos de Galilea. Y en este día en particular ha pasado todo el día en esa área a la orilla del mar. Si regresamos a 4:1-2: "Otra vez comenzó Jesús a enseñar junto al mar, y se reunió alrededor de él mucha gente, tanto que, entrando en una barca, se sentó en ella en el mar; y toda la gente estaba en tierra junto al mar. Y les enseñaba por parábolas muchas cosas". La escena se repitió varias ocasiones. La multitud era tan grande que lo empujaban hacia la orilla del mar, y la única forma en que podía tener algo de espacio entre sí mismo y la multitud, y decir lo que quería decir, era subir a una barca y alejarse un poco de la orilla. El agua serviría un poco para rebotar su voz y las orillas de los acantilados podrían crear una especie de anfiteatro para que fuera más fácil para ellos escucharlo.

Así que, tenemos el conocido territorio del Mar de Galilea, que en realidad no es un mar, es un lago de agua dulce, conocido actualmente como Lago Cirenet en Israel. Es el lago de agua dulce que se encuentra a menor altitud en todo el planeta. Se encuentra a un poco más de 200 metros debajo del nivel del mar. No es tan bajo como el Mar Muerto pero el Mar Muerto no es de agua dulce, sino que es rico en minerales, y la gran cantidad de sales que contiene hace que puedas flotar fácilmente. Pero el Mar de Galilea es el lago de agua dulce más bajo del mundo. Como resultado de eso ha sido muy estudiado y se sabe que es único en muchas de sus propiedades. Tiene una estratificación de agua. Literalmente hay tres estratos de agua que descienden 45 metros y tiene mucho que ver con la superficie del lago en varias épocas del año. Tiene mucho que ver con el contenido de algas, lo cual tiene mucho que ver con el contenido de peces. En 1896, un solo barco pesquero sacó más de cuatro toneladas de pescado. Es un lago muy prolífico en cuanto a producción del pescado, y tener este tipo de agua y este tipo de recurso en Galilea era una gran bendición para la gente que vivía en sus alrededores.

Este lago está rodeado de montañas. Esencialmente en el oeste y en el noroeste las montañas se elevan más de 450 metros. En el noroeste y el este se elevan más de 900 metros, a los Altos del Golán los cuales tienen casi 70 kilómetros de longitud, mientras que el lago solo tiene 21 kilómetros, así que va mucho más allá del lago. El lago tiene 21 kilómetros por 13. Así que está asentado en una cuenca y el agua que entra al lago proviene parcialmente de algunas fuentes termales, pero su afluente principal es el Río Jordán, que fluye desde el monte Hermón. El monte Hermón se encuentra en el lado norte cerca de la frontera con Líbano, y su cumbre se encuentra a unos 2800 metros sobre el nivel del mar. Así que el agua desciende más de 3000 metros para llenar la cuenca de este lago. Es un agua tan prístina que aún en nuestros días provee aproximadamente el 50% del agua que consume la nación de Israel. Así que era para ellos una tremenda fuente de agua, así como también de pescado.

Esta es la razón por las que tantos de los discípulos eran pescadores, hasta siete de ellos. Sabemos que Jacobo y Juan, Pedro y Andrés, y tal vez otros tres más también eran pescadores en el lago. Debido a su localización única, ya que está a menos de 50 kilómetros del Mar Mediterráneo y está tan bajo, tiene propiedades muy especiales porque está rodeado de montañas, lo que añade algo muy especial a este lago. Como resultado, a lo largo de los años los científicos han hecho muchas investigaciones sobre este lago para estudiarlo. Es completamente diferente a cualquier otro cuerpo de agua que existe en el mundo. Y lo que lo hace particularmente único es el hecho de que está sujeto a vientos muy severos. Tanto en el verano, durante la parte cálida del año; como en el invierno, durante la parte fría del año, experimenta este tipo de vientos. Los vientos que llegan en el verano son los vientos siroco del este. Son vientos que vienen todos los días a partir del mediodía y hasta las seis de la tarde. Son bastante predecibles. Los vientos descienden con mucha fuerza desde los Altos del Golán y un poco más al norte, y esto convierte al lago en un caldero hirviente. Y esta es la rutina todos los días durante el verano. Esto lo convierte en un lugar muy traicionero para estar en una barca en el momento equivocado.

El invierno es peor porque los vientos del invierno son fríos que provienen del norte y del noroeste. Y cuando el aire frío desciende y choca con el aire caliente que se asienta naturalmente en esta cuenca, provoca una tremenda agitación en el lago.

Así que ya sea en el verano o en el invierno, está sujeto a esto. Yo he estado allí en varias ocasiones y he visto este tipo de vientos que repentinamente vienen de la nada. Recuerdo una ocasión en la que estábamos en una barca de metal e íbamos a cruzar el Mar de Galilea. Nos encontrábamos de pie en la proa disfrutando del viaje cuando de repente el lago comenzó a espumar, las olas comenzaron a levantarse y muy pronto tuvimos que correr a la popa para evitar ser salpicados por el agua que azotaba la proa, solo para ser empapados por el agua que pasaba por encima de la cabina y nos pegaba de lleno en la popa. Así que puede ser un lugar muy problemático si estás allí en el momento equivocado.

Me parece que entre noviembre y abril es el tiempo más peligroso y traicionero. Los vientos fríos pueden llegar de forma inesperada y las olas pueden alcanzar de 1,5 a 3 metros de altura, cosa que no sucede en un lago, pero ocurre allí y puede ser una experiencia aterradora. De hecho, un historiador registra que una ocasión estaba en Tiberias, en la orilla occidental del lago, y las olas eran tan altas que, partiendo de este pequeño lago, entraban más de 180 metros a la ciudad de Tiberias. Y todo esto básicamente es producto del viento.

Este es el lugar donde sucede nuestra historia, y cómo podemos ver no pudo haber sido un lugar mejor para que el Señor demostrara su poder sobre la naturaleza. Y esto es lo que Él está haciendo justamente aquí. Vamos a iniciar viendo lo que es la calma antes de la tormenta, después veremos lo que es la calma durante la tormenta, Y posteriormente veremos la calma después de la tormenta, para finalmente ver la tormenta después de la calma.

La calma antes de la tormenta

Bien, veamos la calma antes de la tormenta, versículo 35; "Aquel día, cuando llegó la noche". "Aquel día" apunta a un día muy específico. ¿Qué día? El mismo día que empezó en el versículo 1: "comenzó Jesús a enseñar junto al mar, y se reunió alrededor de él mucha gente, tanto que entrando en una barca, se sentó en ella en el mar; y toda la gente estaba en tierra junto al mar. Y les enseñaba por parábolas muchas cosas". Y les enseñó la parábola del sembrador y luego llevó a los discípulos aparte y les explicó el significado de la parábola, pero no a la multitud. Y luego, como recordarán, les contó la parábola de la luz y el almud. Y luego contó la parábola de la semilla plantada que crece sin que el sembrador sepa cómo. Y luego contó la parábola de la semilla de mostaza. Este había sido un día muy largo y estas son solo representativas de las parábolas que dio. Muy probablemente dio muchas parábolas más aparte de estas, y fue un día lleno de enseñanza. También podemos asumir que la gente le había traído algunos enfermos y necesitados, y que también hubo sanidades. Asumiríamos entonces que fue un extenuante día típico para el Señor. La enseñanza por sí misma puede ser muy, pero muy extenuante. Y Él lo hacía día tras día, tras día, con tremendas demandas que se le requerían.

Asumimos pues que estaba en algún lugar del noroeste de la orilla del mar de Galilea, sentado en una pequeña barca, cerca de la ciudad de Capernaum, llegando la tarde. Posiblemente el gentío ya se había disipado, se habían ido a sus casas, "Y él les dijo", esto puede ser solo a los discípulos quienes son referidos en el versículo 34, sus discípulos; les dijo: "Pasemos al otro lado". Asumimos también que deseaba ir al otro lado solamente para obtener un poco de descanso, lo cual sería perfectamente razonable. Hubo muchas ocasiones cuando quiso esto, cuando él trató de escapar de la multitud que lo oprimía. Podemos asumir que, debido a que no habían ciudades tan grandes en la costa este del Mar de Galilea, y que las ciudades grandes se encontraba en el lado oeste, quizás simplemente estaba yendo allá para apartarse de todo, hacer una pausa y tener un poco de descanso.

Pero si entendemos lo que sigue en el evangelio de Marcos podemos entender que ese no era el punto, debido a lo que encontramos en el capítulo 5:1-2: "Vinieron al otro lado del mar, a la región de los gadarenos. Y cuando salió Él de la barca, en seguida vino a su encuentro, de los sepulcros, un hombre con un espíritu inmundo". Jesús llega a un encuentro que había sido ordenado por su Padre con este maniático gadareno, el cual está lleno de demonios, y finalmente Jesús envía a estos demonios a un hato de cerdos que se lanzan desde un despeñadero para terminar en el mar. Así que, mientras que se podría haber asumido que esta era una manera de apartarse y tener un poco de descanso, termina trayendo a Jesús a uno de los más formidables y dramáticos encuentros de toda su vida con este maniático endemoniado que se encontraba al otro lado. Jesucristo siempre operaba con base en una cita divina. El descanso quizás era algo incidental para Él. Sin embargo, al final de un día muy largo, sería bueno tener un tranquilo viaje en la barca hacia el otro lado, y tal vez unas pocas horas de descanso.

Así, el versículo 36 dice: "Y despidiendo a la multitud", y recuerden que ya está en un bote, "enseñando", porque dice que "le tomaron como estaba, en la barca". Posiblemente esta barca pertenecía a Pedro o a Juan, a Andrés o a Jacobo, alguno de aquellos pescadores. Y le tomaron como estaba, lo que nos indica que no fue a ninguna parte, no se fue a cambiar, no fue a comer, simplemente lo tomaron como estaba y se dirigieron mar adentro, "y había también con él otras barcas". Por cierto, la palabra "barca," *ploion* en griego, no nos dice nada acerca del tamaño de esta embarcación, ya que es una palabra muy genérica. No nos dice si es un bote grande o pequeño, pero sabemos que era una barca relativamente pequeña, porque el tipo de botes que eran usados para pescar en el Mar de Galilea eran relativamente pequeños. Habrán visto que durante el último mes, en un programa de investigación, dieron la noticia de que habían descubierto una de estas barcas que pudieron excavar del fondo del lago, y lo que aún queda es el armazón de la barca. Y por lo que se puede ver, probablemente uno de estos botes podría llevar cómodamente entre 15 y 20 personas.

De ningún modo podría transportar a todos los apóstoles junto con los discípulos que lo estaban siguiendo. Es por eso que se nos dice que había otras barcas. Cualquier otra persona que tuviera un barco que fuera seguidor de Jesucristo se les podía unir para formar una pequeña flotilla que estaba cruzando este mar de Galilea, así que no iban en un solo bote sino que iban varios junto con este.

Lucas nos dice que ellos iban navegando juntos. Lucas usaba un verbo en específico, el verbo es *pleo* el cual significa "navegar", no usa *elauno*, el cual significa "remar". Remas cuando no hay viento; navegas cuando hay viento. Esta era una situación ideal, el agua estaba en calma así que podía navegar con el viento. Estas barcas también tenían la capacidad de ser movidas por medio de remos. Tenían remos pero también tenía un mástil y vela para navegar. Así que, si se encontraban remando y llegaban los vientos, entonces ellos podían navegar. Salieron de la orilla y estaban navegando con la brisa suave, en las aguas calmadas de la tarde, la cual los empujaba hacia el lado este, el lado opuesto al cual ellos iban.

En este punto podemos ver lo que dice Lucas: "Pero mientras navegaban, él se durmió". Marcos 4:38 dice que estaba "durmiendo sobre un cabezal". Literalmente, una almohada. La palabra griega contiene la palabra *kephale* que es la palabra para "cabeza". Algo sobre lo que se pone la cabeza. Así que este era el tipo de cabezal del que se habla, una almohada para su cabeza. Un tipo de almohada que usaban los marineros cuando necesitan recostarse y tener un poco de descanso.

Así que se recostó en la barca e inmediatamente se quedó dormido. Esta es una hermosa ilustración del Jesús verdaderamente humano quien está exhausto, está agotado. Él es quien creó el agua; Él es quien creó el cielo; Él creó la madera con la cual estaba hecho el bote. Él incluso creó el sueño, y ahora emplea estas cosas para su propio beneficio. Y se va a dormir a la barca. Y detrás de ella, van otras barcas con aquellos que eran sus seguidores.

Y sabemos que no todos estos son verdaderos seguidores; algunos de ellos son los que cayeron en pedregales, otros son los que cayeron entre espinos, como lo dice la parábola del sembrador versículos antes; también sabemos esto porque en Juan 6:66 después nos dirá que muchos de sus discípulos ya no caminaban con Él. Así que no todos ellos eran verdaderos pero al menos son los que lo están siguiendo en este momento. Esto es lo que nosotros vamos a llamar la calma antes de la tormenta. Una preciosa imagen de Cristo, totalmente cansado y durmiendo en un lugar confortable.

La calma durante la tormenta

Bien, la calma antes de la tormenta nos lleva a la calma durante la tormenta, porque la tormenta estalló, de acuerdo al versículo 37: "Pero se levantó una gran tempestad de viento, y echaba las olas en la barca, de tal manera que ya se anegaba". Un fiero vendaval, lo cual es un término para un huracán. Estamos hablando de un viento realmente grande, quizás de más de 110 km/h. La palabra para viento es justo eso. ¿Qué tipo de viento era este? Un fiero vendaval, un viento que podría ser clasificado como un huracán. Es un lenguaje muy descriptivo y muy fuerte. Lucas dice que descendió sobre el lago, *katabaino*. Simplemente descendió a toda velocidad por las laderas. El lenguaje es muy fuerte.

Los mejores cálculos han situado esto probablemente en el invierno del año 29 d.C. Este sería el tiempo de los peores vientos, cuando el aire frío se canaliza hacia abajo por los barrancos y laderas aumentando su velocidad conforme desciende, chocando con el aire tibio de las partes bajas de la cuenca del lago y creando una violenta turbulencia que comenzó a azotar y a arremolinar el agua, haciendo espuma y olas muy altas. Y debido a que el lago es tan pequeño—21 por 13 kilómetros—una vez que estas olas golpean la orilla, simplemente revientan y regresan para chocar una y otra vez, causando estragos.

Los que viajaron con Él estaban familiarizados con las tormentas del lago. Vivían alrededor del lago pero ahora sabían que estaban en una tormenta fuera de lo normal. Esto nos hace ver que era una tormenta ordenada por Dios. Podríamos asumir que estos eran vientos especialmente escogidos para realizar este milagro, para colocar a nuestro Señor en una posición en la que pudiera demostrar que Él estaba controlando su creación. Todo esto fue formado para darme una lección. ¿Qué era lo que iba a enseñar? Veamos en el versículo 40: "¿Por qué estáis así amedrentados? ¿Cómo no tenéis fe?". Esta es una lección de fe.

El punto es que el Señor quiere enseñar a sus discípulos que pueden confiar en Él aun estando en las aguas de las circunstancias más amenazadoras.

Mateo, relata esta misma historia, porque se repite tanto en Mateo 8 como, en Lucas 8, como aquí en Marcos 4. En Mateo 8:24 lo que sucede es descrito como *seismos megas*. Entendemos por seísmo un sismo de grandes proporciones. En realidad esta es la palabra que se usa para "terremoto". De modo que este evento tenía proporciones masivas, así como una sacudida fuerte de la tierra, como una sacudida violenta del agua generada por la fuerza de un huracán originado por la fuerza de los vientos. Esto es algo realmente grande. El versículo 37 dice: "echaba las olas en la barca, de tal manera que ya se anegaba". Lucas 8:23 lo dice de esta manera: "Y se desencadenó una tempestad de viento en el lago; y se anegaban y peligraban". Literalmente ellos no podían sacar el agua tan rápido como esta estaba entrando.

Mateo 8:16 dice: "Y cuando llegó la noche". Así que están en medio de la oscuridad, lo que añadía terror a la situación. Mateo dice que las olas cubrían la barca, literalmente estaban anegando el pequeño bote. Llegaban tan rápido que ellos no podían hacer nada y Mateo dice que a pesar de la tormenta, "él dormía".¿Les da esto da una idea de su verdadera humanidad? Él se encuentra durmiendo durante la tormenta. Así de cansado estaba. El versículo 38 dice: "Y él estaba en la popa, durmiendo sobre un cabezal". ¿Alguna vez han estado tan cansados? Este es un hombre que realmente está cansado. Puedo pensar en algunas ocasiones durante mi vida, como una ocasión en la que fui a un viaje a Rusia en el cual estuve hablando, no recuerdo, posiblemente ocho horas al día durante dos semanas. Fue extenuante. Recuerdo que subí al avión en Moscú y alguien tuvo que despertarme para bajarme cuando el avión aterrizó en Nueva York. No recuerdo nada de lo que sucedió desde que me subí al avión. Y recuerdo que luego me subí al siguiente avión en Nueva York y no me desperté sino hasta que llegamos a Los Ángeles. Pienso que algunos de nosotros hemos experimentado esto en formas que identificaríamos como una respuesta muy humana al estar sumamente cansados, exhaustos. Y esto es justamente lo que experimentó nuestro Señor. De nuevo, esto nos hace ver su humanidad, ¿no lo creen? Él es un hombre real, un ser humano real.Y podía comprender lo que era el estar cansado; estaba tan cansado que está durmiendo aun cuando el agua está golpeando la barca. Un sueño profundo y en paz. Esto es a lo que yo llamo "la calma durante la tormenta". Fatigado, totalmente en calma con su cabeza sobre una almohada, Él es el que está calmado en medio de la tormenta, como si estuviera justo en el centro del ojo del huracán.

Nadie más estaba en calma, el versículo 38 dice: "le despertaron y le dijeron: Maestro, ¿no tienes cuidado que perecemos?". ¿Cómo es posible que estés durmiendo mientras estamos pasando por todo este peligro? ¿No tienes cuidado que perecemos? Al parecer ellos entendían que esto culminaría inevitablemente en su muerte; pensaron que no sobrevivirían. Tal vez habría apóstoles en esa barca, tal vez había hombres y mujeres en esa pequeña flotilla y todos estaban en la misma situación. Todos estaban muy conscientes de la severidad de este peligro. Sabían perfectamente en qué situación se encontraban Y estaban en pánico; el pánico es una respuesta humana normal a este tipo de circunstancias. Ante esto sabían que Jesucristo tenía poder sobre los demonios, sabían que tenía poder sobre las enfermedades, sabían que tenían poder sobre el mundo natural así como el mundo sobrenatural. Pero la pregunta surgía, ¿podrá salvarnos de estas circunstancias? ¿Podrá librarnos de esta tormenta?

No pienso que ellos tuvieran en su mente que Él pudiera calmar la tormenta. Pero probablemente sí tenían en sus mentes que, si iban a ser librados de la muerte, tendría que ser Él quien hiciera posible alguna salida milagrosa. No tenían a dónde más volverse. Era un pandemónium, estaban en pánico. Están gritando por encima del fuerte viento y del choque del agua: "Maestro, ¿no tienes cuidado que perecemos?". Lucas reporta que dijeron: "Maestro, Maestro", usando en griego la palabra *epistates*, que quiere decir "comandante". Mateo dice: "Señor". Así que Él es amo en una cosa, Señor en otra, y Maestro en otra. Alguien dirá: "Esto es una inconsistencia bíblica". Pero no, no lo es. Escuchen, esta no fue una sola declaración, esto es pánico y pandemónium. Usaron todas las palabras que les llegaron a la mente. Es como si le estuvieran disparando desde todos los ángulos. "Maestro", "Amo", "Señor"... esto no es un discurso organizado, sino el clamor de gente que está aterrorizada. Y Mateo 8:26 dice que estaban temerosos. ¡Por supuesto! Iban a morir. Era inevitable si no sucedía algo. Podemos estar seguros de que es un día oscuro cuando los marineros claman a un carpintero para que los libre de la tormenta. Nazaret está lejos del mar. Jesús no fue criado en el mar.

Así que ellos no están buscando la solución de un carpintero para un dilema de pescadores, ellos están buscando una solución divina. En este momento ellos tienen conocimiento del tipo de conexión que tiene Jesucristo con Dios; y por lo tanto ellos saben que aquí va a verse una intervención divina. Esta es su esperanza, ellos lo saben. Y dicen, tal vez el que tiene control sobre las enfermedades, y sobre los espíritus, va a recibir algún tipo de solución de parte de su Padre para que salgamos de esta situación tan peligrosa. Todos ellos habían sido criados con el Antiguo Testamento, por lo que sabrían los Salmos. Conocerían cosas como las que dice el Salmo 65: 5-7: "Oh Dios de nuestra salvación, esperanza de todos los términos de la tierra, y de los más remotos confines del mar. Tú, el que afirma los montes con su poder, ceñido de valentía; el que sosiega el estruendo de los mares, el estruendo de sus ondas". El salmista nos dice que Dios tiene el poder de calmar el estruendo de los mares y de las olas. O tal vez recordarían el Salmo 89:9: "Tú tienes dominio sobre la braveza del mar; cuando se levantan sus ondas, tú las sosiegas". Tal vez ellos recordaban ese Salmo tan familiar y amado, el Salmo 107, en los versículos 23–29 que dicen: "Los que descienden al mar en naves, y hacen negocio en las muchas aguas, ellos han visto las obras de Jehová, y sus maravillas en las profundidades. Porque habló, e hizo levantar un viento tempestuoso, que encrespa sus ondas. Suben a los cielos, descienden a los abismos, sus almas se derriten con el mal. Tiemblan y titubean como ebrios, y toda su ciencia inútil. Entonces claman a Jehová en su angustia, y los libra de sus aflicciones. Cambia la tempestad sosiego, y se apaciguan sus ondas". Tal vez recordarían este Salmo y pensarían que Dios es el único que tiene el poder de calmar la tormenta y apaciguar sus olas. No podemos asegurar en que estaban pensando pero si podemos decir que estaban esperando una solución divina, no una humana. Sabían que Jesucristo tiene acceso directo a Dios por lo tanto que tenía acceso al poder divino. Nunca habían visto algo como esto. Nunca lo habían visto actuar en una situación como esta. De todos los milagros que lo habían visto llevar a cabo, ninguno de ellos había sido librarlos del peligro. No habían visto un milagro en el que Jesucristo se librara a sí mismo del peligro y de la muerte.

¿A dónde más podrían mirar buscando salvación? Solo a aquel que ellos saben que tiene conexiones con Dios, a aquel que algunos de ellos ya reconocen como Dios mismo. Así que aplican su simple, humilde, débil, y poca fe, como les dijo el mismo Cristo, y hacen su suplica. Lo que resulta en que la tormenta es calmada en su totalidad. Versículo 39: "Y levantándose" sale del lugar en donde estaba recostado, quita su almohada y "reprendió al viento, y dijo al mar: Calla, enmudece".

La calma después de la tormenta

Entonces fueron e interrumpieron el sueño de Jesucristo; esto es algo común en la gente que está sufriendo algún problema o bien que está desesperada. Posiblemente pensaron en el Salmo 10:1, "¿Por qué estás lejos, oh Jehová, y te escondes en el tiempo de la tribulación?" O en el Salmo 44:23-24, "Despierta; ¿por qué duermes, Señor? Despierta, no te alejes para siempre. ¿Por qué escondes tu rostro, y te olvidas de nuestra aflicción, y de la opresión nuestra?"

El Señor escuchó sus clamores desesperados, se levantó y reprendió al viento y dijo al mar, calla, enmudece. Ningún teatrito, ningún esfuerzo. Habló y el viento y las olas se detuvieron instantáneamente. El viento y el agua reconocieron la voz de su Creador, así como le diría a la muerte que dejara a Lázaro, le dice al viento y a las olas y ellas obedecen.

Los dos se detuvieron, y Marcos dice que llegó una perfecta calma. La palabra perfecta probablemente no es el término más acertado en la traducción, sin embargo entiendo que los traductores quisieron decir esto, la palabra en el Griego *megalei*, mega, algo mega es algo muy grande. *Megalei* es la calma más grande que pudo haber, todo el lago estaba tan calmado como una balsa. El viento se detuvo inmediatamente, y las olas se apaciguaron por completo. Esto no hubiera sucedido si solo el viento se detuviera, las olas seguirían su ritmo por algo de tiempo, llegando a la orilla, y chocando con las olas que venían de regreso. Esto sucedería por mucho tiempo después de que el viento se detuviera. Pero Cristo los detuvo simplemente hablando. Estos hombres habían visto los vientos arreciando y a las olas saltando de un lado a otro, pero aun cuando en su experiencia habían visto al viento calmarse, no habían visto que al mismo tiempo las olas lo hicieran. Sin embargo ahora el viento y las olas se calman al mismo tiempo y crean una perfecta calma, una calma nunca antes vista.

El poder sobrenatural de Jesús es tal que con una palabra, millones de caballos de fuerza del viento, se detienen. Millones de litros de agua se detienen y se calman. ¿Qué nos está diciendo Marcos con esto? Que estamos viendo aquí al Creador. Este es el Hijo de Dios, es el Hijo de Dios porque lo probó con su nacimiento, lo probó con su victoria sobre Satanás, lo probó con su poder milagroso y lo probó con su maravilloso poder controlando la creación.

Él puede hacer una nueva creación. Puede restaurar la tierra para que tenga las características que tuvo en Edén. Sí, Él puede hacer que en el desierto se produzcan rosas. Él puede abrir un río en Jerusalén que fluya del desierto y se convierta en un jardín. Puede cambiar la naturaleza de tal modo que el león y el cordero se echen juntos y puede hacer que la serpiente y el niño jueguen juntos. Él tiene el poder de controlar su creación y la duración de la vida de tal modo que si alguien muere con cientos de años muera como si fuera tan solo un niño. Sí, Él tiene el poder. Tiene poder completo sobre la naturaleza que Él controla. Él la creó, la sustenta y la puede recrear en el futuro Reino Milenario, y la puede deshacer y rehacer cuando los elementos se fundan con el calor y entonces haga algo completamente nuevo. Él puede hacer una implosión atómica para entonces crear nuevos cielos y tierra nueva. Quisiera que por un momento, la gente que piensa que tiene control sobre el futuro del planeta, pensara en lo que la Biblia dice. Ellos entenderían que no están al control de lo que sucede en el planeta, ninguno de ellos lo está, ni colectivamente lo están, no podrán hacer que este planeta dure un segundo más de lo que Dios ya tiene planeado. No tienen nada que hacer al respecto. Todo lo que hacen no tiene sentido, ningún sentido en absoluto.

Primero que nada, no tiene sentido científicamente. Y peor aún, no tiene sentido teológicamente. El Creador es el sustentador y el consumador de su creación. Esta milagrosa demostración de su poder parece ser suficiente para convencerme y saber con quién estoy tratando y es una lección para los que van con Él. Así que les dice: "¿Por qué estáis así amedrentados? ¿Cómo no tenéis fe?", estoy viendo su pánico y su temor y cómo es que no tienen fe. O en las palabras de Mateo: "¿Por qué teméis, hombres de poca fe?" Detiene la tormenta y les señala la debilidad de su fe. No tuvieron la suficiente fe para saber que yo los protegeré y que me importan. No tienen por qué entrar en pánico, no necesitan estar completamente atemorizados.

Finalmente se sienta en la placidez de la calma después de la tormenta y Jesús les dice, "¿Por qué tanto miedo? ¿Por qué su falta de fe? ¿No les he probado ya que pueden confiar en mí?

Su fe debió recibir un fuerte empujón ese día, ellos debieron recibir mucho aliento para seguir confiando en Cristo. Pero la verdad es que su reacción no demuestra esto. Nos gustaría escuchar: "Señor, nunca más tendremos miedo, bueno siempre y cuando estés con nosotros. No nos vamos a preocupar por nada. Ya hemos visto lo suficiente, estamos plenamente convencidos". Pero esta no es su reacción.

Su reacción es algo predecible.

La tormenta después de la calma

El versículo 41, es el último punto. Este es "la tormenta después de la calma". "Entonces temieron con gran temor". Si observan el versículo 40, ellos estuvieron amedrentados durante la tormenta, pero ahora ellos están con "gran temor". ¿Por qué? Bueno, qué es lo que es más importante que tener una tormenta fuera de la barca, bien, pues tener a Cristo dentro de ella. Sería más aterrador darte cuenta que Dios está a tu lado, observando todo lo que haces.

Se dieron cuenta con quien estaban tratando. El Dios viviente estaba con ellos, el Creador, el controlador de su creación. Los aterró, los puso en pánico. ¿Recuerdan otra ocasión cuando estaban en el mar y Pedro no consiguió pescar nada? En Lucas 5 Jesús les dijo: "Boga mar adentro, y echad vuestras redes para pescar". Pedro lanzó su red donde le indicó, y había tantos peces que no podían subir la red a la barca. Y ¿cuál fue la respuesta de Pedro? "Apártate de mí Señor, porque que soy hombre pecador".

¿Qué tipo de reacción es esta? Esta es la reacción de alguien que sabe que el Creador controla a todos los animales, a todos los peces del mar y que ellos van a donde Él les dice que vayan. Esto es aterrador. Porque si tú puedes ver a Dios, entonces estás seguro de que Él te está viendo. Tú ves su gloria, Él ve tu pecado. Esta es una respuesta muy normal dentro de la Escritura.

Abraham en Génesis 18:27 tuvo la misma reacción, un tipo de pánico inmediato cuando él se encontró con Dios y se dio cuenta de que tipo de hombre era él. Manoa, el padre de Sansón, llegó a su casa y le dijo a su mujer: "Ciertamente moriremos, porque a Dios hemos visto" (Jueces 14:22). Job tuvo la misma experiencia e Isaías. En Isaías 6:5 pronunció una maldición para sí mismo, "¡Ay de mí! que soy muerto... soy hombre inmundo de labios". Él se estaba maldiciendo a sí mismo.

Ezequiel tuvo la misma experiencia en la visión del capítulo 1. Daniel tuvo la misma experiencia en el capítulo 10. El apóstol Juan en Apocalipsis 1 cuando vio en visión al Señor dijo: "caí como muerto". El darse cuenta que estás en la presencia del Señor es una experiencia aterradora. La presencia de Dios debe producir temor en nosotros.

No hay otra explicación, ellos se dieron cuenta que esto era algo sobrenatural. Se dijeron unos a otros: "¿quién es este, que aun el viento y el mar le obedecen?". Esta es una pregunta retórica, no debe tener una respuesta. Marcos ni siquiera intenta dar una. ¿De dónde viene esta persona? No es de por aquí. Es una persona completamente extraña. Es una persona que viene de algún lugar desconocido.

Con este tipo de poder y, desde luego, la implicación es que ellos estaban hablando acerca de aquel que vino del cielo. Mateo 14 nos relata otra ocasión cuando Jesús camina sobre las aguas, ¿recuerdan? Y cuando regresó a la barca les dijo: "hombres de poca fe". La misma cosa. ¿Por qué dudaron? Aquí vamos nuevamente, Mateo 14:33, después de ver su poder ellos dicen: "Verdaderamente eres Hijo de Dios". La segunda vez que vieron un incidente sobre las aguas en el cual Él controló las aguas; caminó sobre ellas, detuvo la tormenta, ellos contestaron con una pregunta retórica. Aquí ellos dijeron: "Él no es de aquí", la próxima vez dijeron: "Él es el hijo de Dios". Pienso que esto es lo que había en sus mentes en este momento. No hay razón para que Marcos conteste esta pregunta. Solo existe una posibilidad, solamente Dios controla los elementos y lo hace a su propia discreción. Este es el caso, lo hizo para su propia protección, la de sus discípulos y la de los apóstoles. Necesitaban saber, no solo que su Señor era Dios, sino que también era su protector.

El Salmo 55:22 dice: "Echa sobre Jehová tu carga, y él te sustentará". O 1 Pedro 5:7, así lo dice: "Echando toda vuestra ansiedad sobre él, porque él tiene cuidado de vosotros". El Señor está comunicando dos cosas aquí; está comunicando su deidad expresándolo por medio de su poder, también está expresando su simpatía, su compasión y el cuidado para los suyos protegiéndolos de una muerte prematura. ¿Significa esto que los cristianos no mueren? No, pero lo hacen cuando su tiempo ha llegado; y mientras que esto sucede el Señor protege, cuida y preserva a los suyos como lo hizo aquí. Esta es una historia que no tiene sentido aparte de la deidad de Jesucristo. No existe explicación humana para esto. Aun cuando tú pudieras decir que el viento se detuvo por sí solo, nunca hubieran respondido con terror porque ellos sí vieron que este era un ser divino, no cualquier hijo de vecino. Ellos también dijeron: "El viento y el mar le obedecen", lo que significa que el hecho de que se detuviera el viento y el mar estaba directamente relacionado con el pronunciamiento de sus palabras.

Fue un viaje muy interesante el llegar al otro lado, y será más interesante cuando bajen de la barca al llegar como lo veremos en el siguiente mensaje. Oremos.

Oración

Tu Palabra siempre es tan fresca para nosotros, Señor. Muy motivadora, nos invita a obedecer, porque te presenta en toda tu majestad y gloria, particularmente cuando observamos los incidentes con respecto a la vida de Jesucristo, la majestad de su persona, y la maravilla de saber que Él es ambas cosas: hombre y Dios. Lo vemos expresado de una forma maravillosa aquí. Tan cansado que pudo dormir en medio de la tormenta, y tan poderoso que pudo detener la tormenta con solo sus palabras. Este es nuestro Salvador, completamente Dios y completamente hombre, esto para que Él pudiera proveer un sacrificio infinito por los pecados y morir tomando el lugar del hombre.

Gracias nuevamente Señor por tu Palabra. Somos grandemente enriquecidos por ella, siempre somos sorprendidos ante sus gloriosas verdades y por su consistencia. Y te rogamos que nos permitas seguir conociendo a Cristo por todo lo que Él es y no seamos como los que tienen poca fe o como los que no tienen fe en quién es Él. Llévanos al entendimiento de que Jesús fue Dios/hombre, el Cristo, tú Hijo el Mesías y el Salvador. Que se convierta Él en el objeto de nuestra fe, de una fe verdadera y salvadora. Oramos para tu gloria y para nuestra bendición eterna. Amén.

Reflexiones Personales

09_Alabando a Dios por tu salvación

Los profetas que profetizaron de la gracia destinada a vosotros, inquirieron y diligentemente indagaron acerca de esta salvación, escudriñando qué persona y qué tiempo indicaba el Espíritu de Cristo que estaba en ellos, el cual anunciaba de antemano los sufrimientos de Cristo, y las glorias que vendrían tras ellos. A estos se les reveló que no para sí mismos, sino para nosotros, administraban las cosas que ahora os son anunciadas por los que os han predicado el evangelio por el Espíritu Santo enviado del cielo; cosas en las cuales anhelan mirar los ángeles.

1 Pedro 1:10–12

BOSQUEJO

— Introducción

— La salvación es el tema de estudio de los profetas

— La salvación es el tema de la inspiración del Espíritu Santo

— La salvación es el tema de predicación de los apóstoles

— El evangelio es tema del interés de los ángeles

— Oración

Notas personales al bosquejo

SERMÓN

Introducción

No deja de sorprender que Pedro dé comienzo a su epístola llamándonos a una doxología de alabanza al Dios y Padre de nuestro Señor Jesucristo por la gran misericordia que ha mostrado a nosotros por medio de la regeneración y dándonos salvación por Su Hijo, el Señor Jesucristo.

Recordemos que Pedro está hablando a algunos de los creyentes que fueron esparcidos en áreas gentiles en donde estaban experimentando hostilidad y persecución. Y Estas provenían de sus hermanos judíos, que desde luego estaban en esas áreas, pero también provenían de los gentiles.

¿Qué es lo que hace alguien que es un extranjero? ¿Qué es lo que hace alguien cuando está en un mundo hostil que está en su contra? ¿Qué es lo que hace alguien que está sufriendo persecución? Esta, por cierto, es delineada una y otra vez a lo largo del resto de esta epístola al tiempo que Pedro regresa para recordarles su propia persecución, para identificarla y decirles cómo lidiar con ella. ¿Qué es lo que hace alguien que está viendo que todo su mundo se le viene encima y pasa por gran sufrimiento? ¿Qué es lo que hace alguien que es sujeto, como lo dice en el versículo 6, de varias pruebas y todos los problemas que Estas traen? ¿Tú qué harías?

Lo que debemos hacer es ver la salvación de nuestras almas. Este es el maravilloso tema que Pedro desarrolla aquí. Cuando llegamos al versículo 9 aparece la frase. El fin de vuestra fe, la salvación de vuestras almas, manteniendo siempre sus ojos en esa gloriosa salvación futura cuando seamos final y completamente rescatados de la falla humana, el pecado, Satanás, la muerte y el infierno, y llevados a las glorias de la felicidad absoluta del cielo y su gozo eterno.

La palabra salvación ha sido literalmente adoptada por los cristianos. Hay otras cosas de las que la gente puede ser rescatada. Hablamos de ellas todo el tiempo. Hablamos de personas siendo rescatadas y usamos la palabra "salvados". Fui salvado de la morir, fui salvado de un accidente terrible cuando escuché la advertencia, me salvaron de una enfermedad por medio de una operación, si se dan cuenta la usamos para un sinfín de cosas. Pero cuando la palabra "salvación" se usa, siempre está conectada principal y generalmente con el evangelio cristiano. Digamos que es la palabra más importante en el vocabulario cristiano, "salvación". Es a donde vamos para encontrar nuestra seguridad, nuestra esperanza, nuestro gozo, nuestra confianza, nuestra libertad de la ansiedad sin importar qué sea lo que está pasando. La confianza que tenemos de haber sido rescatados eternamente del pecado y sus consecuencias. Este es el enfoque de Pedro en esta epístola.

De esto es de lo que se trata el capítulo y el resto de la epístola, desde el capítulo 1 en adelante. De hecho, esto comienza tan pronto como llegamos al 1:14, y debo decir que desde el versículo 13, este es para llamar a los creyentes a tener un comportamiento que sea consistente con la salvación. Pero comenzamos viendo las glorias de nuestra salvación.

Esto es algo popular en nuestros días. Se habla mucho de ello, como les he estado diciendo, acerca de lo que es la vida centrada en la cruz, y también al mirar a la cruz nos enfocamos en Cristo, y prestando nuestra atención en lo que Él ha hecho por nosotros, y de cómo todo esto es la motivación que tenemos para nuestra santificación. Mucho de esto es subjetivo es como tratar de entender nuestra intuición interna, subjetiva, es de tipo mítico de nuestra emoción con respecto a lo que Cristo hizo en la cruz. Todo esto mira particularmente a sus sufrimientos y dolor, por llevar el castigo del pecado sin haber hecho nada malo. Pero ese no es el único punto de vista de la salvación. De hecho, Pedro nos está haciendo un llamado a ver la salvación de nuestras almas en medio de las pruebas, en medio del sufrimiento, en medio de la persecución, para recordar que nosotros debemos alabar a Dios, bendecir a Dios, honrar a Dios, exaltar a Dios y expresar gratitud a Dios por la salvación de nuestras almas.

¿Pero cómo hacemos esto? Podemos tener una gratitud subjetiva al ver las realidades de la cruz. Podemos ver todo esto subjetivamente, o bien podemos verlo teológicamente. Podemos venir a nuestra salvación, digamos que desde el punto de vista del libro de Romanos y desde ahí ver todos los aspectos de la salvación, estos están unidos y mezclados en el evangelio y en la obra de Cristo.

Pero Pedro tiene una forma diferente de verlo. Él nos da una visión teológica en lugar de una visión subjetiva. Él nos va a dar una forma objetiva e histórica de ver nuestra salvación. Y, de algún modo, esta es una motivación legítima para vivir nuestra vida. Este es todo el punto del versículo 13: "Por tanto, ceñid los lomos de vuestro entendimiento, sed sobrios". Versículos 14–15, "como hijos obedientes, no os conforméis a los deseos que antes teníais estando en vuestra ignorancia; 15 sino, como aquel que os llamó es santo, sed también vosotros santos en toda vuestra manera de vivir". Todos estos comportamientos son una respuesta a una mirada histórica y objetiva de nuestra salvación. Este es el enfoque de Pedro.

Ahora regresando un poquito, todos nosotros entendemos que como pecadores necesitamos ser rescatados. Necesitamos la salvación de Dios, de la ira de Dios, de la venganza de Dios, del Juicio de Dios, de la ejecución de Dios, y del castigo eterno de Dios al infierno. Necesitamos la salvación. No nos podemos salvar a nosotros mismos. "Por las obras de la ley, nadie será justificado por Dios". No es por obras. No puede suceder de este modo. Necesitamos a Dios para que nos salve. La Biblia nos dice que Dios es por naturaleza un Dios salvador. Él es el Salvador. Dios es por naturaleza salvador. Dios ama a los pecadores. "Dios muestra su amor para con nosotros, en que siendo aún pecadores, Cristo murió por nosotros" (Romanos 5:8). Dios puede salvar a los pecadores. La salvación pertenece al Señor, dice el salmista en el Salmo 3. Necesitamos a un salvador. Dios es un salvador. Dios ama a los pecadores, Dios puede salvar a los pecadores, Dios está deseoso de salvar a los pecadores. Él hará que los que son suyos vengan al arrepentimiento. Y en ningún modo se deleita en la muerte de los malvados.

Y ya que Dios salva, basado en su amor por los pecadores, porque Él puede rescatar y está deseoso de rescatarlos, Él mismo ha planeado salvar a los pecadores. Él se propuso, de acuerdo con la carta de Pablo a Timoteo, antes de la fundación del mundo salvar a los pecadores en Cristo de acuerdo a su propio propósito y gracia que Él mismo estableció antes de que el tiempo comenzara.

También sabemos que Dios hizo que Cristo y las obras de Cristo fueran el medio por el cual Él salva a los pecadores. No hay salvación en ningún otro nombre que en el nombre de Cristo. Y después Dios ordenó que todo aquel que cree en Cristo pueda ser salvado. "De tal manera amó Dios al mundo, que ha dado a su Hijo unigénito, para que todo aquel que en él cree, no se pierda, mas tenga vida eterna" (Juan 3:16). Esto es lo que necesitas saber. Necesitamos a un Salvador; Dios es un Salvador. Ama a los pecadores. Puede salvar a los pecadores; está deseoso de salvar a los pecadores. Ha planeado salvar a los pecadores. Tiene los recursos, por medio de la persona y obra de Cristo, y salva a los creyentes por fe.

Hay otro elemento de ello. Dios ha ordenado que el medio para la salvación sea el mensaje de los predicadores: "¿Cómo oirán sin un predicador? Porque la fe viene por el oír la palabra concerniente a Cristo". Así que Dios ha puesto predicadores y testigos para que cubran todo el planeta proclamando el interés que Él tiene es los pecadores. Esta es la gran obra de Dios. Nada se le acerca. Nada se compara con este. De nada se puede hablar intentando pensar que es de la misma categoría de la obra de Dios. Debemos alabar al Señor por muchas cosas, pero mayormente, trascendentalmente, más que todas las cosas, debemos adorarlo por nuestra salvación, por la libertad que Él nos proveyó de la esclavitud del pecado, la muerte, Satanás, el juicio venidero y el infierno.

1º Crónicas 16:23 y Salmo 96:2 dice: "Anunciad de día en día su salvación". Si ven al inicio de Crónicas o bien al inicio de los salmos, notarán que están proclamando la buenas nuevas de salvación día con día. Esta ha sido siempre la más grande preocupación del pueblo de Dios, alabarlo a Él por la salvación.

Apocalipsis 7:10: "La salvación pertenece a nuestro Dios que está sentado en el trono, y al Cordero", esto es el cielo. Todos los seres del cielo adoran a Dios y al cordero por la salvación. Nosotros estaremos por la eternidad en el cielo adorando a Dios por nuestra salvación, y todo eso es parte de la salvación, toda esa salvación fue traída a nosotros como una herencia incorruptible que no se pierde, reservada para nosotros en el cielo. Esto es por lo que Pedro hace un llamado a sus lectores, y a nosotros, a adorar, a maravillarnos, a alabar, a dar gracias por la realidad de que hemos sido salvados eternamente, a recibir una herencia eterna, incorruptible y celestial, que nunca nos puede ser quitada, y para recibir una fe que se mantiene y soporta cada prueba sin importar que tan severa sea, esto siempre se convertirá en una prueba de nuestra fe, nunca la destrucción de ella. Debemos celebrar nuestra salvación diariamente. Debemos estar diciendo, como lo dice el Antiguo Testamento, la salvación pertenece a Dios y debemos proclamar las buenas nuevas de su salvación, día con día, día con día, todos los días.

Ahora veamos los versículos 10 al 12. Y aquí vamos a ver la perspectiva de cómo es que debemos ver nuestra salvación en una forma que puede ser un tanto nueva para ustedes. Ahora en la forma subjetiva, pero de manera objetiva. No de manera emocional, sino en una forma histórica. Permítanme leerles los versículos 10–12. "Los profetas que profetizaron de la gracia destinada a vosotros, inquirieron y diligentemente indagaron acerca de esta salvación, escudriñando qué persona y qué tiempo indicaba el Espíritu de Cristo que estaba en ellos, el cual anunciaba de antemano los sufrimientos de Cristo, y las glorias que vendrían tras ellos. A estos se les reveló que no para sí mismos, sino para nosotros, administraban las cosas que ahora os son anunciadas por los que os han predicado el evangelio por el Espíritu Santo enviado del cielo; cosas en las cuales anhelan mirar los ángeles".

Esta es una porción increíble de la Escritura, de la revelación divina. Pedro está diciendo que cuando todo anda mal en tu vida, cuando nada es de la manera que tú preferirías que fuera, voltea a ver la bendición de la salvación en tu vida. Ten una perspectiva de tu salvación. Y después esencialmente dice: "y no dependas de tu propia perspectiva. Toma la perspectiva de alguien más, con la intención de que tomes la perspectiva de los profetas y del Espíritu Santo, de los apóstoles y de los ángeles". Es una porción sorprendente de la Escritura.

Pedro dice, "sal de ti mismo y ve tu salvación desde la perspectiva de los profetas del Antiguo Testamento, del Espíritu Santo mismo, del Nuevo Testamento y de los santos ángeles, porque la salvación era el tema del estudio de los profetas. La salvación era el tema de la revelación del Espíritu Santo. La salvación era el tema de la predicación de los apóstoles y la salvación era tema de interés para los ángeles. Todos estos verbos "era" podrían ser "es" también, porque nunca habrá nada en toda la eternidad que sea tan cautivante para las mentes, incluso para las mentes de los perfectos santos, como la gloria de la salvación.

La gloria de Dios, la salvación de las almas humanas es la realidad trascendente. Esto fue lo que ocupó a los profetas, esto fue lo que ocupó al Espíritu Santo, es lo que ocupó a los apóstoles, es lo que ocupó y ocupa a los ángeles. Ellos son consumidos con el asunto de la salvación, son consumidos con ella.

Ahora nos podemos distraer dentro de la iglesia con asuntos en general y ocuparnos en otros muchos asuntos. Y podemos pensar, "si hablamos de la salvación todo el tiempo, ¿no se aburrirá la gente?" Personalmente no es mi experiencia. Yo hablo mucho acerca de la salvación que Dios nos ha provisto, e incluso pienso más en ella de lo que hablo. Lo estudio constantemente, cada semana de mi vida, y parece que nunca llego al fondo, pero también nunca encuentro la cima de las verdades que se relacionan con la salvación y la riqueza de verdades que Esta nos muestra. Es una cosa absolutamente imposible llegar a las profundidades o bien encontrar todas las realidades de las glorias de la salvación. Esto debiera ser una preocupación en nuestras vidas. Y cuando lo es, nos preocupamos menos por todas las cosas que están mal en esta vida, ¿correcto? Muchísimo menos.

La salvación es el tema de estudio de los profetas

Así que vayamos a nuestro pasaje, versículos 10–12, de 1 Pedro 1, y si bien no será tan detalladamente como yo quisiera, sí será lo suficiente para darte un sentido de lo que Pedro escribe. La grandeza de nuestra salvación es mostrada a nosotros porque es, primero que nada, el tema del estudio de los profetas. El versículo 10 dice: "Los profetas que profetizaron de la gracia destinada a vosotros, inquirieron y diligentemente indagaron acerca de esta salvación, escudriñando qué persona y qué tiempo", y nos detendremos aquí. El primer testimonio del sorprendente valor de nuestra salvación, el primer grupo al que nosotros vamos a ver, porque habrá tres grupos y uno individual llamado el Espíritu Santo, pero el primer testimonio del sorprendente valor de la salvación llega a nosotros desde los profetas del Antiguo Testamento. Ellos estudiaron diligentemente, dice Pedro, para saber todo lo concerniente a lo que ellos escribieron, porque ellos mismos no pudieron comprender completamente lo que ellos estaban escribiendo. Sabían que estaban escribiendo acerca de la salvación. Ellos conocían que la salvación era el tema más importante. Por lo que ellos estudiaron sus propios escritos para resolver qué persona, qué tiempo, de quién estamos escribiendo, cuándo va a suceder esto.

Ahora quiero que ustedes observen un detalle lingüístico que les ayudará a saber más. Aquí no hay artículo, no está un artículo definido "los", así que pudiéramos leerlo así, "profetas que profetizaron", esto es general. Profetas, ¿quiénes son ellos? Las personas que profetizan. ¿Qué queremos decir con profetizaron? Hablaron en nombre de Dios. Cualquiera de los predicadores del Antiguo Testamento, cualquiera de los escritores del Antiguo Testamento, él está hablando de todos, desde Moisés hasta Malaquías, y todos los que están en medio. Cualquier revelación de Dios será por medio de un profeta de Dios, alguien que habla en nombre de Dios. No solo los profetas menores y los profetas mayores, de acuerdo a como vienen organizados en sus Biblias, sino iniciando con Moisés. Hubo profetas que no escribieron nada en los libros de la Biblia. Todos los que escribieron los libros de la Biblia son aquí considerados profetas porque ellos hablaron por Dios. Así que todos los que escribieron el Antiguo Testamento se enfocaron en el sujeto de la salvación y en el Mesías, en quién sería Él y cuándo llegaría Él.

Ellos entendieron la importancia de la salvación. ¿Qué significa esto? Que ellos entendieron la caída, que ellos entendieron la corrupción del hombre, que ellos entendieron el juicio de Dios, que ellos entendieron la sentencia de muerte y el castigo, y que ellos entendieron que necesitaban ser rescatados, salvados. Conocieron a Dios como un Dios Salvador. Conocieron a Dios como un Dios de gracia. Conocieron que ellos necesitaban redención. Conocieron que esa redención estaba en el corazón de Dios, y que Dios un día proveería un Redentor. Así que ellos comenzaron a indagar esto, comenzaron a investigar cuándo llegaría la promesa, que fue hecha en Génesis 3:15, para aplastar la cabeza de la serpiente. Ellos vieron imágenes de esa provisión del Mesías cuando Dios mató a un animal para cubrir el pecado de Adán y Eva. Ellos vieron la imagen del sacrificio substitutorio dentro del sistema sacrificial, y verdaderamente lo vieron con Abraham en el monte Moriah cuando Dios proveyó a un animal para que así él no matara a su propio hijo.

Ellos estaban escribiendo acerca de esto. Y estuvieron escribiendo acerca de la gracia que llegaría a nosotros. Eso es muy importante, veamos nuevamente el versículo 10. "profetizaron de la gracia destinada a vosotros". Sabían esto, sabían que necesitaban la salvación y sabían que esta tenía que ser por gracia. Los profetas lo sabían. Los verdaderos portavoces de Dios, los verdaderos profetas, sabían que Abraham había sido justificado por fe. Sabían que Noé encontró gracia ante los ojos del Señor. Sabían que esto no era por obras, que Dios es un Dios de gracia. Y esto se remonta desde muy atrás en la historia. Hay personas que tienen la idea equivocada de que la gracia de alguna manera comenzó en el Nuevo Testamento.

Escuchen a José en Egipto, levantando sus ojos y viendo a su hermano Benjamín, dijo: "¿Es este su hermano menor del que me hablaron?" Y dice a continuación: "Dios tenga misericordia de ti, hijo mío". Literalmente que Dios tenga gracia con él. Aquí está José, un patriarca en el libro de Génesis que conocía acerca de la gracia de Dios. Él lo entendió. Moisés supo de la gracia de Dios cuando se reunió con Dios en el monte, incluso en el momento que la ley estaba siendo dada, el Dios con el que se reunió en el monte es un Dios que se describió a sí mismo de este modo: "Yo haré pasar todo mi bien delante de tu rostro, y proclamaré el nombre de Jehová delante de ti; y tendré misericordia del que tendré misericordia, y seré clemente para con el que seré clemente" (Éx. 33:19).

Así que los profetas, los escritores del Antiguo Testamento, los verdaderos portavoces de Dios, estaban hablando acerca de la salvación, escribieron acerca de la salvación. Estuvieron escribiendo acerca del Mesías, Aquel que vendría para proveer la salvación. Ellos sabían que la salvación estaba basada en la bendición inmerecida de Dios, un favor que no se podía ganar, el perdón de Dios por los pecados, la misericordia de Dios. Este fue el Dios que ellos entendieron, fue el Dios que conocieron. Está por todo el Antiguo Testamento.

Cuando Nínive se arrepintió, Jonás estaba muy molesto y le dijo a Dios: "Sabía que eres un Dios de gracia. Sabía que harías esto". Y cuando Jesús vino, Él estaba lleno de gracia porque era Dios encarnado.

Entonces vemos que los profetas están consumidos con el tema de la salvación y ellos saben que Esta tenía que ser por medio de la gracia. También sabían que habría Uno que proveería esa salvación. ¿Qué sabían acerca de Él?

Bueno ellos sabían que el Mesías, de acuerdo al versículo 11, sufriría y sería glorificado. Ellos pudieron ver esto. Sabían que padecería gran sufrimiento. En el Salmo 22 se describían los detalles de la crucifixión, de su muerte. Sabían que sufriría porque tenían Isaías 53 en donde claramente se decía que moriría, sería cortado de la tierra de los vivientes. Ellos sabían esto. Sabían, por lo que había dicho Zacarías, que Él sufriría. Sabían por Daniel 9 que su vida le sería quitada. Conocían los detalles de su sufrimiento por la descripción del Salmo 22, más detalles había en el Salmo 69 y en muchos otros lugares. Sabían que sería traicionado por uno de los suyos. Conocían todos los detalles. En Juan 5:39, Jesús dijo: "escudriñad las Escrituras porque ellas hablan de mí".

Los profetas, los verdaderos portavoces de Dios, escribieron estas cosas y también estudiaron las mismas cosas que escribieron. Y lo que ellos escribieron, lo que ellos proclamaron para saber de quién estaban hablando, es decir quién sería el Salvador. Supieron que Él sufriría. Y también sabían que Él triunfaría. Sabían que Él aplastaría la cabeza de la serpiente de Génesis 3. Sabían que sería un rey con vara de hierro que destruiría las naciones del mundo, Salmo 2. Sabían que el gobierno estaría sobre sus hombros. Sabían que sería un rey eterno. Sabían que reinaría sobre toda la tierra. Los profetas sabían todo esto. La definición de su reino está en todos los profetas. Sabían que sería poderoso para salvar. Sabían que sería uno que podría liberar a su pueblo por medio de su propia muerte, Isaías 53.

Toda esta revelación estaba por venir y sabían que Dios era un Dios Salvador. Escuchen las palabras de Isaías 55: "Venid a las aguas; y los que no tienen dinero, venid, comprad y comed. Venid, comprad sin dinero y sin precio". Todo esto fue lo que escribieron y proclamaron. Y al final del versículo 10 y principio del 11 dice: "inquirieron y diligentemente indagaron acerca de esta salvación, escudriñando qué persona y qué tiempo" era de lo que estaban escribiendo. Hubo una investigación cuidadosa.

Las palabras que se usan aquí son muy fuertes, palabras muy intensas. Aquí podemos ver el corazón de Pedro y esta debiera ser nuestra actitud también. La grandeza de nuestra salvación, primero que nada, nos debe ser indicada por la intensidad con la que los profetas del Antiguo Testamento estudiaron sus propios escritos para entenderla. Ellos estuvieron consumidos con el gran tema que es la salvación. Nunca puedes tener suficiente conocimiento de esto. Nunca podrás tener lo suficiente del tema. Nunca puedo decir que tengo lo suficiente como para ya no estudiar el tema. Así que ellos inquirieron, es decir hicieron investigaciones. Pero veamos la palabra que se usa para "inquirieron diligentemente", *ekzeteo*, es una palabra intensiva, intensificada por la preposición inquirir o buscar, que indica agotar todos los elementos con la idea de comprender todo acerca del tema. Ellos no comprendieron por completo. Incluso escuchamos de ellos mismos esa confesión en Isaías 6 y Daniel 7. No entendieron absolutamente, pero buscaron y buscaron tanto como pudieron.

Los siguientes, ellos hicieron indagaciones. Otro verbo intenso compuesto que significa una vez más una búsqueda intensiva, o bien examinación. El primer término pudiera ser más general; el segundo se refiere al proceso minucioso de estudiar cuidadosamente las minucias de todo lo que ellos escribieron. Lo podemos decir de esta otra manera, los profetas del Antiguo Testamento hicieron que esto fuera la pasión de su vida, estudiar la gran realidad de la salvación, era un deseo muy serio, una pasión que los consumía. No fue una investigación de eruditos buscando obtener alguna información, sino una investigación apasionada con la idea de adoración, motivación y esperanza.

Y tenemos una tercera referencia a esto en el versículo 11: "escudriñando qué persona". Aquí tenemos un participio, pero nuevamente significa búsqueda, buscar. Así que aquí tenemos tres palabras diferentes que nos son dadas con la idea de comprender la intensidad de esta búsqueda. ¿Pero qué estaban buscando? Sabían que Dios es un Salvador. Sabían que Él les proveería salvación por medio de la gracia. Sabían que vendría un Mesías y que este sería el Redentor, pero las preguntas son: ¿Qué persona y qué tiempo?

¿Qué persona? ¿Quién era este? ¿Quién sería este? ¿Cuándo llegaría? Y esto continúa con el último profeta. ¿Quién es el último profeta del Antiguo Testamento? Juan el Bautista. Y en el capítulo 11 de Mateo envía a sus mensajeros a Jesús y dice por medio de los mensajeros, "¿Eres tú Aquel que había de venir, o esperaremos a otro?" Esta fue siempre la primera pregunta: ¿Quién?

Y puede surgir la pregunta: "¿No sabía ya esto Juan?" Bueno, él pensó que lo sabía. Pero cuando las cosas no sucedieron como él esperaba que sucedieran, le volvió a surgir la pregunta. Incluso después del ministerio, muerte y resurrección de Jesucristo, los discípulos se reunieron con Jesús y ¿qué le preguntaron? "¿Restaurarás en este tiempo el reino?" Siempre existió esta pregunta, ¿quién es este y cuando será esto? Por lo que ellos buscaron, buscaron y buscaron.

¿Qué tan importantes deben ser para nosotros las doctrinas de la salvación? Deben ser al menos tan importantes para nosotros como lo fueron para estos hombres, porque ahora nosotros tenemos la revelación completa, ¿no es así? ¡Qué gran privilegio! Enorme privilegio. Ellos se sostuvieron, pues eran grandes hombres de Dios. Escuchen con qué honor son mencionados en Hebreos 11:32-38: "¿Y qué más digo? Porque el tiempo me faltaría contando de Gedeón, de Barac, de Sansón, de Jefté, de David, así como de Samuel y de los profetas; que por fe conquistaron reinos, hicieron justicia, alcanzaron promesas, taparon bocas de leones, apagaron fuegos impetuosos, evitaron filo de espada, sacaron fuerzas de debilidad, se hicieron fuertes en batallas, pusieron en fuga ejércitos extranjeros. Las mujeres recibieron sus muertos mediante resurrección; mas otros fueron atormentados, no aceptando el rescate, a fin de obtener mejor resurrección. Otros experimentaron vituperios y azotes, y a más de esto prisiones y cárceles. Fueron apedreados, aserrados, puestos a prueba, muertos a filo de espada; anduvieron de acá para allá cubiertos de pieles de ovejas y de cabras, pobres, angustiados, maltratados; de los cuales el mundo no era digno; errando por los desiertos, por los montes, por las cuevas y por las cavernas de la tierra".

¿Quiénes fueron estas personas? Son las mismas personas que buscaron dentro de lo que escribieron para comprender la grandeza de la salvación. ¿Por qué hicieron todo esto? Porque vivían por fe. Todos estos, Hebreos 11:39, "Y todos estos, aunque alcanzaron buen testimonio mediante la fe, no recibieron lo prometido". Todos ellos murieron antes de que la promesa fuera cumplida, "proveyendo Dios alguna cosa mejor para nosotros" (versículo 40).

¿Por qué debo enfocarme en mi salvación, en la grandeza de la salvación? Porque tengo algo mejor que incluso los profetas, de los cuales fue su obsesión en la vida. ¿Es para ti una obsesión de toda tu vida la gloria de tu salvación?

Pedro dice enfócate en tu salvación. Haz que esto sea la obsesión de tu vida, la grandeza de la gloria de tu salvación. ¿Por qué? Porque este fue el tema de estudio de los profetas.

La salvación es el tema de la inspiración del Espíritu Santo

Segundo, la salvación es el tema de la inspiración del Espíritu Santo. ¿Por qué fue importante para los profetas? Porque era importante para el Espíritu Santo quien los inspiró. Regresemos a 1 Pedro 1:11, ellos pudieron profetizar porque "el Espíritu de Cristo... estaba en ellos, el cual anunciaba de antemano los sufrimientos de Cristo, y las glorias que vendrían tras ellos". Esta es la obra del Espíritu.

Así que podemos decir que es el tema de la revelación del Espíritu Santo. Les voy a simplificar un poco la Biblia. El tema principal de la Biblia es la salvación. Va desde la corrupción hasta la salvación, desde la caída hasta la gloria eterna. El tema de la Biblia es salvación y, por tanto, es el tema de la inspiración del Espíritu Santo. Todo lo que los profetas supieron en el Antiguo Testamento acerca de la salvación les fue dado por el Espíritu Santo. Dice en el versículo 11 que ellos estaban profetizando de la gracia que vendría porque esto era lo que indicaba el Espíritu de Cristo que estaba en ellos. Era lo que el Espíritu de Cristo les indicaba, les comunicaba, prediciendo los sufrimientos de Cristo y las glorias que habría después de esto. El Espíritu de Cristo estaba revelando los sufrimientos de Cristo en el Salmo 22, en el Salmo 69, en Isaías 52, en Isaías 53, en Daniel 9, en Zacarías 12, en Zacarías 13. El Espíritu Santo estaba revelando todo esto, los sufrimientos, la muerte, el juicio, los golpes, la crucifixión y las glorias que le siguieron. El Espíritu Santo reveló la verdad acerca de la resurrección, la ascensión, y la coronación. La resurrección, obviamente, implicaba en todos lados que el Mesías es visto reinando, porque si Él moría, tenía que ser resucitado para reinar. La resurrección en el Salmo 16, la resurrección en el Salmo 69, la resurrección y exaltación de Cristo en Isaías 9, Isaías 53 al final de capítulo, Daniel 2, Daniel 7, Zacarías 2, Zacarías 14. Ellos estaban profetizando acerca de sus sufrimientos y acerca de su gloria porque ese era el mensaje del Espíritu Santo. Estas dos cosas fueron el tema de la profecía del Antiguo Testamento.

Vayamos a Lucas 24 por un momento. Cuando Jesús se reúne con sus discípulos en el camino a Emaús, tenían el corazón roto porque Él había muerto, no habían entendido la parte del sufrimiento y la muerte. Habían entendido claramente la parte de la gloria. Por lo que estaban lamentándose porque creían que Aquel que ellos creían que era el Mesías había muerto, Lucas 24:25-27. Jesús se reúne con ellos en el camino a Emaús y en medio de su tristeza les dice: "¡Oh insensatos, y tardos de corazón para creer todo lo que los profetas han dicho! ¿No era necesario que el Cristo padeciera estas cosas, y que entrara en su gloria? Y comenzando desde Moisés, y siguiendo por todos los profetas, les declaraba en todas las Escrituras lo que de Él decían".

¿De dónde obtuvieron los profetas las Escrituras? Ninguna parte de las Escrituras proviene de interpretación privada, sino que los santos hombres de Dios hablaron siendo inspirados por el Espíritu Santo. Pablo dice que es por la inspiración de Dios, exhaladas por Dios. Es el Espíritu que está en ellos el que indica las predicciones acerca del sufrimiento de Cristo y Su gloria. Lo podemos decir de manera simple así, resumiéndolo, la preocupación de los escritores del Antiguo Testamento con respecto a la salvación de Dios es debido a que el Espíritu Santo estaba preocupado con esta misma salvación gloriosa. El Espíritu Santo estaba con ellos, prediciendo, este es un verbo muy fuerte, un verbo muy interesante, *promarturomai*. *Marturomai* significa "dar testimonio". *Pro* significa "antes". El Espíritu Santo estaba prediciendo antes de que esto sucediera, todos estos elementos concernientes a los sufrimientos y a la gloria de Cristo. Por eso es que era su preocupación para ellos, porque era un propósito consumidor en la inspiración del Espíritu Santo. El Espíritu Santo es enfatizado en el versículo 12 como el que fue enviado del cielo. El mensaje descendió del cielo, fue revelado a ellos por medio del Espíritu Santo.

También les fue revelado, de acuerdo al versículo 12, que ellos no se servían a sí mismos. Fue revelado para ellos para su ministerio, su ministerio no era para ellos porque ellos estaban hablando de algo que iba a venir en el futuro. El beneficio de esto en su totalidad vendría a las naciones en el futuro. Esto no significa que no hubiera salvación en ese momento, solo significaba que la totalidad de la bendición que venía con la salvación era por el momento una realidad futura. Como les leí en Hebreos, esto no sucedió, la promesa nunca llegó a ellos, no fueron perfeccionados sin nosotros, así es como lo presenta el escritor de Hebreos.

Seguramente las profecías tuvieron valor para los profetas. Ellos pudieron ver a Dios como el Salvador. Dios va a salvarnos por medio de la gracia. Dios va a proveer un sacrificio. Esta es la razón por la que en Hebreos dice que Moisés esperó y vio el oprobio de Cristo, y viendo el oprobio de Cristo prefirió sufrir este oprobio por estar comprometido con el Mesías que vendría, que gozar de los placeres del pecado en Egipto. Los profetas pudieron ver con claridad al Mesías. Ellos lo vieron con extrema precisión porque fue la manera en la que el Espíritu Santo lo reveló a Él. Simplemente no supieron quién y cuándo.

Así que, ¿por qué debes tú enfocarte en la salvación? Porque fue la gran proclamación de los profetas y la gran preocupación del Bendito Espíritu Santo. El más grande mensaje que los profetas pudieron escribir y el más grande mensaje que el Espíritu Santo pudo jamás revelar.

La salvación es el tema de predicación de los apóstoles

Tercero, la salvación es el tema de la predicación de los apóstoles. Es el tema de la predicación apostólica. No solo fue lo que los profetas estudiaron, fue también lo que los apóstoles predicaron. Regresemos a 1 Pedro 1:12: "sino para nosotros" —Pedro está escribiendo a creyentes que están esparcidos— "administraban las cosas que ahora os son anunciadas por los que os han predicado el evangelio por el Espíritu Santo enviado del cielo". Y esto nos lleva a los apóstoles. ¿Quiénes fueron los que predicaron el evangelio a estos que estaban esparcidos? Los apóstoles, los apóstoles del Nuevo Testamento fueron los que predicaron el evangelio. ¿Y qué fue lo que ellos predicaron? Ellos predicaron a Cristo crucificado y resucitado, lo que significa que predicaron el "quién" y el "cuándo". Ciertamente ellos predicaron el aspecto del sufrimiento y la reiterada gloria futura del Mesías. Predicaron el evangelio. "En estas cosas, el hecho del quién y los hechos del cuándo, los detalles del cumplimiento de la profecía de salvación del Antiguo Testamento que ha sido anunciada por medio de aquellos que te predican el evangelio". Los primeros predicadores, los apóstoles, Pedro y el resto de los apóstoles, y los otros que viajaron y acompañaron a los apóstoles, personas como Lucas, Bernabé y otros. Todos ellos dieron sus vidas predicando este mensaje; esto fue lo que todos ellos predicaron. No predicaron justicia social, no intentaron predicar en contra de las inequidades de la pobreza. No se enfocaron en eliminar la esclavitud en el mundo Mediterráneo. Solo predicaron el evangelio. Esta fue la preocupación que los consumió al grado que Pablo dice: "estoy determinado a no saber otra cosa entre ustedes que a Cristo y a Él crucificado". Este es todo el mensaje que tengo para darles.

¿Por qué? "Porque no me avergüenzo del evangelio [de Cristo], porque es poder de Dios para salvación". Dieron su vida para predicar el evangelio. Fueron consumidos con el mensaje del evangelio. Entendieron su cumplimiento porque estuvieron ahí, fueron testigos oculares. Pedro fue un testigo ocular de su majestad, así que también fue un testigo de su gloria venidera, del mismo modo lo fueron Santiago y Juan. El resto de ellos fueron testigos de su resurrección. Eso fue lo que los calificó para ser apóstoles. Y tú escuchas predicar ese mensaje cuando los vemos descritos en el libro de los Hechos.

¿Qué tan bendita es tu salvación? Este fue el tema de estudio de los profetas. Es el tema de la revelación del Espíritu. Es el tema de la predicación de los apóstoles. Y finalmente, es tema del interés de los ángeles.

El evangelio es tema del interés de los ángeles

Esta es la maravillosa declaración al final de versículo 12… cosas, ¿qué cosas? Estas cosas. ¿Qué cosas? Las cosas concernientes al sufrimiento del Mesías y las glorias que vendrían después y que tienen que ver con la salvación. Estas cosas en las que los ángeles anhelan mirar. Esto es fascinante.

Asuntos de la salvación "en las cuales anhelan mirar los ángeles". Los profetas pueden entender la salvación de una manera que los ángeles no pueden porque los primeros son pecaminosos. No hay salvación para los demonios y no hay ningún interés en particular por parte de los demonios en la salvación. Pero los ángeles santos, anhelan mirar, están deseosos por verlas. ¿Por qué? Porque ellos tienen un solo enfoque por los siglos de los siglos, y ¿cuál es este? ¿Hacer qué cosa? Glorificar a Dios, adorar a Dios, alabar a Dios, exaltar a Dios y ellos se sienten un poco desilusionados porque saben que hay esta obra masiva de redención y que Dios literalmente creó el universo para realizarla, y ellos no la pueden entender personalmente.

Así que lo desean, *epithumeo*, lo que pudiera ser una palabra negativa, pudiera significar un deseo malvado. Pero tiene la idea de una pasión, algo motivante, fuerte, que los abruma, es un impulso que los domina, un deseo que no está cumplido. Ellos tienen un deseo no cumplido y anhelan obtenerlo, entenderlo. Y aquí hay otra palabra muy interesante "mirar", *parakupsai*, literalmente significa estirar el cuello hacia el frente, e inclinar la cabeza hacia abajo. Ahora, debido a que los ángeles no tienen cuellos, esto es metafórico. Es el mismo verbo que se usa para describir a Pedro y a Juan llegando a la tumba e inclinándose para ver dentro del sepulcro vacío. Los ángeles están encorvando sus cuellos espirituales.

¿Por qué les interesa tanto? Porque ellos han estado involucrados. Ellos sabían acerca de este plan. Con toda seguridad ellos saben acerca del plan desde el principio. Los demonios saben acerca de este plan. Los demonios supieron quién era Cristo. Ellos supieron a qué venía. También los ángeles santos, y desde luego que lo sabían pues ellos anunciaron su venida. ¿Quiénes fueron con Zacarías y Elisabeth? Eran ángeles los que fueron con María y José. Fueron ángeles los que ministraron a Jesús durante la tentación. Fueron ángeles los que supervisaron todo, tanto que en cualquier momento que Él quisiera, hubiera podido llamar una legión de ángeles para que viniera a su lado. Fueron los ángeles los que estuvieron sirviendo como comunicadores del cielo al momento de su resurrección. Fueron ángeles los que estuvieron presentes en la ascensión. Los ángeles estuvieron involucrados durante toda su vida y ministerio.

Pero nunca estuvieron completamente conscientes de lo que las glorias de la salvación realmente son. Así que tenemos un privilegio que está más allá de los ángeles. Tendremos una capacidad de adorar a Dios por la eternidad en el cielo de una manera que los ángeles no pueden, una experiencia de primera mano de la salvación. Dios está mostrando su poder en la iglesia a los ángeles. Dice Lucas 15:10 que cada vez que un pecador se convierte, los ángeles se regocijan. Primera de Corintios 4:9 dice que los siervos fieles del Señor son un espectáculo para los ángeles. Ellos están observando, examinando esta realidad única de los redimidos y como es que Dios los salva y los usa para avanzar su nombre, o su reino.

En Efesios 3:10 dice que Dios puso a la Iglesia para ser observada por los ángeles, para demostrar sus atributos de gracia, misericordia, compasión y perdón acerca de los cuales ellos no tienen experiencia. ¡Qué salvación! Es la preocupación de los profetas, es la preocupación del Espíritu Santo, la preocupación de los apóstoles, y es incluso la preocupación de los ángeles. Pero, ¿qué hay acerca de ti? Esta es una razón por la que estamos aquí, para enfocarnos una vez más en la gloria de nuestra salvación.

Oración

Padre, ahora envíanos a nuestro camino y danos una oportunidad para adorarte y proclamar tu salvación día a día. Te agradecemos por todo esto en el nombre del Salvador. Amén.

Reflexiones Personales

IV Tema
Pablo y liderazgo

10_Abel y la vida de fe

Por la fe Abel ofreció a Dios más excelente sacrificio que Caín, por lo cual alcanzó testimonio de que era justo, dando Dios testimonio de sus ofrendas; y muerto, aún habla por ella.

Hebreos 11:4

BOSQUEJO

— Introducción

— Por fe Abel ofreció un sacrificio más excelente

— Por fe Abel fue justificado

— Por fe Abel habla abiertamente aunque está muerto

— Oración final

Notas personales al bosquejo

SERMÓN

Introducción

Llegamos al 11:4 en nuestro estudio, y conforme avanzamos en el décimo primer capítulo de Hebreos vamos a tomar probablemente cada noche con uno de sus personajes, y desde luego que iremos más allá de este capítulo de Hebreos, pero especialmente en el tema de Abel estaremos mucho más tiempo a pesar de que Hebreos solo habla de él en un versículo. Permítanme leerlo para ustedes. "Por la fe Abel ofreció a Dios más excelente sacrificio que Caín, por lo cual alcanzó testimonio de que era justo, dando Dios testimonio de sus ofrendas; y muerto, aún habla por ella". Como ven podemos titular este mensaje "El Sermón de un Hombre Muerto".

Moffatt escribió alguna vez estas palabras, "La muerte nunca es la última palabra en la vida de un hombre justo". Cuando un hombre deja este mundo, haya vivido rectamente o injustamente, deja algo en el mundo. Puede dejar algo que crecerá y se esparcirá como un cáncer o un veneno, o puede dejar algo como la fragancia de un perfume, o un capullo de belleza que impregnará la atmosfera con bendiciones. Un hombre deja siempre algo, haya sido el apóstol Pablo o el emperador Nerón. Los hombres fallecidos dejan historias. No están en silencio, ellos hablan. Vean el fin del versículo 4, "Y muerto, aún habla por ella". Esto se dice de Abel.

Ahora, si Abel continúa hablando, ¿qué es lo que está diciendo? ¿Quién es este individuo que fue la segunda generación de hombres desde la creación, el nacimiento de la existencia del hombre? ¿Qué es lo que tiene que decir al siglo XX después de Cristo? ¿Qué tiene para ofrecerme? ¿Qué tiene que ofrecerme este hombre que vivió cuando la tierra era nueva, y nació en una tierra que es completamente diferente a la que es hoy? Ciertamente la economía de Dios en sus días era diferente de lo que es hoy, Dios ya no trata con nosotros de la manera que trató con ellos. ¿Qué tiene que decirme? ¿Qué es lo que dice este capítulo? Este capítulo está hablando acerca de una palabra. ¿Cuál es esta palabra? Fe, y este es el mensaje que Abel quiere darnos hoy. El tema en el capítulo 11 de Hebreos es la fe. Y el mensaje de Abel es la fe.

Solo para darles un momento de trasfondo, en el libro de Hebreos, el escritor establece la superioridad de Cristo y el Nuevo Pacto. Ustedes ya saben acerca de esto. Si no se quedan con algo más de estas series, al menos esto no lo van a olvidar nunca, porque lo hemos repetido muchas veces. El escritor está estableciendo la superioridad de Cristo y el Nuevo Pacto. Junto con esto nos dice que la única forma en la que un hombre puede entrar al Nuevo Pacto es por medio de la fe; que el antiguo sistema de rituales y sacrificios y todo lo demás, ya no está en vigor, sino que el hombre puede entrar solo por fe; y que nada de eso es necesario ya más. Y desde luego, recordarán que en el Antiguo Testamento los hombres solo eran justificados por la fe, pero su fe estaba fundada en la obediencia a unas formas prescritas por Dios. Pero aquí en el Nuevo Pacto es simplemente cuestión de fe en Cristo, ya no más sacrificios continuos, un solo sacrificio. Ya no más una multitud de sacerdotes, sino solo un Sumo Sacerdote. La entrada a Dios ya no está limitada, ahora está abierta por medio de Cristo. Todo lo que el antiguo pacto no podía traer al creyente, el nuevo si lo hace. Y así, el autor presenta la superioridad, y dice que la única forma de entrar al nuevo pacto es por medio de la fe. Esto significa creer. Creer que Dios es, creer que Cristo es Dios hecho carne, creer que Cristo murió, que resucitó, y que vive hoy, y que solo se le puede conocer por medio de la fe. Esto es creer, y poner tu vida en ello.

Una cosa es decir a la gente que crea, y otra muy diferente es definir la fe, por lo que habiendo introducido el tema en los versículos 38 y 39 diciendo, "el justo por la fe vivirá", continúa en el capítulo 11 explicando lo que es la fe y como opera Esta. Si él ha de demandar una respuesta a la fe, si ha de urgir a los hombres a la fe, a tener una fe personal en Cristo, entonces es importante que él explique la fe en detalle. Sabemos que los judíos a los que él habló en el primer siglo estaban acostumbrados a hacer obras. Todo su concepto de religión estaba basado en un sistema de obras, o bien un sistema de méritos propios. Ellos estaban equivocados, ellos habían pervertido su propio Testamento; ellos tenían la idea de que Dios llevaba una puntuación, y si tenías mucho más puntos buenos que malos entonces estabas dentro. Y si eras algo bueno, entonces esto era todo lo que Dios esperaba, que tú siguieras, los rituales que Él había prescrito. Por lo tanto, cuando el autor les está hablando acerca de la fe, esto es algo que ellos no han entendido antes. No la han visto, no la han observado, no han visto la absoluta independencia de la fe con respecto a las obras como el camino a Dios. Ahora la fe habiendo sido pura producirá obras, pero pensar que la fe mezclada con obras es el camino correcto a Dios, es estar equivocado. Necesitan entender claramente el carácter absoluto de la fe, que Esta no tiene nada que ver en lo absoluto con las obras, ninguna forma de sistemas rituales, ninguna de sus ceremonias, ninguna de sus fiestas prescritas o festivales tenía que ver con satisfacer a Dios. Solo creyendo en Jesucristo podría llegar esa satisfacción, y de este modo ellos podrían participar del Nuevo Pacto.

La vez pasada estudiamos los versículos 1-3, y ahí vimos las cuatro características de la fe. Vimos una caracterización básica de la fe, y Estas son las cuatro cosas que estudiamos la vez pasada. Determinamos en los primeros 3 versículos que la fe da una realidad presente a las cosas del futuro.

El versículo 1 dice: "La fe es la certeza de lo que se espera". La fe hace que el futuro se vea en la actualidad del presente. Hablamos de un hombre que sueña con sus vacaciones, y está tan envuelto en su sueño que se sienta en su silla y literalmente ve al pez que atrapó con su caña de pescar, sueña con el sol y él recostado en su cama sobre la playa, y todo lo que unas vacaciones involucran; se puede decir que casi es transportado al lugar a donde ha soñado sus vacaciones. Este es el tipo de esperanza y de confianza que trae el futuro para hacerlo una realidad en el presente; Esta es la esencia de la fe. La fe toma lo que no ha sido visto, lo que se encuentra en el futuro, la promesa de Dios que será cumplida, y la trae al presente.

La segunda característica que vimos de la fe fue que la fe desarrolla suficiente convicción de tal modo que el hombre puede poner su vida en dependencia de su fe. Y esto, dijimos, que es "la evidencia de lo que no se ve". Es la seguridad de estas cosas al punto en el que no solo crees sino que pones tu vida en manos de tu fe. La fe es de algún modo menor que la fe plena cuando solo crees pero no deseas arriesgar tu vida por ella. ¿Se dan cuenta? Es como la mujer que luego de volar en un avión alguien le pregunta si le gustó, y ella contesta y dice: "No me gustó en lo absoluto, y nunca dejé caer todo mi peso sobre el asiento durante todo el viaje". Si la fe ha de ser legítima no significa solo creer, sino poner en riesgo tu vida por su causa.

La tercera característica que aprendimos acerca de la fe fue, la fe asegura al hombre la aprobación de Dios. El tipo de personas que van a entrar a la presencia de Dios son solo aquellos a quienes Él aprueba, y la única manera de obtener su aprobación es por fe. El versículo 2: "Por ella alcanzaron buen testimonio los antiguos". Dicho de otro modo, fueron aprobados. Es por medio de la fe que los hombres reciben la aprobación de Dios. El versículo 2 indica que este es el caso, y como ustedes ya saben la Biblia dice, "sin fe es imposible agradar a Dios". Esto se encuentra en el versículo 6.

Número cuatro, vimos que la fe capacita al hombre para entender lo que la lógica no le permite. Versículo 3: "Por la fe entendemos haber sido constituido el universo por la palabra de Dios, de modo que lo que se ve fue hecho de lo que no se veía". Tú puedes ver lo que un filósofo no puede descubrir, ves lo que un científico no puede descubrir, la fe descubre, esto es, que Dios creó el universo de la nada. La fe te capacita para comprender aquello que no es visible a los sentidos. Así vimos la definición de la fe, da una realidad presente de un hecho futuro, provee suficiente convicción como para arriesgar tu vida por su causa, la fe asegura la bendición y aprobación de Dios, y te capacita para entender lo que los filósofos y científicos del mundo no pueden entender, te capacita para percibir las cosas que no están abiertas a los sentidos.

El autor ya describió mucho acerca del carácter de la fe, y ahora nos va a dar algunas ilustraciones, ilustraciones que tienen un tipo de pureza acerca de ellas, es un tipo que definitivamente aísla la fe de las obras porque esto es lo que tiene que hacer con la mente judía. Así que para comenzar el autor toma al primer hombre de fe, y este es Abel. Decimos eso porque Adán y Eva en el puro sentido de la palabra no fueron personas de fe. Lo digo porque ellos no creyeron en lo que no habían visto. Ellos caminaron y hablaron con Dios en la frescura del día en medio del huerto, ellos tenían la presencia del shekinah, la gloria de Dios. Ellos tuvieron una experiencia con Dios que fue real. Fue sobre la tierra pero a pesar de esto, ellos vieron la manifestación de Dios en una manera muy personal. Tuvieron una comunión de tipo personal con Dios, conocieron a Dios antes de la caída en el más pleno sentido de conocer a Dios. Por lo tanto hubo poca fe involucrada en la situación antes de la caída, por eso no usa a Adán y Eva como ilustraciones de fe. Abel nació fuera del Edén, así que él nunca tuvo la oportunidad de conocer a Dios de manera personal en la manera que sus padres lo hicieron, por ello cuando él creyó en Dios protagonizó una de las ilustraciones de fe en un sentido mucho más positivo que Adán y Eva. Es por eso que no encontramos la indicación de fe en relación con Adán o Eva.

Es importante entender que Abel no es solo un hombre de fe, sino el primer hombre de fe. Y pienso que también es importante entender que la fe de Abel tiene que ver con su salvación personal, y Esta, entonces, es una perfecta ilustración para el escritor de Hebreos, quien está motivando a sus lectores para que lleguen al punto de ser salvados personalmente. Noten el versículo 4: "Por la fe Abel ofreció a Dios más excelente sacrificio que Caín, por lo cual alcanzó testimonio". Ahí está otra vez la aprobación, porque él tenía fe, "de que era justo, dando Dios testimonio de sus ofrendas; y muerto, aún habla por ella". Continúa hablando porque él ha predicado el sermón de fe.

Esto quiere decir que para Abel la fe era algo importante, para Abel tener fe era algo sorprendente. Él fue el primer hombre que verdaderamente ejerció una fe positiva en Dios. No solo creyó, sino que arriesgó su vida por ella.

Este texto está dividido en tres puntos progresivos y quiero compartirlos con ustedes esta noche. La fe de Abel lo llevó a hacer tres cosas: 1) A ofrecer un sacrificio más excelente, 2) A obtener justicia y 3) A hablar abiertamente aún muerto. Ya que él creía en Dios, esto le llevó a hacer estas tres cosas, y como ven son progresivas. Debido a que él creyó, ofreció un mejor sacrificio; y ya que ofreció un mejor sacrificio, alcanzó justicia; y ya que él obtuvo justicia, es una voz viviente para todas las edades que dice: "La justicia es por medio de la fe". ¿Lo ven? Esto es progresivo.

Por fe Abel ofreció un sacrificio más excelente

Veamos el primer punto: "Por la fe Abel fue capaz de ofrecer" —y lo estaremos diciendo una y otra vez— "un más excelente sacrificio". Este es el punto número uno, él pudo ofrecer mejor y más excelente sacrificio basado solo en su fe. Para poder entender esto debemos ir primero a Génesis capítulo 4, quiero hacer esto para tener un contexto, y no se preocupen acerca de Hebreos capítulo 4, ya saben lo que este versículo dice, así que vamos a Génesis. Vamos al punto de la historia en donde vemos el origen del hombre. Sabemos cómo fue la creación, Dios creó al hombre en el último día de la creación y después descansó. Dios creó al hombre, y creó a la mujer como una ayuda idónea para el hombre. Cuando llegamos al capítulo 4 vemos que nacen los hijos de Adán y Eva. En el 4:1, "Conoció Adán a su mujer Eva". Esta palabra "conocer" habla de una relación sexual que produce un hijo; Esta es una palabra de intimidad. "Conoció Adán a su mujer Eva, la cual concibió y dio a luz a Caín, y dijo: Por voluntad de Jehová he adquirido varón". Esto es interesante. El nombre de este hijo era Caín, y es difícil trazar un estudio de palabra por su etimología, pero si vamos un poco atrás, los eruditos de hebreo dirían que la palabra proviene de *qana*, que significa "obtener", "obtener algo".

Pero recordarán que Adán y Eva fueron lanzados del huerto por su pecado. Dios dijo: "Si van a vivir en rebeldía contra mí, no podrán vivir en mi huerto, mi paraíso, ni podrán mantener su comunión en mi presencia, así que están acabados. Salgan de inmediato". Los lanzó fuera del huerto, pero antes de lanzarlos puso en marcha su gracia. Les prometió que regresarían a Él, que Él haría provisión para la redención, Dios mismo hizo una provisión por medio de la cual estos individuos que fueron lanzados del huerto pudieran volver nuevamente a una relación con Él. La provisión está indicada en el 3:15, y aquí está lo que Dios dijo, y está declarando, por supuesto, el comienzo de la maldición, o el área inicial de la maldición, o al menos parte de ella: "Y pondré enemistad entre ti y la mujer, y entre tu simiente y la simiente suya; Esta te herirá en la cabeza, y tú le herirás en el calcañar". Leámoslo una vez más, "y pondré enemistad" —o división, o conflictos— "entre ti y la mujer" —mantengan en mente que está hablando aquí a Satanás— "y entre tu simiente y la simiente de ella; ella te herirá en la cabeza, y tú le herirás en el calcañar".

A Eva eso le dijo una cosa: La mujer, alguna mujer, o la mujer en general —como sea— va a producir la simiente que va a ser la antagonista de Satanás y de la simiente de Satanás, la semilla de Satanás. Está hablando de un Redentor. Dios proveyó para que la mujer pudiera producir un hombre quien vencería sobre Satanás, el hombre solo sería herido en su talón, pero él herirá la cabeza de Satanás. Antes de que Dios actuara en el juicio final, mostró Su misericordia al darles esta promesa. Y aunque Satanás fue quien trajo la caída al hombre, la respuesta de Dios fue que uno vendría y traería la caída de Satanás.

Dice también que por medio de la mujer llegó el pecado, y por medio de la mujer llegará el Salvador; por la mujer se perdió el paraíso, y por la mujer el paraíso será alcanzado. El Señor de gloria sería la simiente de la mujer. Médicamente hablando, o bien desde cualquier punto que lo quieran ver, el aspecto físico, la semilla no se encuentra en la mujer sino en el hombre, el hombre es quien pone la semilla para que haya hijos. Solo ha habido una mujer en la historia quien tuvo esta semilla sin que un hombre la plantara en su ser, y esta mujer es María. Fue el Espíritu Santo quien colocó la semilla dentro de ella, y de este modo fue la semilla de la mujer la que dio a luz a Jesucristo.

Y en el capítulo 3 de Génesis, el primer libro que registra la historia del hombre, Dios hizo la promesa de que el Salvador nacería de una virgen —una promesa maravillosa— que Él no tendría un padre humano. Desde luego que Eva no entendió este concepto, no tenía ningún tipo de libros médicos, así que no había manera en la que ella pudiera entender, y ya que aún no había nacido nadie, ella menos pudo entender a qué se refería este proceso que Dios mencionaba. Esta es una profecía del nacimiento de Cristo, pero Eva estaba un poco ciega a eso.

Es interesante que si ven el capítulo 4 hay un juego de palabras: Adán conoció a su esposa y ella concibió para obtener un hijo, diciendo "he adquirido". Ella dijo "he adquirido" porque "tuvo". Ella tuvo un varón por voluntad de Dios. Y si quieren la verdadera expresión de Caín, si quieren poner el término "tener" y ponerlo en un sentido que haga algo obvio lo que ella está diciendo, ella en realidad está poniendo nombre al bebé, él está aquí. "Le he adquirido", está aquí. ¿Qué es lo que está tratando de decir? Ella está tratando de decir, probablemente, que tal vez este es el libertador quien abriría el camino de regreso a Dios. El señor me ha dado al que había prometido. Pero estaba equivocada; tal vez porque pensó —no lo sabemos— que este era el que los llevaría de regreso al Edén a disfrutar de la presencia de Dios nuevamente; pero oh triste realidad, él sería un asesino. Adán y Eva nunca podrían producir un libertador. La Biblia dice que lo que es de la carne produce carne, esta es la razón por la que todos morimos en Adán. Ellos no podrían producir a un libertador, esto solo sería posible por medio de la creación especial de Dios, solo por su poder podría venir el Salvador y este sería Cristo nacido de una virgen.

Ella no solo tuvo a Caín, quien resultó ser un hombre que era adquirido por voluntad de Dios, sino que el versículo 2 dice: "Después dio a luz a su hermano Abel. Y Abel fue pastor de ovejas, y Caín fue labrador de la tierra". También es difícil conocer la etimología de la palabra Abel, pero puede provenir de *hebel* que significa "aliento" o "debilidad" o "vanidad", y contiene la idea de algo muy corto, o algo muy lamentable. Su nombre posiblemente es

10_Abel y la vida de fe

una especie de profecía de lo corto que fue su vida y posiblemente la triste tragedia de su final. Pero veamos que Abel era pastor de ovejas y Caín era labrador de la tierra. Uno era pastor, el otro era un campesino, ambos eran pecadores, ambos fueron concebidos después de la caída, ambos nacieron fuera del Edén, de tal modo que los dos fueron concebidos en pecado. Estos son los segundos hombres que vivieron sobre la tierra. Y quiero resaltar algo, ellos ya funcionaban en todas las capacidades en las que podía funcionar un hombre. Ellos funcionaban en todas las capacidades que tú y yo hacemos, no estaban tan mecanizados como lo estamos tú y yo, no eran tan humanamente educados como nosotros, pero ellos tenían la misma capacidad. En ningún sentido representan eslabones perdidos, ni tampoco Adán y Eva.

Los evolucionistas constantemente nos están diciendo que Génesis no es verdad. Los teólogos liberales, la típica línea de la alta crítica, dicen que Génesis no puede ser verdad porque la descendencia del primer hombre no pudo haber hecho lo que hizo. Así que tiene que ser una falsificación. La descendencia del primer hombre debió ser una especie de animal que chillaba, un bárbaro, del tipo de un animal que no tendría herramientas para cultivar, sin habilidades para cultivar, comía solo bayas silvestres, y todo tipo de cosas que crecieran en el campo; mataba animales, despedazándolos para comer solo con sus manos, gruñendo y diciendo, "huga, huga", al tiempo que golpeaba a su mujer con una roca en la cabeza, y la arrastraba jalándola por el pelo hasta su cueva. Esta sería la definición del segundo hombre sobre la tierra, si acaso logró llegar tan lejos. Pero esto es absolutamente incompatible con la Biblia, que enseña que en siete días creó Dios los cielos y la tierra, que el primer hombre, Adán, era extremadamente inteligente. Tenía que ser muy inteligente para poder nombrar a todos los animales, que fue exactamente lo que hizo. La indicación, entonces, cuando llegamos a Caín y Abel, es que ellos de hecho vivían en una casa civilizada en donde ambos tenían conocimiento, en donde ambos tenían las herramientas para domesticar y matar animales, para cultivar, plantar y cosechar sus semillas y hacer todo este tipo de cosas.

Los evolucionistas dicen que Abel jamás pudo haber tenido vasijas para transportar leche. Incidentalmente, dondequiera que lean acerca de esto, como donde dice que Abel era pastor de ovejas, implica en la palabra "oveja" la idea de "cabra". Las dos son inseparables. Entonces, él habría tomado leche de las cabras, pero ellos dicen que ni siquiera pudo haber inventado una cubeta para llevar la leche. Según esos teólogos liberales, Abel tampoco pudo haber tenido ningún tipo de herramienta para trasquilar una oveja e hilar la lana, ni tampoco para matarla. Dicen que Caín no pudo tener un hacha para cortar o para dar forma a la madera, ni tampoco pudo haber inventado un arado. Dicen que nunca pudo haber sido capaz de diseñar un molino o algo parecido para aplastar el grano y molerlo para hacer lo que él quisiera. No pudo haber tenido la capacidad de preservar un campo hasta que pudiera ser cosechado, no pudo haber sabido cómo levantar la cosecha y menos aún saber qué hacer con lo cosechado.

Pero lo extraño es que ellos lo sabían. La indicación que se nos da es que Abel era un pastor de ovejas. No que andaba en medio de las ovejas, sino que era quien las cuidaba. Caín era un campesino. Cuidaba la tierra, la removía y plantaba en ella. No creo que Abel y Caín hayan sido los primeros en tener esta información, sino que Adán también sabía mucho. Y lo más probable es que Adán haya obtenido esta información directamente de la boca de Dios y simplemente se la pasó a ellos. Esto lo podemos decir porque Génesis 2:15 dice: "Tomó, pues, Jehová Dios al hombre, y lo puso en el huerto de Edén, para que lo labrara y lo guardase". Así que el primer hombre creado supo cómo cuidar el huerto. Y como dije, en 2:20 tenemos la indicación de que Adán era inteligente. Dice así: "Y puso Adán nombre a toda bestia y ave de los cielos y a todo ganado del campo; mas para Adán no se halló ayuda idónea para él". Aquí lo vemos dando nombre a todos los animales. No está aullando o babeando; no era algún tipo de hombre salvaje y peludo, con cerebro de cacahuete, que aullaba, babeaba y andaba a brincos por todo el Edén; no es el eslabón perdido. Dentro de la historia de Dios no hay eslabones perdidos. En el pequeño y muy interesante libro titulado *La Cuenta Regresiva*, Hardy, que es el científico que lo escribió, dice: "La búsqueda del eslabón perdido es, en el mejor de los casos, Mr. Hyde. Si el evolucionista estuviera teniendo un verdadero enfoque científico, estaría buscando al menos tres millones de eslabones perdidos. Porque este es el número aproximado que se necesita para demostrar esta teoría. Ya sea muerta o viva, no pueden producir un indicio científicamente aceptable de algún tipo de vida intermedia. Podemos decir entonces que sus muy capaces agentes de prensa tienen algunos esqueletos bien escondidos en el closet evolucionista". Escuchen: "El hombre de Nebraska, se decía que tenía un millón de años, reconstruido a partir de un diente, el cual se supo después de algún tiempo que era el diente de un cerdo extinto. Número dos, el hombre de Colorado, tiene el mismo proceso evolutivo que el hombre de Nebraska pero con un diente diferente, Esta vez relacionado con la familia de los caballos. Número tres, el hombre simio de Colorado, un digno primo del hombre de Colorado, su cráneo resultó ser el cráneo de un chango que había sido la mascota de alguien. El hombre de Piltdown, escarbando la capa de silicato de hace un millón de años, es el número uno entre los eslabones perdidos". Todos recordamos haber leído acerca del hombre de Piltdown. "Recientemente se demostró que era un fraude deliberado que engañó a los expertos por más de cuarenta años. El Sr. Piltdown, de algún modo, tomó prestada una mandíbula de un simio moderno. El hombre de Heidelberg, un jovenzuelo de tres millones de años de edad —muy guapo, por cierto— tenía una frente inclinada y nariz plana, todo a partir de una mandíbula inferior. Una mandíbula que muchos consideran que es bastante humana". Cómo es que ellos reconstruyeron la frente a partir de la mandíbula, es difícil saberlo. "El hombre de Java, con quinientos mil años de edad, su huesos fueron encontrados primero en el lecho de un río". Incidentalmente, los lechos de los ríos en cañones profundos son los lugares preferidos por los evolucionistas. "A través de las edades", dice él, "una gran variedad de huesos viejos es arrastrado para iniciar una fábrica de juguetes humanos armables. El hombre de Java estaba esparcido sobre un área de varios pies cuadrados y fue descubierto pieza por pieza, a lo largo de varios años. Fue primeramente descubierto en 1891, pero no fue adecuadamente examinado sino hasta 1923. Se halló que lo que al principio se creyó que era la tapa de su cráneo, en realidad era la rótula de un elefante, pero finalmente en 1937 se le consiguió una mandíbula y una tapa de cráneo que fue encontrada en la misma área. Muchos científicos han descartado al hombre de Java por completo debido a su nacimiento tan espectacular, pero desafortunadamente continúa en los libros de texto".

"Dicen los evolucionistas que el hombre de Neanderthal fue una raza de hombres-simios". Esta es la transición. "Diferentes científicos han dicho en un momento u otro que la parte superior de su cráneo es la parte superior del cráneo alguien con retraso mental, un cosaco moderno, o un alemán antiguo". Me da risa, pero no hay relación con todo esto. "Muchos fragmentos de esqueletos han sido encontrados desde entonces y han sido etiquetados como Neanderthal. Muchos de los paleontólogos famosos consideran estos esqueletos como especies idénticas con el hombre moderno. En julio de 1958, en el Congreso Internacional de Zoología, el Doctor A.J. Ecave reportó que su examen del famoso esqueleto de Neanderthal que fue encontrado en Francia hace cincuenta años es el de un hombre viejo que tenía artritis. El hombre de Neanderthal, dijo, no era una criatura encorvada que andaba con las rodillas dobladas todo el tiempo, sino que era un hombre erecto que se movía como el hombre moderno. El Instituto Smithsoniano anunció recientemente que el hombre de Neanderthal incluso intentaba operaciones quirúrgicas —ni más ni menos que el Doctor King Kong. No es de extrañar que el evolucionista no esté buscando nuestro tipo de libertad. Se ha tomado suficiente libertad en su trabajo para que le dure toda una vida. Con un diente o una mandíbula, un poco de yeso, y una pizca de preconcepción, produce, como si fuera una línea de montaje, una familia entera de King Kongs, con la misma autenticidad que el Sr. Kong".

Así que cuando comienzas a examinar todo este concepto de eslabones perdidos, encuentras que los eslabones perdidos están, en efecto, perdidos. Pero cuando venimos al relato de Génesis, ya sea hablando de Adán y Eva o de Caín y Abel, establecemos el hecho de que funcionan como humanos en la misma manera en la que sabemos que funcionan los humanos.

Génesis 4:3-4, "Y aconteció andando el tiempo, que Caín trajo del fruto de la tierra una ofrenda a Jehová. Y Abel trajo también de los primogénitos de sus ovejas, de lo más gordo de ellas. Y miró Jehová con agrado a Abel y a su ofrenda". Ahora llegamos al tema central de Hebreos 11:4 que es la fe, y Esta es la clave para todo el capítulo, y esto es lo que buscamos encontrar ahí.

Leemos aquí que los dos trajeron un sacrificio. Esto nos dice varias cosas y quiero que lo tengan en mente. Esto es interesante. Número uno, esto me dice que había un lugar donde Dios debía ser adorado. Ellos tenían que traer este sacrificio a algún lugar. En el versículo 3, "Caín trajo" y en el 4 "Abel trajo también". Y dice en el versículo 3, "al Señor", indicando que el Señor estaba en algún lugar en donde se le podía traer algo. Tuvo que haber habido un lugar en algún lado donde ellos pudieran traer. Pienso que es muy posible que ese lugar estuviera al este de Edén, y tal vez ahí había un altar. El versículo 4 dice que Abel trajo un animal que había sido sacrificado, "y el señor miró con agrado a Abel y a su ofrenda". Así que por lo menos podemos decir que hay una buena indicación de que ya había un lugar para hacer ofrendas o que un altar ya estaba en ese lugar. Y es muy probable que en el mismo lugar donde Dios había colocado aquel ángel —recuerden que estaba al este de Edén con una espada encendida para que no pudieran regresar— ese fuera el lugar que Dios había establecido para que tuvieran contacto con Él. En Génesis 3:24, "Echó, pues, fuera al hombre, y puso al oriente del huerto de Edén querubines, y una espada encendida que se revolvía por todos lados, para guardar el camino del árbol de la vida". Así que es posible que ahí había un altar. Y no deja de ser interesante que en el momento inicial en que Dios expulsa al hombre, también provee un propiciatorio por medio del cual el hombre puede regresar y adorarlo. Y este propiciatorio, así como el que estaría después en Israel, estaría protegido por un querubín. La presencia divina estaba ahí de algún modo, cualquiera que quisiera acercarse a este propiciatorio para adorar a Dios lo podía hacer por medio de sacrificios. Así que había un lugar en donde Dios debía ser adorado.

La segunda cosa que debemos notar es que había un tiempo para la adoración. El versículo 3 dice: "Y aconteció andando en el tiempo" ("Y aconteció que al transcurrir el tiempo", LBLA). Si lo vemos en el hebreo, realmente dice "al final de los días", literalmente al final de cierto tiempo prescrito, era tiempo para el sacrificio. Tal vez Dios había revelado el Día de Expiación o un día de expiación, un día especial. Tal vez esta sea la primera ocasión, registrada aquí en el capítulo 4. Dios es un Dios de orden y es muy probable que si estudiamos los últimos tiempos en los que Dios operó con el hombre encontremos que estableció un tiempo en el cual ellos debían venir a Él. Pienso que esto también lo indicaba en virtud de que ambos vinieron al mismo tiempo, por lo que podemos ver que los dos tenían información con respecto a este día de sacrificio.

Tercero, había una forma concreta para adorar, no solo un lugar y un tiempo sino que también una manera de hacerlo. A Dios solo se le podía acercar un hombre por medio del sacrificio, solo se podía entrar en la presencia de Dios por medio del sacrificio. Los hijos de Adán y Eva definitivamente habían sido instruidos que había un lugar, que había un tiempo, y claramente podemos suponer que ellos habían sido también instruidos acerca de la forma en la que debían realizar este sacrificio. No habría manera en la que Caín o Abel hubieran sabido acerca de esto si no hubieran sido instruidos primero, si Dios no se lo hubiera dicho. Y ya que el concepto de sacrificio aparece aquí por primera vez, ellos debieron haber tenido información de parte de Dios acerca del tiempo, lugar y forma de realizarlos. Se puede suponer por la misma naturaleza de la situación, que ellos llegaron al lugar listos para ofrecer su sacrificio. Debió haber habido algo ahí que podrían usar para realizar su sacrificio. Llegaron juntos, al mismo tiempo, al mismo lugar. Y llegaron con ofrendas diferentes, pero Dios solo aceptó una de ellas, lo cual nos indica que Él había establecido previamente un modelo para ello.

En Hebreos 11:4, como ya leímos antes, aprendimos que fue por la fe que Abel ofreció su sacrificio. Pero, ¿de dónde llegó esta fe? Romanos 10:17 dice, "La fe es por el oír". No puedes poner tu fe en lo que no conoces, por lo cual asumir que Abel ofreció un sacrificio por fe también nos permite asumir que él escuchó de Dios lo que Dios quería y él creyó a Dios y obedeció a Dios, ¿lo ven? Si la fe viene con el oír, la fe de Abel debió haber venido por la información que recibió de Dios mismo. Él debió haber sabido cual era el modelo que Dios ya había establecido. Él había escuchado que Dios demandaba un sacrificio, creyó e hizo evidente su fe haciendo lo que Dios le había dicho que hiciera. No hay nada malo con ser labrador de la tierra, son personas maravillosas. No hay nada malo con ofrecer a Dios todo tipo de frutas y vegetales, granos, esto está bien. En Levítico 19:24 dice, "Y el cuarto año todo su fruto será consagrado en alabanzas a Jehová". Podemos ver que Dios tiene tiempos en los que le podían traer todo este tipo de cosas. Pero uno nunca traía primero frutas y vegetales, siempre la sangre era primero porque la sangre era necesaria para tratar con el pecado antes de que se pudiera entrar en la presencia de Dios. Había ofrendas de comida, ¿no es así? ¡Claro! De panes y tenían que mecer la gavilla de trigo ante Dios y todo eso; pero todo esto no era posible sino hasta que primero viniera la ofrenda por el pecado y la ofrenda por prevaricación. ¿Ven cómo la sangre debía venir primero, y después las otras cosas podían seguir? Sí, había ofrendas sin sangre, pero la sangre debía venir primero para tratar con el pecado.

Cuando Abel hizo lo que Dios dijo, mostró su obediencia y reconocimiento de que era pecador. Caín era desobediente y no reconoció su pecado.

Es por eso que dice, por fe él trajo un más excelente sacrificio que Caín. Y era mejor porque era de sangre. Dios lo había prescrito, no me cabe la menor duda, de otro modo él no podría haber tenido idea de qué era lo que estaba haciendo. Y si esto es verdad, dice que Abel ofreció mejor sacrificio y Dios respondió haciéndolo justo. Ahora, algo más: si Abel solo hubiera hecho esto por accidente, entonces, ¿qué derecho hubiera tenido para que Dios lo hiciera justo? Si este hubiera sido solo un accidente que se le ocurrió a él y hubiera dicho, ah yo soy cuidador de ovejas, entonces yo le llevó una oveja. Y entonces Caín pensó soy un cuidador de tomates, entonces yo llevo tomates. Si esto fue por un puro accidente entonces, ¿sobre qué bases arbitrarias diría Dios, Abel, tú eres justo, y Caín, tú no? Esto equivaldría a decir: Me gustan las ovejas pero no soporto los tomates. Pero podemos ver que ya que Abel fue aceptado, eso quiere decir que en algún momento Abel escuchó lo que Dios dijo y obedeció. De otra manera no hay una premisa para su justicia o para haber sido aceptado. Y esto lo veremos ilustrado en otro pasaje del Nuevo Testamento. Dios solo acepta la fe. Abel le creyó a Dios y se le acercó y dijo: "Dios, esto es lo que tú dijiste que querías, y dijiste que si te lo traía perdonarías mis pecados. Lo traje, te creí, Dios. Reconozco mi pecado, reconozco el remedio prescrito. Aquí estoy".

Caín tenía la misma información, pero de todos modos trajo lo que él quiso. Hizo lo que él quiso siguiendo la gran tradición de su madre. Hizo lo suyo y lo de su padre. Caín no le creyó a Dios, pensó que podía acercarse a Dios con sus obras auto prescritas, trajo lo que él había recolectado y le mostró a Dios qué maravillosas eran estas cosas, cómo había cultivado la tierra y cosechado todo esto, y le dijo: "Aquí está todo ,Dios, ¿no es estupendo?" ¿Pero saben una cosa? Caín es el padre de todas las falsas religiones. ¿Saben qué es una falsa religión? Llegar a Dios de una manera diferente a la que Él ha prescrito. En esto consisten todas las falsas religiones.

Pedro dijo en aquel gran sermón: "Y en ningún otro hay salvación; porque no hay otro nombre bajo el cielo, dado a los hombres, en que podamos ser salvos" Hechos 4:12. La falsa religión dice: "Oh sí, sí lo hay". La falsa religión dice: "Yo puedo llegar a ese lugar porque pienso en mí mismo, en el Nirvana". La falsa religión dice: "Yo puedo llegar allá porque me siento en una esquina a meditar". La falsa religión dice: "Yo sigo los escritos de Mary Baker Eddy, o Annie Besant, o el juez Russel, o alguien más". La falsa religión dice: "Puedo hacer lo que yo quiera y solo necesito ser bueno, y si acumulo muchos puntos buenos a mi favor, llegaré allá". Y Caín fue el padre de todo esto. Dios dice: "Tengo el camino". Caín dijo: "No, yo pienso que el mío es mejor". Esto es falsa religión y Caín fue el primero, el padre de todas las falsas religiones. La falsa religión es un camino inventado por el hombre para llegar a Dios. "Hay camino que al hombre le parece derecho; pero su fin es camino de muerte" Proverbios 14:12. Los hombres siempre tienen su propio camino para llegar a todas partes, ¿no es cierto? Nunca olvidaré cuando estuvimos en Haifa en Israel cuando llegamos al templo Bahá'í. Ellos tienen nueve puertas para llegar a Dios, dicen que todos los caminos llegan a Dios. Esta es la mentira de Satanás.

Como veremos más adelante Caín, en primer lugar, no reconoció su pecado, y después no obedeció a Dios trayendo lo que Dios había prescrito por su pecado, y pensó que podría venir por su propio merito, mediante el plan que él mismo había inventado, pero Dios lo rechazó. Después en el 4:16 dice, "Salió, pues, Caín de delante de Jehová, y habitó en tierra de Nod"—la tierra de Nod, en su mismo nombre, quiere decir "vagabundear" o "deambular"—"al oriente de Edén". Sabemos que Caín tuvo hijos ahí, y construyo una ciudad. Y Esta fue la primera ciudad que se sabe fue construida en la antigüedad. Esto significó el inicio del sistemamundial, el cual cayó bajo el control de Satanás inmediatamente. Decidió ir por su propio camino, se fue de la presencia de Dios, y vean esto en Génesis 4:16, "Salió, pues, Caín de delante de Jehová". Por su propia voluntad y su propio deseo, se fue de la presencia de Dios. No se deben sentir tristes por el pobre Caín a causa de que Dios no aceptó su fruto. Él sabía qué era lo que Dios quería y simplemente no lo aceptó. Y la pregunta que nos llega siempre es, ¿cómo pudo Dios juzgarlo de este modo cuando no habían sido instruidos? Pero, mi querido amigo, lo sabían, lo tuvieron que haber sabido, Dios ya les había dicho. La justicia de Dios no es arbitraria, está basada en la obediencia a su plan prescrito. El asunto no fue ignorancia, fue pecado deliberado por parte de Caín. Abel fue justo, Caín no. Y para dar apoyo a este argumento leeré para ustedes un solo versículo, 1 Juan 3:12. Tal vez no sabían que 1 Juan habla de Caín y Abel, pero lo hace. El versículo 11 dice: "Porque este es el mensaje que habéis oído desde el principio: Que nos amemos unos a otros. No como Caín, que era del maligno"—identifica a Caín con Satanás, esto es hablar de sus motivos— "y mató a su hermano. ¿Y por qué causa le mató?"—¿Cuál fue la causa por la que mató a su hermano Abel?— "Porque sus obras eran malas, y las de su hermano justas". ¿Ven que Dios no fue arbitrario? Desobedecer es malo, obedecer es justo, así de simple. Dios les dijo lo que Él quería, y podían obedecerlo o no. ¿Pero, cómo podemos saber que el sacrificio ya había sido revelado por Dios? Esto lo tenemos que asumir de algún modo por fe, pero pienso que aquí hay un indicio. No mucho, sino más bien poco. Es interesante que cuando Adán y Eva fueron encontrados por Dios, Él les dijo: "Yo me voy a encargar de ustedes". Veamos Génesis 3:21, "Y Jehová Dios hizo al hombre y a su mujer túnicas de pieles, y los vistió". Esto es interesante, vemos aquí al Señor en acción y su acción nos habla de sacrificio. Cuatro cosas se dan a entender por el hecho de que Dios hizo túnicas de pieles para ellos: 1) Los pecadores necesitan ser cubiertos; 2) No podían ser cubiertos por algo manufacturado por el hombre, de hecho, ellos ya se habían hecho cubiertas de hojas, y Dios dijo: "No, yo les voy a diseñar su cubierta"; 3) Dios mismo tuvo que proveerla; 4) Fue obtenidas solo por la muerte, un animal tuvo que morir. Y de este modo, de una forma muy limitada, Esta fue la primera muestra de la importancia de la necesidad de un sacrificio para cubrir el pecado. Esta es la única pista que tenemos de ello, pero sabemos por virtud del hecho de que hubo justicia e injusticia, que debía haber un estándar por medio del cual el hombre pudiera ser juzgado de esa manera, así que creemos que Dios reveló su estándar.

Entonces la fe, subrayen esto, la fe presupone revelación divina. Cuando alguien llega y dice: "Yo creo en creer", esto es tonto, o "No importa en qué creas, solo cree en cualquier cosa". Uno cree en una cosa, otro cree en otra y todos creemos lo que queremos creer y entonces todos vamos al mismo lugar. La fe presupone un estándar divino. ¿Saben qué? Caín creyó en sí mismo, pero creyó en algo equivocado. Pero Hebreos 9:22 dice que: "Sin derramamiento de sangre no se hace remisión". No hay perdón, sin importar lo que tú creas. Hay un estándar y Dios lo ha establecido. En Levítico 17:11 dice, "y la misma sangre hará expiación de la persona". Este es un estándar, esta es la revelación de Dios, esta es la indicación de Dios y no es arbitraria, es absoluta. La gente siempre dice: "Tienes la mente demasiado estrecha". Bueno, podría yo ser de mente abierta y solo decir mentiras, pero eso no ayuda a nadie. Este es el estándar que Dios puso, por eso hablamos de ello. Abel estaba listo para el sacrificio, la indicación de los primogénitos y separar las grosuras[1] indicaba que él ya había celebrado el sacrificio con el animal así que sabía lo que estaba haciendo (cf. Levítico 17:6).

Ahora, aquí es donde la vida de fe comienza, y vamos a mantener este pensamiento, la vida de fe comienza con un sacrificio por el pecado. Esta comienza creyendo a Dios cuando dice que eres pecador, que tú solo te mereces la muerte, que tú necesitas su perdón, y aceptas el plan que Él ha revelado. Este es el comienzo de la vida de fe. Y nadie vive por fe... Toots Shore, dueño de un club nocturno de Nueva York, dijo: "Yo no estaría donde estoy hoy si no fuera por el hecho de que creo en el Gran Hombre de arriba. Esto no es nada. Esto es artificial, es arbitrario. Ningún hombre puede vivir creyendo en Dios hasta que viene a Dios, y la única manera en que un hombre puede venir a Dios es cuando él viene a través del sacrificio prescrito de Cristo, reconociendo que es un pecador. No hay otro modo. No estoy diciendo esto por ser de mente estrecha, lo estoy diciendo porque es la verdad. Si vas al hospital y entra el doctor y te dice que tienes cáncer, puedes

---

[1] La frase "de lo más gordo de ellas" (Gn. 4:4, RV60) se refiere a la grasa del cuerpo de los primogénitos de las ovejas de Abel, no a las ovejas más gordas de Abel, como pudiera entenderse a partir de esta traducción (cf. LBLA).

10_Abel y la vida de fe

decir: "No me diga eso, no quiero saber nada al respecto. Dígame que tengo un resfriado". Pero eso no te va a ayudar para nada. Tengo que decirte qué es lo que tienes para que te sometas al tratamiento. Quiero decir, que si tienes una enfermedad, tenemos que decírtelo. De este modo en Génesis 4 el camino a la cruz está firmemente establecido. Aquí está el primer cordero, el cordero de Abel, un cordero por un hombre. Después en la Pascua, un cordero por una familia, y después en el día de la expiación, un cordero por una nación, y después en el Calvario, un cordero por todo el mundo. Pero aquí está el primer cordero, el camino para la cruz comenzando a ser pavimentado. Por esto, Abel trajo el sacrificio correcto. Él reconoció que debía postrarse ante la verdad de Dios. Él debía reconocer que es un pecador bajo sentencia de muerte. No tenía excusas, no había méritos a los que pudiera apelar, lo mejor que tenía, como Isaías lo llamó, eran "trapos de inmundicia". Solo podía creer a Dios, es todo lo que podía hacer, y apostar su vida a que Dios es justo y que Dios está hablando en serio.

Pero Caín no era así, Caín creía en sí mismo. Y esta es la cosa más tonta que alguien puede hacer. No solo eso, era un hipócrita. Si realmente creía en él mismo, ni siquiera hubiera ido al altar. Él no solo era alguien que creía en sí mismo, sino que además era un hipócrita. Él encubrió su rebelión con actividad religiosa. "Aquí vengo, oh Dios, con mi pequeño sacrificio, ¿lo ves?" Él solo estaba siendo condescendiente con Dios. Un pequeño e interesante versículo, Judas 11, habla acerca del camino de Caín. ¿Saben cuál es el camino de Caín? Es hacer la voluntad propia, incredulidad, desobediencia, todo expresado en pretensiones religiosas.

La religiosidad es abominación a Dios. El fariseo y el publicano. El fariseo entra al templo y, por supuesto, se sube al podio y dice: "Te doy gracias porque no soy como los otros hombres" —voltea alrededor para asegurarse de que lo están viendo— "doy mis diezmos de todo lo que tengo, hago esto, hago lo otro". Y la Biblia dice algo interesante, él oraba consigo mismo. Lo dice porque esto nos asegura que él no estaba hablando con Dios. Seguramente decía: "Querido yo… Querido yo…" En la esquina había un hombre postrado, con su rostro en el suelo diciendo: "Dios sé propicio a mí que soy pecador. Y Jesús dijo, ese hombre se fue a su casa justificado, pero el otro no". Hipocresía religiosa. Así que Abel ofreció un mejor sacrificio, ¿por qué? Fue mejor porque fue basado en la obediencia: Dios dijo, hazlo de esta manera, y él lo hizo. Fue mejor porque estaba basado en la fe: le creyó a Dios. Fue mejor porque lo ofreció con disposición, lo hizo así porque quiso hacerlo. Y entonces trajo a su mejor oveja, él trajo de los primogénitos. Esto es lo mejor que tenía. La oveja número uno. Y de Caín solo se dice que trajo del fruto de la tierra, solo recogió un poco de lo que había por ahí y lo trajo. Así que "por la fe Abel ofreció a Dios más excelente sacrificio" Hebreos 11:4.

Por fe Abel fue justificado

Debido a esto es que Abel pudo obtener justicia de parte de Dios. Este es el segundo punto. Esto es interesante, veamos el versículo 4: "Y Abel, trajo también de los primogénitos de sus ovejas, de lo más gordo de ellas". Y observen: "Y miró Jehová con agrado a Abel y a su ofrenda; pero no miró con agrado a Caín y a la ofrenda suya". Dios no miró con agrado a Abel por lo que había dentro de Abel. Dios no dice: "Abel, tú me caes mejor, he revisado a los dos y tú eres el mejor". No dijo esto. Tampoco dijo: "Abel, me gusta tu forma de andar y la manera en la que te conduces. Abel, tú eres más fuerte, y eso me gusta. Caín, tú tienes un cojear muy gracioso". Hay personas que creen que Dios es tan superficial que en realidad se preocupa por su apariencia. Él no dijo: "Abel, creo que tú tienes una mejor disposición", para nada. ¿Notan que no hay nada en el texto que nos indique que Abel era mejor en algún sentido que Caín? Ambos eran pecadores. Lo único que hizo que Abel fuera justificado por Dios es porque hizo lo que Dios le había dicho, Caín no. Esta es la única diferencia. Esto es lo único que cambia la relación de cualquier hombre con Dios. No depende de lo bueno que seas, no es porque seas mejor o peor que alguien más; es por el hecho de que vengas a Dios en los términos que Dios ha establecido, esto es todo lo que Él pide.

Abel era tan pecador como Caín, pero él creyó a Dios y obedeció, y debido a esa fe le fue contada por justicia y Dios lo aceptó. Es este tipo de fe la que permite a Dios moverse para nuestro beneficio y hacernos justos. La verdadera fe siempre es obediente, siempre. Según Juan 8:30, "Muchos creyeron en él". Y entonces Él les dijo: "Si vosotros permaneciereis en mi palabra, seréis verdaderamente mis discípulos" (v. 31). Mucha gente tiene un tipo de fe superficial, pero los que se sostienen en ella y obedecen, ellos son los que en realidad son verdaderos creyentes. "Los demonios creen, y tiemblan", dice Santiago 2:19. Es por esto que Dios honró a Abel porque su fe era viva, viva en el sentido de que obedeció. No digas que tienes fe en Dios y que eres desobediente. Si realmente crees en Dios, obedece. Ve lo que dice Santiago en un poderoso pasaje: "Hermanos míos, ¿de qué aprovechará si alguno dice que tiene fe, y no tiene obras?" Santiago 2:14. En otras palabras, ¿cuál es la idea de andar por allí diciendo: "Yo creo, yo creo, yo creo", y cuando alguien ve tu vida, dice, "si eso es fe, la verdad no parece"? "Y si un hermano o una hermana están desnudos, y tienen necesidad del mantenimiento de cada día" y todo lo demás, y le dices: "Bien, ya sabes, espero que encuentres algo de comer", y lo despides. Ni siquiera le has dado la amabilidad que debe provenir del amor cristiano. ¿Qué quieres decir con que tienes fe? La fe debe producir algo en tu vida. En Santiago 19 y 21 dice: "Tú crees que Dios es uno; bien haces. También los demonios creen", pero "ellos tiemblan… ¿No fue justificado por la obras Abraham nuestro padre, cuando ofreció a su hijo Isaac sobre el altar?" En otras palabras, ¿no fue vista la evidencia de su verdadera fe en su disposición para sacrificar a su hijo? Dios le dijo: "Sacrifica a tu hijo". Abraham dijo: "Está bien, lo haré". Esto es obediencia. "¿No ves que la fe actuó juntamente con sus obras, y que la fe se perfeccionó" —y maduró— "por las obras?" (v. 22). Pueden ver su fe por aquello que estuvo dispuesto a hacer. "Y se cumplió la Escritura que dice: Abraham creyó a Dios, y le fue contado por justicia. Vosotros veis, pues, que el hombre es justificado por las obras, y no solamente por la fe". (vv. 23–24). Puedes pensar que esto contradice a Pablo, pero no, lo que esto dice es que visiblemente a los ojos de la gente y ante los ojos de Dios tu fe es solo real cuando es vista por medio de las obras. No puedes hacer obras para llegar a Dios, pero habiendo venido a Él, las obras se convierten en la evidencia. Efesios 2:10 dice que somos "creados en Cristo Jesús para buenas obras". Entonces, ¿qué pasó aquí? Abel fue obediente, él evidenció la realidad de su fe por medio de la obediencia. Y estoy seguro que si alguien le hubiera preguntado a Caín: "¿Caín, crees en Dios?" Él hubiera dicho: "Oh sí, claro, yo creo en Dios, oh sí, soy un fiel creyente de Dios". Pero él no obedeció a Dios. Me encanta lo que Dios dice en 1 Samuel 2:30: "Yo honraré" — escuchen bien— "a los que me honran". Esto es obediencia, solo obediencia. Y sabemos que solo hay una manera de honrar a Dios, Juan 5:23: "El que no honra al Hijo, no honra al Padre". No puedes honrar a Dios sin honrar a Jesucristo, no hay forma en que sea de otra manera. Esta es la manera que Él mismo prescribió.

Así que Hebreos 11:4 dice que Abel recibió testimonio o aprobación de parte de Dios. ¿Y cómo hizo esto Dios? ¿Vino Dios a él y le puso una estrellita de oro en la frente, o qué le hizo? ¿Cómo supo que fue aprobado? Esta es otra pregunta muy interesante. Pienso que el que habla soy yo, MacArthur. Hablo esto no como un mandamiento, sino como con permiso: pienso que Dios descendió y consumió su ofrenda. Estudien esto después, no los voy a ver todos pero anota y después estúdialos tú, Levítico 9:24, Jueces 6:24, 1 Reyes 18:38, 1 Crónicas 21:16, 2 Crónicas 7:1, todos estos pasajes indican otros momentos cuando Dios mostró su aprobación al enviar fuego para consumir el sacrificio. Este era un patrón de Dios, que el fuego cayera y consumiera la ofrenda, y pienso que esto es lo que pudo haber sucedido aquí, a pesar de que no se diga específicamente. Y si esto fue lo que pasó, entonces fuego cayó sobre la ofrenda de Abel, y no sobre la de Caín, y de este modo mostró su aprobación al sacrificio de Abel. Y cuando Dios aprobó lo que Abel hizo, Dios le imputó a él justicia, ¿no es esto milagroso? Porque él no era justo. ¿Sabes algo? Yo tampoco lo soy, no soy justo. Tú puedes decir, ya lo sé. Pero lo que estoy haciendo es enfatizar el punto. Yo tampoco soy justo. ¿Pero sabes algo? Debido a que creo en Jesucristo, porque esto es lo que Dios me dice que debo hacer, él me imputa la justicia de Cristo. La Biblia lo dice de este modo: "Él se hizo pecado por nosotros, Él, que no conoció pecado, para que nosotros pudiéramos ser hechos justos delante de Dios en Él". Así que yo no soy justo, no tengo más derecho de presentarme delante de la presencia de Dios que aquel derecho que tenía antes de ser salvado, ¿sabías esto? No tengo mayor derecho. Pero debido a que creo en Jesucristo, Dios me imputa justicia. Esto fue lo que ocurrió a Abel, Abel era el mismo antiguo pecador antes de esto, y ni siquiera tuvo al Espíritu Santo, no obtuvo nada. El salió de ahí con los mismos problemas que tenía antes de que llegara. Pero Dios dijo, todo está bien, tú me obedeciste, te imputó mi justicia. Y en contraste Caín no la obtuvo. Nunca el estilo de Caín la obtendrá. Las obras auto impuestas, la falta de reconocimiento de tu pecado, no la obtiene... no la obtiene. Y pienso en aquel pasaje de Judas 3 donde dice: "Amados, por la gran solicitud que tenía de escribiros acerca de nuestra común salvación, me ha sido necesario escribiros exhortándoos que contendáis ardientemente por la fe que ha sido una vez dada a los santos". Y escucha: "Porque algunos hombres han entrado encubiertamente, los que desde antes habían sido destinados para esta condenación, hombres impíos, que convierten en libertinaje la gracia de nuestro Dios, y niegan a Dios el único soberano, y a nuestro Señor Jesucristo". Hay todo tipo de personas corriendo alrededor bajo el disfraz de religión y negando a Cristo. Escucha lo que él les dice, sorprendente, en el versículo 11, "¡Ay de ellos! porque han seguido el camino de Caín". ¿Lo ves? Ellos se han puesto la máscara de la religión. Y pienso que la nota que tiene Scofield es muy buena. Él dice: "Caín es un ejemplo del hombre que es religioso de manera natural, el cual cree en Dios, y en la religión, pero para hacer su propia voluntad, y rechaza la redención por medio de la sangre". Rechazar el sacrificio sustitutorio, es rechazar el plan de Dios para la salvación. Esto es algo muy triste. Romanos 10:3 abre un pensamiento para nosotros: "Porque ignorando la justicia de Dios, y procurando establecer la suya propia, no se han sujetado a la justicia de Dios". Y el siguiente, 4: "porque el fin de la ley es Cristo, para justicia a todo aquel que cree". Ellos andan corriendo alrededor tratando de establecer su propia justicia; dejen de hacerlo, crean y obedezcan y la van a obtener. Esto es justicia imputada.

Vamos a Génesis 4:5. Cuando Caín no obtuvo ningún tipo de aprobación de parte de Dios se molestó un poquito. Versículo 5, "pero no miró con agrado a Caín y a la ofrenda suya. Y se ensañó Caín en gran manera, y decayó su semblante". Decayó su semblante. Estaba furioso. No hay cosa peor que un egoísta religioso confortado, ¿lo ves? Esto era algo muy difícil de manejar para él; no, en realidad no lo podía soportar. Versículo 6: "Entonces Jehová dijo a Caín: ¿Por qué te has ensañado, y por qué ha decaído tu semblante?" Este es un término vivido, no solo se sintió más sino que todo su rostro lo manifestó. ¿No es maravillosa la gracia de Dios? Simplemente pudo haberse acercado a Abel y decirle, bueno Abel de ahora en adelante somos solo tú y yo; Caín lo echó todo a perder. Pero Dios va a Caín, ve la gracia, Dios se dirige a él y le dice: Caín, ¿por qué estás molesto? Y aquí vemos... observen esto, aquí vemos el inicio nuevamente de la evidencia del carácter redentor de Dios. Vimos algo similar con Adán y Eva cuando Dios les prometió una simiente, y aquí Caín lo echó a perder y Dios inmediatamente va hacía él y le dice, Caín, tengo una pregunta para ti. Y le hace la pregunta, entonces vemos su carácter redentor. Versículo 7: "Si bien hicieres, ¿no serás enaltecido? y si no hicieres bien, el pecado está a la puerta; con todo esto, a ti será su deseo, y tú te enseñorearás de él". Este es un versículo muy difícil de traducir. Y en hebreo existen al menos 25 traducciones diferentes, esto porque es muy difícil poner las palabras en orden. Pienso que la mejor traducción es la de la versión New American Standard (La Biblia de las Américas, versión en español), por lo que la voy a citar para ti: "Si haces bien, ¿no serás aceptado? Y si no haces bien, el pecado yace a la puerta y te codicia, pero tú debes dominarlo". Dios le está diciendo, Caín mi altar sigue aquí, ofrece el sacrificio correcto en obediencia a tu fe y entonces serás aceptado del mismo modo que tu hermano. Esto es gracia pura. Pero si no lo haces Caín, el pecado está en tu puerta como una bestia al acecho, y está lista para saltar sobre ti para destruirte. Pero tú debes vencer eso. Ves como en la gracia de Dios le está extendiendo a Caín una oferta de arrepentimiento, para que regrese. Es una invitación de gracia. Pero Caín no la aceptó, no le interesó. Y nuevamente esto verifica el hecho de que la ignorancia no era el asunto aquí. Y también por el hecho de que Dios dice, si hicieres bien, implica que él sabía qué hacer, él sabía lo que era requerido. Él no quería hacer nada. Versículo 8: "Y dijo Caín a su hermano Abel: Salgamos al campo. Y aconteció que estando ellos en el campo, Caín se levantó contra su hermano Abel, y lo mató". Aquí tenemos la primera muerte en la historia de la humanidad, antes de esta no había habido otra. Y es interesante, cómo es que ellos sabían cómo matar, ¿cómo supo Caín como matar? Debió haber habido un precedente que estableció que la gente podía morir, y no solo cómo podían morir. Y pienso que esto fue desde el hecho del sacrificio, y previo al sacrificio el asesinato del animal para hacer túnicas. Y habiendo experimentado Adán y Eva la muerte de un animal en relación con las túnicas, Caín y Abel supieron esto en relación al sacrificio, él supo cómo hacer unos movimientos aquí y en el área correcta para que la vida fuera extinguida y de este modo él pudiera realizar el asesinato de su hermano. Y debido a la aparente conversación, Abel estaba completamente desprevenido. Así Caín condescendió con Satanás. En Juan 8:44 la Biblia dice que Jesús dijo, el diablo es asesino desde el principio, un asesino desde el origen de la humanidad. Este es el inicio de la humanidad, el principio de los asesinatos que Satanás ha perpetrado. Triste, ¿no lo creen? Y si continuamos leyendo, escucha que fue lo que sucedió, el Señor inicia hablando. Esto es algo excitante, en un sentido algo trágico: "Y Jehová dijo a Caín: ¿Dónde está Abel tu hermano? Y él respondió: No sé. ¿Soy yo acaso guarda de mi hermano?" Un tanto sarcástico con Dios. "Y él le dijo: ¿Qué has hecho? La voz de la sangre de tu hermano clama a mí desde la tierra". Ves lo que está pasando, no había manera posible en la que Caín pudiera esconder el hecho que había perpetrado, y ahora tenía que enfrentar a Dios. Esto es algo triste. Pero, él no tenía respuestas. Veamos en Génesis 4:11: "Ahora, pues, maldito seas tú de la tierra, que abrió su boca para recibir de tu mano la sangre de tu hermano". Dios dice, acepté a Abel, pero a ti te maldigo. Esta es una doble maldición, él está bajo maldición a causa de Adán, su padre, y ahora él obtiene la suya propia. Esto nos hace ver que todos los hombres estamos bajo maldición, pero hay algunos que están bajo doble maldición ya que ellos rechazan la salvación que Dios les ofrece solo por su gracia. Y luego, versículo 12, "Cuando labres la tierra, no te volverá a dar su fuerza". No vas a obtener nada de la tierra, te has enorgullecido de ser un labrador, pero nunca más vas a poder cosechar una sola cosa por el resto de tu vida. "Errante y extranjero serás en la tierra". Eso es triste, pero es la sentencia que Dios le puso. Caín debía andar huyendo y vagando por el resto de su vida. Pero Caín nunca podría huir de aquello que lo perseguía, porque lo que perseguía a Caín era la corrupción de su propio corazón. Todo tropiezo durante toda su vida escondería al mismo enemigo, toda sombra al mismo vengador, él nunca podría escapar. Y como podemos ver esto es lo mismo para aquellos que no son salvos, no hay lugar en el que se puedan esconder, rechaza la salvación de Dios y corre tanto como tú quieras correr, pero no hay lugar en el cual te puedas esconder. Tú estás cargando tu propio enemigo durante toda tu vida. Toda la vida para el hombre incrédulo es una búsqueda sin fruto, una carrera alocada por algo que nunca va a terminar. Y el versículo 13: "Y dijo Caín a Jehová: Grande es mi castigo para ser soportado". No puedo soportar esto Señor, estás exagerando, estas exagerando las cosas mucho. No hay remordimiento, no hay penitencia, no hay tristeza por el pecado, no hay suplica por la gracia, no hay un "de acuerdo Dios, te voy a llevar el sacrificio correcto", solamente "esto es muy difícil creo que no es lo más correcto". Se tuvo lástima a sí mismo, y dijo: "Mi castigo es más de lo que puedo soportar". Esto nos hace ver cómo los pecadores se tienen lastima a sí mismos, y culpan a Dios de ello. En Génesis 4:14 dice: "He aquí me echas hoy de la tierra, y de tu presencia me esconderé, y seré errante y extranjero en la tierra; y sucederá que cualquiera que me hallare, me matará". Estaba triste pero no estaba arrepentido, cuando hay remordimiento debe seguirle el arrepentimiento. El remordimiento es estar apenado por que fuiste sorprendido, el arrepentimiento es dar un giro de 180º y cambiar el hecho. Él estaba triste, pero no estaba arrepentido. Versículo 15: "Y le respondió Jehová: Ciertamente cualquiera que matare a Caín, siete veces será castigado. Entonces Jehová puso señal en Caín, para que no lo matase cualquiera que le hallara". Dios no instituyó la pena capital, así que dijo Caín no morirá, Caín vivirá. Había un castigo más grande en el hecho de que Caín tuviera que vivir toda su vida de la manera que la tendría que vivir en lugar de morir. Ni siquiera podía esperar tener la paz de la muerte pronto. Tendría que soportar toda su vida con esta conciencia pecaminosa, tendría que soportar el hecho de ser el asesino de su hermano, y no solo esto sino que también tendría la sangre de su hermano clamando desde la tierra toda su vida. Versículo 16: "Salió, pues, Caín de delante de Jehová, y habitó en tierra de Nod, al oriente de Edén". Y ahí va el primer apóstata, salió pues de la presencia del Señor, esto es apostasía. Le dio la espalda a Dios, y se fue, abandonó la gracia de Dios. Oh, que tragedia tan terrible, una tragedia muy triste. Así que Abel ofreció un más excelente sacrificio y alcanzó justicia. Caín intentó las obras y fue condenado.

Por fe Abel habla abiertamente aunque está muerto

Finalmente, por fe a Abel le fue permitido hablar abiertamente aun cuando ya estaba muerto. Vean en Génesis 4:9: "Y Jehová dijo a Caín: ¿Dónde está Abel tu hermano? Y él respondió: No sé. ¿Soy yo acaso guarda de mi hermano?" Y Hebreos 11:4 dice: "y muerto, aún habla por ella". Pero escucha esto: "Y él le dijo: ¿Qué has hecho? La voz de la sangre de tu hermano clama a mí desde la tierra". Está muerto y sigue hablando. ¿Y a quién le está hablando? Primero que nada la voz de Abel está clamando a Dios y, ¿sabes qué es lo que está clamando? Venganza. Está clamando por venganza. "La venganza es mía, yo pagaré dice el Señor". Recuerdas como dice en Apocalipsis 6:9–10: "¿Hasta cuándo, Señor, santo y verdadero, no juzgas y vengas nuestra sangre en los que moran en la tierra?" Pero su voz no solo habla a Dios, habla estando ya muerto a Caín. En todo lugar que pisó Caín, toda tierra en la que posó su pie, fue acompañado con la conciencia de que él había matado a su hermano. Este pensamiento es tan poderoso. Escucha Génesis 4:11: "Ahora, pues, maldito seas tú de la tierra, que abrió su boca para recibir de tu mano la sangre de tu hermano". A todo lugar al que fue, fue como si la sangre de su hermano destruyera el cultivo. Vivió toda su vida caminando sobre la tierra que representaba la sangre de su hermano, esto nunca cambió. Estando muerto le habló a Caín…, toda su vida.

Y ahora habla a todos nosotros, ¿qué nos está diciendo? ¿Qué es lo que Caín está diciendo aquí? ¿Qué nos está diciendo Abel? Un sermón de tres puntos. Número uno: El hombre viene a Dios por fe, no por obras. Número dos: El hombre no puede seguir su razonamiento e ignorar la revelación. Él debe vivir bajo el estándar de Dios y obedecerlo. Número tres: El pecado de aquellos que no obedecen es condenado severamente. Así que Abel es el predicador, y él predica un sermón que carece de tiempo, y dice exactamente lo que el Espíritu Santo quiso que el lector de Hebreos 11:4 escuchara: "El justo por la fe vivirá".

Oración final

Padre te alabamos por haber podido escuchar este sermón. Sabemos Padre que solo la fe en Jesucristo te agrada. Te agradecemos por lo que nos has enseñado a través de la vida de Abel, y de su muerte también. Oramos en el nombre de Cristo Jesús. Amén.

REFLEXIONES PERSONALES

11_El viaje de Pablo a Roma

Venida la decimocuarta noche, y siendo llevados a través del mar Adriático, a la medianoche los marineros sospecharon que estaban cerca de tierra; y echando la sonda, hallaron veinte brazas; y pasando un poco más adelante, volviendo a echar la sonda, hallaron quince brazas. Y temiendo dar en escollos, echaron cuatro anclas por la popa, y ansiaban que se hiciese de día. Entonces los marineros procuraron huir de la nave, y echando el esquife al mar, aparentaban como que querían largar las anclas de proa. Pero Pablo dijo al centurión y a los soldados: Si estos no permanecen en la nave, vosotros no podéis salvaros. Entonces los soldados cortaron las amarras del esquife y lo dejaron perderse.

Cuando comenzó a amanecer, Pablo exhortaba a todos que comiesen, diciendo: Este es el decimocuarto día que veláis y permanecéis en ayunas, sin comer nada. Por tanto, os ruego que comáis por vuestra salud; pues ni aun un cabello de la cabeza de ninguno de vosotros perecerá. Y habiendo dicho esto, tomó el pan y dio gracias a Dios en presencia de todos, y partiéndolo, comenzó a comer. Entonces todos, teniendo ya mejor ánimo, comieron también. Y éramos todas las personas en la nave doscientas setenta y seis. Y ya satisfechos, aligeraron la nave, echando el trigo al mar.

Cuando se hizo de día, no reconocían la tierra, pero veían una ensenada que tenía playa, en la cual acordaron varar, si pudiesen, la nave. Cortando, pues, las anclas, las dejaron en el mar, largando también las amarras del timón; e izada al viento la vela de proa, enfilaron hacia la playa. Pero dando en un lugar de dos aguas, hicieron encallar la nave; y la proa, hincada, quedó inmóvil, y la popa se abría con la violencia del mar. Entonces los soldados acordaron matar a los presos, para que ninguno se fugase nadando. Pero el centurión, queriendo salvar a Pablo, les impidió este intento, y mandó que los que pudiesen nadar se echasen los primeros, y saliesen a tierra; y los demás, parte en tablas, parte en cosas de la nave. Y así aconteció que todos se salvaron saliendo a tierra.

Hechos 27:27–44

BOSQUEJO

— Introducción

— El viaje a Roma

- Primera etapa, navegando con dirección
- Segunda etapa, la estadía en Creta
- Tercera etapa, la tormenta
- Cuarta etapa, el naufragio
- Quinta etapa, la seguridad

— Principios del liderazgo espiritual

- Un verdadero líder es amado
- Un verdadero líder nunca se da por vencido
- Un verdadero líder usa el buen juicio
- Un verdadero líder habla con autoridad
- Un verdadero líder fortalece a otros
- Un verdadero líder opera sobre una fe firme
- Un verdadero líder demanda obediencia
- Un verdadero líder guía con el ejemplo

— Oración final

Notas personales al bosquejo

SERMÓN

Introducción

Vayan a sus Biblias a Hechos 27 y vamos a ver este capítulo que es algo largo, pero completo, este ya lo habíamos comenzado durante la cena del Señor hablando del naufragio de Pablo. Hechos 27. Este capítulo, en cuanto a lo que se refiere su significado histórico, se trata de un naufragio, pero en términos de los principios que encontramos aquí, lo podríamos llamar Liderazgo en crisis, porque la realidad es que es el retrato de un hombre que es líder cuando necesita ser uno. Este nos muestra a un hombre que está en medio de un tremendo tiempo de estrés con todas las habilidades que un gran líder debe tener. Así que no solo es la narrativa de un naufragio, también es el retrato de un líder en medio de una crisis.

Estaba pensando acerca del hecho que, si hay algo en nuestro mundo que tenga una carencia, es una carencia sobre el liderazgo. Ya sea que hablemos acerca del gobierno, de la industria, de la economía, la educación, la medicina, la ciencia, o cualquier cosa, existe una tremenda necesidad de líderes, o bien gente capaz que pueda tomar decisiones, o personas que estén deseosas de que les pasen la carga y sean capaces de manejar la situación.

Encontré una encuesta muy interesante que se hizo en años recientes acerca de seminarios en USA y lo que determinaron en esa encuesta fue que la gran mayoría de la gente, está estudiando para tener responsabilidades dentro de la iglesia, pero no querían ser el hombre principal, preferirían ser el segundo porque nadie quiere ser responsable en primera línea. Y pienso que esto es realidad no solo dentro de la iglesia, también es verdad en los términos del mundo. Definitivamente existe un reconocimiento para el liderazgo. La gente necesita aceptar las responsabilidades que llegan con el hecho de ser un líder.

El mundo verdaderamente está preocupado por esto. De hecho, podemos decir que hay una constante corriente de seminarios, de metodologías profesionales que son presentadas a muchos, hay comunidades diversas que se dedican a tratar de extraer a los líderes de dentro de sus comunidades, y estoy seguro que ellos tienen su propio criterio para determinar quién es el líder. Lo mismo es verdad, pienso, en los términos de la iglesia y dentro del reino de Dios, en todo lo que Dios quiere hacer existe una verdadera necesidad de líderes. Creo también, que el Espíritu Santo está en una búsqueda constante de líderes. Dentro de toda la historia de Dios, conforme vamos a la Biblia, encontraremos que Dios se movió por medio de hombres y que, en toda área, en todo tiempo de crisis dentro de la economía de Dios, hubo líderes que Dios usó para hacer que su voluntad fuera cumplida. Ya sea Moisés o José, o David, o Abraham, o Elías, o Esdras, o Nehemías, o en el Nuevo Testamento con Juan el Bautista, o Pedro, o Pablo o cualquier otro dentro del tiempo de Dios, hubo alguien por medio del cual Dios pudo guiar. Y la tragedia con frecuencia, de la historia de Israel, fue la tragedia de un líder inadecuado, un líder inmoral, un líder apartado de Dios o un líder que simplemente falló en cumplir con las obligaciones que eran básicas para su liderazgo.

Pienso que conforme estudiamos la Escritura la visión que encontramos del liderazgo es simplemente el ejemplo de las vidas de los hombres que son los líderes, y este es en realidad el caso aquí en Hechos 27.

Ahora este es un capítulo acerca del liderazgo, pero no desde el punto de vista del precepto, sino más bien desde el punto de vista del ejemplo. Incluso ustedes no van a escuchar una palabra acerca del liderazgo aquí. Ni siquiera aparece en el texto, pero lo que sí vamos a ver es a un hombre que toma el control de una situación imposible y exhibe sus habilidades de liderazgo.

De hecho, cuando pensaba en esto, supuse que la habilidad de liderazgo no es probada en verdad sino hasta que estás en un tiempo de crisis. El verdadero líder es el líder que es capaz de lidiar con el estrés. El gran líder es aquel que puede resolver problemas y llevar las cargas para encontrar soluciones y así ganar las victorias cuando otros no pueden. El mejor líder es aquel que puede tomar el problema que no se ha podido resolver y lo resuelve. Y esto es justamente lo que hace Pablo en este pasaje que vamos a estudiar. Desde luego, lo hace con la ayuda del poder soberano y divino que proviene de Dios. Este es el más grande recurso que tenemos nosotros los cristianos.

El viaje a Roma

Pablo está regresando a Roma como prisionero. Va allá para que su caso sea escuchado delante de la corte de CEsar. Ha dejado Cesarea donde había estado como prisionero de Roma por dos años.

Primera etapa, navegando con dirección

El viaje sucede aquí en el capítulo 27 de Hechos y continúa hasta el 28, he dividido este pasaje en 5 partes. El viaje que realiza lo hace en cinco etapas. Dijimos que la etapa uno era el comienzo, versículos 1–8. Y solo lo voy a leer para que nos podamos meter en el contexto. "Cuando se decidió que habíamos de navegar para Italia, entregaron a Pablo y a algunos otros presos a un centurión llamado Julio, de la compañía Augusta. Y embarcándonos en una nave adramitena que iba a tocar los puertos de Asia, zarpamos, estando con nosotros Aristarco, macedonio de Tesalónica. Al otro día llegamos a Sidón; y Julio, tratando humanamente a Pablo, le permitió que fuese a los amigos, para ser atendido por ellos". Dijimos que estos son términos médicos que nos indican que Pablo tenían alguna enfermedad física. "Y haciéndonos a la vela desde allí" —esto es, Sidón— "navegamos a sotavento de Chipre" —esto quiere decir alrededor de Chipre— "porque los vientos eran contrarios. Habiendo atravesado el mar frente a Cilicia y Panfilia" —esto es siguiendo la costa en el mapa en donde estaba Cilicia y Panfilia, está a la izquierda de estos— "arribamos a Mira, ciudad de Licia. Y hallando allí el centurión una nave alejandrina que zarpaba para Italia, nos embarcó en ella. Navegando muchos días despacio, y llegando a duras penas frente a Gnido, porque nos impedía el viento, navegamos a sotavento de Creta, frente a Salmón. Y costeándola con dificultad, llegamos a un lugar que llaman Buenos Puertos, cerca del cual estaba la ciudad de Lasea".

Este es el comienzo del viaje. Tenían un barco que era un barco de cabotaje, este estaba asociado con Adramitio, que era una pequeña área en la esquina noreste de Asia Menor. El barco estaba disponible. Y lo tomaron hasta llegar a Mira; tuvieron que cambiar ahí a un barco que fuera a Roma. Y lo que encontraron fue un barco alejandrino que transportaba granos y que los entregaba en el Mar Mediterráneo para los soldados romanos o bien para cualquiera que lo necesitara del gobierno romano.

Cuando cambiaron de barco fue cuando comenzó el viaje a Roma surcando las aguas agitadas y los vientos, tan pronto como pasaron Gnido, ustedes notarán en sus mapas que Gnido está justo en ese punto, y una vez que llegaron a Gnido navegaron fuera de las costas de Asia Menor y, por lo tanto, los vientos se hicieron más fuertes, la aguas fueron más difíciles y no pudieron conseguir una ruta recta. Tuvieron que ir al sur, lo cual hicieron rodeando el cabo Salmón, llegando a tierra a un lugar llamado Buenos Puertos, un lugar de Creta, uno de sus puertos. Y aquí comenzó el viaje.

Segunda etapa, la estadía en Creta

La segunda etapa dijimos que fue su estadía. Habiendo llegado a Buenos Puertos tuvieron que permanecer ahí debido a los fuertes vientos. Hechos 27:9, "Y habiendo pasado mucho tiempo, y siendo ya peligrosa la navegación". Recordarán que les dije que había una temporada cuando la navegación era muy peligrosa. Estaba completamente prohibido navegar desde el 11 noviembre, hasta fines de marzo. Pero del 14 de septiembre y hasta el 11 de noviembre era la temporada en la que era muy peligroso, por lo que no era sabio navegar en el Mediterráneo, por lo que se tuvieron que quedar en Creta en este lugar, Buenos Puertos, hasta que acabara la temporada de peligros. Él dice que el ayuno ya había pasado, con esto se refiere al *Yom Kippur* y si este es el año 59 d.C. como muchos suponen, *Yom Kippur* debió celebrarse el 5 de octubre, lo que nos dice que estaban en el mes de octubre, pero ya avanzado, por lo que estaban definitivamente ya dentro de la temporada peligrosa. Y si habían salido a mediados de agosto, hasta este punto ya les había tomado casi dos meses llegar hasta aquí.

Debido a esto Pablo los amonesta y les dice: "Varones, veo que la navegación va a ser con perjuicio y mucha pérdida, no solo del cargamento y de la nave, sino también de nuestras personas". En otras palabras, les dijo: "Si avanzamos más nos vamos a meter en problemas muy serios". "Pero el centurión daba más crédito al piloto y al patrón de la nave, que a lo que Pablo decía. Y el puerto era incómodo para invernar". No querían quedarse parados en Buenos Puertos por tres o cuatro meses, "la mayoría acordó zarpar también de allí, por si pudiesen arribar a Fenice", o Fenicia, "puerto de Creta que mira al nordeste y sudeste, e invernar allí". Expuesto de estas dos maneras, ellos querían al menos llegar a Fenice, si no podían llegar a Roma. Esta fue la segunda etapa.

Tercera etapa, la tormenta

La tercera etapa, dijimos que era la tormenta. Versículos 13 al 26: "Y soplando una brisa del sur, pareciéndoles que ya tenían lo que deseaban, levaron anclas e iban costeando Creta". Este es un gran viento que les había resultado muy difícil, este es un viento del este que había prevalecido y que ellos no lo habían podido sortear, ahora se había convertido en un viento ligero del sur por lo que ellos pensaron que sería bueno intentar hacer el viaje. Por lo que fueron de poco a poco alrededor de las costas de Creta, navegaron muy de cerca de la isla de Creta porque si les llegaba un mal viento siempre podrían llegar a un puerto en Fenice y entonces permanecer ahí todo el invierno.

Pero llegamos al versículo 14: "Pero no mucho después dio contra la nave un viento huracanado". Esto es un huracán o un tifón, un viento muy severo conocido como Euraquilo o Euroclidón, como lo llamaban los marineros. Este nombre provenía de dos palabras, una griega, la palabra *Euro*, "viento del este", y la otra latina, *acquillo*, "viento del norte". Era un viento del noreste, un viento de huracán. "Y siendo arrebatada la nave, y no pudiendo poner proa al viento, nos abandonamos a él y nos dejamos llevar". No pudieron llegar al puerto de Fenice; no lo lograron, simplemente tuvieron que dejar el barco a la deriva. Y ahora podemos ver a dónde llegó. Después de pasar una isla llamada Clauda, una isla que está en la parte abierta del Mediterráneo. "Y habiendo corrido a sotavento de una pequeña isla llamada Clauda, con dificultad pudimos recoger el esquife". Recogieron el esquife, que en ese momento estaba completamente inundado y se pudo haber hundido y perderlo. "Y una vez subido a bordo, usaron de refuerzos para ceñir la nave".

Como les dije antes, literalmente amarraron la nave, esto es, con cuerdas largas la amarraban apretando las tablas como intentando poner todo el barco junto, ya que el tremendo viento golpeaba el mástil y la nave se partía. "Ciñeron la nave, y teniendo temor de dar en la Sirte". Esta palabra significa arenas movedizas, y ustedes podrán notar en la parte inferior de sus mapas la Sirte Mayor. Esta era el cementerio de muchos barcos por lo que tenían miedo de que el viento los arrastrara y los aplastara, y todos murieran. Así que se dejaron llevar, "arriaron las velas y quedaron a la deriva".

Notarán que dicen en el versículo 17 que, "usaron de refuerzos para ceñir la nave; y teniendo temor de dar en la Sirte, arriaron las velas". Literalmente redujeron la velocidad. Bajaron el mástil, pusieron una vela de tormenta para tener algo de control sobre la nave y trataron de luchar contra el viento todo el camino. Y podrán notar que el curso que tomaron los llevó directo a Malta, como es llamada hoy en día. Y desde luego que aquí Dios es quien los está dirigiendo. No había forma, en medio de la oscuridad en la que estaban navegando, con todas las nubes que cubrían las estrellas de noche, y al sol de día, de que ellos pudieran navegar en absoluto. No había alguna forma en absoluto en la que ellos pudieran saber a dónde iban, pero Dios tenía una cita con ellos en la isla y por lo tanto siguieron un curso recto directo a la isla que ni siquiera conocían. Ustedes pueden ver las probabilidades de hacer esto por casualidad y notarán que es imposible cuando ven la inmensidad del Mar Mediterráneo.

El versículo 18 dice: "Pero siendo combatidos por una furiosa tempestad, al siguiente día empezaron a alijar, y al tercer día con nuestras propias manos arrojamos los aparejos de la nave. Y no apareciendo ni sol ni estrellas por muchos días, y acosados por una tempestad no pequeña, ya habíamos perdido toda esperanza de salvarnos". Entonces están siendo arrastrados al tiempo que cruzan el Mediterráneo por medio de este huracán del noreste. Habían eliminado la carga y ahora solo los conduce la tormenta. Han intentado asegurar el barco de la mejor manera posible. Tienen un tremendo miedo de que vayan a llegar a las Sirte, o que se pierdan porque no pueden navegar ya que no ven nada, sin esperanza y completamente ciegos están a la deriva.

Inmediatamente en este punto Pablo decide hablar. "Entonces Pablo, como hacía ya mucho que no comíamos, puesto en pie en medio de ellos, dijo: Habría sido por cierto conveniente, oh varones, haberme oído, y no zarpar de Creta tan solo para recibir este perjuicio y pérdida". Yo les advertí, me debieron haber escuchado. "Pero ahora os exhorto a tener buen ánimo, pues no habrá ninguna pérdida de vida entre vosotros, sino solamente de la nave. Porque esta noche ha estado conmigo el ángel del Dios de quien soy y a quien sirvo, diciendo: Pablo, no temas; es necesario que comparezcas ante

CEsar; y he aquí, Dios te ha concedido todos los que navegan contigo. Por tanto, oh varones, tened buen ánimo; porque yo confío en Dios que será así como se me ha dicho. Con todo, es necesario que demos en alguna isla".

Ahora aquí encontramos que un ángel da la promesa a Pablo de que lo van a lograr. Pablo tiene que llegar a Roma y todos llegarán junto con él. Dios les da una promesa. Un ángel habló a Pablo, y Pablo dice: "Creo en lo que me dijo el ángel porque creo en Dios". Dios estableció el lugar para establecer su reputación. Habían escuchado que Dios dijo a través del ángel, por medio de Pablo, que ustedes van a llegar allá y que van a llegar seguros. Perderán el barco, pero llegarán. Y debido a que ellos habían escuchado que la credibilidad de Dios estaba en riesgo, Pablo dice: "Dios dijo esto y yo lo creo". Y ahora tendrán la oportunidad de verificar si este Dios de Pablo es confiable. Dios puso las circunstancias para probar quien era Él. Sé que vamos muy rápido en la narrativa, pero es un repaso.

Cuarta etapa, el naufragio

Ahora esto nos lleva a la etapa cuatro dentro de la narrativa, el naufragio. Y esto es absolutamente fascinante; hay mucha sabiduría aquí. Del versículo 21 al 41. Ahora una nota al pie. En este momento Pablo asume el liderazgo. Quiero decir que el capitán no era quien estaba al mando, el piloto del barco tampoco estaba a cargo, el centurión y todos los demás estaban en pánico y el único de los hombres que está completo y ecuánime, es Pablo. Por lo que él puede estar a cargo. Y ya he dicho esto antes a ustedes dentro de este contexto; el liderazgo no es el título que ostentas. El liderazgo es la habilidad que tú tienes. El barco continúa siendo llevado por el huracán. La lucha por mantenerse a flote ha sido muy intensa al grado que nadie ha comido por dos semanas. Están aterrados, están petrificados y el pánico ha sido lo que han tenido con mucha intensidad durante estos días, no tienen la menor idea de dónde están ellos, ni siquiera saben hacía dónde se dirigen, y aquí están todos ellos en una situación sin ninguna esperanza por ser salvados. Pero el apóstol Pablo aparece en escena y les dice: "Dios me dice que todos ustedes van a sobrevivir". Ahora la credibilidad de Dios está siendo probada y la verdadera prueba está a punto de ser establecida.

Y entonces el versículo 27 nos da un aprendizaje del naufragio. "Venida la decimocuarta noche". Esto nos dice que llevaban 14 noches después de que habían zarpado de Buenos Puertos, "y siendo llevados a través del mar Adriático", ahora el mar Adriático no es el mar Adriático como lo vemos ahora en el mapa. Sino que el mar Adriático no es técnicamente el Adriático, que se extiende hacia arriba hasta el continente europeo. Sino que el Adriático, en tiempos antiguos se refería a la parte central del Mediterráneo, a toda esa área. Y la realidad es que ellos no sabían en dónde estaban, lo único que sabían era que se encontraban en algún lugar en medio del Mediterráneo, en el mar Adriático.

Y conforme ellos estaban siendo llevados de arriba abajo en el mar Adriático, y esto nos da una idea de que ellos no tienen idea de hacia dónde están yendo porque ni siquiera saben si es arriba o abajo, cerca de medianoche los marineros supusieron que ellos estaban cerca de tierra. Ahora, pueden ustedes imaginarse como estando en medio del mar repentinamente ellos pueden sentir que están llegando a algún lugar de tierra. Ahora en realidad solo hay una forma en la que ellos pudieron haber sabido, en medio de la oscuridad de la noche sin estrellas en el cielo, y esta es por la forma en la que las olas golpean en la playa. Y si ellos pudieron escuchar las olas golpeando, podían saber que estaban muy cerca de la playa.

El versículo 27 nos indica que los marinos escucharon el golpeteo de las olas. Es interesante ver un poco de lo que nos muestra acerca de la sabiduría náutica aquí. Subrayen esto. La distancia desde Cauda, en su mapa, hasta Malta es de 476.6 millas. Los marinos del Mediterráneo han dado información que indica que este barco dentro del viento del huracán los llevaría por lo menos unas 36 millas cada 24 horas. Si ellos hubieran luchado contra el viento para tratar de compensar ellos hubieran podido ir a unas 36 millas cada 24 horas. Si esto fuera realidad les hubiera tomado exactamente 13 días, una hora y 21 minutos llegar de Cauda a Malta. Y si añaden un día más desde Buenos Puertos a Cauda, así obtenemos la suma de 14. Así que la información de navegación, vemos que los juicios náuticos corroboran específicamente el hecho de que en realidad son 14 días los que duró el viaje si estuvieron en medio de un huracán.

Y de acuerdo a otros cálculos, como dije al comienzo de este estudio en nuestra última cena del Señor, muchos arqueólogos y muchos historiadores han estudiado este pasaje desde su información náutica, y muchas mentes seculares han opinado acerca de este pasaje. Y de acuerdo a estos cálculos fue en el catorceavo día que ellos pudieron están a menos de tres millas de la entrada del puerto de Malta que hoy en día es llamado el Puerto de San Pablo por obvias razones. Así que la gente que sabe de náutica nos dice que en exactamente 14 días a la velocidad que iban, ellos hubieran estado a tres millas de la entrada del Puerto de San Pablo.

Debemos notar que Malta es solo un punto en el Mediterráneo. Tenemos que ver aquí la providencia de Dios, ¿verdad? No hay otra conclusión. La Escritura es muy precisa. Los sonidos que escucharon debieron indicar que ya habían pasado Koura. Noten que Malta en el mapa, el punto más al este es llamado Koura, y para el tiempo que habían pasado Koura debieron haber estado como a un cuarto de milla de la orilla por lo que pudieron escuchar el oleaje reventando en la orilla. Un cuarto de milla desde el punto este de la orilla, tres millas les faltaban para pudieran llegar hasta el puerto, que ahora es llamado la bahía de San Pablo.

Así que ellos escucharon el reventar de las furiosas olas que generaba el aire para que reventaran en la orilla. Y desde luego que tan pronto como ellos escucharon quisieron saber qué tan cerca estaban, así que el versículo 28 nos dice, "echando la sonda". Esto quiere decir que echaron algunos dispositivos como sondas al mar para determinar la profundidad, y "hallaron veinte brazas". Una braza es aproximadamente dos metros, así que podemos multiplicar esto y encontrar que eran como 40 metros de profundidad. Y entonces avanzaron otro poco como una media hora. "y pasando un poco más adelante, volviendo a echar la sonda, hallaron quince brazas". Y es muy interesante que la geografía alrededor de malta da veracidad a este texto, Estas son medidas muy precisas. "Hallaron quince brazas", lo que quiere decir que se estaban acercando a la orilla.

Todo esto causó pánico. Esto no podía ser causa de regocijo porque en medio de la noche en el ojo del huracán lo menos que quieres es estrellarte contra la orilla del mar. Por lo que en el versículo 29 dice: "Y temiendo dar en escollos, echaron cuatro anclas por la popa, y ansiaban que se hiciese de día". Lo único que se les ocurrió para hacer fue lanzar las anclas por la borda. Ha habido mucha discusión acerca de por qué lanzaron las anclas fuera de borda, pero la respuesta es un tanto obvia si estudias un poco acerca de barcos de velas. Lanzaban las anclas fuera de borda por la popa para que la proa pudiera llegar a la orilla. Si anclaban por la proa la popa podría flotar en todas direcciones y como consecuencia el barco podría ser dirigido sin rumbo fijo a la orilla. Si anclaban por la popa entonces la proa sería dirigida hacia la orilla y no lo haría sin rumbo. De hecho, si ustedes solo anclaban la proa todo se convertiría en un problema. El agua que se está moviendo hacia la orilla podría girar el barco para que literalmente fuera en reversa. Anclando la popa la fuerza del agua mantendría a la popa en dirección hacia la orilla. Y el punto era que cuando se hiciera de día y pudieran ver la orilla, entonces simplemente cortarían las cuatro anclas y la popa se dirigiría rectamente y entonces podrían llegar a la playa y hacer que el barco encallara.

Esta fue aparentemente su intención. Pero entonces algo muy interesante ocurrió, escuchen esto; si alguna vez has estado en un barco y la tripulación entró en pánico entonces estuviste en un verdadero problema. Y esto fue justamente lo que sucedió: "Entonces los marineros procuraron huir de la nave, y echando el esquife al mar, aparentaban como que querían largar las anclas de proa". Estos hombres tenían un plan. Si se pueden imaginar lo asustados que estaban, estaban tan asustados que estuvieron a punto de abandonar el barco en medio de la noche oscura y del huracán, por lo que intentaban llegar a la orilla en medio de la oscuridad sin saber ni siquiera hacia dónde estaba la orilla, si lo hacían no tendrían ni idea de hacia dónde ir. Creían que era mejor estrellarse contra las rocas en medio de la oscuridad ya que sentían que estaban en medio de una situación muy desagradable. Entonces, en medio de su pánico intentaron hacer que esto pareciera que estaban lanzando las anclas por la borda, pero lo que ellos estaban intentando en realidad era poner el barco nuevamente en movimiento en el agua, y una vez este se moviera, ellos saltarían al agua. Estaban a punto de cortar las cuerdas para intentar llegar a la orilla.

Y bueno su plan no resultó porque Pablo, literalmente, los atrapo. Él estaba alerta. El versículo 31 nos muestra que Pablo sabía cómo respetar la línea de mando, además de que estaba preparado para controlar a toda la tripulación. "Pero Pablo dijo al centurión y a los soldados: Si estos no permanecen en la nave, vosotros no podéis salvaros". Si ellos se van usted estará en problemas. Dios quiere que todos se queden en este barco o de lo contrario nadie va a salvarse. Para este tiempo el centurión ya es un creyente porque todo lo que Pablo ha dicho ha sucedido y en este momento no lo va a contradecir. Hubiese sido desastroso que toda la tripulación abandonara el barco porque una vez que fuera de día se requerirían muchas manos calificadas para hacer que el barco llegará a la orilla con seguridad. Y todos los prisioneros y los soldados que intentaran lograrlo sin tener experiencia, hubieran experimentado un momento muy horrible.

Por esto, el centurión escucha lo que Pablo dice y aparentemente se emociona con esto y nos dice el versículo 32: "Entonces los soldados cortaron las amarras del esquife y lo dejaron perderse". Simplemente fueron y dejaron que el bote de emergencia, el esquife, se perdiera antes de que la tripulación se fuera en él. No estoy seguro de que Pablo les hubiera dicho que lo hicieran antes de que tomaran este barquito, pues creo que les serviría más adelante para llegar a la orilla. Si esto resulta tendrían que nadar, pero aparentemente el centurión creyó que esto era necesario para detenerlos.

Y llegamos al versículo 33: "Cuando comenzó a amanecer, Pablo exhortaba a todos que comiesen, diciendo: Este es el decimocuarto día que veláis y permanecéis en ayunas, sin comer nada". Ahora Pablo está completamente al mando del barco. Se está dirigiendo a todos lo que comandaban. Todos se están sometiendo a este hombre. Ahora les dice a todos que deben comer. Les dice, "es el decimocuarto día que veláis y permanecéis en ayunas, sin comer nada". Lo que les viene en unas horas es trabajo duro y ellos necesitarán energía. Si es que ellos van a hacer que esta cosa llegue a tierra necesitarán tener la fuerza suficiente, pero por el momento no tienen ninguna porque llevan catorce días sin comer, así que les dice: "Comamos".

Y versículo 35: "Y habiendo dicho esto, tomó el pan y dio gracias a Dios en presencia de todos, y partiéndolo, comenzó a comer". Esto me gusta, dos claves para servir al Señor, oración y un buen desayuno. Esto es un maravilloso balance. Una comida balanceada, la espiritual y la física. Así que Pablo

11_El viaje de Pablo a Roma

en realidad establece el ejemplo para ellos. Les dice en el versículo 34: "Les animo a que tomen un poco de alimento por su salud". Esto quiere decir para su ser. Es una palabra que es usada para hablar de salvación física y salvación espiritual en la Escritura. Pero aquí significa para su ser físico o bien para su seguridad. "Pues ni aun un cabello de la cabeza de ninguno de vosotros perecerá".

Ahora, ustedes pueden decir: "Esto es algo tonto, ¿a quién le importa perder un cabello en medio de todo esto?" Pero este es un antiguo proverbio judío. Podemos ir a 1 Samuel 14:45, 2 Samuel 14:11, 1 Reyes 1:52, Lucas 21:18, y en todos estos lugares encontrarán este antiguo proverbio. Este quiere decir que ustedes van a estar seguros. Es decir, tienen una inmunidad total en contra de daños. Por lo que Pablo les dice: "Todos ustedes se salvarán. Pero esta no es una excusa para no tener un buen desayuno". Así que ustedes pueden ver que hay un balance entre la soberanía de Dios, la perfecta planeación de Dios y la responsabilidad del hombre.

Versículo 35: "Y habiendo dicho esto, tomó el pan y dio gracias a Dios en presencia de todos, y partiéndolo, comenzó a comer". Los animó con su propio ejemplo y nos dice el versículo 36: "Entonces todos, teniendo ya mejor ánimo", doscientas setenta y seis personas, v. 37, "comieron también". El ánimo de Pablo se volvió infeccioso.

Versículo 38: "Y ya satisfechos, aligeraron la nave, echando el trigo al mar". Unas horas antes ya había tirado una gran cantidad de carga, pero nunca lo harían con toda la carga en medio del Mediterráneo porque una parte de ella era necesaria como lastre y para mantener estabilizado el barco dentro del agua hasta cierto punto. Por lo que estoy seguro de que salvaron una parte de esta, pero para este entonces la carga debió estar completamente empapada, totalmente salada por lo que ya no servía para nada. En adición a esto, cuando vas a encallar a un barco en la playa, necesitas que esté lo más ligero posible para que se mantenga completamente fuera del agua, tanto como sea posible, para que puedas llegar más cerca de la orilla. Así que, según el versículo 38, desecharon todo el trigo.

Llega el día en el versículo 39, "y cuando era de día, no reconocían la tierra". En otras palabras, finalmente vieron la orilla, pero no supieron dónde estaban. Ellos no supieron que llegaron al Puerto de San Pablo porque aún no le habían puesto este nombre. Ni siquiera sabían que estaban en Malta, "pero veían una ensenada que tenía playa". Aparentemente era una playa y no una roca. Había un acantilado que salía de la isla y acababa en una bahía dónde había una playa y ellos la vieron, "en la cual acordaron varar, si pudiesen, la nave". Entonces dijeron vayamos hacía esa bahía. Vayamos hacía esa playa, ese lugar con mucha arena.

Y el versículo 40: "Cortando, pues, las anclas", esto puede significar que las recogieron, ya las habían usado y les habían servido, "entonces se hicieron a la mar". Simplemente se dejaron llevar. "Largando también las amarras del timón". Estas amarras aparentemente son las que habían puesto como para dar fuerza al barco, "e izada al viento la vela de proa, enfilaron hacia la playa". Así que se dirigieron supuestamente al lugar donde había un banco de arena cerca del acantilado. "Pero dando en un lugar de dos aguas". Esta es una frase muy difícil. *Dithalassos* es la palabra. Pero la traducción de "lugar de dos aguas", parece no ser la más acertada. Lo más probable es que quiera decir arrecife o banco. Puede ser esta la razón por la que lo llamaron *dithalassos*. En medio de la bahía de San Pablo existe una pequeña isla llamada Salmeta, las aguas del este y las del oeste se reúnen detrás de esta isla, y puede ser que ellos asumieran que la isla era en realidad una extensión de la isla principal y cuando avanzaron, se dieron cuenta qué había detrás de ella y era el lugar donde los dos mares se reunían, esto hacía que empujaran arena al centro y crearan estos bancos de arena. Cualquiera que sea el significado de esto es que corrieron por en medio de estas barras o bancos de arena.

Nos dice el versículo 41: "Pero dando en un lugar de dos aguas, hicieron encallar la nave; y la proa, hincada, quedó inmóvil, y la popa se abría con la violencia del mar". Así que aquí golpeó la proa dentro del banco de arena, aparentemente a mucha distancia de la orilla y de las olas, las gigantescas olas del huracán están golpeando la popa del barco y los están destrozando. Ellos están atrapados mientras que el barco se desintegra.

Quinta etapa, la seguridad

Esto nos lleva a la quinta etapa de este relato, la seguridad. Y aquí llega el final maravilloso, versículo 42: "Entonces los soldados acordaron matar a los presos, para que ninguno se fugase nadando". Esto porque cuando un soldado romano perdía a su prisionero entonces él debía tomar la sentencia de su prisionero. Entonces ellos no querían perder a ninguno de sus prisioneros, y deciden matarlos, es decir, a Pablo y a todos los que había dentro del barco, para que no se escaparan. Pero el centurión hace algo para salvar la vida a Pablo y entonces todos los otros prisioneros pudieron agradecer a Pablo también por haber salvado sus vidas.

En el versículo 43, leemos: "Pero el centurión, queriendo salvar a Pablo". Sabía cuál sería la consecuencia de perderlo, pero lo hizo. "Les impidió este intento", él detuvo a los soldados para que no mataran a los prisioneros, "y mandó que los que pudiesen nadar se echasen los primeros, y saliesen a tierra". Todos se debieron lanzar al agua. Los que podían nadar, nadando y los que no podían tal vez buscaron un pedazo del barco para flotar con él. Recuerden que el barco se estaba desintegrando por lo que debieron agarrar algo con lo que pudieran flotar hasta la orilla. Se podrán imaginar cómo fue que 276 personas se lanzaron en medio del huracán, tratando de tomar tablas o cualquier desecho para tratar de llegar a la orilla. Pero, ¿saben algo maravilloso?

El versículo 44 concluye de esta manera: "y los demás, parte en tablas, parte en cosas de la nave. Y así aconteció que todos se salvaron saliendo a tierra". Esto es increíble, absolutamente increíble. Doscientas setenta y seis personas saltaron al agua y 276 se reunieron en la playa en medio de un huracán. Pienso que el primer pensamiento que debió llegar a estas personas fue este: "¿Saben? El Dios que adora Pablo tenía razón. Su palabra es verdad. Dijo que esto sería lo que sucedería y ha sucedido". Pueden ver como Dios no solo establece su credibilidad, su propia veracidad, sino que establece la veracidad de su líder, Pablo. Dios cumple su Palabra. Isaías 40:8, "Sécase la hierba, marchítase la flor; mas la palabra del Dios nuestro permanece para siempre". Isaías 55:10–11, "Porque como desciende de los cielos la lluvia y la nieve, y no vuelve allá, sino que riega la tierra, y la hace germinar y producir, y da semilla al que siembra, y pan al que come, así será mi palabra que sale de mi boca; no volverá a mí vacía, sino que hará lo que yo quiero, y será prosperada en aquello para que la envié". La Palabra de Dios siempre se cumple. Jesús dijo en Mateo y Marcos, en ambos: "El cielo y la tierra pasarán, pero mis palabras nunca pasarán". La Palabra de Dios es confiable y Dios establece esto por medio de este maravilloso incidente.

Miren lo que Pedro dijo en 1 Pedro 1:25, "La Palabra de Dios permanece para siempre". Jesús dijo al orar a su padre: "Tu Palabra es verdad". Así que Dios les dio una oportunidad. Dios dijo: "Aquí está mi Palabra comprueben que es verdad". Esta es la misma oportunidad que Dios da a todo hombre en el mundo. Al final de Malaquías Dios dice: "Pruébenme en esto, prueben si mi Palabra es verdad". Una vez más en este pasaje como lo ha hecho Dios con tanta frecuencia en la historia de la humanidad y en la historia de la revelación de Dios, Dios usa profecía predictiva para establecer su divina autoridad. Dios dice que sucederá, entonces sucede, y esto es lo suficientemente convincente como para reconocer que Dios es quien dice ser. La prueba más grande de la autoridad de la Escritura, la prueba más grande de que Dios escribió la Escritura para aquello que Él quería como convencer a estos, es que se cumplió en ese momento, y se continúa cumpliendo hasta hoy.

Principios del liderazgo espiritual

Ahora, resumiendo todo el pasaje, y a esto es a lo que quiero que presten atención, algo inmensamente emocionante, incidentalmente ahora estamos en Malta, pero regresaremos la próxima semana. Lo que quiero decir es que no hemos llegado al momento en el que Pablo es mordido por la serpiente. Y desde ahí hasta Roma, y continuando con el capítulo 27, quiero hacer notar algunas cosas. Aquí podemos ver ejemplificados en la vida de Pablo los principios del liderazgo espiritual. Los principios del maravilloso liderazgo espiritual.

¿Cuáles son las características de este hombre? ¿Cuáles son las cualidades que lo califican para ser un líder dinámico? Y créanme, esto es algo que es muy importante porque lo que Dios realmente necesita hoy en día es este tipo de liderazgo. ¿Qué es lo que en realidad hace visible este tipo de liderazgo? ¿Qué es lo que lo caracteriza? Solo las voy a tomar tal y como están en el texto.

Un verdadero líder es amado

Regresemos al comienzo del capítulo 27 y tomémoslo de la narrativa. Número uno, un líder es amado. Esto no siempre es verdad en el mundo. Pero esto siempre es verdad dentro de la iglesia. No quiero decir que él sea amado por todos todo el tiempo, sino que lo que quiero decir es esto: un líder que trabaja para Dios es un hombre que es honrado, es un hombre que es amado. Ustedes notarán en el versículo 3 que Julio permitió a Pablo, cuando comenzó el viaje, que fuera con sus amigos para que él se animara. Ahora aquí vemos a un hombre que ha enseñado doctrina, un hombre que ha sido primariamente un líder en la iglesia y va a estas personas y lo ministran para sus necesidades físicas. Esto solo es una pista de lo que hemos estado viendo una y otra vez en la vida de Pablo y esto es el gran amor que la gente tiene por él.

Algunas personas piensan que ser líder involucra eliminar el amor de las personas. Ser un líder es colocarte a ti mismo fuera de cualquier tipo de calidez en las vidas de las personas, pero no pienso que esto sea verdad para nada. En realidad, creo que los verdaderos líderes de Dios, son amados por la gente a la que ellos guían. Si esto no fuera verdad, no están liderando siendo responsables ante el Espíritu Santo, porque el Espíritu Santo genera amor. Con mucha frecuencia fallamos. Cometemos errores de juicio. Con frecuencia ofendemos. Sé esto por experiencia personal. Sin embargo, creo que a pesar de que hay ofensas e incluso hay errores de juicio y malas interpretaciones, y a pesar de que luchamos con las mismas debilidades y fragilidades con las que ustedes luchan, al mismo tiempo tiene que haber en un líder de Dios una irresistible cualidad que hace que tenga seguidores que lo aman. De otro modo no está liderando como lo debe hacer. Tito 3:15 da fuerza a este mismo concepto: "Todos los que están conmigo te saludan. Saluda a los que nos aman en la fe".

Pablo sabía que la gente lo amaba, aun cuando era un disciplinario, aun cuando si había algo que debía ser dicho, él lo soltaba llanamente, sin rodeos, cara a cara, incluso a gente como Pedro. Cuando había un asunto con el que se debía lidiar, él lo hacía duramente, con firmeza y enérgicamente. Y, a pesar de esto, lo amaban, porque a pesar de todas estas fallas y a pesar de sus fortalezas había una cualidad irresistible que lo hacía ser alguien a quien amar, amable. Jesucristo, desde luego es el más poderoso de los líderes que ha vivido sobre la tierra. Era tan amado que las palabras no son suficientes para expresarlo. Por esto dice Pablo: "Puedes hablar con lenguas de hombres y de ángeles, puedes venir con autoridad y recursos, pero si no tienes amor eres como metal que suena como un címbalo que resuena". Pablo dijo a Timoteo en 1 Timoteo 4:12, "Sé ejemplo de amor". En 1 Timoteo 6:11, "Pero tú, oh hombre de Dios, sigue el amor". Así que, para comenzar, un verdadero líder es alguien a quien se le ama.

Un verdadero líder nunca se da por vencido

Segundo, un verdadero líder como Pablo nunca se da por vencido, versículo 3. Él estaba enfermo, y aun en su enfermedad no dejó de perseguir sus objetivos. Si estaba enfermo cuando llegó a Sidón, se pueden imaginar lo que tuvo que pasar en el barco. Catorce días sin comida, luchando contra el huracán, y teniendo este trasfondo del dolor que él tenía, pero nunca se rindió. Él fue indómito, no le importaba lo que sucediera, nunca se daba por vencido. Se estableció en una vieja casa de campo cerca del lugar del campamento donde se desempeñó. Una vez que la hizo su hogar colocó un letrero en la casita donde puso unas palabras que reflejaban sus pensamientos íntimos. Estas eran las palabras que puso ahí, las puso en griego: "Lo que más me importa". Es sorprendente, pareciera que a un hombre que trabajó tanto, se desgastó y renunció, no le importaría nada.

Y supongo que, si ustedes tuvieran que ver a Pablo desde un punto de vista humano, tendrían que preguntarse cómo pudo un hombre pasar por encarcelamientos y pruebas, por complots para matarlo, enfermedades y naufragios, por todo lo que pasó, por esos dolores y la agonía de todas las cosas que vemos en esta porción de la Escritura y nunca renunciar. Nunca supo el significado de esto. Siempre acostumbro a decirles algo que dijo un jugador de futbol americano llamado Buddy Young. Su estatura era 1.60 m, y pesaba unos 70 kilos, pero acostumbraba a decir: "Cuando las cosas se ponen difíciles, lo difícil es ponerse en marca". Y también decía: "No es el tamaño del hombre en la pelea, sino el tamaño de la pelea dentro del hombre". Esto describe un poco lo que es el apóstol Pablo.

Un verdadero líder usa el buen juicio

Una tercera característica del líder es que no solo crea amor y nunca renuncia, sino que el verdadero líder usa el buen juicio. El verdadero líder toma decisiones prácticas y sabias, versículos 9 y 10. Aquí ellos se encuentran en Buenos Puertos y ya han perdido mucho tiempo en su navegación por lo que ahora ha llegado la temporada peligrosa y Pablo les dice: "Amigos, no es sabio que partamos de aquí". Lo que más me gusta de todo esto es este punto. Observen. ¿A este punto Pablo sabía que llegaría a Roma? Él lo sabía absolutamente porque en Hechos 23:11 un ángel se lo dijo. Pero solo porque él sabía que llegaría a Roma nunca perdió su sentido de practicidad. Lo ven. Nunca actuó tontamente. Nunca presumió acerca de Dios para hacer algo estúpido, desde el punto de vista práctico, para lograr lo que el Divino le había prometido. No fue presuntuoso, como David dijo: "Guarda a tu siervo de pecados de impertinencia". Fue paciente con respecto a la voluntad de Dios. Nunca lo puso a prueba.

Cuando Jesús estaba sobre la tierra supo esto porque era el Mesías, porque era el Hijo de Dios, Él heredaría los reinos del mundo, pero ¿qué hizo Satanás? Le ofreció los reinos de la tierra. Cristo esperó pacientemente hasta que el tiempo de Dios le entregara los reinos. Satanás intentó atrapar a Cristo, en las tres tentaciones, intentando adelantarse a Dios. Tú eres el Hijo de Dios y tienes hambre. Haz que estas piedras se conviertan en pan y en efecto Jesús dijo, "Él me alimentará cuando esté listo". Esperaré de Él. ¿Por qué no te tiras del Templo, del pináculo del Templo para que la gente reconozca que eres el Mesías? "Dios tiene un tiempo para su plan, esperaré por Él y mientras tanto tengo que sufrir". Ven que Jesús nunca pudo ser forzado a presumir que era necio tomar algo que le había sido prometido. Así que el tiempo de Dios es bueno para Él. Muchas personas hacen esto. Así que muchas personas llevan a la gente por un camino de rosas hacia un callejón sin salida, pero en realidad están tratando de abusar de Dios. Muchos hombres hacen esto en las iglesias. Se involucran en planes monumentales de construcción o en programas colosales de expansión. Pero a dónde han llevado a toda esa gente, ustedes lo han leído incluso en los periódicos. Dicen, Dios quiere que ganes a toda la gente. Dios quiere dar el evangelio a todas las personas, y qué hacen, forman grandes corporaciones que gastan fortunas de dinero y lo que sucede tiempo después es que llega el gobierno y se meten en muchos problemas por haber violado muchas leyes. Y ellos dicen, el fin justifica los medios, por lo que pierden su sentido de santidad, su sentido de practicidad y de permitir que Dios logre lo que Dios quiere lograr dentro de su mismo plan de tiempo.

Un verdadero líder habla con autoridad

La cuarta característica del liderazgo es importante, yo pienso, que el liderazgo habla con autoridad. Pienso que una de las características de un verdadero líder es que él habla con autoridad, que él sabe de parte de quien está hablando. Versículo 22: "Pero ahora os exhorto a tener buen ánimo, pues no habrá ninguna pérdida de vida entre vosotros, sino solamente de la nave". Esto es algo directo. Esto es decir justo lo necesario. "Porque esta noche ha estado conmigo el ángel del Dios de quien soy y a quien sirvo, diciendo: Pablo, no temas; y he aquí, Dios te ha concedido todos los que navegan contigo". Noten aquí su valentía. Pablo se levanta y dice esto es lo que va a suceder amigos porque Dios lo dice. Creo que un líder debe hablar con autoridad y su autoridad no es de él mismo, es la autoridad de la Palabra de Dios.

Leí un artículo en una revista cristiana, este artículo decía: "¿Qué es lo que se requiere del ministro? Claramente el requerimiento principal y esencial es un compromiso total y gozoso a la absoluta autoridad de la revelación escrita de Dios. Y ya que el creer en la Escritura, como la infalible y autoritativa Palabra de Dios ha sido declinada dentro de la vida de la iglesia en general, no es de sorprender que la elocuencia y el poder de la proclamación de esta palabra haya disminuido también". ¿Cuál es el resultado? Este fue claramente expuesto en una descripción que dieron en un panel de discusión que involucraba a un rabí, un sacerdote y un ministro protestante. El rabí dijo: "Yo hablo de acuerdo a la ley de Moisés". El sacerdote dijo: "Yo hablo de acuerdo a la iglesia". El ministro protestante dijo: "A mí me parece". Y esto es exactamente lo que ha sucedido en el cristianismo. A mí me parece. ¿Dónde está la autoridad? La autoridad se fue, cuando esto se fue.

El verdadero liderazgo espiritual conoce este libro y se basa en absolutos. No nos parecería correcto que Pablo se levantara y dijera: "Compañeros me parece a mí que sí lo vamos a lograr". ¿Quién eres tú para decirlo? Siéntate y solo tira cosas por la borda. El verdadero líder espiritual es autoritativo.

Un verdadero líder fortalece a otros

Quinto, el verdadero líder espiritual fortalece a otros. Cuando Pablo se levantó y dijo que debían creer esto, les dijo: "Los exhorto a tener buen ánimo". Y después en el mismo pasaje les dice: "Coman". Les estoy diciendo que tomen algo para comer y comieron y se animaron. Hay otra característica de un líder. Él lidera. ¿Lo entienden? Los líderes lideran. Esto es, tienen a otras personas que hacen lo que ellos hacen. Tienen seguidores. Cuando son fuertes entonces fortalecen a otros. Ellos afectan a otros. Así era Pablo. Y les puedo decir que este hombre afectaba a otras personas. Hizo que otras personas fueran lo que él era. Esto es muy pero muy básico en el liderazgo y sucede de esta manera, y no voy a tomar tiempo porque nuestro tiempo ya se fue, pero hay una gran ilustración en 1 de Samuel 30. Primero un líder es motivado por Dios y después un líder pasa esta motivación a otro. David se iría con Dios y tomó su fortaleza de Dios, y después la pasó a su gente. Un líder fortalece a otros.

Un verdadero líder opera sobre una fe firme

Sexta característica de un verdadero liderazgo. El verdadero liderazgo opera sobre una fe firme. Versículo 25: "Yo confío en Dios". Esto es algo muy agradable. El verdadero liderazgo opera con una fe firme. Abraham, en Romanos 4:20 dice: "Tampoco dudó, por incredulidad, de la promesa de Dios, sino que se fortaleció en fe, dando gloria a Dios". Esta es una verdad colosal.

Un verdadero líder demanda obediencia

Permítanme darles otro punto, tal vez sea el séptimo. El verdadero liderazgo demanda obediencia. Un verdadero líder nunca cede ante su fe. Vean el versículo 31, ellos tratan de huir y Pablo les dice: "Si estos no permanecen en la nave, vosotros no podéis salvaros". O lo haces a la manera de Dios o tendrán que pagar las consecuencias. ¿Pueden notar aquí algunos absolutos? Un verdadero líder nunca cede ante su fe. Siempre opera de acuerdo a los absolutos de Dios. Y dentro de la iglesia de hoy, lo que más tenemos es la falta de autoridad que dice, esto es lo que a mí me parece, y también tienen un espíritu que cede a todo y no tiene absolutos. No hay lugar para ceder y abandonar los absolutos de Dios. Pablo dice: "Salten al agua y lo que les va a suceder es que van a morir. Todo el barco se va a perder y ustedes junto con él. A menos que permanezcan en el barco todo se va a perder". Esto es absoluto. Necesitamos gente que es autoritativa y quienes operan con absolutos.

Un verdadero líder guía con el ejemplo

Y bien, otro punto, puede ser el octavo. Un líder guía con el ejemplo. Vean los versículos 34 y 35. Cuando Pablo les dijo que comieran, él comió primero. Aquí tenemos la más grande clave para el liderazgo, ejemplo. Lo hemos visto muchas veces. Él lidera por medio del ejemplo. Este es el pináculo del liderazgo. Liderar por medio del ejemplo. Lo que yo hago esto hagan ustedes. Esto se encuentra por todo el Nuevo Testamento. Hagan lo que yo hago, sean como yo, síganme como yo sigo a Cristo. Pablo lo repite una y otra vez, y otra vez. Y en medio de todas estas características del liderazgo tienen la promesa de que Dios va a cumplir su voluntad. Esto es algo hermoso. Un líder sabe que Dios va a cumplir su voluntad por lo que es tanto práctico como sabio. Balancea la soberanía y el esfuerzo práctico. Él tiene un desayuno saludable para hacer su trabajo, pero ora. ¿Pueden ver el balance? No es solo decir, Dios haz lo que tú quieras. Es colocarme dentro de la tarea también. Así es como encontramos en este maravilloso pasaje la providencia de Dios protegiendo a su líder elegido y vemos las características del liderazgo. Y confío que en nuestras vidas Dios nos ha llamado y colocado en posiciones de liderazgo, por lo que debemos aceptar la responsabilidad como Pablo lo hizo para manifestar la verdadera característica de un líder de Dios. Inclinemos nuestro rostro para orar.

Oración final

Padre nuestro, estamos agradecidos por el ejemplo que vemos en Pablo. Estamos agradecidos por la fortaleza del hombre que es tan aparente y evidente. Estamos agradecidos por las características que pueden ser traducidas dentro de nuestras vidas si es que hemos de ser efectivos para ti. Dios tan solo oramos que, de esta congregación de personas, que de esta comunión, tú levantes a aquellos que pueden liderar, ya sea a los padres dentro del hogar, ya sea los maestros dentro de las clases, los líderes de los varios ministerios, o aquellos que son llamados a pastorear, o a los campos misioneros. Que sean el tipo de líderes que tú quieres que sean. Te pedimos Padre que tú hagas que tu reino sea exaltado, el evangelio sea llevado a través del mundo por medio de usar a aquellos que tú has llamado para cumplir con la tarea de líderes con el poder del Espíritu Santo. Oramos esto en el nombre de Jesucristo. Amén.

REFLEXIONES PERSONALES

12_Edificando el cuerpo de Cristo

Y él mismo constituyó a unos, apóstoles; a otros, profetas; a otros, evangelistas; a otros, pastores y maestros, a fin de perfeccionar a los santos para la obra del ministerio, para la edificación del cuerpo de Cristo, hasta que todos lleguemos a la unidad de la fe y del conocimiento del Hijo de Dios, a un varón perfecto, a la medida de la estatura de la plenitud de Cristo; para que ya no seamos niños fluctuantes, llevados por doquiera de todo viento de doctrina, por estratagema de hombres que para engañar emplean con astucia las artimañas del error, sino que siguiendo la verdad en amor, crezcamos en todo en aquél que es la cabeza, esto es, Cristo, de quien todo el cuerpo, bien concertado y unido entre sí por todas las coyunturas que se ayudan mutuamente, según la actividad propia de cada miembro, recibe su crecimiento para ir edificándose en amor.

Efesios 4:11–16

BOSQUEJO

— Introducción

— El progreso de la perfección

— El propósito de la perfección

— El poder de la perfección

— Oración final

Notas personales al bosquejo

SERMÓN

Introducción

Leamos Efesios 4:11–16. "Y él mismo constituyó a unos, apóstoles; a otros, profetas; a otros, evangelistas; a otros, pastores y maestros, a fin de perfeccionar a los santos para la obra del ministerio, para la edificación del cuerpo de Cristo, hasta que todos lleguemos a la unidad de la fe y del conocimiento del Hijo de Dios, a un varón perfecto, a la medida de la estatura de la plenitud de Cristo; para que ya no seamos niños fluctuantes, llevados por doquiera de todo viento de doctrina, por estratagema de hombres que para engañar emplean con astucia las artimañas del error, sino que siguiendo la verdad en amor, crezcamos en todo en aquél que es la cabeza, esto es, Cristo, de quien todo el cuerpo, bien concertado y unido entre sí por todas las coyunturas que se ayudan mutuamente, según la actividad propia de cada miembro, recibe su crecimiento para ir edificándose en amor".

Aquí tenemos un pasaje de la Escritura, el cual en aras de hacerlo un sermón lo hemos titulado: "Perfeccionando a los santos". En el Sermón del Monte Jesús hizo lo que podría ser una declaración impactante. Dijo: "Sean perfectos como vuestro Padre que está en el cielo es perfecto". Esto coloca el estándar. Nuestro Señor pidió a los judíos perfección. Esta declaración de una simple frase nos declara cuál es la voluntad de Dios para el hombre. Dios quiere que seamos perfectos. La perfección de los santos es entonces parte del plan de redención de Dios desde la eternidad pasada.

Ahora, ¿de qué estamos hablando cuando hablamos de la perfección de los santos? Permítanme hacer algunas distinciones doctrinales para comenzar. Existen tres tipos de perfección de los cuales habla la Biblia. La primera es una perfección posicional. Perfección posicional. Esto es somos perfectos en Cristo delante de Dios. En 1 Corintios 2:6, hemos estado viendo en nuestro estudio de 1 Corintios donde Pablo dice, "hablamos sabiduría entre los que han alcanzado madurez, *teleios* es la palabra en griego, que en otros pasajes es traducida perfección. Y aquí él hace referencia a los creyentes. Cuando tú crees en Cristo, cuando tú lo recibes, posicionalmente delante de Dios por medio de la salvación, te haces perfecto a la vista de Dios, eres perfecto en Cristo.

En Colosenses 2:10 la Escritura dice, "y vosotros estáis completos en él". En Hebreos 10:14, dice el escritor, "porque con una sola ofrenda hizo perfectos para siempre a los santificados". Así que desde el punto de vista posicional esta es la forma en la que nos ve Dios. Somos hechos perfectos cuando creímos en Jesucristo. Cuando el pecado es pagado y removido cuando estaba como barrera entre nosotros y Dios, en Cristo nosotros somos hechos perfectos.

El segundo tipo de perfección es la perfección final. Esto es algo que nosotros no hemos experimentado, pero que experimentaremos en el futuro. En Hebreos 12:23 este se refiere a la iglesia, "a la congregación de los primogénitos que están inscritos en los cielos, a Dios el Juez de todos, a los espíritus de los justos hechos perfectos". A lo que se refiere es a los santos que han sido ya llevados al cielo.

Ahora, cuando Pablo habla en Filipenses 3:12 acerca de su muerte y resurrección dice: "No que lo haya alcanzado ya, ni que ya sea perfecto". Él está mirando hacia su perfección final cuando sea como Cristo. Entonces tenemos la perfección posicional, la cual es nuestra ahora, no tenemos porqué preocuparnos por ella, ya fue hecha. Y está la perfección final, la cual será nuestra en el futuro, ante la cual no podemos hacer nada hasta que salgamos de este mundo.

Y hay una tercera área de perfección. Es a la que llamamos perfección experimental. Y aquí es donde está la vida práctica del día a día del creyente. Este es el énfasis que el apóstol Pablo quiere hacer en Efesios capítulo 4. La perfección posicional, de la cual ya se encargó Dios, la perfección final, de la cual se encargará, pero en la que nosotros necesitamos trabajar es en la perfección experimental. Este es el punto de nuestra vida cristiana, ser perfectos en la práctica.

Ahora noten ustedes el versículo 12, la razón porqué hay evangelistas y pastores maestros, así como hubo apóstoles y profetas, es para perfeccionar a los santos. Ahora subrayen esto. Estos hombres no podían hacer que tu posición fuera perfecta, solo Cristo podía hacer esto. Estos hombres no pueden hacerte perfecto finalmente, solo Dios lo puede hacer. Pero somos llamados a llevar a los santos a un tipo de perfección práctica. Esto es de lo que habla este pasaje.

La palabra perfeccionar merece nuestra atención. Esta es la palabra en el griego *katartismos*. Puede significar completamente equipado, crecido, maduro, completo, total. Dios no está demandando de nosotros una perfección sin pecado, sino que nos está pidiendo que estemos completamente equipados, completamente crecidos, maduros, cristianos completos, iguales a Cristo tanto como sea posible en este mundo. Dios nos está pidiendo que maduremos hasta ser como Cristo y, amados, créanme que menos que eso no satisface a Dios. Los estándares de Dios deben ser absolutos y deben ser elevados, y Él los coloca de este modo. Es la razón por la que 2 Corintios 7:1 dice, "debemos perfeccionar la santidad".

De esto es de lo que se trata todo el periodo de tiempo denominado iglesia, y esto es para lo que existe la iglesia, para esto hay ministerios; este es el propósito de la iglesia, el propósito de su liderazgo es llevar a los creyentes a la perfección. Ahora Dios usa muchas cosas para hacer que ustedes maduren, muchas cosas. Una de las que usa, desde luego, es el Espíritu Santo. En Gálatas 3:3 se indica que tú tienes que comenzar por el Espíritu, pero nunca serás perfecto por medio de la carne y la implicación que hay aquí es que tú solo puedes ser perfecto en el Espíritu con el cual debiste comenzar.

El Espíritu Santo es la persona divina de la Trinidad que está involucrada en madurar a los santos. Así que el trabajo del Espíritu es madurar a los santos. Otra cosa que Dios hace en tu vida para hacerte madurar es que Él trae a ti pruebas. En Santiago 1:2–4 dice: "Hermanos míos, tened por sumo gozo cuando os halléis en diversas pruebas, sabiendo que la prueba de vuestra fe produce paciencia. Mas tenga la paciencia su obra completa, para que seáis perfectos y cabales, sin que os falte cosa alguna". Dios hará que entres en diversas pruebas para hacerte madurar.

En 1 Pedro 5:10 dice que Dios va a hacerte sufrir antes de que seas perfecto. Así que el trabajo del Espíritu Santo es hacerte madurar. La función de las pruebas y los sufrimientos te harán madurar. Y aquí encontramos la tercera agencia de tu madurez y esta es la Palabra de Dios. En 1 Pedro 2:2 dice: "Desead, como niños recién nacidos, la leche espiritual no adulterada, para que por ella crezcáis". La Palabra de Dios es la agencia, o el agente, para la perfección. En 2 Timoteo 3:16–17 dice: "Toda la Escritura es inspirada por Dios, y útil para enseñar, para redargüir, para corregir, para instruir en justicia, a fin de que el hombre de Dios sea perfecto, enteramente preparado para toda buena obra". El Espíritu Santo está trabajando para hacerte madurar. Las pruebas y el sufrimiento trabajan para hacerte madurar. La Palabra de Dios está trabajando para tu madurez, para hacerte madurar.

Ahora vean esto, yo no necesito ayudar al Espíritu Santo, ¿verdad? Él solo puede hacer su labor. Nunca dijo: "John, ¿me podrías ayudar?" Él no tiene ninguna necesidad de mí, así que no me necesito entrometer en su camino. Yo no tengo que hacerte sufrir y darte pruebas, de esto se encargará Dios. Pero en el área en la que yo si estoy involucrado es en perfeccionar a los santos, Esta es el área en donde se usa la Palabra de Dios para hacerte llegar a la madurez y esto es lo que nos está diciendo aquí. Él nos ha dado evangelistas y pastores maestros para la madurez de los santos, no por medio del sufrimiento y las pruebas, sino por medio del uso de la Palabra de Dios.

El propósito de todo lo que ocurre en tu vida, la Palabra, el trabajo del Espíritu, las pruebas, el sufrimiento, todas estas cosas son para traer a los santos a una madurez experimental y práctica para hacerte madurar, para hacerte crecer, completo, completamente equipado. Al final de la carta a los Hebreos, esta fue la bendición final, Hebreos 13:20-21, "Y el Dios de paz que resucitó de los muertos a nuestro Señor Jesucristo, el gran pastor de las ovejas, por la sangre del pacto eterno, os haga aptos en toda obra buena para que hagáis su voluntad". Esta es la bendición. Pablo dijo a los de Corinto, "sean perfectos". Este era el deseo, este era el objetivo de la vida cristiana en la práctica, por medio del ministerio del Espíritu, por medio de las pruebas, por medio de los sufrimientos, por medio de la Palabra.

Ahora, esta es la razón por la que se dan dones a los hombres dentro de la iglesia. Claramente dice, vean el versículo 12, "a fin de perfeccionar a los santos". Los pastores maestros, los evangelistas, quienes son los que fundaron iglesias en los tiempos bíblicos, también fueron los catalizadores que pusieron en movimiento la madurez de los santos hasta que todo el cuerpo sea edificado.

En este pasaje encontramos tres características de perfección enfatizadas. Veamos cada una de ellas. Número uno es el progreso de la perfección. Número dos el propósito de la perfección. Número tres el poder de la perfección.

El progreso de la perfección

El progreso de la perfección está en los versículos 11 y 12, muy simple. A unos apóstoles, a otros profetas, a otros evangelistas y pastores maestros, creemos que va unido, pastor-maestro, para perfeccionar a los santos, para la obra del ministerio, para edificar el cuerpo de Cristo.

Ustedes notarán que aquí hay un progreso. El primer paso es este, los hombres dotados equipan a los santos. La palabra perfeccionar puede ser equipar o madurar, cualquiera de las dos. "Él dio", versículo 11 dice: ¿Quién dio? Cristo es quien dio. ¿Qué dio? A unos el ser apóstoles, profetas, evangelistas, y pastores-maestros. ¿A quién? A la iglesia. ¿Por qué razón? Para perfeccionarla o madurarla, para hacer que madure. Ellos son trofeos de su conquista sobre Satanás en la cruz. Se le dan a la iglesia como don, como un regalo, con el propósito de madurar o equipar a los santos.

La tarea que nos fue dada, que Dios nos dio a nosotros, es hacer llegar a la madurez, a la plenitud, a que el individuo crezca completamente en Cristo y en la Palabra, amados, nunca debemos de dejar de hacerlo. Con frecuencia la gente me pregunta, ¿cuál es el objetivo que persigues en tu ministerio? Casi siempre que alguien me entrevista me preguntan, ¿cuál es el objetivo que persigues en tu ministerio? Y siempre les contesto: "Simple, mi objetivo es llevar a los santos que Dios me ha dado a la madurez". No me interesa meter a más personas en este edificio como otros tienen la intención de llenar sus locales. No estoy atrapado en algún tipo de psicosis por el éxito como, "el éxito está basado en la cantidad de personas que hay en tu iglesia". Eso no es bíblico.

Mi propósito no es llenar un edificio. Dios no dijo que dio evangelistas y pastores-maestros para llenar edificios. Este no es nuestro propósito. Ni siquiera es tener más salvos. El trabajo de un evangelista, amados, no era simplemente llevar a más personas a Cristo. No, no. Era traerlos a la madurez en Cristo. El concepto bíblico de un evangelista, no es el de un tipo con cincuenta sermones y cincuenta trajes quien anda de manera itinerante. No. El concepto bíblico de un evangelista es el mismo que el del pastor-maestro. Tiene la misma responsabilidad. La única diferencia es que él fue a lugares en donde Cristo no es conocido. La tarea que nuestro Dios nos dio no es la de llenar edificios.

En una ocasión se le acercó un hombre joven a Spurgeon y le dijo: "Tengo una queja. Mi congregación es muy pequeña". A lo cual Spurgeon contestó: "Bueno, puede ser que sea del tamaño suficiente o igual a las cuentas que deberás entregar un día a Dios en el día del juicio". Muy buena respuesta. Pero no eres responsable de cuántos, sino más bien de qué tipo. Mi responsabilidad como ministro del evangelio, como maestro de la Biblia, no es establecer un programa. La responsabilidad que yo tengo para contigo no es proveerte de grandes o de tantos programas sociales como sea posible en la iglesia. Mi responsabilidad con ustedes no es asegurarme de que ustedes estén entretenidos. La tarea que tengo es declarada de manera simple: Equipar a los santos.

Y amados, los apóstoles no se equivocaron en esto. Ellos comprendieron esto totalmente. Solo para que vean cómo fue que ellos tenían esto claro en sus mentes, escuchen lo que Pablo dice en Colosenses 1:28, refiriéndose a Cristo, como antecedente a las palabras que él dice: "Cristo a quien nosotros predicamos" —y escuchen— "amonestando a todo hombre, y enseñando a todo hombre en toda sabiduría, a fin de presentar perfecto en Cristo Jesús a todo hombre". Pablo dice el objetivo que tengo en mi ministerio es madurar a los santos, edificarlos no solo dejar a un montón de bebés escuálidos tirados por todo lugar en el mundo, sino ganarlos y edificarlos para que ellos puedan ser maduros.

Hay un querido santo de Dios llamado Epafras. Él es como uno de ustedes, un siervo de Cristo, veamos Colosenses 4:12, donde dice: "Os saluda Epafras, el cual es uno de vosotros, siervo de Cristo, siempre rogando encarecidamente por vosotros en sus oraciones". Y ¿para qué ora? "Para que estéis firmes, perfectos y completos en todo lo que Dios quiere". Seguro que él sabía cuál era el objetivo del ministerio. Pablo dijo, como ya lo mencioné antes a los de Corinto en su nota de despedida al final de 2 Corintios, "Finalmente, amados, me despido, sean perfectos". Esto es en realidad un alto estándar, pero no hay otro. Incluso David lo dijo de manera correcta, dijo: "Estaré satisfecho cuando despierte siendo a tu imagen y semejanza".

Amados, como ministro de Dios, nunca estaré satisfecho hasta que vea a los santos llegar a la madurez. Ese es mi llamado. Esa es la razón por la que enseñamos la Palabra de Dios. El llamado de evangelista, el llamado a ser un pastor maestro no es el llamado de una profesión. Es el llamado a una pasión. Pertenecemos a la iglesia no para entretenerla, no para meterla en programas, no para andar corriendo y dar café y té a sus miembros, incluso no estamos para organizarla, sino para llevarla a la madurez, a la perfección, a un crecimiento espiritual de madurez. Nada menos que eso y todas nuestras energías se deben concentrar en esta área.

Y dirás: "John, ¿cómo se equipa a los santos? ¿Cómo se hace? Al parecer no hay muchos hombres que estén haciendo esto". Y es correcto. Hay muchos más hombres dentro del ministerio que están preocupados por cuántas personas tienen que por saber si ellas son maduras. Estaba en una conferencia de pastores recientemente donde estaban representadas algunas iglesias numerosas, las iglesias más grandes de EUA, sus pastores estaban ahí. Y me refiero a iglesias monstruosas con flotillas y flotillas de autobuses, si llegas temprano puedes ser ahogado por la cantidad de monóxido de carbono que hay en el ambiente, esto cuando todos estos camiones llegan. Pero, no es que esté en contra de un ministerio de autobuses, pueden ser muy efectivos. Solo trato de enfatizar que eran iglesias muy grandes del medio oeste de los Estados Unidos, y ellos me invitaron a ser uno de los predicadores como una alternativa. Esto fue lo que dijo el que me presentó.

Pero de cualquier manera me senté en un panel con tres de estos hombres, yo era el cuarto en el panel y llegó la primera serie de preguntas para el panel y finalmente un pastor —tal vez había unos ochocientos o novecientos ahí— se levantó y dijo: "Me gustaría saber cuáles son sus hábitos en términos de estudio y preparación para ministrar en el pulpito". Nunca olvidaré las respuestas que estos tres hombres dieron y puede ser que los conozcan si dijera quienes eran. El primer hombre dijo: "Yo leo la Biblia todos los días". Esto sonó un poco insuficiente. Pero él tenía un hábito toda su vida de hacer devocionales todos los días. El segundo hombre dijo: "Me he hecho el hábito toda mi vida de leer un sermón a la semana", lo cual siendo interpretado significaba que él estaba suscrito a algún tipo de revista cristiana. El tercer hombre dijo, y nunca olvidaré esto, dijo: "No tengo tiempo de estudiar. Dios me ha dado tantos ministerios que solo confío en Dios cuando me paro a hablar. Confío en que Él me dará las palabras para hablar". Y esto es trágico.

Había ahí un hombre que era un pastor de una iglesia en el sur, su iglesia era la que más rápido había crecido, esto de acuerdo a un porcentaje que daban. Y debido a esto le iban a dar el título de doctor honorario, debido a la forma en la que había hecho crecer a dicha iglesia. Así que lo que hicieron fue pedirle que subiera y le dieron su grado de doctor honorario porque su iglesia había crecido de un número a tal número muy rápidamente. Y bueno estaba este hombre ahí escuchando. Yo era el cuarto hombre del panel. Me preguntaron: "¿Cuánto estudia usted?" No lo podía creer. Contesté: "Estudio un promedio de cinco a siete horas todos los días". Todos me voltearon a ver como diciendo este es un tipo rudo. Veo a la iglesia como la escuela en donde la gente necesita ser educada para madurar, no solo para dar sermoncitos para cristianitos.

Así que este hombre que recibió su doctorado, yo no sabía nada de esto, él me llamó, tuvimos una conversación de larga distancia algunas semanas después, y por teléfono me dijo: "¿Sabes? Lo que hablaste y la forma en la que te mostraste en ese panel dejó una impresión muy profunda en mí". Dijo: "Tenemos una iglesia que ha crecido muy rápido, pero" —dijo él— "no tengo la mínima idea de cómo debo enseñar la Biblia. ¿Me podrías ayudar?" Y continuó diciendo: "Tengo el corazón destrozado porque sé que no estoy haciendo lo que Dios quiere que haga". Todas tus energías deben estar concentradas en una sola cosa: Perfeccionar a los santos. ¿Cómo lo vas a lograr?

Permítanme mostrarles lo que Pablo dijo a Timoteo en 2 Timoteo 4:1, "Te encarezco delante de Dios y del Señor Jesucristo, que juzgará a los vivos y a los muertos en su manifestación y en su reino, que prediques la palabra" —y observen esto— "que instes a tiempo y fuera de tiempo; redarguye, reprende, exhorta con toda paciencia y doctrina". Nuestra exhortación debe ser edificada sobre la doctrina. Debe haber una continua enseñanza de sana doctrina. Aquí está la forma en la que debemos hacer crecer a los santos. En 1 Timoteo 4:6, Pablo le dice a Timoteo: "Si esto enseñas a los hermanos, serás buen ministro de Jesucristo, nutrido con las palabras de la fe y de la buena doctrina". Dales doctrina. Dales algo que los haga crecer. En 2 Timoteo 2:2, dice: "Lo que has oído de mí ante muchos testigos, esto encarga a hombres fieles que sean idóneos para enseñar también a otros". Y para que puedas hacer esto, dice Pablo: "Procura con diligencia presentarte a Dios aprobado, como obrero que no tiene de qué avergonzarse, que usa bien la palabra de verdad". Debe haber un compromiso a enseñar, a enseñar correctamente, enseñar correctamente la Palabra de Dios.

Pablo dijo a Timoteo una vez más, en 1 Timoteo 4:11-13, "Esto manda y enseña". Este es nuestro trabajo, manda y exhorta. "Ninguno tenga en poco tu juventud sino sé ejemplo". En otras palabras, haz que tu vida soporte tu mensaje. "Entre tanto que voy, ocúpate en la lectura, la exhortación y la enseñanza". ¿Saben qué significan estás tres palabras? Lee el texto, explica el texto y aplica el texto. Esto es la enseñanza bíblica.

En el Antiguo Testamento lo hacían, leían el texto y le daban sentido. Explicaban su significado. "No descuides el don que hay en ti. Ocúpate en estas cosas. Ten cuidado de ti mismo y de la doctrina". Este es el corazón del ministerio. Y, desde luego, como ya dije, la Palabra es la clave. "Toda la escritura fue dada para que el hombre pueda ser maduro". Esta es la razón por la que Pablo, cuando fue a Éfeso, dijo: "No he rehuido", ¿qué? "a darles todo el consejo de Dios. No es un constante evangelismo, evangelismo,

evangelismo. De este modo solo harán que su gente sea completamente carnal. Demasiada leche.

En Colosenses 3:10 dice esto, "y revestido del nuevo, el cual conforme a la imagen del que lo creó se va renovando hasta el conocimiento pleno". Los hechos, las verdades, las doctrinas de la Palabra de Dios. De manera similar Efesios 4:23 dice, "y renovaos en el espíritu de vuestra mente". La gente nunca será capaz de funcionar en base a principios que no conoce. Es la Palabra de Dios lo que los hace madurar, crecer.

Cuando hubo un avivamiento en los días de Nehemías, comenzó en el 8:1, con estas palabras: "Traigan el libro". ¿Han leído esto? "Traigan el libro". Tenemos un deber primario de enseñar la Palabra de Dios para que puedan crecer a la madurez. Mi ministerio y de cualquier otro que haya sido llamado por Dios como evangelista o como pastor maestro es equipar a los santos. Este es nuestro ministerio y mi labor nunca estará completa mientas que aun haya un individuo que se mantenga en la infancia espiritual. Esta es la razón por la que digo que yo no le he pedido a Dios que traiga más personas a esta iglesia. Nunca.

Nunca le he pedido a Dios que haga que lleguen más personas a esta iglesia, y nunca lo haré. No he hecho más discípulos de los que están aquí, y créanme que muchos de ustedes aún no están maduros. Y créanme también que es lo suficientemente atemorizador el ser responsable de ustedes. Hebreos 13 dice que yo algún día he de dar cuentas a Dios por la manera en la que trabajé por ustedes. Es la razón por la que Santiago 3:1 dice: "No os hagáis maestros muchos de vosotros, sabiendo que recibiremos mayor condenación". Es una responsabilidad muy seria. Pero también debo decirles que es una responsabilidad muy seria mantenerse dando a la gente solo ideas simplistas todo el tiempo, que solo harán que la gente se equivoque al elaborar programas sociales y todo tipo de actividades dentro de la iglesia. Todo por no enseñarles lo que la Palabra de Dios nos enseña. Pienso que los hombres que hayan hecho esto serán culpables delante de Dios, porque creo que cualquier cosa que sea menos que este compromiso de enseñar la Palabra de Dios, traer a los santos a la madurez, es una prostitución del ministerio. Esta es una declaración muy fuerte, pero es lo que creo. No podemos estar preocupados por las bancas vacías.

Una mujer vino a nuestra iglesia y me dijo: "Dejé mi iglesia". Y le dije: "¿Qué fue lo que causó que te fueras?" Y esto siempre me molesta, cuando la gente se va porque esto manifiesta un posible problema con la persona o con la iglesia y ambos son de gran estima para Dios. Le pregunté: "¿Por qué te fuiste?" Me dijo: "Porque hicieron un concurso en donde pagaban 50 centavos por cada persona que uno trajera, ellos alineaban a la gente en la mañana y les daban dinero a aquellos que habían traído a la gente que estaba sentada". ¿Te gustaría saber que tú vales 50 centavos?

Si es que vamos a madurar a los santos entonces vamos a estar dentro del alcance apostólico y vamos a sentir la pasión que sintió Pablo. Vamos a tener un corazón como el de él. Esta era su carga. Cuando él escribió a los de Tesalónica, en 1 Tesalonicenses 3:10 esto fue lo que dijo: "orando de noche y de día con gran insistencia, para que veamos vuestro rostro, y completemos lo que falte a vuestra fe". Ahora vean esto: "Este hombre oraba día y noche para que pudiera completar lo que les faltara a ellos en cuanto a su fe". Él tenía un solo objetivo, edificarlos, hacerlos completos, y ustedes solo serán completos cuando aprendan la Palabra de Dios y esté enraizada en sus vidas, al tiempo que toda tu mente es renovada, y entonces tu comportamiento responda a lo que tu mente dice.

Pero hay otro pensamiento. Regresando a Efesios 4 en donde dice perfeccionando a los santos, esto puede significar algo diferente. Existe la idea de que la palabra puede referirse a la unión de muchos miembros dislocados. Esta es la forma en la que se usa en 1 Corintios 1:10. Dice: "que habléis todos una misma cosa, y que no haya entre vosotros divisiones, sino que estéis perfectamente unidos en una misma mente y en un mismo parecer". Y un poco antes les dijo que él quiere que hablen la misma cosa.

Ahora, perfeccionar a los santos significa básicamente dos cosas: uno, traer a los creyentes individuales a la madurez; dos, unir a todos aquellos individuos dentro de un grupo armonioso, unir a muchos miembros dislocados, juntando a los santos, la vida del cuerpo de Cristo, el ministerio de los dones espirituales, responsabilidades de comunión, compartiendo, orando unos por otros, perdonándose unos a otros, amonestándose unos a otros, restaurándose unos a otros, toda esta unidad es parte de perfeccionar a la totalidad del cuerpo de Cristo. Así que no solo es buscar traer a los individuos a la madurez, sino que es también llevar a todo el cuerpo de Cristo a la unidad.

Pienso que Pedro puede servir como ilustración. Ustedes saben que deben reunirse varias cosas dentro del corazón de un hombre para que hacer que él haga todo esto. Una es que tenga esta prioridad y a menos que esté esto como prioridad, simplemente no va a suceder. En 2 Pedro 1:12-13 Pedro dice: "Por esto, yo no dejaré de recordaros siempre estas cosas, aunque vosotros las sepáis, y estéis confirmados en la verdad presente. Pues tengo por justo, en tanto que estoy en este cuerpo, el despertaros con amonestación". Pedro estaba comprometido con su madurez, al grado que incluso las cosas que ya sabían se las repetía. Nosotros olvidamos, ¿no es verdad? Se nos olvidan las cosas. Les repetiré, les seguiré repitiendo y continuaré haciéndolo, el versículo 15 dice: "para que después de mi partida vosotros podáis en todo momento tener memoria de estas cosas".

Cuando Pablo iba a dejar a los ancianos de Éfeso en Hechos 20:36-38, ellos cayeron a tierra, y junto con ellos Pablo, oraron, después estos hombres lo abrazaron llorando en su cuello y al último lo besaron. ¿Por qué? Porque él les había dado la Palabra y ellos nunca lo olvidaron, nunca olvidaron lo que él les enseñó. Pedro supo esto. Supo que esta era la prioridad y dice, como ya les dije, y se lo diré, y se lo diré, y se lo seguiré diciendo mucho, les daré los principios que ustedes recordarán cuando yo haya muerto. Personalmente me siento así. Si algo me habría de suceder, que sabemos que estaría bien, pues sería de acuerdo a los planes de Dios, oraré porque ustedes recuerden algunas de las cosas que han aprendido porque lo hemos repetido muchas veces. Esta es una responsabilidad seria, por lo que debe estar presente ese sentido de preocupación por cumplir con esta responsabilidad. Y también debe haber un sentido de urgencia para que sea nuestra prioridad. Pedro dice, quiero hacer lo que verdaderamente importa.

Después de la guerra árabe-israelí nos llegó una historia muy interesante que fue contada por Drew Pearson. Fue cuando Lyndon B. Johnson era el presidente. Un día él estaba leyendo el periódico *Washington Stary* y leyó una historia escrita por Smith Hempstone, una historia bastante patética acerca de cómo fueron liberados y se perdieron en el Sinaí 50.000 soldados y prisioneros egipcios, y estaban muriendo de sed. Hempstone estaba volando sobre el desierto del Sinaí con un coronel israelí quien reportó haber visto a egipcios con sus manos levantadas sobre sus cabezas en una señal universal de desesperación. El coronel dijo que ellos darían todo lo que tuvieran, sus vidas, sus mujeres, por una cantimplora de agua. Lyndon B. Johnson inmediatamente ordenó a la fuerza aérea de Estados Unidos que volara desde su base aérea de Wheelus, en Libia, muy cerca del Sinaí y que dejaran caer tambos de agua y comida para los 50.000 que estaban perdidos en el desierto. Pero de inmediato intervinieron los burócratas.

En el departamento de estado se decidió que la cruz roja internacional de Génova debía ser consultada. Se necesitaba permiso para volar sobre el Sinaí y absolutamente nadie sabía cómo obtener dicho permiso. La cruz roja se demoró y finalmente alguien regresó con una respuesta neutral. Regresó a los burócratas quienes decidieron que era muy peligroso, sería muy difícil localizar a los hombres, la idea fue abandonada y solo Dios sabe cuántos pudieron morir. Eso es triste. Pero les diré, no es nada diferente a lo que tristemente ocurre con frecuencia en los programas orientados de manera indiferente dentro de las iglesias quienes se deleitan en formar comités mientras que las personas se van al infierno. Nunca podemos estar satisfechos con solo funcionar. Solo podemos estar satisfechos con ganar personas para Jesús y madurarlos. Debe haber esta preocupación. Debemos operar bajo estas prioridades.

El trabajo es simple. Escuchen. Equipen a los santos para que puedan tomar el agua de vida y llevarla a las personas que están muriendo de sed. Esto es todo. No hagan todo su evangelismo aquí. Equipen a los santos para la obra. Esto es lo que marca el paso dentro del ministerio.

El propósito de la perfección

Pero ahora vayamos a la segunda característica. Primero vimos el progreso a la perfección, los hombres equipan a los santos por medio de sus dones. Segundo, observen, los santos hacen la obra del ministerio. "Para perfeccionar a los santos para la obra del ministerio". Pero, ¿quién realiza el ministerio? Los santos. Muchas personas piensan que el pastor es quien debe hacer todo. Esto no es lo que la Biblia enseña. Los hombres dotados no hacen la obra del ministerio. Ellos se concentran en la Palabra, ellos perfeccionan a los santos, y los santos hacen el trabajo de servirse unos a otros.

En Hechos 6, recordarán que las viudas de los griegos no estaban recibiendo una porción justa de cualquiera que fuera la comida que estaba siendo distribuida. Ellas lo reportaron a Jerusalén: "No estamos recibiendo lo que se supone que debemos. Hay favoritismo por las mujeres judías de Jerusalén". A lo que los apóstoles dijeron: "No nos podemos distraer en eso, elijan a algunos para que lo hagan. Nosotros nos daremos continuamente al estudio de la Palabra y a la oración. Encárguense ustedes de elegir a algunos de los santos para que se ocupen de este ministerio". Nuestra tarea es equipar a los santos para la obra del ministerio y entonces ellos lo harán. La palabra ministerio es *diakonia,* servicio práctico, ministerios espirituales. Todo cristiano debe ministrar espiritualmente. Todos ustedes tienen un don espiritual. Cada creyente lo tiene. Todos ustedes tienen llamados y formas de servir en las cuales el Espíritu Santo prefiere que ustedes estén funcionando. Cada uno de nosotros ha sido llamado a servir. En Romanos 12, Pablo dice, "Si ustedes tienen un don, úsenlo". ¿Han leído esto en los versículos 3–8? Si ustedes tienen el don de profecía, profeticen, si tienen el don de dar, den. Cualquiera que sea tu don úsalo; minístralo.

Al final de la primera carta de Pedro, en el capítulo 4, cerca del final, dice en el versículo 10: "Cada uno según el don que ha recibido, minístrelo a los otros, como buenos administradores de la multiforme gracia de Dios". Dios les ha dado un don, eres un administrador de él, lo que quiere decir que no es de tu propiedad, solamente lo administras para Dios, y si tienes este don úsalo. "Si es que van a hablar, hablen conforme a la palabra de Dios, si ustedes van a ministrar, ministre de acuerdo a las habilidades que Dios da". Y aquí nos está dando las dos áreas en las que hay dones: los dones de hablar y los dones para ministrar. Y cualquiera que suceda que tienes, en cualquier categoría, si sabes lo que son, úsalos. Y si no sabes cuál es el que tienes, encuéntralo y úsalo. De esto es de lo que se trata. Todo cristiano tiene una tarea espiritual y algunos no están sirviendo. No tienen ministerio. Nosotros estamos tratando de equiparte y haciendo que seas capaz de servir efectivamente.

Creo que, cada semana, todo cristiano debe estar involucrado en ministrar, el servicio espiritual es para el cuerpo de Cristo. Tus dones no son para ti, son para alguien más, y si tú no los ministras alguien más no sale beneficiado. Y si ustedes vuelven atrás en el tiempo y en la historia y van al libro de Hechos encontrarán que la cristiandad comenzó como un movimiento laico. Y ¿saben qué? la realidad es que no había profesionales. Eran laicos sirviéndose unos a otros, dando testimonio al mundo, y de algún modo fue degenerándose a un profesionalismo del púlpito financiado por espectadores laicos y eso hizo que sea lo que es hoy.

Ahora de algún modo es visto como una profesión que hace que bajo tu nombre haya un título especial y te den una licencia, te dan un poco de descuento en tu pago de impuestos, y si estás dentro de esto te dan un collar y entonces ya eres parte de la profesión. Y cuando una iglesia quiere que algo sea hecho generalmente van y contratan a alguien que lo haga. No pasa una semana en la que alguien me llame y me diga: "Sabes, necesitamos que alguien haga esto o haga aquello en nuestra iglesia, y necesitamos a otro más que haga esta otra cosa". ¿Y saben qué les contesto? "Por qué no miras a tu alrededor y ves si por casualidad ya tienes a esa persona". Y en realidad esta es la forma en la que se hace. Y créanme que, si ustedes no son capaces de crear su propio liderazgo dentro de la iglesia, entonces podrá haber razones por la que con el tiempo necesitarán a alguien más, pero si en general no puedes levantar a tu liderazgo dentro de los miembros de tu iglesia, quiere decir que no estás involucrado en perfeccionar a los santos. Nosotros equiparemos a los santos y como resultado de eso ellos harán la obra del ministerio.

Por lo tanto, limitar el ministerio a un grupo de personas seleccionadas con grados bajo su nombre, sofoca lo que es la causa de la evangelización del mundo y saca a los santos de sus ministerios y atrofia el verdadero crecimiento de la iglesia. De hecho, MacDonald dice que la distinción entre los clérigos y los laicos no está en la Escritura y que tal vez esto sea la causa de la obstaculización para esparcir el evangelio. No existe esta distinción bíblicamente, ninguna en absoluto. Yo soy como uno de ustedes. Sí, sucede que tengo ciertos dones, sucede que manifiesto estos ciertos dones de esta forma, eso es todo. Pero no soy diferente a ninguno de ustedes. No es solo para mí la visitación de los enfermos de ninguna manera es más de lo que es para ustedes. No es solo para mí el trabajar y discipular a los nuevos cristianos más de lo que lo es para ustedes, ministrar a la gente con problemas, con consejería espiritual, oración, provisión física, mostrarles amor, alcanzar

12_Edificando el cuerpo de Cristo

a los perdidos con el evangelio. Ese no es mi trabajo, ese es su trabajo. Es todo el servicio de los cristianos, y la iglesia es el lugar de entrenamiento para llevar a los santos a la madurez en el que puedan obtener su preparación espiritual y salir a ministrar. Nuestra tarea es desarrollar completamente a los santos y verlos sirviendo.

Es algo muy emocionante ver el Nuevo Testamento cómo esto está sucediendo. Empezamos con Felipe. Comienza siendo un diacono y se desarrolla para ser un evangelista. Lo puedes ver madurando. Creemos que, aquí en Grace Church, nosotros debemos desarrollar nuestro propio liderazgo. Creemos que esto es lo que Dios quiere que hagamos. Al principio cuando comenzamos, cuando llegué por primera vez a Grace había un puñado de personas, personas fieles que estaban trabajando y pudimos ver hacia el futuro. No sabíamos a dónde nos llevaría todo esto. No teníamos ni idea de lo que Dios iba a hacer. Yo no lo sabía. Esta era la primera iglesia que yo pastoreaba. Ni siquiera sabía que esperar, y tampoco lo sabían muchos otros, pero yo sabía una sola cosa, y lo que yo sabía era que quería que los santos hicieran la obra del ministerio, y yo quería madurar a los santos de tal modo que ellos pudieran crecer a la plenitud del ministerio. El día de hoy (1978) tenemos 23 o 24 personas en nuestro staff y todos ellos han salido de nuestra congregación, la gente ha madurado, crecido, y ha probado ser fiel en los ministerios. Dios los ha traído al lugar en donde ellos ahora son sus maestros y sus líderes y sus siervos.

Cuando los santos son equipados, amados, ellos harán la obra del ministerio. Si una iglesia está enfrentando problemas al hacer que sus miembros funcionen es porque la gente no está madurando. Esto puede ser visto en sus vidas, pero puede ser también una falla al no tener un ambiente que los haga madurar. Si ustedes enseñan la Palabra de Dios continuamente, y ustedes viven por medio del ejemplo, así como por el precepto, entonces crearán una atmosfera en la cual ocurrirá el crecimiento. Es como en un invernadero. Las cosas crecen, y cuando crecen comienzan a reproducirse. ¿Saben que los adultos tienen bebés, no los bebés? Los bebés no tienen bebés, son los adultos los que los tienen. Los santos maduros son los que son reproductivos. Los santos maduros son efectivos.

Entonces, nosotros perfeccionamos a los santos, los santos desarrollarán ministerios y créanme hemos visto suceder esto aquí. Es absolutamente emocionante ver los ministerios que se han desarrollado aquí. Recuerdo cuando comenzó el ministerio de grabación de mensajes. Uno de los miembros vino y me dijo: "Necesitamos un ministerio de grabación". Al cual le dije: "Pues inícialo", y lo hizo. No hace mucho tiempo alguien vino y me dijo: "Necesitamos un ministerio de convalecientes. ¿Qué debo hacer?" Y le dije: "si Dios ha puesto esto en tu corazón, hazlo". Y lo hizo. Y ahora tenemos a todo tipo de personas ayudando.

Una de las cosas hermosas acerca de nuestra pequeña escuela bíblica, hace unas semanas, trajeron a los niños una tarea de hacer algo para esas personas que están convalecientes en hospitales. Hicieron unas pequeñas manualidades y las llevaron a ellos. Bueno, este es un ministerio que fue desarrollado por parte de alguien que maduró y quiso usar sus dones. Así es como debe ser. Yo no tengo que iniciar programas. Yo nunca he iniciado ningún programa. En una ocasión intenté iniciar un programa aquí en Grace, los sometieron a votación y unánimemente me lo rechazaron así que fue la última vez que lo intenté.

Fue durante el primer mes que había llegado y presenté este maravilloso programa. Pero lo desecharon rápidamente. Salí con el rabo entre las patas y pensé que debía haber otra manera. Decidí que no debía inventar ningún programa ni intentar motivar a la gente a hacerse cargo de esos programas ni hacer que las cosas sucedieran, simplemente esperé hasta que la gente fuera motivada por el Espíritu Santo.

Cuando era niño fui a un circo, nunca lo olvidaré. Había un hombre con diez varas y diez platos. ¿Lo han visto? El hombre hace girar el plato sobre la vara y después lo hace con otro y con otro, pero al final uno comienza a bambolearse y tiene que hacerlo girar una vez más. Creo que esta es una ilustración de lo que hacen muchos pastores hoy en día. Pasan horas haciendo que un plato gire sobre la vara. Quieren que ese bebé ande y van y lo ponen en una vara, pero después van y giran a otro que antes lo habían puesto, pero para entonces ya el primero necesita recibir más impulso y así se les va el tiempo. Para entonces la hermana tal y tal ya se está cansando porque no tiene motivación para hacer las cosas. Para ella era una obligación externa delante del pastor quien se lo había pedido. ¿Qué mejor que hacerse para atrás y trabajar en madurar a los santos y permitirles desarrollar sus propios ministerios? Esto es emocionante. Y entonces lo verán hecho por Dios usando las vidas de las personas, y así les das la libertad de expresión, la libertad de hacer lo que ellos quieren al tiempo que Dios los dirige a hacerlo.

El poder de la perfección

La tercera cosa en el progreso es esta: los hombres dotados equipan a los santos, los santos hacen la obra del ministerio, y la tercera cosa que sucede, el cuerpo es edificado. Al final del versículo 12, "para la edificación del cuerpo de Cristo". Cuando todos nosotros hacemos nuestra parte toda la iglesia madura, todo el cuerpo madura. Cuando ministramos los unos a los otros, cuando nos servimos unos a otros, cuando usamos nuestros dones unos con otros, entonces todo el cuerpo crece y madura y la voluntad de Dios se cumple. Y este es el progreso de la perfección. Todos queremos una iglesia madura, ¿o no? ¿No queremos una iglesia que pueda pararse en el mundo y representar a Cristo? Esto va a suceder si nosotros equipamos a los santos y los santos hacen la obra del ministerio y entonces todo el cuerpo será edificado y Cristo será visible. Este es el progreso de la perfección.

Número dos, los propósitos de la perfección. No son solo propósitos sino resultados. Porque donde hay propósitos divinos también habrá resultados divinos. Lo que Dios quiere hacer él lo cumple. El primero, el primer resultado o propósito está en el versículo 13, "hasta que todos lleguemos a la unidad de la fe", la unidad de la fe. Dios quiere una iglesia unida. Dios quiere una iglesia madura, trabajadora, servidora y unida.

Ahora vean esto. Conforme cada miembro es edificado surge una creciente madurez. Todo el cuerpo se hace maduro y se hace uno. Y ustedes saben que pueden intentar todo lo que quieran para tratar de crear la unidad. Pueden luchar para crear la unidad todo lo que quieran, pero no lo lograrán mientras tengan inmadurez. Pablo dijo a los corintios: "Ustedes son bebés, son carnales. ¿Acaso no hay divisiones entre ustedes?" Siempre que haya infancia habrá división. Siempre habrá división donde no hay madurez. Así que cuando maduramos a los santos, surge la unidad. Los santos maduros se convierten en uno. Es algo muy triste cuando no existe ese proceso de madurez porque entonces la iglesia se fractura y hay divisiones, se desconectan y el testimonio que da al mundo es algo terrible.

Esta mañana llegó una dama. Me dijo: "Estoy visitando de fuera. Mi corazón está destrozado con las divisiones que hay en nuestra iglesia. ¿Qué puedo hacer? ¿No sé qué hacer?" Ella dijo: "El pastor ha perdido el compromiso con la doctrina y ha comenzado a enseñar lo que se le ocurre". Y bueno, no hay nada que se pueda hacer excepto ir a él a decirle, porque si no hay sana enseñanza de la Palabra de Dios para que surja la madurez nunca habrá unidad de la fe. Pero si sí existe y el cuerpo crece, habrá unidad que se manifestará en gozo por los creyentes y testimonio para el mundo.

Segundo, en este propósito él dice: "No solamente queremos que ustedes lleguen a la unidad de la fe, sino también al conocimiento del Hijo de Dios". Queremos que la iglesia crezca en el conocimiento del Hijo de Dios. Ahora, esto no es en conocimiento básico; es un profundo acercamiento personal y experimental con Cristo. Queremos que conozcan en realidad a Cristo. Queremos que maduren al sondear las profundidades de lo que Él es en realidad. Pablo oró en Filipenses 3, "a fin de conocerle". No lo decía superficialmente, lo decía desde lo profundo de su corazón. Cuando los hombres dotados equipan a los santos, y los santos hacen la obra del ministerio, y el cuerpo es edificado, habrá una unidad sobrenatural y habrá una comunión personal experimental y profunda con el Hijo de Dios. Es como en Efesios 3:17 donde dice: "Oro para que Cristo pueda morar y estar en casa dentro de sus vidas". *Katoikeo*. Que Cristo pueda habitar en sus corazones y se sienta como en casa dentro de sus vidas, esto es comunión íntima. Un cuerpo aprendiendo, un cuerpo sirviendo, madurando estará unido, y estará profundamente involucrado con Jesucristo.

Amados, ustedes que maduran, ¿son capaces de reconocer qué gozoso es conocer a Cristo ahora en comparación a cuando creyeron por primera vez? ¿Cuánto más satisfactorio es haber sondeado las profundidades de todo lo que significa para ustedes? Esto es lo que Pablo está diciendo. Los resultados: unidad y profundo conocimiento del Hijo de Dios.

Otra razón, la tercera, "a un varón perfecto, a la medida de la estatura de la plenitud de Cristo". El tercer resultado de la perfección es que nosotros seamos como Cristo. Cuando maduramos, el cuerpo es edificado, nos hacemos uno, y tenemos un profundo conocimiento de Cristo, nos encontramos a nosotros mismos siendo como Él es. De hecho, en 2 Corintios 3:18 dice: "Por tanto, nosotros todos, mirando a cara descubierta como en un espejo la gloria del Señor, somos transformados de gloria en gloria", en ¿qué?, "en la misma imagen, como por el Espíritu del Señor". Así que cuanto más profundo sea nuestro conocimiento de Cristo, más profundo penetraremos en quién es Él, y más seremos transformados en su misma imagen. Y vean lo que dice en el versículo 13, "a un varón perfecto". La meta de todo creyente, el objetivo de todo el cuerpo es ser maduro, completamente crecido, completo, que toda la iglesia pueda representar a un Cristo maduro. El mundo nos ve y evalúa a Cristo.

Dios no se satisface con que la gente solo vaya a la iglesia. No se satisface con que sean personas decentes y respetables. Él demanda que sean hombres completamente crecidos y espirituales, robustos, vibrantes, fuertes, que sean a la imagen de Cristo y que la iglesia, colectivamente, crezca a la estatura de la plenitud de Cristo. Se mide la estatura de Cristo. Se evalúa la plenitud de Cristo y entonces sabrás que es lo que Dios quiere que sea su iglesia. Nada puede ser menor a esto. Debemos ser perfectos como Cristo es perfecto. Esto es lo que Dios desea. Esa es nuestra meta.

Ahora, hay un cuarto resultado cuando sigue el progreso. Versículo 14, "para que ya no seamos niños fluctuantes, llevados por doquiera de todo viento de doctrina, por estratagema de hombres que para engañar emplean con astucia las artimañas del error". Lo que Él quiere ver en nosotros como resultado del perfeccionamiento, es una unidad experimental, que haya una comunión duradera con Cristo, ser a la imagen de Cristo —y observen esto— y que tengamos el conocimiento de la sana doctrina. Cuando la iglesia es madurada no permitirá ser llevada por la falsa doctrina. Vean el versículo 14. ¿Quiénes son los que son llevados y arrastrados por cualquier viento de doctrina? ¿Quiénes? Los niños, los niños fluctuantes. No tienen discernimiento. Recuerdo que una vez que estaba predicando acerca de este tema, y dije: "Recuerdo que cuando Mateo era un niño pequeño acostumbraba gatear por toda la casa, no tenía discernimiento. No sabía lo que era bueno para él o que era malo para él. Lo que hacía era tomar cualquier cosa que encontraba en el suelo y se lo metía en la boca, varias cosas a la vez, ya fuera un clip, o plástico, o papel, cualquier cosa que encontrara. Él no comprendía la diferencia". Alguien vino a mí después de eso y dijo: "Deberías hacer que alguien ayudara a tu esposa". Así que ya no uso esa ilustración. Mi esposa puede encargarse sola de la casa, y lo hace excelentemente bien. En esa ocasión estábamos visitando a unos amigos.

Los niños no saben hacer distinciones. Si ustedes le preguntan a un niño lo que quiere comer y si ustedes le dan lo que él quiere lo matarían en pocos años, helado, dulces, y todo tipo de comida basura. Lo que en realidad necesita es un montón de espinacas. Lo que vemos es que no puede comprender ni puede discernir. Es echado de adelante para atrás y puede ser llevado por todo viento de doctrina, por estratagema de hombres que emplean con astucia las artimañas del error. Nuestro Señor quiere que los alimentemos con las palabras de la sana doctrina. Esto es parte de ello. Cuando la palabra habita en ustedes entonces ya fueron equipados. Son como dice 1 Juan 2:14, "porque sois fuertes, y la palabra de Dios permanece en vosotros, y habéis vencido al maligno".

Muchos cristianos son arrastrados a la falsa doctrina porque son bebés, porque son infantes. Satanás es astuto. ¿Han escuchado la palabra prestidigitación? La prestidigitación de los hombres, *kubeia*, literalmente significa jugar con los dados, artimañas de hombres, engaño para atrapar a la gente, la emplean con astucia. Esto significa trucos engañosos. Mienten y esperan poder engañar. ¿Saben qué es esto? El hacer un complot para engañar. Esta es una hermosa definición de lo que es una secta. Walter Martin dice: "Los creyentes deben ser fuertes para estar a salvo de la inestabilidad y la credulidad y la única forma en que vamos a protegerlos de la falsa doctrina es darles la verdadera doctrina para que sepan dónde están".

De este modo el propósito de nuestro Señor aquí es un cuerpo de creyentes quienes conocen la Palabra, quienes permanecen firmes, quienes no se dejan llevar por cualquier viento de doctrina, y digo que realmente sean llevados. Finalmente llegamos al clímax y propósito del evangelismo. Un cuerpo edificado, parecido a Cristo, fuerte, maduro que vivirá la verdad en amor delante del mundo con un profundo efecto evangelístico.

Veamos el versículo 15, "sino que hablando la verdad en amor". Detengámonos aquí por un momento. Uno de los propósitos de la madurez es que nosotros podamos hablar la verdad en amor. La gente dice: "El tipo de iglesia de la que estás hablando es del tipo que no sale y gana almas". Pero créanme que no creo esto en ningún momento. Creo que la gente madura ministrará y evangelizará. Creo que esta es una consecuencia de la madurez. Esto es lo que creo. Creo que las personas que son edificadas en la fe serán más capaces en comunicar el evangelio. Van a tener un motivo más fuerte para hacer esto. Van a ser capaces de hacerse cargo del ministerio que les corresponde a ellos. Lo que te estoy diciendo es que los cristianos inmaduros, fraccionarios, que pelean por todo no establecen ningún tipo de plataforma para el evangelismo, ¿verdad?

Bunyan dijo: "Cuando todas sus vestiduras sean blancas, el mundo dirá que fue por su causa". Hind dijo: "Muéstrenme una vida redimida y entonces podré creer en su redentor". Y lo que él está diciendo aquí es que podemos hablar de la verdad en amor. Debemos hablar la verdad en amor. Me agrada el hecho de que nosotros debamos hablar la verdad en amor. De manera amorosa. Entonces aquí tendremos dos grandes enemigos para logar ser exitosos con los de afuera. Dos grandes enemigos del evangelismo: número uno, no hablar la verdad. Este es uno de los grandes enemigos del evangelismo, separarnos de la verdad. El segundo gran enemigo es la indiferencia hacia la gente, ser fríos, tener una indiferencia fría hacia la gente cuando no te importan.

Por lo que él dice: "Los santos maduros hablarán la verdad y lo harán en amor hacia la gente". Lo harán con mucho amor. Esto es el evangelismo y es el producto de una iglesia madura. Tengamos en mente Hechos 2. ¿Recuerdan el pasaje? La iglesia está iniciando ahí. Tres mil personas llegaron a la iglesia el primer día. Se reunieron para orar juntos, para tener comunión y para partir el pan, tuvieron comunión y la doctrina de los apóstoles. Iban de casa en casa y hacían lo mismo de casa en casa, partían el pan, compartían y enseñaban. No se nos dice que hicieran algún tipo de evangelismo. Simplemente continuaban creciendo y creciendo, y se nos dice: "el Señor añadía a la iglesia diariamente". Y cuando avanzamos en el Libro de los Hechos y los vemos exhortándose, estudiando la Palabra, y el Señor multiplicaba la iglesia. El evangelismo es un sub producto de la madurez, es una consecuencia lógica. Es muy importante seguir el patrón de Dios, hacerlo a la manera de Dios.

Aquí vemos la progresión de la iglesia. Obsérvenla. Los hombres dotados equipan a los santos, los santos hacen la obra del ministerio, el cuerpo es edificado, los resultados de un cuerpo que crece se manifiestan en la unidad, una profunda comunión con Cristo, ser a la semejanza de Cristo, el conocimiento de la sana doctrina, y un evangelismo amoroso preocupado por los perdidos del mundo.

Ahora, para concluir, Pablo da la verdad que hace que todo esto se una por sí solo, el poder de la perfección, esto es poder. Versículo 15, él desea crecer a la estatura de Él, crezcamos en todo en aquel que es la cabeza, esto es, Cristo, de quien todo el cuerpo, bien concertado y unido entre sí por todas las coyunturas que se ayudan mutuamente, según la actividad propia de cada miembro, recibe su crecimiento para ir edificándose en amor. Cristo tiene que ser la cabeza para que todo el cuerpo funcione.

El poder para que todo esto se logre no es nuestro, ¿de quién es? de Cristo. Todas las partes se unen debido a su poder. Todo el trabajo que realiza cada parte es debido al poder de Cristo, el crecimiento del cuerpo es debido a su poder, la edificación de cuerpo en amor es debido a su poder. ¿De quién es? Esto es a lo que se refiere el versículo 15: el poder es Cristo. Si es que nosotros hemos de edificar la iglesia con Cristo a la manera que Él lo está haciendo, entonces solo Él será honrado, la Escritura se cumplirá, y créanme, conoceremos la plenitud y lo fructífera que Dios ha diseñado que sea la iglesia. Oremos.

Oración final

Estamos agradecidos, Padre, por tu Palabra tan clara esta noche. Hablamos con valentía porque este es un texto valiente. No es opinión humana. Yo no he dado mi opinión, Padre, sino solo tu Palabra. No debemos ser rudos con aquellos que no conocen tu verdad, a pesar de que los exhortemos, y a pesar de que, a todos aquellos que conociéndola la desobedecen, los amonestaremos como hermanos.

Dios, amamos a tu iglesia. Amamos aquello que Cristo ama. Él amó a la iglesia lo suficiente como para derramar su sangre por ella. La amamos igualmente. Queremos que la iglesia sea todo aquello que tú has querido que sea. Nuestros corazones están destrozados y entristecidos porque estamos muy alejados de la meta de la perfección. Y, por tanto, nos importa.

Padre, sabemos que no podemos hacer todo, pero podemos hacer todo aquello que sea necesario bajo tu poder. Podemos hacer que esta asamblea local sea todo aquello que tú has querido que sea. Protégenos del maligno. Mantennos humildes. No nos dejes caer en actitudes de soberbia como si supiéramos todo, sino que podamos tener confianza en nuestra humildad de que Esta es la verdad. Que podamos hablar valientemente a aquellos que necesitan saber. Padre, que cada uno de tus amados santos, que cada uno de tus hijos que limpiaste por medio de tu sangre, sean capaces de aceptar la responsabilidad que les has dado.

Dios, ayúdame junto con todos aquellos que enseñan y dirigen, a todos los ancianos y líderes de esta iglesia. Dios, ayuda a cada uno de ellos a ser fiel a su alto llamado de equipar a los santos. Haz que seamos discipuladores de hombres que se puedan reproducir. Ayúdanos a ser reproductores también. Te agradecemos porque en todo esto está Cristo, porque el poder es suyo, y no hablaremos de ninguna cosa que Él no haya forjado. Oramos en su santo nombre, amén.

REFLEXIONES PERSONALES

V Tema
Sermones de Salvación

13_La patología de un hipócrita religioso

Y le enviaron algunos de los fariseos y de los herodianos, para que le sorprendiesen en alguna palabra. Viniendo ellos, le dijeron: Maestro, sabemos que eres hombre veraz, y que no te cuidas de nadie; porque no miras la apariencia de los hombres, sino que con verdad enseñas el camino de Dios. ¿Es lícito dar tributo a CEsar, o no? ¿Daremos, o no daremos?

Mas él, percibiendo la hipocresía de ellos, les dijo: ¿Por qué me tentáis? Traedme la moneda para que la vea. Ellos se la trajeron; y les dijo: ¿De quién es esta imagen y la inscripción? Ellos le dijeron: De CEsar. Respondiendo Jesús, les dijo: Dad a CEsar lo que es de CEsar, y a Dios lo que es de Dios. Y se maravillaron de él.

Marcos 12:13–17

BOSQUEJO

— Introducción

— Las características iniciales de un hipócrita religioso. Hace alianzas extrañas en contra de la verdad

— Un hipócrita religioso busca la verdad usando falsedad

— Oración

Notas personales al bosquejo

SERMÓN

Introducción

Vayamos a nuestras Biblias a Marcos 12, Marcos capítulo 12. En este momento vamos a comenzar con lo que será un viaje a toda velocidad por todo el evangelio de Marcos. Durante los próximos dos meses va a ser una maravillosa experiencia para nosotros. Vamos a tomar la sección de Marcos que comprende de los versículos 18 al 27, y aquí vamos a saber con quién estarás casado en el cielo. Esto solo es parte del tema que tenemos ahí. En caso de que te preguntes con quién será, la respuesta es con nadie. Pero hoy estaremos viendo lo que es el tema de la resurrección.

Pero primero vayamos a los versículos 13 al 17 como dije al principio. Estaremos viendo este poderoso evangelio por la mañana y en la tarde, serán horas poderosas acerca de la parte final de la vida de nuestro Señor, llegando hasta su muerte y resurrección.

Ahora antes de comenzar con Marcos 12:13–17, necesitamos un introducción para aquellos que no han estado con nosotros. Esta es la última semana de la vida de nuestro Señor. Esta es la semana de su crucifixión y resurrección. Durante tres años de un ministerio diario por toda la tierra de Israel, tanto en el sur, Judea, como en el norte, Galilea, nuestro Señor ha demostrado que Él es el Hijo de Dios. Ha probado que Él es Dios en carne humana. Ha probado esto por medio de su poder sobre la enfermedad, sobre los demonios, sobre la muerte y sobre la naturaleza. Él tiene poder soberano absoluto sobre el mundo físico, el mundo espiritual e incluso sobre el mundo angelical. Ha demostrado no solo su deidad por medio de su poder, sino que también por medio de su misericordia. Dios no es solo un Dios de poder, todopoderoso, sino que también es un Dios misericordioso. Por medio de Jesús ves la compasión de Dios en completa actividad, por medio del amor de Jesús, en la forma tierna en la que Jesús elimina el sufrimiento humano, al menos durante el tiempo de su ministerio en Israel.

También podemos ver su deidad en la perfecta articulación de la verdad de Dios así como su proclamación. Él habló la verdad con respecto a todo, a cómo eran las cosas, la forma en la que son, y la forma en la que serían en el futuro. La verdad acerca del hombre, acerca de Dios, acerca del reino de Dios, el reino del hombre, el perdón de los pecados, la salvación, la vida eterna, todo de una manera sin paralelo, en una forma clara y poderosa.

Durante estos tres años de ministerio, sus pasos han sido un martirio para los líderes religiosos de Israel. Ellos son los que de algún modo cuidan las puertas del mundo espiritual de su época. Ellos son los que supuestamente sirven de mayordomos a Dios, son los que se encargan de cuidar la verdad divina como fue revelada en el Antiguo Testamento y también se encargan de pastorear a la gente, la nación de Israel, y a todos los gentiles que han llegado al Dios verdadero.

Ellos han seguido a Jesús por todos lados con un solo objetivo en mente, no aprender más acerca de su enseñanza, no para convencerse más de su deidad, lo han seguido por una sola razón, y esa es destruirlo. Desde el principio ha sido su enemigo, Él es enemigo de todo lo que ellos enseñan. Él es enemigo de todo lo que ellos creen, Él es enemigo de todo lo que ellos afirman. Él es enemigo de la forma en la que ellos dirigen su vida.

Y solo puede suceder que se arrepientan y crean o bien se que logren deshacer de Él. Y con solo algunas excepciones, los líderes de Israel han elegido lo último, ellos quieren deshacerse de Él. Su elección entonces es alinearse a sí mismos con sus ancestros, los líderes del pasado en la historia de Israel. De hecho, este capítulo comienza con una parábola que Jesús dijo acerca de un hombre que era propietario de una viña y la rentó a unos viñadores para que la cultivaran. Cuando llegó el tiempo de la cosecha, envió a varios de sus esclavos a recolectar lo que ellos le debían. Y ustedes recordarán que ellos maltrataron a los esclavos. Le aplastaron la cabeza a uno de ellos y mataron a los otros. Y a todos los esclavos que envió, o los mutilaron o los mataron.

Al final, dentro de la historia, el propietario de la viña envió a su hijo y ellos también mataron al hijo. Por medio de esta parábola Jesús nos dice que esta ha sido la historia de Israel. Israel es la viña de Dios. Dios asignó esta viña a unos mayordomos quienes tenían que cuidar de ella. Los mayordomos, quienes eran los cuidadores de la nación de Israel, mataron a sus profetas, a todos los que Dios les envió a ellos, y ahora ellos matarán a su Hijo.

Los líderes se encuentran presentes cuando Él cuenta la historia, están junto con esta multitud masiva en el atrio del Templo en medio de la semana de la Pascua. Todos los presentes escuchan la historia y de acuerdo al versículo 12, todos ellos saben lo que esta significa. Todos saben que Él está hablando acerca del asesinato del Hijo. Todos saben que se está refiriendo a estos líderes. Los presentes entienden esta ilustración. Saben que los líderes tienen antipatía hacía de Jesucristo. También saben que han sido expuestos, eso es lo que dice el versículo 12. Ellos comprendían que acababa de hablar una parábola en su contra, así que se retiraron en ese momento. Ellos son la parte final de la larga lista de asesinos de profetas de Dios. Jesús acusa a Jerusalén en esa misma semana diciendo: "Jerusalén, Jerusalén, tú que matas a los profetas". Esta era su característica principal.

Así que más tarde, ese mismo día, les dice que son culpables, los líderes de Israel son culpables de la sangre de todos los profetas, desde el principio hasta el final de la era del Antiguo Testamento, y serán culpables de la sangre de su Hijo igualmente.

13_La patología de un hipócrita religioso

Ellos se encuentran en esa parábola, son los asesinos. La parábola finaliza con una pregunta, "¿Qué, pues, hará el señor de la viña? Vendrá, y destruirá a los labradores, y dará su viña a otros" Y la respuesta es: "Él los destruirá". Así que la parábola no solo habla del asesinato del Hijo de Dios, sino de la destrucción de sus asesinos. La parábola cierra diciendo: "y dará su viña a otros". Y vimos que los otros son los apóstoles quienes se convierten en los nuevos mayordomos de la verdad divina y los nuevos mayordomos del pueblo de Dios. Esta es la razón por la que cuando la iglesia nace en el día de pentecostés, lo que se estudiaba era la doctrina de los apóstoles. Y desde aquel día y hasta ahora todo lo que predicaron los apóstoles quedó registrado en el Nuevo Testamento, y también se convirtieron en los verdaderos mayordomos del pueblo de Dios. Los fariseos, o los líderes de Israel, se convirtieron en falsos pastores, eran mayordomos que fallaron en cumplir con su deber, fueron removidos y reemplazados. Y ahora todos los que son fieles a la doctrina de los apóstoles son mayordomos y cuidadores del pueblo de Dios, sean judíos o gentiles, todos juntos dentro de la iglesia.

Así que a pesar de todo lo que el Señor hizo, a pesar de todo lo que Él dijo, a pesar de esta acusación directa en la que comprendieron que hablaba de ellos y que hablaba de lo que ellos planeaban hacer, que les indicaba que Él conocía exactamente lo que ellos planeaban hacer, y a pesar de que Él pronunció una condenación sobre ellos, de que serían destruidos y que su poder y su autoridad serían quitados y dados a otros, siguieron odiándolo. No les provocó ningún cambio. Decidieron continuar inclinados hacia dirigir a la nación a rechazar a Jesús y ejecutarlo.

Y ahora, al llegar a los versículos 13-17, es el miércoles de la semana de la pasión. Nuestro Señor está en el templo. Esta es una escena única en el templo. Debían haber algunos desechos por ahí, ya que el día anterior el Señor limpió a todos los cambistas que estaban ahí, los cambistas de Anás como eran llamados, siendo Anás el sumo sacerdote, todos estos criminales que se encontraban ahí, animando a la gente a comprar animales para el sacrificio a cambio de monedas. Jesús estaba desgarrado por todo esto por lo que quiso quitar todo esto de ahí, así que por lo menos durante ese día, el miércoles, fue su residencia, la casa de Dios y no casa de ladrones, al menos ese miércoles. Y la gente estaba ahí, los líderes estaban ahí también y Jesús estaba enseñando y predicando el evangelio.

Estaban más enojados el miércoles que el martes. Habían estado enfadados durante tres años ya que hizo exactamente lo mismo durante estos tres años desde el comienzo de su ministerio; entró al Templo, azotó sus cordones y sacó a todos los cambistas de ahí. Ahí iniciaron su odio hacia Él, y continuaron odiándolo durante sus tres años de ministerio. Su odio creció porque cuando Él vino a la ciudad ese lunes, y además había una multitud de cientos de miles de personas aclamándolo como el Mesías, lo cual hizo que se elevara más su odio, su hostilidad y su temor.

Entonces el martes hizo lo descrito a su Templo y ahora regresó dominando el lugar con la verdad, enseñando la verdad y su odio ha llegado al rojo vivo. Tienen miedo de hacer cualquier cosa porque temen a la gente. Y dice el versículo 12 que procuraban prenderle pero temían a la multitud por su inmensa popularidad, al menos durante ese miércoles.

Así que tenían un problema, tenían que hacer que la gente cambia de opinión. Y tenían que hacer que los romanos lo mataran. Pero, ¿cómo van a hacer para girar al populacho en su contra cuando lo están aclamando? Incluso les agradó mucho lo que hicieron con estos comerciantes corruptos en el Templo. ¿Cómo van a encender al populacho en su contra y cómo van a hacer que los romanos lo maten?

Esto hace que se reúnan, es decir el sanedrín, el cual es el concilio gobernador de 70 miembros más el sumo sacerdote, en total 71, y hacen su plan. Este consiste de varias características que son interdependientes conforme la primer parte transcurre. Como resultado, hay delegaciones del Sanedrín que vienen tres veces a Él de tres maneras diferentes. El sanedrín era el conjunto de fariseos, predominantemente saduceos y escribas. Los fariseos colocan la primera trampa, pero no funciona. La segunda parte la llevan a cabo los saduceos, pero tampoco funciona. La tercera trampa la elaboran los escribas pero una vez más no funciona. Las tres llegan como olas, una tras otra.

Y así llegamos al versículo 13, el primer grupo es enviado de parte del sanedrín, es decir llegan los fariseos. De este modo la semana luce de esta manera. El lunes, hosanna a Cristo. El viernes, crucifíquenlo. Y el miércoles es el momento crucial del cambio. El cambio de hosanna a crucifíquenlo comienza a tomar lugar al tiempo que los líderes exasperados y frustrados instigan el cambio. Están completamente desesperados.

Ahora en el versículo 15 se nos da una clave en donde dice, justo a la mitad del versículo: "Mas él, percibiendo la hipocresía de ellos". Pusieron toda su hipocresía a la vista y es aquí donde vamos a ver algo de la patología de un hipócrita. Vamos a hacer un análisis de un hipócrita aquí para aprender de ellos; lo vamos a hacer sin dejar de ver toda la historia. Aquí vamos a tener un mejor entendimiento del carácter de un hipócrita religioso.

Las características iniciales de un hipócrita religioso. Hace alianzas extrañas en contra de la verdad

Primero que nada, veamos la característica inicial de un hipócrita religioso. Hacen alianzas extrañas en contra de la verdad… un hipócrita religioso hace alianzas extrañas en contra de la verdad. Satanás puede orquestar todas las formas de error en contra de la verdad. Puedes observar tu mundo alrededor y

13_La patología de un hipócrita religioso

ver a través de la historia, haciendo esto encontrarás todo tipo de personas que fueron engañadas en todo tipo de religiones, personas que se unieron para ir en contra de la verdad. La verdad no puede hacer alianzas con el error, pero el error sí puede hacer alianzas en contra de la verdad, esto es lo que podemos ver aquí.

Dice Marcos 12:13: "Y le enviaron", los que enviaron fueron los del sanedrín, esta es una delegación oficial, es la ola número uno con la trampa número uno. "Y le enviaron algunos de los fariseos y de los herodianos". Mateo dice que ellos hicieron un complot para atraparlo. Lucas dice, en un pasaje paralelo con Mateo, que lo estuvieron vigilando muy de cerca para encontrar el momento preciso. "En el momento indicado, algunos de los fariseos y los herodianos llegaron delante de Jesús". Lucas 20:20 dice que eran espías quienes pretendían ser justos, espías que estaban fingiendo ser justos.

En realidad se estaban disfrazando de su atuendo habitual. Querían pasar por ministros de Dios. Querían aparecer como mayordomos de la verdad divina. Querían aparentar ser pastores fieles de Israel. Querían ser tomados como los emisarios y los agentes de la verdad del Dios vivo y verdadero. Por lo que pusieron su apariencia religiosa.

Aquí ellos hicieron una alianza muy extraña, les voy a decir por qué. Los fariseos y los herodianos eran dos sectas que coexistían dentro de la tierra de Israel con una relación, digamos no muy fácil de llevar. Los fariseos eran los más religiosos, los herodianos eran los menos religiosos. Los fariseos eran los más preocupados por la ley de Dios, en contraste los herodianos eran los más preocupados por la ley de Roma. Los fariseos eran más devotos a Israel, los herodianos eran más devotos a CEsar. Los fariseos eran intensamente religiosos, los herodianos eran intensamente políticos. En esencia, los fariseos odiaban a los herodianos, pensaban que ellos habían vendido su alma y por eso eran aduladores de Roma. Los fariseos simplemente los despreciaban.

¿Por qué? Porque ser un herodiano significaba identificarse a sí mismo como uno que era seguidor de la familia de Herodes. En este caso a Herodes Antipas quien era el gobernador de Perea y de Galilea, Herodes Antipas no era ni siquiera judío, era un rey idumeo, parte de una familia idumea. Herodes Antipas era básicamente un reyezuelo quien había tomado una parte del reino de su padre, Herodes el grande, cuando esta fue delegada a él, junto con sus otros tres hermanos. Y la única razón por la que tenía un poco de poder absoluto, y la mayor parte de su poder solo abarcaba una pequeña parte de su pequeño mundo, pero la única razón por la que tenía un poco de poder era porque se arrodillaba ante Roma y por eso Roma le permitía tener este lugarcito del medio oriente. Los fariseos no tomaban en cuenta a los herodianos. Sin embargo los fariseos los vieron como algo útil para ellos.

Ahora bien, los fariseos querían deshacerse de Jesús debido a su teología y esto era suficiente para los romanos. Los romanos no iban a matar a Jesús por su teología. La única forma en la que los romanos matarían a Jesús era por cuestiones políticas, esto hacía que los herodianos fueran complacientes en esta situación porque el objetivo del sanedrín era poner a Jesús en una posición donde hiciera declaraciones políticas y así los romanos pudieran tomar sus palabras como una rebelión franca. Este era el plan. Y los herodianos, si Jesús era identificado como un anti romano, un anti CEsar y amenazaba la paz de Israel que estaba bajo el gobierno romano, entonces, de este modo, ellos podrían hacer una acusación directa a los romanos de lo que Jesús estaba haciendo; así los romanos tendrían que arrestarlo y tratar el asunto con Él.

El gobernador, que había sido puesto por Roma en ese lugar, era un hombre llamado Poncio Pilato. Él estaba en Jerusalén en ese momento. Herodes Antipas, está también en Jerusalén en este momento para la Pascua, los dos están allí. Así que si encuentran a Jesús culpable de alguna acusación sería rápido y fácil que llegará la noticia a ellos de que Jesús era una amenaza para Roma.

De hecho los romanos ya saben que Jesús tiene a una multitud de seguidores. Esto fue mostrado el lunes cuando cientos de miles de personas se reunieron alrededor de Él cuando iba entrando a la ciudad y lo aclamaron como el Mesías, como el Rey. Ya saben esto. Y están bien enterados del hecho de que Él llegó, de todo lo que hizo en el Templo, y todo esto hizo que se mostrará su popularidad y su poder. Así ellos sabían que era un problema potencial, especialmente con esta cantidad masiva de seguidores.

El sanedrín sabe que todo lo que tiene que hacer es darle un show a Roma de que Él constituye una amenaza, para que lo arresten, y Roma decida matarlo porque es una amenaza; y una vez que Roma lo arreste, los judíos lo abandonarán porque piensan que el Mesías llega a vencer a Roma y si los romanos lo arrestan quiere decir que Jesús no es el Mesías. Este es el plan, hacer que arresten a Jesús. Entonces la gente desaparecerá y sucederá lo que ellos desean. Los romanos lo ejecutarán como lo planearon. Este es su maravilloso plan.

¿Qué es lo que ellos tienen que hacer? Tienen que hacer que Jesús diga algo que haga que los Romanos lo arresten. De este modo perderá su popularidad con los judíos y su vida quedará en manos de los romanos.

El plan se desarrolla al final del versículo 13, ellos decidieron venir a Jesús para atraparlo en alguna declaración, atraparlo en algo que Él diga. Aquí vemos que se usa un verbo, solo se usa aquí en todo el Nuevo Testamento, solo aparece aquí y quiere decir capturar por medio de la cacería. Vienen a Él a cazarlo como si fuera un animal, esto es un antagonismo agresivo. Y desde luego que ellos se han encargado de agitar toda la evidencia de que Él es quien ellos dicen que es.

13_La patología de un hipócrita religioso

La característica de un hipócrita religioso: dirán todo lo que sea necesario para ganar terreno

Entonces así, la primera cosa que vemos acerca de los hipócritas es que ellos hacen alianzas extrañas en contra de la verdad, porque todos ellos en realidad son parte del mismo reino, el reino de las tinieblas. Lo segundo que vemos, dirán todo lo que sea necesario para ganar terreno.

Recuerdo hace algunos años cuando los líderes de una universidad, el departamento religioso, los guardianes de la teología mormona vinieron a hablar conmigo porque ellos querían que yo supiera cuánto amaban al Señor Jesucristo; de algún modo ellos querían celebrar nuestro amor en común por Cristo y me dijeron que el libro que yo había escrito, *El evangelio según Jesucristo*, lo estaban usando como un libro de texto en su universidad mormona, me dijeron que ellos pensaban que teníamos más en común de lo que yo podía pensar, que querían que fuera a su universidad a hablar a la facultad y a los estudiantes. Dijeron todo tipo de cosas, en especial cosas amables.

Después de varias horas de conversación, y esto precedido de varios años de cartas y otras conversaciones, había solo un pequeño problema aquí. Agradezco todas las cosas amables que me han dicho, pero debo hablar la verdad a ustedes. Ustedes no conocen al Dios verdadero. Ustedes no conocen al verdadero Cristo. Ustedes no conocen el verdadero camino a la salvación y se encuentran perdidos. Esta es la verdad... esa era la verdad. Tienen un dios... su dios es un ser creado. Su cristo es el espíritu hermano de lucifer, quien también es un ser creado, y la forma en la que según ustedes obtienen la salvación es por obras. Por lo que les dije: "Aparte de Dios, de Cristo y del evangelio, quizás tengamos otros puntos en común, pero ninguno de estos tres lo es". Les dije de manera amable que eran del tipo de hombres por los que yo había orado mucho. La adulación es una de las estrategias que usa la falsa religión para ganar terreno. Y esto es lo que vemos aquí. Vinieron y le dijeron, eran osados, vinieron justo ante Jesús. Y miren su adulación, "Maestro", este es un término de honor, reservado a rabíes. Debió ser algo difícil para ellos llamarlo así, pero aparentemente pudieron vencer su orgullo y llamarlo así y muchas otras cosas más.

Lo siguiente que ellos dijeron les debió provocar mucho más dolor: "Sabemos que eres veraz". ¿Por qué dirían ellos esto? Ellos no creen en esto ni por un segundo. Desde luego que no lo creen, de hecho creían todo lo opuesto. Piensan que Jesús es un engañador y un mentiroso, un fraude que tiene que ser detenido y silenciado, y tiene que ser muerto.

¿Por qué le dijeron esto? Se lo dijeron porque lo están adulando. Ahora el consenso popular entre la gente es de que Él es un maestro... que Él es un rabí. El consenso popular entre la gente es que Él es alguien que dice la verdad, que habla de parte de Dios, que está diciendo la verdad. En cierto modo se están identificando como si fueran alguien de la multitud, tratan de convencer a la gente de que todo lo que ellos quieren es la verdad, todo lo que ellos pretenden es absolutamente la verdad, son personas que buscan honestamente la verdad, es por eso que vienen al verdadero maestro, a uno que habla verdad y tienen para Él una pregunta honesta porque lo que buscan es una respuesta honesta. Quieren aparentar ser verdaderos buscadores de la verdad. Pero esta es su causa secundaría porque la primaria es adulación, identificarse con la gente para adularlo como ellos. Parece ser que toda su intención es elevarlo tanto para que le puedan hacer una pregunta tan elevada que tendrá que contestar obligadamente.

Si alguien viene a ti y te dice: "Tú eres muy confiable, todo acerca de ti es verdadero. Siempre dices la verdad. Y por cierto, no haces acepciones con nadie, no eres parcial con nadie, siempre hablas absolutamente con la verdad", y después te hace una pregunta, vas a estar muy presionado a decirles exactamente lo que es la verdad. Vas a pasar por un momento difícil si te equivocas porque te han puesto un estándar muy alto, y tu orgullo te va a forzar a darles una verdad, sea que quieras o no hacerlo. Esto es lo que ellos están buscando aquí.

Por un lado, se quieren identificar con la gente, y más importante es que ellos quieren poner a Jesús en una posición en donde tiene que responder a una pregunta con la verdad, porque le han puesto el estándar demasiado alto para que su orgullo lo fuerce a hacer eso. Entendían cómo funcionaba el orgullo muy bien. Para Jesús esto era insignificante, pero para ellos era lo principal.

Así que le dicen: "eres veraz, sabemos que eres veraz". Y a continuación le pusieron más adulación: "y que no te cuidas de nadie". Lucas 20 dice: "tú hablas y enseñas de manera correcta". Y usa la palabra en griego *orthos*, de la cual obtenemos ortopedia u ortodoxo. Tú hablas directamente. Hablas de una manera ortodoxa, "y no haces ninguna acepción, no eres parcial con nadie". En otras palabras, no te importa saber con quién estás hablando, no te importa saber con quién estás cara a cara, no te importa saber con qué nivel de personas estás, siempre hablas la verdad. No te importa cuáles sean las consecuencias o el impacto. Indudablemente tú siempre hablas la verdad y te honramos por eso.

Y por cierto, esto era una verdad absoluta. Están diciendo la verdad, pero lo están diciendo por razones engañosas. Es completamente verdad. La gente sabía que tenía que ser verdad. De hecho, después en ese mismo día Jesús se enfrentará a estos mismos fariseos y les dará el mensaje que está registrado en Mateo 23 que dice algo así, no lo leeré pero más o menos dice así cuando se enfrenta cara a cara con los fariseos.

"¡Ay, de ustedes, escribas y fariseos hipócritas! ¡Ay, de ustedes, escribas y fariseos hipócritas! ¡Ay, de ustedes que son guías de ciegos, hombres necios y ciegos! ¡Ay, de ustedes, escribas y fariseos hipócritas! ¡Ay, de ustedes, escribas y fariseos hipócritas, serpientes, nido de serpientes, hijos del infierno! ¿Cómo escaparán de la sentencia del infierno?" Esto es hablar de manera directa.

Sí, Él era veraz y habló la verdad, no hizo acepción de personas y no miró la apariencia de los hombres. Esto es completamente verdad. Le están diciendo cosas al Señor que, con toda seguridad, dentro de su mente están agonizando por decirlas, todo era verdad y se lo tenían que decir. Pero recordemos que se lo estaban diciendo con el fin de obtener lo que ellos quieren, aun cuando odiaban las verdades que estaban saliendo de sus labios.

Y entonces ellos dicen: "sino que con verdad enseñas el camino de Dios". Esta es una gran declaración y es correcta, Él enseñaba de la misma manera que Dios, en verdad. Pero ellos solo tienen que decir lo que tienen que decir. La idea es colocar el estándar de la reputación de Jesús tan alto, de tal modo, que Él tenga la obligación de vivir de ese modo. Elevar el nivel de su honestidad tan alto que Él se vea obligado a sostenerlo. Dejar la afirmación de quien es Él y cómo no tiene ningún miedo al hablar la verdad, no le importará cuáles sean las consecuencias o que las represalias sean muy grandes cuando ellos le hagan la pregunta, Él se verá forzado a decir la verdad porque su ego le demandará hacerlo y para entonces ellos lo tendrán justo en la trampa que ellos quieren que esté.

Así tenemos a los hipócritas que hacen alianzas muy extrañas y usan todas las artimañas necesarias para lograr sus planes. Esto es algo interesante acerca de los hipócritas, siguen hablando la verdad con fines engañosos si es que esto es necesario. Sean muy cuidadosos. Siempre decimos que las falsas religiones son como un reloj descompuesto que dos veces al día tiene la hora correcta. Si nunca diera la hora correcta no engañaría. Ellos dirán lo que sea necesario decir con tal de ir ganando terreno para lograr su objetivo.

Un hipócrita religioso busca la verdad usando falsedad

La siguiente característica que vemos aquí acerca de la falsa religión es que ellos persiguen falsamente la verdad. En realidad ellos no quieren recibir la verdad de la boca de Jesús, lo que ellos quieren es desacreditar la verdad. Veamos el versículo 14: "¿Es lícito dar tributo a CEsar, o no? ¿Daremos, o no daremos?" La pregunta es, ¿pagaremos o no pagaremos?

Y hay un número de fariseos junto con los herodianos parados cuando llega la pregunta, "es verdad, esto y lo otro, pero ¿pagamos o no pagamos? ¿Esto es lo que nos interesa saber?" Hasta parece que los escucho hablar, ¿está bien de acuerdo a la ley pagar impuestos a CEsar o no? ¿Es esto legal de acuerdo al mandato divino?

Le están haciendo la pregunta a un rabí, no le están preguntando a un romano. Le preguntan a un rabí, un maestro, un verdadero maestro que no duda nada, que hablará la verdad. "¿Le pagamos impuestos a un invasor de la tierra de Dios, que es gentil e idolatra? ¿Le pagamos impuestos a un opresor del pueblo de Dios, o mejor no le pagamos?"

Pero cuando llegan, ellos han decidido que la única respuesta que les puede dar Jesús es: "No, no le debemos pagar". Si se le hiciera la pregunta a la multitud de: "¿Debemos pagar impuestos a CEsar?" La gente hubiera dicho con toda seguridad: "No, no, porque va en contra de la ley de Dios. Se nos fuerza a hacer esto, somos obligados a hacerlo". Ustedes recordarán, los cobradores de impuestos eran una especie de franquicia romana, se hacían acompañar de una mafia local que eran los que forzaban a la gente a pagar o les sacaban el dinero. Los judíos odiaban a Roma. Odiaban la ocupación romana que estaba presente. Odiaban los impuestos romanos porque Roma era idólatra, era una nación pagana. Odiaban el tener que darle cualquier cosa a Roma.

Digamos que aquí se registra lo que sería una encuesta de impuestos. ¿Es legal pagar impuestos a CEsar? Impuestos es *kensos*, la palabra simplemente significa eso, un pago, un denario al año, era un salario de un día en un año, un impuesto, como en el censo. Si tenías vida tenías que pagar ese impuesto. Lucas lo usa en plural, impuestos. Para lo cual usa la palabra *phoros* que significa impuestos en general. Así está fluyendo la conversación... ¿debemos pagar impuestos? ¿Qué hay acerca de este impuesto? Esta pregunta resuena en la conversación.

Había impuestos por la tierra, el diezmo de los granos, 5% del aceite, 5% del vino. Había un impuesto de importación que se cobraba en los puertos de entrada, cuando cruzaba la frontera, cuando pasaba por las puertas de la ciudad, había impuestos e impuestos e impuestos. ¿Pagamos estos impuestos? ¿Es legal de acuerdo a la ley de Dios? Esto es lo que asume un rabí cuando hablas con él, están hablando acerca de la ley de Dios, ¿es legal?

Necesitamos un poco de contexto aquí. Lo que precipita esta pregunta es que esta es una pregunta que la gente ya había, de algún modo, respondido en sus corazones debido a su historia. Regresemos al tiempo cuando nuestro Señor nació, cuando contaba con 6 años de edad, había un hombre en Galilea llamado Judas, no el que traicionó a Cristo. Este era un hombre llamado Judas que guió una insurrección, de acuerdo con Josefo, el historiador, que se rebeló en contra de Roma, de la ocupación romana en Israel, y toda la insurrección fue una reacción a un censo. Cuando los romanos requirieron el censo su intención era recolectar más impuestos, un denario de cada uno, Judas y sus amigos se rebelaron porque ellos decían que el impuesto era impío, era ir en contra de Dios porque esto era como ser un pagano. Tendía al paganismo.

Y bien, Judas fue asesinado junto con todos sus seguidores. La Biblia nos lo dice en Hechos 5:37, en una referencia a aquella insurrección que fue destruida por los romanos y él fue muerto y junto con él toda la gente que lo seguía. Pero el asunto fue hecho público y este movimiento no murió cuando Judas murió, este movimiento no murió tampoco cuando murieron sus amigos. Josefo dice que Judas estableció una convicción y esa convicción resurgió sesenta años después en otra insurrección en el 66 d. C. Y esa insurrección en el 66 tenía que ver con el asunto de pagar impuestos a Roma. Uno de los primeros actos en esa revuelta era que los judíos acuñaron nuevas monedas porque las monedas romanas eran de mal gusto.

¿Qué sucedió con esa insurrección del 66 d.C.? Fue completamente aplastada en el 70 d.C. cuando los romanos vinieron y destruyeron Jerusalén. Esto nos hace saber que la llegada de los romanos en el 70 d.C. no fue un acto arbitrario de su parte que surgió de la nada, fue para acabar con una insurrección que había comenzado con antipatía hacia los impuestos romanos. Los judíos que estaban presentes cuando llegaron los romanos, creían que los impuestos que los romanos les exigían eran una traición en contra del único rey y ese era el Dios verdadero.

Los fariseos están seguros de que Jesús va a decir: "No, no paguen los impuestos a una falsa religión, a un falso dios". ¿Por qué? Porque él vería su idolatría, así era como ellos la veían, y al decir esto pondría en riesgo su popularidad. Y si en lugar de decir esto decía: "No, sigan pagando a Roma", también perdería su popularidad. Y aún más, si Él decía: "No, no paguen impuestos a Roma", los herodianos están ahí y van a ver que este es otro Judas de Galilea intentando iniciar otra insurrección, este hombre ya había juntado anteriormente a miles de personas, entonces tendrían que arrestarlo, arrestarlo y matarlo o de lo contrario tendrían que enfrentar una nueva revolución que en ese momento se estaba gestando.

Ellos esperaban que dijera algo así, nunca que no diera la respuesta que ellos esperaban. Esta es la razón por la que los herodianos están ahí. Irían de inmediato a Herodes, y más importante, irían inmediatamente a Poncio Pilato. Cualquiera que quisiera seguir siendo el Mesías, según ellos, tendría que decir: "No, no paguen impuestos". Así que vemos que los hipócritas, dicen cualquier cosa que ellos necesiten decir. No tienen un deseo honesto por la verdad y hacen estas extrañas alianzas con la idea de atacar la verdad.

El versículo 15 muestra un giro completo donde la historia se aleja de ellos, gracias a Dios. "Mas él, percibiendo la hipocresía de ellos", porque Él lo sabe todo, Juan 2:25, "y no tenía necesidad de que nadie le diese testimonio del hombre, pues él sabía lo que había en el hombre". "Conociendo su hipocresía", Lucas 20:23 lo pone de este modo, "él detecto su engaño". Mateo 22:18, "él percibió la maldad de ellos". Y Marcos reconoce esto, Él sabía que eran hipócritas, "les dijo: ¿Por qué me tentáis?" Ustedes no están buscando una respuesta. Esto no es una búsqueda por la verdad, ustedes no están presentando esto con honestidad. Y esto nuevamente nos regresa al punto en el que les dije que la falsa religión en realidad no está en busca de la verdad, no quiere la verdad. Se acerca a ti intentando atraparte para lograr algún beneficio propio. ¿Por qué me tentáis? Lo que significa el verbo es, por qué ponen mi vida en riesgo. "Traedme la moneda para que la vea". Esto, por cierto, es una pequeña declaración importante porque los judíos no cargaban este tipo de monedas. Este tipo de moneda no estaría en la bolsa de un fariseo, ellos no la querían en sus bolsillos, los judíos la rechazaban. Era una moneda romana que se usó entre el 300 a.C. y el 300 d.C., por un periodo de seiscientos años, acuñada en plata por los emperadores romanos. Solo los emperadores tenían el poder y autoridad para acuñar monedas en oro o plata. Y todas estas monedas acuñadas por los emperadores tenían la sagrada imagen del emperador grabada en un lado y del otro algún otro tipo de inscripción que la identificara. Una inscripción y la imagen del emperador. Ellos no portaban denarios, un denario era el equivalente a un día de salario; tuvieron que encontrar una entre los presentes.

Finalmente le traen una, encontraron que alguien traía una consigo. Los judíos cargaban shekels y monedas de cobre sin imágenes en ellas. Pero encontraron alguna y sabemos que les costó trabajo encontrar una rápidamente; tuvieron que ir a la multitud y encontrar una entre todos los presentes. Entonces les dijo: "¿De quién es esta imagen y la inscripción?" Todos sabían de quién era la imagen y contestaron rápidamente. "Ellos le dijeron: De CEsar", seguramente resonó entre la multitud: "de CEsar… de CEsar… de CEsar…" desde los que estaban adelante hasta los que estaban atrás en la multitud.

Y solo para nuestra explicación vamos a asumir que esta moneda fue acuñada por Tiberio CEsar. Al frente de la moneda debió decir: "Tiberio CEsar, Augustus, Hijo del Divino Augustus", Augusto debió ser para ellos un tipo de dios, Tiberio era el hijo de Dios. Y si girabas la moneda tenía una figura de Lidia, la madre de Tiberio, y debió tener escrito "Pontifex Maximus", un título que ahora lleva el Papa, dicho sea de paso que este es un título pagano. Augusto había acuñado monedas en el 17 a.C. Él mismo se había identificado como Dios. Tiberio se designó a sí mismo como el hijo del divino y como el sumo sacerdote, Pontifex Maximus. Con esto entendemos que estas monedas, en la mente de los judíos, eran algo así como pequeños ídolos. Eran ídolos, eran imágenes y estas violaban el segundo mandamiento de Éxodo: "No te harás imágenes". Ellos las veían como pequeños ídolos y por esta razón no las cargaban con ellos, no las usaban y si pagaban el impuesto romano lo pagaban haciendo una equivalencia con sus monedas hebreas.

Y ya que Jesús decía ser Dios, Él debió ver esto como blasfemia. Debió ver a Augusto y a Tiberio como seres blasfemos del más alto nivel; y de hecho lo hizo. Él debió tener la misma convicción que nosotros de que esta era una cultura blasfema, pagana e idolatra y con la cual no tenemos nada que ver, a una cultura como esta no le debemos dar nada. Todos ellos esperaban que Jesús denunciaría en ese momento el sistema de monedas como idólatras, y de este modo estaría denunciando al mismísimo CEsar. Lo llamaría un blasfemo, diría que la ley de Dios prohibía pagar cualquier tributo a él, pensaron que Jesús haría todo esto. Entonces los herodianos tomarían este mensaje de inmediato a las autoridades romanas, a Pilatos. Pilatos entonces enviaría tropas para prenderlo. Y tan pronto como fuera arrestado la gente perdería toda confianza en Él porque no podría vencer a los romanos; lo capturarían y lo ejecutarían por temor a una nueva revolución que pudiera ocurrir si lo dejaban libre. Este era su plan porque ciertamente el emperador romano no puede ser considerado como Dios, tampoco como el sumo sacerdote y por lo tanto no sería bueno, de acuerdo a la ley, dar dinero a una nación pagana.

Pero ellos nunca imaginaron la respuesta de Jesús y su profundidad no debe perderse en su simplicidad. "Respondiendo Jesús, les dijo: Dad a CEsar lo que es de CEsar". Esta es una declaración de muy largo alcance. Es una respuesta de largo alcance porque Jesús les dijo: "Paguen el impuesto, paguen el impuesto y sométanse, paguen lo que deben, es una deuda, le pertenece a Cesar".¿Por qué dijo esto? Porque la Escritura nos enseña que el gobierno fue instituido por Dios, es una institución de Dios, ¿cierto? El gobierno fue instituido por Dios. Esto es absolutamente claro en el Nuevo Testamento al grado que es inconfundible. En el capítulo 13 de Romanos, versículo 1: "Sométase toda persona a las autoridades superiores; porque no hay autoridad sino de parte de Dios, y las que hay, por Dios han sido establecidas. De modo que quien se opone a la autoridad, a lo establecido por Dios resiste; y los que resisten, acarrean condenación para sí mismos. Porque los magistrados no están para infundir temor al que hace el bien, sino al malo. ¿Quieres, pues, no temer la autoridad? Haz lo bueno, y tendrás alabanza de ella; porque es servidor de Dios para tu bien. Pero si haces lo malo, teme; porque no en vano lleva la espada, pues es servidor de Dios, vengador para castigar al que hace lo malo. Por lo cual es necesario estarle sujetos, no solamente por razón del castigo, sino también por causa de la conciencia. Pues por esto pagáis también los tributos, porque son servidores de Dios que atienden continuamente a esto mismo. Pagad a todos lo que debéis: al que tributo, tributo; al que impuesto, impuesto; al que respeto, respeto; al que honra, honra". Paga tus impuestos, 1 Timoteo 2:1-2, "Exhorto ante todo, a que se hagan rogativas, oraciones, peticiones y acciones de gracias, por todos los hombres; por los reyes y por todos los que están en eminencia, para que vivamos quieta y reposadamente en toda piedad y honestidad". Somos llamados a someternos a la autoridad y no solo eso, sino que también debemos orar por las autoridades que están sobre nosotros.

Pedro lo dice de este modo, 1 Pedro 2:13-15, "Por causa del Señor someteos a toda institución humana, ya sea al rey, como a superior, ya a los gobernadores, como por él enviados para castigo de los malhechores y alabanza de los que hacen bien. Porque esta es la voluntad de Dios". Honra el rey porque Dios ha establecido a la autoridad civil. Esto es parte de lo que llamamos "gracia común". La autoridad civil es gracia común. No existe aquello que se llamaba sociedad sacra, el reino teocrático en donde Dios era el gobernante supremo. En la teocracia Dios era el gobernante supremo. Hubo una sociedad sacra pero esta fue destruida por el juicio de Dios. En el futuro habrá otra sociedad sacra donde Dios será el rey y estará dentro del reino milenial de Jesucristo sobre la tierra. Y mientras que esto no suceda no podrá existir una sociedad sacra. Existe una separación entre el pueblo espiritual de Dios y las autoridades civiles. Si son autoridades civiles, también la ley civil es gracia común para todo el bien de todo ser humano, del mismo modo que lo son la cosecha, la comida, el agua; todas estas cosas son parte de lo que llamamos gracia común. La lluvia cae sobre justos e injustos, esta es la idea de lo que es la gracia común.

Debiéramos estar agradecidos por el gobierno, esta es la razón por la que todos pudimos llegar hoy aquí, porque hay gobierno. Cuando conducimos tomamos el lado derecho en la calle y gracias al gobierno podemos tener calles. El gobierno civil tiene un papel que jugar que nos beneficia en la vida diaria. El gobierno es la razón por la que podemos vivir saludables y no estar parados en una red de aguas negras. A esto le llamamos gracia común. Vivimos, en un sentido, en el punto máximo de la gracia común cuando vemos las comodidades que nos proveen las autoridades civiles, esto es el resultado de tener un gobierno. Pero desde luego que ninguno de nosotros espera que el gobierno actúe de manera cristiana; la realidad es que ellos no tienen nada que ver con la iglesia. No existe tal cosa como un gobierno cristiano, no hay ninguna nación cristiana, nunca la ha habido, nunca la habrá hasta que Cristo establezca su gobierno teocrático a nivel mundial.

Todo lo que espero del gobierno de mi país es que yo pueda llegar aquí cuando yo quiera estar aquí, espero poder llegar aquí sin que vaya a ser robado o asaltado, o bien sin saber qué tendré que pasar para conseguir agua. Todo esto es parte de la gracia común. ¿Qué hizo CEsar por Israel? Construyó puentes, acueductos, hizo que llegara el agua, proveyó protección, proveyó de una presencia militar, incrementaron los beneficios de la vida, dieron paz, la Pax Romana que mantuvo a todo el mundo en aquella época, esto es lo que rodeaba al Mar Mediterráneo en paz. Hubo muchos beneficios a causa de esto, y bajo los propósitos y el plan de Dios, a veces como juicio y a veces con elementos de benevolencia en todo esto, los romanos se mantuvieron ahí. Parte de eso era juicio sobre una nación infiel, pero a pesar de ello también hubo mucha benevolencia en todo esto.

13_La patología de un hipócrita religioso

El pago de impuestos a un gobierno terrenal, sin importar que sea idólatra, blasfemo, de gente pagana que está a punto de matar a Jesús, y se le debe pagar impuesto. Paguen sus impuestos, dénselo a ellos. ¿Y si van a matar a Jesús? Paguen sus impuestos. Por el mandato divino, CEsar tiene una espada; sin importar esto, si no le pagas impuestos es como si le robaras.

Ahora quiero añadir una nota importante. No pagues más allá de lo que deben, no se dejen robar. No digan: "Está bien, toma más y más... y más..." No. Jesús afirmó que el papel del gobierno era el de recolectar impuestos para que vivan de ello porque esto era el medio que Dios ordenaba para su protección, para el beneficio y protección del hombre, para su bienestar.

Y podrás pensar: "¿Qué hay acerca de cuándo el gobierno te pide hacer algo que Dios prohíbe que hagas?" Bueno, pues en ese momento lo que tienes que hacer es lo que Dios dice que hagas. Esto es lo que dice Hechos 5:29, "es mejor obedecer a Dios que a los hombres". Si el gobierno dice: "No hagas esto", y Dios dice: "Si lo tienes que hacer", entonces haces lo que Dios dice que tienes que hacer y asumir todas las consecuencias. Y con toda seguridad las tendrás. A esto se le llama "persecución", y algunas veces se convierte en martirio. Pero debido al fin del gobierno teocrático de Israel y hasta el establecimiento del reino teocrático futuro de Cristo, hoy en día no hay gobierno sacro, no hay sociedad sacra, la iglesia no fue establecida para derrocar al gobierno civil. Esta es una de las razones por las que no tolero el post-milenarismo, esta errada noción de que la iglesia, de algún modo, se supone que debe tomar los gobiernos del mundo, ya sea por medio de una guerra, por medio de desobediencia civil, por medio de la teología de la liberación o por medio de algún tipo de poder político. NO, esta es una entidad completamente diferente, es decir el gobierno, así que paga tus impuestos. El gobierno no tiene porque ser consistente con lo que la Biblia dice; paga tus impuestos. Esta es una institución que Dios ha establecido.

Así que da a CEsar las cosas que son del CEsar. Y aquí hay una declaración realmente importante. "Y a Dios lo que es de Dios". Esto tenía que ver solamente con los fariseos. Estaban haciendo un gran lío por tener que dar a CEsar lo que CEsar demandaba, pero en contraste estaban dejando de considerar por completo dar a Dios lo que Dios les demandaba. Ustedes le deben a Dios y este es un asunto mucho más grande.

¿Recuerdan a Nabucodonosor en Daniel capítulo 4? Contemplaba su reino, el de Babilonia, y se consideraba a sí mismo el más grande gobernante sobre el planeta. Decía a sí mismo, mira el reino que he creado para la gloria de mi nombre... ¿qué?... En ese mismo momento Dios lo castigó, lo convirtió en un maniático demente. Dejó su palacio, se fue a vivir al campo y vivió durante siete años literalmente como una bestia hasta que le creció el cabello tan largo que le cubría por completo el cuerpo de tal modo que parecía que estaba cubierto de plumas. Sus uñas crecieron como picos de aves y él se alimentaba de hierbas del campo. Este era el hombre más grande sobre el planeta, pero le sucedió todo esto durante siete años hasta que un día Dios le devolvió la razón y Nabucodonosor dijo: "sabía que el Altísimo reina desde los cielos y que da reinos a quien él quiere". Pienso que nos lo vamos a encontrar en el cielo, con el cabello recortado y bien vestido.

Pero aquí el asunto no era si se debían pagar impuestos; el asunto era dar a Dios lo que le debemos dar a Dios. ¿Qué era lo que ellos debían a Dios? Jesús les dijo muchas veces, está escrito en Juan: "si me honran a mí, honran a mi Padre". Si ustedes me rinden honor a mí, es como si rindieran honor a mi Padre. Si no me rinden honor a mí, es como si no rindieran honor a mi Padre. El Padre dijo esto en el bautismo de Jesús una y otra vez: "Este es mi Hijo amado, escuchen lo que dice". Escuchen con oídos de fe y con un corazón con fe.

¿Qué es lo que tú debes a Dios? Te digo lo que le debes, tú debes a Dios lo mismo que estos fariseos. No le debes hipocresía. No le debes falsa religión. ¿Qué es lo que tú debes a Dios? "Amar al Señor tu Dios con todo tu corazón, alma, mente y con toda tu fuerza". Esto es lo que le debes, el merece todo esto, y no solo esto sino que Dios te lo manda. Tú le debes esto, escuchar a su Hijo, amar a su Hijo, honrar a su Hijo y creer en su Hijo. Recibir a su Hijo como tu única esperanza y tu único y suficiente salvador, este es su Hijo, el mismo que puso sobre una cruz para cargar con la culpa de todos los pecados de todo el mundo. Ellos estaban siendo forzados a dar su dinero a Roma, y lo odiaban. Pero parece que ni Jesús pudo hacer que ellos quisieran dar a Dios lo que le debían, esto es sus propias almas.

La moneda que le presentaron pertenecía a CEsar; pero ustedes pertenecen a Dios. La moneda tenía la imagen de CEsar; los fariseos y nosotros somos la imagen de Dios. Den la moneda a CEsar porque a él le pertenece, pero ustedes pertenecen a Dios.

Y bien con esto vemos que toda la trampa se echó a perder. Al final del versículo 17 dice: "Y se maravillaron de él". Simple pero profundo. Lucas dice que ellos se quedaron callados. Mateo dice que se maravillaron y se fueron. Pero esto no por mucho tiempo, regresarán la misma noche a las seis. Este será otro grupo, los saduceos.

Solo por un momento te quiero mostrar la pequeña última parte de la historia. Vayamos a Lucas 23:1. En este caso, no solo son los fariseos y los herodianos; son los fariseos, los saduceos, los escribas y todos los demás, llega todo el sanedrín. Todo el concilio de ancianos se hace presente, los vemos identificados en el capítulo 22 versículo 66: "Levantándose entonces toda la muchedumbre de ellos", 23:1 "llevaron a Jesús a Pilato". Lo trajeron ante Pilato y ahí comenzaron a acusarlo... escucha lo que dijeron, versículo 2: "Y comenzaron a acusarle, diciendo: A este hemos hallado que pervierte a la nación, y que prohíbe dar tributo a CEsar". Dijeron una mentira total.

13_La patología de un hipócrita religioso

Si la adulación no había funcionado, ahora tenían que mentir y decir que él mismo, Cristo, se hacía rey. Tenían que entregarlo con mentiras a Roma y fue lo que hicieron. Esto es lo que hace el odio. Esto es lo que hace la hipocresía, no hay nada más horrible que esto.

Y ustedes dirán: "Yo nunca haría esto. Nunca lo haré". Bueno, tengo una palabra final para ustedes, Mateo 12:30: "El que no es conmigo, contra mí es". Decide de qué lado estás.

Oración

Padre, una vez más nos has dado un refrigerio, en un sentido hemos sido maravillados por el poder de estos momentos que hemos pasado con Jesús dentro de todo este ambiente tan dramático. Es como si la Biblia se hiciera realidad por unos momentos delante de nosotros. El fondo del asunto de este día es que nosotros te debemos todo. Debemos pagar nuestros impuestos porque esa es la imagen de CEsar. Nosotros mismos debemos darnos a Dios porque nosotros llevamos tu imagen. Esto es muy claro, tú nos hiciste a tu imagen y semejanza por lo que estamos obligados a darnos a nosotros mismos a ti. Oro, Señor, por que esto sea hecho por aquellos que aún no lo han hecho, para que el día de hoy aquellos que se han detenido en hacerlo puedan comprender que mientras que no lo hagan, se encuentran entre estos hipócritas flagrantes, y deben comprender que si no están contigo, están contra ti. Que este sea el día que tu Espíritu Santo abra sus corazones y que todos aquellos que fueron hechos a tu imagen y semejanza te den aquello que te deben, esto es sus vidas. Sabemos que esta es una obra que solo tú puedes hacer. Oramos para que lo hagas para tu gloria. Amén.

REFLEXIONES PERSONALES

14_Ignorancia bíblica en los lugares altos

Entonces vinieron a él los saduceos, que dicen que no hay resurrección, y le preguntaron, diciendo: Maestro, Moisés nos escribió que si el hermano de alguno muriere y dejare esposa, pero no dejare hijos, que su hermano se case con ella, y levante descendencia a su hermano. Hubo siete hermanos; el primero tomó esposa, y murió sin dejar descendencia. Y el segundo se casó con ella, y murió, y tampoco dejó descendencia; y el tercero, de la misma manera. Y así los siete, y no dejaron descendencia; y después de todos murió también la mujer. En la resurrección, pues, cuando resuciten, ¿de cuál de ellos será ella mujer, ya que los siete la tuvieron por mujer?

Entonces respondiendo Jesús, les dijo: ¿No erráis por esto, porque ignoráis las Escrituras, y el poder de Dios? Porque cuando resuciten de los muertos, ni se casarán ni se darán en casamiento, sino serán como los ángeles que están en los cielos. Pero respecto a que los muertos resucitan, ¿no habéis leído en el libro de Moisés cómo le habló Dios en la zarza, diciendo: Yo soy el Dios de Abraham, el Dios de Isaac y el Dios de Jacob? Dios no es Dios de muertos, sino Dios de vivos; así que vosotros mucho erráis.

Marcos 12:18–27

BOSQUEJO

— Introducción

— El escenario absurdo

— Una solución astuta basada en la Escritura

— Oración

Notas personales al bosquejo

SERMÓN

Introducción

Vamos a abrir la Palabra de Dios para regresar a Marcos 12. Algo mejor que hacer esto dos veces al día, sería hacerlo tres o cuatro o cinco, o tal vez hacerlo todo el día. Estamos de regreso en el capítulo 12 de Marcos. El texto que vamos a analizar esta mañana ocurrió el miércoles de la semana de la pasión, cuando llegamos al versículo 18. Voy a leer a ustedes toda la sección que comprende hasta el versículo 27.

"Entonces vinieron a él los saduceos, que dicen que no hay resurrección, y le preguntaron, diciendo: Maestro, Moisés nos escribió que si el hermano de alguno muriere y dejare esposa, pero no dejare hijos, que su hermano se case con ella, y levante descendencia a su hermano. Hubo siete hermanos; el primero tomó esposa, y murió sin dejar descendencia. Y el segundo se casó con ella, y murió, y tampoco dejó descendencia; y el tercero, de la misma manera. Y así los siete, y no dejaron descendencia; y después de todos murió también la mujer". Esto parece ser búsqueda de misericordia, pasó de un hombre a otro muy rápido, versículo 23. "En la resurrección, pues, cuando resuciten, ¿de cuál de ellos será ella mujer, ya que los siete la tuvieron por mujer?

Entonces respondiendo Jesús, les dijo: ¿No erráis por esto, porque ignoráis las Escrituras, y el poder de Dios? Porque cuando resuciten de los muertos, ni se casarán ni se darán en casamiento, sino serán como los ángeles que están en los cielos. Pero respecto a que los muertos resucitan, ¿no habéis leído en el libro de Moisés cómo le habló Dios en la zarza, diciendo: Yo soy el Dios de Abraham, el Dios de Isaac y el Dios de Jacob? Dios no es Dios de muertos, sino Dios de vivos; así que vosotros mucho erráis".He titulado este mensaje: "Ignorancia bíblica en los lugares altos". Los judíos siempre habían creído corporativamente en la resurrección. De hecho, se puede dividir en dos dimensiones su confianza en la resurrección. Creían en una resurrección terrenal nacional del pueblo de Israel y también estaban convencidos de ello por medio de Ezequiel 37. En Ezequiel 37 encontramos la visión del valle de los huesos secos, este es Israel, por medio de una exhalación de Dios, estos huesos son vueltos a la vida, esta es una imagen de la resurrección nacional de Israel. Ellos interpretaban esta escena como Israel siendo elevado políticamente a un lugar de prominencia, a un dominio político y al cumplimiento de todas las promesas que Dios dio a Abraham y a David, promesas concernientes a un reino.

Concurrente a la resurrección nacional llegaría el surgimiento del Mesías. El Mesías debía ser un conquistador victorioso como David, sería un hijo de David, y por cierto, quien por medio de su poder y personalidad surgiría, tomaría el poder y elevaría a Israel de la muerte a la victoria y a la gloria. Esta era la forma en la que concebían al Mesías y la resurrección nacional bajo el surgimiento del Mesías.

Un escritor dijo: "Del mismo modo que David surgió de la nada, derrotó a Goliat y se convirtió en un héroe nacional, y después en un rey invencible que destrozó a los filisteos; así anticipaban los judíos la llegada de una figura similar quien resucitaría a Israel como nación. Así era como ellos concebían la resurrección nacional.

Esto no era algo que los pusiera nerviosos porque creían en la realidad de la resurrección. Y la extendían a su confianza acerca de una resurrección personal. Creían en una resurrección nacional, y también creían en una resurrección personal. Esto es, creían que junto con todos los prosélitos quienes creían en el Dios verdadero, serían resucitados después de la muerte. Dejarían este mundo y entrarían al mundo futuro. Muchos de sus escritos antiguos reflejan está realidad, 2 de Macabeos, el Apocalipsis de Baruc, el Apocalipsis de Esdras, el Apocalipsis de Enoc, estos son libros no bíblicos que reflejan las formas en la que los judíos entendían de la resurrección, todos estos escritos solo nos sirven para saber que creían en una resurrección futura.

Si ustedes leen el Talmud, que es una recolección de la ley judía, leerían un tema común concerniente a la resurrección. La enseñanza escatológica primaria del judaísmo está contenida dentro del Talmud y esta dice muchas cosas acerca de la resurrección.

Pero, ¿de dónde salió esto? Bueno de manera simple podemos decir que salió del Antiguo Testamento. Está completamente fundamentada, por ejemplo, en los Salmos; les daré solo algunos para que ustedes sepan de dónde surge esta idea. En el Salmo 16, por ejemplo, en sus versos 9-11, palabras que sé que les son muy familiares: "Se alegró por tanto mi corazón, y se gozó mi alma; mi carne también reposará confiadamente; porque no dejarás mi alma en el Seol, ni permitirás que tu santo vea corrupción. Me mostrarás la senda de la vida; en tu presencia hay plenitud de gozo; delicias a tu diestra para siempre". Aquí David está articulando la confianza de que él llegará al Seol, esto es la tumba, pero dice que no permanecerá ahí, dice que saldrá por medio de la ruta que lleva a la vida que es en la presencia de Dios. Y esto, desde luego que no solo era la confianza de David, sino que esto llegó a ser considerado un Salmo Mesiánico que predecía la resurrección de Jesucristo. En el Salmo 49:15 leemos: "Pero Dios redimirá mi vida del poder del Seol, porque él me tomará consigo". Fue Job quien dijo: "Y después de deshecha esta mi piel, en mi carne he de ver a Dios" (Job 19:26). Nuevamente vemos que tenían este concepto de vida después de la muerte o bien resurrección.

En el Salmo 73:24: "Me has guiado según tu consejo, y después (esto es, después de esta vida) me recibirás en gloria". Y así podemos encontrar

14_Ignorancia bíblica en los lugares altos

muchos otros Salmos. Pero permítanme leerles uno más, Salmo 139:8: "Si subiere a los cielos, allí estás tú; y si en el Seol hiciere mi estrado, he aquí, allí tú estás". No importa a dónde vaya sobre la tierra, no importa a dónde vaya yo al cielo, tú estás ahí. La asunción es que sea que estemos en la tierra o en el cielo, ahí estará Dios.

En Oseas 6:1-2: "Venid y volvamos a Jehová; porque él arrebató, y nos curará; hirió, y nos vendará. Nos dará vida después de dos días; en el tercer día nos resucitará, y viviremos delante de él". Aquí está una vez más esta confianza en la resurrección futura.

Podemos encontrar lo mismo en Isaías 26:19, lo vemos con toda claridad en Daniel 12:2, y sería valioso comentar acerca de este. "Y muchos de los que duermen en el polvo de la tierra serán despertados, unos para vida eterna, y otros para vergüenza y confusión perpetua". Esto hace una promesa de una resurrección para vida o bien una resurrección para muerte. Un lenguaje muy familiar, son exactamente las mismas indicaciones que nuestro Señor dio en Juan 5 cuando dijo que Él poseía el poder de juzgar y que Él poseía el poder para dar a las personas vida eterna o bien mandar a otros al juicio eterno.

Este es un trasfondo muy importante para este texto porque la posición mayoritaria entre los judíos era que habría una resurrección personal, individualmente estarían en la presencia de Dios, lo ven, esto es un trasfondo muy importante para este texto, porque es la introducción al verso 18 en donde vemos a saduceos que decían que no había resurrección.

Los saduceos eran una secta del judaísmo quienes negaban la realidad de la resurrección. De hecho, ellos negaban enérgicamente lo sobrenatural. Negaban la presencia, o la identidad, o la existencia de ángeles, esto de acuerdo con Hechos 23:8, hacían una negación enfática acerca de la existencia de los ángeles. Negaban por completo una existencia espiritual, es decir la existencia de espíritus. Y por lo tanto negaban la resurrección. A esto le añadimos que son un grupo minoritario en Israel y son el grupo opositor de la teología dominante, y también sucede que ellos son los que tienen el poder dentro del Templo. Tienen el poder desde el sumo sacerdote, y bajando hasta el jefe de los sacerdotes, todos estos son predominantemente saduceos. Ahora es su turno porque son la mayoría dentro del Sanedrín. Les toca el turno de venir ante Jesús con la idea de desacreditarlo.

Vimos esta mañana que los fariseos querían ponerlo en problemas con Roma al forzarlo a contestar una pregunta que lo hará parecer como un rebelde, como un insurgente, como alguien que va a guiar a esta multitud en contra de Roma en un acto de venganza y represalia por el sistema de impuestos. Ellos querían que contestara la pregunta y se pusiera en esa posición. Pero como recordarán Él evadió todo esto.

Ahora llega la segunda oleada de representantes de parte del Sanedrín quienes llegan con su pregunta, estos son los saduceos. Su objetivo es desacreditar a Jesús delante de las personas, su intención es que la gente ahora le dé la espalda. Pero, ¿cómo van a hacer esto? ¿Al hacerlo caen en un dilema? No, lo quieren hacer pasar por estúpido, este es su objetivo. Quieren que Él quede como un tonto. Ellos son poderosos, muy ricos, muy influyentes, son la aristocracia. Son liberales, ejercen poder y piensan que ellos si pueden lograr lo que los pobres fariseos no pudieron hacer. Mientras que la religión de la gente era la religión de los fariseos, la estructura del poder estaba en manos de estos saduceos.

Políticamente estaban deseosos de cooperar con Roma. No querían incomodar a Roma, particularmente porque su situación ahora era buena. Esencialmente se estaban haciendo ricos con todo lo que Roma les permitía hacer, con toda la corrupción que ellos ejercían en el templo. Estaban muy contentos de tener una asociación con Roma que les permitía llenar sus arcas. Deseaban asegurarse de que Roma los viera como sus amigos. Todo esto hacía que quisieran sacar a Jesucristo de la escena. De ningún modo estaban en contra de que fuera crucificado, apoyaban este acto injusto. Su verdadera agenda era no hacer algo que desagradara a Roma, buscaban hacer que la gente abandonara su preferencia y que dejara a Jesucristo porque lo iban a hacer pasar como un tonto. Popularmente los saduceos eran odiados por querer ser agradables a Roma. Sabían que lo hacían por obtener favores personales y de este modo los judíos estaban muy molestos con la relación que existía entre los saduceos y Roma.

Y si ustedes van y buscan dentro de la historia y encuentras a los saduceos, no los podrán encontrar después del 70 d.C., porque una vez que el Templo fue destruido, ellos quedaron acabados. El Templo era el lugar donde ellos ejercían su dominio y una vez que fue destruido, ellos dejaron de existir. Su poder solo era operativo bajo la cubierta de Roma en ese Templo. Y cuando ese poder sacerdotal político llegó a su fin, ya no pudieron sobrevivir.

Ahora permítanme hablar acerca de ellos de manera religiosa por un momento. Ellos tenían una forma muy extraña de ver la religión. Y ya que eran liberales, del mismo modo negaban la resurrección, negaban a los ángeles, negaban la existencia de un reino espiritual, en un sentido eran mucho más estrictos en su legalismo que los fariseos. Al aplicar la justicia interna dentro de la tierra eran los más crueles en todos los asuntos de la ley. Josefo mismo, el historiador judío, nos dice que ellos eran mucho más salvajes que los otros judíos. Los fariseos, dice Josefo, eran indulgentes en comparación con ellos. Eran fundamentalistas de línea dura, supongo que esta es la forma en la que pueden ser descritos, eran fundamentalistas de línea dura quienes rechazaban aceptar cualquier otra cosa que no fuera la ley de Moisés. Rechazaban apegarse a la tradición oral, rechazaban aceptar la tradición de los

14_Ignorancia bíblica en los lugares altos

escribas que era todo lo que los fariseos escribían. Ellos se enorgullecían de ellos mismos de ser guardianes de la fe pura del Pentateuco. Interpretaban la ley de Moisés más literalmente que otros y esto hacía que fueran severamente fastidiosos en las cuestiones de pureza de Levítico.

Pero el factor clave de su sistema de creencia era que ellos negaban la resurrección. Ellos negaban cualquier tipo de vida futura. Para ponerlo de manera simple, eran aniquilacionistas, cuando mueres simplemente sales del reino de la existencia, ahí todo termina.

Josefo nuevamente, vamos siempre a él porque es el historiador de aquella época, él nos dice que ellos creían que el alma y el cuerpo perecían juntos en la muerte y que ahí salían de la existencia. Por lo tanto no había ninguna penalidad por el mal comportamiento y tampoco había recompensas por el buen comportamiento porque no había futuro para ellos. No había vida después de la vida. Por lo tanto no tenían ningún interés por el Mesías; no tenían ningún interés real por la salvación.

Y puedes tener esta pregunta en mente: "¿Si son literales en cuanto a la Escritura, cómo es posible que ellos nieguen la resurrección que está por todo el Antiguo Testamento?" Y la respuesta a esto es, porque ellos sostenían una supremacía singular del Pentateuco, los libros de Moisés. Y yo les cite algunos versículos hace un momento acerca de la resurrección. Pero recuerdan dónde comencé, en los Salmos y de ahí en adelante. Para ellos todo estaba subordinado al libro de Moisés. Moisés representaba la pureza de la fe, y ellos eran los protectores de la fe pura por lo que afirmaban la absoluta singularidad de los escritos de Moisés. Ellos decían que la doctrina de la resurrección no podía ser encontrada en los libros de Moisés... Génesis, Éxodo, Levítico, Números y Deuteronomio. No está ahí, decían, y todo el resto del Antiguo Testamento es un comentario acerca de Moisés, pero no son escritos de Moisés, por lo tanto, posiblemente no sean verdad.

Y por cierto este fue un debate histórico donde los fariseos basaban sus argumentos sobre este tema todo el tiempo, hurgaban en los libros de Moisés intentando encontrar versículos que pudieran citar para convencer a los saduceos de que los escritos de Moisés incluían a estos. Usaban Números 18:28, Deuteronomio 32:39; y muchos otros lugares de los escritos de Moisés donde ellos pensaban que podían probar que con eso se podía probar la resurrección. Ninguno de los que ellos usaban eran convincentes por lo que los saduceos se mantenían en su error. Cuanto más argumentaban los fariseos en su contra, más fuertes se hacían en mantener su posición, porque los fariseos tenían problemas en hacer que esto fuera entendido.

Ahora, por otro lado, los fariseos estaban resueltos en cuanto a la resurrección. Se metían en la resurrección como lo hacían en todo asunto. Los saduceos limitaban todo a un literalismo extremo en cuanto a lo que Moisés había dicho, pero ellos tomaban todo el Antiguo Testamento y hacían completamente lo opuesto. Lo que hacían era expandirlo hasta un nivel que no tenía fin, al grado que los fariseos discutían si el hombre resucitaría con ropa o sin ropa. Hacían todo un debate de esto; desde luego que ellos decían que resucitaría vestido y por obvias razones surgía un debate más, ¿sería con ropas nuevas o con las mismas que tenía cuando murió? Discutían si cuando la gente fuera resucitada sería resucitada con las mismas fortalezas, con los mismos defectos y con las mismas características que tenían cuando ellos murieron. Y el consenso general era, sí, regresarán siendo de la misma manera que eran, con los mismos defectos y virtudes.

Todos los judíos resucitarían, y según muchos de ellos, creían los judíos, resucitarían en la tierra de Israel. ¿Cómo sucedería esto? Algunos de ellos enseñaron que en medio de toda la tierra había túneles y cuando un judío era enterrado en una tierra lejana o extraña, su cuerpo se arrastraba por uno de estos túneles hasta que finalmente llegaba a Israel.

Así que aquí tenemos a estos saduceos quienes dicen exactamente lo que la Escritura dice literalmente y, según ellos, no había nada tocante a la resurrección, por lo que ellos no creían en esta. Y por otro lado tenemos a los fariseos, sus oponentes, quienes pueden dar vueltas y vueltas en un tema de las Escrituras, millares de debates acerca de cosas sin sentido, y aquí podemos ver porque no se llevaban muy bien. Están en los extremos opuestos y su costumbre es debatir constantemente. Pero ahora en este asunto estaban perfectamente de acuerdo, se querían deshacer de Jesucristo. Los saduceos se querían deshacer de Él por razones obvias, Él está desbaratando todas sus operaciones. El día anterior que se presentó en el Templo y les formó un caos en cuanto a sus costumbres corruptas.

Por lo que algunos de los saduceos, versículo 18, que dicen que no hay resurrección, vinieron a Jesús el mismo día. Mateo dice que el mismo día, así que sabemos que es miércoles, estos no tuvieron un papel importante dentro del ministerio de Jesús porque siempre permanecían en el Templo. Los fariseos estaban por todos lados en Israel, también había fariseos por todos lados, escribas igualmente, rabies del mismo modo. Pero los saduceos no tuvieron ningún papel predominante en general dentro del ministerio de Jesús. El único momento en el que estos entran en acción es cuando Él va a dónde ellos y hace lo que hizo ahí. Esto es lo que hace que ellos se manifiesten. Nuevamente están siendo amenazados por Jesús quien hizo esto al inicio de su ministerio tres años antes y ahora lo hace una vez más, para ellos Jesús es una amenaza que puede acabar con ellos, que puede hacer que la gente se aleje de ellos y haga que su banco caiga en quiebra, si me permiten decirlo de este modo, por lo que ellos tienen que hacer algo con Jesucristo.

Para ellos la resurrección es un asunto muy importante. Ellos tienen que luchar en contra de este asunto todo el tiempo y contra todo el mundo porque todos creen en la resurrección. En Hechos 4:1-3 leemos: "Hablando ellos al pueblo", ellos son los apóstoles, "vinieron sobre ellos los sacerdotes con el jefe de la guardia del templo, y los saduceos, resentidos de que enseñasen al pueblo, y anunciasen en Jesús la resurrección de entre los muertos. Y les echaron mano, y los pusieron en la cárcel". ¿Por qué los echaron en la cárcel? Los saduceos hicieron que los arrestarán y los metieran en la cárcel, ¿por qué?, por predicar acerca de la resurrección. Esto era algo muy importante porque lo consideraban una amenaza. No solo era Jesús una amenaza para sus operaciones dentro del Templo, los apóstoles que predicaban acerca de Jesús eran una amenaza a su teología, lo que finalmente sería una amenaza a su poder. En el capítulo 5:17 de Hechos, "Entonces levantándose el sumo sacerdote y todos los que estaban con él, esto es, la secta de los saduceos, se llenaron de celos; y echaron mano a los apóstoles y los pusieron en la cárcel pública". Y les ordenaron en el versículo 28: "¿No os mandamos estrictamente que no enseñaseis en ese nombre? Y ahora habéis llenado a Jerusalén de vuestra doctrina, y queréis echar sobre nosotros la sangre de ese hombre".

Ellos no querían tener nada que ver con Jesús, querían quitar a Jesús de su camino y también querían sacar a los apóstoles fuera de su camino, por lo que los arrestan y ponen todo su odio sobre ellos, del mismo modo estaban poniendo todo su odio en contra de nuestro Señor.

A esto dice Josefo, los saduceos asesinaron al hermano de nuestro Señor, a Santiago. Su objetivo, regresando a Marcos 12, aquí es hacer que Jesús quede como un estúpido, hacerlo parecer un tonto porque todo el mundo sabe que Jesús afirma la resurrección... todos lo saben. A este punto todos están ya muy familiarizados con el hecho de que Jesús había resucitado a Lázaro de los muertos tan solo unas semanas antes de esto, todos los presentes lo saben. Cuando Él resucitó a Lázaro dijo: "Yo soy la resurrección y la vida: el que cree en mí, aunque esté muerto vivirá". Y también dijo a sus hermanas: "él resucitará nuevamente". A lo que ellas contestaron: "Sí, sabemos que será en el día postrero". Esto nos dice que ellos sabían que Jesús creía en la resurrección. Lo querían atrapar en un absurdo lógico y hacerlo pasar por un tonto, de este modo la gente lo vería como inadecuado para manejar la Escritura del modo que ellos lo hacían. ¿Lo comprenden más ahora? Lo que querían era exhibirlo.

El escenario absurdo

Ahora vamos a ver dos cosas en este texto. Número uno, el escenario absurdo, lo que es algo hipotético... el escenario absurdo. Si no pueden silenciarlo como un insurgente, porque no cayó en la trampa de la moneda con la inscripción de CEsar, según vimos en la sección anterior, lo van a convertir en un tonto y así destruirán su credibilidad. Saben que habla acerca de la resurrección, Juan 5:25–29, así que usarán esto en su treta. En el versículo

19, Marcos 12:19: "Maestro", una vez más llegan con este respeto fingido, "Moisés nos escribió que si el hermano de alguno muriere y dejare esposa, pero no dejare hijos, que su hermano se case con ella, y levante descendencia a su hermano". Lo han llamado maestro, pero en realidad su deseo es demostrar que Él es un maestro incapaz. A esto es a lo que un escritor llama una burla muy fina y pulida.

Ellos han tomado este conocimiento de Moisés, esto se encuentra en Deuteronomio 25, de ahí es de donde sacan esta idea para venir ante Jesús en el versículo 19 de Marcos 12: "si el hermano de alguno muriere y dejare esposa, pero no dejare hijos, que su hermano se case con ella, y levante descendencia a su hermano. Hubo siete hermanos; el primero tomó esposa, y murió sin dejar descendencia".Pero es mejor que vayamos a Deuteronomio 25, porque ahí vamos a aprender mucho y después regresamos a nuestro texto en unos minutos, quiero que vean que aquí hay un patrón y les voy a explicar un poco acerca de esto. Vayamos a Deuteronomio 25:5-10: "Cuando hermanos habitaren juntos, y muriere alguno de ellos, y no tuviere hijo, la mujer del muerto no se casará fuera con hombre extraño". ¿Captan esto? Hermanos viviendo juntos, muy cerca el uno del otro, en un sentido la familia permanece intacta, uno de ellos muere, no tuvo hijos, la mujer del muerto no se debe casar fuera de la familia con un hombre extraño. El hermano de su esposo la tomará, la tomará para él como esposa y él cumplirá el papel de esposo que tenía su hermano ante ella. "Y el primogénito que ella diere a luz sucederá en el nombre de su hermano muerto, para que el nombre de este no sea borrado de Israel. Y si el hombre no quisiere tomar a su cuñada, irá entonces su cuñada a la puerta, a los ancianos, y dirá: Mi cuñado no quiere suscitar nombre en Israel a su hermano; no quiere emparentar conmigo. Entonces los ancianos de aquella ciudad lo harán venir, y hablarán con él; y si él se levantare y dijere: No quiero tomarla, se acercará entonces su cuñada a él delante de los ancianos, y le quitará el calzado del pie, y le escupirá en el rostro, y hablará y dirá: Así será hecho al varón que no quiere edificar la casa de su hermano. Y se le dará este nombre en Israel: La casa del descalzado"." Nadie querría tener este letrero sobre su puerta. Esto querría decir que no había tomado la responsabilidad de tener un hijo y un heredero para que de este modo el estado de la familia pudiera continuar.

Esta era una costumbre muy arraigada. De hecho aparece por primera vez en Génesis 38, en la casa de Judá, hijo de Jacob. Un hombre que tenía por nombre Onan, de acuerdo a Génesis 38, rechazó cumplir con esto, no quiso tener hijos con la esposa de su hermano muerto y Dios mató a Onan. Era muy importante en la historia temprana de Israel que las herencias tribales permanecieran dentro de las tribus. La ley fue originalmente dada en el periodo patriarcal para preservar el nombre y el honor del hijo mayor, su tribu y su tierra. Y cuando el hijo era concebido por el segundo esposo, él

14_Ignorancia bíblica en los lugares altos

tomaba el nombre del hermano fallecido para que de este modo la herencia fuera pasada por medio de ese hijo. Así era posible continuar con la familia, esta fue la razón por la que Moisés dejó establecida esta norma, requiriendo que el pariente más cercano se casara con la viuda y tuviera hijos para perpetuar la familia y para así mantener la tierra como herencia familiar.

Ahora, esto solo era válido cuando los hermanos permanecían solteros. ¿Queda claro? Esto es en caso de que estés un poco confundido. No se suponía que se tenían que divorciar si estaban casados, tampoco que tuvieran una esposa más. Esto era para la preservación del pueblo de Dios y para la preservación de la identidad como tribus, para seguir teniendo pertenencia de la tierra que les fue asignada.

¿Recuerdan la historia de Rut? Rut sería un incidente que está estrechamente relacionado, porque Rut es una viuda, ella no tiene un hijo con el cual pueda continuar la familia de su esposo. Todos están ya muertos, no hay hermanos, por lo que ella no puede tener un heredero. Entonces ella conoce a un hombre llamado Booz, un familiar. Tal vez debo decir que Elimelec, su suegro, está muerto y ahora ella se encuentra sola, Rut es la única heredera y no tiene marido ni forma de tener un hijo. Conoce a Booz y resulta que este es el pariente más cercano de Elimelec, su suegro, y él califica para lo que es un maridaje Levítico, esta es la palabra, levirato proviene del latín y hace referencia a un hermano. Booz, sí quiere ser su marido, y así es llamado el familiar redentor. Él se casa con ella, y le da un hijo llamado Obed, por medio de él llegará David y finalmente el Mesías, Jesucristo.

Era una ley importante y conocida, el levirato hacía referencia a su cuñado. Así que los saduceos que están ante Jesús se refieren a esta ley. Y ahora regresemos al evangelio de Marcos. Los saduceos hacen referencia a aquella ley en el versículo 19 al decir, Moisés nos escribió, están haciendo una cita directa de Deuteronomio 25:5.

Ahora basados en esto llegan con un escenario muy extraño. Este es: "Hubo siete hermanos; el primero tomó esposa, y murió sin dejar descendencia. Y el segundo se casó con ella, y murió, y tampoco dejó descendencia; y el tercero, de la misma manera. Y así los siete, y no dejaron descendencia; y después de todos murió también la mujer". Y aquí llega la astucia de los saduceos. "En la resurrección, pues, cuando resuciten, ¿de cuál de ellos será ella mujer, ya que los siete la tuvieron por mujer?"

En realidad ellos estaban trazando su teología de la resurrección de los fariseos, recuerden que les dije que hasta discutían acerca de la ropa y el tipo de ropa de la resurrección, cuando la gente saliera de las tumbas. Los fariseos afirmarían que si tú estabas casado en la tierra, también del mismo modo, estarías casado en el cielo. Los fariseos decían que la siguiente vida sería exactamente igual a esta vida. Decían que las relaciones eran para siempre, que eran permanentes. De hecho algunos, de acuerdo a Maimónides, creían que en la vida siguiente no solo estarían casados sino que también tendrían hijos.

Bien, yo estaría de acuerdo con los saduceos en este punto, este tipo de teología hace que la resurrección sea un absurdo. Si es que vamos a estar en el mismo estado en el que estamos en la vida siguiente, el mismo estado en el que hemos estado aquí, entonces habrá muchas cosas que serán muy difíciles de manejar. De este modo tenemos un escenario absurdo que es hipotético.

Una solución astuta basada en la Escritura

Comenzando en el versículo 24, Marcos 12:24, tenemos una solución absoluta que es basada en la Escritura. Esto es realmente maravilloso, Jesús les dijo: "¿No erráis por esto, porque ignoráis las Escrituras, y el poder de Dios?" Esta es una acusación directa, el problema que ustedes están teniendo es debido a su ignorancia, ustedes son ignorantes de la Escritura y son ignorantes del poder de Dios.

En Mateo 22:29 Mateo lo dice de este modo: "Erráis, ignorando las Escrituras y el poder de Dios". El problema aquí no es conmigo, el problema es con ustedes mismos. Lo que han hecho simplemente es exhibir su ignorancia. Hace que la situación dé un giro completo de 180 grados, ellos intentaban que Él apareciera como un tonto pero lo que hicieron fue mostrarse como tontos, como ignorantes. Ustedes comenten un error, el verbo que se usa para errar es *planao* del cual nosotros obtenemos también la palabra planeta, que quiere decir cuerpos que vagan en el espacio. El verbo significa vagar, estar siendo llevado sin rumbo. Ustedes mismos son llevados sin rumbo debido a su ignorancia bíblica. Están vagando mentalmente, han sido llevados fuera de la realidad, están fuera de su razón, han sido extraídos de la verdad. Esta es la razón por la que en Judas 13 los falsos maestros son llamados estrellas errantes. La razón número uno es: "Ustedes no entienden las escrituras". Y esta acusación puede ser para todos aquellos que no saben presentar la verdad de las Escrituras porque no la entienden. Pero no hay excusa por la ignorancia.

El "no" que hay aquí es *me* en el griego, el cual niega subjetivamente e implica no solo una ignorancia negativa sino una positiva falta de voluntad. Ustedes no entienden... implicando que no les interesa entender las Escrituras. Ustedes no tienen la habilidad y no tienen el interés en comprender las Escrituras. Ustedes son, en realidad, los tontos.

Y desde luego, ellos se enorgullecían de conocer las Escrituras. Se enorgullecían de su entendimiento literal de los escritos de Moisés y lo que hizo nuestro Señor fue darle la vuelta completamente a la situación. Ustedes son los tontos, ustedes son los que no entienden las Escrituras.

En segundo lugar, ellos no entienden al poder de Dios, porque el poder de Dios está rebelado en las Escrituras. ¿Cómo es posible no comprender que Dios puede crear una forma de resurrección si él quiere, si en realidad entiendes el primer y segundo capítulo de Génesis? Si Dios creó todas las cosas en seis días con una tremenda cantidad de términos intrincados para todo el macro universo y el micro universo; todo esto lo hizo con tan solo emitir su palabra y todo existió. ¿Por qué se sorprenden del hecho de que Él puede hacer algo diferente en la vida venidera al ver la vida presente? Ustedes no entienden las Escrituras y con toda seguridad no entienden el poder de Dios. Si ellos hubieran conocido las Escrituras, hubieran sabido que Dios prometía una resurrección. Y si hubieran conocido el poder de Dios, hubieran comprendido en realidad que Dios puede crear cualquier tipo de vida que Él quiera. Ellos estaban espiritualmente muertos. Estaban espiritualmente ciegos. Y consecuentemente había ignorancia en los lugares altos, en los lugares de preeminencia, en los lugares donde debía haber conocimiento pleno de Dios.

¿Pensaban ellos que Dios era solo lo que ellos podían concebir de Él como un ser? ¿Pensaban ellos que Dios no era capaz de clasificar a los maridos en el cielo, o crear un tipo de vida en la que su escenario era un absurdo? Y nuevamente, esta es un tipo de acusación que puedes colocar sobre cualquier falsa religión.

Y entonces se explica a sí mismo en el versículo 25: "Porque cuando resuciten de los muertos, ni se casarán ni se darán en casamiento, sino serán como los ángeles que están en los cielos". Cuando ellos resuciten... en un pasaje paralelo de Lucas 20:34: "Los hijos de este siglo", la gente, los seres humanos que viven en este siglo, es un hebraísmo para la gente que vive en el mundo. Cuando la gente que está en este mundo resucite de los muertos a la vida siguiente, ni se casarán ni se darán en casamiento. Toda la complejidad del sexo, la reproducción, el nacimiento, la familia dejará de existir. Esto es contrario a la noción de un reino planetario en donde gobernarán los mormones y entonces habrá una procreación planetaria con las múltiples esposas que tendrán. Esto también es contrario a la visión islámica de la externa existencia en almohadillas verdes con 72 vírgenes, o todo eso que le prometen a los mártires. Toda la complejidad del sexo y la reproducción, el nacimiento y la familia, no es para la vida venidera, es para esta vida. Esto es una declaración absoluta amigos míos. Así que si ustedes andan vagando, no habrá matrimonio en el cielo. No habrá relaciones sexuales, no habrá familias y no habrá relaciones exclusivas en el cielo.

Y aun más para ayudarnos a definir esto, nuestro Señor dice: "sino que serán como ángeles en el cielo", esto no quiere decir que seremos ángeles. Y el Señor está lanzando esta explicación porque sabe que ellos no creen en los ángeles; recordemos que los negaban absolutamente.

En Lucas dice: "Los hijos de este siglo no se casan, o se dan en casamiento, pero los hijos de la resurrección, dice Lucas, son como los ángeles". Así que en la vida siguiente, el siguiente siglo, serán como los ángeles.

¿Qué significa esto? Que son gloriosos o que son eternos, son seres celestiales. No cohabitan, no se reproducen, no mueren; el matrimonio es solo para esta vida. Y por cierto, tengo que decir que en 1 de Pedro 3, "esta es la gracia de la vida, es lo mejor que esta vida tiene que ofrecer". Y por favor, a todos los jóvenes les digo, cásense, ese es el mejor estado de la vida. No solo se queden esperando que regrese el Mesías. Es simple, solo seleccionen a alguien. Es lo mejor estar casado, el matrimonio es necesario. ¿Para qué? para la procreación, para llenar la tierra, esto fue lo que Dios dijo a Adán y Eva. Es necesario para la procreación, es necesario para reemplazar a la gente que muere. Y es necesario para el avance de generaciones sucesivas y para cosechar toda la riqueza que Dios ha derramado sobre esta tierra. Necesitamos una población para obtener toda esta magnificencia.

Pero en el siglo venidero, nadie muere y nadie nace. La relación matrimonial, es por lo tanto innecesaria. Cada uno de nosotros será perfecto. Por ahora somos incompletos y no es bueno que el hombre esté solo. Nuestra plenitud, como hombres, se encuentra con una compañera y viceversa. En el cielo no necesitaremos a nadie para lograr esta plenitud. En el cielo seremos absoluta y perfectamente completos dentro y fuera de nosotros mismos. Como individuos no necesitaremos nada y amaremos a todos de manera perfecta, amaremos a todos de igual manera. El matrimonio no será necesario porque no tiene ningún propósito. Este es solo para esta vida.

Así que Dios no está allá arriba preocupado acerca de cómo va a solucionar las relaciones terrenales de estas personas que llegarán al cielo con las manos llenas de esposas. Esto no será un problema, no tiene ninguna relevancia. Ustedes los saduceos son unos ignorantes. Ustedes son los que no conocen las Escrituras. Ustedes son los que no conocen a Dios. No conocen su poder. Si ustedes conocieran su poder en verdad, esto no sería un problema para ustedes. Y como ya dije, ustedes sabrán que el mismo poder creativo que fue expuesto en el libro de Génesis puede ser demostrado una vez más. Ustedes tienen una percepción de Dios muy pequeña, débil e inadecuada.

Pablo nos ayuda con esto, veamos 1 Corintios capítulo 15:35-37. "Pero dirá alguno: ¿Cómo resucitarán los muertos? ¿Con qué cuerpo vendrán?" Esto suena muy saduceo. "Sí, ha, ha, ¿y cómo serán resucitados? ¿Qué tipo de cuerpo tendrán allá?"

" Necio, lo que tú siembras no se vivifica, si no muere antes, y aquello que tú siembras no es el cuerpo que ha de salir, sino el grano desnudo, ya sea de trigo o de otro grano". Si pones una pequeña semilla en la tierra obtienes todo un árbol. El cuerpo que crece es una planta completamente diferente. La semilla muere y se descompone, y lo que sale es una planta completamente diferente. Dios, de acuerdo al versículo 38, dio un cuerpo como el quiso, y a cada semilla su propio cuerpo. La diferencia entre el cuerpo y la semilla que muere, entre al cuerpo de la planta que crece es masiva.

Versículo 39: "No toda carne es la misma carne, sino que una carne es la de los hombres, otra carne la de las bestias, otra la de los peces, y otra la de las aves. Y hay cuerpos celestiales, y cuerpos terrenales; pero una es la gloria de los celestiales, y otra la de los terrenales. Una es la gloria del sol, otra la gloria de la luna, y otra la gloria de las estrellas, pues una estrella es diferente de otra en gloria". En otras palabras, lo que Pablo está diciendo es que Dios puede crear cualquier cosa que el quiera de la manera que el quiera hacerlo, ya sea en una planta sobre la tierra, ya sea en un animal sobre la tierra, o bien dentro del mundo material. Por lo que también en el versículo 42 dice: "Así también es la resurrección de los muertos. Se siembra en corrupción, resucitará en incorrupción". Hay una diferencia enorme.

Más abajo en los versículos 47-49: "El primer hombre es de la tierra, terrenal; el segundo hombre, que es el Señor, es del cielo. Cual el terrenal, tales también los terrenales; y cual el celestial, tales también los celestiales. Y así como hemos traído la imagen del terrenal, traeremos también la imagen del celestial". Y el versículo 51 lo resume: "He aquí, os digo un misterio: No todos dormiremos; pero todos seremos transformados". No todos nosotros vamos a morir, algunos de nosotros seremos llevados en el rapto. Pero sea que seamos llevados en el rapto o bien muramos, todos nosotros seremos cambiados.

En el versículo 52: "los muertos serán resucitados incorruptibles, y nosotros seremos transformados". Lo corruptibles será incorruptible. Lo que antes moría será inmortal. Dios tiene el poder de hacer esto. Y Él lo demuestra en miles de formas en los cuales Él hace que su creación sea vista.

Ellos eran ignorantes de las Escrituras. Regresemos a Marcos 12, donde leemos que eran ignorantes de las Escrituras e ignorantes de Dios, del poder de Dios. Nuestro Señor incluso parece que actúa un poco sarcástico; de acuerdo a Mateo 22:31 él dice: "¿No han leído acerca de la resurrección?" se supone que ustedes son los expertos.

Ah, y ustedes están llenos de los escritos de Moisés, pero permítanme enseñarles lo que Moisés dice. Versículo 26: "Pero respecto a que los muertos resucitan, ¿no habéis leído en el libro de Moisés"?, esta es una acusación muy seria para estos que se consideraban a sí mismos los expertos en cuanto a los escritos de Moisés. "Pero respecto a que los muertos resucitan, ¿no habéis leído en el libro de Moisés cómo le habló Dios en la zarza, diciendo: Yo soy el Dios de Abraham, el Dios de Isaac y el Dios de Jacob?"

¿Qué tiene que ver con todo esto? Eso es Éxodo 3:6. "Yo soy el Dios de Abraham. Yo soy el Dios de Isaac. Yo soy el Dios de Jacob". El impacto de esto es, yo soy y ellos son. ¿Lo entienden? Dios habla de la relación que tiene con ellos por sus pactos, con los patriarcas quienes no están presentes, quienes están muertos. Y Él dice: "Yo soy el Dios de Abraham, Isaac y Jacob". Yo soy y ellos son, no yo era y ellos eran. Tampoco dice: "Yo era el Dios de Abraham, Yo era el Dios de Isaac, Yo era el Dios de Jacob", cosa que tenía que haber dicho si ellos ya no existían. Hace una identificación positiva en el tiempo presente, a pesar de que en Éxodo 3 todos ellos ya estaban muertos.

En Génesis 26:24, en Génesis 28:13, Dios se llama a sí mismo el Dios de Abraham después de que Abraham ha muerto. En Éxodo 3, en Éxodo 4 Dios se llama a sí mismo el Dios de Abraham, Isaac y Jacob, de los tres, y como ya dije todos ya habían muerto. Dios dice: "Yo soy el Dios de estos hombres" y Él no es un Dios que sea adorado por cadáveres. Yo soy el Dios de Abraham. Yo soy el Dios de Isaac. Yo soy el Dios de Jacob, enfatizando la realidad personal de cada uno de ellos, la existencia personal de cada uno de ellos. Y entonces sella todo diciendo, al final en el versículo 27, Jesús está hablando de Dios: "Dios no es Dios de muertos, sino Dios de vivos; así que vosotros mucho erráis". ¿Quiénes son los tontos? Ellos son los tontos. Él no es el Dios de muertos. Él es Dios de los vivos. Justo ahí dentro de los escritos más obvios de Moisés se encontraba la evidencia de la vida después de la vida. Todos estos años y años de andar hurgando los escritos de Moisés para probar que no había resurrección y se encontraba justo bajo sus narices en ese glorioso pasaje de Éxodo 3:6, Dios se identifica a sí mismo como el Dios de aquellos que continúan viviendo. Aquí los devastó... derribó todo argumento saduceo. Les probó la resurrección desde el Pentateuco. Para nada Él era un tonto, los tontos eran ellos.

Habrá una resurrección y tú estarás en ella, una resurrección a vida y una resurrección sobre la muerte. En efecto habrá una resurrección. Toda persona vivirá por los siglos de los siglos.

Y sus palabras finales a ellos: "vosotros mucho erráis". Y los saduceos simplemente se fueron, del mismo modo que lo hicieron los fariseos. Estaban totalmente frustrados por una respuesta tan simple, esto fue lo que la gente debió haber pensado, ¿qué tan tontos serán estos que perdieron este detalle tan pequeño? Ninguno de ustedes hubiera querido haber estado en esta discusión con el Hijo de Dios; no podrías ganar de ningún modo.

Para nosotros, ¿no es maravilloso pensar acerca de la resurrección? ¿Pero este no es el fin? Pero esta no es la forma en la que nosotros vamos a estar en ningún sentido físico o espiritual, nosotros vamos a tener un cuerpo glorificado, perfecto en cualquier forma que tenga, pero más importante, perfecto internamente en el espíritu. Seremos perfectos en nuestro amor por Dios, perfectos adoradores de Dios, perfectos en cuanto a nuestro amor por los demás. Tendremos un conocimiento perfecto. Estaremos perfectamente motivados a desarrollar un servicio perfecto, sometidos en una perfecta obediencia, y haciendo todo con un gozo ininterrumpido por los siglos de los siglos. Nunca, nunca, tendremos que respirar hondo antes de realizar algún servicio. Nunca más estaremos cansados, nunca sentiremos el agotamiento, nunca estaremos aburridos, nunca estaremos desanimados, nunca nos sentiremos defraudados, gozo sobre gozo, y más gozo. Y cuando seamos resucitados, solo para no dejar nada a la especulación, dice que cuando Jesús regrese, Filipenses 3:21: "Jesucristo transformará el cuerpo de la humillación nuestra, para que sea semejante al cuerpo de la gloria suya, por el poder con el cual puede también sujetar a sí mismo todas las cosas". Nos dará una forma parecida a la que él tuvo en su resurrección y un espíritu que es perfectamente santo. Y todo esto es por su gracia.

Bien, en el próximo mensaje los escribas van a venir a Él y le cuestionarán acerca del más grande mandamiento, créanme que este será un encuentro muy importante y fascinante.

Oración

Padre, te agradecemos por el tiempo que hemos tenido juntos hoy en alabanza y adoración para ti, ha sido de mucha bendición poder cantar y orar juntos en comunión. Te agradecemos por tu Palabra que es poderosa, abre verdades de manera poderosa ante nosotros. Te agradecemos porque Cristo siempre es mostrado en los evangelios y podemos ver su majestad. No hay nadie como Él, nadie. Cuanto más vemos, cuanto más profundo buscamos, cuanto más cuidadosos somos en considerar cada detalle de su vida y ministerio, más y más maravilloso se vuelve para nosotros, más glorioso. Y pensar que nos llama suyos, y que nos ama y se da por nosotros para que nos pueda llevar al cielo para que podamos estar con Él para siempre. No nos lo merecemos. Esto es un grande honor, un honor inmerecido por nosotros. Qué maravillosa anticipación, saberlo desde mucho antes. Que nuestra gratitud se pueda manifestar en obediencia y amor hacía Él. Oramos en su nombre. Amén.

REFLEXIONES PERSONALES

15_Amando a Dios

Acercándose uno de los escribas, que los había oído disputar, y sabía que les había respondido bien, le preguntó: ¿Cuál es el primer mandamiento de todos? Jesús le respondió: El primer mandamiento de todos es: Oye, Israel; el Señor nuestro Dios, el Señor uno es. Y amarás al Señor tu Dios con todo tu corazón, y con toda tu alma, y con toda tu mente y con todas tus fuerzas. Este es el principal mandamiento. Y el segundo es semejante: Amarás a tu prójimo como a ti mismo. No hay otro mandamiento mayos que estos. Entonces el escriba le dijo: Bien, Maestro, verdad has dicho, que uno es Dios, y no hay otro fuera de él; y el amarle con todo el corazón, con todo el entendimiento, con toda el alma, y con todas las fuerzas, y amar al prójimo como a uno mismo, es más que todos los holocaustos y sacrificios. Jesús entonces, viendo que había respondido sabiamente, le dijo: No estás lejos del reino de Dios. Y ya ninguno osaba preguntarle.

Marcos 12:28–34

BOSQUEJO

— Introducción

— La pregunta

— El acercamiento

— La respuesta

— La verdadera motivación

— Amar a Dios con todo el corazón

— Amar a tu prójimo tanto como a ti mismo

— Oración

Notas personales al bosquejo

SERMÓN

Introducción

En esta mañana vamos a ir al capítulo 12 del evangelio de Marcos, estaremos estudiando los versículos 28 al 34. Como podrán notar he titulado este mensaje "Amando a Dios", y esto en realidad es muy obvio. Cuando estaba pensando en esta semana acerca del amor y de amar a Dios, entendí que era un tema enorme, algo vino a mi escritorio que pensé que era interesante, era de Ripley, "Aunque usted no lo crea". Y de acuerdo a Ripley, la más larga expresión de amor que ha sido escrita, fue el trabajo de un pintor parisino llamado Marcel De LaKurre, quien escribió en 1875 una carta dirigida a Madalena DeVilla Lora, su luz artística para el amor, según dijo.

Esta particular carta contiene la frase *chevuomi*, te amo, un millón ochocientas mil veces. ¡Vaya número! Un millar de veces el año calendario de la fecha de 1875. Esta prodigiosa expresión de amor no fue escrita por la mano del mismo Marcel, sino que él contrató a un escriba. Y si es que era un hombre flojo, debió haber instruido al escriba, "escribe una oración un millón ochocientas mil veces". Pero esto no debió haber expresado su amor, así que LaKurre entraba en un trance con el sonido de estas dos palabras en francés, al momento que pensaba en la mujer a quien él las estaba expresando, así que decidió dictar palabra por palabra, pero antes de que el escriba las escribiera él le solicitaba que las repitiera al pie de la letra antes. Todas y cada una de las palabras de tal modo que la frase era dicha verbalmente y escrita al menos el doble de veces antes de llegar a su destino.

Espero que la dama en cuestión verdaderamente haya quedado impresionada. En serio que espero esto, ahora no tiene el significado que tuvo en aquel entonces.

Podemos decir que esta fue una maravillosa expresión de amor. Pero la realidad es que es una gran expresión de locura, ténganlo por seguro. Esta pudo expresar un momento de amor, pero se aleja mucho de una verdadera expresión del amor al que vamos a ver hoy al tiempo que estudiamos la Palabra de Dios.

Vayamos a Marcos 12:28–34. "Acercándose uno de los escribas, que los había oído disputar, y sabía que les había respondido bien, le preguntó: ¿Cuál es el primer mandamiento de todos? Jesús le respondió: El primer mandamiento de todos es: Oye, Israel; el Señor nuestro Dios, el Señor uno es. Y amarás al Señor tu Dios con todo tu corazón, y con toda tu alma, y con toda tu mente y con todas tus fuerzas. Este es el principal mandamiento. Y el segundo es semejante: Amarás a tu prójimo como a ti mismo.

No hay otro mandamiento mayor que estos. Entonces el escriba le dijo: Bien, Maestro, verdad has dicho, que uno es Dios, y no hay otro fuera de él; y el amarle con todo el corazón, con todo el entendimiento, con toda el alma, y con todas las fuerzas, y amar al prójimo como a uno mismo, es más que todos los holocaustos y sacrificios. Jesús entonces, viendo que había respondido sabiamente, le dijo: No estás lejos del reino de Dios. Y ya ninguno osaba preguntarle".Desde luego que el tema aquí es amar al Señor tu Dios, como es expresado en el versículo 30. Es un mandamiento. Amarás al Señor tu Dios. Este es el fundamento de la vida espiritual, es el comienzo del verdadero amor espiritual, amar al Señor tu Dios de manera imperfecta, y la culminación de la vida espiritual en el cielo será amar a Dios de manera perfecta. Nosotros estamos dedicados a obedecer este mandamiento como creyentes, a pesar de que somos imperfectos en nuestra obediencia, nosotros deseamos el día cuando lo amaremos delante de su presencia de manera perfecta.

Así que amar a Dios es tanto el principio como el fin de una relación con Dios, esto es lo que debe ser un verdadero creyente en Dios. Esto es lo que significa ser un cristiano, ser un amante de Dios, alguien que ama a Dios continuamente. Esta es la definición en cuanto a la actitud que nosotros podemos expresar al tratar de explicar que es lo que somos. Nosotros somos de los que amamos al Dios vivo y verdadero, el único y verdadero Dios quien no solo es el Dios de los patriarcas, sino que es el Dios y Padre de nuestro Señor Jesucristo, Dios el verdadero y trinitario Dios. Nosotros amamos a Dios.

Así que si alguien preguntara, ¿qué significa ser un creyente? ¿Qué significa ser cristiano? Significa que somos alguien que ama a Dios. Y aunque lo amamos de manera imperfecta, nuestra búsqueda es amarlo perfectamente y deseamos la realización de ese perfecto amor en la gloria que está por venir.

Esta es entonces una definición de lo que significa ser un creyente y tener una relación con Dios. Pero también es un mandamiento universal. Es un mandamiento universal y debemos declarar que la desobediencia a este mandato es la principal causa por la que el infierno será poblado eternamente. El mundo ha sido, es y estará lleno de personas que rechazan amar a Dios. Este es el gran mandamiento consumado de manera negativa, desobediencia la cual conlleva juicio divino y eterno, que da como resultado castigo eterno. Nada es más critico que este mandamiento. Tiene un alcance muy grande en cuanto a implicaciones, como lo veremos en un momento, y habrá que hacer algunos comentarios de edición conforme lo estudiamos, porque este es un tema muy extenso; no lo podemos cubrir por completo, pero si veremos mucho que nos hará tener un claro sentido de lo que nuestro Señor está diciendo aquí.

15_Amando a Dios

Permítanme comenzar dando algunos puntos que son fundamentales para comprender el capítulo 12 de Marcos. Estamos en el miércoles de la semana de la pasión. El lunes Jesús entró a la ciudad de Jerusalén en lo que conocemos como la entrada triunfal. El viernes será crucificado. Así que estamos justo a la mitad en miércoles. Y durante este día en particular, nuestro Señor tuvo una presencia en el Templo de manera dominante. Un día antes, el martes, entró al Templo y volcó las mesas de los cambistas de Anás, sacó a todos los que estaban comprando y vendiendo, a los mercaderes corruptos quienes estaban extorsionando a la gente cambiando animales por dinero que eran ya solo desecho, abusando de ellos con el tipo de cambio de monedas. Ellos habían convertido el Templo en cueva de ladrones, esto había estado sucediendo por largo tiempo, en realidad esto había estado sucediendo por siglos.

Jesús había hecho lo mismo al principio de su ministerio, de acuerdo a Juan 2:13-16, cuando Él azotó su cordón y los expulsó. Ahora regresó tres años después, en la semana final de su ministerio, dos días antes de su crucifixión y vuelve a hacer lo mismo. Y obviamente los encargados de la religión en Israel no están nada contentos con esto. Pero no es de extrañar, no han estado nada contentos desde que Él apareció tres años antes cuando lo hizo por primera vez. El Sanedrín, el grupo de gobernadores de Israel que estaba compuesto por 70 hombres, más el sumo sacerdote quien era el responsable de la teología de Israel, al menos en cierta medida, pero más era el responsable de la vida religiosa y civil de Israel; todos ellos estaban en posiciones de poder y lo que Jesús había hecho lo colocaba en una posición en contra de ellos, esto por lo que hizo dentro del Templo. Y ahora por segunda vez ha expuesto su teología como apóstata, su religión como hipócrita, y sus influencias como condenatorias, les dijo que estaban haciendo hijos para el infierno, todo esto sucedió el mismo miércoles. Pero los ha estado exhibiendo durante tres años de su ministerio en una forma muy similar a esta.

El Sanedrín ahora está realmente enojado en su contra. No solo están enfadados en su contra, sino que el Sanedrín, que estaba compuesto por fariseos, saduceos y ciertos escribas, la mayor parte fariseos, no solo están furiosos en su contra por la teología de Jesús y los asaltos que realizó en contra de su religión, sino también porque se ha vuelto muy popular. La enfermedad ha desaparecido de la tierra de Israel durante el tiempo de su ministerio. Él tiene poder sobre los demonios, poder sobre las enfermedades, poder sobre la muerte, poder sobre la naturaleza. Nadie había vivido antes sobre esta tierra que se pareciera, aunque sea un poco, a Él en cuanto a las expresiones de su poder divino. Él había logrado una popularidad entre la gente que ningún otro hombre había alcanzado jamás, todo esto fue mostrado el lunes cuando entró al pueblo y había grandes masas de cientos de miles de personas que lo aclamaban como su Mesías.

Así que ellos no solo habían sido atacados por Él en contra de sus negocios en la operación del Templo, ellos fueron atacados por Él teológicamente en la medida que los exponía como apóstatas, hipócritas y como un fraude espiritual, como falsos; ahora estaban siendo atacados en términos de su poder popular porque las masas se acercaban a Jesús. Su popularidad los amenaza, amenaza su poder, amenaza su posición y sus ingresos.

Como respuesta a todo esto ellos lo quieren desacreditar. No saben cómo deshacerse de Él. Solo saben que lo quieren muerto. Pero tienen temor de la gente porque Él es masivamente popular. No pueden llegar y simplemente matarlo, ejecutarlo, porque temen que la multitud lo apoye. Tienen que encontrar un medio para que la gente le rechace a Él. Tienen que encontrar un medio para que la gente lo traicione, pero también tienen que hacer que los romanos lo vean como un insurgente, como alguien que está preparando a un ejército en contra de Roma y de este modo ellos lo ejecuten por revelarse en contra del CEsar.

Así que ellos desarrollan algunas de sus trampas. Intentan hacerlo caer en una trampa por medio de una serie de preguntas. Lo primero que recordamos es que el Sanedrín envió a los fariseos junto con los herodianos, la trampa falló, quedaron asombrados y sin poder decir nada, por lo que simplemente se desvanecieron entre las sombras de la multitud. Entonces enviaron a los saduceos, todos estos formaban también parte del Sanedrín, y los saduceos intentaron desacreditarlo públicamente enfrente de toda la multitud, pero fallaron miserablemente del mismo modo que habían fallado los fariseos, así que igual que los fariseos se fueron sin decir nada, no se fueron para no hacer nada, sino que se reagruparon para planear otro asalto.

Ahora llegamos al versículo 28 donde dice: "Acercándose uno de los escribas", aquí estamos en la escena de la tercera oleada de cuestionamientos de parte de representantes del Sanedrín. Los primeros en llegar fueron los fariseos, después los saduceos, y ahora es el turno de este escriba. Pero necesitamos saber algunos aspectos preliminares de esto. Hubo una reunión convocada por el Sanedrín. Mateo nos habla de ello. En el pasaje paralelo de este texto tan importante, lo que aprendemos en Mateo 23:34 es que ellos se reunieron antes. La reunión del Sanedrín fue para reconvenir pues las dos primeras etapas de preguntas habían resultado ser fallidas. Ambos grupos habían sido dejados sin habla y sus acciones no habían servido de nada. De hecho ambas preguntas solo habían contribuido para que se pusiera en evidencia la brillantez de Jesús. Todo esto había sido contraproducente por lo que se tienen que volver a reunir.

Esta es la razón por la que tenemos que hacer este comentario de Mateo 22:34, se reunieron porque esto era el cumplimiento de una profecía. ¿Cuál es esta profecía? Es la profecía del Salmo 2:2. En este Salmo dice:

"Se levantarán los reyes de la tierra, y príncipes consultarán unidos contra Jehová y contra su ungido". Y alguien podrá decir: "Un momento, esto pudo haber sucedido muchas otras veces en la historia. ¿Cómo sabemos que el Salmo 2:2 es una profecía que se está cumpliendo aquí?"

Muy bien, esto lo sabemos porque en Hechos 4 tenemos a Pedro, a Juan y a los apóstoles siendo arrestados, y cuando los liberan en los versículos 23-27, esto es después de la resurrección de nuestro Señor Jesucristo y de su ascensión en el día de Pentecostés. "Y puestos en libertad, vinieron a los suyos y contaron todo lo que los principales sacerdotes y los ancianos les habían dicho. Y ellos, habiéndolo oído, alzaron unánimes la voz a Dios, y dijeron: Soberano Señor, tú eres el Dios que hiciste el cielo y la tierra, el mar y todo lo que en ellos hay; que por boca de David tu siervo dijiste:" Y aquí es donde viene la cita del Salmo 2… "¿Por qué se amotinan las gentes, y los pueblos piensan cosas vanas? Se reunieron los reyes de la tierra, y los príncipes se juntaron en uno contra el Señor, y contra su Cristo". Y aquí llega la profecía. "Porque verdaderamente se unieron en esta ciudad contra tu santo Hijo Jesús, a quien ungiste, Herodes y Poncio Pilato, con los gentiles y el pueblo de Israel". Aquí los apóstoles, Pedro y Juan, dicen que esto es el cumplimiento del Salmo 2:2 el cual ocurrió cuando se reunieron para ir en contra de Cristo. Esto es lo que provocó la reunión del Sanedrín, esto fue lo que causó que se reunieran los falsos juicios delante de Anás, delante de Caifás, delante de Poncio Pilato, y Herodes, incluso la complicidad romana para matar a Jesucristo junto con todo el pueblo de Israel.

El versículo 28 dice: "para hacer cuanto tu mano y tu consejo habían antes determinado que sucediera". Así que es importante notar que ellos simplemente se reunieron para reconvenir, pero todo está cumpliendo el plan de Dios. La gente suele decir que la vida de Jesús salió mal, que Él no pudo haber planeado el resultado final, que esperaba mejores cosas. Que Él era un maestro muy noble y muy buen hombre, un hombre moral, un maestro de verdades divinas y de algún modo fue arrastrado a tomar malas decisiones que al final culminaron en su muerte.

Todo detalle de esto está planeado y profetizado en el Antiguo Testamento, incluso al llegar a los detalles de su muerte, como lo veremos más adelante, esto está delineado para nosotros, incluyendo detalles de su muerte, en el Salmo 22 y en el significado de ello en el Salmo 53. Pero solo una pequeña nota del Salmo 2:2, ellos estaban haciendo exactamente lo que Dios había predeterminado que hicieran y esto no minimizaba en ningún sentido su culpabilidad.

Después de esta reunión llega el intento final de poner a Jesús en riesgo de muerte. Ellos quieren que la gente se le rechace porque tienen mucho miedo de su popularidad. Para ellos Él es demasiado popular, es sorprendente lo que les dice, y se quedan sorprendidos ante las cosas que ellos dicen. Pero a pesar de esto no los ha hecho cambiar su deseo de ejecutarlo. Es por eso que aquí encontramos su intento final por hacer que Él diga algo que hará que la gente lo abandone para que de este modo ellos puedan llevar a cabo su plan.

Entonces en el versículo 28, después de esa reunión, llega uno de los escribas, el cual nos dice Mateo 22 que es también un fariseo; la mayor parte de los escribas eran expertos en leyes, eran los que estudiaban la ley, había teólogos del legalismo farisaico y este sería uno de ellos, uno de los fariseos que era estudiante de la ley. Esto es lo que eran los escribas, este es enviado como emisario de los escribas y el matiz que Mateo hace es que él es enviado para probarlo. No llega en busca de información. Ellos nunca buscaban información. La palabra "preguntar" puede también significar "ponerle una trampa", esta es otra trampa en la que esperan atraparlo.

Y algo muy interesante es que este hombre no está solo, hay otros que vienen con él, pero parece que él es solo su vocero, de algún modo este hombre es honesto. Pienso que él no solo es un emisario de los fariseos y un representante de los escribas, sino que pienso que no solo llegó con el deseo de ser el voluntario de llevar a cabo esta misión, pienso que el vino con una perspectiva mucho más objetiva. Este hombre quería encontrar algo acerca de Jesús para sí mismo porque parece que en él hay una honestidad que no vimos en los otros que llegaron a cuestionarlo. De hecho el versículo nos dice esto, este escriba los había oído disputar, con seguridad él los había escuchado en el previo argumento acerca de la resurrección con los saduceos, y tal vez escucho también el previo argumento con los fariseos concerniente a si debían o no pagar sus impuestos al CEsar. Y es muy probable que él también quedó sorprendido con las respuestas que Jesús les dio, él pudo reconocer que Jesús les dio respuestas claras.

La pregunta

Así llega él con otra pregunta que es una pregunta que fue planeada en la reunión de estos hombres en algún lugar privado, y ahora está siendo lanzada a Jesús. Aquí está la pregunta, este hombre llega dándose cuenta dentro de su mente que Jesús ha respondido muy bien, lo cual nos dice un poco acerca del hecho de que él no es tan malo, este hombre llega y hace la pregunta que fue planeada: "¿Cuál es el primer mandamiento de todos?"

Ahora nos puede surgir la pregunta, ¿qué es lo que ellos están buscando? Lo que quiero decir es que esta pregunta parece ser un tanto inapropiada. Parece que no está conectada con nada en particular. ¿Por qué esta pregunta está conectada con una trampa? ¿Dónde yace la trampa potencial aquí? Bien, la respuesta parece ser simple. Los fariseos sentían que el evangelio que Jesús predicaba era contrario a la enseñanza de la ley. Esto es muy básico. De hecho, este era el reclamo hacía Jesús, que Él hablaba en contra de la ley. Lo mismo que sucedió en contra de Pablo, que él hablaba en contra de la ley. Y desde luego que esto fue lo mismo por lo que acusaron a los apóstoles. Por lo tanto, para ellos, Jesús proclamaba cosas que eran inconsistentes con la ley de Moisés, que su enseñanza era una enseñanza en contra de Moisés y de la ley del Antiguo Testamento.

Los fariseos tomaban todo el Antiguo Testamento, todas sus interpretaciones de este, las tradiciones que formularon, según ellos a partir de él, todas estas cosas juntas eran su Ley. Los saduceos no tomaban más de los 5 primeros libros del Moisés, decían que esto era lo único que en realidad había salido directamente de Dios. Así que podemos ver que los fariseos y los saduceos no se ponían de acuerdo en cuanto a lo que era verdaderamente la ley divina, pero en lo que si estaban de acuerdo era en que los escritos de Moisés si eran ley divina; esto es, Génesis, Éxodo, Levítico, Deuteronomio y Números. Todos ellos estaban de acuerdo en que esta era la ley de Dios. Así que ahora llega el Sanedrín con una pregunta en la que todos ellos están de acuerdo: "¿Cuál es el primer mandamiento de todos?" y ahora lo que ellos esperan es que les dé una respuesta que no esté basada en la ley de Moisés, algo que esté por encima de ella, algo que no solo no esté basado en la ley de Moisés sino que sea superior a ella. Ellos eran celosos de la ley de Moisés y el celo que tenían por la ley solo era sobrepasado por el celo que ellos sentían por el honor que les daba el enseñarla. El propósito de este acercamiento es atrapar a Jesús diciendo algo en lo que ellos estén seguros que no se encuentra dentro de la ley de Moisés, esto porque ellos han concluido que Él está en contra de ella. Dicho de otro modo, Él está en contra del judaísmo, es anti Moisés. Él se está colocando como si fuera una autoridad suprema. Está diciendo cosas que no se conforman con lo que ellos han estado acostumbrados a escuchar, a lo que están acostumbrados a enseñar y a lo que han estado acostumbrados a creer. Y si lo pueden atrapar elevándose a sí mismo por encima de Moisés, entonces la gente no querrá seguirlo, se manifestará en su contra.

¿Por qué tenían a Moisés en tan alta estima? Bueno, si conoces el Antiguo Testamento, debes saber que Moisés tuvo experiencias únicas con Dios, la más sorprendente de ellas es que él vio a Dios cara a cara. Del mismo modo que un hombre veía a otro en el libro de Éxodo, Moisés vio a Dios y él pudo hablar cara a cara con Dios. Esto no comenzó aquí, desde luego, esto comenzó en la zarza ardiente con la que Dios y Moisés se comunicaron uno a uno. El hombre habló cara a cara con Dios como un hombre habla con un amigo, este es Moisés. La gloria de Dios estuvo delante de él, bajó de la montaña y la gloria de Dios le fue transferida al grado que su rostro brillaba, tuvo que ponerse un velo para cubrirse y así la gente no cayera al verla a pesar de que esta era solo la gloria de Dios reflejada. Fue a Moisés a quien Dios dio los diez mandamientos y después los volvió a restaurar.

Hubo un rabí llamado Shlafda en el segundo siglo quien dijo: "Dios llama a Moisés fiel dentro de su casa y por lo tanto lo eleva a un lugar superior que el de los ángeles ministradores mismos". Esto fue un gran salto para Moisés, esto es supuestamente tomado de Números 12:6 y 7. Pero la idea de los rabís y de la gente era que no había alguien más importante que Moisés, Moisés era el supremo, el más alto. Sería imposible que alguien pudiera estar más cerca de Dios que Moisés. Nadie jamás estuvo más cerca de Dios que Moisés y por lo tanto ninguna reflexión de la palabra de Dios sería más pura y más verdadera que aquella que venía de Moisés. Su ley era la suprema.

Y si los fariseos y el escriba que pregunta no pueden atrapar a Jesús al poner sus enseñanzas por encima de Moisés, entonces al menos lo pueden hacer que parezca un hereje. Querían que pareciera un apóstata. Esto podría ser visto como si Él fuera un loco blasfemo, esto lo desacreditaría delante de la gente. Ellos lo rechazarían como el Mesías y entonces ellos venderían la idea a Roma de que Él era un rebelde quien era una amenaza potencial a la seguridad de Roma y por lo tanto para CEsar, así ellos lo ejecutarían. Ellos lo querían muerto, pero para que pudieran llevar a cabo esta ejecución, primero tenían que hacer que la gente se pusiera en su contra. Así que hacen la pregunta: ¿Cuál es el primer mandamiento de todos?" La suposición es, Él no nos va a dar algo que creemos y sabemos, porque está atacando todo acerca de nuestra religión. Quieren que Él se eleve a sí mismo por encima de Moisés.

Y ahora, como una nota al pie, los rabís siempre estaban discutiendo acerca de este tipo de preguntas. Este asunto es parte de las discusiones diarias dentro del diálogo rabínico. Si ustedes leen la Mishnah, la codificación de la ley Judía, el Talmud, encontrarán a través de los escritos del judaísmo como era que los rabís argumentaban acerca de las prioridades de ciertas leyes. Habían decidido que había 613 leyes, no solo leyes bíblicas, sino interpretaciones bíblicas que se convirtieron en leyes y tradiciones. Pero ellos decidieron que había 613, y podemos decir, ¿de dónde salieron con un número como este? Seiscientas trece, ¿por qué? Porque era el número de letras que había en el decálogo. Si ustedes toman los diez mandamientos en hebreo, hay 613 letras y entonces ellos decidieron que debía haber 613 leyes. Muy raro, pero esto ilustra la falta de entendimiento rabínico.

Después de esto concluyeron que había 248 afirmativas, positivas, y 365 eran negativas esto porque había una para cada día del año. Así que inventaron todo este esquema. Siempre discutían acerca de cuáles eran las leyes más suaves en cuestión de cuáles eran las que más agradaban a Dios y cuáles eran las más difíciles, ellos debían conocerlas y saber cómo aplicarlas. Algunas leyes eran suaves o ligeras y otras eran difíciles o pesadas, pero aquí en Mateo 23:23 el mismo día, el miércoles, cuando Jesús habla acerca de los fariseos y dice, "hipócritas, ustedes son unos hipócritas", una de las cosas que dijo fue, "¡Ay de vosotros, escribas y fariseos, hipócritas! porque diezmáis la menta y el eneldo y el comino, y dejáis lo más importante de la ley: la justicia, la misericordia y la fe". Vemos que el mismo Jesús consideró que había cuestiones más suaves, esas leyes que tenían que ver con la dieta y la comida y cosas como estas, y había otras cosas que eran más duras, más serías, las cuestiones que tenían que ver con la prioridad espiritual.

Así que todos los rabís discutían, y podemos encontrar a todo tipo de rabís dando todo tipo de respuestas a esta pregunta acerca de cuál era el más grande mandamiento. Y desde luego, ellos se esforzaban mucho en esto pues ellos mismos no eran capaces de cumplir todos los mandamientos, de hecho nadie podía. Por esto comenzaron a tener una posición reduccionista de su religión, si tan solo pudiéramos encontrar los más importantes, los guardaríamos, y entonces todo estaría bien. Este es el problema que siempre tienen los legalistas. Si usted ha de esmerarse en cumplir, debe saber que no puede ser perfecto, debe saber que usted es un pecador, su corazón lo sabe, su conciencia lo sabe, sus mentes lo saben, sus esposas lo saben, sus hijos lo saben, sus amigos lo saben, todo el mundo lo sabe, ¿a quién puedes engañar? Para el legalista solo tiene que encontrar cuales son los dos o tres más importantes, los guarda y con eso es suficiente para satisfacer a Dios. Así que ellos siempre estaban preocupados por encontrar cuales eran los más importantes que debían guardar. La verdad del asunto es, ellos se caracterizaban por diezmar las semillas e ignorar la justicia, la misericordia y la fe, cosas que en realidad son las más importantes. Ellos no lograban tener ningún éxito con estas.

De hecho en Marcos 7, recuerden donde Jesús les dice, "invalidáis el mandamiento de Dios para guardar vuestra tradición". Han sustituido la ley de Dios por sus absurdas tradiciones, porque han considerado que sus tradiciones eran más fáciles de guardar que las leyes divinas.

Pero recordemos que los saduceos rechazaban todas las leyes de la tradición. Los saduceos rechazaban todas las interpretaciones farisaicas del Antiguo Testamento. Y los saduceos dijeron: "Solo el Pentateuco, y solo lo que Moisés dijo", así que al menos los fariseos y los saduceos podían estar de acuerdo con lo que Moisés escribió. Moisés es la autoridad suprema y esto se supone que es una trampa. Si Jesús les da una nueva ley, alguna ley que ellos nunca han escuchado, entonces es como si Él se declarara a sí mismo un apóstata, es como si se dijera a sí mismo "soy un hereje", Él habría atacado a Dios porque Dios es el amigo de Moisés.

El acercamiento

El escriba, de acuerdo a Mateo 22:34, comienza hablando con Jesús llamándole "Maestro", usa un término de respeto que tú no ves en el relato de Marcos. A continuación le dice, "dinos cuál es el mandamiento número uno, ¿cuál es este?

Y la respuesta de nuestro Señor siempre es perfecta y absolutamente acertada. Responde teniendo como marco aquello en lo que los fariseos y los saduceos estaban de acuerdo. Responde con el Pentateuco. Responde desde Deuteronomio y después responde desde Levítico, usa palabras con las que ellos están completamente familiarizados, todo judío las conocían. Con esto Jesús afirma una completa solidaridad con Moisés y con la verdad de la Palabra de Dios tal como la escribió Moisés. Veamos esto en el versículo 29.

La respuesta

Ya vimos la pregunta y la forma en la que se acercan a Él. Pero ahora veamos la respuesta. "Jesús respondió: El primer mandamiento de todos es: Oye, Israel; el Señor nuestro Dios, el Señor uno es. Y amarás al Señor tu Dios con todo tu corazón, y con toda tu alma, y con toda tu mente y con todas tus fuerzas. Este es el principal mandamiento. Y el segundo es semejante: Amarás a tu prójimo como a ti mismo. No hay otro mandamiento mayor que estos".

Esto es absolutamente preciso, absolutamente exacto. Y como sabemos, los bien entendidos e inteligentes, como los llamó Jesús, los honestos rabís tenían que estar de acuerdo con esto y este escriba lo está. Este escriba le dice en el versículo 32: "Bien, Maestro, verdad has dicho". Aquí hay un sentido en el que él está contento con esto porque tiene un grado de objetividad aquí, pero hay otro sentido en el cual no ha sido capaz de cumplir con su misión.

Vayamos a Deuteronomio 6 y veamos esto. Mientras que pudiéramos estar contentos con ver esto solo como el esfuerzo de atrapar a Jesús, lo cual no tuvo éxito, no podemos ignorar la realidad de sí mismo. Esto tiene que ser entendido por lo que es, que lo que se dice en Deuteronomio 6 es muy importante. Moisés tiene más o menos 120 años de edad en este momento, él se encuentra al final de su vida, está a punto de morir y está hablando en realidad por última vez al pueblo de Israel. Ustedes recordarán su vida en bloques de 40 años cada uno. Bien, pues los 40 años previos los ha pasado en el desierto. Ha estado guiando a Israel, la nación ha estado vagando por todo el desierto entre Egipto y la tierra prometida, lo cual no era un viaje muy largo, este pudo ser realizado en tan solo unos días, pero finalmente les tomó 40 años debido a su desobediencia y a su falta de fe, porque toda esta generación ha sido desobediente, incrédula, idólatra, esto es lo que han sido los judíos que salieron de Egipto en el Éxodo, y por esto han tenido que morir en el desierto.

Esos 40 años han pasado y aquí en Deuteronomio esta el mensaje de Moisés a la gente que entrará en la tierra. Una generación se ha levantado en el desierto, y esta es la que va a entrar en la tierra. El libro de Deuteronomio sucede en tan solo un mes, esto no es mucho tiempo. Todo sucede en un mismo lugar, muy cerca del Jordán al lado opuesto de Jericó con la gente que ha escapado de 400 años de la tiranía en Egipto, han estado vagando en el desierto 40 años y ahora es el momento en el que ellos deben entrar a poseer la tierra prometida.

Deuteronomio es por lo tanto la segunda ley, esto es lo que significa en latín Deuteronomio, incluso en griego es similar. Para entonces Moisés reúne al pueblo en este periodo de tiempo, en la misma localización. En realidad no hay una verdadera historia cronológica aquí, él entrega una serie de mensajes al pueblo y, de acuerdo al capítulo 31, él escribe estos mensajes y estos se convierten en el libro de Deuteronomio de tal modo que todas las generaciones que seguirían tendrían estos mensajes. Y aquí estamos con Moisés y con la gente en el punto justo antes de entrar en la tierra prometida después de 400 años de no ver cumplida su promesa, 40 años de juicio, y la hora ha llegado finalmente y les tiene que recordar de lo que Dios espera de ellos cuando entren en la tierra prometida.

Podríamos empezar en el capítulo 6, o incluso podríamos ir al capítulo 5, por ejemplo, en el versículo 32: "Mirad, pues, que hagáis como Jehová vuestro Dios os ha mandado". Este es el tema de todo el libro de Deuteronomio, hagan todo lo que les mando, cumplan con todo lo que les he mandado, hagan conforme les mando en mi ley. Esto se repite una y otra vez dentro de todos los mensajes de Moisés. Y siempre hay resultados, efectos e implicaciones de esa obediencia. Y si vamos más atrás en el capítulo 5, o bien pueden ir a los capítulos siguientes hasta el fin de Deuteronomio y podrán ver que siempre se trata de un llamado a la obediencia.

Así que vayamos al capítulo 6: "Estos, pues, son los mandamientos, estatutos y decretos que Jehová vuestro Dios mandó que os enseñase, para que los pongáis por obra en la tierra a la cual pasáis vosotros para tomarla". Tienen que entrar ahí y obedecer la Palabra del Señor "para que ustedes, sus hijos y sus nietos puedan ser capaces de temer al Señor su Dios para guardar todos sus estatutos y sus mandamientos los cuales yo les mandó para todos los días de su vida y para que sus días sean prolongados. Oh, Israel, debes escuchar y ser cuidadoso en poner todo esto por obra para que te vaya bien en la tierra que fluye leche y miel, para que se multipliquen grandemente así como el Señor, el Dios de sus padres les ha prometido".

La verdadera motivación

Una vez más todo el énfasis aquí es un llamado a la obediencia, y este se repite por todo el libro. Y conectado con esto esta que si ustedes hacen esto Dios los bendecirá, Dios multiplicará a sus familias, Dios multiplicará sus cosechas, multiplicará sus granos y si hacen todo esto Dios vencerá a todos sus enemigos, si ustedes hacen esto Dios los prosperará y los bendecirá. Esto es constante dentro de todo el libro de Deuteronomio.

Ahora, ¿cuál es el motivo de todo esto? ¿Dónde yace el motivo de todo esto? El motivo en realidad nos es dado en los versículos 4 y 5. Estos son llamados el *shema*, los judíos lo conocen como el *shema*, muchos cristianos lo conocen como el *shema* porque es la primera palabra que encontramos en hebreo, *shema*, escuchar, oír, Oh, Israel, el Señor nuestro Dios, uno es. Y aquí viene el motivo: "Y amarás a Jehová tu Dios de todo tu corazón, y de toda tu alma, y con todas tus fuerzas. Y estas palabras que yo te mando hoy, estarán sobre tu corazón". En otras palabras, nunca serás capaz de obedecer si esto es externo. Esto debe ser interno, tiene que estar arraigado a tu corazón. Y noten aquí el fundamento de este llamado extensivo a amar a Dios. "El Señor es nuestro Dios, el Señor uno es". Estaban en medio de un mundo politeísta lo cual significaba que había muchos dioses, muchas naciones, y cada nación tenía sus deidades propias, sus propios grupos de deidades. Había dioses por todos lados, esto es falsos dioses, dioses que no existían, que eran producto de la fabricación o de demonios o de hombres. Pero solo había un Dios verdadero, el Señor es el único Dios verdadero. Por lo tanto ustedes no tienen que preocuparse por dividir su lealtad. Ustedes solo tienen que amar a un Dios porque hay un solo Dios, necesitan amarlo con todas sus capacidades.

Esto es lo que motiva la obediencia. La palabra "amar" que nuestro Señor usa en los relatos del Nuevo Testamento, en Mateo y en Marcos, proviene del verbo *agapao* el cual se usa para describir el amor que sale de la inteligencia, el amor de la voluntad, el amor con propósito, el amor de la elección, el amor del sacrificio y de la obediencia, no usa *phileo* el cual es el amor de la atracción. Este es un sentido de amor conectado con el temor a Dios, como lo leemos en el versículo 2. Él merece todo nuestro afecto y ciertamente le damos nuestro afecto, le damos nuestro amor emocional como es parte de lo que aquí está siendo discutido, pero es así por lo que Él es, que nosotros lo amamos, no es algo que sea motivado emocionalmente, sino algo emocional en respuesta a lo que es la verdadera revelación de Dios.

Así que el amor más puro, noble, alto, más comprensivo, más exhaustivo, más completo es el que es dado al Dios verdadero. Solo hay un Dios y por lo tanto le puedes dar solo a Él todo tu amor. Esto sale de los diez mandamientos: "No tendrás dioses ajenos delante de mí". Este es el primer mandamiento, no tendrás otros dioses, no hay otros dioses. No te dejes llevar por el pensamiento de que hay muchos dioses. La verdad más básica del Antiguo Testamento es que hay un solo Dios, esto está al principio del *shema*, esta es la verdad más básica del Antiguo Testamento, y es para nuestros días también, para este periodo de tiempo, lo que los judíos más celebraban acerca de su religión era que había un solo Dios. El supremo, el deber más comprensible del hombre es amar al único Dios por lo que Él es y por lo que Él ha hecho. Esta es la razón por la que debemos amarlo con todo nuestro corazón, cuerpo y alma, como lo dijo Moisés en Deuteronomio. Y como lo dijo nuestro Señor en el Nuevo Testamento. En nuestro pasaje de Marcos añadiendo otra dimensión, "fuerza." El Señor añadió esto, "corazón, alma, mente y fuerza".

Amar a Dios con todo el corazón

Ahora, ¿estas cosas tienen que ser desglosadas? ¿Somos consientes de que hay algunas diferencias entre estas cosas?

Bueno, en un sentido pienso que las debemos separar. ¿Qué es lo que significa amar a Dios con todo tu corazón? Regresemos a Marcos. ¿De qué estamos hablando? ¿Qué hay en mi corazón?

Bueno, el corazón en el entendimiento hebreo es el centro de nuestra identidad, la fuente de todos nuestros pensamientos, palabras y acciones. Esta es la razón por la que proverbios 4:23 dice: "Sobre toda cosa guardada, guarda tu corazón; porque de él mana la vida". Es el centro de nuestro ser. Amar a Dios con la parte más profunda, pura y verdadera de tu identidad. El alma tiene que ver con las emociones. Jesús dijo: "Mi alma está muy triste, hasta la muerte", Mateo 26:38. Él estaba hablando de su alma como el lugar donde estaban asentadas sus emociones. La mente debe ser mejor entendida como la voluntad, la mejor intención, el poder del propósito. Algunas veces nosotros decimos: "Lo pensé mejor antes de hacer esto o aquello". Este es un tipo de clarificación de la mente en cierto sentido, y después de esto Jesús añade "fuerzas", es una referencia a energía física.

Así que aquí tenemos los elementos de personalidad, todos combinados, el intelectual, el emocional, el volitivo y el físico, todos para amar al único Dios verdadero. Es un amor inteligente, es un amor emocional, es un amor de la voluntad, y es un amor activo. Es un amor que te debe consumir todo.

Regresando a Marcos 12, solo para mostrarte cómo es que las palabras están repetidas: "con todo tu corazón, y con toda tu alma, y con toda tu mente y con todas tus fuerzas". El énfasis "con todo" es para hacerlo enfático, esta es la naturaleza de un amor de todo tu corazón. Podemos decir que el amor de todo el corazón de Dios no puede ser recompensado con un amor de medio corazón de nuestra parte.

Necesito regresar por un momento a Deuteronomio, porque no quiero perder de vista el hecho de que esto es tan importante como básico, y esta es la razón por la que el escriba le dice que está en lo correcto. Si regresamos a Deuteronomio por tan solo un momento, encontraremos muchos llamados a ejercer el mismo tipo de amor. Deuteronomio 11:1, aquí tenemos a Moisés una vez más: "Amarás, pues, a Jehová tu Dios, y guardarás sus ordenanzas, sus estatutos, sus decretos y sus mandamientos". Y en el 11:13: "Si obediciereis cuidadosamente a mis mandamientos que yo os prescribo hoy, amando a Jehová vuestro Dios, y sirviéndole con todo vuestro corazón, y con toda vuestra alma, yo daré la lluvia de vuestra tierra a su tiempo". Versículos 22-23: "Porque si guardareis cuidadosamente todos estos mandamientos que yo os prescribo para que los cumpláis, y si amareis a Jehová vuestro Dios, andando en todos sus caminos, y siguiéndole a él, Jehová también echará de delante de vosotros a todas estas naciones". Capítulo 13:1-3, "Cuando hubiere delante de ti falso profeta no le escuches porque Jehová vuestro Dios os está probando, para saber si amáis a Jehová vuestro Dios con todo vuestro corazón, y con toda vuestra alma". Y así continua por todo Deuteronomio. Deuteronomio 19:9, "siempre y cuando guardares todos estos mandamientos que yo te prescribo hoy, para ponerlos por obra; que ames a Jehová tu Dios y andes en sus caminos todos los días; entonces añadirás tres ciudades más a estas tres", y habla acerca de promesas muy específicas para aquellos que expresan este amor como personas. Y en el capítulo 30:6: "Y circuncidará Jehová tu Dios tu corazón, y el corazón de tu descendencia, para que ames a Jehová tu Dios con todo tu corazón y con toda tu alma, a fin de que vivas". Versículo 16: "porque yo te mando hoy que ames a Jehová tu Dios, que andes en sus caminos, y guardes sus mandamientos, sus estatutos y sus decretos, para que vivas y seas multiplicado". Versículo 20: "amando a Jehová tu Dios, atendiendo a su voz, y siguiéndole a él; porque él es vida para ti". Esto es fundamental; cuando alguien te pregunta, ¿qué significa ser un cristiano? Significa amar a Dios el Señor nuestro Dios con todo nuestro ser. Conocemos al que amamos porque Él mismo se nos ha revelado por medio de la Escritura. Él es digno de todo nuestro amor; Él es digno de mucho más amor del que seremos capaces de darle. Josué 22:5; Josué 25:11; cuando Josué toma su oportunidad para hablar, hace un llamado a exactamente lo mismo. Él había escuchado a Moisés y entendió lo que él dijo, por lo que ahora hace un llamado a la gente para hacer lo mismo, amar a Dios, amar a Dios con todo su ser.

El apóstol Pablo nos recuerda que debemos hacer que abunde nuestro amor más y más en todo conocimiento. Cuanto más conozcas de Dios, habrá más cosas de Él que tendrás que amar. ¿No es verdad? Tu amor va en correlación con la revelación del Dios que tú conoces. Cuanto más conozcas a Dios, aprenderás que hay más cosas que tienes que amar de Él.

La verdad de todo este asunto era, los fariseos, los escribas, los saduceos y los líderes de Israel junto con toda la gente que los seguía, no se acercaban para nada a esto. Es un mandamiento que no podía ser pasado por alto. Lo he leído a ustedes una docena de veces. No podemos pensar que ellos no supieran que ahí estaba. No era que no lo supieran. Lo que sucedía era que no lo podían hacer por sí solos. Lo ven, este es un mandamiento a hacer algo que ustedes no pueden hacer por sí solos. Este era en realidad un asalto al legalismo de ellos por medio del libro de Deuteronomio. La gente necesitaba clamar en respuesta a este mensaje de Moisés. "¿Cómo podemos hacer eso? ¿Cómo podremos hacerlo si somos tan pecadores? Toda nuestra historia es una historia de estar rompiendo tu ley, incluso durante los 40 años dentro del desierto, ¿qué haremos para poder guardar esta ley?"

Toda la nación debió caer sobre sus rodillas justo ahí, en las planicies de Moab, en aquellos días cuando Moisés estaba hablando con ellos y decir lo que el publicano dijo en Lucas 18:13, "Dios, se propicio a mí que soy pecador". ¿Cómo podremos amar de este modo?

Los fariseos no tenían interés en clamar a Dios para que les diera la habilidad para hacer esto que les estaba mandando. Eran unos hipócritas del peor tipo. Recuerden que estamos en la semana de la pasión, estamos en miércoles de la semana de la pasión y está siendo dedicado a predicar el evangelio, la enseñanza del reino y siendo confrontada por los líderes de Israel. Pero ellos lo confrontan primero. Le han hecho tres preguntas. Y entonces Él se ha concentrado un poco en ellos. Les ha hecho preguntas y después los ha denunciado por medio de una denuncia terrible. Y vamos a ver un poco de esto cuando lleguemos ahí el próximo domingo, toda la ofensa se encuentra en Mateo 23. Pero solo quiero referirme a ella, porque aquí es donde encontramos que tan lejos estaban estos líderes religiosos de poder amar a Dios. "¡Ay de vosotros, escribas y fariseos, hipócritas! porque diezmáis la menta y el eneldo y el comino, y dejáis lo más importante de la ley: la justicia, la misericordia y la fe. Esto era necesario hacer, sin dejar de hacer aquello. ¡Guías ciegos, que coláis el mosquito, y tragáis el camello! ¡Ay de vosotros, escribas y fariseos, hipócritas! porque limpiáis lo de fuera del vaso y del plato, pero por dentro estáis llenos de robo y de injusticia. ¡Fariseo ciego! Limpia primero lo de dentro del vaso y del plato, para que también lo de fuera sea limpio". Vemos que nunca llegaron al interior. Ellos nunca pudieron llegar al lugar donde ellos debían amar a Dios. Se amaban a ellos mismos y amaban el dinero. Ustedes son como sepulcros blanqueados. En el exterior parecen hermosos, pero en el interior están llenos de muerte y de corrupción. En el exterior parecen ser justos delante de los hombres, pero en el interior están llenos de hipocresía y podredumbre, etc., etc. Y sus manos están ensangrentadas con la sangre de todos los profetas, les dice Jesús.

Estaban muy lejos de ser verdaderos amantes de Dios. Dios no se satisface con la apariencia externa de las obras, Él demanda el amor interno. Esto fue lo que Moisés enseñó. Si quieren estar bien delante de Dios, si quieren ser realmente bendecidos por Dios, deben amar a Dios con todo su corazón.

El Antiguo Testamento se refiere a personas en dos categorías. No solo hay dos tipos de personas en el mundo, dos tipos. Mi abuelo solía decir:

"Los santos y los santurrones". Esta es una forma de distinguirlos, hay dos tipos de personas en el mundo. Permítanme decirles quienes son. Escuchen los diez mandamientos: "No te harás imagen, ni ninguna semejanza de lo que esté arriba en el cielo, ni abajo en la tierra, ni en las aguas debajo de la tierra. No te inclinarás a ellas, ni las honrarás; porque yo soy Jehová tu Dios, fuerte, celoso, que visito la maldad de los padres sobre los hijos hasta la tercera y cuarta generación de los que me aborrecen". Esta es la primera categoría. Los que aborrecen a Dios. "Pero hago misericordia a millares, a los que me aman y guardan mis mandamientos". Esta es la segunda categoría.

Todo el mundo cae bajo una de estas dos categorías. O eres un aborrecedor de Dios, o eres un amante de Dios. Lo que define a los no regenerados es que ellos odian a Dios. Lo que define a un regenerado es que ellos aman a Dios.

Deuteronomio 7:9 repite esta misma cosa. Están los que odian a Dios y los que aman a Dios. Nehemías 1:5 se refiere a los creyentes como aquellos que aman a Dios. Estos son solo ejemplos, el último que te doy es Nehemías 1:5, este habla del pueblo de Dios como aquellos que aman a Dios. No se trata de un ritual o de una rutina, como veremos el joven escriba, podemos asumir que era joven, tal vez no, ese escriba incluso entendió eso en la oscuridad de su propia alma.

Escuchen lo que el salmista dijo en el Salmo 69:36. "La descendencia de sus siervos la heredará", esta es la promesa de bendición. "Y los que aman su nombre habitarán en ella". Si quieres ser parte del cumplimiento glorioso de las promesas de Dios, entonces tienes que estar en medio de aquellos que aman su nombre. Salmo 97:10 una vez más hace el mismo énfasis: "Los que amáis a Jehová, aborreced el mal". Esto es lo que nos define, nosotros somos de los que aman al Señor. Y 1 de Corintios 2:9 tiene que ser añadido a esta lista: "como está escrito:" esto es tomado de Isaías... "Cosas que ojo no vio, ni oído oyó, ni han subido en corazón de hombre, son las que Dios ha preparado para los que... ¿qué?... los que le aman". El amar a Dios es lo que define a los creyentes.

Y el capítulo 8 de 1 de Corintios en el versículo 3: "Pero si alguno ama a Dios, es conocido por él". A la inversa si tú eres conocido por Dios, si tú tienes una verdadera relación con Él, esto será evidente porque tú lo amas. Y lo opuesto esta en 1 de Corintios 16:22, "El que no amare al Señor Jesucristo, sea anatema".

Amar a tu prójimo tanto como a ti mismo

Bien, esto es amar a Dios. Y el segundo es este: "Amarás a tu prójimo como a ti mismo, ama a tu prójimo tanto como a ti mismo". ¿De qué estamos hablando aquí? Este es Levítico 19:18, este es el segundo mandamiento. Debes amar a Dios y amar a tu prójimo tanto como a ti mismo. Y muchas personas dicen: "aquí hay también un mandamiento para amarte a ti mismo, debes amarte a ti mismo. Necesitas tener más autoestima. Te tienes que amar a ti mismo".Pero, no, no es cierto. Lo que realmente necesitas es amarte menos. Esto no es de lo que se trata el mandamiento. Tú ya te amas a ti mismo. ¿A quién vestiste esta mañana? ¿A quién le peinaste el cabello? ¿A quién le diste de desayunar? Te das cuenta que no debemos aprender a amarnos a nosotros mismos, todas nuestras vidas están consumidas con la forma en la que tenemos que cuidar de nosotros mismos. Lo que el Señor nos está diciendo es, "trata a las demás personas con el mismo cuidado detallado con el que te tratas a ti mismo". No es un llamado a la autoestima, es un llamado a amar a los otros de la manera que tú ya te estás amando.

¿Por qué les dijo estas dos cosas? Porque no hay otro mandamiento más grande que estos. Y nuestro Señor también dijo: "De estos dos se desprende toda la ley y los profetas". Los diez mandamientos están conectados con esto. Los primeros cuatro hablan acerca de amar a Dios. No tienen ningún otro Dios. No hagan a un ídolo falso. No tomen su nombre en vano. Y recuerden rendirle adoración. Esto es amar a Dios. Y los que faltan son acerca de amar a los hombres. Debes respetar a tus padres. Debes respetar a la autoridad, debes tener un respeto por la vida, no mates a la gente. Debes tener un respeto por la pureza moral, no cometas adulterio. Respeta a los otros en cuando a sus pertenencias y a sus derechos, no robes. Respeta lo que es verdadero, no mientas. Ten respeto por lo que Dios te ha provisto y debes estar contento con ello, no codicies. Todo esto tiene que ver con una relación entre hombres, de hombre a hombre, y el otro de hombre a Dios. Los primeros tienen que ver con la relación hombre Dios, y los otros tienen que ver con la relación entre los mismos hombres, es por esto que en estos dos mandamientos hay un resumen simple de toda la ley.

Solo hay dos posibilidades… las leyes de Dios que se tienen que ver con nuestra relación con Él, y sus leyes que tiene que ver con nuestra relación con los otros. Esta es la inteligencia de nuestro Señor. En estos dos mandamientos lo ha dicho todo. Todo está reunido en estos dos mandamientos. Sorprendente. Ámenme a mí, y amen a los demás, incluidos sus enemigos, Mateo 5:43–48, no solo a tus amigos, no solo a tus hermanos, sino también ama a tus enemigos y entonces verdaderamente serán hijos de su Padre. Amen a los demás.

Tampoco hacían esto, lo único que tenían para los demás era un total desdén. Despreciaban a los indoctos, a los pobres y a los débiles. No tenían respeto por las personas que estaban por debajo de ellos. Inclusive los fariseos no comerían con alguien que no fuera fariseo. Su religión era falsa, era corrupta en todos sus aspectos.

Entonces el escriba le dijo en el versículo 32, el final del versículo es interesante: "Bien, maestro". Que desilusión, contestó de la manera correcta.

Aquí se fue la trampa por la borda. Lo que has dicho es correcto. Nos diste el *shema*, hay un solo Dios y no hay ningún otro fuera de Él, y amarlo a Él con todo el corazón, con todo el entendimiento, con todas las fuerzas y amar al prójimo tanto como a uno mismo, esto es superior a todas las ofrendas encendidas y los sacrificios.

Este escriba comprendió bien el punto. Supo exactamente lo que Jesús estaba diciendo. Hizo todo su ritual, cumplió toda su rutina, recuerden dónde están, están parados justo en el atrio del Templo donde se realizan todas las ofrendas encendidas y lo sacrificios, esto sucede constantemente cada mañana, todas las noches y cada día de todo el año. Y después habían sacrificios a nivel masivo en la semana de Pascua, y es en esta en la que están justo ahora; Jesús se encontraba en medio del sistema sacrificial, con los sacerdotes por todos lados y está diciendo que lo más importante es amar a Dios y amar a los demás. Y esto es una coincidencia, él incluso está de acuerdo en que la religión del tal, la que se propaga y respaldaron es, de hecho, apóstata. Tú tienes razón, estás en lo correcto.

Viniendo esto de un enemigo que fue enviado para atraparlo, y ahora está completamente de acuerdo porque no puede negar la Escritura. Y Jesús, en el versículo 34, vio que él le contestó inteligentemente, él conoce el Antiguo Testamento. Incluso le dijo a él: "No estás lejos del reino de Dios". Es como si le dijera: "Por cierto, eso es bueno, pero no lo suficientemente bueno. Estar cerca no es suficientemente bueno, se debe entrar... debes entrar... debes entrar por medio de la fe en Jesucristo en su muerte y resurrección. Pero, ¿en qué sentido está este hombre cerca? Está cerca porque él entiende que este es un asunto interior, no un asunto ceremonial.

Este fue el broche de oro con el que cerró. Después de esto nadie se aventuró a preguntarle algo, ya no hubo más preguntas. Nada de lo que ellos trataron de usar para volver a la gente en su contra, o bien a Él contra la gente tuvo éxito. Pero esto cambiará el viernes, todos estos hombres estarán gritando: "¡Crucifíquenlo!"

Oración

Padre, te agradecemos por el tiempo que hemos pasado en tu Palabra esta mañana. Siempre es tan profundamente rica. Séllala en nuestros corazones para usarla, Señor, para traer el honor a tu nombre. Queremos amarte perfectamente, más de lo que ya lo hacemos. Danos la capacidad de hacerlo por medio de tu poder, oramos a ti en el nombre de Cristo. Amén.

REFLEXIONES PERSONALES

16_El evangelio: ¿amor propio u odio propio?

Y decía a todos: Si alguno quiere venir en pos de mí, niéguese a sí mismo, tome su cruz cada día, y sígame. Porque todo el que quiera salvar su vida, la perderá; y todo el que pierda su vida por causa de mí, este la salvará. Pues ¿qué aprovecha al hombre, si gana todo el mundo, y se destruye o se pierde a sí mismo?

Lucas 9:23–25

BOSQUEJO

— Introducción

— Odio propio

— Un contraste total

— La mejor decisión

— Oración

Notas personales al bosquejo

SERMÓN

Introducción

Ahora estamos en nuestro estudio del evangelio de Lucas en el capítulo 9 y vamos a ver los versículos del 23 al 27. Esto es en realidad el corazón de las enseñanzas de Jesús, por lo que no hemos tratado de apresurarnos en esto, que es más bien un pasaje simple y directo. Y la tentación que he enfrentado es permanecer aquí por varios meses, muchos meses y más meses, tratando de desatar todo lo explícito e implícito dentro de este pasaje, estoy intentando resistir esta tentación por lo que trataré que avancemos más.

Cuando ustedes preguntan acerca de lo que Jesús enseñó y de entre sus enseñanzas cuáles fueron las más centrales y significantes, les diré que es aquí donde las podemos encontrar. Porque en el versículo 23 Jesús dice: "Si alguno quiere venir en pos de mí". Y después, en ese punto, podríamos detenernos y decir: "Esto es esencial para su misión. Él vino a buscar y a salvar aquello que se había perdido. Él vino a llamar a la gente a sí mismo". Pero Él dice: "Si alguien quiere venir en pos de mí, aquí les digo lo que deben hacer".

Odio propio

Entonces, aquí, tenemos condiciones establecidas por el mensaje más importante que ha sido dado sobre este planeta y este es el mensaje de seguir a Jesús. ¿Qué significa ser un seguidor de Cristo? ¿Qué significa ser un discípulo de Jesús? ¿Qué significa seguirlo? ¿Qué significa ser cristiano? ¿Qué significa ser salvo? Este es el corazón del mensaje.

Y lo que dice Jesús aquí habla directamente sobre este asunto. Así que ustedes quieren seguir a Cristo, ¿verdad? ¿Quieren ustedes seguir a Cristo? ¿Quieren ser sus discípulos? ¿Quieren ser un pequeño Cristo, que es lo que significa ser cristiano? ¿Quieren seguirlo hasta su reino, el reino de Dios? ¿Quieren su perdón, el perdón que Él da? ¿Quieren la vida eterna que Él promete?

Bien, si ustedes quieren todo esto Él les dice; "Niéguense a sí mismos, tomen su cruz cada día, y síganme". Esta declaración hecha por Jesús se repite varias veces en los relatos de los evangelios del Nuevo Testamento. Estoy seguro que Jesús declaró esto muchas, pero muchas veces, tal vez cientos de veces en su ministerio de predicación porque esto es el corazón del asunto del discipulado y la salvación.

Ya hemos visto estos tres elementos: Negarse a sí mismos, tomar su cruz y seguirlo. Pero quiero ir un poco atrás y revisarlos, no a detalle sino como un todo, y tratar de darles, tal vez, una mejor comprensión de lo que está diciendo aquí en realidad. Es importante hacer esto porque lo que Jesús está diciendo es fundamentalmente opuesto a lo que muchos predicadores de hoy en día están predicando.

De hecho, el llamado fundamental a la salvación, las palabras de nuestro Señor son completamente opuestas a la manera que la gente de nuestra cultura piensa. Vivimos en una cultura que procura el amor propio, para ponerlo simple, una cultura que está consumida con el amor propio, constructores de egos, de autoestima, de sentirse bien con uno mismo, de pensar que tú eres lo más importante, de pensar que eres alguien valioso, de pensar que eres un héroe, de pensar que tú logras muchas cosas, de pensar que tú te mereces todo honor. Nos estamos ahogando en premios por todo lo imaginable y lo inimaginable. Los padres están consumidos con hinchar los egos de sus niños por todos los medios, y también inflando su sentido de autoestima. Esta es una generación de amadores de sí mismos.

Y solo a manera de recordatorio, en 2 Timoteo 3:2, el apóstol Pablo clasifica el "amor a sí mismo" como un pecado. De hecho como un pecado dominante. En una de sus listas de iniquidades con las que estamos familiarizados, hay muchas de estas en sus cartas, él inicia su lista de iniquidades en 2 de Timoteo capítulo 3 con los "amadores de sí mismos" y después los "amadores del dinero" y después continúa con el resto de su lista. Esto describe a engañadores, incrédulos, aquellos que están fuera del reino de Dios, aquellos que no conocen la verdad. El amor propio está al inicio de la lista en términos de ser una actitud humana normal. Los pecadores están consumidos por el orgullo. Están consumidos con ellos mismos. Hemos convertido esto en la virtud prominente y dominante dentro de nuestra sociedad.

Así que aquí estamos con el evangelio, yendo a una generación de personas que no solo son orgullosas, sino que también han convertido el orgullo en una virtud por sobre todas las virtudes, que los hace amarse a sí mismos, y que buscan cumplir todos sus caprichos, cumplir todos sus deseos, y toda ambición, todo sueño, toda esperanza; quienes buscan ser todo lo que puedan ser, quienes buscan establecer un valor en todo lo que ellos son, en todo lo que ellos dicen y en todo lo que ellos hacen. Este es el tipo de cultura que necesitamos confrontar con el evangelio, y justo en el corazón del evangelio se encuentra esta apertura. ¿Quieren seguir a Cristo, sí? ¿Quieren entrar en el reino de Dios? ¿Quieren que sus pecados sean perdonados? ¿Quieren el cielo eterno? Entonces niégate a ti mismo, toma tu cruz y sométete completamente a Él". No puedes llegar a la parte del sometimiento a menos que puedas pasar por la parte de la cruz, y no puedes hacer nada de esto si no has pasado por la parte de negarte a ti mismo.

Para darte un término que es probable que no se te olvide, voy a tomar prestado de Martín Lutero. Martín Lutero, como saben, fue quien dio inicio a la Reforma Protestante. Él era un sacerdote católico romano quien entendió la verdad de la salvación, que era por gracia solamente, por fe solamente, por medio de Cristo solamente, sin la necesidad de obras y ceremonias, y todo el resto que ya saben; todo esto hizo que él determinara confrontar al sistema Católico Romano, a este sistema monolítico de error y decepción, él seleccionó 95 declaraciones, o 95 protestas diferentes, esta es la razón por la que somos llamados protestantes, 95 diferentes aseveraciones que iban completamente en contra del catolicismo. Las escribió y las clavó sobre la puerta del castillo o bien la iglesia de Witemberg.

Una cuarta parte de sus protestas, una cuarta parte de sus 95 aseveraciones, eran que un corazón penitente, un corazón que viene a Dios y recibe la salvación estaba caracterizado por, y aquí está el término que uso, un odio propio, se debe odiar a sí mismo. Citando de la cuarta declaración de Lutero. "La pena permanece mientras que el odio a sí mismo permanece". Él dijo que el odio propio o a sí mismo era la verdadera penitencia interior. "Esto", dijo Lutero, "es esencial para el evangelio".

Ya sea el sistema Romano, o bien cualquier otro sistema de búsqueda propia de justicia, esto es tratar de ganar la salvación por medio de ceremonias y buenas obras, todo esto está inundado de amor a sí mismo; esto fue lo que confrontó Lutero y dijo: "Si el pecador no se odia a sí mismo, no podrá entrar en el reino de Dios". Tenemos en el justo momento del nacimiento del protestantismo, el momento del nacimiento del evangelio, como si esto lo fuera, porque salió de debajo de la roca que estuvo escondido por más de 1000 años por el catolicismo, en el momento justo cuando se está lanzando el evangelio, este se definió como estando fundado sobre el odio a sí mismo por parte del pecador.

Odiarse a sí mismo porque uno llega a ver que dentro de la carne no hay nada bueno, no hay nada de valor, nada que valga la pena. Que somos, como dijo Jeremías: "Engañosos más que todas las cosas, desesperadamente malvados". Isaías dijo: "Cada parte de nosotros está enferma desde la cabeza hasta el dedo gordo del pie". No hay nada bueno dentro de ella. No hay nada dentro de nosotros que tenga valor. No hay nada dentro de nosotros que sea digno de algún valor. No hay nada dentro de nosotros que merezca honor o elogio. Esto es, tenemos que llegar a la actitud que definen las bienaventuranzas, a la de entender la pobreza espiritual, a la de entender la bancarrota, de un entendimiento de que no tengo absolutamente nada, de mirar a ver todo lo que he hecho en mi vida, sea religioso, sea educacional, sea moral, o lo que sea, y decir como dijo el apóstol Pablo: "Todo es basura. Es como estiércol". Esto no es para nada agradable en la adoración del amor propio.

Pero, con franqueza, es absolutamente absurdo sugerir que una persona pueda encontrar al Dios Santo, al Dios justo, y entrar en su reino sin querer ser librado del pecado, y sin querer ser librado de entender al pecado por lo que es, es decir que el pecado es penetrante y dominante. Aquellos que conocen a Dios en los términos de Dios, aquellos que vienen a Dios y entran en su reino, invariablemente tienen un sentido intolerante de su propia pecaminosidad.

Job era el mejor de los hombres, esto de acuerdo al capítulo 1, y en el capítulo 42 dice esto: "De oídas te había oído, mas ahora mis ojos te ven". Y dijo esto: "Me aborrezco". En el hebreo significa, "me detesto, me odio, odio todo lo que soy". "Todo lo que soy sin Dios, todo lo que soy en mi humanidad, todo acerca de mí está manchado y mancillado con mi naturaleza caída, con mi corrupción y pecado, odio todo lo que soy". El apóstol Pablo escribe a Timoteo y dijo en 1 Timoteo 1:15, "Palabra fiel y digna de ser recibida por todos: que Cristo Jesús vino al mundo para salvar a los pecadores, de los cuales yo soy el primero". No había nada acerca de Pablo que él mismo pudiera elogiar de sí. No había nada de Pablo, por lo tanto, no había forma de que alguien más lo pudiera elogiar.

La gente de hoy en día se jacta descaradamente de cuan grandes son, de cuan buenos son, de los muchos logros que han tenido, de lo atractivos que son para otros, de cuan exitosos son, y de cuanto valen. Fue Isaías quien dijo cuando vio a Dios: "Ay de mí que soy muerto. Literalmente estoy desintegrado delante de mis propios ojos. Mi propia imagen se desintegra. Me deshago en pedazos". Porque delante de Dios él solo se pudo ver como un desdichado pecador, pronunció una condenación para él mismo porque dijo que él era un hombre de labios inmundos. Esto es de lo que estamos hablando. Esto es lo que significa negarse a sí mismo.

No es decir: "Voy a vender mi casa y voy a dar el dinero a los pobres necesitados". No es decir; "Voy a vivir en la pobreza y en andrajos". No es decir nada de esto. Tampoco es decir: "Voy a negarme a mí mismo y lo que es mío en términos de propiedad física, o lo que es mío en términos de trabajo, o lo que sea". Lo que sí debes decir es: "Niego que dentro de mí haya algo de valor, algo que valga la pena, algo bueno, algo que deba ser recompensado de algún modo, algo que deba ser mostrado como ejemplar, niego que no hay nada dentro de mí que tenga que ser exaltado". Es este sentimiento sobrecogedor que es producido por toda tu pecaminosidad.

Pedro, ante la presencia de Dios en Cristo dijo: "Apártate de mí porque son hombre pecador". Cuando se dio cuenta de que Jesús era Dios cuando controló a los peces aquel día en Lucas 5, no tuvo otra cosa más que odio por sí mismo. Dijo: "Apártate. Ni siquiera debieras estar cerca de mí. Ni siquiera deberías hablar conmigo". La misma actitud que vemos en Lucas 18 con el publicano quien baja su cabeza reconociendo que es un pecador, este dice: "Dios sé propicio a mí que soy pecador". Y después golpeaba su pecho, y no se atrevía a levantar la vista. Ni siquiera quería tener contacto visual, como si se pudiera, con Dios. Así se considera de indigno.

Cuando te conviertes al cristianismo no quiere decir que un día te levantas y de la nada dices: Creo que quiero obedecer a Dios. Tenemos muchos otros ejemplos en la Escritura de aquellos hombres y mujeres quienes, cuando verdaderamente vieron a Dios, cayeron literalmente aplastados por el peso de su propia pecaminosidad y falta de valor. Y con toda honestidad, esto es completamente extraño para la cultura en la que vivimos hoy. Es extraño para la cultura basada en el amor a sí mismo y que tiene todo deseo caprichoso legitimado. Cualquier cosa, todo lo que quieras lo debes de tener. Puedes ser lo que tú quieras. Puedes soñar lo que quieras y vivir el sueño que tú quieras. La meta de tu vida es que tengas cualquier cosa que tú desees, buscar tenerlo a toda costa, vemos que esta cultura insiste en su derechos, insiste en sus privilegios, insiste en ser respetado, insiste en ser recompensado y tener honor, ser afirmado o aceptado.

El hombre que va a entrar en el reino de Dios no debe insistir en ninguna de estas cosas. Se deben sentir indignos de cualquier cosa de esta. La gente que entra en el reino de Dios son literalmente sobrecogidos con un odio total por lo que son. Dicen, odio lo que soy, me odio a mí mismo, odio todo lo que soy, porque lo único que soy es un vil pecador.

Esto es lo que produce el arrepentimiento. Esto produce un cambio, un deseo por ser liberado y rescatado de lo que eres para convertirte en lo que no eres, para ser aquello que deseas ser, algo que es bueno, y eso vale la pena, esto tiene verdadero valor, esto es correcto y útil. Regresando a Lucas 5:32 Jesús dijo: "No he venido a llamar a justos, sino a pecadores al arrepentimiento". No puedo hacer nada por aquellas personas que ya se consideran justas. No puedo hacer nada con personas que están impresionadas consigo mismas, o impresionadas con su religión, o impresionadas con su moralidad, impresionadas con su dinero, impresionadas con su educación, con sus logros. No puedo hacer nada por ninguna de estas personas. No vine por ellos porque ellos no escuchan mi mensaje.

En Lucas 13:3 Jesús nos dice cuán importante es este arrepentimiento: "Si no os arrepentís, todos pereceréis igualmente". Está hablando de la muerte en el infierno. En el versículo 5 lo repite: "Antes si no os arrepentís, todos pereceréis igualmente". Dos veces dice, ustedes van a morir y se van a ir al infierno si no se arrepienten. Y las únicas personas que se arrepienten son las personas que son pecadoras, que están conscientes de su propia desdicha. Esta es la razón por la que el trabajo del Espíritu Santo es convencer de pecado.

Así que lo que Jesús está diciendo aquí es, si quieres entrar en mí reino, si quieres seguirme, si quieres ser perdonado de tus pecados, si quieres la vida eterna, tienes que comenzar, tienes que odiar todo lo que eres al estar lejos de mí, reconociendo que toda la bondad que puede haber en ti es como trapos de inmundicia, despreciando todo de ti. Y ahora, debido a que todo por lo que tú te pudiste haber trabajado, o todo lo que tú pudiste haber ganado, o todas tus supuestas buenas obras han sido definidas como desdicha, y te has logrado ver como alguien que no se merece absolutamente nada, estás justo en el lugar perfecto para llegar y clamar por misericordia y gracia. De este modo el verdadero mensaje del evangelio es un mensaje que te dice que necesitas comenzar por odiar todo lo que tú eres. Que tú simplemente no encajas dentro de la sociedad.

¿Cuándo escuchas predicar a alguien un mensaje como este? Este no es un mensaje que sea sensible al gusto del consumidor, del que llega a la iglesia buscando su comodidad. Esto no es alinearse con la cultura popular en su mismo nivel, esto es el nuevo tipo de pragmatismo. Intenta esto en iglesias que lo único que buscan es hacer que los incrédulos se sientan muy confortables y notarás el rechazo inmediato. ¿Cuándo fue la última vez que escuchaste predicar a alguien que te dice que te tienes que odiar a ti mismo, que te tienes que aborrecer a ti mismo, que te tienes que despreciar a ti mismo, que te tienes que considerar como alguien sin valor? No hay nada dentro de ti, dentro de tu mente, dentro de tus emociones, o dentro de tu voluntad, no hay nada en tus logros que sea realmente bueno. No hay nada que sea digno de honor, nada que valga la pena que se establezca como ejemplo, absolutamente nada. En su mejor momento, es bondad humana que, sin efecto que provenga de la fuerza de Dios y la gloria de Dios, es una especie de mala-bondad.

Jesucristo siempre estuvo llamando a los pecadores a odiarse a sí mismos. El mensaje de hoy en día dentro de las iglesias es, personalmente escuché esto el sábado, estaba escuchando a uno de estos evangelistas de la televisión. "¿Te sientes vacío? ¿Sientes que tus sueños no han sido realizados? ¿Sientes un vacío en tu corazón? Ven a Jesucristo y Él llenará tu corazón, Él cumplirá tus sueños", y bla, bla, bla. Y todo su mensaje se concentraba en hablar de todo lo que podrían obtener de Jesús. Pero esto para nada es el evangelio.

En Lucas 24:47 Jesús dijo: "que se predicase en su nombre el arrepentimiento y el perdón de pecados en todas las naciones, comenzando desde Jerusalén". Cuando prediquen, este es el tema, arrepentimiento para perdón de los pecados, esto es lo que se debe predicar en el nombre de Jesús a todas las naciones comenzando desde Jerusalén. ¿Saben qué fue lo que dijo? No comiencen cuando salgan del pueblo, empiecen aquí. No es que tuvieran un mensaje para Jerusalén y otro para otros lugares. Comiencen aquí y háganlo ahora, justo aquí en Jerusalén donde no es nada popular. Aquí es donde ustedes comienzan y desde aquí recorrerá todo el mundo, ustedes van a ir a todas las naciones del planeta, y van a hacer justamente lo mismo, si ustedes predican esto en el nombre de Jesucristo la gente será perdonada de sus pecados si se arrepienten. Solo si ellos se arrepienten.

El arrepentimiento es producto del odio a sí mismo. Es el producto de tener una actitud como la que describen las bienaventuranzas. La gente se arrepiente cuando se ven a sí mismos y lo único que ven les avergüenza, se avergüenzan de sí mismos. Cuando se ven a sí mismos y se les rompe el corazón a causa de lo que ven. Se trata de un cambio de dirección como consecuencia de su completa auto evaluación y que arroja como resultado, "no soy nada". Son menos que nada. Son un pecador desdichado. Soy malvado hasta los huesos.

Pero debemos decir que esto no es una obra humana, como ya dije, esto no es algo que pueda hacer un muerto, un ciego, un sordo, un pecador con el corazón endurecido no puede hacer nada por sí mismo. La única manera en la que un pecador se podrá dar cuenta de esto es cuando sea expuesto a la Palabra de Dios y el Espíritu de Dios lo despierte. Cuando el Espíritu de Dios tome la Palabra de Dios y despierte al pecador para reconocer su verdadera condición. ¿Pero, cómo puede el Espíritu Santo despertar al pecador de su verdadera condición sin haber quien predique la verdad? Esto es lo que dice Romanos, ¿cómo escucharán sin haber quien les predique? Alguien les tiene que decir esto. Pero el llamado al arrepentimiento no es un mandamiento para el cual, de algún modo, tengas que hacer que tu vida sea perfecta antes de llegar a Cristo. Es totalmente lo contrario a la forma en la que te ves a ti mismo y esto incluye cada parte de tu ser.

Hay tres palabras en el griego que son usadas en el Nuevo Testamento para referirse al arrepentimiento y estas ilustran los tres tipos de elementos del arrepentimiento. Está la palabra *metanoe*, se usa en varios lugares; es usada en Lucas 11:32; Lucas 15:7 y 10. Esta palabra, *metanoe*, básicamente expresa un cambio radical de pensamiento, una actitud mental. Es decir cambias de forma de pensar. Así que el arrepentimiento trabaja con la mente. Tienes que cambiar tu forma de pensar acerca de cómo tú te ves a ti mismo para verte de la forma en la que eres en verdad, verte a ti mismo de la manera que las Escrituras te dicen que te debes ver, verte de la manera que Dios dice que eres, verte como caído, como depravado y corrupto, desde la cabeza y hasta los pies.

La segunda palabra que se usa es *metamelomai* y esta es otra palabra en griego que significa arrepentimiento. Se usa en Mateo 21:29–32, esta solo enfatiza lamento y dolor. Una vez que la mente obtiene la nueva definición de quien soy en realidad, entonces surge una moción consecuente que va de la mente a los sentimientos, y la emoción golpea tan fuerte que entonces llega el dolor, llega la vergüenza, esto es lo que significa *metamelomai*.

Y hay una tercera palabra, *epistrephomai*, también significa arrepentimiento. Se usa en Lucas 17:4, Lucas 22:32. Y esta significa en realidad que tú haces un cambio de dirección en tu vida. Esto hace referencia a tu voluntad.

Entonces al sumar estas palabras tenemos que el arrepentimiento inicia en tu mente, se mueve a tus emociones y finalmente activa tu voluntad.

Estos son los tres elementos que están involucrados en el arrepentimiento. Cambias en la forma en la que te percibes a ti mismo, tienes remordimiento y tristeza por ello, y entonces das un giro de 180 grados para dirigirte en la dirección contraria. Esto te pone en la dirección correcta hacia Dios. Entonces serás como el publicano de Lucas 18. Entonces dirás: "Dios, mi mente entiende mi desdicha. Mis emociones la sienten de tal modo que no me atrevo ni a levantar la vista, solo puedo golpear mi pecho. Entonces mi voluntad me golpea para clamar a ti y dice: Por favor sé misericordioso conmigo que soy pecador". Así que intelectualmente, el arrepentimiento comienza con el reconocimiento del pecado, con un entendimiento claro de la profundidad y la amplitud de esa pecaminosidad. Entonces se mueve hacia las emociones, las cuales producen un sentido sobrecogedor de dolor, de quebrantamiento y de remordimiento. Es la tristeza de la que Pablo habló, la que lleva al arrepentimiento. Y entonces la voluntad te hace cambiar de dirección para alejarte del pecado, hacia Dios, hacia Cristo, clamando por misericordia. No solo es un cambio de mente, es un cambio de mente, de emociones y de voluntad.

El doctor Martyn Lloyd-Jones escribió: "El arrepentimiento significa que te das cuenta de que eres culpable, que eres un vil pecador en la presencia de Dios, que te mereces la ira y el castigo de Dios, que estás condenado al infierno. Significa que comienzas a darte cuenta de esto a lo que llamamos pecado está dentro de ti, y que tu deseo es deshacerte de él, que quieres dar la espalda al pecado en todas sus formas y figuras. Renuncias al mundo sin importar cuál sea el costo, al mundo, a su forma de pensar y a sus perspectivas, y por consecuencia a todas sus prácticas. Te niegas a ti mismo, tomas la cruz, y sigues a Cristo. Tus seres queridos y todo el mundo pueden llamarte necio, o decir que tienes un fanatismo religioso. Puede ser que tengas que sufrir financieramente, esto no hace ninguna diferencia porque esto es el verdadero arrepentimiento". Esta es la razón por la que Jesús dijo: "Tienes que odiar a madre, tienes que odiar a padre, a hermano o hermana. Tienes que seguirme". Esta es la marca de todo verdadero creyente.

¿Por qué estoy diciendo esto acerca del arrepentimiento el día de hoy? ¿Por qué estoy hablando acerca de este versículo? Porque hay tanto aquí que quiero que entiendan esta gran realidad que se nos explica aquí. Regresemos al versículo 23, esto es exactamente de lo que el versículo 23 está hablando. Está hablando acerca de este tipo de auto evaluación que concluye en arrepentimiento. Quieren ir detrás de Cristo. Quieren cambiar el camino por el que van y seguir a Cristo. Esto es un cambio radical. Esto es el arrepentimiento. Esto es algo que es producto de la voluntad. Esta es la voluntad.

16_El evangelio: ¿amor propio u odio propio?

Bien, esto tiene que comenzar con una auto evaluación que es dramáticamente diferente a la forma en la que regularmente te veías. Te tienes que odiar a ti mismo. Te tienes que odiar al grado que literalmente quisieras morir, esto si fuera necesario. Esto es la consecuencia. Si me veo a mí mismo como realmente soy, entonces ¿por qué podría yo pretender que de mí mismo saliera algo santo? Si me veo por lo que realmente soy, y realmente quiero ser algo completamente diferente a lo que soy, entonces la muerte se verá como algo muy atractivo para mí.

Nunca podré ser el hombre que debiera ser en este mundo. Nunca seré el hombre que debo ser hasta que muera. Ninguno de nosotros lo hará, queremos el perdón de nuestros pecados. Queremos que haya justicia personal en mi vida. Quiero toda la bendición de Dios. Cuando vengo a Cristo, quiero que el pecado esté fuera de la ecuación. Decir, estoy enfermo por mi pecado, estoy enfermo de mí mismo. Estoy harto y cansado de lo que soy. Quiero abandonar todo esto. Quiero venir a Cristo. Quiero ir por un camino diferente. Quiero ser una persona diferente. Y el cumplimiento final de todos esos anhelos y deseos se produce después de la muerte.

Del mismo modo Pablo dice que no estima para nada su vida como valiosa. Dentro de mí está este deseo de ser lo que quiero ser en Cristo, lo que deseo ser en Cristo. Hay esta hambre y sed de justicia que es característica. Quiero huir del pecado. Quiero estar en una situación en la que ya no deseo más el pecado. Por lo que la muerte es un amigo bienvenido. Esta es la razón por la que Pablo dice: "Para mí el morir es ganancia". Es ganancia, no seré lo que yo quiero ser, sino lo que Dios quiere que sea yo, desde hoy y hasta que me vaya de este mundo.

Así no será un gran salto, si me voy a negar a mí mismo para entonces desear morir. "Tomar tu cruz" significa simplemente querer morir. Las cruces eran instrumentos sobre los cuales la gente era ejecutada. Y Jesús está diciendo aquí que la negación de uno mismo significa estar harto de ti al grado que quisieras mejor morir. Ahora, si me quieres seguir, dice Jesús, si en realidad quieres venir en pos de mí, tienes que experimentar este sentimiento. Tienes que comprender la verdadera condición en la que te encuentras. Deberás de estar emocionalmente sobrecogido por causa de esta condición, habrá dolor y vergüenza al grado que estás dispuesto a negarte a ti mismo, que estás dispuesto a hacerlo sin importar cuál sea el costo. Estarás dispuesto a seguir a Cristo, incluso si esto significa la muerte. Esto es el verdadero arrepentimiento. Esto es lo que es, odio propio, negarte a ti mismo.

Y, saben, aún ahora hay un tipo de residuo, o bien debiera ser residual, un tipo de falta de confianza en lo que soy, e incluso cierto odio por uno mismo. Alguien me dijo, mientras estaba hablando a estudiantes, lo he estado haciendo en la universidad por al menos dos semanas, y al estar hablando a estudiantes que estaban ahí, alguien levantó su voz y dijo: "Yo quiero ser usado por el Señor, quiero ser alguien útil al Señor. Eso es lo que quiero". Y le respondí: "Bueno, creo que yo no pienso así porque no tengo nada que ofrecer al Señor. Así que mi oración no debe ser: 'Señor quiero ser útil para ti'. Mí oración debe ser, 'Señor espero que de algún modo yo pueda estar dispuesto a ser usado por ti'. Espero, no que yo pueda hacer algo para el Señor, sino que el Señor me dé el privilegio de que Él haga algo por medio de mí".¿Notan la diferencia? Yo no me estoy ofreciendo, diciendo: "Señor voy a dar mi vida para hacer algo para ti". Olvídense de esto. No somos máquinas de auto propulsión, no somos herramientas que alguien tenga que tomar, y que este alguien que me tiene que tomar es Dios. Sino que si soy una herramienta que puede ser usada, sería suficiente para mí que Tú pudieras usarme al menos como vaso de deshonra, como vasija de barro, Pablo decía como vasija para la basura, así es como se identifica Pablo en 2 de Corintios, esta es la felicidad, esta es la bendición.

No hay nada dentro de mí que tenga valor. No hay nada dentro de mí que sea de utilidad. Y cuando llego al punto en dónde quiero ser librado de lo que yo soy, cuando llego al punto donde me odio a mí mismo, y clamo a Dios y le digo que no quiero poner ningún límite. No puedo llegar a Dios y decirle: "Bueno, solo te quiero dar esto o aquello. Te puedo dar todo esto, pero esto otro no". Es cuando en realidad hay un completo abandono porque no tengo de nada a que agarrarme, no hay nada dentro de mí que sea digno delante de Dios.

Esto está ligado a la fe salvífica. Hechos 20:21. El arrepentimiento hacia Dios y la fe en nuestro Señor Jesucristo de tal modo que la salvación llega a aquellos que quieren en realidad seguir a Cristo. Y la razón por la que ellos quieren venir y seguir a Cristo es porque quieren creer en Él. Pero la fe que salva es la fe que es penitente.

Ahora Jesús en su predicación buscó traer a los pecadores a este punto. Y la gente que se resistió al mensaje, fueron las personas que se sintieron muy bien consigo mismas, ¿cierto? Y, ¿quiénes eran las personas que se sentían bien consigo mismas? Los judíos religiosos, los fariseos, los escribas, el sumo sacerdote, es decir toda la élite religiosa, los líderes religiosos. Dentro de sus mentes eran personas muy pero muy exitosas. Eran libres, nunca habían estado esclavizados a ningún hombre, según decían. Según ellos así eran percibidos. Pensaban que solo ellos podían ver las cosas verdaderas y espirituales. Estaban saludables, eran justos, en suma eran muy buenos.

Y desde luego Jesús les está destruyendo todos estos paradigmas. Les dijo que estaban ciegos. Les dijo que eran corruptos. Les dijo que por fuera estaban blancos, pero que en el interior eran solo desechos apestosos de hombres muertos, eran cadáveres. Atacó su propia justicia y lo tuvo que hacer porque este era el pecado que los dominaba y los estaba condenando. Jesús siempre buscó traer a los pecadores al punto de odiarse a sí mismos, al punto donde ellos podrían decir lo que dijo Job: "Me aborrezco". Y Job era un hombre verdaderamente justo cuando dijo esto. ¿Cuánto más necesario es que un hombre que no es justo tenga que decir esto? En contraste, ellos, debido a que estaban envueltos en su amor propio y en su propia justicia, despreciaron el mensaje de Jesús, y por eso lo mataron. No era que ellos no querían al Mesías. No hubo arrepentimiento hasta que ellos creyeron que existía la posibilidad de que Él fuera el Mesías.

La realidad era que ellos deseaban un Mesías desesperadamente. Como ya hemos dicho antes, lo que ellos querían era comida gratis. Querían el plan de seguro médico que jamás se pudo haber planeado, sanidad para todos durante todo el tiempo, también querían la resurrección en caso de que murieran, libertad, sin tener que pasar por algún tipo de proceso. Querían llegar a Jesús y Él se encargaría de todo, sin necesidad de papeleo. Desde luego que ellos querían esto. Esto lo hubieran aceptado sin problemas. Esto si lo querían. Pero Jesús se introdujo en su pensamiento con este mensaje que les decía que se tenían que odiar a sí mismos en lugar de amarse a sí mismos. Debían haberse visto a sí mismos como pobres prisioneros ciegos y oprimidos. Tenían que llegar a la actitud de las bienaventuranzas, pobreza de espíritu, llanto, mansedumbre, a reconocer que estaban destituidos de la justicia, para que entonces pudieran mostrar un hambre y sed por ella. Debían estar dispuestos voluntariamente a ser perseguidos en lugar de ser aclamados.

Odiaban este mensaje porque se amaban a sí mismos. Esto era lo que tenían que hacer. Si te amas a ti mismo hasta la muerte, te estás condenando tú solo. Si te amas es seguro que odias este mensaje. Esta es la razón por la que Jesús dijo esto, Mateo 21:31. Los recaudadores de impuestos, la clase más alta, eran los más despreciados y odiados por la gente en Israel, los cobradores de impuestos manejaban una especie de franquicia romana, era un franquicia para cobrar impuestos, pero que les servía para extorsionar a la gente y sacarle dinero; esto lo lograban con un montón de matones y de ladrones, hombres armados que hacían lo que fuera necesario para sacarles el dinero. Pero Jesús dice: "Los publicanos y las prostitutas entrarán al reino de Dios antes de ti". ¿Se pueden imaginar qué sería ser un líder religioso en Israel y que llegara Jesús y les dijera esto? Los cobradores de impuestos, y muchos con solo oír la palabra escupían al suelo, y las prostitutas entrarán antes que tú al reino de Dios. ¿Por qué? Debido a que son más propensos a avergonzarse de sí mismos de lo que tú lo eres. Siendo más moral puede bien alejarte del reino de Dios. Algo beneficial acerca de estarse revolcando en la iniquidad total, es que tiene la capacidad de hacerte despertar a la realidad de quien eres en verdad.

Yo he dicho esto a través de los años. La gente se convierte al cristianismo cuando tienen suficiente desesperación, cuando están en el punto del pánico total por querer ser rescatados, cuando saben que literalmente están cayendo por tercera vez en el mar de su propio pecado. La malvada gentuza de Israel era mucho más propensa a reconocer su propio pecado que los que se consideraban a sí mismos como justos.

Ninguno de ustedes puede ser salvo, amigos, si no es por medio del evangelio de Jesucristo, esto es, creyendo en aquel que murió y resucitó para tu beneficio, el Señor Jesucristo, junto con todas las verdades acerca de Él. Y no puedes ser salvo por creer en Jesucristo a menos que tu fe venga acompañada de arrepentimiento. Y sin embargo aquí tenemos, y ya lo he comentado, pero viene una vez más a mi mente, porque sigo dialogando acerca de esto, tenemos personas que escriben libros cristianos que de ningún modo en ninguna parte del mundo han escuchado acerca de Dios, nunca han escuchado acerca de Jesucristo, nunca han escuchado la Biblia, o el evangelio, y no pueden mirar al cielo y decir: "Debido a que creo que hay un creador allá arriba, ahora creo que tú eres el creador", y con esto ser suficiente para ir al cielo. En otras palabras, Dios, según dice un escritor, sería injusto si no se lleva a estos al cielo. No solamente no han creído en Jesucristo como Señor, ni siquiera han creído en Jesús. Según esto, ni siquiera necesitan saber que hay un Jesús. Y, ¿dónde queda el arrepentimiento? ¿En dónde se muestra? ¿Qué, lo que tenemos que hacer es simplemente eliminarlo? Esto sería muy conveniente, ¿no?

Jesús dijo, ¿quieren entrar al reino? Bien, se necesita mucho más que simplemente creer que hay alguien allá arriba. ¿Dónde está la vergüenza? ¿Dónde está el remordimiento? ¿Dónde está la sobrecogedora convicción de que eres pecador?

Así que el principio es simplemente básico. Es una verdad básica del evangelio. ¿Quieres seguir a Cristo verdaderamente? Entonces comienza por odiarte a ti mismo. El repudiarnos a nosotros mismos por no tener ningún valor en nuestra condición de redimidos, inclusive estando en nuestra condición de redimidos el único valor que tenemos es la de una herramienta que es levantada de manera soberana por el Señor. Aquí es donde está la negación de nosotros mismos, y acto seguido tomar nuestra cruz para ir detrás de nuestro Señor, seguir al Señor significa andar en obediencia correcta detrás de Él. Esto es para recordarte todo lo que está involucrado en este principio.

Ahora permíteme hablar de la paradoja por un par de minutos. Extendiendo este principio a una paradoja, Jesús dice aquí en el versículo 24 y 25: "Porque todo el que quiera salvar su vida, la perderá; y todo el que pierda su vida por causa de mí, este la salvará. Pues ¿qué aprovecha al hombre, si gana todo el mundo, y se destruye o se pierde a sí mismo?" Aquí está la paradoja. El principio es claro. La paradoja es esta, ¿quieres salvar tu vida? Pues tienes que perderla. ¿Quieres perder tu vida? Entonces aférrate a ella.

Un contraste total

Jesús está explicando aquí lo que nos ha estado diciendo. Lo que Él ha estado diciendo es que tienes que negarte a ti mismo, que tú tienes que rendir tu vida. Entregas todo. Abandonas todo por Cristo. No es que añades a Cristo a tu vida, sino que lo abandonas todo, te deshaces de todo. Y por medio de un auto suicidio literal, como si lo fuera, la negación de uno mismo, entonces es cuando lo ganas todo.

Y por otro lado, si quieres salvar tu vida, versículo 24: "Todo el que quiera salvar su vida", esto no quiere decir que estás sentado usando cinturón de seguridad y teniendo listas bolsas de aire para salvarte. No estamos hablando de esto. Tampoco es pasar por un tipo de cirugía para ayudarte con alguna enfermedad. No estamos hablando de la vida física. Aquí estamos hablando de un alma eterna, tu alma eterna. ¿Quieres salvar tu alma? ¿Quieres rescatarte a ti mismo? Entonces tienes que perder tu vida. Es la única forma. ¿Quieres perder tu vida? ¿Quieres perderte en el infierno eterno, sufrir un castigo para siempre? Entonces aférrate a tu vida. Esta es la simple paradoja.

En Mateo 10:39 es otro lugar en donde Jesús dice esto. Esta era algo así como una rutina de predicación para Jesús. "El que halla su vida, la perderá; y el que pierde su vida por causa de mí, la hallará". Otro lugar que pienso que es una exposición de lo que esto significa es Juan 12:25, donde Jesús también repite la misma paradoja. Escuchen lo que dice Juan 12:25, "El que ama su vida, la perderá". Lo ve, quieren guardar su vida porque la aman, amas tu forma de ser, te amas a ti mismo, amas tus propios deseos, amas tus ambiciones, amas tus sueños y las metas que te propones. Amas aquello por lo que te honran y te honras a ti mismo por tus logros, vives a tu manera y haciendo tu voluntad. Si haces todo esto, perderás tu vida. Y en contraste Jesús dice: "y el que aborrece su vida en este mundo, para vida eterna la guardará". Lo que Jesús nos dice es que tienes que odiar tu propia vida. Estoy seguro que es de aquí de donde Lutero acuñó el término de "odio propio". Esto es odiarse a uno mismo.

Si te amas a ti mismo, si te encuentras en el lado de los amadores de sí mismos, de la autoestima, y estás buscando cubrir tus pequeñas necesidades, si eres indulgente con tus fantasías y con tus sueños, con tus planes y esperanzas, con tus ambiciones; vas a perder tu vida. Vas a perder tu vida en el infierno eterno. Si te amas a ti mismo tanto como para aferrarte a tus bienes, como el joven rico, te vas a ir de este mundo sin tener la vida eterna. Pero si te odias a ti mismo, entonces vas a recibir la vida eterna. Qué tremenda, realmente tremenda opción. Creo que esta es la máxima, la mejor. Y la opción ahora es salvar tu vida o perderla para siempre. Perderla ahora o salvarla para siempre. Así de simple.

Hay una frase en el versículo 24 que debemos notar. "Por causa de mí". No está hablando de lo que pudiéramos llamar una negación de uno mismo del tipo filantrópica. No está diciendo pierde tu vida por causa de la justicia, o pierde tu vida por causa de la religión, entregarte a la causa para que te conviertas en un monje o una monja, o sacrificarse a ti mismo, convertirte en una antorcha humana para mostrar tu devoción a Dios, envolverte en bombas para que vean que eres un devoto musulmán, y entonces te recibirán en el cielo 72 vírgenes de ojos negros que usan almohadas verdes, esto dependiendo de tu nivel de devoción a Alá.

No estamos hablando de este tipo de sacrificio como acto de una negación de ti mismo. Aquí solo se habla de un tipo de perdida personal. Aquí solo hay un tipo de auto desprecio, un solo tipo de auto desprecio, este es "por causa de mí". No hay ningún tipo de valor o virtud en lo que las personas que describí antes hacen. Cuando un budista se prende como antorcha humana, cuando un musulmán se hace estallar, la realidad es que se incendian y se estallan para irse directo al infierno eterno. No hay ningún crédito que se sume a su cuenta, no importa que tan devotamente religiosos sean, sin importar a que extremo llegara su devoción. De lo que Jesús está hablando aquí es de un hombre que abandona su estilo de vida, que se niega a sí mismo, que se odia a sí mismo por la condición pecaminosa en la que vive, y lo que hace es entregar su vida a Jesucristo por causa de "su nombre". "Por causa de mí", esto es lo que significa, la única manera en la que tú podrás salvar su vida eternamente, la única forma en la que vas a estar durante toda la eternidad en el cielo en la presencia de Dios, en el gozo total, será cuando tú hayas dado toda tu vida a Jesucristo.

La mejor decisión

En el versículo 25 Jesús hace esta declaración que es realmente interesante: "Pues ¿qué aprovecha al hombre, si gana todo el mundo, y se destruye o se pierde a sí mismo?" Esta es una hipérbole. De hecho, es una hipérbole en la categoría de ilustración, esta es una verdadera hipérbole. Jesús está diciendo: "Sé en qué están pensando. Entiendo lo que está pasando en su mente". Ustedes están pensando: "Yo soy un buen hombre, he logrado todo esto y esos logros y estos honores y estas ambiciones y estos deseos y lo que quiero hacer. Lo que hago de acuerdo a mis propios planes, y todo lo que quiero proteger de mis relaciones propias. Sabes, hay mucho a lo que tengo que renunciar; estás pidiendo demasiado de mí". El joven rico dijo: "Soy rico, tengo muchas cosas, pides demasiado". Por lo que Jesús dice: "Está bien, aquí les doy un ilustración hipotética. ¿De qué te serviría si ganaras todo el mundo? ¿Qué te parece esto? Esta es la hipérbole. No hay nada más grande que se pueda poseer. "Está bien, digamos que posees todo el mundo. Que tienes todo lo que se puede poseer de él, tienes todas las casas, todos los autos, toda la ropa, toda la tierra, todos los honores y prestigios y todo el poder, toda la habilidad para proveerte de todo lo que, en términos materiales, te beneficia, en términos de honores, en términos de prestigio, prominencia, poder... ponle el nombre que quieras. Tienes todo lo que se puede tener, ¿de qué te beneficia? ¿De qué te sirve? ¿Cuál es el beneficio?

La palabra simplemente significa: "¿De qué te aprovecha?" ¿De qué te beneficia? ¿En qué te ayuda? "¿Si te destruyes o te pierdes a ti mismo?" Tu eterno yo, o como lo dice Mateo, ¿qué puede dar el hombre a cambio de su alma?" ¿Qué tanto vale tu alma? ¿Qué tanto vale tu vida eterna? Vale muchísimo más que todo el mundo. Solo tomará unos cuantos respiros más y vas a morir para siempre. Esto es el pensar común de toda la humanidad. Ellos dicen, cuantas más posesiones llegues a tener en la tierra, tu vida será más feliz. Esto es porque quieres más cosas, o mejores relaciones, o relaciones diferentes, o más poder, o más influencia, o más honor, o más de lo que sea.

Pero Jesús dice que si tú posees literalmente la suma total de toda la riqueza terrenal y pierdes tu alma eterna, esto es un mal negocio. Es una mala decisión. ¿De qué beneficia al hombre ganar todo el mundo y perder su alma? Por lo que Jesús dice: "Mira, es mejor renunciar a tu vida ahora en el reconocimiento de que no es nada de todos modos, y entonces será algo glorioso y algo maravilloso y algo bendito y algo alegre y algo poderoso, algo tranquilo y algo honorable, siempre y siempre, por los siglos de los siglos". Este es el mensaje del evangelio, esta es la elección que tú haces.

La próxima vez veremos los versículos 26 y 27 cuando Jesús dice: "Todos se presentarán delante del trono de juicio, en el tribunal final, serán juzgados eternamente de acuerdo a como fue que respondieron al mensaje". Permítanme resumirlo. El amor a ti mismo, la autoestima, te va a enviar al infierno. El odio propio, el odio a ti mismo te va a llevar al cielo. Creer en el Señor Jesucristo es esencial. Creer en el Señor Jesucristo, atado a un arrepentimiento genuino es lo que se requiere. Ambos son la obra poderosa del Espíritu de Dios dentro de un corazón que lo desea, y esto por medio de comprender la verdad. Esta es la razón por la que predicamos esta verdad.

Oración

Padre, te agradecemos por la oportunidad que nos diste de llegar aquí y alabarte por medio de himnos. Te agradecemos por la oportunidad que nos das de llegar a ti en oración y rendirnos. Te agradecemos por tu Palabra. Es como escuchar directamente de los labios del Salvador. Venimos delante de ti y nos has hablado tu verdad. Esta es tu verdad y nos la das con gracia, con amor, una verdad que fue rebelada por ti, por tu naturaleza, eres un Dios salvador que busca salvar a pecadores.

Oramos a ti, Dios, para que la verdad de esta predicación, el mensaje de la cruz, que es locura para el mundo, sea poder para salvación a todos aquellos que escucharán y creerán. Oramos para que tú hagas dentro de ellos el trabajo para que puedan odiarse a sí mismos, negarse a sí mismos, que sea una realidad en muchos, incluso en aquellos de nosotros que ya somos creyentes, que continuemos cultivando esto dentro de nosotros, para no caer en el pecado de orgullo o confianza en nosotros mismos, sino que siempre reconozcamos que Tú nos has elegido como instrumentos para tu misma gloria.

Te agradecemos, Padre, porque tu Espíritu es el que hace estas cosas dentro de nuestros corazones por medio de la verdad. Oramos para que esto sea posible, en el nombre de nuestro Salvador. Amén.

Reflexiones personales

17_El evangelio en perspectiva

Y decía a todos: Si alguno quiere venir en pos de mí, niéguese a sí mismo, tome su cruz cada día, y sígame. Porque todo el que quiera salvar su vida, la perderá; y todo el que pierda su vida por causa de mí, este la salvará. Pues ¿qué aprovecha al hombre, si gana todo el mundo, y se destruye o se pierde a sí mismo? Porque el que se avergonzare de mí y de mis palabras, de este se avergonzará el Hijo del Hombre cuando venga en su gloria, y en la del Padre, y de los santos ángeles.

Lucas 9:23–26

BOSQUEJO

— Introducción

— El principio

— Del principio a la paradoja

— La realidad

— Un mensaje extraño

— El final eterno de los impíos

— Oración

Notas personales al bosquejo

SERMÓN

Introducción

Nos encontramos en el corazón del mensaje de Jesús, Lucas capítulo 9. Estamos viendo un párrafo que inicia en el versículo 23 y llega hasta el versículo 26, pero vamos a ver cómo es que el 27 está conectado con la misma idea. Estas son palabras de Jesús que constituyen el corazón del evangelio. Permítanme leer el texto para ustedes. Lucas 9:23, "Y decía a todos: Si alguno quiere venir en pos de mí, niéguese a sí mismo, tome su cruz cada día, y sígame. Porque todo el que quiera salvar su vida, la perderá; y todo el que pierda su vida por causa de mí, este la salvará. Pues ¿qué aprovecha al hombre, si gana todo el mundo, y se destruye o se pierde a sí mismo? Porque el que se avergonzare de mí y de mis palabras, de este se avergonzará el Hijo del Hombre cuando venga en su gloria, y en la del Padre, y de los santos ángeles". El evangelio según Jesucristo que nos es entregado en el Nuevo Testamento es radicalmente diferente del típico mensaje moderno que con mucha frecuencia se predica. En los tiempos que vivimos actualmente los evangelistas siempre muestran a Jesús como frustrado, como un Redentor quien se para fuera de manera ansiosa esperando por una invitación de parte de alguien que quiere invitarlo dentro de su vida. Pienso que esto sucede a causa de la mala interpretación del texto que está en Apocalipsis en el cual es Señor dice que está a la puerta y llama. Esta no es una interpretación correcta en la que tengamos que comparar dicha puerta con el corazón humano. Está en la puerta de una iglesia. Es Cristo queriendo entrar en esa iglesia dentro del contexto que ahí se nos da. Pero basados en este versículo hemos mostrado a Jesús como esperando por una invitación de nuestra parte, esperando que le demos una oportunidad; esperando fuera en silencio, como si pudiera ser posible, hasta que nosotros tomemos la decisión de invitarlo a entrar.

La realidad es que Cristo presenta a Cristo como el invitador, el Salvador que viene al mundo en forma humana y quien invade el reino de la humanidad, quien confronta a los pecadores, quien los reta, quien los llama, quien les manda venir a Él, a creer en Él, a abandonar el pecado y recibirlo a Él como Señor y Salvador. En lugar de que esté esperando una invitación de parte de los pecadores, Él es quien presenta la invitación a los pecadores en la forma de un mandamiento a arrepentirse, creer y someterse. Esto es esencialmente lo que está diciendo en nuestro texto. Esto se encuentra en el centro del corazón del mensaje de Jesús, es el mensaje del evangelio. Si quieres vida eterna, si quieres que todos tus pecados sean perdonados para siempre, si quieres entrar en el reino eterno de Dios y recibir bendición, paz, gozo eterno y para siempre, Jesús te dice esto es lo que tienes que hacer.

Veamos el versículo 23: "Si alguno quiere venir en pos de mí" -quieres seguirme, ser mi discípulo, entrar en mi reino, recibir mi perdón, aquí está lo que tienen que hacer-. "Niéguense a sí mismos, tomen su cruz y síganme".

El principio

Y como hemos estado diciendo acerca de este pasaje durante las últimas semanas, este es un evangelio de invitación. Jesús presenta la invitación a los pecadores y al hacerlo clarifica los términos: Negarse a sí mismo, llevar la cruz diariamente y seguirlo en obediencia. Hemos llamado a esto el principio que está en el corazón del mensaje de Jesús. Y hemos aprendido durante las últimas dos semanas que venir en pos de Cristo, convertirse en un discípulo de Cristo, recibir la salvación, el perdón y la vida eterna, entrar al reino de Dios, demanda un suicidio personal, la muerte de uno mismo, el deseo de tomar el sufrimiento, la persecución y tal vez la ejecución, que es ilustrada por la tortuosa cruz, y esto requiere sumisión. Esto quiere decir que convertirse al cristianismo no es fácil. Ser salvo no es cosa fácil. No es que un día te levantas de tu cama y apareces en el reino de Dios.

Mateo lo dijo en su evangelio cuando nos elata la historia de su llamado, Jesús vino a él un día y lo vio; él era un cobrador de impuestos, ellos eran la gente más despreciable de la sociedad judía, como judío había vendido su alma a Roma a cambio de dinero. Jesús viene a él y sorprendentemente le dice: "Sígueme". El mismo Mateo registra cual fue su respuesta. Lo que hizo fue retirarse de su profesión, a la cual nunca más podría regresar, ya que esta posición era muy codiciada por todos los judíos traidores, una vez que Mateo abandonara este puesto, alguien más tomaría su lugar de manera inmediata. Nunca más podría regresar. Así que él renunció a su profesión y todo lo que simbolizaba se fue con ella.

De hecho, cuando Lucas nos cuenta la historia de la conversión de Mateo, Lucas añade en el 5:28 que él abandonó todo. Esto es exactamente lo que Jesús está diciendo. Si vas a venir en pos de mí, si quieres ser uno de los míos, pertenecerme, ser salvo de tus pecados, estar en mi reino, te costará todo. Tienes que abandonar todo lo demás.

Y, ¿qué queremos decir con este "todo"? Estamos hablando acerca de aquellas cosas que son parte de tu persona. De hecho, una buena forma de comprender lo que esto significa es llegar al versículo 25. "Pues ¿qué aprovecha al hombre, si gana todo el mundo, y se destruye o se pierde a sí mismo?" Como dije ya, es una hipérbole. Desde luego que esto es imposible, ninguna persona puede poseer literalmente todo el mundo. Pero ¿qué si tú pudieras? ¿Qué importaría si pudieras tener todo lo que el mundo tiene? ¿Qué tendrías en realidad? Bien, esto es lo que en realidad tendrías, de acuerdo a 1 de Juan 2:15–16. "Todo lo que hay en el mundo, los deseos de la carne, los deseos de los ojos, y la vanagloria de la vida". Todo esto pasa y todo esto perece. Y si esto es lo que tú quieres entonces no puedes tener a Dios. "Si alguno ama al mundo, el amor del Padre no está en él". Así que, ¿de qué estamos hablando cuando hablamos acerca del mundo? Todo aquello por lo que tus pasiones están hambrientas, todo aquello que tus ojos codician, todo aquello que tu orgullo demanda. ¿Qué si tuvieras todo esto? ¿Qué si tuvieras todos tus deseos cubiertos? ¿Qué si logras todo lo que te propones? ¿Qué si lograras todo aquello que te agrada? ¿Qué si hubieras ganado todo honor? ¿De qué serviría? ¿De qué importaría? Si tuvieras todo esto ahora y perdieras tu alma por la eternidad, ¿qué tanto vale tu alma?

De este modo entendemos que lo que Jesús está diciendo con "negarse a sí mismo", básicamente, es negarte a todo lo que tu ser desea del mundo. Porque si pudieras ganar todo el mundo, habrías hecho un mal negocio porque te costaría tu alma. Así es como esto es. Has vivido, todo el mundo lo hace, dejándote llevar por las pasiones de tus deseos para cubrir los deseos de tu cuerpo, dejándote llevar por los deseos de tus ojos, codiciando todo lo que tus ojos pueden ver, dejándote llevar por el deseo de ser honrado, recompensado, estimado, de ser poderoso, tener todo lo que conlleva el orgullo. Esta es la manera en la que todos nosotros vivimos nuestras vidas.

Esto es todo lo que tienes que dejar. Debes decir: "Ya no me importa lo que anhelan mis deseos. Ya no me importa lo que mis ojos ven. Ya no me importa lo que mi corazón orgulloso quiere. De hecho, ahora esta es la forma en la que veo todo, lo veo como pecado y por eso me niego a mí mismo". Negarme a mí mismo es decir "no" a todos esos deseos que son parte de lo que fabrica mi naturaleza caída.

Así que lo que Jesús nos dice es, aquí tienen este principio: "Si quieren venir en pos de mí, niéguense a sí mismos". Tienen que decir: "Ya no viviré más para los deseos de mi cuerpo, no viviré más para las cosas que puedo ver, no viviré más para glorificarme a mí mismo. Es mi deseo negarme a mí mismo, y si es necesario, entregaré mi vida en una cruz, me comprometo a seguirte obedientemente". Este es el evangelio de Jesús. Este es el llamado que nos hace.

Es una actitud de penitencia, arrepentimiento, quebrantamiento, pobreza de espíritu, que comprendas que estás en bancarrota, lamentándote, triste, llorando por tu pecado. Este es el nivel de desesperación que hace que nos golpeemos el pecho y digamos: "Dios, se propicio a mí que soy pecador. Dame de tu misericordia". Esto dice: "Vivir en mi carne no es nada bueno". Este es el corazón del mensaje de Jesús, y si un pecador ha de venir en pos de Jesús para entrar en su reino, va a ser en un completo y total abandono de sí mismo. Hemos estado viendo esto en las últimas dos semanas.

Del principio a la paradoja

Ahora esto es algo paradójico, la forma en la que nos dice el versículo 24. Esto indica que nos movemos del principio a la paradoja. Versículo 24: "Porque todo el que quiera salvar su vida, la perderá; y todo el que pierda su vida por causa de mí, este la salvará". Esta es la paradoja. Para que puedas ganar la vida eterna, tienes que perder tu vida, rendirla. Si te aferras a tu vida, esto es si te aferras a tu vida dentro del mundo y no quieres abandonar tus deseos, tus codicias, tu orgullo; vas a perder tu alma eterna. El único que puede entrar a mi reino es aquel que se rinde por completo a mí.

Esta enseñanza de Jesús, por cierto, ciertamente no está aislada dentro de esta porción de Lucas. Esta esparcida por todos los evangelios, por los cuatro evangelios. Mateo, Marcos, Lucas y Juan registran a Jesús enseñando esto. Estas palabras son las mismas en algunos otros lugares aunque varían un poco en otros lugares. Jesús da este mensaje una y otra vez en varios lugares y eventos. Esto se encuentra en el corazón de su evangelio. Y la pregunta es: Si quieres la salvación, ¿estás dispuesto a abandonar lo terrenal a cambio de lo celestial? ¿Estás dispuesto a perder el reino de los hombres a cambio del reino de Dios? ¿Estás dispuesto a abandonar lo temporal a cambio de lo eterno? ¿Estás dispuesto a abandonar el pecado a cambio de la santidad?

Sé que esto no es fácil. Y que el evangelio tiene que ser presentado basándonos en esto. Pero hoy en día queremos hacerlo tan fácil como sea posible y esto nos hace tener esta pobre visión de un Jesús esperando triste hasta que algún pecador recobre el sentido y lo invite a entrar en su corazón. Pero esto, simplemente no va a suceder. Es francamente imposible para cualquier pecador hacer esto, despertarse a sí mismo de la muerte, darle vista a sus ciegos ojos, escuchar por medio de sus oídos sordos y suavizar su corazón endurecido. No es nada fácil convertirse en cristiano. De hecho es imposible. Y podemos también decir que es una experiencia violenta.

Permítanme enseñarles otro pasaje de la Escritura que encaja perfectamente dentro de esto y que nos ilustrará lo que el Señor está diciendo aquí. Vayamos al capítulo 7 de Mateo, el cual, desde luego, nos lleva al sermón del monte, el sermón evangelístico más grande que jamás se haya predicado. Y en el sermón del monte, cuando Jesús está presentando su mensaje, su evangelio, Él entrega una invitación en el versículo 13 a manera de mandamiento. Mateo 7:13-14, "Entrad", les está diciendo que entren al reino, "Entrad", es un mandamiento, "por la puerta estrecha; porque ancha es la puerta, y espacioso el camino que lleva a la perdición, y muchos son los que entran por ella; porque estrecha es la puerta, y angosto el camino que lleva a la vida, y pocos son los que la hallan".

Ningún pasaje dentro de la Escritura ataca de manera más clara, directa y poderosa la idea moderna de facilitar el mensaje que este pasaje. Este no es un pasaje muy alentador para aquellos que piensan que han sido salvos del infierno porque tuvieron una fe casual al escuchar los hechos de la vida de Jesucristo. Estas palabras finales del sermón del monte son el evangelio puro, son presentados como una invitación que nunca ha sido hecha, en donde el que escucha es confrontado con una elección. Y la elección no se trata de una decisión momentánea que sirva para ser perdonado e ir al cielo. La elección es una elección que tiene implicaciones eternas, y toda la vida también.

La elección es muy simple. Dos puertas. Una es amplia y otra es estrecha. Dos caminos. Uno es ancho y el otro es estrecho. Dos destinos. Uno es vida y el otro destrucción. Dos grupos de personas. Uno tiene a muchos y el otro solo unos cuantos. Después en el mismo texto Jesús habla de dos árboles, uno con fruto y el otro sin; dos constructores, uno que su construcción colapsa, y otro que su construcción permanece; dos cimientos, uno de arena y otro de roca. Todo en este pasaje hace que el que lo escuche se encuentre en una encrucijada. Ustedes pueden ir en dos direcciones, y solo hay dos direcciones en las que pueden ir. Jesús les dice cual deben tomar: "Entrad por la puerta estrecha". Este es un mandamiento. Es un imperativo. Es urgente. Pasen por esa puerta.

La realidad

Pienso que hay mucha gente que se quedará parada y admirará la puerta. Pero, ¿cuál es la puerta? Bien, pues no se trata de qué es la puerta, se trata de ¿quién es la puerta? Si se quieren dirigir por el camino de la vida eterna, solo hay una puerta, y ¿quién es esa puerta? Jesucristo. Esta es la razón por la que Juan 14:6 dice: "Yo soy el camino, y nadie viene al Padre sino por mí". "Porque hay un solo Dios, y un solo mediador entre Dios y los hombres, Jesucristo hombre". 1 Timoteo 2:5. "No hay otro nombre dado bajo el cielo, dado a los hombres, en que podamos ser salvos". Hechos 4:12. Esta es la puerta que es Cristo, y esta es la única puerta que conduce a la vida.

Y me podrás decir: "Bien, John, ¿no existen muchas otras puertas? ¿No existen tantas puertas como existen religiones en el mundo? No, no hay ninguna otra puerta. Hay una sola puerta que lleva al cielo, y hay una sola puerta que lleva al infierno. La puerta que lleva al infierno tiene un letrero que dice "cielo". Pero no llega ahí. Es una mentira y un engaño. Solo hay dos puertas, o entras por la que te conduce a Cristo, o te vas por el otro camino. O vas por el camino de Cristo, el cual es por gracia por medio de la fe en Cristo solamente, o te vas por alguno otro camino. Esto no está comparando el cristianismo, o comparando la religión con el paganismo. Está hablando acerca de comparar el cristianismo con cualquier otra religión. Solo hay dos religiones en el mundo, solo dos. Hay una religión de gracia solamente, la cual salva; y hay otra religión que es la de las obras, la cual condena. Solo dos caminos.

Solo por medio de Cristo te diriges a la vida. Solo a través de Cristo. No hay salvación en ningún otro que no sea Cristo. Dios salva a aquellos que ponen su confianza en Cristo por gracia solamente, esto a causa de la obra que hizo Cristo en la cruz y en la resurrección. Cualquier otra religión es el camino amplio que lleva a la destrucción. No importa cual sea el nombre de la religión o cuales sean sus particularidades, todos son los mismos. Todos son un tipo de sistema de obras, algún tipo de logro humano en oposición a los logros divinos, los cuales son una total verdad en la fe cristiana. Ya sea que ese logro humano sea ceremonial o un sistema de obras sacramentales conectadas con el cristianismo, o ya sea una religión pagana como el hinduismo o cualquier otro tipo, cualquier otra que imponga obras, ceremonias, estudios religiosos, frutos morales presentados como una necesidad para la salvación, todo esto es parte del camino amplio.

Tiene muchos nombres y todos estos dicen que llevan al cielo, pero es mentira, llevan al infierno. Cualquier otra cosa que no sea el cristianismo perfectamente basado en la Biblia, te llevará al infierno. Y no pueden tomar el camino que lleva al cielo a menos que entren por la puerta, y ¿quién es la puerta? Jesucristo. No hay otro camino. Si quieres llegar al cielo, solo hay una puerta.

Esto también nos hace notar que muchos entran por el camino amplio, por el camino espacioso y la puerta ancha pero todos estos acaban en destrucción. Esta es una palabra que describe el infierno, el castigo eterno. Por lo que el Señor dice entren por la puerta angosta. Y el término aquí describe una puerta, dicen los comentaristas, que es extremadamente pequeña. Es una de esas que por su tipo es muy difícil entrar. No puedes llevar nada. Pasa uno a la vez. La gente no viene al Señor y entra al reino de Dios masivamente, uno a la vez. Y no es fácil pasar por ella. No puedes pasar por ella si vas cargando algo.

Lucas 13 registra que mientras que Jesús estaba enseñando en las villas, alguien le preguntó: "¿Señor, son pocos los que se salvan?" ¿Por qué preguntarían esto al Señor? Porque era el mensaje que Él predicaba. Solo unos cuantos. Es difícil de encontrar y es muy angosta, y es muy difícil pasar por ella. Y no puedes pasar por ella sin que antes te deshagas de todo lo mundano. Su respuesta ante esta pregunta fue esta: "Esforzaos a entrar por la puerta angosta; porque os digo que muchos procurarán entrar, y no podrán". ¿No es esta una declaración sorprendente? La gente podrá encontrar la puesta estrecha, la angosta. Ellos querrán entrar, pero no serán capaces de entrar. Ustedes deben esforzarse, les dice. La palabra en el griego es *agonizomai*, agonicen. Implica un agonizar personal, una lucha intensa. Esta misma palabra se usa en 1 de Corintios 9:25 para describir a un atleta que lucha, que se esfuerza para lograr la victoria. Se usa también en Colosenses 4:12 de un hombre llamado Epafras quien trabajaba arduamente, incluso al punto de morir. Se usa también en 1 Timoteo 6:12 para describir a un soldado quien pelea la buena batalla de la fe. Es una palabra que habla de una batalla, de una lucha. Es una palabra que contiene violencia en sí misma.

Lo que Jesús está diciendo en realidad es: "Ustedes tienen que venir a mi reino. Ustedes tienen que entrar al camino que lleva al cielo. Pero esto es algo violento, es una experiencia de negarse a sí mismos para poder pasar por esa puerta". Jesús dijo esto también en Mateo 11:12. Dijo: "el reino de los cielos sufre violencia, y los violentos lo arrebatan". Como ya les dije, no es asunto de que un día se levantan de la cama y ya están dentro del reino de Dios. Es una experiencia violenta pasar por la puerta estrecha. De hecho en Lucas 16:16 Jesús dijo: "desde entonces el reino de Dios es anunciado, y todos se esfuerzan por entrar en él". Pedro dice en 1 Pedro 4:18, "el justo con dificultad se salva". Bueno, ustedes pensarían que la posibilidad de ser salvado es algo muy fácil. Que todo lo que tienen que hacer es estirarse y tomar el regalo, orar esta oración, caminar por el pasillo al frente, repetir una declaración. Esto no es lo que la Biblia dice. Pedro estaba en lo correcto. Conocía bien lo que Jesús predicó, y dijo: "el justo con dificultad se salva". La persona que verdaderamente es salvada es salvada con dificultad. La salvación no es cosa fácil. La puerta es pequeña, difícil de encontrar, y hay cierta violencia para poder pasar por ella.

Jeremías tenía esto mente en 29:13 cuando dijo: "y me buscaréis y me hallaréis, porque me buscaréis de todo vuestro corazón". Entendía perfectamente lo que dijo. No con una parte de su corazón, no con la mitad de su corazón, no con un cuarto de su corazón, sino cuando esto te importa más que todas las cosas al grado que te consume. El reino no es para las personas que solo quieren que Jesús arregle un poco su vida. El reino no es para aquellos que quieren que Jesús los eleve dentro del nivel de la escala social. El reino no es para las personas que quieren escapar del infierno.

El reino es para las personas que quieren que su vida cambie, que quieren evitar el infierno, pero que han llegado al punto en donde están dispuestas a pasar por un punto violento de convicción, de odio a sí mismos, como lo vimos en el mensaje anterior, de penitencia, de quebrantamiento, al grado que ellos están literalmente abandonando todo a causa de Cristo. Esto es buscarlo con todo tu corazón.

¿Por qué es tan difícil ser cristiano? Regresemos una vez más a nuestro texto. Es difícil porque tienes que negarte a ti mismo. Esto es lo que lo hace realmente difícil. La negación de uno mismo al grado que estemos dispuestos a cargar la cruz, al grado de estar sometidos en obediencia a Cristo como nuestro Señor. Los deseos de la carne, los deseos de los ojos, la vanagloria de la vida, esto es lo que nos domina.

Solo miran el mundo que los rodea. ¿Qué es lo que hace que la gente haga lo que hace? Todo viene desde lo más profundo de su ser. Es el deseo de tener todas sus pasiones cubiertas. Es el deseo de que todos sus planes se realicen. Ellos ven esto más bello que aquello, o más bello que aquello otro, o más a la moda y entonces lo quieren. Se dejan llevar por esas pasiones y, desde luego, la tercera y la dominante, es el deseo de ser honrados por alguien, ser aceptados por alguien, tener prestigio, prominencia, poder, influencia, afecto, respeto, orgullo. Esto es el todo de la vida de los seres humanos. Esta es la forma en la que viven. Este es su mundo.

Esta es la razón por la que Jesús dijo, si tu pudieras hacer que se te entregara todo el mundo en estos términos, que pudieras tener todo aquello que desearas, todo lo que ves, todo lo que desearas para tu propia gloria, si pudieras tener todo esto y perder tu alma sería muy mal negocio, muy mal intercambio. Por eso dice en el versículo 24: "Si vas a salvar tu vida, la tienes que perder. Y si tú vas a perder tu vida, la vas a encontrar, la vas a salvar. Así que tienen que renunciar a todo lo que son". Literalmente ir en contra de todo lo que ustedes son. Esta es la parte violenta de esto.

Ahora el joven rico llegó hasta la puerta, vio la puerta, habló con la puerta: "¿Qué tengo que hacer para tener la vida eterna?" Jesús le dijo qué debía hacer y su respuesta fue: "Es demasiado estrecha para mí", tomó sus bolsas llenas de dinero y prefirió retirarse, tomó su propia justicia y decidió irse. Él quería aquello que su dinero podía comprar. Quería que se le cumplieran los deseos de su corazón. Quería que los deseos de sus ojos fueran cumplidos con su dinero. Él no estaba dispuesto a reconocer que era un pecador para poder quedarse con su auto justicia intacta. Así que teniendo todo esto en sus manos, prefirió dar la espalda e irse directo a la destrucción.

Según él, estaba en el camino de la religiosidad, pero este era el camino amplio y espacioso, que tenía un letrero en la entrada que decía: "Camino al cielo". Pero la realidad es que lo conducía al infierno. Pero sí se pudo aferrar a ese porque era fácil y le permitía cargar con todas sus bolsas de dinero. Podía cargar todo el mundo con él y podía entrar. Era mucho más atractivo. El camino ancho y espacioso es fácil, fácil para entrar, solo te tienes que unir a una religión, amplio y espacioso, sin limitaciones, sin ataduras, con una total tolerancia para todos.

Pero ese no es el evangelio que predicó Jesucristo. Jesús dijo cosas que eran angostas y estrechas. Él dijo en Juan 6: "Si no comen mi carne y beben mi sangre", no estaba hablando de canibalismo, lo que Él estaba diciendo era: "Ustedes me tienen que tomar en la totalidad. Tienen que abrazar todo lo que soy, y si ustedes no quieren hacerlo, si ustedes no me quieren hacer la comida exclusiva de su alma, entonces no entrarán en mi reino. Y Juan 6 dice: "Y muchos de sus discípulos no lo siguieron más". Llegaron a la puerta, vieron la puerta, pero dijeron: "Es demasiado estrecha, mejor vámonos de aquí". Prefirieron regresar al camino amplio y espacioso que lleva al infierno, el camino del judaísmo, esto obviamente en su caso. Entonces el Señor Jesucristo miró a los que se habían quedado y dijo: "¿También se irán ustedes?" Entonces Pedro, en nombre de ellos dijo: "Señor, ¿a quién iremos? Tú y solo tú tienes palabras de vida eterna". Y lo que ellos estaban diciendo era, "sabemos que tú eres el único camino y que tenemos que pasar por la puerta estrecha".

Un mensaje extraño

En Lucas 14:25-27 encontramos un incidente en la vida de Jesús, el cual nos da un poco más luz acerca de su técnica evangelística. Grandes multitudes van junto con Él. Tenía una gran multitud de personas que lo seguían a donde quiera que Él iba. "Entonces él les dijo", esta es una oportunidad muy importante. ¿Qué es lo que les va a decir? Se dirige hacia ellos, y en el idioma vernáculo, va a compartirse a sí mismo con ellos. ¿Qué es lo que les va a decir? Escuchen lo que les dijo. Todos lo están siguiendo, todos ellos son un tipo de seguidores físicos, pero les dice espiritualmente: "si alguno quiere venir en pos de mí", si ustedes vienen espiritualmente, "y no odian a su propio padre y madre, esposa e hijos, hermanos y hermanas, e incluso su propia vida, no pueden ser mis discípulos. Si no cargan su cruz", esto es un deseo de morir, "y me siguen, no pueden ser mis discípulos". Qué mensaje tan extraño. Qué manera de enviar a la multitud a sus casas. Si ustedes no quieren venir a mí abandonando todo, con un compromiso que puede hacer que tenga como costo aborrecer a tu padre, tu madre, tu esposa, tus hijos, tus hermanos, tus hermanas, y a tu vida, entonces no están viniendo en mis términos. Que quiere decir, desde luego, por medio de esto te estás apartando de tu religión y te va a costar estas relaciones. Mucha gente desde luego que lo sabe. Si te haces cristiano y tienes familia que no es cristiana, entonces inmediatamente es como si te separaran de ellos. Y es especialmente severo si sucede que vienes de una familia como de la que estos hombres que están presentes con Jesús, provenían de una tradición histórica del judaísmo, el precio que ellos tuvieron que pagar fue muy alto.

Por lo que esta es otra manera en la que Jesús les dice que seguirlo les costará todo. Y si ustedes no están dispuestos a pagar ese precio, a pesar de que no lo requiere, si ustedes no están dispuestos a pagarlo, quiere decir que no están tan desesperados. No están comprendiendo la angostura. Deben pasar sin los deseos de la carne, sin los deseos de los ojos, y la vanagloria de la vida, sin el equipaje que siempre han cargado. No pueden pasar por la puerta estrecha si se están aferrando a sus relaciones personales. No puedes arrastrar a nadie para que pase por la puerta estrecha. Tienes que pasar solo. Ni siquiera puedes considerar tu vida como algo a lo que tienes que aferrarte porque el Señor te puede pedir tu vida. Esta es una verdadera invitación y es lo que dice en nuestro texto, regresemos al capítulo 9, estas son las palabras: "Niéguese a sí mismo". Estoy convencido de que el evangelismo popular de nuestros días, solo lleva a la gente a la decepción. Porque promete un plan maravilloso y confortable para la vida de cada uno. No dice nada de la puerta angosta, del camino estrecho. Su única propuesta es el amor de Dios. No hay ninguna mención de la ira de Dios. Tiende a ver a la gente con carencias y no con depravación. No convoca el arrepentimiento, no hay ninguna advertencia de juicio, no hay un llamado al quebrantamiento, no se espera tener un corazón contrito y humillado, no desea el lloro sobre el pecado. Solo hace un llamado de un momento, de una decisión apresurada, una pocas palabras, y después la promesa de sanidad, de felicidad y de bendición.

Esto no es lo que Jesús dijo. Es un punto de decisión y convertirse en cristiano es algo violento porque lo normal es que te quieres aferrar a ti mismo, esta es la razón por la que el Espíritu de Dios tiene que venir, como Juan nos dice en su evangelio con una inmensa convicción. El Espíritu viene para convencerte de pecado, de justicia y de juicio. Y entonces te introduce en una violenta batalla. Y es en medio de esta violencia que algunos llegan a la constricción y al arrepentimiento, a la desesperación, al abandonar todo lo que ellos tenían como algo que amaban en el pasado, y entonces ellos pueden aferrarse ahora a Cristo a cualquier costo.

Ahora parece que Jesús nos clava el diente en su mensaje cuando llegamos al siguiente versículo. Aquí la fuerza que usa para hacer que la gente se involucre y haga la decisión correcta. "Porque el que se avergonzare de mí y de mis palabras, de este se avergonzará el Hijo del Hombre cuando venga en su gloria, y en la del Padre, y de los santos ángeles". Jesús identifica a aquellos que no se arrepienten y aquellos que no creerán como aquellos que se avergüenzan. Aquellos que están avergonzados. Cualquiera que se avergüenza de mí y de mis palabras, cualquiera que no le agrade yo o mi evangelio, y no los pueden separar. Algunos se han detenido a admirar a Jesucristo pero han odiado su evangelio. Mucha gente ha admirado a Jesús, pero ha admirado el evangelio que no salva y que no es bíblico, este es el evangelio que escuchan. Pero Jesús dice: "Si ustedes se avergüenzan", esto es, si ustedes rechazan, si ustedes desprecian, si lo encuentran inaceptable, "a mí o a mis palabras, entonces yo los veré como inaceptables. Los voy a ver como algo vergonzoso. Los voy a ver como algo despreciable. Si ustedes creen que este evangelio es locura, yo los voy a ver como locos". En Mateo 10:32–33 Jesús dice algo similar: "A cualquiera, pues, que me confiese delante de los hombres, yo también le confesaré delante de mi Padre. Y a cualquiera que me niegue delante de los hombres, yo también le negaré delante de mi Padre". Todo se reduce a eso. ¿Estás dispuesto a confesar al Cristo del Nuevo

Testamento, quien es el verdadero Cristo, y el evangelio que Él proclama, el cual es el verdadero evangelio? ¿No te avergüenzas de esto de tal modo que abiertamente y públicamente lo confiesas?¿O estás avergonzado de Él y de sus palabras y consecuentemente niegas que Él es quien dice ser, y que su evangelio es el verdadero mensaje? Si eres alguien que lo niega, si estás avergonzado de él, si la predicación de la cruz es para ti locura, entonces te encuentras entre aquellos que van a perecer.

Puede ser que admires a Jesús, incluso puedes decir: "Señor, Señor en tu nombre hice muchas maravillas, en tu nombre he predicado, he expulsado demonios". Pero lo que vas a escuchar en respuesta es, "apártate de mí, yo nunca os conocí hacedores de maldad". La admiración no es suficiente, decir que aprecias a Cristo y que sirves a Cristo no es suficiente. Hay muchos como estos, muchos, muchos. Mateo 7:22 dice: "Muchos dirán", muchos por el camino amplio y espacioso son los que han admirado a Jesús, pero ellos no han decidido pasar por la puerta estrecha. No han llegado con un corazón contrito y quebrantado. No han llegado aplastados bajo el peso de la ley de Dios con una actitud penitente, tomando su verdadera condición como desesperada y condenatoria, y clamando por la salvación de la única fuente que la puede dar, esto es el Señor Jesucristo.

Quiero que veas que este es con frecuencia el tema que enfatiza Jesús, se encuentra pasando, en Lucas 13:22-24, de una ciudad y villa a otra siguiendo su camino, "entonces alguien se le acerca y le dice, ¿Señor, son pocos los que se salvan?" Y Él contestó, "esfuércense en entrar por la puerta estrecha, muchos buscarán entrar y no podrán". Una vez que el cabeza de la casa entra, se cierra la puerta, entonces ustedes quedarán fuera, comenzarán a tocar diciendo: "Señor, abre para que podamos entrar". Y Él les contestará diciendo: "Desconozco de dónde son ustedes". Y le dirán: "Nosotros comimos y bebimos en tu presencia". Tal vez son de los que estuvieron presentes cuando fueron alimentados los 5000. "Estuvimos contigo cuando enseñaste en las calles". Tal vez estuvieron en Capernaum o en cualquier otra aldea. "Y él les dirá, no sé de dónde vienen ustedes, apartaos de mí hacedores de maldad". Son admiradores de Jesús, seguidores de Jesús, sí, tuvieron comunión con Él. Estuvieron ahí, los escucharon enseñar, pero les dice "apartaos de mí hacedores de maldad". Versículo 28: "Allí será el llanto y el crujir de dientes, cuando veáis a Abraham, a Isaac, a Jacob y a todos los profetas en el reino de Dios, y vosotros estéis excluidos". Esto será algo difícil de soportar para ustedes.

Por lo que el Señor dice: "Si ustedes no me conocen en mis propios términos, yo no los reconoceré en lo más mínimo. Si no han pasado por la puerta estrecha del arrepentimiento, convicción sobre sus pecados, un abandono total de ustedes mismos, con tal desesperación que clama por salvación, y por justicia, y por el cielo, sin importar cual sea el costo, entonces quiere decir que no pasaron por la puerta estrecha, y que virtualmente estuvieron avergonzados de Jesús y de sus palabras, por lo que ustedes conocerán que Él también se avergüenza de ustedes". Y ¿cuándo será esto manifestado? ¿Cuándo será el tiempo de esta vergüenza? Dice en este versículo, y es muy específico; dice, "cuando él venga".Cuando muere un pecador hoy en día, inmediatamente se va al infierno, inmediatamente, a un castigo consiente. No tienen que esperar el retorno de Cristo para que esto suceda. Esto es muy parecido a estar en prisión antes de tu sentencia, antes de tu juicio. Alguien comete un crimen, son capturados en el crimen, y son puestos en prisión, y ahí esperan la sentencia final. ¿Cuándo llegará esta? Esto será cuando Él venga en su gloria. Vendrá por su iglesia, pero su gloria no será manifestada sobre la tierra. La iglesia desaparecerá en el rapto. Entonces llegará un terrible tiempo de tribulación y la gran tribulación, entonces Jesús regresará en su resplandeciente gloria. Él regresará.

La descripción de su venida se da con un lenguaje que es muy, pero muy gráfico en 2 de Tesalonicenses 1:7. Cuando venga en su segunda venida, Él vendrá en su gloria y también acompañado por la gloria del Padre, y la gloria de los ángeles. Esto está expresado en 1:7, "cuando se manifieste el Señor Jesús desde el cielo con los ángeles de su poder, en llama de fuego". Jesús vendrá en su gloria. Los ángeles vendrán en su gloria, y tal vez la llama de fuego también hable del Padre, quien fue manifestado muchas veces en el Antiguo Testamento en una llama de fuego que dirigía a Israel por la noche, que también moró en el lugar santísimo, también sobre el lugar santísimo, el fuego que Moisés vio y que los hijos de Israel vieron en el Sinaí y que representaba a Dios. Un fuego brillante, magnificente y abrazador que manifestaba la presencia de Dios.

Cristo viene, los ángeles vienen, la gloria de Dios será manifestada. Mateo describe esto. Mateo 24 dice que Jesús vendrá en gloria. Mateo 25, también lo dice. Incluso Mateo 26 al final del capítulo, dice nuevamente que Jesús vendrá en su gloria. Y cuando Él venga, dice el versículo 8, 2 Tesalonicenses 1:8, "para dar retribución a los que no conocieron a Dios". Esto es castigo. Este es el porqué le llamamos castigo de tres puntos, el castigo será para los que no conocieron a Dios, muchos conocen a Dios. ¿Por qué no conocen a Dios? Porque no obedecen el evangelio de nuestro Señor Jesucristo".Si no obedecen el evangelio, no pueden conocer a Dios. No hay otra forma en la que puedan ser salvos. Y ¿qué es lo que va a suceder si Él nos manda castigo? ¿Cuál es el castigo? Versículo 9: "los cuales sufrirán pena de eterna perdición", esto quiere decir que será una destrucción eterna que nunca acabará, "excluidos de la presencia del Señor y de la gloria de su poder". Serán lanzados fuera de la presencia de Dios donde será el llanto eterno, el clamor y el crujir de dientes.

El final eterno de los impíos

Así que cuando Jesús venga con su gloria a la tierra en su Segunda Venida, al final de la historia de la humanidad como lo sabemos, el fin de los días del hombre, se llevará a cabo la destrucción de los impíos. Y serán enviados a la destrucción eterna. Entonces el Señor establecerá su reino milenial y al final de los 1.000 años el reino llega el juicio final. Vayamos a Apocalipsis 20, y solo quiero que veamos un poco de este. Juan está mirando hacia ese futuro al final del reino, este es el evento final dentro del universo sabemos. "Y vi un gran trono blanco y al que estaba sentado en él". El momento en el que Juan ve esto, dice: "de delante del cual huyeron la tierra y el cielo". Esto hace referencia a la creación inversa del universo. Simplemente desaparece, "y ningún lugar se encontró para ellos". Se fueron al lugar de la no existencia, todo el universo. Dios los des-creará más rápido de lo que lo creó. Y entonces ahí estarán los muertos, grandes y pequeños", esto quiere decir los significativos y los insignificantes. Todos ellos son presentados "delante del trono, y los libros fueron abiertos", simplemente identificando el hecho de que Dios tiene un perfecto recuento de todo lo que sucedió en nuestras vidas. "Y otro libro fue abierto, el libro de la vida", este es el libro donde aquellos que fueron salvos están inscritos. "Y fueron juzgados los muertos por las cosas que estaban escritas en los libros, según sus obras". Esto es algo trágico porque sus obras son malas, las de todos los hombres. "Y el mar entregó los muertos que había en él; y la muerte y el Hades entregaron los muertos que había en ellos". Literalmente los muertos regresan con un cuerpo resucitado y preparado para el sufrimiento eterno, todos ellos son traídos delante de este gran trono, "y fueron juzgados cada uno según sus obras", porque esto es por lo único que pueden ser juzgados, y si somos juzgados de acuerdo a nuestras obras entonces estamos condenados. "Y la muerte y el Hades fueron lanzados al lago de fuego. Esta es la muerte segunda. Y el que no se halló inscrito en el libro de la vida fue lanzado al lago de fuego". La única forma de escapar del lago de fuego es tener tu nombre inscrito en el libro de la vida. El nombre dentro del libro de la vida no significa que no tengas obras pecaminosas, significa que tus obras fueron cubiertas y pagadas por medio del sacrificio de Cristo. Así que cuando Cristo venga en su gloria, cuando Él venga en la gloria del Padre y de los santos ángeles, puedes leer acerca de esto en Apocalipsis 19, donde se ilustra saliendo del cielo montado sobre un caballo, en un gran caballo blanco viniendo a conquistar y a destruir, cuando Él venga a tratar con los impíos para destruirlos, para castigarlos por medio del castigo eterno, traerlos delante del tribunal final para su sentencia final, es en este punto que el Señor manifestará que Él se avergüenza de todos aquellos que se avergonzaron del Él y de su evangelio.

Esta es una realidad seriamente aterradora. Y al comprender qué es lo que está en riesgo, que todo lo bueno de esto, todo lo benéfico, qué si ganas todo el mundo, cumpliendo los deseos de tu carne, los deseos de tus ojos y la vanagloria de la vida, si tú quisiste tener todo esto, ¿qué importará si pierdes tu alma eternamente? Es mucho mejor pasar por la puerta estrecha. Esta es la razón por la que Jesús dice: "Si quieres estar en el cielo, si quieres seguirme para entrar al reino, niégate a ti mismo, toma tu cruz y sígueme".

Oración

Padre, esta es la verdad que nos has presentado en las páginas de la Sagrada Escritura. Esto nos hace un llamado para examinar cuál es nuestro destino. ¿Hacia dónde nos dirigimos? ¿Estamos viviendo de manera egoísta? ¿Abrazando los deseos y anhelos de nuestro corazón caído? ¿Aferrándonos a nuestro confort, riquezas, opiniones, logros y moralidad? Si es lo que estamos haciendo, nos dirigimos a la destrucción.

Ayúdanos, Señor, a despertar por medio de tu Santo Espíritu, para que nos podamos ver como nada, como los peores pecadores, como mendigos, destituidos, a que incluso queramos morir al vernos a nosotros mismos y abrazar a Cristo. Recuérdanos que pelear en contra de esto es una locura. No queremos ser como aquellos que vivieron en el tiempo de Jeremías, y que despreciaron a la fuente de agua viva para usar cisternas rotas que no contienen el agua.

Danos el corazón quebrantado de verdadero arrepentimiento y llénanos de tu gracia. Te agradecemos por la claridad con la que tu Palabra nos habla, de modo que no hay ninguna necesidad de malinterpretar el evangelio. Que seamos fieles en su proclamación también. Te lo agradecemos en el nombre de Jesucristo. Amén.

Reflexiones personales

18_El papel de Dios en la regeneración

Había un hombre de los fariseos que se llamaba Nicodemo, un principal entre los judíos. Este vino a Jesús de noche, y le dijo: Rabí, sabemos que has venido de Dios como maestro; porque nadie puede hacer estas señales que tú haces, si no está Dios con él. Respondió Jesús y le dijo: De cierto, de cierto te digo, que el que no naciere de nuevo, no puede ver el reino de Dios. Nicodemo le dijo: ¿Cómo puede un hombre nacer siendo viejo? ¿Puede acaso entrar por segunda vez en el vientre de su madre, y nacer? Respondió Jesús: De cierto, de cierto te digo, que el que no naciere de agua y del Espíritu, no puede entrar en el reino de Dios. Lo que es nacido de la carne, carne es; y lo que es nacido del Espíritu, espíritu es. No te maravilles de que te dije: Os es necesario nacer de nuevo. El viento sopla de donde quiere, y oyes su sonido; mas ni sabes de dónde viene, ni a dónde va; así es todo aquel que es nacido del Espíritu. Respondió Nicodemo y le dijo: ¿Cómo puede hacerse esto? Respondió Jesús y le dijo: ¿Eres tú maestro de Israel, y no sabes esto?

Juan 3:1–10

BOSQUEJO

— La preocupación del pecador

— Las palabras del Salvador

— Las palabras del Salvador, pista número 1

— Las palabras del Salvador, pista número 2

— La obra del Espíritu Santo

— Oración

Reflexiones personales

SERMÓN

Ahora vayamos al capítulo tres de Juan, veamos los primeros versículos. Para los que han estado con nosotros los últimos mensajes conocen ya la importancia de esta porción que es crítica dentro de la Escritura. Primero voy a leerlo, después voy a decirles lo que es obvio y a continuación escarbaremos para lograr ver lo que no se ve en el primer vistazo. Juan 3:1-10. Juan escribe: "Había un hombre de los fariseos que se llamaba Nicodemo, un principal entre los judíos. Este vino a Jesús de noche, y le dijo: Rabí, sabemos que has venido de Dios como maestro; porque nadie puede hacer estas señales que tú haces, si no está Dios con él .Respondió Jesús y le dijo: De cierto, de cierto te digo, que el que no naciere de nuevo, no puede ver el reino de Dios. Nicodemo le dijo: ¿Cómo puede un hombre nacer siendo viejo? ¿Puede acaso entrar por segunda vez en el vientre de su madre, y nacer? Respondió Jesús: De cierto, de cierto te digo, que el que no naciere de agua y del Espíritu, no puede entrar en el reino de Dios. Lo que es nacido de la carne, carne es; y lo que es nacido del Espíritu, espíritu es. No te maravilles de que te dije: Os es necesario nacer de nuevo. El viento sopla de donde quiere, y oyes su sonido; mas ni sabes de dónde viene, ni a dónde va; así es todo aquel que es nacido del Espíritu. Respondió Nicodemo y le dijo: ¿Cómo puede hacerse esto? Respondió Jesús y le dijo: ¿Eres tú maestro de Israel, y no sabes esto?"

Cinco veces en este pasaje tenemos la referencia de ser nacido de nuevo, uno nacido de arriba. La palabra *anothen*, del griego, pude ser traducida "nuevamente" o "de arriba", las dos son aplicables. Jesús está diciendo a quien sea que entre en el reino de Dios, el reino de la salvación, la vida eterna, al perdón de los pecados, que la persona tiene que nacer de arriba o nacer de nuevo para tener esto. Esta es la doctrina de la regeneración, y se encuentra en el corazón del entendimiento de la salvación.

Fue hace veinticinco años, más o menos, que el evangelista más publicitado y reconocido, Billy Graham, publicó un libro, y ese libro ha estado unido al mundo evangélico desde hace veinticinco años, y de este se han producido un sinnúmero de otros recursos. El título de ese libro es *Como ser nacido de nuevo*; es como esos libros de hágalo usted mismo, Como ser nacido de nuevo. En ese libro hay pasos a seguir para ser nacido de nuevo. Desde luego que su enfoque es bien intencionado, desde luego, y este hace un llamado al arrepentimiento y fe en el Señor Jesucristo, pero ese libro y su título fallan en comprender el principio que Jesús está enseñando ahí. Todo el punto de este texto es que algo tiene que sucederte y que tú no participas de ello. No existe este: "Como ser nacido de nuevo". No hay pasos a seguir para ser nacido de nuevo. En ningún lugar Jesús le dice a Nicodemo, haz esto, di esto, ni un ora esto.

En ningún lugar Jesús le dice como debe ser nacido de arriba, como ser nacido de nuevo. Si, en efecto, dice que un hombre tiene que ser nacido de nuevo. Y en el versículo 8 Él le dice a Nicodemo: "Tienes que nacer de nuevo", pero este no es un mandamiento, es la declaración de un hecho. El reino de Dios solo es para la gente a la que Dios le ha dado vida. Tú no puedes vivir dentro de su reino a menos que seas participe de la naturaleza divina, a menos que seas nueva creación. Y la analogía es tan simple y tan básica que es difícil que sea malentendida. La analogía es el nacimiento. Todo el mundo lo tiene. Tú no participaste en tu propio nacimiento. No encontramos libros que nos digan cómo hemos de nacer físicamente. Tú no tienes nada que hacer con eso, esta es la razón por la que nuestro Señor usó esta analogía. Así como no participas en nada dentro de tu nacimiento físico, tú no tienes ninguna participación en tu nacimiento espiritual. Este es el punto de la analogía. Jesús está diciendo que el reino solo está abierto a personas que saben que esto es un milagro cien por ciento divino y para quien sabe que pierde todo derecho de participar.

¿El reino está abierto? ¿Qué queremos decir con el reino? El reino de la salvación, el camino que lleva a Dios, el perdón de los pecados, la vida eterna, el cielo, la bendición en el tiempo y en la eternidad, todo esto es parte del reino de la salvación; todo esto está disponible solo a personas quienes son nacidas de arriba, por medio del acto creativo hecho por Dios y en el cual ellos no participan. Les dije la vez pasada que esto es monergístico en lugar de sinergístico. Esta es la obra de Dios sin la necesidad del hombre. El pecador debe ser el recipiente de un milagro divino que llega desde Dios, y para ello no hay pasos, no hay un "cómo hacerlo". Este es el punto simple, claro e inconfundible del porque está usando la analogía del nacimiento en lugar de cualquier otra analogía. Y una vez más digo, usted no contribuye en nada para su nacimiento físico, del mismo modo no haces nada para contribuir a tu nacimiento espiritual.

Tenemos que comprender esto. Como ya dijimos, esta conversación acerca de la regeneración, el nuevo nacimiento, tiene tres características; hay tres segmentos aquí. Está la preocupación del pecador, esto lo vemos en Nicodemo. Está la palabra del Salvador. Y finalmente, la obra del Espíritu Santo, y vamos a ver la conversación viendo estas tres características. Una vez más el mensaje, para que no se pierdan, el reino de la salvación, el perdón de los pecados, la vida eterna, el cielo, está solamente abierto a aquellos que abandonan todo esfuerzo propio. Todo esto es la obra de Dios.

La preocupación del pecador

Regresemos a la conversación. Primero, la preocupación del pecador. "Había un hombre de los fariseos que se llamaba Nicodemo, un principal entre los judíos. Este vino a Jesús de noche, y le dijo: Rabí, sabemos que has venido de Dios como maestro; porque nadie puede hacer estas señales que tú haces, si no está Dios con él". Permítanme darles un pequeño repaso. Nicodemo es un fariseo. Los fariseos eran un grupo élite de estudiantes de la ley del Antiguo Testamento, quienes obedecían esa ley, así como las tradiciones rabínicas que crecieron alrededor de esta ley de manera fastidiosa. Estos eran los más devotos de todos los judíos de las leyes del Antiguo Testamento y de cada parte de su tradición judía. Eran aislacionistas. No querían tener nada que ver con la clase popular, con el populacho, la gente. De hecho, más adelante en el evangelio de Juan encontrarán que ellos condenaban a todo el pueblo, sin incluirse ellos, para que fueran malditos. Los consideraban los ignorantes y los malditos. No se veían a sí mismos dentro del papel de ministrar a la gente; ellos se aislaban solitos. Eran súper hipócritas; eran el arquetipo de la hipocresía para todos los hipócritas. Estaban como sepulcros blanqueados en el exterior pero por dentro estaban llenos de huesos de hombres muertos. Pretendían ser religiosos y que estaban dirigiendo a la gente al cielo. Pero en realidad ellos creaban hijos del infierno. Multiplicaban hijos del infierno a donde quiera que ellos iban, porque ellos mismos eran hijos del infierno.

Mateo 23 nos describe a Nicodemo como uno de aquellos a los que Jesús pronunció una serie de condenas y maldiciones. Nicodemo sería como Pablo quien cuando dio su testimonio acerca de lo que significaba ser un fariseo. Dice que él era celoso de la ley, que era sin mancha delante de ella, que guardaba todas las tradiciones y que él marchaba por los pasos que los fariseos requerían en cada mínimo detalle, diezmando cada pequeña hierba. Eran fastidiosos acerca de su religión, pero eran unos hipócritas.

Uno de ellos era Nicodemo. Leemos en Lucas 18:11-12 una descripción de ellos por nuestro Señor. Jesús crea a este fariseo imaginario y este entra al templo para orar y dice a Dios: "Te doy gracias porque no soy como los otros hombres. Te doy gracias porque no soy como este horrible recaudador de impuestos. Yo ayuno, diezmo de todo lo que poseo. Yo hago todo esto". Este es un fariseo, y esto es lo que era Nicodemo. Y no solo es uno más, él de los de hasta arriba en su grupo. El versículo 10 dice que él es maestro de Israel. Los fariseos eran maestros. Él es el maestro de Israel. Es el más sobresaliente, el más noble de los maestros, digamos que es el maestro de maestros. Es miembro del Sanedrín. Es parte del consejo de gobierno de los setenta. Era un grupo muy especial de personas que era la suprema corte de Israel. Y es un experto en el Antiguo Testamento. Es inteligente, brillante, e inmensamente exitoso. La tradición nos dice que él era uno de los tres hombres más ricos en la ciudad de Jerusalén. Su sabiduría, su habilidad de pensamiento y su razonamiento, usados en sus negocios, lo hicieron extremadamente rico, extremadamente exitoso y acaudalado. Lo tenía todo. Y desde luego, desde el punto de vista de los fariseos, ellos amaban el dinero, Jesús nos dice que ellos amaban el dinero; y Nicodemo tenía su manera propia de amar el dinero en su personal búsqueda del éxito. Se hizo muy, muy rico. Y desde luego que él equiparaba la riqueza con la bendición de Dios, de este modo él era considerado ser una persona poderosamente bendecida por Dios por el hecho de que tenía muchas riquezas. Pero en su corazón sabía que él era falso, sabía que era una falsificación, que era un hipócrita. Religioso en su exterior. Vacío en sus temores; la ansiedad desgarraba su alma. Y aquí está el problema. ¿A quién podía ir? Él es el maestro de Israel.

Entonces se cruza con Jesús y, ¿adivina qué? Jesús es un maestro de mucho más alto nivel que él, porque él nunca ha hecho un milagro, nunca ha visto un milagro, no ha conocido a nadie que haya hecho un milagro, ni siquiera se había reunido con alguien que hubiera visto un milagro. Viene delante de Jesús y le dice: "Mira, sabemos que vienes de Dios". Dentro de su corazón en realidad no creía esto. Pero sabía que Jesús venía de Dios debido a las señales que Él había hecho, los milagros que Él había hecho. Pero finalmente entendía, de algún modo, que aquí estaba un maestro que era superior a él. Y su corazón clama por tener una realidad, algo de verdad.

Las palabras del Salvador

Así que él llega con una introducción. Esta fue la declaración que salió de sus labios. Pero Jesús conocía qué había dentro de su corazón. Versículo 3, Jesús ignoró por completo lo que él dijo: "Jesús le contestó y dijo"... en tercera persona... esto nos indica que vamos a tener aquí una discusión, vamos a hablar de teología, vamos a hablar acerca del reino. Ya no es personal; está en tercera persona. "De cierto, de cierto". Lo que quiere decir que esto es nuevo, completamente nuevo y lo vuelve a decir en el versículo 5: "De cierto, de cierto... te digo que el que no naciere de nuevo, no puede ver el reino de Dios". Ni siquiera vas a poder poner un pie en la puerta a menos que nazcas de nuevo.

¿Por qué le dijo esto? Esto no tiene nada que ver con lo que Nicodemo dijo en su introducción. La razón por la que Jesús le dice esto es porque Él sí conocía las preocupaciones de este pecador. Sabía que era lo que le preocupaba a Nicodemo. ¿Cómo fue que Él lo sabía? Regresen a Juan 2:25, "Él conocía a todos los hombres"., "y no tenía necesidad de que nadie le diese testimonio del hombre, pues él sabía lo que había en el hombre". Y esta es la ilustración de ello. Jesús era omnisciente, conocía los pensamientos del hombre. Conocía los pensamientos de todos. Conocía sus anhelos, y los deseos de sus corazones de manera explícita. Nicodemo es un religioso leal a sus principios. Es un fariseo. Es, digamos, un legalista de legalistas. Él ha alcanzado el punto máximo al que se puede aspirar en el judaísmo y no está dentro del reino, lo sabe y su corazón está lleno de temores. No tiene paz, no tiene gozo, no tiene ningún sentido de seguridad o de perdón. Y dentro de su corazón está clamando: "¿Qué hago? ¿Qué puedo hacer? ¿O, qué dejo de hacer?" Porque todo lo que él sabe es "hacer"; recuerden que está dentro de un sistema de obras. Y nuestro Señor le dice: "Nadie entra en el reino si no es nacido de nuevo", lo que es decir que tiene que regresar al principio y volver a comenzar. Y les he estado diciendo en los últimos sermones un comentario que dice así, toda la religión acumulada, toda la moralidad acumulada, toda la bondad humana acumulada añade "cero", absolutamente "cero" con Dios, no tiene ningún sentido "hacer". Por lo que podemos decir que él se encuentra en la condición de "cero", y lo sabe. Esta es la preocupación del pecador. Pero ahora veamos las palabras del Salvador en el versículo 3. Él le dice: "El que no naciere de nuevo, o nacido de arriba, no puede ver, o entrar, o participar en el reino de Dios". Esa es la regeneración. Tienes que ser nacido de nuevo. Debes tener una nueva naturaleza, una vida nueva, recreación es la idea. Y vimos eso en detalle, no por voluntad de hombre, Juan 1:13, no por la voluntad de la carne, no por sangre humana, sino por medio de Dios. Vimos en Santiago 1 que fue Dios quien nos dio vida. Vimos Efesios 2, que nos hizo renacer en Cristo. Vimos todos esos pasajes en el resto del Nuevo Testamento, y hay muchos, muchos más que señalan al hecho de que la salvación es una obra de Dios. Es un milagro divino que desciende desde el cielo y en el cual nosotros no tenemos ninguna participación. No participamos en nuestra elección antes de la fundación del mundo, y no participamos en nuestra regeneración en el tiempo presente. Esa es una obra que solo compete a Dios.

Así regresamos a nuestra historia. Vayamos al versículo 4. ¿Cómo fue que respondió Nicodemo a la declaración que le dio Jesús en el versículo 3: "A menos que se nazca de nuevo no se puede ver el reino de Dios?" Y está hablando en tercera persona; ellos están teniendo una discusión teológica; no se ha convertido en algo personal aún. Algunos predicadores han dicho: "Nicodemo no entiende. No tiene ni idea de lo que está hablando Jesús. Está confundido". Por lo que en el versículo 4 Nicodemo le dice: "¿Cómo puede un hombre nacer siendo viejo? ¿Puede acaso entrar por segunda vez en el vientre de su madre, y nacer?" Algunos piensan que está siendo sarcástico. Algunos creen que él piensa que esto es ridículo, que es un tipo de broma. Tú no puedes nacer de nuevo. Lo que esto muestra es ignorancia y de algún modo se está burlando y riendo de esto.

Pero esto no es correcto. Esto no es todo lo que tenemos aquí. Sabe que Jesús acaba de leer su mente. No le dice a Jesús: "¿Por qué hablas de esto? ¿Por qué estás hablando del Reino? ¿Por qué decides hablarme de esto?" No, él no le pregunta esto. Sabe que Jesús acaba de leer su mente y entiende lo que Jesús le acaba de decir: "No puedes entrar al reino por medio de alguna cosa que tú hagas, del mismo modo que tú no participaste en tu nacimiento". Este hombre vive en un mundo de analogías. Para los rabís, este era su mundo, un mundo de analogías, parábolas de ilustración, imágenes verbales, paralelos. Es brillante. Es maestro de Israel. Tiene un pensamiento lógico. Ha pasado toda su vida dentro de discusiones teológicas y diálogos. Entiende completamente lo que Jesús acaba de decir. Lo entiende un cien por cien. Por lo que de inmediato entra a la discusión en tercera persona y dice: "¿Cómo puede un hombre nacer siendo viejo?" Voy a usar tu misma analogía. ¿Puede acaso entrar por segunda vez en el vientre de su madre, y nacer?" Esto prueba que él entendía completamente lo que Jesús estaba diciendo. Jesús le estaba diciendo sí vienes al reino pero tú no puedes hacer nada al respecto. Lo entiende, es experto en lenguaje figurado. Los rabís y los maestros lo usaban todo el tiempo. Así que toma la analogía y dice: "Me estás diciendo que es humanamente imposible, imposible. Me estás hablando de algo que es imposible para mí". No, no se pierde de ningún punto de esto. Lo entiende por completo.

Jesús no le dijo cómo ser nacido de nuevo. Él ya lo sabe muy bien. Jesús le está diciendo algo para lo que no hay un manual o un recetario. Me temo que él lo comprendió mejor que la mayoría de los evangelistas. Si un fariseo no salvo, hipócrita, parte de la falsa religión, es capaz de entender en una conversación la simple la doctrina de la regeneración, ¿por qué es que la iglesia está tan confundida al respecto? ¿En dónde hemos estado? ¿Y por qué muchos predicadores y pastores le dan a la gente pasos a seguir para ser nacido de nuevo? Él está reaccionando como lo haría cualquier legalista. "¿Me estás hablando en serio? He dedicado toda mi vida a hacer esto para entrar en el reino, y ahora tú me estás diciendo que el único camino al reino es por medio de algo en lo que no tengo nada que ver. Este es el corazón del evangelio de gracia. Pero todo lo que sabía era que él se lo tenía que ganar, tienes que alcanzarlo por medio de la religión, por medio de ceremonias, rituales, moralidad y bondad humana. Esta es la razón por la que Jesús le dice: "De cierto, de cierto", porque esencialmente le está diciendo, has caído presa en la mentira condenatoria de Satanás, la cual dice que tú puedes ganar tu salvación. Yo te digo la verdad, la verdad. Está escuchando por primera vez en toda su vida, y ha estado en muchas discusiones teológicas. Pero por primera vez en toda su vida Dios tiene que llevar a cabo una obra dentro de su alma, una obra de creación, una obra que viene de lo alto, y de la cual él no tiene ninguna participación. Está sorprendido con esto, absolutamente sorprendido.

Jesús le pudo haber dicho: "Oh si, sé que este es un gran cambio para ti. Lo sé y te pido disculpas, tendré que reprogramarte". Pero no lo hace, en el versículo 10 le dice: "¿Eres maestro de Israel y no entiendes estas cosas?" No saca a Nicodemo del atolladero. Es inexcusable que Nicodemo no comprenda el nuevo nacimiento. Es inexcusable que él no entienda la regeneración. Es absolutamente inexcusable. Pero ahora lo va a ayudar, lo va a ayudar dándole algunas pistas, dos pistas.

Las palabras del Salvador, pista número 1

La pista número 1 llega en el versículo 5. La número dos llegará en el versículo 6. Esta es una buena enseñanza. Esta es la manera en la que los maestros trabajan, los maestros efectivos. Ellos guían al estudiante. No les dan la respuesta; simplemente guían al estudiante. Así que aquí tenemos la primera pista. "¿Es esto nuevo para ti Nicodemo, y tú eres maestro de Israel? ¿Es esto realmente nuevo?" Permítanme ponerlo de otra forma, versículo 5: "Jesús le respondió, de cierto, de cierto te digo"... continúa en tercera persona; continuamos hablando de teología aquí... "de cierto, de cierto te digo..." ¿Ayuda esto? "A menos que uno nazca de agua y del Espíritu, no puede entrar en el reino de Dios". Siempre que estás en una conversación y alguien te dice un acertijo, ¿cuál es la primera cosa que preguntas cuando no lo puedes resolver? "¿Me puedes dar una ayuda, una pista?" Nicodemo se topó con la pared. Acaba de escuchar algo que nunca antes en su vida había escuchado. "¿Puedes darme un pista para resolver esto?" Jesús le dice: "Te voy a dar una pista: A menos que alguien sea nacido de agua y del Espíritu, no puede entrar en el reino de Dios. "¿No te recuerda algo esto? Agua, Espíritu, agua-espíritu; ¿habías escuchado esto?"

Los sermones tradicionales han dicho muchas cosas: "El agua y el Espíritu, significan esto: el agua es el nacimiento humano porque justo antes de que nace un niño decimos "rompió aguas". Esto hace referencia al agua y por lo tanto se refiere al nacimiento humano, al nacimiento físico, y después al nacimiento espiritual. Así que tienes que ser nacido de agua, esto es nacer físicamente, y después nacer espiritualmente"."

¡En serio! Esto es lo que Jesús le está diciendo a Nicodemo: "Primero que nada, Nicodemo tienes que existir. Tienes que ser una persona porque las no-personas no pueden ser salvas". Esto es ridículo. Y más aún, en este mundo moderno hablamos de que se rompen aguas y sale el líquido amniótico. Los hebreos nunca usaron esta expresión. No hubiera sabido nada de esto. Esto no es algo clínico. No, él no está hablando de esto.

Otros dicen: "El agua es el bautismo". Esta es muy popular. Los comentaristas usan páginas y páginas, y tienen que hacerlo pues eso no está en el pasaje, ellos lo tienen que inventar. Es por eso que salen con el bautismo cristiano, el cual no aparece en la Biblia sino hasta el segundo capítulo de Hechos. Nicodemo no sabe nada acerca del bautismo cristiano. Solo le está dando una pista.

¿En donde radicaba la fortaleza del conocimiento de Nicodemo? ¿De qué vivía, en qué se movía, a qué se dedicaba, en qué se basaba todo su trabajo? ¿En qué? En el Antiguo Testamento. "¿Te suena esto en el Antiguo Testamento, Nicodemo? ¿Te recuerda algo?" Escucha, el conocía el Antiguo Testamento. Con toda seguridad tenía grandes secciones del Antiguo Testamento memorizadas. Estaba bien familiarizado con los profetas. Los conocía. Agua y Espíritu; ¿a dónde podría ir su mente?

Vayamos a Ezequiel 36. Aquí tenemos un principio que es uno de los más maravillosos pasajes de todo el Antiguo Testamento, el cual describe la obra salvadora de Dios, desde luego, en aplicación para Israel. Pero es la misma obra salvadora en aplicación para los gentiles por toda la historia, la misma que para los judíos quienes vienen a la fe en Cristo. Aquí tenemos cómo trabaja la salvación. Ezequiel 36:25, noten quien "hará" lo que aquí dice. ¿Por qué? Porque esta es la obra de Dios. Esta es esa obra monergista del cielo, y notarás que 5 veces se describen las obras de Dios en futuro. Dios está hablando: "Esparciré sobre vosotros agua limpia, y seréis limpiados de todas vuestras inmundicias; y de todos vuestros ídolos os limpiaré. Os daré corazón nuevo, y pondré espíritu nuevo dentro de vosotros". Aquí está el agua y el Espíritu. El agua y el Espíritu es simplemente una referencia a la creación, a la nueva creación, la obra de regeneración de Dios que hace dentro del corazón del pecador, y aquí Él está prometiendo hacerlo un día no solo a los individuos judíos y gentiles, sino a toda la nación de Israel. Pondré un nuevo corazón en ti, un Espíritu nuevo en ti, removeré el corazón de piedra de tu carne y te daré un corazón de carne. Pondré mi Espíritu dentro de ti. Haré que camines en mis estatutos. Esparciré, limpiaré, daré, pondré, quitaré, "haré que seas cuidadoso en observar mis ordenanzas", versículo 28: "y vosotros me seréis por pueblo, y yo seré a vosotros por Dios". Esta es el agua y el Espíritu.

Este grandioso pasaje habla del tiempo del Nuevo Pacto en Ezequiel 36 debió ser muy familiar para Nicodemo. Lo debió conocer muy bien. Y por consiguiente debió conocer también el 37, donde Dios ve hacia la futura salvación de Israel, en el versículo 3 le dice a Ezequiel, llamándolo hijo de hombre, "¿vivirán estos huesos?" Esta es la escena del valle de los huesos secos, que ilustran el estado espiritual de Israel ya que están muertos. "¿Vivirán estos huesos?" "Y dije: Señor Jehová, tú lo sabes. Me dijo entonces: Profetiza sobre estos huesos, y diles: Huesos secos, oíd palabra de Jehová. Así ha dicho Jehová el Señor a estos huesos: He aquí, yo hago entrar espíritu en vosotros, y viviréis". En otras palabras, Dios le dará vida a Israel en el futuro. Los salvará no solo de manera individual, sino como nación. Versículo 12 del mismo capítulo: "Por tanto, profetiza, y diles: Así ha dicho Jehová el Señor: He aquí yo abro vuestros sepulcros, pueblo mío, y os haré subir de vuestras sepulturas, y os traeré a la tierra de Israel. Y sabréis que yo soy Jehová, cuando abra vuestros sepulcros, y os saque de vuestras sepulturas, pueblo mío. Y pondré mi Espíritu en vosotros, y viviréis, y os haré reposar sobre vuestra tierra; y sabréis que yo Jehová hablé, y lo hice, dice Jehová". Este es el trabajo soberano de Dios, dando vida a la nación de Israel en el futuro. Esa es su promesa a la nación, ese es su plan y los medios de salvación para cada individuo también. Esta es una obra solo de Dios.

Regresemos a nuestro pasaje. Nicodemo conocía ese pasaje, conocía estos pasajes de Ezequiel. También debió estar familiarizado con el capítulo 11 de nuestro amado profeta Ezequiel. Debió haber leído esto muchas veces, incluso pudo ser que estuviera en su mente debido a la promesa. Ezequiel 11:19-20, "Y les daré un corazón, y un espíritu nuevo pondré dentro de ellos; y quitaré el corazón de piedra de en medio de su carne, y les daré un corazón de carne, para que anden en mis ordenanzas, y guarden mis decretos y los cumplan, y me sean por pueblo, y yo sea a ellos por Dios". Esta es una obra divina claramente declarada en el Antiguo Testamento.

Ahora quiero que vean Jeremías, solo dos pasajes en Jeremías. Jeremías 24:7, "Y les daré corazón para que me conozcan que yo soy Jehová; y me serán por pueblo, y yo les seré a ellos por Dios; porque se volverán a mí de todo su corazón". Esta es la nueva creación. Corazón nuevo, espíritu nuevo, lavados, limpiados. Y ahora otro muy familiar en Jeremías 31:31-33, el mismo versículo y capítulo: "He aquí que vienen días, dice Jehová, en los cuales haré nuevo pacto con la casa de Israel y con la casa de Judá. No como el pacto que hice con sus padres el día que tomé su mano para sacarlos de la tierra de Egipto; porque ellos invalidaron mi pacto, aunque fui yo un marido para ellos, dice Jehová. Pero este es el pacto que haré con la casa de Israel después de aquellos días, dice Jehová: Daré mi ley en su mente, y la escribiré en su corazón; y yo seré a ellos por Dios, y ellos me serán por pueblo". Estoy creando a un pueblo nuevo, dándoles un Espíritu nuevo, un corazón nuevo, los lavaré, los limpiaré, los purificaré. Este es un lenguaje del Nuevo Pacto.

Ahora quiero dales una ilustración de esto. Vamos al Salmo 51. Cuando David escribió el Salmo 51, era creyente, era un hombre conforme al corazón de Dios. Había escrito muchos salmos antes de escribir el Salmo 51. Pero en este Salmo tenemos una situación única con David porque ha preparado un conjunto de pecados masivos, predeterminados por largo tiempo, es un conjunto de pecados bien planeados y orquestados, todo comenzó cuando él andaba paseando por su balcón y vio a Betsabé, la codició y después se involucró con ella y se aseguró de tener contacto trayéndola a su palacio; se enteró que tenía esposo y que este se encontraba peleando para defender a Israel con el ejército de David. Al saber esto lo dejo en medio de la batalla para que muriera. De algún modo hizo que sus soldados fueran sus cómplices en el asesinato del marido. Toma a la mujer, comete adulterio; y sucede una trágica situación, nace un niño, y el niño muere. Ustedes conocen esta historia de terror. Fue un pecado premeditado, prolongado y este hombre está tan alterado y desesperado acerca de la realidad de su propia condición que actúa como si él no fuera salvo; es como si él no tuviera ninguna relación con Dios. Y en el Salmo 51 él clama a Dios; "Ten piedad de mí, oh Dios, conforme a tu misericordia; conforme a la multitud de tus piedades borra mis rebeliones". Está orando como un hombre inconverso. "Lávame más y más de mi maldad, Y límpiame de mi pecado". Una vez más este es lenguaje del Nuevo Pacto.

Está hablando como un pecador no regenerado porque eso es lo que él siente. "Contra ti, contra ti solo he pecado, y he hecho lo malo delante de tus ojos. He sido un pecador desde mi nacimiento, desde el principio", versículo 5: "He aquí, en maldad he sido formado". En otras palabras, nací siendo un pecador. No está queriendo decir que su madre lo concibió de manera ilegítima. Lo que quiere decir es que desde su concepción él ya estaba en pecado. "Pero, tú amas la verdad en lo íntimo". Dicho de otro modo, sé que necesito ser una persona diferente desde dentro. Y por eso dice: "Purifícame con hisopo, y seré limpio; lávame, y seré más blanco que la nieve". Y a continuación en el versículo 10: "Crea en mí, oh Dios, un corazón limpio, y renueva un espíritu recto dentro de mí. No me eches de delante de ti, y no quites de mí tu santo Espíritu". Una vez más, este es lenguaje del Nuevo Pacto. David ha meditado tanto en su pecado que está profundamente arrepentido, y ora como si él fuera un hombre no regenerado. Sabía lo que significaba ser regenerado. Significaba ser lavado para estar limpio, que se le diera un corazón nuevo, un espíritu nuevo, una nueva disposición, ser una nueva creación.

Así que David lo sabía y lo registró en el Salmo 51, y Nicodemo conocía este Salmo, recitaba este Salmo, se lo sabía de memoria, era uno de los más populares y familiares de todos los Salmos. ¿Cómo podía ser, entonces, que si él conocía que esta salvación basada en el Antiguo Testamento era un asunto de Dios actuando soberanamente porque Él es quien quitará, dará un nuevo espíritu, una nueva disposición al creyente desde lo alto? ¿Cómo pudo ser que él fuera atrapado en la mentira condenatoria de Satanás de que de algún modo él podría ganar su propia salvación por medio de algo que él hiciera? Jesús no lo saca del atolladero. Le dice: "¿Cómo puedes ser tú maestro de Israel y no saber esto? El judaísmo apóstata había ignorado la verdad del Nuevo Pacto de salvación y creído en la mentira de Satanás de que tú te podías ganar la entrada al reino. Esta fue la pista número uno. Regresemos a Juan 3 para ver la pista número dos en el versículo 6.

Las palabras del Salvador, pista número 2

Ahora vamos a razonar un poco. "Lo que es nacido de la carne, carne es". Un alto aquí. "Lo que es nacido de la carne, carne es". Esta es la segunda pista. "Nicodemo, aquí está un principio fundamental que tú y todo tu sistema han pasado por alto. Todo lo que la carne puede producir es", ¿qué?... "más carne". No puedes pasar de la carne al espíritu. No se puede hacer eso. De lo que está acusando básicamente a Nicodemo es por su falla en comprender la doctrina del pecado desde el Antiguo Testamento, la doctrina del Antiguo Testamento de la depravación total, la completa inhabilidad y falta de voluntad del pecado para hacer lo que es correcto. Nicodemo, ¿cómo puedes ser tu maestro de Israel y no conocer acerca del Nuevo Pacto de salvación por el lavamiento de la regeneración, el lavamiento de la palabra y que se te tiene que dar un corazón nuevo, un espíritu nuevo, y que se te diera el Espíritu Santo para morar en tu corazón? ¿Cómo puedes no saber que esta es la obra del Dios y que está explicado por todas partes en el Antiguo Testamento, y cómo puedes tú no conocer que la carne solo puede producir carne? Esta es una pista.

¿En qué debió haber pensado Nicodemo? Vayamos a investigar esto. Uno de los pasajes de la Escritura con el que debió haber estado muy, pero muy familiarizado es Génesis 6, cuando se nos dicen las razones por la que Dios está a punto de ahogar a todo el mundo. Cuando digo a todo el mundo, me refiero literalmente a todo. Todos los millones de personas que habían nacido desde Adán hasta Noé, todos van a ser ahogados con un diluvio; a excepción de Noé y su esposa, sus tres hijos y sus esposas, ocho personas que fueron justificadas por Dios por medio de la fe y la gracia. Pero el resto del mundo fue ahogado.

¿Por qué? Aquí fue donde toda la raza humana acabó. Versículo 3: "Y dijo Jehová: No contenderá mi espíritu con el hombre para siempre, porque ciertamente él es carne". Este es el problema. Aquí está la misma palabra que usó Jesús, "carne". Esta es la palabra para referirse a la humanidad caída, corrompida y pecaminosa. Y en el versículo 5 nos muestra lo que la carne produce. "Y vio Jehová que la maldad de los hombres era mucha en la tierra, y que todo designio de los pensamientos del corazón de ellos era de continuo solamente el mal". Esta es la declaración más clara que van a encontrar en la Biblia acerca de lo que es la depravación humana. Todo intento del pensamiento del corazón era solo de continuo el mal. La carne produce eso porque es todo lo que puede producir.

Si es que vas a estar en el reino de Dios, necesitas un corazón nuevo. Capítulo 8, cuando el diluvio se comenzó a disipar, toda la humanidad había sido ahogada. Llegamos al capítulo 8, esperando un mundo mejor. Noé construye un altar en el versículo 20, toma animales y ofrece a Dios sacrificios, lo que quiere decir que Noé se reconoce a sí mismo como pecador, esta es la razón por la que ofrece sacrificios. Y el Señor percibió olor fragante y el Señor dijo a sí mismo: "Y percibió Jehová olor grato; y dijo Jehová en su corazón: No volveré más a maldecir la tierra por causa del hombre". Pero, por cierto, el intento del corazón del hombre sigue siendo malo desde su juventud. Nada cambió excepto que Dios ya no volvería a ahogarnos nunca más. ¿Sabías esto Nicodemo? Desde luego que lo sabías. Sabías que no hay nada dentro del hombre que pueda agradar a Dios, nada. Debes recordar el libro de Job, Nicodemo. Debes recordar el testimonio de Job, Job 14:4, "¿Quién hará limpio a lo inmundo? Nadie". Sí, dice nadie.

Debes recordar el testimonio de Elifaz en Job 15:14. "¿Qué cosa es el hombre para que sea limpio, y para que se justifique el nacido de mujer?" Ah, imposible, uno que es detestable y corrupto no puede hacerse justo. Nicodemo debió recordar a Bildad en Job 25:4-6 "¿Cómo puede un hombre, pues, ser justo con Dios? ¿O cómo puede ser limpio el que nace de mujer? Si aun la luna no tiene brillo y las estrellas no son puras a sus ojos, ¡cuánto menos el hombre, *esa* larva, y el hijo del hombre, *ese* gusano!"

Los amigos de Job, todos conocían la teología de la depravación total. Lo sabían. Y Job escribió en el tiempo patriarcal de Génesis. Esta no es información nueva. Y tenemos el Salmo 51:5 que leí cuando David dice: "en pecado me concibió mi madre, yo era inicuo desde mi concepción". ¿Piensan que Nicodemo conocía este otro pasaje? Isaías 64:6, "Si bien todos nosotros somos como suciedad, y todas nuestras justicias como trapo de inmundicia; y caímos todos nosotros como la hoja, y nuestras maldades nos llevaron como viento". Esta es enseñanza del Antiguo Testamento acerca de la depravación total. Y ¿qué me dicen de nuestro amigo Jeremías? No lo debemos dejar fuera. Jeremías 17:9, "Engañoso es el corazón más que todas las cosas, y perverso". Este es corazón.

Hubo un tiempo cuando el apóstol Pablo pensó que era santo, pensó que era justo. Y cuando él llegó a la verdad, consideró todo como basura, él lo dice en Filipenses 3. Pablo entendió la doctrina del Antiguo Testamento.

Vamos a Romanos 3. En Romanos 3 Pablo está acusando a toda la raza humana, judíos y gentiles, por su pecado. Dice que los gentiles son pecadores y que los judíos lo son del mismo modo. Y para probar su punto, comenzando en Romanos 3:10, Pablo cita una serie de versículos que están en el Antiguo Testamento; inicia en el versículo 10 y concluye en el 18. Todos son citas directas del Antiguo Testamento, la mayor parte de ellas de los Salmos e Isaías. Pablo dice: "Permítanme definir el pecado. No hay justo, ni aun uno. No hay quien entienda, no hay quien busque a Dios. Sepulcro abierto es su garganta; con su lengua engañan. Veneno de áspides hay debajo de sus labios; su boca está llena de maldición y de amargura. Sus pies se apresuran para derramar sangre; quebranto y desventura hay en sus caminos; y no conocieron camino de paz. No hay temor de Dios delante de sus ojos". Cada uno de ellos es una cita directa de una declaración del Antiguo Testamento acerca de la gravedad del pecado. ¿Qué pasa contigo Nicodemo? Pablo un ex fariseo conocía todos estos pasajes y al final vio la luz. Versículo 20: "por las obras de la ley ningún ser humano será justificado delante de él". La carne produce carne y nada más. El versículo 21 dice que la justicia de Dios fue testificada por la ley y por los profetas, esto significa, por el Antiguo Testamento. El Antiguo Testamento, entonces, enseña todo esto concerniente a la gravedad del pecado.

Entonces, ¿qué enseña el Antiguo Testamento? Que la salvación es un acto soberano de Dios por medio de la gracia, y que Él lo hace independientemente de cualquier acción que pueda realizar el hombre. El hombre necesita un nacimiento espiritual total. Necesita ser lavado, necesita ser transformado, necesita que su corazón sea cambiado por uno nuevo. Que su espíritu sea cambiado por uno nuevo, o bien una nueva disposición. Y necesita que el Espíritu Santo sea plantado dentro de él si es que él va a entrar en el reino de Dios. Y todo esto no es algo que él pueda hacer porque él es carne y la carne solo puede producir carne. "Nicodemo, ¿cómo puedes ser tú maestro de Israel y no saber todo esto?" No, no lo saca del atolladero. Le dice en Juan 3:7, "No te maravilles de que te dije". Por qué te sorprendes de lo que te digo; y ahora pasa a hablar en segunda persona: "Tienes que nacer de nuevo. No podrás entrar al reino hasta que esto suceda en ti y tú no puedes hacer ninguna contribución porque eres carne, y la carne no puede hacer esto". Esta es la denuncia de toda religión que está fuera de la gracia soberana de Dios y del evangelio de Cristo. No te sorprendas. ¿Por qué estas sorprendido? Conoces el Antiguo Testamento. Has sido cegado con la mentira de Satanás. No te sorprendas.

La obra del Espíritu Santo

Esto nos lleva al punto final, primero la preocupación del pecador, segundo la Palabra del Salvador. Y el punto final es la obra del Espíritu. Al final del versículo 6, "lo que es nacido del Espíritu, espíritu es". Esta es una obra que solo el Espíritu Santo puede hacer. ¿Y cómo funciona esto? Versículo 8, "El viento sopla de donde quiere, y oyes su sonido; mas ni sabes de dónde viene, ni a dónde va; así es todo aquel que es nacido del Espíritu".

Esta es otra analogía. Esta analogía quita completamente de las manos del pecador el nacimiento espiritual. ¿Qué haces para controlar al viento? Nada. Viene de lo alto; no puedes convocar al viento; no te puedes deshacer de él. No podrías escribir un libro de cómo incrementar el viento en tu comunidad. No podrías hacer esto. Como hacer que sople más el viento en tu jardín. No puedes hacer esto. Es completa y totalmente la obra del Dios soberano. Los vientos son invisibles, es incontrolable, es irresistible, es impredecible, no puedes ser mandado, no aparece cuando tú quieres, no se va porque tú te quieras deshacer de él. Esta es la segunda analogía que nuestro Señor usa con este rabí que es inteligente, brillante, que sabe pensar, es un rabí que sabe usar la lógica, la usa para decirle que esta es una obra en la él no participa. Esta es la gracia irresistible, como en Juan 5:21. "El hijo da vida a quien Él quiere". El mismo versículo dice: "y Dios que resucita de los muertos da vida". Es la voluntad de Dios y la voluntad del Hijo junto con el poder del Espíritu. Es una obra asegurada solo por Dios. Esto es tan nuevo para Nicodemo, y es completamente contrario a todo lo que siempre ha sabido. Versículo 9: "¿Cómo puede hacerse esto?" Lo que quiero decirte es que acabas de destruir toda mi vida, como le sucedió a Pablo en el camino de Damasco. Pablo dice que todo es basura, cada detalle de ello. Pero Nicodemo no ha llegado a ese punto aún. ¿Qué puede hacer? Pues no puede hacer nada, absolutamente nada.

Y te preguntarás: "¿Qué sucedió con Nicodemo?" Pues desaparece en el versículo 10 por un momento, simplemente se va. Desaparece con una pregunta, una pregunta que nunca antes había tenido en su mente en toda su vida. ¿Qué puedo hacer? Solo me dijo que yo no podía hacer nada. No entiendo esto. ¿Qué voy a hacer?

Así que, ¿qué sucedió a Nicodemo? ¿Qué le pasó? Bien, por el momento desaparece. Pero se volverá a mostrar. Vayamos a Juan 7, Jesús está en Galilea y los judíos quieren matarlo. La fiesta de los judíos, la fiesta denominada de los tabernáculos está cerca, así que llegaban para ello, y él es confrontado por el Sanedrín. Lo quieren muerto. Está enseñando y predicando en el Templo, según el versículo 28, las personas están escuchando y dicen todo tipo de cosas. Algunos piensan que él es el Mesías. Algunos otros que es el profeta en el versículo 40. "Este es el profeta; este es el Mesías". Y hay una división entre ellos según el versículo 43. Pero los gobernantes lo quieren muerto, así que traen a algunos de los guardias del templo para atraparlo, arrestarlo y así poder matarlo. Lo querían agarrar, pero nadie puso sus manos sobre Él. Cuando llegaron no pudieron atraparlo, no pudieron poner una sola mano sobre Él. Así que los oficiales regresan con el sumo sacerdote y los fariseos, de los cuales uno de ellos era Nicodemo, y les dicen: "¿Por qué no lo trajeron? ¿Los enviamos a arrestarlo, por qué no lo traen con ustedes?"

Los oficiales respondieron: "Nunca un hombre ha hablado de la manera en la que este hombre habla". No pudimos ir más allá de verlo, y de inmediato nos paralizó con sus palabras. Entonces los fariseos les contestaron, "¿También vosotros habéis sido engañados? ¿Acaso ha creído en él alguno de los gobernantes, o de los fariseos?" Ahora sabemos que Nicodemo no se convirtió; esto sucedió un año después. Y él está en el Sanedrín. Y en el versículo 50 aparece Nicodemo. Y dice: "Nicodemo, el que vino a él de noche, era uno de los fariseos y sumo sacerdote del Sanedrín, este les dijo: ¿Juzga acaso nuestra ley a un hombre si primero no le oye, y sabe lo que ha hecho?" Punto de orden, la turba para lincharlo no tiene razón. No se puede hacer esto. Incluso los romanos tienen su proceso. Digamos que él tomó un paso valiente. Cuando

18_El papel de Dios en la regeneración

todo el grupo quiere a Jesús muerto, y te manifiestas en defensa de la ley porque lo que tú quieres es proteger a Jesús, pero aún no es creyente.

Los que estaban en el liderazgo miraron a Nicodemo, el maestro de Israel, le dicen: "¿Eres tú también galileo?" Esto es burla y sarcasmo. "Escudriña y ve que de Galilea nunca se ha levantado profeta". Respondieron con burla y sarcasmo a su más ilustre maestro. Con esto estaba notificando que él se inclinaba a favor de Jesús. Y ellos se rieron. Se rieron ante aquel que reverenciaban y respetaban. Esto es, dicho sea de paso, justo dos años después de aquella reunión por la noche; dos años habían pasado. Así que solo queda un año para que Jesús sea crucificado. Vayamos a Juan 19.

Así que dos años después, Nicodemo sigue siendo un fariseo, sigue dentro del Sanedrín. Pero se manifiesta tratando de dar un punto de orden a favor de Jesús. Y en el capítulo 19 Jesús está muerto, versículo 38: "Después de todo esto, José de Arimatea, que era discípulo de Jesús, pero secretamente por miedo de los judíos, rogó a Pilato que le permitiese llevarse el cuerpo de Jesús; y Pilato se lo concedió. Entonces vino, y se llevó el cuerpo de Jesús". Vaya, vaya, y miren el versículo siguiente: "También Nicodemo, el que antes había visitado a Jesús de noche, vino trayendo un compuesto de mirra y de áloes", esto es una resina, una resina en polvo que usaban para esparcir en el cuerpo y así reducir el olor de la carne en descomposición. Y áloes tenían un tipo de aroma como madera de sándalo. "Trajo como cien libras". Esta es una gran cantidad porque era la forma en la que él mostraba su honor a una persona tan ilustre. Este es un acto honorable por parte de Nicodemo; incluso pude ser calificado como un acto de valentía. Nicodemo se une a su compañero, José de Arimatea, quien había creído pero que no había querido confesarlo abiertamente. Pero ahora Nicodemo tiene el valor y viene, sabe que él se ha identificado con el Señor Jesucristo y ahora está ahí para tomar el cuerpo de Jesús. Puedes imaginar esto, Nicodemo manipulando ese cuerpo con quien estuvo una noche hablando y ahora lo sostiene con sus brazos, está envolviendo el cuerpo de Jesús con sábanas de lino, poniendo las especias entre los pliegues como se acostumbraba en los entierros, y está junto con su amigo, José, ellos colocan a Jesús en el huerto en una tumba nueva en la cual nadie antes había sido puesto. Pero ahí está, Nicodemo con el cuerpo de Jesús entre sus brazos.

¿Qué le sucedió a Nicodemo? Te diré que fue lo que le sucedió. Dios vino y le dio vida, le dio un corazón nuevo, una nueva alma, lo lavó y lo regeneró. ¿Y qué sucede con el resto de la historia? Bueno, la tradición dice que él fue la única persona que se manifestó en el juicio de Jesús delante de Pilato y defendió a Jesús. La tradición dice que fue bautizado por Pedro y Juan. La tradición dice que su confesión del Señor Jesús fue tan abierta que esto llevó a que él fuera retirado de su oficio, retirado de su profesión como un maestro y retirado de toda su inmensa fortuna, todas sus propiedades, y todas sus posiciones, y fue expulsado de Jerusalén por el Sanedrín en el cual él había servido. Fue reducido a vivir fuera de la ciudad, y su familia fue dejada dentro de la ciudad para estar en la peor de las miserias. Hay una maravillosa historia en la tradición de que su hija era tan pobre que tuvo que escarbar entre el estiércol en busca de granos para comer y sobrevivir. Y vino un rabí y la vio, sintió compasión de ella y le dijo: "¿Quién eres tú?" Y ella contestó: "Soy la hija de Nicodemo". A lo cual dijo el rabí: "¿Qué pasó con tu padre?" Y ella dijo: "Se convirtió en seguidor de Jesús y fue desarraigado". Entonces el rabí se negó a ayudarla.

Cientos de años después un hombre llamado Pontius hace referencia a un documento antiguo que registra que Nicodemo fue martirizado en el primer siglo a causa de su devoción a Cristo. De cómo fue golpeado hasta morir por una turba. Y esta es toda la historia. Perdió todo lo que tenía en este mundo, y ganó todo lo que podía ganar en el mundo venidero. ¿Qué puedo hacer? Les daré Juan 6:37, "al que viene a mí yo no le echo fuera". Puedes clamar a Dios que te de vida; es tu prerrogativa. Pero no puedes orar a Él y pensar que va a rechazar una oración honesta. Puedes decir junto con el publicano de Lucas 18: "Dios sé propicio a mí que soy pecador".

Oración

Padre, te agradecemos por esta maravillosa historia de Nicodemo, esta maravillosa historia de la Escritura. Por toda la riqueza de ella, por toda la magnificencia de la verdad divina, no tiene paralelo, nada se le acerca, nada llega a este nivel, nada. Este es el más grande tesoro que tiene el mundo, lo más importante que hay en el mundo, la verdad divina; más dulce que la miel que destila del panal, más preciosa que el oro, que mucho oro afinado. Te agradecemos por esta dulzura, por el valor, el gozo incomparable que llega a nosotros al entender la verdad divina. La comprendemos, la tenemos, esta verdad que ha sido escondida para los sabios, y revelada a los bebés, para tu gloria, para tu sola gloria. Oro por todos los que escuchan y leen esto y que son como Nicodemo, tal vez muy religiosos, muy morales, pero preocupados, están dudando, conociendo la hipocresía de sus propios corazones, sabiendo que no forman parte del reino. Pedimos que seas misericordioso para tu propia gloria. Que los salves porque tú así lo quieres, lávalos con el agua de tu Palabra y dales un nuevo espíritu, pon tu Espíritu Santo en ellos, dales nueva vida, regenéralos. Abre sus tumbas y permite que salgan, trasládalos del reino de la muerte y de la oscuridad al reino de tu amado Hijo y produce en ellos el arrepentimiento, la fe y la obediencia. Todo esto para tu alabanza y para tu gloria. Gracias te damos, Padre, por este maravilloso tiempo de adoración. Úsanos, Señor, para proclamar estas verdades valientemente, para depender de tu poder y esperar, te damos la gloria en el nombre de Cristo. Amén.

REFLEXIONES PERSONALES

19_La convocatoria divina

Había un hombre de los fariseos que se llamaba Nicodemo, un principal entre los judíos. Este vino a Jesús de noche, y le dijo: Rabí, sabemos que has venido de Dios como maestro; porque nadie puede hacer estas señales que tú haces, si no está Dios con él. Respondió Jesús y le dijo: De cierto, de cierto te digo, que el que no naciere de nuevo, no puede ver el reino de Dios. Nicodemo le dijo: ¿Cómo puede un hombre nacer siendo viejo? ¿Puede acaso entrar por segunda vez en el vientre de su madre, y nacer? Respondió Jesús: De cierto, de cierto te digo, que el que no naciere de agua y del Espíritu, no puede entrar en el reino de Dios. Lo que es nacido de la carne, carne es; y lo que es nacido del Espíritu, espíritu es. No te maravilles de que te dije: Os es necesario nacer de nuevo. El viento sopla de donde quiere, y oyes su sonido; mas ni sabes de dónde viene, ni a dónde va; así es todo aquel que es nacido del Espíritu. Respondió Nicodemo y le dijo: ¿Cómo puede hacerse esto? Respondió Jesús y le dijo: ¿Eres tú maestro de Israel, y no sabes esto?

Juan 3:1–10

BOSQUEJO

— Introducción

— En nuevo nacimiento

— El llamado de Dios

— La elección

— Oración

Notas personales al bosquejo

SERMÓN

Introducción

El día de hoy estaremos analizando un pasaje del tercer capítulo del evangelio de Juan. Este es un capítulo crítico dentro de toda la Escritura. En él se establece el tono para entender la salvación, y la verdad de este capítulo está construida sobre todo el resto del Nuevo Testamento. Permítanme leerles estos diez versículos. Quiero que estén en su mente, y también deben saber que lo que voy a decirles esta mañana será una especie de apéndice o adenda de lo que ya cubrimos en estos versículos.

"Había un hombre de los fariseos que se llamaba Nicodemo, un principal entre los judíos. Este vino a Jesús de noche, y le dijo: Rabí, sabemos que has venido de Dios como maestro; porque nadie puede hacer estas señales que tú haces, si no está Dios con él. Respondió Jesús y le dijo: De cierto, de cierto te digo, que el que no naciere de nuevo, no puede ver el reino de Dios. Nicodemo le dijo: ¿Cómo puede un hombre nacer siendo viejo? ¿Puede acaso entrar por segunda vez en el vientre de su madre, y nacer? Respondió Jesús: De cierto, de cierto te digo, que el que no naciere de agua y del Espíritu, no puede entrar en el reino de Dios. Lo que es nacido de la carne, carne es; y lo que es nacido del Espíritu, espíritu es. No te maravilles de que te dije: Os es necesario nacer de nuevo. El viento sopla de donde quiere, y oyes su sonido; mas ni sabes de dónde viene, ni a dónde va; así es todo aquel que es nacido del Espíritu. Respondió Nicodemo y le dijo: ¿Cómo puede hacerse esto? Respondió Jesús y le dijo: ¿Eres tú maestro de Israel, y no sabes esto?"

El nuevo nacimiento

Como ya lo hemos visto, cinco veces en este corto pasaje hay una referencia a ser nacido de nuevo, o nacido de arriba. Cualquiera de las dos son traducciones precisas y correctas. Necesitamos ser nacidos de nuevo. Esto es, después de haber nacido físicamente, necesitamos nacer espiritualmente. Ese nacimiento proviene de arriba. En un sentido, nuestro primer nacimiento, que desde luego también fue creación de Dios, esto es en el sentido del nacimiento físico. Y del mismo modo sucede con nuestro segundo nacimiento que nos llega de arriba. Sin embargo, no hay por medio algún tipo de ayuda humana para lograr este nacimiento, del mismo modo que no hay intervención de la persona para el físico tampoco. Este es una obra de Dios. Y esta es la razón por la que nos referimos a ser nacido de Espíritu, tener un nacimiento espiritual.

Es la obra del Espíritu Santo para darnos vida. Esto es lo que significa ser "nacido de nuevo". Y la razón por la que el Señor usa esta analogía es porque Esta nos expresa el hecho de que nosotros no tenemos participación en este nacimiento. No tuviste nada que ver con tu nacimiento físico, con tu nacimiento material. Y tú no tendrás nada que ver con tu nacimiento espiritual. Es una obra divina de Dios. Los teólogos le llaman a esto una obra monergista y no sinergista. Tú no participas en ella. Yo no participe en ella. Ninguna persona que nace de nuevo hace alguna contribución para ello. No existe una manera para hacer que esto suceda. Toda ella es la obra de Dios.

Para entenderla dentro de una ilustración inolvidable les hablé acerca de Lázaro. Lázaro está muerto, está dentro de la tumba, ha estado muerto por tres días, su cuerpo ya está en estado de descomposición. Llega el Señor a su tumba y lo resucita de los muertos. Lo hace solo con su voz. Le dice: "Lázaro ven fuera". Y Lázaro regresa a la vida, sale de la tumba para una nueva creación. Las vendas mortuorias le son quitadas, y ahora está completamente vivo.

El llamado de Dios

Nosotros somos como una raza de Lázaros, espiritualmente muertos. Dios nos da vida y lo hace por medio de un llamado, por medio de llamarnos. Jesús le dio vida a Lázaro, y declaró que esa vida llegara a él por medio de un llamado a salir de la tumba. Del mismo modo sucede con aquellos a quienes les da vida el Espíritu Santo. Es por medio de un llamado divino. Dios habla y es entonces cuando la vida espiritual llega a nosotros.

Quiero que ustedes piensen acerca de esto de esta manera porque es una forma muy importante en la que el Nuevo Testamento se refiere a Dios dándonos vida, haciendo que vivamos espiritualmente. Es por medio de un llamado divino. Cuando hablamos de haber sido llamados por Dios, nos estamos refiriendo principalmente acerca del llamado para darnos vida, un llamado a salir de nuestra tumba. Es un llamado a la reconciliación. Es un llamado a la justificación. Es un llamado a la redención. Es un llamado a entrar al reino eterno de Dios. Es un llamado a ser sus hijos con todos sus derechos y privilegios. Es un llamado a amar y a servir, es un llamado a obedecer al Señor. Es un llamado a salir de la esclavitud a la libertad. Es un llamado a vivir el gozo y la paz. Es un llamado a la santidad. Los escritores de las epístolas se refieren al llamado del evangelio como el llamado más alto, un llamado santo, un llamado celestial. Es claramente un llamado fuera de lo común. Es un llamado innegable. Es un llamado irreversible.

El lenguaje del Nuevo Testamento hace mucha referencia al hecho de que nuestra regeneración llega en respuesta del llamado de Dios, un llamado que nos hace Dios. Voy a estar diciendo esta palabra repetidamente

19_La convocatoria divina

porque quiero que ustedes la vean y como se desarrolla en el resto del Nuevo Testamento, de tal modo que sin importar lo que leas en el Nuevo Testamento esta palabra en particular resaltará cada vez con un nuevo y más fresco significado. Este es un llamado que es una convocatoria divina; es una citación divina para venir a la vida, para entrar a la familia de Dios, al reino de Dios, para entrar al juicio de Dios y ser declarado como perdonado y justo, como libre para siempre de cualquier juicio y condenación. Los teólogos han hablado acerca de este llamado y lo que han hecho es añadirle muchos adjetivos. Le han llamado el llamado efectivo, el llamado eficaz, el llamado irresistible, el llamado poderoso, el llamado determinante, el llamado decisivo, el llamado concluyente, el llamado operativo, y cada uno de ellos está sujeto a algún reajuste. Es un llamado a la salvación. Es un llamado a la vida.

Quiero que vayan a Romanos 8 esto añade un corto apéndice a nuestro estudio de Juan 3. Y quiero que ustedes y yo encontremos lo que el Nuevo Testamento dice acerca de este llamado para que podamos entender la maravilla de este.

Romanos 8 es un pasaje muy familiar para nosotros, particularmente el versículo 28, un versículo que amamos y aplicamos muchas veces a nuestra experiencia cristiana. "Y sabemos que a los que aman a Dios, todas las cosas les ayudan a bien, esto es, a los que conforme a su propósito son llamados". Dios hace todas las cosas para nuestro bien porque hemos sido llamados por Él.

Si continuamos en el versículo 29 y 30, leemos: "Porque a los que antes conoció, también los predestinó para que fuesen hechos conformes a la imagen de su Hijo, para que él sea el primogénito entre muchos hermanos. Y a los que predestinó, a estos también llamó; y a los que llamó, a estos también justificó; y a los que justificó, a estos también glorificó". Aquí tienes una definición clara de la naturaleza eficaz de ser llamado. Somos predestinados, llamados, justificados y glorificados. A todo aquel que Dios predestinó, a estos también llamó. A todo aquel que Dios llamó, a estos también justificó. A todo aquel que Dios justificó, a estos también glorificó. Todo comenzó con la predestinación, y finaliza con ser conformado a la imagen de su Hijo. Este es el propósito divino. Y conforme este propósito se desarrolla por medio de toda la historia de la redención, Dios causa que todo funcione para bien, para que se logre el resultado final de la predestinación. Dentro del plan de Dios, desde la predestinación hasta la gloria eterna, se encuentra el llamado y la justificación. Todos los que han sido elegidos serán llamados; todos los que son llamados serán justificados; todos los que son justificados serán glorificados.

Y en el capítulo 11 de Romanos, encontramos una promesa para nosotros los que hemos sido llamados, 11:29, "Porque irrevocables son los dones y el llamamiento de Dios". Los dones y el llamamiento de Dios son irrevocables.

Estamos hablando de un llamado que es completamente efectivo. A quién Él llamó, Él justificó y glorificó. Ahora hablemos acerca de la palabra "llamado". La palabra en el griego es *Kaleo*. Significa "convocar a alguien" a venir a uno mismo, a la presencia del que llama, "llamar a alguien" para que venga a ti. La palabra es tan descriptiva que los creyentes son identificados como los llamados. Literalmente somos "los llamados; de tal modo que tomamos el verbo y lo convertimos en un sustantivo. Todos nosotros hemos sido llamados, somos llamados de acuerdo a Romanos 8:28, "los llamados". De hecho, esto es lo que es la iglesia. La verdadera iglesia es la reunión de todos los que son llamados. La palabra para "iglesia", amamos la palabra iglesia, no nos dice mucho acerca de lo que somos, la palabra no dice mucho. La palabra iglesia se traduce del griego *ekklesia*. *Ekklesia* viene de *ekkaleo*, esto significa "los llamados". Es kaleo con la preposición ek, que significa "fuera"; somos "los llamados fuera". Hemos sido llamados fuera de la tumba. Hemos sido llamados fuera de los muertos, llamados fuera de la ignorancia, llamados fuera de la ceguera. Somos los llamados. La iglesia es *ekklesia*. Esta es de "los llamados fuera". Sería maravilloso que hubiera una palabra mejor que explicara la obra de Dios en lugar de la palabra estática, como lo es la palabra iglesia, porque lo mismo da usarla para una organización que para un edificio. Así que refirámonos a nosotros mismos, tanto como lo podamos hacer, como los llamados, "los llamados". Y para ayudar a que te familiarices con esto, permíteme llevarte por las epístolas del Nuevo Testamento. Podemos comenzar con Romanos que es donde las epístolas comienzan. Romanos 1:1, Pablo se identifica a sí mismo como el "esclavo de Jesucristo, llamado..." llamado individualmente, desde luego. Y así comienza a hablar acerca de los redimidos. Habla acerca de aquellos quienes, en el versículo 5, han recibido gracia y la obediencia de fe entre todas las naciones por amor de su nombre. Y en el versículo 6: "entre las cuales estáis también vosotros, 'llamados´ a ser de Jesucristo". Versículo 7: "todos los que estáis en Roma, amados de Dios, 'llamados´ a ser santos".

En 1 de Corintios 1:1, Pablo una vez más demuestra que tan familiar es este lenguaje. "Pablo, llamado a ser apóstol de Jesucristo por la voluntad de Dios, y el hermano Sóstenes, a la iglesia (ekklesia, 'los llamados fuera´) de Dios que está en Corinto, a los santificados en Cristo Jesús, 'llamados a ser santos´, llamados a ser santos". Y vamos al versículo 9: "Fiel es Dios, por el cual fuisteis llamados a la comunión con su Hijo Jesucristo nuestro Señor". Y cuando leo esta palabra "llamados", quiero que estén pensando acerca de Lázaro. Este fue el llamado a Lázaro: "Lázaro ven fuera", esto fue lo que lo sacó de la tumba. Y este es el mismo llamado que nos ha dado vida.

19_La convocatoria divina

Si vamos al versículo 23 y 24: "nosotros predicamos a Cristo crucificado, (ya admitido) para los judíos ciertamente tropezadero, y para los gentiles locura; mas para ´los llamados´, así judíos como griegos, Cristo poder de Dios, y sabiduría de Dios". Él puede predicar el evangelio y será locura, será un tropezadero hasta que llegue al propósito de Dios, para que ellos vengan a la vida. Entonces el versículo 26: "Pues mirad, hermanos, vuestra vocación", la palabra vocación es la misma que llamado en el griego, entonces dice: "consideren su llamado, presten atención a su llamado".¿Cómo sucedió esto? Versículo 27: "escogió Dios". Versículo 28: "escogió Dios". Esta es la razón por la que eres llamado. Llamado por la elección soberana de Dios. En Gálatas 1, Pablo, presentándose una vez más al inicio de esta epístola, y esto es muy frecuente al inicio de las epístolas porque esto identifica a los lectores quién es el escritor. Él está preocupado por las iglesias en Galacia porque existe falta de compromiso en sus vidas. Han caído en confusión por lo que les dice en el versículo 6: "Estoy maravillado de que tan pronto os hayáis alejado del que os llamó por la gracia de Cristo". Este es el llamado a la salvación; una vez más: "os llamó por la gracia de Cristo". De otro modo, Dios te ha llamado; no desertes de toda la obediencia que implica este llamado.

En la maravillosa carta a los Efesios, Efesios 4:1, Pablo una vez más se identifica a sí mismo como prisionero del Señor y dice: "os ruego que andéis como es digno de la vocación con que fuisteis llamados". Nuevamente vocación es igual a llamado en el griego, por lo que puede decir así: "el llamado con el cual fuisteis llamados". Y en el versículo 4 él se identifica una vez más: "un Espíritu, como fuisteis también llamados en una misma esperanza de vuestra vocación (llamado)".En Colosenses 3, el lenguaje no se deriva de este verbo. Colosenses está hablando acerca de lo que es ser resucitado en Cristo y estar sentado a la diestra de Dios, y de haber muerto y de nuestra vida como estando escondida con Cristo en Dios, ahora Cristo es nuestra vida. Hemos sido regenerados. Este es el lenguaje de regeneración. Versículo 15: "Y la paz de Dios gobierne en vuestros corazones, a la que asimismo fuisteis llamados en un solo cuerpo; y sed agradecidos".Primera de Tesalonicenses 2, se puede ver que este lenguaje está en cada una de estas epístolas. No les estoy dando todo lugar en donde ocurre, solo son unos ejemplos. Ahora está hablando a los de Tesalónica en el 2:12 y dice, "y os encargábamos que anduvieseis como es digno de Dios, que os llamó a su reino y gloria". No hay ninguna equivocación en absoluto en el uso de este lenguaje. No hay ningún intento de volver hacia atrás. No hay ninguna clase de intento por disipar cualquier confusión u ofensa que se pudiera suscitar de este tipo de lenguaje. Es lenguaje directo; es lenguaje glorioso. Es un lenguaje que celebra, que produce obediencia y adoración.

Segunda de Tesalonicenses 2, este es uno de los que conforman este pequeño dueto en el Nuevo Testamento, 2 Tesalonicenses 2:13 y 14, "Pero nosotros debemos dar siempre gracias a Dios respecto a vosotros", "agradecemos a Dios por ustedes". Porque la razón de que ustedes sean lo que son es por lo que Dios ha hecho, "hermanos amados por el Señor". Aquí es donde comienza, el Señor decidió poner su amor sobre ustedes, "de que Dios os haya escogido desde el principio para salvación". Él los ha elegido a ustedes desde el principio por medio de la santificación por el Espíritu y la fe en la verdad a lo cual os llamó mediante nuestro evangelio, para alcanzar la gloria de nuestro Señor Jesucristo". Tenemos toda la obra de redención resumida en dos versículos. Comienza con el amor y después la elección, y después el llamado, la salvación y al final la glorificación. Y en la salvación llega la obra del Espíritu para producir fe en la verdad. Esta es la razón por la que Él te llamó, para traerte a la gloria eterna. Esto nos regresa a Romanos 8. Nos predestinó, llamó, justificó, glorificó, es irrevocable y nadie se pierde.

Ahora escuchemos una palabra del escritor de Hebreos. El escritor de Hebreos 3:1; esta es una declaración maravillosa: "Por tanto, hermanos santos, participantes del llamamiento celestial". ¿Por qué somos santos? ¿Cómo hicimos para deshacernos de nuestra corrupción, de nuestra infelicidad, de nuestra naturaleza caída, de nuestra depravación? ¿Cómo es que nos hicimos hermanos santos? Recibimos un llamado celestial. El cielo nos llamó de entre los muertos, nos llamó de la oscuridad, de la ignorancia, de la ceguera para darnos vida, luz y verdad.

Pedro también la usa, 1 Pedro 2:9, los escritores del Nuevo Testamento celebran nuestro llamado. Este es uno de los pasajes más ricos de todos los textos que hablan de esto: "Mas vosotros sois linaje escogido", está hablando a la *ekklesia*, los llamados fuera, "vosotros sois linaje escogido real sacerdocio, nación santa, pueblo adquirido por Dios, para que anunciéis las virtudes de aquel que os llamó de las tinieblas a su luz admirable". Esto es inequívocamente claro. ¿Cómo es que nosotros fuimos hechos pueblo especial, real sacerdocio, una nación santa, pueblo de la posesión de Dios para que anunciáramos sus excelencias? ¿Cómo pudo haber sucedido esto?

Nos llamó de la oscuridad para su maravillosa luz; porque en un tiempo no éramos pueblo. Ahora somos el pueblo de Dios. Antes no habías recibido misericordia, pero ahora hemos recibido misericordia. Este es el llamado de Dios, 1 Pedro 2: 21: "Pues para esto fuisteis llamados". Y después habla de sufrimiento, llamados a sufrir por Cristo para ser glorificados con Él.

Cuando piensas en quién eres tú como cristiano, tal vez la palabra cristiano es la que te define de manera correcta, y tal vez sea correcto que pienses de ti mismo como miembro de la Iglesia de Jesucristo. Pero pienso que hay otra manera de explicarlo, con la idea de que sepas que has sido llamado por Dios a la vida de entre los muertos, porque Él puso su amor sobre ti antes de que el mundo comenzara, espero que te de un entendimiento más fresco de esto. Nuevamente en 1 Pedro 3:9, Pedro nos motiva a bendecir a la gente, a no devolver mal por mal, insulto por insulto. Bendecirlos, Dios nos llamó a una bendición eterna.

Y en el último capítulo de 1 de Pedro 5:10, Pedro dice: "después que hayáis padecido un poco de tiempo", así es la vida, "él mismo os perfeccione, afirme, fortalezca y establezca. A él sea la gloria y el imperio por los siglos de los siglos. Amén". Esta es una doxología. Acabamos de leer que tu llamado de Dios está seguro para toda la eternidad, tu llamado es eterno. Él te eligió porque derramó su amor en ti. Él te llamó, te justificó y te prometió glorificarte. Sí, sufrirás en este mundo. Pero "el Dios de toda gracia", te lo dice solo para recordarte que esto no es acerca de ti, esto es acerca de Él. Esto no se trata de ti mereciendo recibir la salvación, o mantener la salvación. Esto es acerca de toda gracia de aquel que te llamó, y Él te llamó no para una salvación temporal, sino que Él te llamó a su eterna gloria en Cristo. Y ahí es donde tú vas a estar. Para esto te llamó.

Segunda de Pedro, no puedo resistirme a esto, Pedro se presenta a sí mismo como un esclavo, un apóstol de Jesucristo. Y después dice en el 1:1, algo muy interesante: "Pedro, siervo y apóstol de Jesucristo, a los que habéis alcanzado, por la justicia de nuestro Dios y Salvador Jesucristo, una fe igualmente preciosa que la nuestra".¿De dónde obtuviste tu fe? La recibiste. Estaba dentro del paquete cuando te llamó. Tú recibiste tu fe. Recibiste fe por medio de la justicia de nuestro Dios y Salvador Jesucristo. Es un don de la gracia de Dios. 2 Pedro 1:2, "Gracia y paz os sean multiplicadas, en el conocimiento de Dios y de nuestro Señor Jesús". Y el versículo 3, "Como todas las cosas que pertenecen a la vida y a la piedad nos han sido dadas".

La elección

Y ahora escucha esto: "por su divino poder, nos ha dado todas las cosas que pertenecen a la vida y a la piedad". ¿Qué significa esto? Elección, llamado, regeneración, justificación, santificación, glorificación, todo, todo nos lo ha dado "mediante el conocimiento de aquel que nos llamó por su gloria y excelencia".Y nuevamente aquí está esa obra de Dios unilateral, monergista, con la cual nos llamó y nos dio todo lo que pertenece a la vida y a la piedad. Ahora, ¿comprenden que esta no es una designación oscura del pueblo de Dios? Esta es la forma en la que los escritores del Nuevo Testamento se refieren a nosotros. No es un llamado general. No es un llamado externo. Este no es un llamado que un predicador o un evangelista hace. Este es un llamado interno, en el interior de parte de Dios y que no puede ser resistido.

Hay un llamado externo, cuando predicamos el evangelio, cuando un evangelista predica el evangelio, cuando le das el evangelio a un amigo, cuando testificas a alguien y lo llamas para venir a Cristo y para que responda a Él y lo reciba junto con su evangelio, este es el llamado externo que hacen los seres humanos. Y en ese sentido, podemos tomar el lenguaje de Mateo 22:14 y la parábola que Jesús dio en donde Él dijo: "muchos son los llamados, y pocos los escogidos". Recordaran que los que fueron llamados inicialmente al banquete no llegaron. Este es un llamado externo. El llamado del evangelio externamente sale y la gente rechaza ese llamado. Muchos son los llamados y pocos los elegidos. Esto se refiere al llamado general, el llamado externo, el llamado desde fuera del hombre.

Pero cuando llegas al Nuevo Testamento y comienzas con Romanos, y después vas al resto del Nuevo Testamento, siempre la palabra "llamar" aparece en la categoría del evangelio, pero este es un llamado interno, el llamado eficaz de parte de Dios que trae al pecador que está muerto a la vida. Así es como los escritores del Nuevo Testamento se refieren a este. Es una citación inquebrantable de Dios para entrar a su corte, para dar vida, para ser traído a su corte, no para ser condenado, no para ser juzgado, sino para ser declarado perdonado y justo, para ser libertado. Y para ser adoptado como su hijo y ser reconciliado por completo. Es el llamado soberado de Dios a la salvación conforme Él ejercita su propia voluntad por medio de su magnificente gracia y toma el pecador elegido ante su presencia para declarar su perdón al pecador y otorgarle la justicia de Cristo. Lo hace un hijo y le promete las riquezas eternas en gloria.

Y aunque esto es tan maravilloso, a algunas personas les molesta. Dicen: "el Señor no va a traer a los pecadores delate de él, pataleando y gritando. No va a pasar por encima de su propia voluntad y violar su libre elección". Algunos dicen que Dios no puede hacer esto. Que no puede hacer esto porque nos ha dado libertad y tenemos libre albedrío y Él no puede violar esto. Dicen: "Dios puede romper la tapa del ataúd para que la persona muerta pueda ver un poco de luz y verdad para creer. Dios puede abrir de algún modo un poquito la mente. Pero Él no puede obligarlos. A ellos solo se les debe dar la oportunidad, eso es todo, una pequeña oportunidad". Hay un libro muy popular que fue escrito en tiempos recientes por un teólogo reconocido que lleva por título, *Elegidos pero libres* (Chosen But Free). Este presenta la realidad del llamado de Dios como una doctrina verdaderamente inaceptable. Dice que Esta hace a Dios un dictador con un poder que aplasta nuestra libertad y nos arrastra a su reino. ¿Esta fue la forma en la que te sentiste cuando fuiste salvado? No lo creo. No creo que se pueda llegar ahí tan rápidamente. No creo que ahora te sientas como si la peor cosa te hubiera pasado sea tu salvación. ¿Por qué Dios te arrastraría a gritos y pataleando para recibir este regalo? Esta es una idea completamente ajena a la realidad de lo que es la salvación. Estamos tan agradecidos cada día de nuestra vida por la salvación que Dios nos dio, que en nada puede comprarse a llegar gritando y pataleando.

19_La convocatoria divina

Este tipo de pensamiento no es bíblico, no es verdad, y no es una representación justa de lo que la Biblia enseña. Nunca nadie ha sido salvado en contra de su voluntad, nadie. No fuiste salvado en contra de tu voluntad. Yo no fui salvado en contra de mi voluntad. Nunca nadie fue salvado en contra de su voluntad. Cada persona que ha sido salva ha deseado ser salvada. Cualquiera que se ha arrepentido y creído el evangelio ha deseado arrepentirse y creer en el evangelio. De hecho, cualquiera que ha sido salvado ha tenido un deseo poderoso y dominante por querer ser salvado, que literalmente han dirigido su camino hacia el Reino. Jesús dijo, que ellos son traídos a Él. Llegan con lágrimas, golpeando su pecho y diciendo: "Dios sé propicio a mí que soy pecador". Todos llegan deseándolo.

¿Por qué lo desean? Porque Dios hace que lo deseen. Salmo 110:3, "Tu pueblo se te ofrecerá voluntariamente en el día de tu poder". Cuando el Señor hace el llamado: "Sal fuera", y surge la vida dentro del alma muerta, esta vida activa tu voluntad. Esa vida produce arrepentimiento. Esa vida produce fe. Y no llegas gritando y pataleando, sino llegas llorando con gozo.

Entonces la pregunta es, ¿cómo es que el pecador lo desea? Ningún pecador tiene lo que quiere por solo desearlo. Cuando enseño la doctrina de depravación humana, la naturaleza caída del hombre, les hablo acerca del problema del hombre en dos maneras. No puede ser salvado por su propia voluntad y tampoco desea ser salvado. No puede y no quiere, esta es la esencia de la depravación. No solo no puede, sino que no lo desea. Romanos 3:10-11, "nadie busca a Dios, no hay justo ni aun uno". Efesios 2:1, "estabais muertos en vuestros delitos y pecados, en los cuales anduvisteis en otro tiempo, siguiendo la corriente de este mundo, conforme al príncipe de la potestad del aire, el espíritu que ahora opera en los hijos de desobediencia". Romanos 5:6, "éramos débiles", así nos describe. Débiles y sin esperanza, sin poder entender las cosas de Dios; eran locura para el hombre, como lo vemos en 1 Corintios 1 y 2. 2 Corintios 4:4, "cegados por Satanás, el dios de este mundo quien cegó sus mentes". Ningún pecador dejado a sí mismo puede ni quiere venir a Dios. La corrupción es muy profunda, llega muy lejos, es demasiado amplia. Entonces Dios debe venir con su poder soberano y convocarnos para creer. Él tiene que venir un día con su poder y hacernos querer. No hace una obra en la que nosotros gritamos y pataleamos para resistirnos; es una regeneración de todo nuestro ser interior que es hecho con gracia, con poder sobrenatural y celestial, así es como nos hace querer el día que Él ejerce su poder.

Pero, ¿qué hay acerca de la libertad de decisión? ¿Qué hay con esto? ¿No somos libres? Seguro. Tú tienes libertad de decisión. Todo el mundo dentro del mundo tiene libertad de decisión. Estamos tomando decisiones todo el tiempo. De hecho ustedes tomaron la decisión de estar aquí. Toman decisiones todo el día. No pienso que ustedes vivan bajo algún tipo de horrible compulsión que te controle, a menos que ustedes sean adictos a algo. Pero en un sentido general en la vida, ustedes tienen libertad. Pero aquí hay un problema. Si tú no eres nacido de nuevo, si no eres regenerado, tu libertad tiene límites. Puedes optar por cualquier tipo de comportamiento que elijas, cualquier actitud que quieras sin importar si con ello deshonras a Dios. Elige una. Pero no puedes agradar a Dios. No puedes. Puedes elegir tu pecado, eres libre. La gente lo hace todo el tiempo. Puedes escoger tu pecado, eres libre. La gente habla de esto: "Quiero mi libertad", pues tenla; puedes escoger tu pecado. Y puede ser que te restrinjas un poco porque no quieres ir a prisión por el resto de tu vida. Puede ser que te refrenes un poco porque no quieres chocar tu automóvil, y es por esto que te limitas con lo que bebes. Puede ser que te refrenes un poco porque no quieres perder a tu esposa y a tus hijos, es por eso que escondes tu inmoralidad. A pesar de esto tú decides que pecado escoges. Pero, sabes, no puedes elegir nada más. No puedes elegir no pecar. No puedes elegir lo que agrada a Dios.

Jonathan Edwards fue un poco más profundo en este tema, y Jonathan Edwards es el más grande teólogo de Estados Unidos, al menos en mi opinión, creo que fue el pensador más brillante. Él escribió esto: "Lo que elegimos en realidad no está determinado por la voluntad. Está determinado por la mente. Lo que la mente piensa es lo que toma las decisiones y la mente no es neutral. La mente no es neutral," y estoy parafraseando a Edwards en este punto, "la mente es corrupta, para tomar prestadas palabras de Jeremías, la mente del hombre es engañosa más que todas las cosas y perversa". La mente no es neutral. La mente piensa que algunas cosas son mejores y tiene la libertad de decidir. "Cuando es confrontada con Dios", continúa diciendo Edwards, "la mente del pecador nunca piensa que seguir u obedecer a Dios sea una buena opción". Nunca piensa eso. Su voluntad es libre para elegir a Dios. Nada la detiene para elegir a Dios, pero su mente no quiere permitirle someterse a Dios porque eso no es algo deseable para él o ella. Por lo tanto, dice Edwards, "a menos que Dios cambie la manera en la que pensamos, nuestras mentes siempre nos dirán que debemos alejarnos de Dios, que es precisamente lo que hacemos". El pecador está en una posición en donde no puede hacer nada más. Así que si va a decidir arrepentirse y creer, Dios tiene que cambiar su mente. Cambiar cómo piensa, cambiar lo que él desea, lo que ama, lo que odia, todo aquello que anhela. Esto es llamado gracia irresistible. Esta funciona dentro de un acróstico llamado TULIP, la I es para gracia irresistible. Pero a mí no me gusta mucho esta descripción porque irresistible tiene una connotación negativa, y no pienso que esto sea una experiencia negativa. Lo que quiero decir, si tú le llamas a esto su gracia irresistible, decir que he sido salvado por un Dios irresistible, de algún modo, esta palabra, coloca la idea de que es algo que necesariamente yo no quería. Y también, decir gracia irresistible es redundante, porque francamente, la

19_La convocatoria divina

gracia soberana es irresistible ya que es soberana. Y así, decir gracia irresistible de algún modo sobre cualifica la gracia y de algún modo también es insuficientemente definida. La gracia es más que algo para resistir. Y por naturaleza es un regalo de Dios que es irresistible.

Creo que podemos decirlo de un modo mejor. La podemos llamar gracia salvadora, la gracia que da vida; un pecador no puede cambiar su voluntad porque su mente es corrupta. Él no puede cambiar su voluntad hacia Dios, no por medio de la lógica, no por medio de la persuasión, no por una predicación interesante y no por medio de una música emocional. Dios tiene que llegar a la tumba y decir: "Ven fuera", y darle a la persona un llamado soberano, sobrenatural que convoca al pecador estando muerto, y en este punto se le da a todas sus facultades una vida nueva, una mente nueva, una nueva voluntad conforme el Dios poderoso hace una obra de regeneración.

En 1996 hubo una reunión de algunos de mis amigos, algunos de los más nobles y de los mejores que servían al Señor y que pensaban en cuestiones bíblicas. La reunión se llamó "La alianza de los que se confiesan evangélicos". Se reunieron en Boston y elaboraron lo que llamaron "La declaración de Cambridge (The Cambridge Declaration)". Uno de los párrafos de esta declaración dice: "La gracia de Dios en Cristo no es simplemente necesaria, sino que es única causa eficiente para la salvación. Confesamos que los seres humanos nacemos espiritualmente muertos y somos incapaces incluso de cooperar con la gracia regeneradora". Esta es una gran declaración.

Somos incapaces de cooperar con la gracia regeneradora. Digo esto porque no quiero que piensen que lo inventé. Sé que no lo creen así porque se los mostré desde la Escritura, y ellos vieron exactamente lo mismo que ustedes acaban de ver hoy en este mensaje.

La salvación no es, en ningún sentido, una obra humana, métodos humanos, técnicas humanas, las estrategias humanas no pueden lograr la regeneración. La fe no se produce dentro de nuestra naturaleza humana no regenerada. Recibimos fe, recibimos una mente nueva, recibimos una nueva voluntad.

Uno de mis pasajes favoritos de la historia de la Iglesia es con Charles Wesley. Wesley esencialmente negó esta doctrina. Era arminiano en su teología. Él seguía a uno de los primeros teólogos que se llamaba Arminius quien también negó que la salvación fuera completamente una obra de Dios. Él veía la salvación como el trabajo sinérgico entre Dios y el hombre. Esta forma de verlo no solo tenía problemas con Juan 3 y muchos otros lugares de la Escritura del Nuevo Testamento, y toda la idea del llamado, pero sin embargo, se convirtió en una teología que existe hasta nuestros días.

Charles Wesley tenía algunos problemas con esta la teología, a pesar de que la tomó y la afirmó junto con su hermano John. Pero cuando conocen el corazón de Charles Wesley, pienso que él encontró algo diferente. Escucha lo que escribió Charles Wesley, ustedes conocen estas palabras, escuchen esto: "Por mucho tiempo mi espíritu ha estado preso, atado al pecado y a la naturaleza oscura, tu ojo me difundió un rayo vivificador que me despertó de la mazmorra y me encendió con una luz. Mis cadenas cayeron, mi corazón fue liberado, me levanté y salí para seguirte a ti". ¡Puedo asegurarles que este hombre es un calvinista encubierto! ¿Estás bromeando? Esto es lo mejor que puedes decir.

Jim Boice, un buen amigo, ya partió con el Señor, escribió una pequeña historia acerca de John Newton. Voy a concluir con esto. Newton fue educado en un hogar cristiano dentro del cual le enseñaron textos bíblicos, pero su madre murió cuando él solo tenía seis años de edad, entonces fue enviado a vivir con un familiar que odiaba la Biblia y se burlaba del cristianismo. Así que John Newton huyó al mar. Él era como un salvaje en aquellos días y era conocido por ser hábil de hacer juramentos de dos horas sin repetir nada. Fue obligado a enlistarse en la marina Británica, pero desertó, fue capturado y castigado públicamente. Eventualmente Newton se metió en la marina mercante y llegó a África. En sus memorias escribió que él fue a África por solo una razón, y cito: "Para que pudiera pecar libremente". Newton cayó con un vendedor de esclavos portugués que había sido tratado cruelmente en su casa. Este hombre hacía continuas expediciones para encontrar esclavos, cuando él se iba el poder pasaba a su esposa africana, la mujer principal del harem. Ella odiaba a todos los hombres blancos y desató todo su odio sobre Newton. Él dijo que por meses fue forzado a implorar piedad sobre el suelo, comiendo su alimento del suelo como un perro. Si la tocaba con sus manos era golpeado sin misericordia. Al paso del tiempo, flaco y consumido, logró llegar al mar en donde fue rescatado por un barco británico, llegando así a las costas de Inglaterra. Cuando el capitán del barco supo que el joven Newton sabía de navegación después de haber estado en la marina británica, lo convirtió en su ayudante. Pero aun ahí Newton tuvo problemas. Un día cuando el capitán había desembarcado, Newton sacó de las bodegas del barco todo el ron e hizo que toda la tripulación se embriagara. Estaba tan ebrio que cuando el capitán regresó lo golpeó en la cabeza, Newton calló por la borda y se hubiera ahogado si no es que uno de los marinos rápidamente lo subió a bordo nuevamente.

Cerca del final del viaje, cuando se acercaban a Escocia, el barco entró en una tormenta y se salió de la ruta del viaje. El agua comenzó a entrar y el barco empezó a hundirse. El joven disoluto fue enviado a la parte baja del barco a bombear agua. La tormenta duró cuatro días, para entonces Newton estaba aterrorizado. Estaba seguro de que el barco se hundiría, y por lo tanto que él se ahogaría. Estando en la bodega del barco, bombeando agua desesperadamente, el Dios de toda gracia a quien él había estado tratando de olvidar pero que nunca lo había olvidado a él, trajo a su mente versículos bíblicos de los que él había aprendido cuando era niño. El camino hacia la salvación se abrió ante él. Él había nacido de nuevo, completamente transformado.

Tiempo después cuando ya estaba en Inglaterra, comenzó a estudiar teología, eventualmente se convirtió en predicador en un pequeño pueblo llamado Olney, que después sería Londres. Su historia se resume en estas palabras: "Sublime gracia, cómo es dulce el sonido que salvó a un miserable como yo".

Oración

Padre te agradecemos por la verdad, gracias por la obra de salvación, la poderosa obra de salvación que has realizado en nosotros. No la merecemos. Cuando hemos hecho todo lo que debemos hacer, debemos decir: "Solo soy un siervo inútil; toda la gloria es para ti, toda la alabanza para ti. Para la alabanza de tu gloria nos has elegido. Nos has redimido, nos has justificado, nos has regenerado, adoptado y santificado. Nos has colocado en la comunión de los santos y nos prometiste la gloria eterna. Todo esto es por el poder de tu obra y te alabamos por ello. ¿Cómo podríamos no adorarte, cómo podríamos no amarte? ¿Cómo podríamos no obedecerte? ¿Cómo podríamos no encontrar un gozo sin fin en lo que tú has hecho por nosotros? Que nunca crezcamos fríos hacia ti en nuestra mente y corazón. Te agradecemos y te damos alabanza.

Padre, te agradecemos por el tiempo que hemos podido separarnos del mundo que nos rodea para llegar a este maravilloso lugar, reunirnos con los santos, adorarte, y escucharte de la manera poderosa que nos has hablado tu verdad. Sella todas estas cosas en nuestros corazones y llénanos de gratitud, esta es nuestra oración. Haz tu obra en cada vida, te damos toda la alabanza y la gloria. Amén.

REFLEXIONES PERSONALES

20_Verdades gemelas: la soberanía de Dios y la responsabilidad humana

De cierto, de cierto te digo, que lo que sabemos hablamos, y lo que hemos visto, testificamos; y no recibís nuestro testimonio. Si os he dicho cosas terrenales, y no creéis, ¿cómo creeréis si os dijere las celestiales? Nadie subió al cielo, sino el que descendió del cielo; el Hijo del Hombre, que está en el cielo. Y como Moisés levantó la serpiente en el desierto, así es necesario que el Hijo del Hombre sea levantado, para que todo aquel que en él cree, no se pierda, mas tenga vida eterna. Porque de tal manera amó Dios al mundo, que ha dado a su Hijo unigénito, para que todo aquel que en él cree, no se pierda, mas tenga vida eterna. Porque no envió Dios a su Hijo al mundo para condenar al mundo, sino para que el mundo sea salvo por él. El que en él cree, no es condenado; pero el que no cree, ya ha sido condenado, porque no ha creído en el nombre del unigénito Hijo de Dios. Y esta es la condenación: que la luz vino al mundo, y los hombres amaron más las tinieblas que la luz, porque sus obras eran malas. Porque todo aquel que hace lo malo, aborrece la luz y no viene a la luz, para que sus obra no sean reprendidas. Mas el que practica la verdad viene a la luz, para que sea manifiesto que sus obras son hechas en Dios.

Juan 3:11-21

BOSQUEJO

— Introducción
— Creer
— La responsabilidad humana
— La paradoja
— La soberanía de Dios
— Nuestra misión
— Oración

Notas personales al bosquejo

SERMÓN

Introducción

Ahora vamos nuevamente a Juan 3, les pido que abran sus Biblias y leamos el tercer capítulo de Juan. Vamos a dar un vistazo inicial a esta sección, de los versículos 11 al 21. Y entonces voy a alejarme un poco porque hay algo que tengo que decirles para colocar todo este pasaje en su contexto y colocarlo en sus mentes de manera que les ayude a su comprensión.

Pero permítanme leer, dejamos nuestra discusión en medio de la conversación entre Jesús y Nicodemo dentro de los primeros diez versículos donde Jesús le habla acerca de ser nacido de nuevo, nacer de arriba. Hablamos acerca del nuevo nacimiento. Hablamos de ser nacido de arriba. Esta es una obra de Dios; es una obra divina, una obra de gracia soberana y de poder soberano. Es una obra monergista y unilateral de Dios, no es sinérgica en donde tú participas con Dios. No es un tipo de coalición de la voluntad y poder del hombre, con la voluntad y poder de Dios. Es una obra singular de Dios por medio de la cual Él baja del cielo, y trae ese llamado irresistible, lo llamamos el llamado efectivo sobre el corazón de un pecador. Lleva a ese pecador a sí mismo, lo regenera, lo justifica, lo santifica y después glorifica a ese pecador. Es una obra de Dios. El nuevo nacimiento comienza desde arriba, en la ilustración del nacimiento se logra el punto porque nadie participa en su propio nacimiento. Ustedes no participaron en su nacimiento físico; tampoco participan en su nacimiento espiritual. Es una obra de Dios, una obra divina, un milagro creador.

Ya vimos esta conversación en los versículos 1 al 10, con Nicodemo. Nuestro Señor continúa hablando a Nicodemo pero va más allá, porque conforme ustedes leen en el versícululo 11, los pronombres son plurales al tiempo que dice, "te digo". En el versículo 11, el pronombre es plural, esto hace que la conversación se amplié más allá de Nicodemo, son para cualquiera que esté escuchando o bien cualquier otro que llegue a leer esto.

Retomamos el monólogo, la conversación concluye en el versículo 10. Nicodemo no tiene nada más que decir. Pero ahora habla Jesús de los versículos 11 al 21. Quiero que ustedes noten el énfasis que hay aquí: "De cierto, de cierto te digo, que lo que sabemos hablamos, y lo que hemos visto, testificamos; y no recibís nuestro testimonio". Esto es una indicación de que Nicodemo no aceptó lo que Jesús le dijo acerca del nuevo nacimiento. Ese es el post-mortem en esa parte de la conversación. No lo aceptaste. Esto explica la ignorancia de los versículos 9 y 10. Nicodemo no entendió; ¿cómo puede ser esto posible? Y Jesús le dice: "¿eres maestro de Israel y no entiendes cómo pueden suceder estas cosas?" La razón por la que no puede entender es que la ignorancia es el producto de su incredulidad. Por lo que él no es un creyente. Tú no aceptas nuestro testimonio.

Entonces el Señor continua diciendo: "Si os he dicho cosas terrenales, y no creéis, ¿cómo creeréis si os dijere las celestiales? Nadie subió al cielo, sino el que descendió del cielo; el Hijo del Hombre, que está en el cielo. Y como Moisés levantó la serpiente en el desierto, así es necesario que el Hijo del Hombre sea levantado, para que todo aquel que en él cree, no se pierda, mas tenga vida eterna. Porque de tal manera amó Dios al mundo, que ha dado a su Hijo unigénito, para que todo aquel que en él cree, no se pierda, mas tenga vida eterna". Martín Lutero llamó a este versículo el evangelio en miniatura, el versículo más familiar de la Biblia.

Y llega el versículo 17: "Porque no envió Dios a su Hijo al mundo para condenar al mundo, sino para que el mundo sea salvo por él. El que en él cree, no es condenado; pero el que no cree, ya ha sido condenado, porque no ha creído en el nombre del unigénito Hijo de Dios. Y esta es la condenación: que la luz vino al mundo, y los hombres amaron más las tinieblas que la luz, porque sus obras eran malas. Porque todo aquel que hace lo malo, aborrece la luz y no viene a la luz, para que sus obras no sean reprendidas. Mas el que practica la verdad viene a la luz, para que sea manifiesto que sus obras son hechas en Dios".

Creer

Si hubo alguna palabra que saltó a tu mente cuando leía esto, tuvo que haber sido la palabra "cree" porque esta aparece siete veces. En los primeros diez versículos, pudimos notar que el término "nacido de nuevo" apareció cinco veces, "nacido de nuevo, nacido de arriba", hablando de esa obra divina, sobrenatural, soberana, milagrosa, y llena de gracia hecha por Dios. Ese fue el tema de los versículos 1 al 10, el nuevo nacimiento, la regeneración. Ahora el tema que tenemos aquí es fe, creer. Y de este modo podemos identificar este mensaje como: "Sola fide", es el latín para "solo por fe". Ahora, ¿por qué elegí usar el latín para titular este mensaje? Porque este es un término clásico usado para describir la doctrina que se enseña en los versículos 11 al 21, este fue usado a partir de la Reforma. Si vamos al siglo XVI y XVII cuando el evangelio fue clarificado, cuando sucedió ese movimiento que llamamos la Reforma, había cinco *solas* con las que los reformadores se identificaban. Estas cinco *solas* se convirtieron en los patrones de referencia para identificar la Reforma, y estas son las *solas* que constituyeron el fundamento y el verdadero entendimiento del evangelio para los protestantes.

Los reformadores iniciaron, primero que nada, con *sola Scriptura* en contra de la Iglesia Católica Romana. Afirmaron que solo había una revelación divina, solamente la Escritura, *sola Scriptura*. No es lo que se afirma ex cathedra por el Papa, no es producto de los concilios de la iglesia, no es producto del magisterio de la tradición católico romana, esas no son revelaciones divinas, inspiradas y autoritativas. *Sola Scriptura*, y después dijeron *sola Cristus*. María no es corredentora, solo Cristo. Cristo es el único y suficiente Salvador.

La salvación no es por gracia y obras, es solo por gracia, *sola gratia*. Y es apropiado decir que no es por obras o por ningún esfuerzo humano, sino *sola fide*, "por medio de la fe solamente" y la *sola* final es, *soli Deo gloria*, "la gloria solo a Dios". Estas *solas* definen la Reforma y cuando leemos cualquier literatura de la Reforma, vas a estar girando dentro de las *solas*. De hecho, a través de los años, muchas veces he hablado de estos temas en conferencias que en realidad son diseñadas para dar estas *solas*, ahí cada conferencista hablará para enfatizar *sola Scriptura, sola Cristus, sola gratia, sola fide, o soli Deo gloria*. Estos son temas maravillosos.

Así que aquí estamos viendo *sola fide*, el aspecto de la salvación que declara que alguien es salvado solo por fe, no por fe más obras, porque por gracia sois salvos por medio de la fe, no por obras. Este es Efesios 2:8 y 9. No es por obras, es solo por fe. O bien Romanos 3, "nadie es justificado por algún tipo de comportamiento o por las obras de la ley". O Romanos 4:3, "Abraham fue justificado por fe y no por obras". O Romanos 10, "uno es salvo cuando cree en la resurrección de Cristo y reconoce su señorío". La palabra de Dios es completamente clara en esto. Ya antes leí de Hebreos 10:38 una declaración del Antiguo Testamento: "El justo por la fe vivirá". Esto es para decir, la justificación viene por fe y solamente por fe. Y ya todos sabemos algo de la historia de esto. Este fue un gran descubrimiento que hizo Martín Lutero y de ahí nació la Reforma. Él fue una especie de detonador para dar inicio, esto gritó a la iglesia católica romana y el protestantismo, nombrado así porque era una protesta en contra del catolicismo, surgió y el verdadero evangelio fue recuperado. La salvación viene solamente por fe, no es fe más obras, es solamente por medio de la fe.

Esto es lo que Juan está diciendo en los versículos 11 al 21. Él le está diciendo a Nicodemo y más allá de Nicodemo usando estos pronombres plurales: "Les digo a todos ustedes", esto es para cualquiera que esté parado ahí junto a Nicodemo, incluyendo a sus propios discípulos: "Y les digo a todos los que alguna vez leerán esto, que ustedes serán salvos solo por fe". Versículo 15: "todo aquel que crea tendrá vida eterna". Versículo 16, "todo aquel que en él cree, no se pierda, mas tenga vida eterna". Versículo 18, "El que en él cree, no es condenado". Esto habla de creer, se trata de fe y solamente por fe.

Esto es consistente con el propósito de Juan. Si recuerdan, Juan nos dio su propósito al final de su carta en Juan 20:31, "Pero Estas se han escrito",

Estas se refiere a todo su evangelio, "Pero Estas se han escrito para que creáis que Jesús es el Cristo, el Hijo de Dios, y para que creyendo, tengáis vida en su nombre". Juan habla constantemente de la vida eterna, es decir, del perdón de los pecados, de la reconciliación con Dios. La esperanza del cielo llega a aquellos que creen. Es solo por fe.

Ahora lo que es fascinante es el hecho de que esto llega dentro de los versículos 1 al 10. Y solo piensen en esto. Jesús le está hablando a un incrédulo. Le está hablando a un hombre que está dentro de una religión defectuosa, herética y apóstata. Él quiere traer a este hombre al conocimiento de la verdad y consecuentemente le dice tres veces en esta conversación que llega hasta el versículo 11: "De cierto, de cierto", lo que es una manera de decirle "en contraste con el error que llena tu mente, error que has aprendido y enseñado siendo el maestro de Israel, "te quiero decir la verdad. Y la primera verdad que quiero que entiendas es que la salvación es una obra divina que Dios realiza desde el cielo, esto no depende de ti". Esto ya lo vimos es tan claro como el agua en los versículos 1 al 10.

La responsabilidad humana

Y después sin ninguna explicación, sin una transición, nuestro Señor toma la siguiente parte de la conversación, lo convierte en un monólogo y dice esto: "Cualquiera que crea puede ser salvo", y explica esto en estos versículos. Cualquiera que crea puede ser salvo. Así que por un lado tienes la doctrina de la soberanía divina. Y por la otra tienes la doctrina de la fe humana, del creer por parte del ser humano, o bien la responsabilidad humana. Hay algunas advertencias que ya les leí. Si no crees, será condenado. Si no crees, serás juzgado, lo que quiere decir que si no crees, eres responsable de tu falta de fe, se te considerará culpable, y serás castigado. Esto es la doctrina de la responsabilidad humana. Consecuentemente necesitas creer. Necesitas creer pero creer en el Señor Jesucristo el Hijo de Dios, para que no perezcas; para que tengas vida eterna. Aquí tenemos la responsabilidad humana declarada de manera positiva y negativa. Serás responsable por todo el peso del juicio si rechazas creer. Y por otro lado, si tú crees, la vida eterna te espera sin importar quien seas tú.

Así que en los versículos 1 al 10 tienes la más clara presentación de lo que es la salvación soberana en toda la Escritura, y justo en contraste tienes una clara presentación de lo que es la responsabilidad humana. Y la pregunta que si bien no vamos a responder hoy, pero que estarás preguntando en cada versículo, esta es, ¿cómo es que estas dos cosas pueden ser conciliadas? ¿Cómo se entrecruzan? Durante muchos años e intervenido en foros de preguntas y respuestas en todo lugar que he visitado del mundo, y cada vez que hay una sesión abierta de preguntas y respuestas, se me pregunta esto:

¿Cómo es que la salvación puede ser únicamente sea la obra de Dios y yo pueda ser responsable por creer o no creer? ¿Cómo es que estas dos verdades encajan juntas?

Ahora yo te quiero decir, primero que nada; la mayor parte de la gente que está haciendo evangelismo prefiere evitar esta pregunta a toda costa, y asumiendo que a los cristianos que han sido cristianos por mucho tiempo no les gusta enfrentar esta pregunta. Harán todo lo que sea posible para mantener al no creyente en la oscuridad acerca de esto, y de este modo estarán haciendo exactamente lo opuesto a lo que hizo Jesús. Jesús está hablando a un no creyente y le presenta las dos verdades gemelas de la soberanía divina en la salvación y la responsabilidad humana, y lo hace justo al comienzo de la conversación. Esta es una obra de Dios, es exclusivamente la obra de Dios, pero serán responsabilizados si no crees; eres llamado a creer y te espera la vida eterna si crees. Estas son verdades gemelas que van en paralelo.

Y, ¿necesito decirlo? Estas siempre serán paralelas. Siempre serán paralelas. Nunca se juntarán. Nunca se intersectarán. Nunca podrán ser reducidas, y legítimamente estas son lo que son independientemente. El hecho de que ustedes no entiendan como es que van juntas simplemente prueba que eres menos de lo que debieras ser. No dicen nada acerca de Dios. Tu inhabilidad para armonizar estas cosas es solo un reflejo de tu naturaleza caída, de mi naturaleza caída. La gente me pregunta todo el tiempo: "¿Cómo armonizas estas dos?" Y mi respuesta es: "No lo hago, no puedo". No pueden ser armonizadas dentro de la mente humana. Pero dense cuenta de esto, su mente y la mía son enclenques, y colectivamente somos unos enclenques comparados con la mente infinita, vasta e ilimitada de Dios. Todo lo que les puedo decir es que la Palabra de Dios, estas verdades son paralelas. Y la única respuesta es creer ambas con todo tu corazón. Y una, la soberanía divina, informará tu adoración a Dios; la otra, la responsabilidad humana, motivará tu evangelismo.

¿Así que cómo debemos entender estas cosas? Bueno, vamos a entrar al texto y les voy a mostrar la condición de la incredulidad, la recomendación a creer, y la condenación por no creer, pero esto lo dejaremos para nuestro mensaje siguiente. Quiero hablar a ustedes de este asunto en particular porque, como ya dije, de otro modo tendrán este dilema en su mente en cada versículo tendrán la pregunta, ¿cómo funciona esto? ¿Cómo podemos estar diciendo estas cosas acerca de que tienes que creer, si crees puedes ser salvo, y hacer que esto cuadre con lo que ya sabemos acerca de la soberanía de Dios en la salvación? ¿Cómo es que estas dos cosas se entrelazan? No lo hacen. Lo digo una vez más, son verdades paralelas, ambas son verdad. He estado por aquí mucho tiempo y he podido ver todo esfuerzo imaginable, concebible por parte de muchas personas, personas bien intencionadas, muy dotadas, teólogos reconocidos, escritores reconocidos, predicadores famosos, comentaristas, para armonizar estas dos. Pero en este intento destruyen una u otra, y a veces las dos. No las podemos cambiar, no podemos unirlas. Deberás estar contento con conocer las dos y creerlas con todo tu corazón.

La paradoja

Ahora, ¿cómo te puedo ayudar a que las manejes? No se pueden armonizar. No las podemos unir. No puedo resolver tu dilema. No puedo resolver la aparente paradoja. Así que, ¿qué me queda? Quiero que estés confortable con tu inhabilidad para entenderlo, ¿entendido? Este es mi objetivo, ¿queda claro? Quiero que estés completamente contento con saber que no puedes armonizarlas. Hacer que descanses, que dejes de luchar contra esto. Esto es lo que vamos a hacer en este momento. Quiero que estés confortable con el hecho de que tú solo puedes entender algo, o bien que no puedes entender todo. Sé que esto es algo muy difícil de digerir debido al orgullo humano, pero debes vencerlo y estar contento con no poder entender todo.

Quiero que entiendas que cuando la Biblia trata con estas cosas, no se explica a sí misma. Esto es algo difícil de entender, usted no tiene justificaciones por esto. No tienes declaraciones enfáticas, o ves ningún esfuerzo por explicar esto. Estas cosas son declaradas en las Escrituras como realidades paralelas y en realidad nunca son explicadas o armonizadas porque ambas existen. Y el hecho de que nosotros no podamos entenderlas nos dejan con solo una opción, y esta es creer en ambas y estar contentos con esto.

Permítanme darles un par de ilustraciones para ayudarles con este confort. Vayan a Isaías 10, y esto puede ser un ángulo un poco diferente sobre esto, pero quiero mostrarles como ser capaz de ver cómo es que Dios nos muestra estas cosas de maneras sorprendentes.

Dios tiene una voluntad, lo sabemos. Dios siempre hará su voluntad, o bien todo lo que el Señor desea lo hará, Él lo hace; cualquier cosa que Él se proponga sucederá. La voluntad de Dios no puede ser frustrada. Él es absolutamente soberano. Él hace todo lo que quiere en cada vida. Él hace todo lo que quiere entre los hombres. Él hace lo que quiere en el mundo. Él hace que todo lo que se propone suceda. Este aspecto de la soberanía de Dios está claramente revelado en toda la Escritura.

Hay una ilustración muy interesante de cómo su soberanía va junta con la responsabilidad. En el capítulo 10 de Isaías, Dios presenta a Asiria, a la nación de Asiria, el pueblo de Asiria. Y nos presenta a esta nación pagana e idólatra en una forma muy interesante. Isaías 10:5, "Oh Asiria", la Biblia de las Américas inicia de este modo: "Ay de Asiria". Como pueden ver inicia con una especie de lamento, en el hebreo se diría, *hoy* (הוֹי); es una especie de gemido. Es un término onomatopéyico; es una palabra que suena como su significado. Así que es una palabra que expresa un dolor terrible, significa destrucción y juicio. Dios va a destruir a Asiria. Dios va a traer un juicio divino en contra de Asiria.

En seguida leemos, "vara y báculo de mi furor, en su mano he puesto mi ira". Dios dice voy a juzgar a Asiria, y después Él identifica a Asiria como la vara de su ira y báculo de su indignación o furor. En otras palabras, Asiria es un arma en las manos de Dios. Dios está tomando a Asiria como un arma, para usar a Asiria para desatar su ira.

¿Sobre quién va? Versículo 6: "Le mandaré contra una nación pérfida, y sobre el pueblo de mi ira le enviaré". Esta es una designación muy triste porque está hablando de Israel. Dios, y esto sucedió en la historia, tomó a Asiria y la envió como un destructor en contra del apóstata e idólatra Israel. Dios dice: "Voy a tomar a Asiria como báculo de mi ira, como vara de mi furor, de mi indignación, y voy a enviarla en contra de una nación impía, en contra de Israel". Y esto fue lo que Él hizo. Asiria era una herramienta de Dios. Ustedes conocen la historia de la invasión de Asiria en el reino del norte en 722 a.C., los tomó cautivos, los masacró, y nunca más regresaron de la cautividad; esto la parte norte del reino dividido. Asiria era como un arma. Y dice en el versículo 6, "para que quite despojos, y arrebate presa, y lo ponga para ser hollado como lodo de las calles", y esto fue exactamente lo que sucedió.

Entonces llegamos al versículo 7, muy interesante: "Aunque él no lo pensará así, ni su corazón". Voy a usar a Asiria para hacer esto, pero este no es el plan de Asiria. Esto no es algo que Asiria esté eligiendo, esto es lo que Yo estoy eligiendo que Asiria haga. Esta no es la intensión de Asiria. Este no es su plan. En lugar de esto, su plan es destruir y cortar a muchas naciones. Asiria tiene como objetivo todo tipo de naciones y sus nombres están en los siguientes versículos, versículo 9, este identifica a algunas de ellas. Asiria tiene su plan, pero Yo tengo mi plan, y a pesar de que ella no lo planea, o tiene la intención de hacerlo, Yo la voy a tomar y la voy a usar como Mi arma.

Bien, esto es sorprendente, Asiria no tiene ninguna intención de hacer esto. Literalmente Dios, soberanamente, los toma y los dirige hacía Israel para que cumplan su voluntad, pero dijo en el versículo 5, "Ay de Asiria". Un ay por Asiria, una nación va a ser destruida por haber hecho algo que ella no decidió hacer, por hacer algo que ella no planeó, por hacer algo que no era su intensión hacer.

Asiria tenía sus propios planes, pero Dios tenía planes diferentes. Pero Asiria va a ser destruida. Versículo 12: "Pero acontecerá que después que el Señor haya acabado toda su obra en el monte de Sion", que representa a Israel y Jerusalén, Él dirá: "voy a castigar el fruto de la soberbia del corazón del rey de Asiria y la gloria de la altivez de sus ojos". Y continúa citando lo que el rey de Asiria dijo cuando se enorgulleció y fue en contra de Israel. Dios dice: "la voy a destruir".Versículo 16, "enviará debilidad sobre sus robustos, y debajo de su gloria encenderá una hoguera como ardor de fuego. Destruirá la gloria de sus bosques y de sus campos fructíferos, el alma y el cuerpo serán como cuando un hombre enfermo muere". Esta es una sorprendente yuxtaposición. Dios castiga a una nación por haber hecho lo que Dios le mandó a hacer. Y no hay explicación, no hay manera de armonizar estas cosas. Completa responsabilidad por el orgullo que surgió en el rey de Asiria. Completa responsabilidad sobre Asiria, por su malvada intención por haberlos masacrado. Incluso por haber actuado bajo un decreto divino, ellos cargaron con toda la responsabilidad por lo que ellos hicieron. Esto, una vez más, es una ilustración de estas verdades paralelas: responsabilidad humana y soberanía divina. Y siempre serán paralelas, y siempre tendrán que ser entendidas en este sentido. Los pecadores cargan con la completa responsabilidad de sus actos por haberse revelado en contra de Dios, incluso cuando Dios los ha estado usando para cumplir sus propósitos. Y ya que todas las cosas han sido decretadas y determinadas por Dios para lograr su propósito final.

La soberanía de Dios

Ahora vayamos al Nuevo Testamento, por un momento. Mateo 11:27, este es un versículo que habla de soberanía divina: "Todas las cosas me fueron entregadas por mi Padre", ahora escucha, "y nadie conoce al Hijo, sino el Padre, ni al Padre conoce alguno, sino el Hijo, y aquel a quien el Hijo lo quiera revelar". ¿Lo puedes ver? El único que conoce al Hijo es aquel a quien el Hijo se quiere revelar". ¿Lo ves? El único que conoce al Hijo es aquel a quien el Hijo quiere revelárselo. Tú no puedes conocer a Cristo, si Él no quiere que tú creas en Él. Si Él no quiere que tú lo conozcas, y este es el versículo 27, una fuerte declaración en cuanto a soberanía divina, y propósito determinado, tú no puedes conocer al Hijo a menos que el Hijo quiera que tú lo conozcas.

Y después en el versículo 28, ¿qué dice?: "Venid a mí todos los que estáis trabajados y cargados, y yo os haré descansar".

¿Cómo puede ser esto posible? Acaba de decir que nadie puede venir al Hijo a menos que Él se revele por sí mismo. ¿Cómo puedes decir esto? Pero esto está por toda la Biblia. Aquí están estas dos realidades paralelas, estas dos verdades gemelas una vez más. Por un lado, el propósito soberano de Dios; por el otro, una oferta abierta: "Venid a mí todos los que estáis trabajados y cargados, y yo os haré descansar. Llevad mi yugo sobre vosotros, y aprended de mí, que soy manso y humilde de corazón; y hallaréis descanso para vuestras almas; porque mi yugo es fácil, y ligera mi carga".Tenemos esta firme declaración acerca de que nadie es capaz de conocer a Cristo a menos que esto le sea revelado a él desde el cielo. Y después tienes una súplica especial, desde el corazón de Cristo para cualquiera que quiera venir.

Vayamos a Juan 6, uno de los más grandes capítulos de la Escritura, Juan 6:35, Jesús dice, alimenten a la multitud y a continuación habla del pan de vida, acerca de sí mismo siendo el pan de vida. En el versículo 35 dice, "yo soy el pan de vida, aquel que venga a mí no tendrá hambre. Aquel que crea en mí nunca tendrá sed". Así que si tienes hambre o sed espiritual, esto puede ser remediado y contestado llegando a Cristo. ¿Qué quiere decir esto? Quiere decir creer. Versículo 35 es uno de esos "aquel." Todo aquel que cree en mí nunca tendrá sed. Mas os he dicho, que aunque me habéis visto, no creéis". Ustedes no creen, su problema es que me han visto, me han escuchado; acabo de crear alimento para 20 o 25 mil de ustedes, les he estado enseñando, y les he dicho esto. "Su problema, ustedes no creen, a pesar de todo esto no creen".

Y después dice en el versículo 37, vean esto: "Todo lo que el Padre me da, vendrá a mí". Y vuelve a pasar de la falla de no creer a la soberanía divina. Ustedes no creen, ustedes no vienen. Y después dice inmediatamente, "todo lo que mi Padre me da, vendrá a Mí". Y por cierto, en el versículo 40 Él dice esto, "Y esta es la voluntad del que me ha enviado: Que todo aquel que ve al Hijo, y cree en él, tenga vida eterna". Pasa de una a otra, de soberanía divina a responsabilidad humana. Va del nuevo nacimiento, a la obra de regeneración de parte de Dios, el Padre elige, el Padre atrae, el Padre da al Hijo, el Hijo recibe, el Hijo guarda y no pierde a ninguno. Este es el lado divino. Y simplemente se mueve con toda facilidad sin ninguna explicación a la realidad de que cualquiera, cualquiera que crea, podrá tener vida eterna.

Y en el versículo 44: "Ninguno puede venir a mí, si el Padre que me envió no le trajere". No puedes venir si el Padre no te trajere y el versículo 45: "Así que, todo aquel que oyó al Padre, y aprendió de él, viene a mí". Parece que todo esto da soporte a la idea de que esta es una obra divina, solo Dios la puede hacer. De hecho leemos en el versículo 46: "No que nadie haya visto al Padre, excepto aquel que proviene del Padre, Él ha visto al padre". Y esto está hablando del lado divino. "No puedes conocer al hijo, no puedes conocer al Padre, no puedes conocer la vida eterna a menos que Dios te lleve, a menos que Dios te llame, y entonces el versículo 47: "De cierto, de cierto os digo: El que cree en mí, tiene vida eterna". Esto es cuestión de creer, de tener fe.

Versículo 57: "Como me envió el Padre viviente, y yo vivo por el Padre, asimismo el que me come, él también vivirá por mí". Todo lo que tienes que hacer es recibir a Cristo, tenerlo en tu interior y tendrás vida eterna. Y más abajo en el versículo 63, es el Espíritu quien te da vida. Esta es la regeneración. Esto es Juan 3:1 al 10; es el nuevo nacimiento, la regeneración nace de lo alto. Es el Espíritu quien te da vida. Y en el versículo 64: "Pero hay algunos de vosotros que no creen". Este es el problema. Y el resultado de esto está en los versículos 66-69, "muchos de sus discípulos volvieron atrás, y ya no andaban con él. Dijo entonces Jesús a los doce: ¿Queréis acaso iros también vosotros? Le respondió Simón Pedro: Señor, ¿a quién iremos? Tú tienes palabras de vida eterna. Y nosotros hemos creído y conocemos que tú eres el Cristo, el Hijo del Dios viviente". Y como ven nos lleva de un lado al otro, del soberano acto de elección por parte de Dios, la soberana revelación del Padre y del Hijo, la obra soberana del Espíritu quien da vida al creyente o no creyente. Todas estas cosas van lado a lado en toda la Escritura. Dos verdades paralelas que deben ser afirmadas si es que no son comprendidas por completo.

En el segundo capítulo del libro de Hechos versículos 22 y 23, encontramos otra de estas ilustraciones donde Pedro está predicando en el día de Pentecostés, y él acusa a los judíos por haber rechazado y crucificado a Cristo. Dice: "Varones israelitas, oíd estas palabras: Jesús nazareno, varón aprobado por Dios entre vosotros con las maravillas, prodigios y señales que Dios hizo entre vosotros por medio de él, como vosotros mismos sabéis; a este, entregado por el determinado consejo y anticipado conocimiento de Dios, prendisteis y matasteis por manos de inicuos, crucificándole".

El predeterminado plan de Dios pero ustedes lo crucificaron en la cruz. Y sabemos de la enseñanza del Señor que ellos serían responsables por ello, que su casa sería dejada desolada. Ellos eran culpables no solo de apedrear a los profetas, sino que asesinaron al Hijo de Dios mismo, y ellos cargarían con todo el peso de la responsabilidad por su incredulidad y sus acciones en contra de Cristo. Si por el predeterminado plan y anticipado conocimiento de Dios, y a pesar de esto son completamente responsables, esto es aquellos que lo rechazaron y le quitaron la vida.

En del libro de Hechos 4:27: "Porque verdaderamente se unieron en esta ciudad contra tu santo Hijo Jesús, a quien ungiste", está hablando a Dios, "Herodes y Poncio Pilato, con los gentiles y el pueblo de Israel, para hacer cuanto tu mano y tu consejo habían antes determinado que sucediera". Así que aquí, los judíos, los romanos, Pilato, Herodes, todos los involucrados en la ejecución de Jesús, ellos estaban lo que ellos querían hacer dentro de su incredulidad y una iniquidad abundante pero en realidad estaban ejecutando el predestinado propósito de la mano de Dios. Estas son verdades paralelas. El Antiguo Testamento profetizó la traición de Jesús. Profetizó a Judas. El Nuevo Testamento registra el hecho de que Judas era el cumplimiento de uno que fue profetizado para levantar su mano, su propio amigo cercano quien levantaría su mano en su contra. Esto fue ordenado por Dios que Judas sería un traidor en Juan 18:9, por lo que Jesús dice, "para que se cumpliese aquello que había dicho: De los que me diste, no perdí ninguno".

Y también en Hechos 1:25 dice: "Cuando Judas se ahorcó, y cayendo de cabeza, se reventó por la mitad, y todas sus entrañas se derramaron... cayó Judas por transgresión, para irse a su propio lugar". Estos son ejemplos de que tan consistente la Escritura pone estas cosas en paralelo sin mezclarlas y por lo tanto no disminuye ni una de las dos, o las dos.

Una ilustración final en Romanos 9, 10 y 11, lo vamos a resumir en unos momentos. Obviamente estos son grandes pasajes. Recuerdo la primera vez que recorrí Romanos 9, 10 y 11, estos tres capítulos, creo que me tomó un año. Y admito, la gente estaba rogando misericordia durante seis meses; lo recorrimos en un año. Por lo que solo les daré un resumen.

En los capítulos 1 al 8, el evangelio. Se nos presenta el evangelio en 1 y después se convierte en el tema en toda su belleza, en todas sus derivaciones, aspectos, y el evangelio está desde el capítulo 1 al 8.

Y llegando al 9, del 9 al 11 habiendo sido explicado el evangelio, el apóstol derrama su corazón en la aplicación de las verdades del evangelio a los pecadores. Pero escoge a un grupo de pecadores, el que es más familiar para ellos, y que son aquellos quienes más le importan, los judíos. Así que tomemos el evangelio de los primero ocho capítulos y apliquemos este a los judíos. ¿Cómo se siente él respecto a esta nación?

Vayamos al 9:1-4, "Verdad digo en Cristo, no miento, y mi conciencia me da testimonio en el Espíritu Santo, que tengo gran tristeza y continuo dolor en mi corazón. Porque deseara yo mismo ser anatema, separado de Cristo, por amor a mis hermanos, los que son mis parientes según la carne; que son israelitas". Aquí está el problema. Él entiende el evangelio. Él ha mostrado las glorias del evangelio y voltea a ver a su pueblo, a su nación Israel, y su corazón se parte al grado que él desearía dar su propia salvación si con esto Israel pudiera salvarse. Lo mismo lo vemos en el capítulo 10:1, "El anhelo de mi corazón, y mi oración a Dios por Israel, es para salvación". La misma actitud. Capítulo 11:1, "¿Ha desechado Dios a su pueblo? En ninguna manera". Lo que tenemos aquí es la pasión de Pablo, su pasión es que este glorioso evangelio que él acaba de explicar sea aplicado a Israel. Esto trae a escena estas dos realidades paralelas. Aquí tenemos la primera, soberanía divina en el capítulo 9, y tienes la segunda, la voluntad humana en el capítulo 10. Veamos cómo inicia el capítulo 9. Inicia afirmando los privilegios que tenían los israelitas. Versículo 4 y 5, la adopción, la gloria, los pactos, el que les fue dada la ley, el templo, las promesas del Padre. Incluso Cristo vino por medio de la línea de Israel. La Palabra de Dios no falló. ¿Qué sucedió? "No todo Israel es Israel". ¿Qué? "No todo Israel es Israel". Dios hace elecciones. Y vamos al versículo 13, tenemos una ilustración. "A Jacob amé, mas a Esaú aborrecí". ¿Qué? "A Jacob amé, mas a Esaú aborrecí. Y he determinado que el mayor sirva al menor." Versículo 14, entonces la respuesta: "¿Qué, pues, diremos? ¿Que hay injusticia en Dios?" Esto no suena justo. ¿Cómo puedes hacer esta determinación, incluso antes de que ellos hayan nacido? ¿Cómo pudiste escoger a Jacob y no a Esaú? ¿Cómo pudiste hacer esto? No es justo.

En el versículo 15, vemos la respuesta de Dios desde Éxodo 33:19, "tendré misericordia del que tendré misericordia, y seré clemente para con el que seré clemente". Yo tomé esa decisión. Yo decido a quien he de dar misericordia y compasión. "No depende del que quiere ni del que corre". Depende de Dios quien tiene misericordia, Romanos 9:18, "De manera que de quien quiere, tiene misericordia, y al que quiere endurecer, endurece". Así que la pregunta está en el versículo 19, "¿Por qué, pues, inculpa?" Ni siquiera soy un factor. Él está tomando todas las decisiones, ¿cómo pues me puede hacer responsable de rechazarlo? ¿Por qué no se puede resistir su voluntad soberana? Esta es tu queja, "esto no es justo". ¿Cuál es la respuesta de Dios? Simple, "cállate tú no tienes el derecho de preguntar esto". Esto es lo que está diciendo con todas estas palabras.

Versículos 20-22: "¿Quién eres tú, para que alterques con Dios? ¿Dirá el vaso de barro al que lo formó: Por qué me has hecho así? ¿O no tiene potestad el alfarero sobre el barro, para hacer de la misma masa un vaso para honra y otro para deshonra? ¿Y qué, si Dios, queriendo mostrar su ira y hacer notorio su poder, soportó con mucha paciencia los vasos de ira preparados para destrucción?" Dios tiene el derecho de hacer que se muestre su gloria, la gloria que Él obtiene por medio de mostrar su ira. Y qué si Dios quiso dar a conocer la riqueza de su gloria en vasos de misericordia. Dios es glorificado en su ira, y Él es glorificado en su gracia.

De Romanos 9:25 obtenemos, "llamaré a aquellos que no eran mi pueblo, pueblo mío". Haré este llamado. Tomaré esa decisión. Esta es una decisión soberana de Dios. Esta es la sección más fuerte, en cuanto a declaraciones, del Nuevo Testamento acerca de la soberanía de Dios para elegir a los que se salvan.

Y ahora llegamos al capítulo 10, el siguiente capítulo. Aquí está el otro lado, la responsabilidad humana. ¿Cuál es el problema? "Ciertamente el anhelo de mi corazón, y mi oración a Dios por Israel, es para salvación". Oro para que ellos puedan ser salvos. ¿Por qué es que ellos no son salvos? Bueno, "tienen celo por Dios", versículo 2, "pero no conforme a ciencia, o a conocimiento". No tienen suficiente conocimiento. No está diciendo, "bueno no hay manera en la que ellos puedan ser salvos porque supongo que Dios no los eligió". No dice esto, dice, "el problema es que ellos no tienen conocimiento". Y, ¿qué es lo que ellos no entienden? Lo que ellos no entienden son las cosas que necesitan entender. Quiero decir, totalmente tienes que creer. Por ejemplo, ellos no entienden la justicia de Dios. Esto es muy importante. Ellos no entienden que Dios es tan justo como lo es. Ellos piensan que Dios es menos justo de lo que en realidad es. Por lo que buscan establecer su propia justicia. Esto quiere decir que tienen una mala teología propia. Ellos piensan que Dios es menos justo de lo que en realidad es. También tienen una mala antropología. Ellos creen que son más justos de lo que en realidad son, y por lo tanto pueden satisfacer a Dios por sí mismos.

Así que tienen un entendimiento inadecuado de Dios como santo, perfectamente justo. Tienen un entendimiento completamente inadecuado de ellos mismos como total y completamente pecadores. Y por lo tanto ellos no se someten a la justicia de Dios. En otras palabras, no se dan cuenta del peso que tiene el no darse cuenta de que nunca podrán alcanzar la justicia de Dios, y por lo tanto él clama a Cristo para que acabe el reino de la ley y los traiga a la justicia, y ¿cómo sucedería esto? Esto vendría a cualquiera que cree. ¿No es esto sorprendente? Versículo 4, ellos no entienden que la justicia es la que trae el fin de la tiranía de la ley y esta está disponible a todos aquellos que creen. Por lo tanto Pablo dice, "esto es lo que predicamos", versículo 8. Predicamos la palabra acerca de la fe. Predicamos acerca de la fe. Predicamos que si tú lo confiesas con tu boca, "Jesús es Señor, cree en tu corazón que Dios lo resucitó de entre los muertos, y serás salvo, porque con el corazón cree una persona, y esto da como resultado justicia". Y después dice en el versículo 11, "Todo aquel que en él creyere, no será avergonzado". Cualquiera que crea, no importa si es judío, griego, es el mismo Señor, Señor de todos, abundante en riquezas para todos aquellos que invocan su nombre. "Porque todo aquel que invocare el nombre del Señor, serás salvo". Y después de que en capitulo 9, que dio como resultado la absoluta soberanía de Dios en la salvación, aquí el asunto es conocer la verdad, creer en la verdad, creer en Cristo.

¿Cómo respondemos a estas dos cosas? Bueno tenemos un mandamiento. Versículo 14, y esta es la forma en la resolvemos esto. "¿Cómo, pues, invocarán a aquel en el cual no han creído? ¿Y cómo creerán en aquel de quien no han oído? ¿Y cómo oirán sin haber quien les predique? ¿Y cómo predicarán si no fueren enviados?"

La fe, en el versículo 17, viene por el oír la palabra concerniente a Cristo. ¿Cuál es nuestra responsabilidad? ¿Subirnos en una torre de marfil y tratar de encontrar una solución para estas dos verdades paralelas? ¿Tratar de encontrar un camino para resolver esta aparente paradoja? ¿Intentar catapultarnos al nivel de la mente del Dios infinito? No. Nuestra responsabilidad es reconocer esto. Se nos ha dado un mandamiento y una comisión para ir a todo el mundo y predicar el evangelio a toda criatura porque cualquiera que crea será salvo. Cualquiera que crea será salvo. "A todo el que viene a mí", dijo Jesús en Juan 6:37, "yo no le echo fuera". La única manera en la que la gente puede venir a Él y creer es si ellos escuchan. La única forma por la que ellos pueden escuchar es si nosotros vamos y les decimos.

Si este tema de la soberanía y la responsabilidad humana no es nada más para ti que un tipo de ejercicio mental, entonces has perdido todo el punto. Se nos responsabiliza por la proclamación del mensaje de salvación hasta lo último de la tierra, llegar a todos los rincones de la tierra. Y si hacemos esto, dirán lo que se registra en Romanos 10:15, es tomado de Isaías 52, "cuan hermosos son los pies de los que anuncian las buenas nuevas, las buenas nuevas del evangelio".

Nuestra misión

Al final, la palabra final, y es una magnífica, llega al concluir el capítulo 11, al cierre del 11:33, ahora sabemos cuál es nuestra misión, es ir al mundo y predicar el evangelio, ser los predicadores que han sido enviados, decir la verdad a la gente para que puedan escuchar, creer y ser salvos. Pero aquí es donde llega la resolución final, Romanos 11:33. Es Pablo, y Pablo entendió estas dos verdades paralelas, y ciertamente todo ser humano puede entenderlas. Él dice esto, "¡Oh profundidad de las riquezas de la sabiduría y de la ciencia de Dios!" Lo primero que debemos entender es esto, lo que Dios conoce y lo que Dios entiende está inmensamente más allá de nosotros. Está a una profundidad a la que no podemos llegar. De hecho, dice, "¡Cuán insondables son sus juicios, e inescrutables sus caminos!"

¿Puedes aprender de esto? Tú no puedes entender estas dos cosas y cómo ellas están armonizadas en la mente de Dios. Nunca las podrás entender en esta vida. Son inescrutables e insondables. Hay miles de personas que quisieran dar un consejo a Dios, un pequeño consejo y darle una idea de cómo armonizarlas. Pero el problema está en el versículo 34, "¿quién entendió la mente del Señor? ¿O quién fue su consejero?" Piensas que Dios te está esperando para que le des algunas pistas de cómo armonizarlo o simplificarlo? ¿Quién te crees que eres? Tú no conoces la mente del Señor. Ni siquiera te puedes acercar. Tú no le vas a dar consejo a Él.

Y más aún, en el versículo 35, Él no está obligado contigo a darte ninguna información más de la que ya tienes. "¿O quién le dio a él primero, para que le fuese recompensado?" ¿Piensas que Dios te debe algo? ¿Piensas que te debe una explicación? No, al final, "Porque de él, y por él, y para él, son todas las cosas. A él sea la gloria por los siglos. Amén".

Ahora, Yo hice todo esto, esto es lo que nos dice, te llevé por todo esto de modo que cuando comenzaste a darte cuenta del papel que juega la fe, estarás en paz y descansarás pensando en esto y comparándolo con la maravillosa sección de la regeneración, la obra, la divina obra realizada por Dios.

¿Ahora estás más confortable con estas dos cosas? Espero que así sea. Este es todo el punto. En el Salmo 77:19 dice, "En el mar fue tu camino, y tus sendas en las muchas aguas;" amo esto, "y tus pisadas no fueron conocidas". Una imagen preciosa, ¿cierto? Caminas sobre el mar y no dejas pisadas. Estoy satisfecho con esto. Me regocijo en esto. Vivo mi vida creyendo en ambas cosas, pero lo que pone la responsabilidad sobre mí es *sola fide*; la soberanía no coloca responsabilidad en mí. La fe y el creer ponen toda la responsabilidad sobre mí, creer y no permanecer en incredulidad, y proclamar el mensaje de tal modo que otros puedan escuchar y creer también. Así que la siguiente vez que nos veamos vamos a analizar la maravillosa sección de cualquiera que crea no perecerá sino que tendrá la vida eterna.

Oración

Padre te agradecemos por este tiempo maravilloso, conforme hemos podido estar conscientes de estas cosas, algunos de nosotros durante mucho tiempo, y tal vez no hemos entendido qué maravillosas y sorprendentes son estas realidades. Y la gran realidad de que están más allá de nosotros habla de tu carácter divino. Te honramos, te adoramos, te amamos, te exaltamos, y a pesar de todos nuestros esfuerzos, no te podemos comprender de la manera que realmente eres. Estamos deseosos de aquel día en el cielo que llegará cuando nuestro conocimiento sea hecho perfecto y nuestro entendimiento sea hecho claro y seamos capaces de glorificarte de manera perfecta. Pero hasta entonces, te damos el honor que te dio el apóstol, y decimos junto con él "Porque de él, y por él, y para él, son todas las cosas. A él sea la gloria por los siglos. Amén".

REFLEXIONES PERSONALES

21_Simplemente, cree

De cierto, de cierto te digo, que lo que sabemos hablamos, y lo que hemos visto, testificamos; y no recibís nuestro testimonio. Si os he dicho cosas terrenales, y no creéis, ¿cómo creeréis si os dijere las celestiales? Nadie subió al cielo, sino el que descendió del cielo; el Hijo del Hombre, que está en el cielo. Y como Moisés levantó la serpiente en el desierto, así es necesario que el Hijo del Hombre sea levantado.

Juan 3:11–14

BOSQUEJO

— Introducción

— La responsabilidad humana: Dios te demanda creer

— La confrontación de la incredulidad vv. 11–12

— La responsabilidad humana: la recomendación a creer

— Oración

Notas personales al bosquejo

SERMÓN

Introducción

Vayamos directamente a nuestro pasaje de la Palabra de Dios, al tercer capítulo del evangelio de Juan, veamos los versículos 11–21, creo que esta es una de las porciones más importantes en toda la Biblia. No voy a correr para repasarlo todo, pero sé que pasaremos algunas semanas en este pasaje, y es mejor así porque tenemos nuestra (Shepherds' Conference) conferencia de pastores en medio, y esto será maravilloso, al menos para los que estoy seguro que estarán aquí la semana entrante para escuchar un poco acerca de la enseñanza de nuestro Señor en este capítulo que es vital.

Ahora, ustedes recordarán que en esta sección del evangelio de Juan, comenzando en el versículo 1 y hasta el 21, el Señor está enseñando acerca de la salvación, nos está enseñando a todos nosotros acerca de la salvación. Todo esto se desarrolla en medio de una conversación con un fariseo que tenía como nombre Nicodemo. Nicodemo llega a Jesús de noche; es un hombre formidable. El hecho de que él sea un fariseo significa que había alcanzado un alto estatus en su devoción por el Antiguo Testamento, la ley y la tradición rabínica. Podemos decir que era un experto. Incluso Jesús le llama el maestro de Israel. Existen algunas indicaciones históricas de que él era uno de los tres hombres más ricos de Jerusalén, lo que nos dice que también había alcanzado muy altos niveles de influencia, era un miembro del sanedrín, es decir la suprema corte; era un judío de muy, pero muy alto rango.

Aquí encontramos al mismo Señor Jesús como el evangelista y a Nicodemo como el objeto de su evangelismo. Aquí está Cristo hablando a un pecador perdido, a un hipócrita muy religioso, muy versado en su religión; pero perdido, inconverso, fuera del reino de Dios, sin acceso a la vida eterna; es verdaderamente un arquetipo de la hipocresía. Y no estamos diciendo nada acerca de Nicodemo que él mismo no supiera. Él es un hombre muy atribulado. Es un hipócrita que entiende su hipocresía, es un pecador en secreto, pero también un hombre muy preocupado por ello. No sabe que debe reconciliarse con Dios. No tiene una verdadera confianza de que ya tiene la vida eterna. No cree o no está seguro de que está en el reino del que constantemente habla y al que ostensiblemente representa.

Ha estado viendo a Jesús, solo por el corto periodo de tiempo en el que Jesús ha permanecido en Jerusalén alrededor de la Pascua. Jesús, por su lado, ha estado haciendo milagros poderosos y la evidencia indica que Él viene de Dios, como el mismo Nicodemo le dice a Jesús, "nadie puede hacer lo que tú haces a menos que Dios esté con él". La única explicación para los poderosos milagros era que Jesús estaba conectado con Dios. Nicodemo no está diciendo que Él sea Dios, pero sabe que viene de Dios. Entonces, Nicodemo, espera que posiblemente este hombre que viene de Dios pueda darle una respuesta a esta ansiedad tan profunda que embarga su corazón. Tal vez este hombre pueda decirle qué más es lo que él necesita hacer, o que es lo que tiene que dejar de hacer para poder entrar en el reino, para poder tener algo de paz y de gozo, y algo de seguridad y confianza, una esperanza real en su corazón.

Así que llega a Jesús en la noche y su corazón se abre ante Jesús quien conoce todo lo que hay en la mente de todos, y dentro del corazón de todo hombre, como lo dice justo al final del capítulo 2. Sabe lo que hay dentro del hombre de modo que nadie necesita decirle nada porque Él conoce el corazón del hombre. Jesús sabe las angustias y las preocupaciones, el temor y la ansiedad, lo que está sacudiendo a este archi hipócrita que está dentro del más alto nivel del judaísmo. Jesús sabe que es lo que en realidad le duele en su corazón.

Entonces Jesús le habla acerca de cómo entrar en el reino. Lo primero que le dice es, "no es algo que tú puedas hacer". Tú no puedes hacer nada. No puedes contribuir en nada para entrar en el reino. En el versículo 3 le dice, "tienes que nacer de nuevo (anothen, "nacido de arriba")". Después en esa sección, versículos 3 al 10, tienes que ser nacido del Espíritu Santo. Tienes que nacer del Espíritu y ser limpiado por medio del poder que viene de arriba. Es por eso que usa la analogía del nacimiento. El nacimiento es una analogía terrenal. Todos entendemos que no hacemos ninguna contribución a nuestro nacimiento, ninguna. Y lo mismo es verdad en el reino espiritual. Tú no haces ninguna contribución en tu nacimiento espiritual. Esta es la razón por la que la analogía del nacimiento es apropiada. Tienes que nacer de arriba. Necesitas que Dios te de vida espiritual, del mismo modo que Dios te dio vida física, tú no hiciste ninguna contribución a tu vida física, y tampoco podrás hacer ninguna contribución para tu vida espiritual.

Esto es devastador. Esto es cambiar sus paradigmas religiosos, todo su pensamiento teológico es puesto de cabeza y volteado al revés porque su religión, como todas las falsas religiones del mundo, habla de personas que logran por ellas mismas tener una relación con Dios, un logro humano, obras, religión, rituales, ceremonias, moralidad, cualquiera que se la categoría, el asunto es acumular. Todos los sistemas religiosos del mundo, sin excepción, hablan de logros humanos. Este era el judaísmo apóstata. Esta era su perspectiva total. Todas sus convicciones teológicas, acerca de su relación con Dios, acerca de la vida, el reino, y el cielo giraban alrededor de la idea de que él tenía que hacer algo. Él tenía que ser moral, tenía que ser virtuoso, tenía que ser justo, tenía que seguir sus rituales, sus rutinas, sus ceremonias para poderse presentar delante de Dios y Dios le pudiera aprobar su entrada a la presencia eterna con Él.

Literalmente lo que Jesús le dice es, "lo que se requiere es algo que tú no puedes hacer. Tú no tienes parte en lo que necesita suceder. Ahora lo que es sorprendente acerca de esto es que parece que esto sería lo último que la mayoría de los cristianos de hoy querría decir a alguien que vino a preguntar sobre la vida eterna, que vino a averiguar cómo hacer para entrar al reino, que vino a preguntar cómo tener una relación con Dios, cómo tener sus pecados perdonados, cómo ser salvo, esto para hablar en nuestro idioma. Creo que lo último que le diría alguien sería, "estás preguntando algo imposible. No hay manera en la que tú puedas hacer esto. No hay manera en la que tú puedas hacer alguna contribución a esto". Sin importar quien seas, sin importar lo que tú hayas hecho, o bien que no hayas hecho, sin importar que tantas cosas buenas hayas hecho, sin importar que tanto más hayas hecho, nada tiene relación con esto. La forma en la que lleves tu religión no tiene relación con esto. La forma en la que llevas tu moralidad no tiene relación con esto. Me estás preguntando por algo que solo puede sucederte por medio del poder soberano de Dios. Esto es lo que Jesús le dijo, y estoy convencido de que muchas veces nosotros mismos escondemos esta gran verdad.

Hay mucha gente que teme decir esto a los cristianos, que la salvación que ellos ya han recibido fue una obra que Dios realizó desde el cielo. De algún modo piensan que esto es una intromisión a su independencia y a su libertad. ¿Por qué debiéramos decir eso a un no creyente? Respuesta: para detener el camino de muerte por el cual anda un no creyente, para dejarlo sin lugar a dónde ir y nada a que apelar. En palabras de Pablo, "por las obras de la ley ninguna carne será justificada". Me estás preguntando por algo que es imposible. Es más fácil que un camello pase por el ojo de una aguja que pensar que tú puedes ganarte tu salvación. Esto es un cambio completo, masivo, enorme en la forma de pensar de Nicodemo. Esta es la razón por la que al abrir esta sección, versículos 3 al 10, Jesús dice: "De cierto, de cierto te digo", porque te estoy diciendo por primera vez lo que es verdad y va en contra de las mentiras en las que tú has creído durante tantos años".

Y ahora Jesús lo responsabiliza por no saber esto. Le dice al final de esta sección en el versículo 10, "¿cómo puedes ser tú el maestro de Israel y no saber esto?" Él debió haber sabido esto porque el mensaje divino y soberano de la salvación se da claramente en el Antiguo Testamento, no en los pasajes del Nuevo Testamento, con los cuales Nicodemo debió estar muy familiarizado (Jeremías 31, Ezequiel 36, Ezequiel 37). ¿Cómo es posible que tú no sepas que una relación con Dios es algo que Dios hace milagrosamente desde el cielo, y que es de ahí de dónde viene?

Aquí tenemos a este hipócrita condenándose a sí mismo con una conciencia culpable, lleno de angustias porque sabe que en realidad él vive separado de Dios, sabe que él es falso, sabe que es un pecador secreto. Y ahora escucha que no puede hacer nada acerca de ello, pero que todo lo que él siempre ha sabido en su vida es que sí puede hacer algo acerca de cualquier cosa, incluso cree que su relación con Dios está en sus manos.

Así que el Señor detiene al pecador en medio de su camino. Y le recomiendo este enfoque. Si alguien viene a ti y dice, "¿qué debo hacer para ser salvo?" La respuesta es… ¿qué?... nada. Hay un sentido en el cual tú estás diciendo, "esto es un milagro divino, es una obra de Dios de acuerdo a su voluntad" y el versículo 8 dice, el Espíritu Santo es quien la realiza, cuándo y cómo Él quiere. Y como hemos estado diciendo todo este tiempo acerca de estos versículos, todo lo que puedes hacer es pedir, lo único que puedes hacer es pedir.

La responsabilidad humana: Dios te demanda creer

Ahora en el mensaje anterior hicimos una transición a los versículos 11 al 21. El nuevo nacimiento es mencionado cinco veces en estos versículos; creer es mencionado siete veces en los versículos 11 al 21. Ahora venimos a una serie de versículos paralela, ¿recuerdan esto? Si ustedes no pudieron estar aquí les pido que busquen obtener ese mensaje. La segunda serie paralela habla de la responsabilidad humana. Tú no puedes hacer nada acerca de ello por un lado, y por el otro eres responsable de creer o no creer. Así que el mensaje al pecador es, no puedes hacer nada para ganar su salvación. No puedes hacer ninguna contribución a ella, pero se te demanda que creas lo que Dios ha hecho para proveerte de ella, se te demanda creer lo que Dios ha hecho en Cristo para proveerte la salvación como un regalo de gracia.

Con esto en mente, permítanme leer Juan 3:11-18. "De cierto, de cierto te digo, que lo que sabemos hablamos, y lo que hemos visto, testificamos; y no recibís nuestro testimonio. Si os he dicho cosas terrenales, y no creéis, ¿cómo creeréis si os dijere las celestiales? Nadie subió al cielo, sino el que descendió del cielo; el Hijo del Hombre, que está en el cielo. Y como Moisés levantó la serpiente en el desierto, así es necesario que el Hijo del Hombre sea levantado, para que todo aquel que en él cree, no se pierda, mas tenga vida eterna. Porque de tal manera amó Dios al mundo, que ha dado a su Hijo unigénito, para que todo aquel que en él cree, no se pierda, mas tenga vida eterna. Porque no envió Dios a su Hijo al mundo para condenar al mundo, sino para que el mundo sea salvo por él. El que en él cree, no es condenado; pero el que no cree, ya ha sido condenado, porque no ha creído en el nombre del unigénito Hijo de Dios". Y aquí nos detenemos.

Ahora conforme hacemos nuestro estudio de este pasaje, este, realmente excepcional pasaje, vamos a seguir tres simples líneas. Los vamos a estudiar en tres categorías. Número uno la confrontación con la incredulidad. Estos son los primeros dos versículos. Nuestro Señor confronta la incredulidad. Después los versículos 13 al 18, Jesús recomienda creer. Y después del 19 al

20, Él condena la incredulidad. Así que todo el asunto es acerca de creer o de no creer, la confrontación de la incredulidad, la recomendación a creer, y la condenación de la incredulidad continuada.

La confrontación de la incredulidad vv.11-12

Ahora vayamos al versículo 11 y veremos como todo se conecta. "De cierto, de cierto te digo", por tercera vez Él dice esto porque está diciendo cosas que son desconocidas y al mismo tiempo absolutamente verdad en contraste con el error y la ignorancia de Nicodemo. "De cierto, de cierto te digo, que lo que sabemos hablamos, y lo que hemos visto, testificamos". Y por cierto, el pronombre plural es una nota editorial. Puedes encontrar otras ilustraciones de cómo el Señor hacía esto, usaba un plural para hablar de sí mismo. Algunos piensan que está incluyendo a todos los demás que predicarán el mensaje, pero esta es una declaración única que pienso es mejor verla como un plural editorial, lo cual es muy común en el lenguaje del mundo. En ocasiones cuando te refieres a ti mismo, en lugar de decir "yo" prefieres decir, "bueno, nosotros creemos", y tú entiendes que te estás refiriendo a ti mismo, pero hay una verdad detrás de ti y lo que quieres decir es que tú representas a los muchos otros que creen. Entonces el Señor usa un plural editorial, "sabemos", "hablamos", "testificamos". Hablamos de lo que sabemos y testificamos lo que hemos visto.

Esta es una declaración sorprendente porque lo que Jesús está diciendo es, les estoy diciendo lo que sé y lo que he experimentado personalmente. No les estoy dando una información de segunda mano. No están obteniendo una información de segunda mano de mi parte. No es como si un profeta llegara a ustedes, no es como si un predicador llegara a ustedes; no es como si un apóstol viniera a ustedes y les diera algo que recibió de parte de Dios, estoy hablando a ustedes de lo que he sabido eternamente, y de lo que he experimentado eternamente de primera mano. Esta es una declaración muy dramática.

Pero noten como concluye el versículo 11. "Y no recibís nuestro testimonio". Esto es impactante, completamente impactante. "El pronombre implícito o tácito es "ustedes", ustedes no reciben o aceptan nuestro testimonio. "Ustedes", es plural; ¿por qué es plural? Tú, tus amigos los fariseos, los líderes de Israel, tu nación y el mundo, dice el mismo Juan: "En el mundo estaba, y el mundo por él fue hecho; pero el mundo no le conoció. A lo suyo vino, y los suyos no le recibieron (Juan 1:10-11)". He venido a ustedes con la verdad, la verdad eterna que siempre he sabido, la verdad que procede de Mí como el Hijo eterno de Dios. Yo les he entregado esta verdad.

Pero recuerden, aquí tenemos la presentación de una conversación que puede ser leída en unos minutos, pero la conversación probablemente duró horas en aquella noche en la que hablaron Nicodemo y Jesús. Así que Nicodemo, el maestro de Israel, tan eminente como cualquier otro maestro, tan dotado como cualquier otro maestro, tenía a muchos otros que eran como él. Acababa de tener una conversación con el maestro perfecto, el más poderoso, el más competente, el más convincente, el más brillante, el más sabio, el más claro, la voz más persuasiva y perfecta que jamás pudo hablar un ser humano a Nicodemo, el mismísimo Hijo de Dios, el Señor Jesucristo; el Mesías. Le ha dicho la verdad acerca de la salvación, que la salvación no es un asunto de obras. La salvación es un asunto de un milagro divino que Dios realiza independientemente del pecador. Le acababa de decir esto; declaraciones poderosas, es como si le hubiera dicho: "Mira, con toda la autoridad divina, teniendo información de primera mano siendo yo mismo Dios, el Dios eterno, te he dicho la verdad acerca de la salvación. No se trata de obras, es un milagro divino. Te he dicho lo que he sabido siempre y yo soy eterno. Te he dicho lo que yo he entendido desde toda la eternidad en unión con el Padre y con el Espíritu. No lo he aprendido, no lo he escuchado, no lo he leído, no lo he recibido, no me fue enseñado en una escuela. He sabido eternamente todo lo que te he dicho.

En Juan 8:38 Jesús dijo: "Yo hablo lo que he visto estando cerca del Padre; …cerca de mi Padre… y ustedes no aceptan mi testimonio".

En un sentido esto es desalentador, pero en otro sentido, es motivador. Si este hombre que conocía la Escritura no recibe la verdad del más grande maestro, del más poderoso, del más efectivo que ha hablado sobre la tierra, no te sorprenda que no te crean a ti. No me sorprende que no me crean a mí. Ustedes no creen. Ese es el post-mortem en la conversación con Nicodemo, ustedes no creen. ¿Dónde se encuentra Nicodemo después de lo que acaba de escuchar? Él no cree; no es creyente, y no cree a Jesús. Es un cambio demasiado drástico en su paradigma. Literalmente ha cambiado toda la teología que hay en su mente. Todo lo que él ha sabido es lo que todo el mundo ha sabido, la religión es un asunto de obras, de legalismo, de obtener justicia por tu propio esfuerzo; esto es todo lo que él ha sabido porque toda religión del mundo es esto, cada una de ellas, incluido el judaísmo apóstata. Y nuestro Señor le ha dicho algo que lo ha escandalizado, simplemente no le es posible procesar esto, que entrar al reino es algo que me sucede a mí, y en lo cual no tengo ninguna contribución.

Habiendo dicho esto, nuestro Señor entonces cambia y profundiza esta confrontación al señalar la ignorancia de Nicodemo. Todos, absolutamente a todos los que tienen el oficio de Nicodemo: "Nicodemo, él es un gran maestro, es el maestro de Israel, el más grande maestro". Era un hombre de alto rango. Todos se sentaban a sus pies y se sorprendían y maravillaban, y fue por esto que continuó ascendiendo hasta que llegó a la suprema corte; al Sanedrín.

Pero Jesús no lo trata a ese nivel. En el versículo 12 le dice: "Si os he dicho cosas terrenales, y no creéis, ¿cómo creeréis si os dijere las celestiales?" No tiene ningún sentido que avance yo más contigo. No tiene sentido para Mí ir más profundo en las vastas realidades de la teología y de la mente de Dios y los propósitos de Dios en la salvación, no puedo ir más adelante porque ya te di una simple analogía terrenal y ni siquiera puedes creer esto.

¿A qué se refiere cuando dice, "si te he dicho cosas terrenales?" Cosas terrenales simplemente se refiere al concepto del nacimiento. Esta es una cuestión terrenal, el nacimiento es algo que se entiende en la tierra. El nacimiento sucede en la tierra, no sucede en el cielo. Sucede aquí, es una analogía simple, una ilustración terrenal simple y no la entiendes, y no la puedes creer. Es tan sencilla, es tan clara, ¿cómo podrás creer si ahora quito la analogía terrenal y te hablo acerca de la Trinidad? ¿Acerca de la predestinación eterna? ¿Acerca del Padre con el Hijo y el papel que juega el Hijo en la expiación para propiciar, para satisfacer a Dios? ¿Cómo puede existir la posibilidad de que te hable de toda la cantidad de glorias que están unidas a la obra de Dios en la salvación? ¿Cómo puede existir la posibilidad de que yo te explique la teología celestial, cuando tú no puedes creer en una simple ilustración terrenal?

Permíteme decirte algo acerca de la incredulidad. La incredulidad produce ignorancia. Si quieres escuchar una representación ignorante de la Biblia, escucha a los incrédulos. Constantemente notarás que ellos malinterpretan las Escrituras. Jamás esperaría escuchar a un incrédulo hacer una interpretación correcta de la Biblia. Y muchas veces tampoco tengo la expectativa de que los creyentes puedan interpretar correctamente la Biblia, pero con toda seguridad no espero que los incrédulos lo hagan. ¿Por qué? Porque su incredulidad los tiene atrapados en ignorancia, esto es lo que dice 1 Corintios 2:14, "el hombre natural no entiende las cosas de Dios". ¿Qué son las cosas de Dios para él? "Locura, para aquellos que se pierden", para ellos son locura.

Estuve haciendo un poco de investigación, pensando en la Conferencia de pastores (Shepherds' Conference) que tendremos aquí la próxima semana, y tal vez hable a los hombres acerca de un personaje interesante del siglo pasado, un predicador prominente de nombre Charles Templeton. Es posible que algunos de ustedes conozcan este nombre. Él fue uno de los fundadores del movimiento *"Jóvenes para Cristo"* junto con Billy Graham. En su tiempo se creía que era uno de los más grandes predicadores. Billy era algo así como el segundo. Él era la mente maestra, era la presencia mayor, él tenía todo el drama. Tenía una mente muy brillante, todo esto lo hacía ser el más grande predicador y el más grande evangelista que predicaba en estadios llenos de gente; llevaba sobre sí el peso del dúo conocido como Graham/Templeton de aquellos años. La gente caía a sus pies. A la gente le encantaba escucharlo. Digamos que se dirigía a un éxito masivo inminente.

Pero poco a poco comenzó a salir a la superficie que él no interpretaba correctamente la Escritura. Poco a poco comenzó a emerger que él tergiversaba la Escritura. Y poco a poco se fue saliendo de lo que él pensaba acerca de la Escritura. Todo llegó a su culminación cuando él escribió un libro. El título del libro es una biografía de su viaje espiritual, el título es *Adiós a Dios*, por Charles Templeton. Acabó como periodista en Canadá, como novelista, escritor, como una personalidad de la televisión: *Adiós a Dios*.

Lo que hace en ese libro, *Adiós a Dios*, es atacar la Biblia. Esto es sorprendente para alguien que fue entrenado, quien fue preparado y quien predicó. Toma todo lo que dice la Biblia de manera incorrecta, todo. Su punto de vista de todo está deformado y sesgado, y este es el legado de la incredulidad. El legado de la incredulidad es ignorancia. Esta es la razón por la que si ustedes van a la universidad y escuchan a los incrédulos hablar de la Biblia, todo lo toman de manera equivocada. Si ustedes van a un seminario y tienen profesores incrédulos hablando de la Biblia, todo lo tomarán de manera equivocada. Y aquí está Nicodemo, él es uno de ellos. La incredulidad produce ignorancia. Así que vemos que nuestro pasaje abre con esta confrontación sorprendente de la condición del corazón de Nicodemo, pero también es la condición del corazón de todo incrédulo, está prisionero y encerrado en la oscuridad espiritual, en la ignorancia espiritual.

De este modo, Jesús le está diciendo: Mira, no tiene ningún caso que yo comience a explicar realidades teológicas profundas porque la verdad es que estoy hablando con una piedra. No tienes la capacidad de absorber esto. Tu mente está oscurecida, estas cegado por Satanás, esto es tomando pensamientos de Pablo.

Así que, ¿cuál es el remedio? La confrontación de la incredulidad nos lleva a la recomendación de creer, y comenzando en el versículo 13 el Señor dice que lo único que puedes hacer es creer. Esto es todo lo que puedes hacer. "Nadie subió al cielo, sino él que descendió del cielo; el Hijo del Hombre, que está en el cielo. Y como Moisés levantó la serpiente en el desierto, así es necesario que el Hijo del Hombre sea levantado, para que todo aquel que en él cree, no se pierda, mas tenga vida eterna".

La responsabilidad humana: la recomendación a creer

¿Qué puede hacer Nicodemo? Está atrapado en su incredulidad, y más atrapado en la oscuridad de su ignorancia. ¿Qué puede hacer? Ya sea que es muy moral o muy inmoral esto no aporta nada para su entrada al reino. Sea que es muy religioso o no es nada religioso, esto no contribuye a nada. ¿Qué puede hacer el pecador? Todo lo que el pecador puede hacer, de acuerdo al versículo 15, es creer, y eso es suficiente. Completamente suficiente. Así que desde el versículo 13, y siguientes, está la recomendación. En realidad es un mandato a creer; esta es la única esperanza. Aquí tenemos la verdad de *sola fide*, solo por fe. Y esto no lo dice, por cierto, un reformador; lo dice el autor de la verdad, porque la verdad es eterna, porque Él es eterno y la verdad es simplemente la extensión de quien es Él. Y a mí me encanta cómo lo dice nuestro Señor. Versículo 13, veamos cómo Él hace el punto central esta recomendación: "Nadie subió al cielo".

No puedo resistir la tentación de analizar lo que es el tiempo. Miren, esto es obvio, nosotros estamos atrapados en el reino del tiempo y espacio, ¿correcto? Nosotros somos materia, vivimos en cuerpos. Estamos presos en el tiempo y espacio. Nosotros no podemos transcender de aquí. No podemos salir de nuestra caja de tiempo y espacio. Nada nos puede hacer salir de esto. Sé que mucha gente quiere salir de este estado, esta es la razón por la que hay tanta fantasía en el mundo, ya sea películas, libros o televisión. Yo no vería la fantasía por más de dos minutos, porque no necesito la fantasía, a mí denme solo realidad. Nunca quisiera yo vivir en un mundo de fantasía. La fantasía está llena de mentiras y de interpretaciones inadecuadas. La única fantasía en la que estoy interesado es en la que hay en las caricaturas que ven mis nietos. Pero con ella, ninguno de nosotros nos dejamos engañar porque todos sabemos que Mickey en realidad no es un ratón. Ahora tenemos toda una cultura consumida por la fantasía, ya sea Harry Potter, o como se llame, la saga de Crepúsculo, los Avengers, sin importar su predilección viven en un mundo de fantasía. Pero debemos saber que nosotros estamos encerrados, limitados en el tiempo y espacio, aprende esto, no se te olvide esto. No te engañes a ti mismo creyendo que puedes vivir en un mundo de fantasía.

Sin embargo hay algunas excepciones. Hay algunas personas que han regresado del cielo. ¿No lo crees? Pues que me dices de Lázaro en Juan 11, ha estado muerto por tres días, ya estaba en algún lugar pero regresó. Y cuando murió el Señor en la cruz, recordarán que las tumbas fueron abiertas y los santos salieron de ellas, por lo que podemos decir que regresaron. Y Pablo en 2 de Corintios 12, tuvo un viaje corto al cielo y regresó. Pero aquí viene la parte importante. La excepción siempre confirma la regla. Estos son muy, pero muy raros. Elías fue al cielo, pero regresó en el momento de la transfiguración. Algo muy raro. Nosotros no podemos ir al cielo y regresar. La gente no hace esto. Y por cierto, ustedes no podrían saber esto yendo a la librería cristiana y buscando en sus estantes un libro acerca de personas que han ido al cielo y regresado, sería una locura que los hubiera. Imagina lo que dirían: "Bueno, vi a Jesús y había un unicornio volando por ahí; vi a Dios y el Espíritu Santo estaba rodeado de una neblina azul" y así continuarían. Hay muchos libros con este tipo de información que son muy populares. Títulos como, *El cielo es una realidad*, *Noventa minutos en el cielo* y muchos otros libros. Uno de ellos habla de un niño que tuvo un accidente y su papá escribe cómo fue que su hijo fue al cielo y regresó, muy interesante.

Lo estamos acabando, pronto estará listo, es la nueva edición del libro del cielo en el cual toda una sección del libro ridiculiza todos estos viajes fantasiosos y después hablamos de la realidad de lo que es el cielo, de acuerdo a la Escritura. Este libro saldrá en el aniversario de Crossway Publisher.

Pero, bueno, la realidad es que la gente no va al cielo y regresa como algo común. Cuando la mayoría vamos al cielo, nos quedamos ahí, y esto es algo bueno. ¿Podrías pensar en alguna razón por la que quisieras regresar al mundo? Creo que no, no podemos.

Pero hay más que solo esto. Hay una verdad muy importante aquí que quiero que entiendas. Nadie ha subido al cielo, sino él que descendió del cielo es el hijo del Hombre. Escucha esto, el único… la única persona que ha descendido del cielo con la verdad acerca de la salvación es Jesús. Cualquier otra religión proviene o de esta tierra, o de más abajo. Todo sistema religioso es terrenal, es demoniaco. Solo hay un evangelio celestial, solo ha habido un mensaje celestial que vino de arriba, y este es el de Jesús. Ni siquiera el santo más religioso, ninguna persona que piense que está en algún tipo de meditación trascendental y que con eso ha ascendido a un nivel más alto de conciencia. Esto es ridículo. Es dar vueltas sin sentido. Ninguna persona ha ido al cielo y nos ha traído la verdad. Ni Ron Hubbard (fundador de la Dianética y la Cinesiología), ni Mary Baker Eddy Patterson GloverFrye (fundadora de la Ciencia Cristiana), ni Joseph Smith (fundador de los mormones), ninguno, ni un ángel, ningún ser humano. Jesús está diciendo: "Yo soy el único que ha descendido del cielo. Y el mensaje que Yo traigo es que la salvación es solo la obra de Dios en la cual tú no participas. Es un regalo que Dios da de acuerdo a su voluntad y lo único que puedes hacer es recibirlo por medio de la fe, creyendo. "Esta es la verdad, dice Jesús, "Yo soy el único que ha descendido del cielo con la verdad, con un mensaje verdadero".

Jesús se refiere a sí mismo varias veces dentro de la misma frase, "el que descendió del cielo; el Hijo del Hombre". Por ejemplo, en Juan 6:33 se llama a sí mismo el pan de Dios que ha descendido del cielo. En Juan 6:38, "Porque he descendido del cielo". Y nuevamente en el versículo 51 del mismo capítulo, y en el 58, "Yo soy el pan de vida que descendió del cielo". Capítulo 8:42, "Yo descendí del cielo." Capítulo 13:3; 16:28; 17:5, muchas veces Jesús dice que descendió del cielo. Él es la única fuente celestial de verdad celestial. Y el mensaje es: la salvación es solo por fe. Él desciende; y trae estas dos verdades paralelas: la salvación es un milagro divino, el nuevo nacimiento, ser nacido de arriba, y la salvación la recibe el creyente solo por medio de la fe, por medio de creer. Él es el Hijo del Hombre, este es un título Mesiánico tomado de Daniel 7. Él es el Mesías prometido. Él es el profeta enviado por Dios. Nicodemo está hablando con Dios hecho carne. Nicodemo está hablando con un ser celestial. Está hablando con el eterno

Hijo de Dios, y el eterno Hijo de Dios está diciendo: "No crean otra cosa que no sea esta, porque nadie jamás ha subido al cielo y regresado con la verdad. Yo he venido del cielo con la verdad". Por esto mismo Pablo dice en Gálatas 1, "el que crea en otro evangelio, sea anatema, sea maldito". Si crees en otro evangelio estás condenado porque nadie ha estado en el cielo y ha traído un evangelio de verdad como este. O es terrenal o es demoniaca, o bien una combinación. Los sistemas religiosos falsos son obra de Satanás quien se disfraza como ángel de luz; son una combinación de ideas humanas y seducción demoniaca.

El evangelio en toda su riqueza, con todos sus elementos es el único mensaje que ha descendido del cielo. Y después, en el versículo 14, nuestro Señor dice: "Y como Moisés levantó la serpiente en el desierto, así es necesario que el Hijo del Hombre sea levantado". Tú tienes que levantarlo. Primero que nada esto significa elevarlo a Él por encima de todos los otros. Elevarlo por encima de los otros. Él no es el único que ha descendido. Él es el eterno hijo de Dios. Él es el Señor de señores. Él es el segundo miembro de la Trinidad. Él es la fuente de verdad. Él es la verdad, la vida y la luz. Elévalo a Él, levántalo. Juan 14:6, "Yo soy el camino, y la verdad y la vida. Y nadie viene al Padre si no por mí". Hechos 4:12, "no hay salvación en ningún otro". No hay otro nombre dado a los hombres en el que puedan ser salvos, solo en el nombre de Cristo. Creer exclusivamente en Cristo, solo en Cristo, esto es *sola Cristus, sola fide*: por fe solamente, y en Cristo solamente.

Dice, soy aquel que tiene que ser levantado. Y al decir esto, hay una referencia a la crucifixión. "Como Moisés levantó la serpiente en el desierto, del mismo modo el Hijo del Hombre tiene que ser levantado". ¿De qué se trata esto? Regresando a Números 21 los hijos de Israel en su desobediencia fueron castigados por Dios. Dios envía serpientes, serpientes ardientes que los mordieran. Fueron mordidos con su veneno mortal y todos estaban en pánico. Clamaron a Dios y ¿qué fue lo que hizo Dios? Dios con su compasión y con su misericordia les dijo que consiguieran un poste, "pongan una serpiente de bronce en el poste, y cualquiera que vea hacía el poste con la serpiente, le proveeré de sanidad inmediata". Esta es una historia del pasado de Israel, y esta es una analogía. No es una alegoría; es solo una ilustración. Del mismo modo que los hijos de Israel, preocupados por el veneno mortal de la mordedura de serpiente, podían ser librados de la muerte al mirar a la serpiente de bronce, igualmente los pecadores preocupados por el veneno de la serpiente antigua y el pecado que perpetró en toda la raza humana, pueden ser librados de la muerte por solo mirar hacia el Salvador crucificado.

Que hermosa analogía. Esta es la primera vez que nos enteramos que tiene que haber cierta elevación de Cristo. Hasta este punto del evangelio de Juan no hemos escuchado cómo va a morir. Pero lo sabemos del Salmo

22, algunas de las características de su cuerpo, sabemos de su sed, sabemos también de sus heridas. Y de Zacarías sabemos que Él será traspasado. Y de Isaías 53, sabemos que será golpeado y nuevamente que será traspasado por nuestras transgresiones. Sabemos que Él va a morir. Ya en Juan 2:19–22 Jesús dijo: "Destruid este templo, y en tres días lo levantaré". Pero ahora de repente, estamos obteniendo otra perspectiva y la perspectiva es que su muerte será una muerte en la que será levantado.

Pero será algo más que simplemente ser levantado en su muerte. Esto significa que tú le das toda tu atención. Que tú lo elevas por encima de los otros, sobre todos los otros, como el más preeminente y lo ves con fe, con la fe de que él es el único capaz de proveer la salvación.

Los judíos, que eran mordidos con este veneno, eran sanados por medio de una mirada de fe. Ellos tenían que creer diciendo: "Voy a ir al lugar donde esta cosa se encuentra. Voy a ir ahí, voy a ver". Y si ellos lo hacían, eran sanados. Y de este modo es que todo lo que Dios pide de nosotros, es ver a su Hijo y levantarlo. Los judíos que eran mordidos no tenían que hacer otra cosa. No había obras. Nada por medio de lo cual hicieran un sacrificio expiatorio. No había restitución, nada había que dar a cambio; solo ve a la serpiente de bronce y tendrás vida. Que hermosa analogía. Y sé que cuando esto sucedió era el plan de Dios para que esto fuera la analogía de la simplicidad de la salvación por fe, Cristo siendo levantado; con solo mirar a Él es suficiente, con solo hacer esto tenemos vida.

Y aquí es donde vemos el corazón de este mensaje celestial que Jesús trajo del cielo. Versículo 15, "para que todo aquel que en él cree, no se pierda, mas tenga vida eterna". Cualquiera que crea tendrá vida eterna. Esto es todo lo que el pecador puede dar. Creer, creer, tener fe, este es el corazón del evangelio.

Las dos palabras que aquí nos impactan son "todo aquel". Si quieren saber porque esto impacta a Nicodemo, lo veremos en el siguiente mensaje.

Viene la condenación de la incredulidad.

Oración

Inclinemos nuestro rostro para orar. Señor, estamos maravillados por la majestuosidad de la Escritura, la maravilla de ella, tan agradecidos por la gracia de ella que podemos ver que todo lo que se necesitaba hacer, ya lo hiciste. Tú proveíste el sacrificio. Tú proveíste el poder y la voluntad. Hiciste la obra. Tú nos das vida desde el cielo, desde lo alto por medio del Espíritu. Nos regeneras. Todo es producto de tu obra, por eso tú recibes toda la gloria. Lo único que nosotros podemos hacer, lo único es levantar nuestros ojos y ver a Jesús por encima de los demás, como el único y suficiente Salvador, que murió en la cruz, que fue colgado ahí por nuestras culpas, que llevó en su cuerpo nuestros pecados y creyendo en Él tendremos vida eterna. Qué maravilloso regalo.

Que la vida eterna nos libere de la ignorancia y que la verdad se haga clara para nosotros, y lo que era locura antes, ahora es gozo y una clara verdad. Padre, ¿despertarás corazones hoy? Llama a los pecadores a creer, permite que quiten sus ojos de Moisés y de Abraham, o de cualquier otra religión o de cualquier líder religioso, y levanta sus ojos solo a Cristo, que vean a Él con fe, como su Salvador y Señor para que reciban la vida eterna.

Padre, ahora te pedimos que encomiendes esta verdad por medio de nosotros, que seamos capaces de encontrar como expresar esto durante la semana, que podamos comunicar lo que hemos aprendido para que podamos conocer más profundamente para compartirla, de tal modo que sea útil a las vidas de otros. Danos la oportunidad, oramos, y también bendice a cada alma que está aquí presente y a los que lean este mensaje. Permite que vean a Cristo y encuentren en Él la vida eterna. Amén.

REFLEXIONES PERSONALES

22_La creencia, el juicio y la vida eterna

Para que todo aquel que en él cree, no se pierda, mas tenga vida eterna. Porque de tal manera amó Dios al mundo, que ha dado a su Hijo unigénito, para que todo aquel que en él cree, no se pierda, mas tenga vida eterna. Porque no envió Dios a su Hijo al mundo para condenar al mundo, sino para que el mundo sea salvo por él. El que en él cree, no es condenado; pero el que no cree, ya ha sido condenado, porque no ha creído en el nombre del unigénito Hijo de Dios. Y esta es la condenación: que la luz vino al mundo, y los hombres amaron más las tinieblas que la luz, porque sus obras eran malas. Porque todo aquel que hace lo malo, aborrece la luz y no viene a la luz, para que sus obras no sean reprendidas. Mas el que practica la verdad viene a la luz, para que sea manifiesto que sus obras son hechas en Dios.

Juan 3:15–21

BOSQUEJO

— Introducción

— La salvación está a disposición de cualquiera

— El motivo

— El objeto

— La acción

— Oración

Notas personales al bosquejo

SERMÓN

Introducción

Regresamos ahora a Juan capítulo 3. Una disculpa para aquellos de ustedes que han venido a visitarnos, esta es la tercera parte de nuestra discusión acerca del Juan capítulo 3, de los versículos 11 al 21. Llegan en la tercera parte, lo que quiere decir que se han perdido la primera y la segunda, pero aun cuando estoy tentado a regresar y repasar todo, porque no me gusta que nadie se pierda nada, me voy a refrenar de hacerlo a este punto y los invito a que escuchen la parte que les falta, ya están disponibles en www.gty.org, ahí los puedes descargar. Pero para que regresemos a Juan 3 solo les quiero recordar que este es un pasaje realmente sobresaliente dentro del momento que vive Jesús en su ministerio.

Sus más grandes enemigos durante toda su vida fueron los líderes religiosos de Israel. Aquí está Él, el Hijo de Dios, el Mesías, aquel que han estado esperando, y sus más grandes enemigos son los maestros religiosos de Israel, los escribas, los fariseos, los saduceos, los rabíes, todos los que tenían influencia espiritual y poder espiritual, estaban en su contra. Por lo que es notable que solo hay un fariseo que lo está buscando, un hombre que tenía por nombre Nicodemo. Este quiere hablar con Jesús por lo que viene a Él, así inicia el capítulo 3, llega de noche. Llega con un profundo dolor en su corazón. Él tiene lo que llamó "la preocupación del creyente". Está lleno de ansiedad, temor y pavor.

¿Por qué? Porque es un hipócrita. Todos los fariseos eran hipócritas. En Mateo 23 Jesús les llamó hipócritas repetidamente, esto sucedió una y otra vez. Les dijo que eran como sepulcros blanqueados; se veían bien en el exterior pero en su interior estaban llenos de huesos de hombres muertos. Eran hipócritas. Los hipócritas sabían que eran hipócritas porque ellos conocían sus propios corazones. Sabían perfectamente que lo que ellos estaban haciendo en su exterior no tenía ninguna correlación con lo que ellos eran en su interior. Jesús dijo que ellos eran hijos del infierno quienes estaban reproduciendo más hijos del infierno, por medio de su influencia y de su enseñanza a otros.

Uno de estos hijos del infierno, un hombre llamado Nicodemo, está profundamente cargado a pesar de que es un hombre muy importante. De acuerdo con la historia, él era uno de los tres hombres más ricos de Jerusalén. Él es el maestro en Israel. Es el hombre más noble e importante, y muy posiblemente el más respetado de todos los maestros del judaísmo en su forma apóstata de aquel tiempo. Él es un miembro de la suprema corte de Israel; ha ascendido hasta el nivel del Sanedrín. Es una figura muy importante con un tremendo miedo, un enorme miedo en su corazón. Él no conoce a Dios, no tiene ninguna seguridad de ir al cielo. Entiende que no está reconciliado con Dios. Está lleno de angustia y de temor, y viene a Jesús con la esperanza de que tal vez Jesús pueda decirle que es lo que le falta, porque está convencida de que Jesús es un maestro enviado por Dios. Esto es lo que dice en el capítulo 3, en los primeros versos: "Sé que eres un maestro de Dios porque nadie puede hacer lo que tú haces a menos que Dios esté con él". Así que sabe que Jesús es un mejor maestro que él mismo. Y si es el maestro en Israel, se supone que tiene toda la información. No hay nadie menor que él y que tenga la información que él no tiene, pero aquí encuentra a alguien que sucede que es un maestro más elevado, porque él nunca ha conocido a alguien que haga los milagros que Jesús ha hecho.

Así que aquí tiene su oportunidad de tener una respuesta a la hipocresía que ha marcado toda su vida. Viene a Jesús, y aquí tenemos a Jesús evangelizando a un fariseo. Aquí tenemos a un líder religioso de alto rango siendo evangelizado. Por lo tanto lo que Jesús dice a este hombre es altamente instructivo para nosotros.

Ahora alejándose de lo que es el contexto del capítulo 3, el mensaje para el cristianismo siempre ha sido este, que todos los que están en el mundo se dirigen al infierno eterno para ser castigados por los siglos de los siglos por sus pecados, todos y cada uno de ellos. Sin embargo, tenemos el cielo. Hay un cielo eterno de gozo, dicha, paz, satisfacción y felicidad que durará por siempre. ¿Cómo se escapa del infierno y se llega al cielo? Este es el mensaje del cristianismo. Y la respuesta es por fe, no por obras, sino por fe, no por medio de la religión sino por medio de creer. Este es el mensaje del cristianismo, "porque por gracia sois salvos, por medio de la fe, no por obras para que nadie se gloríe". No se trata de moralidad, no se trata de virtud, no se trata de filantropía, no se trata de ceremonias, rituales o actividades religiosas. El único camino para escapar del infierno y entrar al cielo es por medio de creer, creer por medio de la fe. Y la fe siempre ha sido a la manera de Dios. Si tú cuestionas esto, si piensas en Hebreos 11, siempre ha sido "por fe, por fe, por fe, por fe", una y otra vez lo repite; todos aquellos de los que habla vivieron por fe, creyendo las promesas de Dios. Siempre ha sido por fe. Regresando a Génesis 15:6, regresamos al padre de los judíos, con un hombre llamado Abraham, ahí leemos esto, "Y creyó a Jehová, y le fue contado por justicia". Abraham creyó en el Señor y el Señor lo reconoció como alguien justo. Todo lo que el Señor requirió de Abraham para declararlo justo fue creer, poner su fe en Él. Abraham creyó en Dios y por ello Dios le dio a Abraham su misma justicia como una cubierta, perdonándole todos sus pecados, haciéndolo así su hijo eterno, garantizándole a él vida eterna, simplemente basando en su fe.

22_La creencia, el juicio y la vida eterna

Pablo hace todo un punto de esto, en Romanos 4 y Romanos 5, de cómo Abraham fue justificado por fe, declarado justo por Dios porque él creyó. Este siempre ha sido el mensaje bíblico.

En Habacuc 2:4, el profeta lo resume, "El justo por la fe vivirá". La justicia viene por la fe, no por obras. En Isaías 55, el profeta ofrece una invitación: "A todos los sedientos: Venid a las aguas; y los que no tienen dinero, venid, comprad y comed. Venid, comprad sin dinero y sin precio". El regalo gratuito de satisfacción divina que proviene de Dios directo al corazón del pecador sin tener que pagar un precio. Esta ha sido siempre la manera en la que Dios trae a sí mismo a los pecadores, por fe.

Ahora Nicodemo, de acuerdo a Juan 3:10, era el maestro de Israel. Él debió conocer esta verdad. Él conocía todas estas historias que leímos en Hebreos 11. Él debió haber sabido que Dios requería solamente fe. Conocía la historia de Abraham. Conocía Génesis 15:6, Abraham fue justificado, declarado justo por Dios, puramente basándose en su fe. Él lo sabía. También sabía que Dios era el que daba, quien otorgaba vida al pecador junto con perdón de pecados. Sabía que Dios era un Dios perdonador. Sabía que el profeta había dicho esto. Sabía lo que Isaías había dicho, que si tú vienes a Dios, Él te lavara y te hará limpio. Sabía que Dios era un Salvador. Pero, pero él era un líder de una forma de judaísmo apóstata. Era un fariseo. Era un devoto de una religión falsa. Era devoto de un sistema satánico que se llamaba a sí mismo judaísmo, estaba unido al Antiguo Testamento, pero enseñaba una salvación por moralidad, una salvación por medio de obras religiosas, en gran medida paralela al catolicismo romano. El apóstol Pablo estaba dentro del mismo sistema, él mismo era un fariseo, cuando lo vio como realmente era lo llamó basura. Él vivía en temor porque conocía su corazón y conocía que él era un hipócrita.

Este hombre llega a Jesús. Y ¿qué hay en su corazón? Él quiere paz, él quiere satisfacción, quiere esperanza, quiere gozo, quiere perdón, quiere ser un hombre diferente, él quiere una realidad espiritual. Así llega a Jesús esperando que Él lo pueda llevar al siguiente nivel, probablemente piensa que hay algo que le falta, tal vez necesito algo más o bien tal vez hay algo que necesita dejar de hacer, de este modo avanzará al siguiente nivel o dos niveles más hacía algo que no conoce.

Es por esto que Jesús le enfatiza este asunto de su corazón. Vemos que él nunca dice lo que está pensando, pero no es necesario. ¿Cómo concluye el capítulo 2? "No tenía necesidad de que nadie le diese testimonio del hombre, pues él sabía lo que había en el hombre". Jesús no necesitaba que alguien le dijera qué había en el corazón o la mente del hombre, porque Él sabía que había dentro de ellos. Jesús puede leer su mente. En efecto Nicodemo creía; él y muchos otros creían, pero ¿en qué creían? Versículo 2, "ellos creían que Jesús era un maestro que venía de Dios", esto era lo más lejos que podían ir con su fe. Y esto no es suficiente para salvar. Pero lo que está en su corazón es esto, ansiedad por su condición espiritual, y Jesús lee su corazón y lee su mente, por lo que en el capítulo 3 le da una declaración sorprendente. "De cierto, de cierto te digo", y la razón por la que Él dice "de cierto, de cierto" por tres veces dentro de su conversación es porque esta es una información completamente nueva para Nicodemo, y por primera vez dentro de su educación religiosa está escuchando la verdad. Esto indica que va a escuchar una verdad total. Todo el sistema pertenece a Satanás, y este eran todo tipo de mentiras acerca de la salvación por obras y por medio de rituales religiosos. Ahora está escuchando la verdad y aquí está la verdad, "a menos que alguien sea nacido de nuevo, no puede ver el reino de Dios". Sé que quieres el reino. Sé que quieres conocer a Dios, ser reconciliado con Dios, estar dentro del reino de Dios. Para vivir una vida estilo del reino, tienes que ser nacido de nuevo. ¿Por qué le dice esto? Porque Jesús inicia su conversación con este legalista religioso diciendo, "lo que tú necesitas es algo para lo que no puedes contribuir".

Hemos estado trabajando dos semanas en esto, no tomaré mucho tiempo. Jesús escogió cuidadosamente su analogía. Dije hace unos mensajes atrás que había un libro llamado, "Como ser nacido de nuevo". Ese libro está completamente en contra de lo que este texto enseña porque todo el punto de ser nacido de nuevo es algo que tiene que ocurrirte sin que tú tengas que hacer ninguna contribución. Dicho de manera simple, ¿qué contribución hiciste para tu nacimiento físico? Ninguna. Tú no hiciste ninguna contribución y esta es la razón por la que el Señor escogió esta analogía. Del mismo modo no haces ninguna contribución para tu nacimiento espiritual. Así que lo primero que Jesús dice a Nicodemo es, y esto detiene su camino hacia la muerte porque ha tomado el camino legalista, algo te tiene que suceder desde el cielo y tú no juegas ningún papel en esto. Intenten esto la próxima vez que evangelicen a alguien. Necesitas algo que tú no puedes hacer. Necesitas algo en lo que tú no puedes participar. Necesitas algo para lo cual no puedes contribuir en nada. Necesitas que el cielo baje. Y a menos que nazcas de arriba, que nazcas de nuevo, a menos que seas nacido del Espíritu, nunca entrarás en el reino de Dios. Y, entérate de esto, el Espíritu va y viene cuando Él quiere, no lo puedes convocar ni lo puedes rechazar. Y esta es la doctrina del llamado efectivo, la doctrina del llamado eficaz. Algunos lo llaman la gracia irresistible. Este es el llamado que identifica la iglesia como la que es llamada. Es algo divino.

Lo que está diciendo a Nicodemo: "Discúlpame, Nicodemo, necesitas algo en lo que tú no puedes participar". Y así llegamos al versículo 10 en este sorprendente doctorado de gracia divina soberana. Dios tiene que darte vida. Y dije, ¿qué puede hacer el pecador? Pedir, eso es todo. Y Nicodemo no sabe qué hacer con esto. Por lo que Jesús concluye la primera parte de la conversación en los versículos 9 y 10 diciendo: "¿Cómo puede ser que tú no conozcas esto?". Tú estudias el Antiguo Testamento. ¿Cómo puede ser que no conozcas esto? ¿Recuerdas Jeremías 31, Ezequiel 36? Recuerda todas las ocasiones que Dios dijo: "Les voy a quitar su corazón de piedra. Les voy a dar un corazón nuevo. Les voy a dar mi espíritu. Haré que caminen en mis estatutos y en mis caminos". Estos dos pasajes del Nuevo Pacto son acerca del poder soberano de Dios regenerando al pecador muerto. ¿Cómo puede ser que tú seas el maestro de Israel y no sepas esto? ¿Cómo es esto posible?

Bueno, Nicodemo no lo creyó. ¿Cómo sabemos esto? Versículos 11 y 12. Al final del 11, "ustedes no reciben nuestro testimonio". A la mitad del versículo 12, "no creéis". Nicodemo no creyó. Esto está, literalmente, volteando de cabeza su mundo porque él es un legalista. Algo tiene que suceder en ti, y tú no participas en ello.

Increíble, esta es la enorme doctrina de la soberana salvación divina. Pero corriendo en paralelo con esta doctrina se encuentra otra. Esta es la doctrina de la responsabilidad humana. Ya hablamos de ella. Estas dos corren paralelas pero nunca se intersectan. Creemos en las dos. Y el hecho de que no podemos armonizarlas solo nos confirma que somos humanos. Y en el caso de que tengas preguntas acerca de esto, habla con la persona que esté más cerca de ti y ellos resolverán el problema que hay en tu dilema. Somos humanos. El hecho de que no podamos entender todo es un testimonio de nuestra humanidad. Junto con la soberanía divina viene la responsabilidad humana. Y aquí es donde retomamos nuestra historia.

Recordemos un poco de la historia que hay entre los versículos 11 al 21. En este punto Nicodemo no cree, él no ha creído a Jesús, no acepta todo esto. Así que Jesús le recuerda en el versículo 13 que nadie ha ascendido al cielo, pero aquel que descendió del cielo, el Hijo del Hombre. Que él ha sido parte de un sistema de religión que es tanto terrenal como demoniaca, y ahora lo que escucha proviene del cielo. Así que es mejor que escuches este mensaje. Esto no es otro tipo de mensaje humano y demoniaco. Esto está llegando a ti por medio del Hijo del Hombre. Nicodemo no habla más pero continúa allí. El pronombre "ustedes" hace que deje de ser singular y lo amplia, pero ahora Él está hablando a Nicodemo, y está hablando por medio de Nicodemo a todos los fariseos que son parte del grupo de Nicodemo, y de toda la nación de Israel que están siguiendo a los fariseos, y a toda la humanidad que está sumergida en la religión y lo que está diciendo es simplemente, "es mejor que escuchen al que ha descendido del cielo porque solo Uno ha descendido del cielo con la verdad, solo Uno". "He tratado de decirte cosas terrenales, he usado una ilustración terrenal acerca de lo que es la regeneración y el nacimiento, y no pudiste entender algo que es terrenal. Sé que no van a creer ahora cuando les diga cosas celestiales, sin embargo les voy a revelar cuestiones celestiales". Y así comienza a revelarles estas cuestiones celestiales, primero que nada diciendo: "Yo he venido del cielo y soy el que tiene la verdad, el único que tiene la verdad".

Y te voy a decir esto, y esto es obvio, pero es fundamental en este pasaje: la única verdad de Dios acerca de la salvación vino de Jesucristo. Todas las otras fuentes son mentiras y engaños, ya sean mundanas o demoniacas, o bien una combinación de estas. Y ahora les digo, así como Moisés levantó la serpiente en el desierto, del mismo modo el Hijo del Hombre tiene que ser levantado. Yo descendí, y Yo seré levantado. Esto es una alusión a su muerte. Vimos esto la última vez.

Ahora llega al versículo 15 y desde ahí retomamos el relato de hoy. "Que todo aquel que en él cree, no se pierda, mas tenga vida eterna". Ahora tenemos que entender que Nicodemo esta turbado cuando llega. Él se está preguntando qué cosa más legalista, o que cosa más religiosa puede hacer para lograr tomar el último paso antes de entrar en el reino y así poder tener paz en su alma atribulada. A lo que Jesús le contesta es, absolutamente nada, no puedes hacer nada. De hecho tienes que cancelar todo lo que has hecho hasta hoy. Como Pablo, lo tienes que considerar como basura, y tienes que reiniciar, ser nacido de nuevo una vez más, y esto es algo que solo puede sucederte desde el cielo. Necesitas un milagro divino desde el cielo, sobre el cual tú no tienes ningún control y en el cual tú no participas. Esto está sacudiendo toda su percepción de la religión.

Y ahora llega un segundo golpe. Jesús dice: "para que todo aquel que en él cree, no se pierda, mas tenga vida eterna". Esto es una alusión a su cruz, "para que todo aquel que en él cree, no se pierda, mas tenga vida eterna". Cualquiera que crea.

¿En dónde está el golpe aquí? Bueno, creer puede ser un impacto porque esta es la salvación por medio de la fe. Pero el verdadero impacto está en "cualquiera", cualquiera que crea, esto es lo que lo impacta. La vida eterna, sabían perfectamente qué era esto, y como dato, Juan usa la referencia a la vida eterna quince veces en su evangelio. Los judíos sabían qué era la vida eterna. Era la vida de Dios, no tanto la duración del tiempo sino la calidad de vida. La vida de Dios, la vida divina, la vida eterna, la vida trascendente, la vida sobrenatural, la unión con la Trinidad, poseer la vida de Dios ahora y para siempre, esto es lo que está disponible a todo aquel que cree. El impacto es "todo aquel", cualquiera. ¿Por qué? Porque los judíos creían que cuando el Mesías llegará salvaría solo a Israel y castigaría a todas las naciones. Los castigaría por su blasfemia. Los castigaría por su idolatría. Los castigaría por haber tratado mal a Israel. Pero ahora Jesús dice, "a todo aquel que cree". Y no dice nada acerca de Moisés, nada acerca de Abraham, nada acerca del Templo, nada acerca del tabernáculo, nada acerca de la ley. Simplemente dice que es asunto de creer en el Hijo del Hombre quien es levantado y cualquiera que crea tendrá vida eterna.

La salvación está a disposición de cualquiera

Ahora tenemos que entender que este que ha sido legalista y fariseo toda su vida, está teniendo un tiempo muy difícil y no permite que esto entre a su mente, parece que está tardando en procesarlo. Pero Jesús le está diciendo que cualquiera que crea, cualquiera que crea en Él, el Hijo del Hombre siendo elevado, levantado; escapará el juicio, escapará del infierno, le será dado el perdón, bendición y una vida eterna en el cielo. La salvación es por fe. Este es nuestro mensaje, es por medio de creer. A esto le llamamos la serie de *sola fide*, tomando este título de los reformadores quienes lo usaban en latín para expresar que solo era por medio de la fe, *sola fide*; *sola gratia*, solo por gracia; *sola Cristus*, solo por Cristo; *sola Scriptura*, solamente la Escritura. Estas eran las frases que ellos usaban.

También usaban algunas otras frases en latín para describir la fe salvadora. Ahora recordemos en Juan 2:23 al 25, en donde dice: "Muchos creyeron", incluso Nicodemo creyó. Pero ¿qué fue lo que ellos creyeron? Ellos creyeron que Jesús era un maestro que venía de Dios, y que hacía milagros. Pero esto no es suficiente para ser salvo. Nicodemo rechaza el mensaje de la fe para salvación. Cree algo, pero no cree lo que debe de creer.

Los reformadores vinieron con algunos términos, ellos dijeron que la fe tenía tres componentes: *notitia*, *fiducia* y *assensus*; esta es una clase de latín para ustedes. *Notitia* es conocimiento, debes conocer. La fe viene por el oír el mensaje concerniente a Cristo, Romanos 10. Así que deben de creer. Después tiene que *fiducia*, tienen que creer. Esto quiere decir confiar o creer. Pero el tercero es muy importante, *assensus*, o aprobar, significa comprometerse, comprometerse a tomar su cruz, seguir, ser obediente, invertir toda tu vida en aquello que conoces y crees.

A Nicodemo le es dada esta impactante verdad que sale directamente de los labios de nuestro Señor, que la salvación es solamente por fe. Una fe que hace que el individuo se comprometa con el Hijo del Hombre, y el Hijo del Hombre tiene que ser levantado y crucificado, hacer este compromiso total, y cualquiera, sin importar quien sea, quien haga este compromiso tendrá vida eterna, ya sea judío o gentil.

Esto es simplemente devastador; Nicodemo es un racista, muy racista, de hecho todos los judíos lo eran. Su odio por las naciones idólatras y blasfemas ya estaba presente mucho antes de que él estuviera sobre la tierra. Y ahora lo que lo tiene impactado es el "todo aquel". Y esto es mientras que Nicodemo está intentando procesar eso que Jesús nos dio en el más famoso versículo de la Biblia, Juan 3:16. Y esta es la explicación del versículo 15, porque Nicodemo se estará diciendo a sí mismo: "¿Por qué Dios haría esto? ¿Por qué Dios daría vida eterna a cualquiera que simplemente creyera en Él? ¿Para los que seguían la ley, para los que guardaban el Sabbath, para los que eran tradicionalistas, para las personas que eran celosos de las cosas santas, que hacían ceremonias, que ofrecían sacrificios?

Un momentito, ¿por qué la vida eterna tiene que ser para cualquiera que crea, y no solo para los judíos que creen, sino para todo aquel que cree? ¿Cómo puede ser esto posible?

Y la respuesta es esta, aquí está el por qué, versículo 16: "Porque de tal manera"... ¿qué?... amó... Dios al mundo". ¿Qué es lo que hay detrás de todo esto? Lo que está detrás de todo esto es el amor de Dios, el amor de Dios es lo que lo motiva. Esto es algo celestial, algo que proviene del cielo. Todo aquel que cree en Él no perecerá, mas tendrá vida eterna, porque de tal manera amó Dios al mundo que dio a su Hijo unigénito para hacer esto posible. Y pienso que nuestra extrema familiaridad con este versículo es tal que a veces dejamos en el trasfondo sus verdades y no lo entendemos como debe ser. Quiero decir, todos lo repetimos, lo conocemos, se puede decir que es un versículo de los párvulos de escuela dominical. ¿Sabían ustedes que este versículo ha sido estudiado hasta morir durante muchos siglos? Aquí tenemos una explicación reformada y teológica clásica de Juan 3:16.

Primero que nada tenemos la causa remota eficiente. Después tenemos la causa aproximada eficiente. A continuación la causa instrumental. Y debemos añadir la causa material. ¿Esto mueve tu corazón? Esta es la manera teológica de explicar Juan 3:16. La causa remota eficiente, el amor de Dios. La causa aproximada eficiente, la gracia de Dios. La causa instrumental, creer. Y al final añaden la causa material, la cruz. Y el resultado es, vida eterna.

El motivo

Pero no lo hagamos demasiado técnico. Permítanme darles un bosquejo simple. ¿Qué tal el motivo de la salvación? ¿El motivo? De tal manera amó Dios, Dios amó de una forma especial. Esto va mucho más allá de su racismo limitado. Esto va más allá de su odio por los gentiles y las naciones que los rodeaban, incluso de los romanos que vivían entre ellos. Dios ama al mundo; Dios ama mucho al mundo. ¿Durante cuánto tiempo ellos han justificado su odio por el mundo y lo han defendido basándose en que esta es la forma en la que Dios lo hace? Ellos eran el pueblo de Dios. Ellos eran los representantes de Dios. Aquí está el maestro. Él odiaba al mundo porque Dios odiaba al mundo.

Pero no es verdad. La razón por la que Dios hace que la salvación esté disponible a cualquiera que cree, la razón por la que cualquiera puede creer es porque Dios en realidad ama al mundo. Esto es impactante para él, absolutamente impactante. Este es el motivo.

El objeto

El objeto es el mundo y cualquiera que esté en el mundo, cualquiera. El término mundo aquí es el término para referirse a la humanidad, esto es todo, Dios ama a la humanidad. Tito 3:4 usa una expresión similar, humanidad. Dios ama a la humanidad. Esto no quiere decir que Él va a salvar a todos los que vivan. Esto es muy claro porque el versículo 18 habla acerca de aquellos que van a ser juzgados porque no han creído.

Solo hay un mundo, un reino de la humanidad, y Dios ha determinado colocar su amor sobre este mundo. No hizo esto con los ángeles. Los ángeles que pecaron fueron lanzados al infierno y nunca han conocido el amor de Dios desde su rebelión. Pero Dios eligió amar al mundo. Así que el motivo de la salvación es el amor, y el objeto de la salvación es el mundo. El amor de Dios se muestra a través de todo el mundo con lo que llamamos gracia común y la invitación que hace el evangelio. Este es el amplio alcance del amor de Dios. La lluvia cae sobre justos e injustos. El sol sale sobre los justos y los injustos. La gente se enamora, tienen hijos, disfrutan de la belleza de la vida y el mundo, las satisfacciones, el éxito, las cosas maravillosas que Dios ha puesto bajo el cuidado del hombre en este mundo, todas estas cosas son evidencias de que Dios tiene un amor general por toda la humanidad. Él les da la oportunidad por medio del evangelio. El evangelio los alcanza, Él se muestra a sí mismo y lo que Él es dentro de ellos. Él escribe su ley en sus corazones y se hace accesible a la razón humana de tal modo que pueden ver al mundo presente, y determinar que hay un Dios detrás de él, conocer algo de su poder y de su eterna deidad, Romanos 1.

Pero aquí hay un amor especial que Él tiene por los que dentro del mundo son suyos y los hay por todo lugar en el mundo. De hecho, cuando se nos describe una escena en el cielo en Apocalipsis 4 al 7, en todos estos pasajes, ves a los santos reunidos alrededor del trono, eventualmente se describe que ellos son de toda lengua, de toda tribu, de todo pueblo y nación, no solo Israel.

Así que este racismo limitante que era verdad en Nicodemo y en otros, no es un reflejo del corazón de Dios. Nicodemo está completamente revuelto dentro de su teología, muy severamente. Él no puede ganarse su salvación. Tiene que venir a ti desde el cielo y esto solo es por un acto soberano de Dios, no es una obra de hombre. Y Dios ama al mundo que Nicodemo odia, Dios hace la salvación accesible por fe cuando, en contraste, él había pensado siempre que era por obras. Así que la acción de la salvación es lo siguiente.

La acción

El motivo es el amor, el objeto es el mundo, la acción es que Él dio a su Hijo unigénito. Esto último es algo que nos confunde, "el unigénito hijo de Dios". Es monogenés, la palabra en griego es monogenés. Genes es la palabra de la cual obtenemos genética. Mono quiere decir uno. Y lo que la palabra significa en realidad, cuando pones monogenés junto, quiere decir único, quiere decir único en su tipo, el único. Esto hace que lo podamos entender más fácil. Dios dio a su único Hijo, su único en su tipo, su amado Hijo. "Este es mi hijo amado", dice, el hijo que es el objeto de mi amor; su propio Hijo, como lo pone Romanos 8:3.

Y aquí hay algo que tiene que ser dicho, muy importante; vean la palabra "de tal"; "de tal manera amó Dios al mundo". ¿Qué significa este "de tal"? "Al grado que", "tanto como", "de esta manera". Esta es la forma en la que Dios amó al mundo. ¿A qué grado amó Dios al mundo? Al grado que dio a su único Hijo. En otras palabras, el tamaño de su amor se mide por el tamaño de su regalo. El acto más magnánimo que Dios pudo haber hecho fue el haber dado aquello que Él ama más, al único que ama más que a todo lo demás, el Hijo de su amor. Él da a la persona a la que ama más, el Hijo de su amor, y esto te muestra el tamaño de su amor. Él ama al mundo de tal manera que Él da a su único en su tipo, al único, a su Hijo amado.

¿El medio para la salvación? A todo aquel que cree, cree, cree, cree; este es el medio. Cree, pero, ¿cree en qué? Cree en el Señor Jesucristo; cree que Dios lo resucitó de entre los muertos. Cree en el verdadero significado de la cruz y la resurrección. Cree en el evangelio. Todo aquel, cualquiera, no importa quién sea.

Escucha cuidadosamente, el regalo gratuito del evangelio es lo suficientemente grande como para incluir al peor pecador que crea. El más grande de los pecadores; Pablo dice que él era este. Escucha, el evangelio es tan angosto como para excluir al más religioso de los incrédulos. Pensaba yo en esto durante la semana, ¿quién es el más moral, el más religioso de los hombres sobre el planeta? El Papa. Pero él tiene puesta su esperanza en sus obras, en sus méritos para poder llegar al cielo, y el evangelio lo excluye. El hombre más privilegiado, el más torcido, la persona más corrupta sobre el planeta que confíe en Cristo, el evangelio es lo suficientemente amplio para recibirlo a él o a ella. Porque es solo por medio de la fe, solo necesita creer.

Y, ¿cuál es el resultado? "No perecerá sino que tendrá vida eterna". Negativo, no perecerá. Perecer es la palabra griega apollumi, y es usada muchas veces en el Nuevo Testamento para referirse a la ruina eterna; se refiere al infierno. Positivo, vida eterna, esta es la parte positiva la vida eterna.

Así que esta es una mirada rápida a Juan 3:16. Ahora sigan cuidadosamente estos últimos momentos. El mensaje de nuestro Señor es este, tienes que ser nacido de arriba y esa es la obra de Dios. Tú no participas en ella. Pero cualquiera puede ser salvo si cree, no hay otra forma. Cualquiera que crea puede ser salvo. ¿Por qué haría Dios esto? Porque de este modo Él se

22_La creencia, el juicio y la vida eterna

lleva toda la gloria, como Pablo lo dice en Efesios; para que nadie se gloríe, pero es porque Él ama al mundo.

Sabes, sería más fácil pensar en un Dios santo viendo a la humanidad en la condición en la que se encuentra, en pecado, rebelión, desobediencia, odiando a Dios. Sería más fácil si la Escritura dijera: "Dios vio al mundo y dijo, los voy a destruir, los voy a castigar. Pondré sobre ellos todo el peso del juicio divino hasta que sean capaces de venir a Mí". Pero no fue su ira la que hizo que enviara a Cristo; Cristo no vino a juzgar al mundo. Vino al mundo para salvar al mundo porque lo que motivó a su Padre no fue su ira, sino… su amor… y así llegamos al versículo 17: "Porque no envió Dios a su Hijo al mundo para condenar al mundo, sino para que el mundo sea salvo por él". Por medio de Él. Dios quiso salvar al mundo. Dios envió a Jesús a salvar al mundo. Jesús vino a salvar al mundo. Esto es, pecadores de cualquier lugar del mundo. Envió a su Hijo debido a su infinito amor por los pecadores. Envió a su Hijo para mostrar su amor y su misericordia, a salvarlos de su ira. Su amor fue lo que lo motivó a salvarlos de su ira. Pero hay otra cosa de mucho peso.

El propósito por el que el Mesías vino no fue para condenar; su venida no fue para juicio. Los judíos esperaban que el Mesías vendría y juzgaría a todas las naciones. Pero llega el Mesías y ellos lo rechazan. Lo que sí hizo fue juzgarlos a ellos, pero esto hizo también que el evangelio se abriera hasta lo último de la tierra.

La próxima vez que Él venga, vendrá para juzgar. En su segunda venida vendrá para juzgar. Pero en esta ocasión el Hijo del Hombre viene, Lucas 19:10, "a buscar y a salvar lo que se había perdido". No vino a juzgar al mundo; vino a salvar, a salvar. Sin embargo, algo muy importante, Juan 3:18: "El que en él cree, no es condenado; pero el que no cree, ya ha sido condenado, porque no ha creído en el nombre del unigénito Hijo de Dios". No puedo expresarte que tan importante es esto. Y dije al principio que este es un capítulo muy importante, podríamos pasar mucho tiempo en este capítulo, matizando esta verdad pero permítanme ayudarles con esto. Escuchen cuidadosamente: "El que no cree ya ha sido condenado", la palabra "ya" es la clave. Y quiero que sigan esto, la palabra "ya" es la clave. Cristo vino en amor para salvar porque Dios lo envió a Él en amor para salvar, lo que quiere decir que no necesitas correr hacia María para encontrar a alguien que nos comprenda. Dios es por naturaleza salvador. Cree y serás salvo. Creer, es todo lo que se necesita; y todos los cargos que hay en tu contra serán borrados. La Biblia dice que has entrado en el estatus que puede ser definido de esta manera: "No hay condenación, hay un completo perdón, rescatado de la maldición de la ley, limpiado de la culpa, declarado justo, con vida eterna garantizada, para no ser removido nunca". Esto es gracia, esto es misericordia, esto es un amor inmenso.

Pero por el otro lado, si no crees, has sido juzgado ya, porque no has creído en el Hijo de Dios, el unigénito Hijo de Dios. Ahora permítanme decirles cual es el significado de "ya". Es típico que la gente del mundo diga, "estoy viviendo mi propia vida, pienso que he hecho más bienes que males, y pienso que si Dios guarda un registro, voy a salir bien". Y he tenido muchas personas que me han dicho esto a mí, las personas importantes de los medios dicen, "creo que voy a salir bien, voy a salir bien porque mis buenas obras sobrepasan mis malas obras".

¿Te puedo decir algo? Todo eso es irrelevante. Es irrelevante por esta razón, "ya" has sido juzgado. ¿Sabes cuándo fue dado el veredicto de tu vida? ¿Sabes cuándo fue que el martillo cayó sobre el escritorio del Juez? Cuando llegaste a este planeta. Llegaste a este planeta como un incrédulo, sin creer en Cristo. El martillo cayó y el veredicto fue dictaminado, la sentencia fue entregada. Ahora nada va a ser determinado, nada. No hay ninguna cuenta en tu record que determine si tus buenas obras sobrepasan tus malas. Tú ya has sido juzgado. Fuiste juzgado cuando naciste. Fuiste juzgado porque eras un incrédulo. Oh sí, Dios sabe todo, así que Él está bien enterado del registro de tus crímenes contra Él. Pero eso no tiene nada que ver con el veredicto porque este ya ha sido entregado. El divino juez ya ha ejecutado su ley, el martillo ha caído y tú has sido condenado y sentenciado al infierno.

Y nuevamente, la mayor parte de la gente cree que está en el proceso de acumular un registro, y las buenas obras sobrepasan las malas, entonces el juez lanzará su juicio a su favor al final. Y quiero decirles a todos ustedes que piensan esto, el juicio fue ejecutado cuando llegaron a este mundo. La espada de Damocles está sobre su cabeza. Estás listo para ser condenado a la horca, tu cuello ya está en la guillotina; y el verdugo está a punto de soltar la cuerda. El juicio final ya fue pasado hace mucho tiempo. No hay un futuro veredicto que tenga que ser hecho.

¿Por qué ocurrió esto? "Porque no ha creído en el nombre del unigénito Hijo de Dios". Vas a ser enviado al infierno no por algo que tú hayas hecho sino por algo que no hiciste, y eso fue creer en el Señor Jesucristo.

Así que esto lo hace ser algo muy importante, críticamente importante. Todo pecador ya ha sido condenado. La única forma en la que el veredicto puede ser revertido y borrado por completo para que el pecador sea perdonado, es por medio de creer en el unigénito Hijo de Dios, esta es la única forma. Es muy, pero muy, importante recordar esto: lo que condena a la gente al infierno al final no es un decreto divino realizado por Dios. Ninguno de sus decretos lo hace. Lo que condena a la gente al infierno no es porque haya habido alguna provisión deficiente en el sacrificio de Cristo. Lo que condena a la gente al infierno no es el hecho de que hayan pecado y el haber quebrantado la ley de Dios. Lo que condena a la gente al infierno es el hecho de que ellos no han creído en Jesucristo. Este es el punto.

22_La creencia, el juicio y la vida eterna

Así que cuando hablas con la gente, pienso que en ocasiones está bien decirles: "Sabes, tú eres un infractor de la ley, has quebrantado esta ley, roto aquella ley, desobedecido los diez mandamientos. Pero todo esto es perdonable". Y tarde o temprano dentro de la conversación, y más temprano que tarde, necesitas enfatizar a la gente en cuanto a lo que piensan acerca de Jesucristo, ahí corta todo y diles: "Si tú no crees en el Señor Jesucristo como Redentor, como Salvador y como Señor, morirás en tus pecados y te irás al infierno. Este es el único pecado imperdonable".

Ahora, cuando el pecador llegue delante de Dios, delante del juicio del Gran Trono Blanco, como es ilustrado en el libro de Apocalipsis, y sea traído delante del tribunal de Dios, enfrentará a Dios, y podemos asumir que se va a quejar, y lo más seguro es que le dirá: "Señor Dios, qué podía hacer yo con todo esto, sabes, es tú culpa, solo tú culpa". Se quejarán como lo hiso Adán; la mujer que tú me diste, es tú culpa.

O tal vez alguien se quejará de Adán: "¿Qué podía hacer yo? Yo no estuve en el Edén, si yo hubiera estado en Edén en lugar de Adán, yo no hubiera hecho eso. Mírame a mí, yo soy la víctima de lo que Adán hiso". O tal vez alguien podrá decir: "Esta es mi naturaleza, ¿qué podía yo hacer? La naturaleza adámica me fue transmitida. Entonces vengo de padres corruptos, ¿qué se puede esperar?". O tal vez alguien podrá decir: "Fueron las circunstancias, lo que quiero decir es, mira todas las circunstancias dentro de las que tuve que vivir".

Pero, ¿saben que ninguna de estas cosas importa? Lo que vas a decir cuando estés parado frente a Dios es esto: "Yo rechacé creer en Jesucristo", y este será el punto. Tú ya has sido juzgado, ya has sido condenado y sentenciado. Y si continúas en incredulidad, vas a perecer.

Ahora con la seriedad de eso y la oportunidad de venir a Cristo, sé que dirás: "¿Por qué los pecadores lo rechazan? ¿Por qué ellos no creen?". Escucha esto, Juan 3:19, "Y esta es la condenación: que la luz vino al mundo". Este es Cristo, la luz, identificado en el capítulo 1; Él es la luz. "Y esta es la condenación: que la luz vino al mundo, y los hombres amaron más las tinieblas que la luz, porque sus obras eran malas. Porque todo aquel que hace lo malo, aborrece la luz y no viene a la luz, para que sus obras no sean reprendidas".

Hay una razón por la que la gente no cree en Cristo, una sola razón. Ellos aman su pecado. No quieren acercarse a Cristo porque su luz resplandece y hace resaltar su pecado, reprende su pecado. Los pecadores aman el pecado. No es ignorancia. No es que les falten las facultades básicas de la razón. No es un malentendido. Los pecadores prefieren la oscuridad moral. Son como los insectos que corren al momento que levantas una piedra. Ellos aman su corrupción. Se deleitan en su maldad y aman la oscuridad, odian la luz, no quieren venir a la luz porque si ellos vienen a la luz sus pecados serán expuestos, reprendidos por lo que son. Así que huyen de la verdad, ellos huyen de la Escritura, ellos huyen de la iglesia, ellos huyen de los cristianos, huyen de nosotros. Es una compulsión muy fuerte que los domina, la compulsión dominante de un corazón caído. Si ustedes ven en Juan 7:7 dice, "No puede el mundo aborreceros a vosotros" está hablando Jesús, "mas a mí me aborrece, porque yo testifico de él, que sus obras son malas". Odian a Jesús porque Él expone su pecado. Y ese odio eventualmente pasado hacia nosotros.

¿Ahora les puedo decir algo práctico?, y pienso terminar en los siguientes minutos. Dejen de intentar atrapar a los pecadores de manera psicológica. Dejen de decir: "¿Quieres tener un propósito en tu vida? Jesús le va a dar propósito". Dejen de hacer esto, dejen de decir que Jesús te hará una persona feliz, que te quiere dar una vida mejor, resolver tus problemas, hacerte mejor, hacerte rico; deja de decir esto. Esto solo produce falsos convertidos porque no arroja ninguna luz sobre la miseria del pecador. No descubre nada, no expone nada, es una mentira. Lo que debemos hacer es dejar que la luz de la justicia pura de Jesucristo brille tanto como nos sea posible hacerla brillar sobre el pecador y ver si el pecador huye. El otro tipo de cosas no tiene ningún valor para la gente, eso solo produce falsos convertidos. El asunto es confrontar el pecado en todo su horror y en toda su fealdad, para que ellos sellen así su propia sentencia por haber rechazado a Cristo y amado más a su pecado. O bien, por la gracia de Dios ellos puedan correr hacia la verdad, versículo 21, "Mas el que practica la verdad viene a la luz, para que sea manifiesto que sus obras son hechas en Dios".

¿Sabes cuál es la diferencia entre el pecador y el creyente? ¿Por qué estás aquí tú hoy? ¿Por qué vienen a la iglesia? Sé porqué muchos de ustedes vienen a la iglesia. Sé porqué vienen, porque hacemos brillar la luz muy alto. No estamos vacilando con ello. Hacemos que la luz brille al máximo. Esta es la luz. Esta es la luz que revela más luz y que brilla aquí, y si por casualidad tú tienes algo que ocultar, es mejor que te sigas a la iglesia que está más adelante en esta calle. Pero la gente que practica la verdad está aquí porque la luz brilla y les revela que todo lo que está sucediendo en su vida está siendo hecho por Dios. Pero, ¿qué es lo que ellos obtienen? Seguridad, confort, motivación. No sé ustedes, pero yo no puedo decir que ya tuve suficiente luz brillando en mi vida. Esta es la razón por la que ustedes están aquí. En ocasiones la gente me dice: "Ya no pienso ir a esta iglesia". No les pregunto, ¿por qué?, sé porqué. Quieren que yo les dé más sombra y menos luz.

Pero el beneficio es, si tú eres uno de esos que practican la verdad, la luz te llega y puedes ver tu vida a la luz y dices: "Todo lo que está sucediendo en mi vida ha sido hecho por Dios". Y aquí está la confianza y seguridad, hay gozo al saber esto. Venimos a la luz, amamos la luz, recibimos la comunión con Cristo. Y entonces no hay temor; hay una completa aceptación, seguridad, gozo, protección y amor. Y oh, qué gran mensaje recibió Nicodemo ese día y nunca hizo una pregunta. Simplemente le leyeron su corazón.

Y como ya les dije antes, sí se convirtió en creyente. En el capítulo 7 habla algunas palabras en defensa de Jesús, ahí vemos que está en el proceso; y en el capítulo 19, se presenta junto con José para sepultar a su Salvador. Nos tomará algo de tiempo pero lo conoceremos cuando lleguemos al cielo.

Oración

Padre, te agradecemos por tu Palabra, te agradecemos por su poder, por su claridad, es motivadora, y nos bendice de manera profunda. Gracias por esta preciosa congregación de personas. Te agradecemos que nos hayas hecho, por tu gracia, personas que ahora experimentan la vida eterna, y ahora nosotros tenemos el gozo de practicar la verdad, venimos a la luz y abrazamos esta luz, amamos la luz, necesitamos más luz. Porque aun cuando esta expone los vestigios de nuestra naturaleza caída, también nos muestra que Tú estás trabajando en nuestra vida. Nosotros nos evaluamos por medio de la Palabra de Dios y decimos, sí, esta es la obra que Tú estás realizando en mí. Qué gran gozo, que gran bendición. Oro por aquellos que escucharán este mensaje y que no han creído en el Señor Jesucristo. Oro porque puedan entender que nada está en duda en este momento; nada está por ser determinado en el futuro; ellos ya han sido juzgados. Deseamos que puedan correr hacia Cristo, a aquel que fue levantado en la cruz para llevar nuestros pecados y levantado para nuestra justificación, que puedan creer en Él como Señor y Salvador. Que se puedan negar a sí mismos, tomar su cruz y seguirlo. Que pueda bajar el cielo para darles vida. Que los pecadores crean en tu gloria.

Padre, somos tan ricos porque tenemos la verdad. Cuando nuestro Señor dice: "De cierto, de cierto", nosotros decimos "amén".

REFLEXIONES PERSONALES

23_Una perspectiva de primera mano sobre la resurrección

Pasado el día de reposo, al amanecer del primer día de la semana, vinieron María Magdalena y la otra María, a ver el sepulcro. Y hubo un gran terremoto; porque un ángel del Señor, descendiendo del cielo y llegando, removió la piedra, y se sentó sobre ella. Su aspecto era como un relámpago, y su vestido blanco como la nieve. Y de miedo de él los guardas temblaron y se quedaron como muertos. Mas el ángel, respondiendo, dijo a las mujeres: No temáis vosotras; porque yo sé que buscáis a Jesús, el que fue crucificado. No está aquí, pues ha resucitado, como dijo. Venid, ved el lugar donde fue puesto el Señor. E id pronto y decid a sus discípulos que ha resucitado de los muertos, y he aquí va delante de vosotros a Galilea; allí le veréis. He aquí, os lo he dicho. Entonces ellas, saliendo del sepulcro con temor y gran gozo, fueron corriendo a dar las nuevas a sus discípulos. Y mientras iban a dar las nuevas a los discípulos, he aquí, Jesús les salió al encuentro, diciendo: ¡Salve! Y ellas, acercándose, abrazaron sus pies, y le adoraron. Entonces Jesús les dijo: No temáis; id, dad las nuevas a mis hermanos, para que vayan a Galilea, y allí me verán.

Mateo 28:1–10

BOSQUEJO

— Introducción
— La primera actitud: un acto de simpatía
— La segunda actitud: la llegada del ángel
— La tercera actitud: un terror lleno de gozo
— La cuarta actitud: del gozo a la adoración
— La última actitud: esperanza
— Lo que la resurrección prueba
— Oración

Notas personales al bosquejo

SERMÓN

Introducción

El mundo ha escuchado muchos mensajes importantes, ha aprendido muchas grandes verdades, y a través de la historia de la humanidad, se han visto muchos eventos dramáticos que han tenido largo alcance así como otros que han cambiado radicalmente la vida. Sin embargo, nada, dentro de la historia del mundo se acerca a la importancia de la resurrección de Jesucristo de entre los muertos.

Su resurrección es, desde luego, la piedra angular de la fe cristiana. Es el fundamento de nuestra salvación. Es la esencia de nuestra esperanza. Esto es porque Jesús vive para que nosotros vivamos. Es porque Él conquistó a la muerte para que nosotros conquistáramos la muerte. Esto es porque Él estuvo en la tumba y salió para que nosotros podamos hacer lo mismo. Él es "la resurrección y la vida", como Él dijo, y debido a que Él vive, nosotros vivimos. Y cualquiera que crea en Él vivirá y nunca morirá. Esta es la esperanza cristiana.

Cada uno de los cuatro evangelios, Mateo, Marcos, Lucas y Juan, con los que inicia el Nuevo Testamento, presentan la resurrección, cada uno de los escritores de los evangelios se enfoca en detalles especiales. Juntos, la combinación de los cuatro evangelios nos da la totalidad de la perspectiva de este monumental evento.

Obviamente, no tenemos tiempo para ver todos estos, así que vamos a ver la resurrección desde el evangelio de Mateo. Abran sus Biblias en el capítulo 28 de Mateo. Mi intención esta mañana es darles un recuento directo de la resurrección, así como uno o dos comentarios breves acerca de su significado. Mateo nos va a ayudar a hacer esto.

En la lectura de esta mañana les leí esta porción a ustedes. Vamos a ver los diez versículos que les leí de Mateo capítulo 28. Estos ven la resurrección de una manera muy especial. Estos ven la resurrección por medio de los ojos de un grupo de mujeres; un grupo de mujeres que están familiarizadas con la historia de Jesús. Todas ellas eran mujeres galileas. Ellas eran, de algún modo, la segunda línea de seguidoras de Jesús.

Primero estaban los apóstoles y después estaban estas mujeres que aparecen en varios intervalos a través de la vida y ministerio de Jesús, en sus apariciones demuestran amor, cuidado, afecto y confianza en el Señor. Eran un grupo especial, es por esto que ellas serán la ventana por medio de la cual veremos la resurrección. Veremos, por medio de sus actitudes y emociones como percibieron la resurrección en estos diez versículos del capítulo 28.

El entorno se nos da en el versículo 1. Dice el texto: "Pasado el día de reposo, al amanecer del primer día de la semana". Recordarán que Jesús fue crucificado en viernes, el viernes por la tarde, antes del sábado. El sábado iniciaba una vez que el sol se ponía, esto alrededor de las seis de la tarde. Pero ahora, como el texto nos dice que ya había pasado el sábado, el texto original indicará, "tiempo después del sábado".

Jesús había sido colocado en la tumba el viernes, ya había pasado el sábado. El sábado por la tarde cuando el sol se ponía acababa el sábado. Ahora es domingo por la mañana justo al amanecer. Así que es tiempo después del sábado, en el sentido de que al menos habían pasado ya 12 horas después de que el sábado había acabado. Ahora es el primer día de la semana; el tercer día que el Señor ha estado en la tumba. Estuvo en la tumba una parte del viernes, todo el sábado y ahora una parte del domingo.

En este punto, las mujeres se presentan. El versículo 1 indica que María Magdalena y la otra María vinieron a ver la tumba. Aprendemos que también debió haber otras mujeres ahí. Marcos añade que había una mujer llamada Salomé quien era la madre de Santiago y Juan, y la esposa de Zebedeo. Lucas añade que había una mujer con el nombre de Juana, la esposa de Chuza (Lucas 8:3), quien era uno de los mayordomos de Herodes. Juan solo menciona a María Magdalena, pero todo esto implica que había más mujeres ya que se está usando el pronombre plural (Lucas 24:1), o bien en Juan 20, "no sabemos". Esto implica que había algunas otras mujeres que no son mencionadas.

El grupo de mujeres era de Galilea, eran mujeres galileas. Eran del norte donde habían sabido acerca del Señor. Ellas habían viajado mucho con el Señor, y como ya dije, las vemos haciendo su aparición en ciertos puntos. Notablemente ellas fueron las que estuvieron en la cruz cuando todos los otros discípulos, hombres supuestamente de fuerza y coraje, se habían retirado atemorizados. Las mujeres estuvieron presentes en la cruz y también estuvieron presentes en su sepultura.

Como leímos antes, en el Mateo 27:61 se nos indica que María Magdalena y la otra María estaban sentadas al frente al sepulcro cuando Jesús fue colocado ahí. Permanecieron ahí, aun cuando oscureció esa noche de viernes y entrando al sábado, estaban frente al sepulcro mostrando su amor en este duelo.

Ahora es domingo y están de regreso. Debieron haber salido desde su lugar de habitación. No sabemos en donde se quedaron, pero debió ser un lugar cercano a Jerusalén. Llegaron temprano por la mañana, incluso antes de que el sol saliera, fueron a la tumba. Dice en el versículo 1, que ellas vinieron a ver a la tumba y al parecer esto es todo lo que ellas tienen en mente.

Querían llegar al sepulcro para ver su tumba. No se nos dice que tuvieran en su mente algún indicio de querer ver la resurrección, esto no estaba en su mente. La realidad era que tenían una cosa completamente diferente en sus mentes. Ellas solo querían ver la tumba pero algo más sucedió. Marcos 16:1 dice, "vinieron con especias para ungir el cuerpo de Jesús".

Tal vez después de que el sábado había terminado ya por la noche, nada podía ser comprado, o bien para recordarlo el Sabbath. Después de que concluyó pudieron comprar algunas especias y venían a la tumba para ungir de manera final el cuerpo de Jesús como un acto de simpatía. Y la primera actitud que vemos de las mujeres es simpatía, simpatía y compasión.

La primera actitud: un acto de simpatía

Los judíos no embalsamaban cuerpos y por lo tanto no había un verdadero preservador que impidiera la rápida descomposición del cuerpo humano. El cuerpo estaba envuelto en sábanas. Una sábana envolvía el cuerpo; otra envolvía la cabeza. Y dentro de la sábana se colocaban las especias. Estas especias retardarían un poco el olor intenso. Recordarán que cuando Lázaro ya había estado muerto durante cuatro días había preocupación por el hedor de su cuerpo cuando la tumba fuera abierta, porque la descomposición era muy severa debido a la cantidad de tiempo.

Estas mujeres, sabiendo esto, y esperando realizar un último acto de honor, vinieron con sus especias para refrescar el cuerpo, asumiendo que ellas encontrarían a un hombre que les ayudara a rodar la piedra que cubría la entrada. Entonces entrarían y podrían ungir el cuerpo una vez más como un acto de simpatía y compasión.

En Marcos 16:3, en el registro de Marcos de la resurrección, indica que ellas no sabían que la tumba había sido sellada con un sello romano y, por lo tanto, no podía ser abierta. Tampoco sabían que había sido establecida una guardia al frente de la tumba para evitar que alguna persona robara la tumba. Asumían que al llegar allá encontrarían a un hombre que les ayudará a rodar la piedra para abrir la tumba. Sabían que ellas no lo podían hacer por sí solas ya que era muy grande, pero tal vez ellas podrían encontrar a alguien de mucha fuerza quien les ayudaría.

Por lo tanto la primera cosa que advertimos cuando vemos este evento es simpatía. La primera emoción, la primera actitud es simpatía hacia aquel que amaban. Ellas le daban su simpatía. Él era un tipo de hombre bondadoso. Obviamente para ellas, Él era mucho más que esto. Él era un hombre que perdonó sus pecados. Él fue quien les enseñó acerca de Dios, de la verdad de Dios, y del reino de Dios. Él se había hecho querer por ellas de la manera que nadie antes lo había hecho.

Esto era lo que tenían en mente acerca de Él como un gran maestro y como un amigo que había estado dispuesto a sacrificarse por lo que Él creía, es por esto que ellas vienen con compasión y simpatía para ungirlo una última vez como acto de adoración y de amor.

La segunda actitud: la llegada del ángel

Veamos ahora el versículo 2. Aquí encontramos una segunda emoción, la segunda actitud que vemos: "Y hubo un gran terremoto; porque un ángel del Señor, descendiendo del cielo y llegando, removió la piedra, y se sentó sobre ella". Mateo es el único que da este detalle y es maravilloso. El lenguaje es simple e inconfundible.

Las palabras con las que inicia el versículo indican sorpresa: "Y hubo", hay una sorpresa natural en esta situación. "Y hubo un gran terremoto". Ellas se están aproximando al huerto donde la tumba estaba localizada, muy cerca del Gólgota donde Jesús fue crucificado, con toda seguridad ellas sintieron las ondas sísmicas que sacudieron todo desde las profundidades de la tierra que estaban a sus pies, estas debieron provenir del epicentro y ser sentidas a gran distancia.

Sin embargo, este no fue el primer terremoto que hubo alrededor de los eventos de la muerte de Jesús. Recordamos esto en el capítulo 27 de Mateo, y en el versículo 51 se nos indica que en el momento que Jesús dijo: "Consumado es", justo en el momento que Él entregó su espíritu, el velo del templo fue rasgado de arriba abajo, y la tierra se sacudió, las piedras se partieron, y las tumbas fueron abiertas y los cuerpos de los santos que habían dormido fueron resucitados. Ya había ocurrido una resurrección, y ya había habido un terremoto muy significativo.

Una vez más aquí hay una agitación sísmica, un terremoto sobrenatural, uno muy intenso, "*megas*" en el griego; un mega terremoto. No sabemos cuál es el número de este terremoto. No sabemos que hayan tenido una manera de medirlos. Pero es un mega terremoto que tiene como epicentro la tumba misma.

¿Qué fue lo que lo causó? No fue que simplemente se cayeron los platos al suelo. No fue un fenómeno físico. Esto fue la llegada del ángel de Señor descendiendo del cielo, llegó para abrir la roca y se sentó en ella.

Y por cierto, el terremoto no fue causado porque Jesús estaba abandonando la tumba. Fue causado por la llegada del ángel a la tumba. No hay ninguna indicación que nos diga que llegó para sacar a Jesucristo. No hay ninguna indicación que nos diga que él corrió la piedra para que Jesús pudiera salir de la tumba.

Y por cierto, los terremotos tampoco fueron causados porque Jesús dejara la tumba. Fueron causados por la llegada del ángel a la tumba. Nada dice que él haya llegado para dejar salir a Jesús. Nada nos dice que él haya rodado la piedra para que Jesús pudiera dejar la tumba.

Al tiempo que llega el ángel es cuando el terremoto ocurre, pero para el tiempo en el que él mueve la piedra, Jesús ya se ha ido. Ya había resucitado. Estaba vivo y ya se había ido de la tumba. Como podemos ver Él no

23_Una perspectiva de primera mano sobre la resurrección

necesitaba que la piedra fuera removida para que pudiera salir. Él simplemente podía realinear sus moléculas con su cuerpo glorificado y moverse por entre las rocas.

De la misma manera Juan 20:26 nos indica que él apareció a los apóstoles una semana después en el aposento alto, y dice que "las puertas estaban cerradas". Él simplemente pudo atravesar la pared. En su forma glorificada, tenía esta capacidad. De hecho, nadie presenció o vio la resurrección. No tenemos ningún registro dentro de la Biblia de alguien que nos diga que vio a Jesús salir a través de la roca y así salir de la tumba. Nadie lo vio salir de sus envolturas y salir de la tumba. El único que pudo ver fue Dios mismo.

Cuando llegamos a ver una pintura que ilustra la resurrección, muestran al ángel empujando la piedra y a Jesús pudiendo salir. Pero esta no es una ilustración correcta. Veámoslo de esta manera, el ángel no movió la piedra para permitir que Jesús saliera, quitó la piedra para que el mundo pudiera entrar a ver. Movió la piedra para que las mujeres y los apóstoles pudieran entrar y dar testimonio del hecho de que Jesús ya no estaba ahí.

Movió la piedra para que ellos pudieran entrar y vieran las sábanas colocadas sobre la cama de piedra tal como pudieron estar sin un cuerpo dentro, esto indicaría que también pudo cruzar la tela de las sábanas también. Las sábanas de lino ni siquiera habían sido desplazadas. Esto indica que pudo dejar la tumba tiempo antes de que la piedra fue quitada. Salió en su forma glorificada sin que nadie lo haya podido ver. El ángel llegó junto con el terremoto, quitó la piedra, la dejó a un lado, y se sentó sobre ella. Esto asentó un testimonio divino de la resurrección, un ángel del cielo.

Las mujeres llegaron y lo vieron. Y ¿qué fue lo que vieron? Versículo 3: "Su apariencia era la de un rayo de luz y su vestimenta era blanca como la nieve". Tenía un brillo sobrenatural porque venía como un ser sobrenatural de un lugar sobrenatural. Este ángel toma el carácter de la gloria refulgente, la gloria de Dios dentro de la cual mora Él.

Está transmitiendo la gloria divina desde su persona santa. Sus vestiduras son blancas como la nieve, indicando la pureza, la santidad de estar justo en la presencia del Señor. Cuando él apareció el terremoto ocurrió, movió la piedra y se sentó sobre ella, dice el versículo 4, los guardas literalmente temblaron, temblaron físicamente. Es la misma raíz griega de la palabra que se usa para "terremoto". La raíz es "seismo".

Digamos que los guardias tuvieron su propia experiencia "sísmica". Se estremecieron de puro terror por ver a un ángel celestial y se quedaron como muertos. Se quedaron paralizados como inconscientes. Digamos que entraron en un estado comatoso provocado por el terror que sentían, fueron víctimas de una invasión sobrenatural. El ángel no les ofreció ninguna consolación a ellos, ninguna.

Poco después cuando ellos intentaron decir la historia que había sucedido, fueron sobornados para mentir. Al mismo tiempo que los guardias estaban en coma, las mujeres estaban ahí. En el versículo 5 se nos dice que el ángel respondió y dijo a las mujeres: "No temáis vosotras". Su simpatía inmediatamente cambio a terror. La escena no se podía comparar con nada que hubieran experimentado antes en sus vidas. Estaban en un terror desgarrador.

Su terror era un poco diferente al de los guardias, con la excepción del hecho de que ellas tienen un poco de angelología a la cual aferrarse. Pero el ángel las conforta: "No temáis vosotras", lo que les dijo fue: "Dejen de estar atemorizadas". "No hay ninguna razón por la que ustedes deban estar aterrorizadas, ninguna en absoluto". Los soldados tenían razón para temer cuando Cristo resucitó, pero no había razón para que temieran aquellas personas que pertenecían al Señor.

El ángel sabía quiénes eran ellas, las identifica, les habla y les dice: "Sé que buscáis a Jesús, el que fue crucificado". Eso era lo que ellas estaban buscando, vienen a encontrar su cuerpo para ponerle algunas especies. Ellas solo podían pensar acerca de Cristo como ya muerto, como si ya se hubiera ido. Sus corazones estaban rotos y despedazados. No habían entendido su promesa. Lo amaban tanto que incluso desde su punto de vista, Él les había fallado, había fallado en cumplir sus esperanzas del reino, lo amaban demasiado y no tenían problema en ministrarlo a pesar de estar ya muerto.

Y supongo que pudiéramos esperar una reprimenda. Pudiéramos esperar que el ángel les dijera: "Es algo agotador para Dios tener que lidiar con ustedes quienes nunca creen nada de lo que Jesús les dice". Pero no lo hace. Hubiera sido razonable, supongo desde nuestro punto de vista, que condenara a estas mentes débiles con una fe muy débil. Pero no hay nada de esto para las leales mujeres, que estaban siendo amorosas y comprensivas debido a su devoción a Jesucristo. No hay ninguna reprimenda, solo palabras de confort. Y pienso que esto es notable.

Esta es la forma en la que nuestro Señor nos trata cuando demostramos la debilidad de nuestra mente, cuando no entendemos la verdad de Dios o bien no la creemos. Siempre encontramos confort, incluso en nuestra fallas, Dios nos reconforta, y en este caso es por medio de los ángeles.

Y entonces el ángel les trae una palabra de aliento en el versículo 6: "No está aquí". Porque en el griego, *arispasid*, "pues ha resucitado". Él dijo que resucitaría. El ángel enfatiza, "como dijo". Este es un recordatorio para su fe tan débil. Él fue resucitado. Romanos 6:4, Gálatas 1:1, 1 Pedro 1:3 dicen, "fue resucitado por el padre". Romanos 8:11 dice, "fue resucitado por el Espíritu". Juan 10:18 dice que él mismo se resucitó.

Fue resucitado por el poder consumado de la Trinidad. Fue resucitado de entre los muertos. El punto es, está vivo, tal como lo prometió. En el relato de Lucas 24:8 dice, "ellas se acordaron de sus palabras". Dijo que regresaría de la tumba. Simplemente era demasiado para ser creído. Luego entonces el ángel quiere que vean la evidencia. La razón por la que él removió la piedra, la razón por la que él estaba ahí, era dar una confirmación divina y celestial del milagro, y también para asistirlas y fueran capaces de ir y ver la tumba vacía.

La razón por la que él vino era dar un golpe, por así decirlo, a los guardias romanos y quedaran en un estado comatoso y de este modo no representaran una barrera para ellas, remueve la piedra, y les permite ver la evidencia. Y la evidencia es sorprendente. El versículo 6 al final: "Venid, ved el lugar donde fue puesto el Señor". Y ellas fueron y quedaron maravillados. Lucas nos dice en su relato que cuando ellas entraron a la tumba el ángel les volvió a aparecer en el interior y les reiteró el mismo mensaje.

Algunos críticos han dicho: "Bueno, este puede ser un problema técnico en el texto. Puede ser un problema para nosotros si hemos de continuar comprometidos con un texto inerrante cuando un texto nos dice que estaba en el interior y otro nos dice que estaba en el exterior". Pero si podemos ponernos en la posición de esas mujeres quienes han visto algo que es lo más sorprendente, lo más maravilloso, los más increíble que jamás antes vieron en todas sus vidas, y al mismo tiempo se nos estuviera contando el milagro más maravilloso e imposible, no es nada difícil imaginar que el mensaje necesitaba ser repetido, al menos dos veces.

Una vez en el exterior, y después cuando entran al interior, son palabras similares las que nos registran en Lucas 24:3-4, el ángel repite la misma gran verdad. Juan añade, en el capítulo 20 de su relato de la resurrección, versículo 12, que otro ángel apareció también y que esos ángeles estaban uno posicionado en el lugar donde estaban las ropas que había tenido Jesucristo y el otro a los pies. Había dos ángeles, uno en cada extremo. Uno de ellos reiterando el mensaje que les había dado en el exterior de la tumba a las mujeres que estaban aterrorizadas.

Y ahí estaba la tumba, vacía. Y ahí estaban las sábanas mortuorias, no como si se las hubiera quitado una persona a toda prisa para poder sacar el cuerpo antes de que los soldados romanos se despertaran, ya que estaban durmiendo, y los atraparan. Tampoco como si alguien lo hubiera ayudado entrando a hurtadillas o evadiendo la guardia romana con la idea de hacer una escapada rápida robando así el cuerpo, no hubo nada de esto.

Y me puedo imaginar si alguien hubiera intentado robar el cuerpo, no les hubiera importado tener que desenvolverlo de cualquier manera. Simplemente lo hubieran levantado tal como estaba, y desenvolverlo en algún otro lugar. Pero, ¿por qué hubiera sido necesario desenvolverlo para llevárselo? Vemos entonces que el hecho de que las sábanas mortuorias estuvieran ahí era algo significativo. Y el hecho de que estuvieran colocadas en la misma forma en la que las habían colocado cuando el cuerpo estaba en ellas, esto es un testimonio monumental de la verdadera resurrección, esto sin hablar de que los ángeles del cielo lo confirmaron.

Pero más allá de la evidencia física, habría una aparición personal de Jesús. Y el ángel dijo esto en el versículo 7: "Id pronto", dice el ángel, "y decid a sus discípulos que ha resucitado de los muertos, y he aquí va delante de vosotros a Galilea; allí le veréis. He aquí, os lo he dicho". Literalmente el ángel dice que habrá una verificación personal, va a haber una gran convocatoria. Habrá una gran asamblea de toda su gente, de creyentes, y esta será en Galilea.

Galilea, Galilea de las naciones. Galilea de la oscuridad donde brilló la luz. Galilea, donde el Señor ministró por primera vez. Galilea, donde el Señor ministró milagros. Galilea, donde por primera vez el Señor redimió almas. Galilea, el lugar donde por primera vez fue odiado y rechazado. Galilea, el microcosmos del mundo, precisamente en ese lugar será la convocatoria donde todos ellos lo verán, la cual es descrita en el versículo 16.

Los once discípulos procedían de Galilea, ahí es donde las mujeres dieron aviso, la reunión sería en el monte en el que Jesús había designado un lugar específico. Cuando lo vieron lo adoraron, pero algunos de ellos dudaban. Entonces Jesús vino y les habló diciendo: "Toda autoridad me es dada en el cielo y en la tierra. Id y haced discípulos a todas las naciones, bautizándolos en el nombre del Padre, del Hijo y del Espíritu Santo, enseñándoles a que guarden estas cosas que yo les he mandado. Y he aquí que yo estoy con ustedes hasta el fin del mundo".

Es como si Jesús señalara a la distancia a Jerusalén, la capital religiosa, por lo que está fuera de este lugar en el que hay personas sin educación, sin refinar, este lugar que era una mezcla de judíos y gentiles, llamado Galilea, y encuentra un lugar apropiado para estar y dar a sus discípulos la gran comisión de ir y llegar a todo el mundo con su evangelio. El mundo en una forma de microcosmos era esta Galilea; servía como una ilustración de sus intenciones de que el evangelio fuera esparcido por toda la tierra.

Fue esta reunión, esta gran convocatoria la que supongo estaba hablando el apóstol Pablo cuando la describe en 1 de Corintios 15:6, cuando dice que Jesús apareció a 500 en una sola ocasión. Todos ellos estaban reunidos ahí en Galilea para esta gran reunión. Y antes de que los discípulos se fueran a Galilea, permanecieron al menos una semana en Jerusalén.

Recordarán que Jesús apareció esa tarde, la tarde de este domingo a los discípulos. Después aparecería esa noche a los discípulos. Y apareció nuevamente, la siguiente tarde de domingo en el aposento alto a los discípulos. Estas solo fueron apariciones a los discípulos. Hubo otra aparición a los discípulos en Galilea previa a la principal de la cual hablaron los ángeles. Y esto ocurrió como está registrado en Juan 21 en donde Jesús aparece a sus discípulos a la orilla del mar cuando Pedro estaba pescando, los reunió a su derredor y les enseñaba. Esto lo recordamos porque nos lo dice Juan 21.

La convocatoria de la que el ángel habló es la grande, cuando al menos 500 se reunieron para ver a Cristo personalmente. Él nos indica que no hubo un gran número de personas que se habían convertido en seguidores de Jesucristo durante su vida. Incluso cuando la iglesia fue fundada en el día de Pentecostés, solo hubo unos 120 reunidos, recordarán esto, estaban orando en el aposento alto. Hubo 3.000 convertidos en el día de Pentecostés y muchos otros después.

Pero la iglesia, en su inicio o bien los creyentes inicialmente, eran un pequeño número. Por lo que 500 son una multitud para poder verificar la resurrección. Todas las reuniones preliminares en Jerusalén y la reunión preliminar en Galilea eran solo una preparación para esta gran asamblea que debía ocurrir en Galilea cuando el Señor comisionó a su gente a llevar el evangelio al mundo.

Todo esto fue una experiencia aterradora. E incluso después de que los ángeles les habían dicho qué sucedería, que les habían dicho que Cristo había resucitado y que les dijo que habría una reunión en Galilea, incluso dice en el versículo 8: "Entonces ellas, saliendo del sepulcro con temor y gran gozo". El miedo no disminuyó. El terror no disminuyó. Fue tal la sorpresa ante una realidad sorprendente.

La tercera actitud: un terror lleno de gozo

Pero llegamos a la tercera emoción, o a la tercera actitud, y esto se comienza a mover hacia sus corazones en el mismo versículo 8, "saliendo del sepulcro con temor y gran gozo, fueron corriendo a dar las nuevas a sus discípulos". Repentinamente, el temor se transforma en la tercera emoción, gozo. Comienzan a entenderlo. Comienzan a estar inmersos en todo esto. "Está vivo, está vivo". Y ellos hacen exactamente como el ángel les dijo que hicieran y se fueran. Entonces corren para llegar con los discípulos con este mensaje, con estas palabras del ángel diciendo que Jesús está vivo.

Ahora María Magdalena los había dejado un poco antes, ella fue a encontrar a Pedro y a Juan cuando se dio cuenta de lo que estaba pasando. Así que al mismo tiempo que las mujeres que quedaban se estaban yendo para decir a los discípulos, María Magdalena estaba mandando de regreso a Pedro y a Juan, quienes se apresuraron para llegar a la escena. Las mujeres tenían una responsabilidad para ir con los discípulos que quedaban, y les dan el mensaje. Ellas lo hicieron, esto está registrado en el capítulo 16 de Marcos. Llegaron y les dijeron a los discípulos cual había sido su experiencia ahí.

Pero sus corazones ya están empezando a rebosar con gran alegría. Y entonces la cosa más maravillosa sucede. Dice que cuando ellas estaban corriendo para contarles a los discípulos, versículo 9: "Y mientras iban a dar las nuevas a los discípulos, he aquí, Jesús les salió al encuentro".

Hace un momento les leí y dice que Jesús pronunció la palabra "salve", esto es "regocíjense". Este era el saludo común en griego, *chariote*. Era como decir "hola" a alguien. No era algo fuera de lo normal para ellos decir, salve, en ocasiones lo traducen como "hola" o "¿cómo te va? Como lo diríamos en los países latinos. La palabra en realidad significa "regocíjense". Es como decir, "me da mucho gusto verte de nuevo. Que gusto volverte a ver". Era un saludo simple y común.

Y una vez más me sorprende que el saludo del Cristo resucitado sea solo uno común, normal de un día en el mercado, en un lugar de negocios, en el camino, un saludo hogareño. Pero estoy seguro que lo dijo de una manera en la que nunca antes nadie lo había hecho. Estoy seguro de que tuvo un tono y toque majestuoso. Pero no deja de ser un saludo cotidiano. Simplemente no se le ponen fanfarrias, le falta un tono que diga que está siendo afectado por todo eso, le falta el intento por embellecer este momento y de algún modo hacerlo más creíble, es un testimonio a su simple importancia. No hay necesidad de añadir o intentar parecer esto más de lo que realmente es. Jesús se reúne con ellos y en efecto les dice, "hola" lo que parece simple dadas las circunstancias.

La cuarta actitud: del gozo a la adoración

Y aquí llega la cuarta actitud. Llegaron, se pusieron a sus pies y lo adoraron. El gozo se convierte en adoración. Reconocieron su deidad, y dice que "se abrazaron a sus pies", esto nos indica que no era solo un espíritu o un holograma. Esto no era producto de su imaginación. No era un sueño. No era una fantasía. No era una ilusión, ellas cayeron a sus pies y lo abrazaron.

Se aferraron a sus pies, aferrándose con un amor de adoración hacia él, sobrecogidas con agradecimiento y asombro porque Él estaba vivo, por lo que lo adoraron. Literalmente le rindieron homenaje. Cayeron a sus pies y lo adoraron. Desde luego que reconocieron que Él era Dios, y le rindieron homenaje ya que era Dios y solo Dios. Estos son parte del contingente de quien el escritor, Pablo, dice en Filipenses 2: "Toda rodilla se doblará y toda lengua confesará que él es el Señor".

Esta es la simple y directa narrativa de este monumental evento. Lo vemos a través de las emociones de las mujeres. Y la verdad, esta es la forma en la que debemos de verlo todos nosotros. Simpatía, temor, gozo y adoración en una especie de proceso que pienso, que todos los que entienden o llegan a comprender, deben pasar por él. Cuando vemos por primera vez a Jesús, lo vemos como un gran maestro, como un hombre dotado, como alguien que ama a la gente, alguien que sana, amable, gentil, protector y simpático.

Después lo vemos, tal vez, como un hombre que tiene una gran causa por la cual está dispuesto a sacrificar su vida. Él vivió una vida reprimida en términos de ganancia mundana y posesiones. Llegó al final de su vida y deseaba dar su vida por aquello en lo que Él creía, incluso no le importaba ser colgado en esa cruz. Con gran devoción le pidió a Dios que perdonara a la gente que lo había puesto ahí para ejecutarlo.

Las mujeres vieron a Jesús inicialmente con simpatía. Le dijeron nos agradas. De algún modo eres compasivo. Siempre sientes ternura hacia uno que tiene este carácter. Y si lo ves más de cerca y durante más tiempo, tu simpatía se convierte en terror, temor, en donde repentinamente verá que este Jesús es más que solo un hombre con el que tienes que simpatizar, solo un hombre por el que debes sentir simpatía, solo un hombre por el que debes sentir compasión.

Hay algo mucho más allá que lo que vemos aquí, debido al carácter supranatural de su vida. Su nacimiento, hay mucha verdad en su vida. El poder de sus milagros. Su verdad en las declaraciones que hizo acerca de ser un juez y cómo va a venir con fuerza de juicio. Es una realidad en la forma en la que expresó que el poder de juicio al limpiar el Templo, una vez al comienzo de su ministerio y otra al final de este.

Pero más notable, su poder fue manifestado en el mismo momento de su resurrección cuando acabó con las ataduras de la muerte y salió de la tumba. Cuando ves a Jesús, solo tratándolo con simpatía, das entrada a que puedas ser atemorizado a este nivel a causa de su poder sobrenatural. Conforme te das cuenta, sin embargo, este poder fue expresado en su resurrección de tal modo que tú puedes conquistar la muerte, el pecado, el infierno y a Satanás para así vivir eternamente en la presencia gloriosa y bendita de Dios, el temor debe permitir la entrada del gozo y finalmente, el gozo debe dar entrada a la adoración.

Debemos llegar al lugar, y lo hacemos, cada domingo, el primer día de la semana. Esta es la razón por la que nos reunimos, cuando nosotros del modo que estas mujeres, caemos a los pies de Jesús en sorprendente adoración y acción de gracias a él por haber muerto por nosotros y resucitar para proveernos justificación. Así que debemos ver la resurrección por medio de las mismas emociones que las mujeres lo hicieron si queremos comprender su totalidad. Va de la simpatía, simpatía por uno que ha sido abusado injustamente, a adoración por el Dios vivo, glorificado y resucitado.

La evidencia acerca de la resurrección es sorprendente. La tumba vacía, el guardia romano en estado comatoso, literalmente a todos se les dio el mismo anestésico, las sábanas mortuorias como si nada, el testimonio de ángeles del cielo de que Él había resucitado, y junto con todo esto cientos de testigos.

Un abogado de nombre Sir Edward Clarke escribió: "Como abogado, he realizado un estudio prolongado de las evidencias acerca de los eventos del día de la Pascua. Para mí, la evidencia es conclusiva. Y una y otra vez, esa noche en la corte, he asegurado que el veredicto sobre la evidencia no es tan convincente. La inferencia sigue a la evidencia y siempre hay un testigo verdadero que en efecto está a distancia. La evidencia del evangelio acerca de la resurrección es de esta clase. Como abogado, la acepto sin reservas como el testimonio de un hombre confiable de hechos que son completamente sostenibles", fin de la cita.

El profesor Thomas Arnold, quien escribió la historia de Roma en tres volúmenes, y quien es el titular de historia moderna en Oxford escribe: "La evidencia de la vida de nuestro Señor, su muerte y su resurrección puede ser, y siempre ha sido, mostrada como satisfactoria. Esta es buena de acuerdo a las reglas comunes para distinguir buenas evidencias de las malas. Miles y decenas de miles de personas las han recorrido pieza por pieza como lo hace un juez para juntar la más importante causa. Yo mismo lo he hecho muchas veces. No para persuadir a otros, sino para satisfacerme a mí mismo".

"Personalmente he sido usado durante muchos años para estudiar las historias de otros tiempos y para examinar y sopesar la evidencia de aquellos quienes han escrito acerca de ellos. Y sé que ningún hecho en la historia de la humanidad, la cual es evidencia probada y completa, que la gran señal que Dios nos ha dada de que Cristo murió y resucitó nuevamente de entre los muertos". Este es su libro, *Sermones sobre la vida cristiana: sus esperanzas, sus miedos y sus ropas*.

La última actitud: esperanza

Charles Hodge, el gran teólogo, dijo: "Este es el evento mejor comprobado de la historia antigua". Bueno, desde luego que armado ahora con toda esta verdad acerca de la resurrección de Cristo, nuestros corazones se llenan con una emoción final y esta es la esperanza. Ya no tememos a la muerte; nos anticipamos a ella. Y Jesús dice en el versículo 10 a ellos: "No teman. Vayan y lleven la palabra a mis hermanos para que vayan a Galilea y ahí me podrán ver". Y ahí, desde luego, todos se reunieron y Él se presentó a sí mismo delante de ellos, vivo. Entonces Él les da la Gran Comisión y ellos irán con la esperanza y esparcirán el mensaje de esperanza por toda la faz de la tierra.

Yo vivo con esperanza. Y ustedes, los que conocen a Cristo, viven con esperanza. La muerte no nos debe producir miedo. Vivimos en esperanza. "Porque él vive", Juan 14:19, "nosotros también viviremos". "Él es la resurrección y la vida. Cualquiera que crea en él vivirá aun cuando esté muerto" Juan 11:25–26. Sabemos que cuando nos vayamos de esta vida será para estar con Él; y es mejor partir y estar con Cristo.

El día llegará cuando pondremos esta carne mortal y entraremos en lo que es llamado "la gloriosa manifestación de los hijos de Dios", en nuestra forma eterna para vivir para siempre en las glorias de su cielo. Ausentes del cuerpo significa estar presentes con el Señor.

Lo que la resurrección prueba

Como cierre, ¿qué es lo que la resurrección nos afirma? Resumiéndolo: primero que nada, esta nos indica que la Palabra de Dios es verdad porque la Biblia prometió que el Mesías resucitaría de entre los muertos. El Salmo 16, "Ni permitirás que tu santo vea corrupción. Me mostrarás la senda de la vida". La promesa de Dios era que el Santo, el Mesías, regresaría, que Él nunca experimentaría la muerte eterna. Nunca vería corrupción en la tumba sino que por medio de la tumba iría al camino de la vida.

Y Pedro usa el Salmo 16 el día de su sermón en Pentecostés e indicó que este no se refería a David, quien lo escribió, sino a uno más grande que David, el Mesías sería quien lo cumpliría. Jesús abrió el Antiguo Testamento, en Lucas 24, y enseñó a dos discípulos acerca de su muerte y resurrección desde la ley, desde los escritos y desde los profetas. Podemos estar seguros, amados, porque lo que dice la Biblia acerca de la resurrección es verdad. Esta es otra verificación de la veracidad de la Escritura.

Segundo, la resurrección es la prueba de que Jesús habla verdad. En todo lo que la Biblia habla, habla verdad. La resurrección lo prueba. En donde Jesús hizo una promesa, esta es verdad. Él dijo que moriría. "Ellos dijeron que me matarían", pero Él dijo, "en tres días resucitaré. Destruyan este cuerpo y en tres días lo reedificaré". Y fue exactamente lo que Él hizo. La resurrección indica la veracidad de la Escritura y la veracidad de las palabras de Jesús.

Y una más, la resurrección indica que Jesucristo es el Hijo de Dios, que Él es el Hijo de Dios, el Mesías y Salvador. "Es por medio de la resurrección", Hechos 2:36, "que el Señor lo ha hecho Señor y Cristo". Dice en Romanos 1:4 que él fue declarado como Hijo de Dios con poder por medio de la resurrección de entre los muertos. Es su resurrección la que prueba que Él es Dios en carne humana.

Cuarto, es la resurrección la que sella nuestra salvación. "Él fue entregado", Romanos 4:25, "a causa de nuestras transgresiones, y resucitado para nuestra justificación". Él fue resucitado para mostrar que había hecho un pago sacrificial que satisfizo a Dios. Fue resucitado para mostrar que Dios había sido satisfecho con su muerte sustitutoria. Dios lo resucitó de entre los muertos para mostrar que Él había aceptado su sacrificio el cual nos proveyó justificación porque él, habiendo llevado nuestro pecado, pagó la pena y entonces Dios ahora tiene la libertad de perdonarnos.

Cuando ustedes ven la salvación, están viendo a la resurrección. Es la resurrección la que prueba que Dios fue satisfecho con el sacrificio de Cristo y, por lo tanto, puede perdonar nuestros pecados. La resurrección prueba que nosotros recibiremos vida eterna. Es la resurrección la clave para enviar al Espíritu Santo. Él resucitó de entre los muertos, ascendió al cielo, y nos envió al Espíritu Santo.

Es la resurrección y la ascensión después de la resurrección por la cual Cristo está sentado a la diestra de Dios e intercede por nosotros como un fiel y misericordioso sumo sacerdote. Es por medio de la resurrección que Jesús nos envió su Santo Espíritu y también nos envió el poder del Espíritu, esto es, los dones espirituales por medio de los que ministramos unos a los otros. Es por medio de la resurrección que nos infunde el poder para ir a todo el mundo y predicar el evangelio, para ir a Jerusalén, Judea, Samaria y hasta lo último de la tierra, gracias al poder del Espíritu que mora en nosotros.

Es por medio de la resurrección que Él nos presenta nuestra nueva identidad. Morimos con Él, y resucitamos con Él para caminar en vida nueva. Todas las características de nuestra salvación, la llegada del Espíritu, nuestro ministerio, los dones dentro del cuerpo de Cristo, nuestro poder para predicar el evangelio al mundo está directamente relacionado con la resurrección. El Cristo resucitado proveyó todo. Del mismo modo podemos decir que fue debido a la resurrección que la iglesia fue establecida. Es por medio de su resurrección que él funda su iglesia.

Efesios 1:20-22 nos dice que "resucitándole de los muertos y sentándole a su diestra en los lugares celestiales, sobre todo principado y autoridad y poder y señorío, y sobre todo nombre que se nombra, no solo en este siglo, sino también en el venidero; y sometió todas las cosas bajo sus pies, y lo dio por cabeza sobre todas las cosas a la iglesia". Y hay más, fue por medio de la resurrección que Él demostró tener el derecho a ser el juez final. Aquel que conquistó la muerte tiene el poder, no solo de salir por sí mismo de la tumba, sino de resucitar a los que murieron siendo justos para el juicio de vida y para resucitar al que murió siendo injusto para juicio de condenación, de esto se habla en Juan capítulo 5.

"Es por medio de su resurrección que Él ascendió al cielo para preparar morada para nosotros", Juan 14, "un lugar para nosotros en la casa de su padre". ¿Qué aprendemos de la resurrección? Que la Palabra de Dios es verdad, que las promesas de Jesús son verdad, que Jesucristo tiene deidad, que es el Hijo de Dios, que la salvación es completa y entendible. Aprendemos de la resurrección que la iglesia ha sido establecida.

De la resurrección, se nos confirma esta gran verdad de que Jesús es el juez final de todos los hombres. También aprendemos de la resurrección que el cielo está esperando por nosotros y nuestro Cristo resucitado está preparando un lugar para nosotros. Toda nuestra esperanza gira sobre la verdad de esta piedra angular de la resurrección. Esta es la razón por la que la iglesia se reúne el primer día de la semana, para que siempre nos recuerden que el fundamento de todo es la resurrección de Jesucristo.

Oración

Padre nuestro, te agradecemos una vez más por el testimonio que nos da el texto; simple y de manera directa, y al mismo tiempo sobrenaturalmente, de manera penetrante y más allá de nosotros mismos. Y nos regocijamos. Queremos a un Dios que es mucho más grande que nosotros mismos. Queremos a un Dios infinito que es mucho más grande que nosotros y que nos puede sacar de este mundo doloroso de sufrimiento y de pecado, para llevarnos a un lugar de gloria infinita y eterna, a la paz y perfección.

Te agradecemos porque tú eres este gran Dios y tú demostraste la habilidad para hacerlo por medio de la resurrección de Jesús de entre los muertos. Deseamos que llegue el día cuando seremos resucitados también. Anhelamos el día cuando dejaremos este mundo para entrar en tu presencia gloriosa, y cuando en este día futuro todos los cuerpos de los creyentes, en toda la faz de la tierra, sean resucitados para unirse a estos espíritus eternos delante de tu presencia para siempre en una forma glorificada, como el Cristo resucitado, para disfrutar la plenitud de todo lo que tú has preparado para aquellos que te aman.

Padre, oramos para que la verdad de la resurrección pueda tomar a todo corazón y para que muchos puedan creer que Jesús resucitó de entre los muertos, y lo confiesen como Señor y de este modo puedan ser salvos de sus pecados. Esto es lo que pedimos en tu nombre. Amén.

REFLEXIONES PERSONALES

24_Los milagrosos eventos alrededor de la cruz

Y desde la hora sexta hubo tinieblas sobre toda la tierra hasta la hora novena. Cerca de la hora novena, Jesús clamó a gran voz, diciendo: Elí, Elí, ¿lama sabactani? Esto es: Dios mío, Dios mío, ¿por qué me has desamparado? Algunos de los que estaban allí decían, al oírlo: A Elías llama este. Y al instante, corriendo uno de ellos, tomó una esponja, y la empapó de vinagre, y poniéndola en una caña, le dio a beber. Pero los otros decían: Deja, veamos si viene Elías a librarle. Mas Jesús, habiendo otra vez clamado a gran voz, entregó el espíritu. Y he aquí, el velo del templo se rasgó en dos, de arriba abajo; y la tierra tembló, y las rocas se partieron; y se abrieron los sepulcros, y muchos cuerpos de santos que habían dormido, se levantaron; y saliendo de los sepulcros, después de la resurrección de él, vinieron a la santa ciudad, y aparecieron a muchos. El centurión, y los que estaban con él guardando a Jesús, visto el terremoto, y las cosas que habían sido hechas, temieron en gran manera, y dijeron: Verdaderamente este era Hijo de Dios.

Mateo 27:45–54

BOSQUEJO

— Introducción
— La oscuridad
— La separación divina
— La aceptación
— El velo rasgado
— La tierra se sacudió
— Las tumbas
— Oración

Notas personales al bosquejo

SERMÓN

Introducción

Vayan conmigo, si me permiten, a Mateo 27. Y vamos a hacer algunos comentarios de la última parte del texto que leí. El domingo pasado vimos esta realidad en Romanos 3, donde vimos que Cristo murió por Dios. Cristo murió para que Dios fuera visto. Cristo murió para satisfacer a Dios. Para propiciar a Dios. Esto lo vimos en la cruz, en realidad Dios está siendo visto. La justicia de Dios fue vista. La santidad de Dios fue vista. La consistencia de Dios así como su gracia. Y Cristo murió por Dios. Esto es en el sentido de que Cristo murió para probar al mundo que Dios es absolutamente justo, absolutamente santo, mientras que al mismo tiempo, está siendo misericordioso y nos da de su gracia.

Como les indiqué el domingo, hay cierta suspicacia acerca del carácter de Dios, esto debido al hecho de que Dios perdonaba el pecado en el Antiguo Testamento, que pasaba por alto el pecado, que toleraba el pecado, e incluso que removía el pecado de aquellos que ponían su confianza total en Él, que los colocaba en un lugar que estaba a la misma distancia que estaba el este del oeste, que los enterraba en las profundidades del océano, y que no los recordaba nunca más. Y la pregunta que está entretejida en el Antiguo Testamento no es si acaso Dios es un Dios de toda gracia, sino, ¿acaso es Dios justo? Obviamente que Él es un Dios de gracia. Los pecadores viven, y sobreviven, los pecadores prosperan y son bendecidos, y los pecadores más importantes son perdonados. La pregunta es, ¿cómo puede ser que Dios haga esto y seguir siendo justo? Y como lo vimos el último domingo, la cruz responde a esta pregunta, y con esta se acaba toda suspicacia.

Entonces, Cristo murió para satisfacer la ira de Dios, y de este modo proclama a Dios como justo, santo y consistente, sin que deje de ser misericordioso y dador de gracia. Pero mientras que Cristo murió por Dios, Dios no fue un espectador indiferente. No fue un espectador pasivo en los eventos de la cruz. Más bien, Dios estuvo divinamente activo. Y Dios se manifiesta a sí mismo sobre la cruz en las cosas que estaban ocurriendo en lo que leemos en el versículo 45 de Mateo 27. Aquí es donde vemos a Dios actuando. Una vez más, no fue un espectador pasivo. No fue un espectador indiferente. Sino que estuvo divinamente activo. Dios mostró en la cruz qué tan fácil es que sea olvidado, y aun cuando pasan los años, siento una necesidad de regresar a este pasaje y reafirmar su naturaleza crítica.

La oscuridad

Primero que nada, en el versículo 45, está la indicación de que, "Y desde la hora sexta hubo tinieblas sobre toda la tierra hasta la hora novena". Este es el primer acto de Dios. Es la primera obra divina. Es el primer milagro, si me permiten llamarlo de este modo, y duró, la oscuridad desde las 12:00 horas del medio día hasta las 3:00 pm. La Escritura nos dice que Jesús fue crucificado en la tercera hora, lo que quiere decir que eran las 9:00 de la mañana, el día judío comienza a las 6:00 am, tres horas de luz habían ya pasado cuando el sol estaba ya en su ápice de las 9:00 a las 12:00 del medio día. Durante estas tres horas, Jesús rompió su silencio tres veces. En la primera dijo, "Padre, perdónalos, porque no saben lo que hacen". Después dijo al penitente ladrón, "De cierto te digo que tú estarás conmigo en el paraíso". Y después dijo, a su propia madre, "Madre he aquí a tu hijo. Hijo, he aquí a tu madre", y puso a su madre bajo el cuidado de Juan. Cada una de estas frases sobre la cruz son expresiones de su compasión y de su gracia. En la primera le pide al Padre perdón para cada uno de los que lo crucificaron. En el segundo, da la bienvenida al cielo a un hombre malo que se arrepintió. Y en la tercera, muestra compasión para su propia madre. Cada una de estas frases muestra gracia. Cada una muestra misericordia, incluso en medio de su sufrimiento. Pero al medio día, cuando el sol está en su punto máximo, vemos un maravilloso milagro realizado por Dios, y es el primer comentario que Dios da con respecto a este evento. La oscuridad estaba por toda la *gaea* en el griego, y se usa para describir la tierra. Y algo interesante es que los anales de la historia de Roma, se registra que hubo oscuridad sobre toda la tierra que era conocida en aquel tiempo, esto según nos lo indica uno de los denominados Padres de la Iglesia, esto en el escrito de *Orígenes contra Celso*. No conocemos qué tanto duró. No sabemos si cubrió toda la tierra. Pero con certeza cubrió tanto como los registros de la historia de Roma lo pudieron registrar. No fue algo totalmente inusual para Dios el tener que interferir con el sol. Él lo había hecho en otras ocasiones. En una ocasión hizo que el sol se detuviera, al menos desde el punto de vista humano, a pesar que desde el punto de vista científico, entendemos que lo que sucedió fue que la tierra detuvo su girar continuo. En otra ocasión, hizo que el sol se moviera de regreso, hizo que el reloj regresara. En otra ocasión, en Egipto, oscureció el sol como parte de las horribles plagas que cayeron sobre Egipto.

Pero ahora, en esta ocasión, Lucas usa la palabra *eclaipo*, que significa fallar por completo. Es como si Dios hubiera apagado el sol. Algunos dirán que fue un eclipse. Pero un eclipse a la mitad del mes, que es el tiempo de la Pascua, es imposible porque hay luna llena en el lado opuesto de la tierra. Esta es una oscuridad sobrenatural. Este es un milagro divino, y es el primer comentario de Dios sobre estos eventos. La oscuridad en la Biblia es un símbolo de juicio, obviamente. Cuando se habla de la salvación de Dios se habla de luz. El juicio de Dios siempre es relacionado con la oscuridad. Al infierno, incluso, se le llama la oscuridad de afuera.

Y Dios estaba afirmando por medio de la oscuridad que la cruz era un juicio, el más severo, el juicio más completo estaba ahí y sobre Jesucristo. Y debido a que Dios solo juzga una cosa, esto es el pecado, es un pecado de juicio. Entonces Dios afirma que Él está juzgando nuestros pecados en Cristo, como escuchamos esta noche en Isaías 53, Él fue herido por nuestras transgresiones, golpeado por nuestras iniquidades, que el castigo de nuestra paz cayera sobre Él, y que por sus heridas fuéramos sanados.

La separación divina

La oscuridad es el comentario de parte de Dios, la forma en la que Dios nos dice que su ira fue desatada en Cristo. Aquí está el juicio por el pecado, cargado sobre el inocente sustituto que cargó con el pecado. Pero hay más. En el versículo 46, y esto es algo que solo nuestro Señor pudo saber. "Como a la hora novena", 3:00 de la tarde, finalizó el tiempo de la oscuridad, "Jesús clamó a gran voz, diciendo: Elí, Elí, ¿lama sabactani? Esto es: Dios mío, Dios mío, ¿por qué me has desamparado?" Solo Él pudo saber que Dios lo había desamparado. Y por cierto, dice que clamó a gran voz, esta es la palabra en el griego que literalmente dice que soltó un alarido. Después de seis horas de su inmensurable agonía, tres de ellas en total oscuridad. Y después de seis horas, el sentimiento, la furia de la ira de Dios sobre Él, conforme su carga por el pecado llegó a un clímax, y tiene la suficiente fuerza para clamar y expresar este sentido de distanciamiento que tiene por primera vez desde la eternidad pasada con Dios. Y dicho sea de paso, esto es exactamente lo que el Salmo 22:1 dice que él diría. Este es el cumplimiento de esa profecía que dice lo exactamente lo mismo: "¿Dios mío, Dios mío, porque me has desamparado?"

Y esto demuestra el segundo milagro. El primer milagro fue la oscuridad divina. El segundo milagro es la separación divina. Este es un tipo de milagro en reversa, supongo. Esto es algo que es incomprensible. ¿Cómo es que Dios se puede separar de Dios? ¿Cómo puede ser posible que la Trinidad quede dividida? ¿Cómo puede ser que el Padre se separe del Hijo? ¿Cómo puede Dios desamparar a su propio Hijo, cuando son uno mismo en esencia? Todo lo que Él siempre ha conocido es la más íntima comunión con el Padre, el amor eterno del Padre. Y ahora está expuesto a ser tratado por el Padre como si el Padre lo odiara en lugar de amarlo. Este es un milagro extraño en el cual Jesús se siente separado. El versículo 47: "Algunos de los que estaban allí decían, al oírlo decir", "Elí, Elí", que es la expresión

469

que dice, mi Dios, mi Dios, rogando a Él, ellos decían: "A Elías llama este". Ellos podían haber dicho algo mejor, conocían perfectamente el nombre de Dios, Elohim, Elí. Lo sabían, por lo que esto debe ser sarcasmo. Esto es una burla. Esto es malicioso. Es una broma. Esto es una burla elaborada de parte de ellos. "Está llamando a Elías. Ja, ja". El versículo 48: "Y al instante, corriendo uno de ellos, tomó una esponja, y la empapó de vinagre, y poniéndola en una caña, le dio a beber". Este es un vino barato diluido y usado para calmar la sed de la gente común, probablemente los soldados. Y en el versículo 49, continuaron con su burla: "Pero los otros decían: Deja, veamos si viene Elías a librarle".

Aquí está este inmenso milagro, el cual es inexplicable para nosotros, ¿cómo puede ser que Dios desampare a Dios? Piensan que es una broma. Pero no hay manera, a pesar de que esto me ha sido preguntado muchas veces durante mi vida, no hay manera de explicarlo. Solo puedo leer lo que hay en el texto. Los puedo llevar de vuelta al Salmo 22:1, "Dios mío, Dios mío, ¿por qué me has desamparado? ¿Por qué estás tan lejos de mi salvación, y de las palabras de mi clamor? Dios mío, clamo de día, y no respondes; y de noche, y no hay para mí reposo". Y en el versículo 3 encontramos la respuesta: "Pero tú eres santo, tú que habitas entre las alabanzas de Israel". Esta es la razón por la que Dios tiene que separarse, Tú eres Santo. Y porque Dios es santo, Él mismo se separa de aquel que está cargando con el pecado. "¿No eres tú desde la eternidad? ¿O Señor mi Dios, mi Santo? Mis ojos son demasiado santos para aprobar el mal. Tú no puedes ver la maldad con favor". Y una vez más, este es un recordatorio de este increíble milagro de separación. Dios no puede ser por nada un espectador. Hizo que el sol se apagara. Trajo la oscuridad, y después de alguna misteriosa forma desaparece. Pero esto no es todo. En el versículo 50 Dios vuelve a actuar: "Mas Jesús, habiendo otra vez clamado a gran voz, entregó el espíritu". Clamó otra vez a gran voz, muy interesante. Esto fue lo que quisieron decir los escritores de la Biblia, y el mismo Señor, para indicar qué tan fuerte es Él. Han pasado seis horas de crucifixión, y aun puede gritar. En el griego es *cradzhas*, significa literalmente lanzar un alarido. No va a caer lentamente en un tipo de coma, lo que usualmente le tomaría días a alguien que era crucificado. Él no moriría de cansancio. Él entregaría su espíritu cuando llegara el tiempo correcto. Y si ustedes comparan el evangelio de Juan y el evangelio de Lucas, encontrarán que Jesús dijo: "Consumado es", Juan 19:30, pero ya había dicho antes: "Padre, en tus manos encomiendo mi espíritu".

La aceptación

Y esto nos lleva al siguiente milagro. El milagro de aceptación. Y entonces, Él entregó su espíritu al Padre que lo aceptaba. El trabajo ha sido concluido. El precio fue pagado. Dios fue satisfecho. Y entonces Jesús hizo que su espíritu saliera de su cuerpo, y Él mismo salió con este. Él había dicho, ningún hombre tiene poder de tomar mi vida, yo la entregó de mi voluntad. Y esto fue exactamente lo que hizo. Cuando supo que su Padre estaba listo para recibirlo, porque la obra de llevar el pecado había sido finalizada, esto quería decir que Dios fue satisfecho. Supo el momento exacto en que el Padre se fue de su presencia. Supo exactamente cuando fue desamparado. Pero también supo cuando fue recibido. Esto nos hace ver que Dios estuvo activo, apagando el sol. Está activo desamparando a su propio Hijo. Activo cuando fue satisfecho y recibe a su Hijo de regreso.

El velo rasgado

Pero hay un cuarto milagro en el versículo 51: "Y he aquí, el velo del templo se rasgó en dos, de arriba abajo". Ahora tenemos que entender que el templo es *naeas*, el lugar santísimo, y el lugar santísimo tenía una barrera para que nadie pudiera entrar ahí. El único que podía entrar una vez al año era el sumo sacerdote, esto en el día del sacrificio, solo este día podía entrar en el lugar santísimo, el lugar en donde estaba el Arca del Pacto, y al entrar ahí rociaba sangre a nombre de la nación por sus pecados sobre el propiciatorio que estaba en la parte superior del Arca. El sumo sacerdote que entraba ahí debía tener campanas en sus vestidos, esto para que en caso de que él entrara de algún modo impuro, Dios lo tendría que matar, ellos sabrían esto al no escuchar las campanas sonar. Y mientras escuchaban las campanas, sabían que continuaba vivo y moviéndose.

Esto es simbólico del hecho de que la gente estaba separada de la presencia de Dios. Nadie podía entrar ahí. Y no fue un cambio gradual. Cuando Jesús murió sobre la cruz, Dios mismo rasgó la cortina de arriba abajo, la rasgó porque Jesús acababa de hacer lo que ningún sacerdote pudo jamás haber hecho. Solo un sacerdote, el sumo sacerdote, podía entrar ahí, y él no podía llevar a quien quisiera, no podía permitir que alguien más entrara. Pero en la muerte de Jesús, Dios mismo rasgó el velo para que quedara completamente abierta y el lugar santísimo estuviera abierto a todos. Esto sucedió a las 3:00 de la tarde en el día de la Pascua, esto nos dice que el Templo debió haber estado completamente lleno. En un momento, el lugar santísimo al que nadie había visto completamente expuesto. No más días de sacrificio, no más sacerdotes, no más sacrificios y no más sacerdotes, no más barreras. Y muy pronto, todo el Templo sería asaltado por los romanos paganos. Y a partir de ese día nunca más sería reconstruido. En ese momento, la corrupción de la cueva de ladrones comenzó a desaparecer. ¿Y qué era lo que el Padre estaba diciendo? El acceso quedó abierto para todos.

Jesucristo, el gran sumo sacerdote, hizo lo que ningún otro sacerdote pudo hacer jamás, hizo que el camino a Dios quedara abierto. Él mismo rasgó la barrera. El mismo Padre interrumpió el trabajo de los sacerdotes al rasgar la cortina, el velo.

La tierra se sacudió

Y nuevamente en el versículo 51, vemos otra obra de Dios, "y la tierra tembló, y las rocas se partieron". Dios estaba dando a la gente un avance de lo que iba a suceder a aquellos que no venían a Él por el camino de Jesucristo a su santa presencia. Un día en el futuro, Dios sacudirá toda la tierra. Si leemos en el libro de Apocalipsis vemos que habrá terremotos masivos, los cuales no podrán tener explicación. Y finalmente llegará la desintegración del mundo como lo conocemos. En Hebreos 12 se nos dice acerca del hecho de que nosotros somos parte de un reino inconmovible. Pero un día va a llegar cuando Dios sacuda a todo el mundo.

Las tumbas

Y de este modo Dios actúa para dar a la gente una muestra del juicio venidero, consistente con las palabras de Jesús, quien dijo que al final de los tiempos habrá terremotos. Y hay otra cosa maravillosa que hizo Dios, en el versículo 52, "y se abrieron los sepulcros, y muchos cuerpos de santos que habían dormido, se levantaron". Esto quiere decir que los que habían muerto resucitaron, "y saliendo de los sepulcros, después de la resurrección de él, vinieron a la santa ciudad, y aparecieron a muchos". Esto es asombroso. Los milagros que hubo alrededor de la muerte de Cristo son simplemente sorprendentes. Al mismo tiempo que la tierra está sacudiéndose y las rocas partiéndose, las tumbas comienzan a escupir a los santos resucitados y les son entregados cuerpos. No van a Jerusalén, dice, después de la resurrección de Él, de Cristo, porque Él era los primeros frutos y todos los demás le siguen. ¿Qué es lo que Dios dice aquí? Dios está diciendo para los santos en el futuro, habrá ¿qué? una resurrección.

No, de ningún modo Dios es tan solo un espectador. Dios no es un observador indiferente. Mientras que Cristo está muriendo para Dios, Dios está afirmando todo lo que está sucediendo. Dios está afirmando que este es un juicio sobre el pecado. Dios está desamparando al que carga con el pecado porque va en contra de su propia santidad. Dios lo acepta de vuelta a su presencia cuando su trabajo queda completado. Dios abre por completo el trono de su presencia, el lugar santísimo, para que todos puedan venir a Él por medio de la fe. Y Dios advierte del juicio para aquellos que rechazan venir, y promete la resurrección a aquellos que lo hacen.

El relato cierra en el versículo 54: "El centurión, y los que estaban con él guardando a Jesús, visto el terremoto, y las cosas que habían sido hechas, temieron en gran manera, y dijeron: Verdaderamente este era Hijo de Dios". Dios mismo dio testimonio de su hijo por medio de estos milagros.

Oración

Nuestro Padre, al venir a la mesa el día de hoy, llegamos con esto en mente, con todas estas verdades, con toda esta gloriosa revelación bíblica. Entendemos que el Señor, Jesucristo, murió para satisfacerte, murió para mostrar tu justicia, tu santidad, tu consistencia así como tu gracia y misericordia. Entendemos que tú no solo fuiste un espectador furtivo, sino que estuviste puntualizando este evento con evidencias para probar que en efecto este era el Hijo de Dios, sintiendo toda la furia de tu juicio, sintiendo que lo habías abandonado. Y así mismo completó su labor de cargar con nuestros pecados, para encontrar para él el cielo completamente abierto, y abrió el cielo para nosotros quienes creemos y entramos en tu presencia. Habrá un juicio para aquellos que te rechazan, y una resurrección a vida para aquellos que reciben a Cristo. Qué tremendo drama. No es de sorprendernos que el centurión y los otros que estaban ahí dijeron "en verdad este era el hijo de Dios". Esta también es nuestra confesión referente a nuestro Salvador. Hoy llegamos a esta mesa para darte honor.

Señor, dirige nuestros corazones y nuestros pensamientos a la cruz. Sabemos que no debemos participar de esta celebración si somos indignos, o bien beber indignamente. Esto quiere decir que no debemos participar si estamos cortejando con el pecado, o bien cultivando el pecado. Ayúdanos a confesar y pedir que nos limpies para que podamos ser partícipes en una manera santa y pura. Que no lleguemos a esta mesa contaminados. Haz posible tu obra de limpieza en nuestros corazones, al tiempo que nos regocijamos con el regalo que nos has hecho por medio de tu Hijo. Amén.

REFLEXIONES PERSONALES

_Índice escritural

ANTIGUO TESTAMENTO

Génesis 2:15, *198*
Génesis 2:20, *198*
Génesis 3:15, *16, 176*
Génesis 3:21, *203*
Génesis 3:24, *200*
Génesis 4:1, *195*
Génesis 4:3-4, *200*
Génesis 4:5, *208*
Génesis 4:6, *208*
Génesis 4:9, *211*
Génesis 4:11, *210, 211*
Génesis 4:12, *210*
Génesis 4:14, *210*
Génesis 4:16, *203, 211*
Génesis 6:3, *371*
Génesis 6:5, *371*
Génesis 8:20, *371*
Génesis 10, *79*
Génesis 11, *79*
Génesis 15:6, *432, 433*
Génesis 18:27, *164*
Génesis 26:24, *296*
Génesis 28:13, *296*
Génesis 38, *290*
Génesis 49, *16*

Éxodo 3:6, *296*
Éxodo 4, *296*
Éxodo 15:3, *41*
Éxodo 18:7, *120*
Éxodo 33:19, *177, 408*

Levítico 9:24, *207*
Levítico 17:6, *204*
Levítico 17:11, *204*

Levítico 19:18, *316*
Levítico 19:24, *201*

Números 12:6-7, *308*
Números 18:28, *287*
Números 21, *425*

Deuteronomio 5:32, *311*
Deuteronomio 6; 6:4-5; 2; *310, 311, 312*
Deuteronomio 7:9, *316*
Deuteronomio 11:1, *313*
Deuteronomio 11:13, *314*
Deuteronomio 13:1-3, *314*
Deuteronomio 19:16, *314*
Deuteronomio 19:9, *314*
Deuteronomio 11:20, *314*
Deuteronomio 22-23, *314*
Deuteronomio 25:5-10, *290*
Deuteronomio 30:6, *314*
Deuteronomio 31, *311*
Deuteronomio 32:39, *287*

Josué 22:5, *314*
Josué 25:11, *314*

Jueces 5:19, *44*
Jueces 6:24, *207*
Jueces 14:22, *165*

1 Samuel 2:30, *207*
1 Samuel 14:45, *227*
1 Samuel 30, *233*

2 Samuel 7, *16*
2 Samuel 14:11, *227*
2 Samuel 23:2, *125*

1 Reyes 1:52, *227*
1 Reyes 18:38, *207*

2 Reyes 6:13-17, *46*
2 Reyes 2:11, *46*

1 Crónicas 16:23, *173*
1 Crónicas 21:16, *207*

2 Crónicas 7:1, *207*

Nehemías 1:5, *316*
Nehemías 8:1, *246*

Ester 1, *97*
Ester 2:5, *103*
Ester 2:16, *99*
Ester 2:16-17, *100*
Ester 3:13, *104*
Ester 4:3, *104*
Ester 4:11, *104*
Ester 5:5-8, *106*
Ester 6:6, *107*
Ester 6:13, *107*
Ester 7:3-4, *107*
Ester 8:2, *108*
Ester 9:3-4, *108*
Ester 9:4, *108*
Ester 9:23-28, *109*
Ester 10:3, *109*

Job 1; 42, *326*
Job 14:4-6, *372*
Job 19:26, *284*

Salmos 2, *31, 48, 49, 53, 177, 305*
Salmos 2:2, *304, 305*

Índice escritural

Salmos 2:8-9, *48*
Salmos 2:10-12, *49*
Salmos 3, *173*
Salmos 10:1, *162*
Salmos 16, *180, 284, 461*
Salmos 16:9-11, *284*
Salmos 22, *177, 180, 305, 425*
Salmos 22:1, *469, 470*
Salmos 22; 53, *305*
Salmos 44:23-24, *162*
Salmos 45:3, *48*
Salmos 45:3-6, *38*
Salmos 49:15, *284*
Salmos 51, *369, 370*
Salmos 55:22, *165*
Salmos 65:5-7, *161*
Salmos 69:36, *316*
Salmos 69, *177, 180*
Salmos 73:24, *284*
Salmos 77:19, *410*
Salmos 83:1-5, *19*
Salmos 89:9, *162*
Salmos 96:2, *173*
Salmos 97:10, *316*
Salmos 107:23-29, *162*
Salmos 110:3, *389*
Salmos 139:8, *285*

Proverbios 4:23, *313*
Proverbios 14:12, *202*
Isaías 2-3, *34*

Isaías 4-5, *34*
Isaías 5, 6, 7, 9, 12, *402, 403*
Isaías 6, *178*
Isaías 6:5, *165*
Isaías 9, *16, 31, 180*
Isaías 9:7, *16*
Isaías 10, *402*
Isaías 10:12, 16, *404*
Isaías 11, *16, 23, 24, 34, 36*
Isaías 11:1, *23, 34 23, 34*
Isaías 11:4, *47*
Isaías 11:2-5, *23*
Isaías 11:6-9, *23*

Isaías 18, *63*
Isaías 26:19, *285*
Isaías 40:8, *229*
Isaías 42, *16*
Isaías 52:14, *147*
Isaías 53, *137, 139, 140, 142, 149, 177, 178, 180, 426, 469*
Isaías 53:2, *142, 144*
Isaías 55, *178, 433*
Isaías 55:10-11, *229*
Isaías 63:1-6, *23*
Isaías 64:1-2, *37*
Isaías 64:6, *372*
Isaías 66:15-16, *55*
Isaías 66:24, *67*

Jeremías 7:33, *63*
Jeremías 17:9, *372*
Jeremías 24:7, *369*
Jeremías 29:13, *349*
Jeremías 31, *417, 435*
Jeremías 31:31-33, *369*

Ezequiel 1, *165*
Ezequiel 11:19-20, *369*
Ezequiel 17-20, *56*
Ezequiel 18:23, *26*
Ezequiel 33:11, *26*
Ezequiel 36, *368, 417, 435*
Ezequiel 36:25-28, *368*
Ezequiel 37, *283, 368, 417*
Ezequiel 37:3, *368*
Ezequiel 38 y 39, *16*
Ezequiel 39:1-4, *55*
Ezequiel 39:12, *63*

Daniel 2, *180*
Daniel 4, *277*
Daniel 7, *31, 178, 180, 424*
Daniel 7:11, *67*
Daniel 9, *177, 180*
Daniel 10, *165*
Daniel 12:2, *285*
Daniel 12:12, *69*

Oseas 6:1-2, *285*

Joel 2:30-32, *61*
Joel 3, *16, 33, 60*
Joel 3:2, *55*
Joel 13-14, *55*
Joel 15-16, *55*
Joel 21, *55*

Sofonías 1:14-18, *65*
Sofonías 3, *60*

Zacarías 2, *180*
Zacarías 9:9, *38*
Zacarías 12, *60, 180*
Zacarías 12:3, *16*
Zacarías 13, *180*
Zacarías 14, *16, 31, 39, 60, 180*
Zacarías 14:3-4, *68*
Zacarías 14:5, *66*

NUEVO TESTAMENTO

Mateo 5:43-48, *317*
Mateo 7:13, *346*
Mateo 7:22, *353*
Mateo 28:1-10, *447*
Mateo 10:32-33, *352*
Mateo 10:39, *335*
Mateo 11, *179*
Mateo 11:12, *349*
Mateo 11:27, *404*
Mateo 11:28, *404*
Mateo 12:30, *279*
Mateo 13:41-42, *17*
Mateo 21:29-32, *329*
Mateo 24:25, *32*
Mateo 25:41, *17, 59, 67 17, 59, 67*
Mateo 27:45-54, *465*
Mateo 27:51, *452, 471, 472 452, 471, 472*
Mateo 3:17, *142*
Mateo 6:19-20, *26*
Mateo 8:16, *160*
Mateo 8:24, *160*
Mateo 8:26, *161*

Índice escritural

Mateo 13, *17, 40*
Mateo 13:40-43, *67*
Mateo 14:33, *165*
Mateo 17:5, *142*
Mateo 18, *59*
Mateo 22:14, *388*
Mateo 22:18, *273*
Mateo 22:29, *292*
Mateo 22:31, *295*
Mateo 22:34, *304, 309*
Mateo 23, *270, 315,*
  363, 431
Mateo 23:23, *308*
Mateo 23:34, *304*
Mateo 24:27-28, *35*
Mateo 29, *35*
Mateo 30-31, *35*
Mateo 24:29, *35, 62*
Mateo 24: 29-31, *24*
Mateo 24-25, *38, 56*
Mateo 25, *33, 57, 60, 354*
Mateo 25:41, *17, 59, 67*
Mateo 25:31, *24, 46, 57*
Mateo 26:38, *313*
Mateo 27:51, *452, 471, 472*

Marcos 4:1-2, *154*
Marcos 4:35-41, *151, 153*
Marcos 5:1-2, *157*
Marcos 6, *144*
Marcos 7, *309*
Marcos 9:43-48, *67*
Marcos 12:13-17, *261,*
  263, 265
Marcos 12:18-27, *263, 281*
Marcos 12:19-20, *290*
Marcos 12:24, *292*
Marcos 12:28-34, *299, 301*
Marcos 16, *457*
Marcos 16:1, *451*
Marcos 16:3, *451*

Lucas 1:13-17, *121*
Lucas 1:39-45, *113*

Lucas 2:52, *142*
Lucas 5, *164, 326*
Lucas 5:28, *344*
Lucas 5:32, *327*
Lucas 8:23, *160*
Lucas 8:3, *450*
Lucas 9:23-25, *321*
Lucas 9:27, *337*
Lucas 9:23-26, *341*
Lucas 9:24-25, *334*
Lucas 11:32, *329*
Lucas 13:3, 5, *327*
Lucas 13:22-24, *353*
Lucas 14:25-27, *351*
Lucas 15:7 y 9, *329*
Lucas 15:10, *184, 329*
Lucas 16:16, *349*
Lucas 17:4, *329*
Lucas 17:37, *62*
Lucas 18, *326, 330, 376*
Lucas 18:10, *363*
Lucas 18:11-12, *363*
Lucas 18:13, *315*
Lucas 19:10, *441*
Lucas 20:20, *267*
Lucas 20:23, *273*
Lucas 20:34, *293*
Lucas 21:18, *227*
Lucas 22:32, *329*
Lucas 22:66, *278*
Lucas 23:1, *278*
Lucas 23:34, *149*
Lucas 24, *180, 461*
Lucas 24:1, *450*
Lucas 24:3-4, *455*
Lucas 24:8, *454*
Lucas 24:25-27, *180*
Lucas 24:47, *328*

Juan 1:1-2, *45*
Juan 1:10-11, *419*
Juan 1:13, *365*
Juan 1:46, *143*
Juan 2:15-16, *345*
Juan 2:23-25, *437*

Juan 2:25, *273, 364*
Juan 3:1-10, *359, 361,*
  379, 397, 398,
  400, 405
Juan 3:3-10, *416, 417*
Juan 3:10, *366, 374, 397,*
  417, 433, 434, 435
Juan 3:11-14, *413*
Juan 3:11-18, *418*
Juan 3:11-21, *395, 397,*
  398, 399, 415, 431, 435
Juan 3:15-21, *429*
Juan 3:16, *173, 399, 437,*
  438, 440
Juan 3:18, *399, 439, 441*
Juan 3:19, *443*
Juan 3:29, *125*
Juan 5, *285, 462*
Juan 5:21, *374*
Juan 5:23, *207*
Juan 5:25-29, *289*
Juan 5:39, *177*
Juan 6:33, *424*
Juan 6:35, *405*
Juan 6:37, *376, 405, 409*
Juan 6:38, *424*
Juan 6:37, *376, 405, 409*
Juan 6:40, *405*
Juan 6:44, 45, 46, 47, *405*
Juan 6:51, 58, *424*
Juan 6:57, 63, *405*
Juan 6:64, *406*
Juan 6:66-69, *406*
Juan 7:28, 40, 43, 50, *374*
Juan 7:45, 48, *146*
Juan 8:30, 31, *206*
Juan 8:38, *420*
Juan 8:42, *424*
Juan 8:44, *209*
Juan 10:18, *454*
Juan 11, *423*
Juan 11:25-26, *460*
Juan 12:25, *335*
Juan 13:3, *424*
Juan 13:35, *59*

Índice escritural

Juan 14, *32, 38, 39, 462*
Juan 14:1, *38*
Juan 14:6, *347, 425*
Juan 14:19, *460*
Juan 16:28, *424*
Juan 17:5, *424*
Juan 18:9, *406*
Juan 19:30, *470*
Juan 19:38, 39, *375*
Juan 20:12, *455*
Juan 20:26, *453*
Juan 20:31, *399*
Juan 21, *456*

Hechos 1, *36*
Hechos 1:25, *407*
Hechos 2:19-20, *61*
Hechos 2:22-23, *406*
Hechos 2:36, *461*
Hechos 3:13, 17, *148*
Hechos 3:20, 21, 24, *149*
Hechos 4:1-3, *288*
Hechos 4:12, *202, 347, 425*
Hechos 4:23-27, *305*
Hechos 4:27, *406*
Hechos 5:17, 28, *289*
Hechos 5:29, *277*
Hechos 5:37, *272*
Hechos 15:6-9, 15-18, *32*
Hechos 17:31, *40*
Hechos 20:21, *332*
Hechos 20:36-38, *248*
Hechos 23:8, *285*
Hechos 23:11, *232*
Hechos 27:9, *220*
Hechos 27:27-44, *215*

Romanos 1, *439*
Romanos 1:1, 5, 6, 7, *384*
Romanos 1:4, *461*
Romanos 1 al 8, *407*
Romanos 1:16, *148*
Romanos 2:5-9, *17*
Romanos 2:5-10, *59*
Romanos 3, *372, 399, 467*
Romanos 3:10-11, *372, 389*

Romanos 3:10-18, *389*
Romanos 20-21, *373*
Romanos 4:3, *399*
Romanos 4 y 5, *433*
Romanos 4:20, *234*
Romanos 4:25, *461*
Romanos 5:6, *389*
Romanos 5:8, *173*
Romanos 6:4, *454*
Romanos 8:3, *440*
Romanos 8:11, *454*
Romanos 8:28-30, *383*
Romanos 8:29, *26, 383*
Romanos 9:1, *407*
Romanos 9:4-5, *407*
Romanos 9:13, 14, *407*
Romanos 9:15, *408*
Romanos 9:18, 19, *408*
Romanos 9:20, *408*
Romanos 9:25, *408*
Romanos 9, 10, 11, *407*
Romanos 10, *140, 399, 407, 408, 437*
Romanos 10:1, 2, *407*
Romanos 10:3, *208*
Romanos 10:4, 8, 11, *409*
Romanos 10:14, 17, *409*
Romanos 10:15, *410*
Romanos 11, *33, 383, 407, 410*
Romanos 11:1, *407*
Romanos 11:29, *383*
Romanos 11:33, *410*
Romanos 11:34, *410*
Romanos 11:35, *410*
Romanos 12:19, *47*
Romanos 13:1, *275*

1 Corintios 1:1, *384*
1 Corintios 1 y 2, *389*
1 Corintios 1:1, 9, *384*
1 Corintios 1:10, *247*
1 Corintios 1:23-24, 26, *385*
1 Corintios 2:6, *239*

1 Corintios 2:9, *316*
1 Corintios 2:14, *421*
1 Corintios 4:9, *184*
1 Corintios 6:2, *47*
1 Corintios 8:3, *316*
1 Corintios 8:6, *154*
1 Corintios 9:25, *348*
1 Corintios 13:12, *43*
1 Corintios 15:6, *456*
1 Corintios 15:35-37, 38, *294*
1 Corintios 15:39-42, *295*
1 Corintios 15:47, 49, 51, 52, *295*
1 Corintios 16:22, *316*

2 Corintios 3:18, *254*
2 Corintios 4:4, *389*
2 Corintios 7:1, *240*
2 Corintios 12, *423*

Gálatas 1, *385, 425*
Gálatas 1:1, *454*
Gálatas 1:6, *385*
Gálatas 3:3, *241*
Gálatas 1:6, *385*

Efesios 2, *365*
Efesios 2:1, *389*
Efesios 2:8, 9, *399*
Efesios 2:10, *207*
Efesios 3:10, *184*
Efesios 3:17, *253*
Efesios 4:1, 4, *385*
Efesios 4:11-16, *237, 239*
Efesios 4:23, *246*

Filipenses 2, *458*
Filipenses 3, *253, 372*
Filipenses 3:12, *240*
Filipenses 3:20, *26*
Filipenses 3:21, *297*

Colosenses 1:16, *153*
Colosenses 1:28, *243*

Colosenses 2:10, *239*
Colosenses 3:1-2, *26*
Colosenses 3:10, *246*
Colosenses 3:15, *385*
Colosenses 4:12, *243, 349*

1 Tesalonicenses 2:12, *385*
1 Tesalonicenses 3:10, *247*
1 Tesalonicenses 4:13, *38*

2 Tesalonicenses 1, *56*
2 Tesalonicenses 1:7, *18, 44, 354*
2 Tesalonicenses 1:8, *354*
2 Tesalonicenses 2:13-14, *385*

1 Timoteo 1:15, *326*
1 Timoteo 2:1-2, *275*
1 Timoteo 2:5, *347*
1 Timoteo 4:6, *245*
1 Timoteo 4:11-13, *245*
1 Timoteo 4:12, *231*
1 Timoteo 6:11, *231*
1 Timoteo 6:12, *349*

2 Timoteo 2:2, *245*
2 Timoteo 3:2, *324*
2 Timoteo 3:16-17, *241*
2 Timoteo 4:1, *245*
2 Timoteo 4:8, *18*

Tito 3:4, *439*
Tito 3:15, *230*

Hebreos 3:1, *386*
Hebreos 10:38, *192, 399*
Hebreos 11, *191, 192, 432, 433*
Hebreos 11:4, *189, 191, 194, 200, 201, 205, 207, 212*
Hebreos 9:22, *204*
Hebreos 10:14, *239*
Hebreos 11:32-38, *179*
Hebreos 11:39-40, *179*
Hebreos 12, *472*

Hebreos 12:23, *240*
Hebreos 13:20-21, *241*

Santiago 1, *365*
Santiago 1:2-4, *241*
Santiago 2:14, *206*
Santiago 2:19, *206*
Santiago 3:1, *246*

1 Pedro 1:3, *454*
1 Pedro 1:10-12, *169, 174, 175*
1 Pedro 1:11, *177, 178, 180*
1 Pedro 1:14, 13, *172*
1 Pedro 1:14-15, *172*
1 Pedro 1:25, *229*
1 Pedro 2:2, *241*
1 Pedro 2:9, *21, 386*
1 Pedro 3, *294*
1 Pedro 4:10, *249*
1 Pedro 4:18, *349*
1 Pedro 5:7, *165*
1 Pedro 5:10, *241*

2 Pedro 1:1, 2, 3, *387*
2 Pedro 1:12-13, *247*
2 Pedro 1:21, *126*
2 Pedro 3:2, *70*
2 Pedro 3:3-4, *69*
2 Pedro 3:9, *26, 70*
2 Pedro 3:10, *70*
2 Pedro 3:14, 18, *27*

1 Juan 2:14, *255*
1 Juan 2:15-16, *345*
1 Juan 3:8, *47*
1 Juan 3:12, 11, *203*
1 Juan 3:17, *59*
1 Juan 4:20, *59*

Judas 3, *208*
Judas 13, *292*
Judas 14-15, *20*

Apocalipsis 1, *35, 47, 165*
Apocalipsis 1:7, *38*

Apocalipsis 1:14, *42*
Apocalipsis 2:16, *41*
Apocalipsis 2:18, *42*
Apocalipsis 2:26-27, *48*
Apocalipsis 3:7, *39*
Apocalipsis 3:14, *39*
Apocalipsis 4 al 7, *439*
Apocalipsis 6:9-10, *211*
Apocalipsis 6:10, *20*
Apocalipsis 7:9, 13, 14, *46*
Apocalipsis 7:10, *173*
Apocalipsis 8:13, *62*
Apocalipsis 11:7, *65*
Apocalipsis 13:1-8, *65*
Apocalipsis 11:15, *43*
Apocalipsis 12, *43, 58*
Apocalipsis 12:5, *48*
Apocalipsis 13:11-13, *66*
Apocalipsis 13:14-15, *66*
Apocalipsis 13:16-17, *66*
Apocalipsis 14:11, *67*
Apocalipsis 14:6, *62*
Apocalipsis 14:14, *34*
Apocalipsis 14:14-15, 20, *24*
Apocalipsis 16:13, *60*
Apocalipsis 16:14, *24, 60*
Apocalipsis 16:16, *14, 24, 35, 60*
Apocalipsis 16:21, *41*
Apocalipsis 19, *16, 18, 23, 24, 25, 26, 31, 33, 34, 35, 37, 46, 53, 56, 57, 59, 60, 69, 355*
Apocalipsis 19:11, *15, 20, 31, 35, 37, 39, 40*
Apocalipsis 19:11-16, *11, 13, 25, 29, 31*
Apocalipsis 19:12, *42*
Apocalipsis 19:13, *24, 44, 45*
Apocalipsis 19:15, *20, 47, 68*
Apocalipsis 19:16, 17, *54*

Apocalipsis 19:17-21,
  51, 53
Apocalipsis 19:18, *64, 65*
Apocalipsis 19:19, *14, 65*
Apocalipsis 19:20, *66*

Apocalipsis 19:21, *20, 68*
Apocalipsis 20, *25, 32, 35, 47, 56, 67, 355*
Apocalipsis 20:10, 15, *67*
Apocalipsis 20:11, *56*

Apocalipsis 21, *25*
Apocalipsis 21:8, *67*
Apocalipsis 22, *25*
Apocalipsis 22:20, *26*

Índice temático

A

Abel 189, 191, 194, 196, 197, 198, 200, 201, 202, 203, 204, 205, 206, 207, 208, 209, 210, 211, 212, 473
Adán y Eva 176, 194, 195, 196, 197, 199, 201, 203, 209, 294
Adoración 16, 33, 82, 84, 127, 130, 178, 200, 297, 317, 325, 376, 385, 401, 447, 451, 458, 459
Adorar 19, 84, 85, 174, 183, 200, 201
Agagueo 102, 103, 109
Alabanza 84, 126, 128, 171, 275, 276, 297, 376, 393
Alejandro el Grande 96
Alta crítica 197
Altar 20, 121, 200, 205, 207, 209, 371
Amalecitas 102
Amán 102, 103, 104, 105, 106, 107, 108, 109, 110
Amilenaristas 22
Ancianos 32, 36, 104, 248, 257, 278, 290, 305
Ángel 24, 35, 51, 53, 61, 62, 63, 64, 115, 116, 117, 118, 119, 120, 122, 129, 200, 222, 223, 232, 233, 424, 425, 447, 452, 453, 454, 455, 456, 457
Ángeles 160
Anticristo 14, 15, 16, 19, 38, 40, 43, 53, 56, 58, 65, 66, 67, 68
Antiguo Testamento 16, 18, 24, 31, 33, 41, 46, 63, 81, 95, 124, 126, 128, 137, 139, 161, 174, 175, 176, 177, 178, 179, 180, 181, 182, 192, 245, 264, 284, 287, 305, 307, 309, 312, 315, 318, 354, 363, 368, 369, 370, 371, 372, 373, 399, 406, 415, 417, 433, 435, 461, 467
Apocalipsis de Baruc 284
Apocalipsis de Enoc 284
Apocalipsis de Esdras 284
Apostasía 211
Apóstata/s 147, 211, 303, 304, 308, 309, 318, 370, 400, 403, 416, 420, 431, 433
Apóstoles 32, 70, 147, 158, 161, 165, 169, 174, 175, 182, 184, 237, 239, 240, 242, 243, 249, 256, 265, 289, 305, 307, 449, 453
Arca del Pacto 471
Armagedón 14, 15, 16, 22, 25, 35, 53, 60
Arrebatamiento 39
Arrepentimiento 26, 70, 79, 80, 87, 88, 141, 148, 173, 209, 211, 327, 328, 329, 330, 331, 332, 333, 334, 337, 345, 352, 353, 356, 361, 376, 389
Artajerjes 98
Ascensión 180, 183, 305, 462
Asuero 96, 97, 98, 99, 100, 101, 102, 103, 104, 105, 106, 107, 108, 109, 110
Ayuno 86, 104, 105, 220, 363

B

Babilonia 15, 61, 81, 96, 97, 99, 100, 108, 277
Batalla de Maratón 95
Batalla de Salamis 96
Batalla de Termópilas 96
Bautismo 278, 367
Belzebú 147
Bestia, La 14, 20, 23, 40, 43, 51, 53, 58, 60, 65, 66, 67, 68
Bienaventuranzas 325, 329, 333
Brazo del Señor 141, 142
Buenas nuevas 140, 146, 173, 174, 410

C

Caín 189, 191, 194, 195, 196, 197, 198, 200, 201, 202, 203, 204, 205, 206, 207, 208, 209, 210, 211
Cautiverio babilónico 99
Cena de las Bodas del Cordero 15, 32, 54
Centurión 215, 219, 220, 221, 223, 226, 228, 465, 473
Cielo 11, 13, 14, 15, 17, 18, 19, 20, 21, 22, 24, 26, 29, 31, 32, 35, 36, 37, 38, 39, 42, 43, 44, 45, 46, 51, 53, 54, 55, 57, 61, 62, 83, 111, 126, 129, 140, 149, 159, 165, 169, 171, 173, 174, 181, 182, 183, 184, 202, 224, 229, 239, 240, 263, 278, 285, 291, 293, 294, 295, 297, 302, 305, 316, 324, 334, 336, 337, 347, 348, 349, 350, 353, 354, 355, 356, 362, 363, 365, 368, 386, 395, 397, 398, 400, 405, 411, 413, 416, 417, 418, 421, 422, 423, 424, 425, 426, 432, 434, 435, 436, 437, 438, 439, 440, 445, 447, 452, 453, 456, 459, 461, 462, 468, 473
Ciro el Grande 97
Concubinas 100
Cordero de Dios 11, 15
Cordero Pascual 145
Cristiano 18, 171, 206, 249, 250, 276, 302, 314, 323, 346, 349, 351, 352, 367, 386, 392
Cristo 14, 18, 19, 20, 21, 22, 23, 24, 25, 26, 27, 31, 32, 33, 34, 36, 39, 40, 43, 45, 47, 48, 57, 59, 61, 66, 69, 82, 88, 90, 111, 115, 125, 129, 139, 140, 141, 142, 148, 149, 153, 154, 159, 162, 163, 164, 166, 169, 172, 173, 174, 180, 181, 182, 183, 191, 192, 196, 204, 207, 208, 212, 232, 234, 237, 239, 240, 242, 243, 247, 250, 252, 253, 254, 255, 256, 257, 266, 269, 272, 276, 277, 279, 297, 305, 318, 323, 324, 325, 326, 329, 330, 331, 332, 334, 335, 343, 344, 347, 348, 349, 352, 353, 354, 355, 356, 365, 368, 373, 376, 384, 385, 386, 387, 388, 391, 399, 400, 404, 405, 406, 407, 409, 415, 418, 421, 425, 426, 427, 437, 440, 441, 442, 443, 444, 445, 454, 457, 458, 460, 461, 462, 463, 467, 469, 472, 473
Creador 45, 89, 153, 154, 162, 163, 164
Creyente 59, 86, 129, 130, 192, 207, 226, 240, 249, 254, 302, 330, 369, 370, 375, 398, 401, 406, 417, 420, 424, 431, 444, 445
Crucifixión 146, 177, 180, 263, 303, 425, 470

D

Dagón 85, 86
Darío (Jerjes) 96, 97
Demonios 14, 15, 21, 41, 60, 61, 66, 67, 68, 154, 157, 161, 183, 206, 263, 303, 312, 353
Denario 272, 274
Diablo 17, 47, 59, 67, 210
Diácono 251
Día de reposo 144, 447, 450
Día de la expiación 205
Día del sacrificio 471
Diluvio 70

Dios-Hombre 153
Dragón, El 40, 43, 44
Doctrina del llamado efectivo 434
Doxología 171, 387

E

Edén 163, 194, 196, 197, 198, 200, 203, 211, 443
Elisabet 113, 115, 116, 117, 118, 119, 120, 121, 122, 123, 124, 125, 126, 127, 128, 129, 130
Emaús, camino a 180
Encarnación 139
Escriba/s 143, 266, 270, 271, 278, 287, 288, 297, 299, 301, 302, 303, 304, 306, 308, 309, 310, 313, 314, 315, 316, 317, 318, 332, 431
Escritos rabínicos 145
Escritura 13, 16, 18, 21, 31, 32, 34, 37, 38, 41, 55, 57, 70, 86, 110, 126, 128, 139, 146, 154, 164, 174, 207, 219, 224, 227, 229, 231, 233, 239, 241, 245, 250, 257, 275, 281, 287, 288, 289, 292, 314, 318, 327, 346, 356, 361, 371, 376, 381, 391, 399, 400, 402, 405, 406, 407, 420, 422, 424, 426, 437, 441, 444, 461, 468
Espíritu Santo 32, 33, 38, 90, 113, 115, 117, 119, 121, 123, 124, 125, 126, 129, 169, 174, 175, 180, 181, 182, 184, 196, 208, 212, 218, 230, 235, 241, 249, 252, 279, 327, 329, 359, 362, 371, 373, 376, 382, 407, 416, 418, 423, 456, 462
Ester 93, 95, 96, 97, 99, 100, 101, 102, 103, 104, 105, 106, 107, 108, 109, 110
Eternidad 26, 43, 70, 82, 129, 174, 184, 239, 336, 345, 362, 387, 420, 469, 470
Euroclidón 221
Evangelio 14, 18, 26, 31, 32, 44, 45, 56, 57, 82, 90, 115, 139, 146, 148, 153, 157, 169, 171, 172, 174, 182, 183, 232, 235, 243, 250, 251, 255, 263, 265, 269, 291, 301, 306, 315, 321,

323, 324, 325, 328, 334, 337, 341, 343, 344, 345, 346, 347, 350, 352, 353, 354, 355, 356, 363, 366, 373, 381, 382, 385, 386, 387, 388, 389, 398, 399, 400, 407, 409, 410, 415, 424, 425, 426, 436, 439, 440, 441, 449, 456, 457, 460, 462, 470
Evangelistas 237, 239, 240, 241, 242, 328, 343, 366
Exaltación 33, 141, 145, 180
Exilio 31, 100
Expiación 138, 139, 145, 200, 204, 205, 421

F

Falso profeta 14, 20, 40, 51, 53, 56, 60, 66, 67, 68, 314
Familiar redentor 291
Fariseo/s 82, 143, 146, 205, 261, 265, 266, 267, 268, 270, 271, 273, 274, 277, 278, 285, 286, 287, 288, 291, 296, 303, 304, 306, 307, 308, 309, 310, 314, 315, 317, 332, 359, 361, 362, 363, 364, 366, 372, 374, 375, 379, 381, 415, 419, 431, 432, 433, 435, 437
Fe 189, 191

G

Gadareno/s 157
Gabriel (ángel) 116, 117, 121
Galilea 116, 154, 155, 263, 267, 272, 273, 374, 375, 447, 450, 456, 457, 460
Gehena 67
Gentiles 19, 20, 32, 33, 47, 57, 78, 81, 139, 171, 264, 265, 305, 368, 372, 385, 406, 438, 456
Gobierno teocrático 276, 277
Gracia 27, 40, 42, 48, 54, 66, 70, 80, 85, 86, 87, 88, 90, 100, 106, 107, 142, 145, 169, 173, 174, 175, 176, 177, 178, 180, 181, 184, 195, 208, 209, 210, 211, 249, 276, 294, 297, 325, 328,

337, 347, 348, 356, 366, 371, 373, 384, 385, 387, 388, 389, 391, 392, 393, 398, 399, 408, 418, 426, 432, 434, 437, 438, 439, 441, 444, 445, 467, 468, 473
Gracia irresistible 374, 390, 391, 434
Gracia soberana 373, 391, 397
Gran Cena de Dios 20, 51, 53, 54, 61, 63, 64
Gran tribulación 16, 46, 354
Gran Trono Blanco 56, 67, 355, 443

H

Hadasa 99
Hades 67, 355
Herodes 40, 267, 268, 273, 305, 406, 450
Herodianos 261, 267, 268, 271, 273, 275, 278, 304
Hijo de Dios 41, 42, 47, 61, 115, 116, 117, 118, 119, 121, 122, 123, 153, 163, 165, 232, 237, 239, 253, 254, 263, 265, 274, 296, 395, 398, 400, 406, 418, 420, 425, 429, 431, 441, 442, 461, 462, 465, 473
Hijo del Hombre 17, 24, 32, 34, 35, 36, 46, 57, 62, 67, 115, 341, 343, 352, 372, 395, 398, 413, 418, 422, 424, 425, 435, 436, 437, 441
Hijos del infierno 271, 363, 431

I

Ídolos 82, 274, 368
Imperio Babilónico/Caldeo 95
Imperio Griego 96
Imperio Persa 96, 97, 99, 101, 103, 104
Inconverso 370, 415
Incredulidad 54, 142, 148, 149, 205, 234, 398, 401, 406, 411, 413, 418, 419, 421, 422, 426, 443
Infierno 14, 15, 46, 55, 56, 60, 62, 66, 67, 68, 86, 89, 140, 147, 171, 172, 173, 248, 271, 302, 303, 327, 330, 335, 336, 337, 347, 348, 349, 350, 351, 354, 432, 437, 439, 440, 442, 443, 459, 469
Israel 19, 33, 41, 44, 47, 55, 56, 57, 58, 60, 61, 63, 64, 69, 79, 80, 81, 82, 85, 87, 97, 102, 103, 105, 110, 116, 124, 140, 141, 142, 147, 148, 149, 155, 200, 203, 219, 248, 263, 264, 265, 267, 268, 272, 276, 277, 283, 284, 285, 288, 290, 299, 301, 303, 305, 310, 311, 312, 314, 315, 333, 334, 354, 359, 361, 363, 364, 366, 367, 368, 369, 370, 371, 373, 375, 379, 381, 397, 400, 403, 404, 406, 407, 408, 415, 417, 419, 420, 425, 431, 432, 433, 435, 436, 439, 470

J

Jerjes (Darío) 96, 97
Jeroboam II 80
Jerusalén 15, 16, 17, 22, 24, 31, 42, 55, 58, 67, 68, 69, 97, 116, 120, 163, 249, 264, 268, 273, 289, 303, 328, 363, 376, 403, 415, 431, 450, 456, 457, 462, 472
Jesucristo 11, 13, 14, 15, 16, 18, 19, 22, 24, 25, 29, 31, 32, 33, 35, 37, 38, 39, 40, 41, 43, 44, 48, 51, 53, 54, 56, 57, 59, 60, 62, 66, 67, 90, 115, 135, 139, 140, 142, 148, 149, 153, 154, 157, 158, 161, 162, 165, 166, 171, 179, 192, 196, 207, 208, 212, 231, 235, 239, 241, 245, 254, 264, 269, 276, 284, 286, 288, 291, 297, 302, 305, 316, 318, 328, 332, 334, 336, 337, 343, 347, 348, 350, 351, 352, 353, 354, 356, 361, 375, 384, 386, 387, 400, 420, 436, 440, 442, 443, 444, 445, 449, 452, 454, 455, 457, 461, 462, 463, 469, 472, 473
Jesús 14, 15, 17, 18, 19, 21, 22, 24, 25, 26, 31, 32, 33, 35, 36, 37, 38, 39, 40, 41, 43, 44, 46, 56, 57, 58, 59, 60, 62, 64, 67, 69, 70, 82, 86, 115, 116, 126, 127, 128, 129, 139, 141, 142, 143, 144, 145, 146,

_Índice temático

147, 148, 149, 154, 156, 157, 158, 161, 163, 164, 165, 166, 177, 179, 180, 183, 205, 207, 209, 212, 229, 232, 239, 243, 248, 261, 263, 264, 265, 267, 268, 269, 270, 271, 272, 273, 274, 275, 277, 278, 279, 281, 283, 285, 286, 288, 289, 290, 291, 292, 296, 297, 299, 301, 302, 303, 304, 305, 306, 307, 308, 309, 310, 313, 315, 318, 323, 324, 326, 327, 328, 330, 331, 332, 333, 334, 335, 336, 337, 343, 344, 345, 346, 347, 348, 349, 350, 351, 352, 353, 354, 355, 356, 359, 361, 362, 363, 364, 365, 366, 367, 370, 371, 374, 375, 376, 379, 381, 382, 384, 387, 388, 389, 397, 400, 401, 405, 406, 409, 415, 416, 417, 418, 419, 420, 421, 422, 423, 424, 426, 431, 432, 433, 434, 435, 436, 437, 441, 444, 445, 447, 449, 450, 451, 452, 453, 454, 456, 457, 458, 459, 460, 461, 462, 463, 465, 468, 469, 470, 471, 472, 473
Jonás 75, 77, 78, 79, 80, 81, 82, 83, 84, 85, 86, 87, 88, 89, 90, 177
José 120, 122, 143, 144, 146, 176, 183, 219, 375, 445
Juan el Bautista 86, 115, 116, 123, 124, 125, 179, 219
Judaísmo 82, 284, 285, 307, 308, 351, 364, 370, 416, 420, 431, 433
Juicio final 54, 56, 195, 355, 442

K

Khasayarsha (Asuero) 96

L

Lago Cirenet 155
Lago de fuego 20, 51, 53, 66, 67, 355
Legalismo 286, 306, 315, 420
Legalista 309, 364, 366, 434, 435, 436, 437
Libertador 196
Libro de la vida 67, 147, 355

Líder 66, 141, 147, 216, 218, 219, 229, 230, 231, 232, 233, 234, 235, 333, 427, 432, 433
Liderazgo 216, 218, 219, 223, 229, 230, 232, 233, 234, 235, 240, 250, 251, 375
Lugar santísimo 354, 471, 472

M

Macabeos 284
Mar de Galilea 154, 155, 156, 157, 158
Mar Muerto 155
Mardoqueo 97, 99, 101, 102, 103, 104, 105, 106, 107, 108, 109, 110
María (madre de Jesús) 122
Maridaje levítico 291
Martín Lutero 324, 398, 399
Mayordomos (de Dios) 265
Meguido 15, 22, 23, 24, 44, 60
Mesías 16, 23, 24, 31, 33, 34, 35, 36, 37, 48, 53, 82, 110, 115, 116, 117, 118, 121, 123, 124, 125, 127, 128, 129, 137, 139, 141, 142, 144, 145, 147, 148, 149, 166, 176, 177, 178, 180, 181, 182, 183, 232, 266, 268, 273, 283, 284, 287, 291, 294, 303, 308, 333, 374, 420, 424, 431, 436, 441, 461
Milagros 21, 68, 83, 110, 115, 118, 120, 122, 125, 144, 154, 162, 364, 415, 432, 437, 456, 459, 472, 473
Milenio 21, 22, 103
Mishnah 308
Monte de los Olivos 17, 22, 24, 32, 39, 57, 68, 69
Monte Hermón 155

N

Nabucodonosor 99, 277, 278
Nanshe 85, 86
Nazaret 116, 119, 121, 143, 144, 161
Nimrod 79, 85
Nínive 78, 79, 80, 81, 82, 85, 86, 87, 88, 89, 90, 177
Ninivitas 78, 80, 81, 85, 89, 90

485

Nuevo nacimiento 362, 367, 379, 381, 397, 398, 405, 418, 424
Nuevo Pacto 142, 191, 192, 368, 369, 370, 371, 435

O

Ofrendas 189, 191, 194, 200, 201, 318

P

Pablo 17, 18, 56, 59, 140, 153, 173, 181, 182, 191, 207, 215, 218, 219, 220, 221, 222, 223, 224, 225, 226, 227, 228, 229, 230, 231, 232, 233, 234, 235, 239, 240, 241, 243, 245, 247, 248, 249, 253, 254, 256, 294, 295, 307, 314, 324, 325, 326, 330, 331, 332, 363, 372, 374, 384, 385, 407, 409, 410, 417, 422, 423, 425, 433, 436, 440, 441, 456, 458
Pacto Abrahámico 149
Pacto Davídico 149
Padres de la Iglesia 468
Paganos 80, 89, 90, 147, 471
Pan-milenaristas 22
Parábola 157, 159, 264, 265, 388
Pastores 143, 237, 239, 240, 241, 242, 244, 252, 265, 267, 366, 415, 421
Pascua 205, 264, 268, 318, 415, 459, 468, 471
Pax Romana 276
Pecado/s 36, 40, 42, 44, 69, 70, 87, 90, 122, 128, 135, 137, 138, 139, 140, 145, 148, 149, 164, 166, 171, 172, 173, 176, 177, 181, 195, 196, 197, 201, 202, 203, 204, 208, 209, 210, 212, 232, 263, 239, 240, 278, 324, 325, 326, 327, 328, 330, 331, 332, 334, 338, 343, 344, 345, 346, 352, 353, 361, 362, 369, 370, 371, 372, 373, 389, 390, 392, 400, 417, 425, 427, 432, 433, 441, 442, 443, 444, 445, 451, 459, 461, 462, 463, 467, 469, 470, 471, 472, 473

Pecador 68, 86, 130, 140, 164, 184, 201, 204, 205, 206, 208, 309, 315, 325, 326, 327, 329, 330, 334, 345, 346, 350, 354, 359, 362, 364, 365, 368, 370, 371, 373, 376, 388, 389, 390, 391, 397, 415, 417, 418, 420, 422, 426, 433, 434, 435, 440, 442, 443, 444
Pecaminosidad 118, 139, 326, 327, 330
Pedro 26, 27, 32, 42, 69, 70, 126, 148, 149, 155, 158, 164, 165, 169, 171, 172, 174, 175, 178, 180, 182, 183, 202, 219, 229, 230, 241, 247, 248, 249, 276, 294, 305, 326, 349, 351, 375, 386, 387, 406, 454, 456, 457, 461
Pentateuco 287, 296, 309, 310
Pentecostés 148, 265, 305, 406, 457, 461
Perdón 86, 90, 139, 140, 177, 184, 204, 263, 323, 328, 331, 344, 361, 362, 365, 388, 400, 433, 437, 441, 468
Pilato 40, 144, 145, 148, 268, 273, 278, 305, 375, 406
Post-milenaristas 21, 22
Post-milenarismo 21, 277
Predestinación 383, 421
Pre-milenaristas 22
Primera iglesia 148, 251
Primera venida (de Cristo) 31
Primogénitos 200, 204, 205, 206, 240, 473
Profecía 16, 34, 53, 58, 113, 117, 123, 124, 137, 138, 180, 182, 196, 197, 229, 249, 304, 305, 469
Profecía bíblica 139
Profeta/s 16, 17, 22, 24, 32, 55, 63, 65, 70, 77, 78, 79, 80, 81, 82, 86, 87, 90, 103, 115, 116, 123, 124, 125, 128, 129, 147, 149, 169, 174, 175, 176, 177, 178, 179, 180, 181, 182, 183, 184, 237, 239, 240, 242, 264, 315, 317, 353, 368, 369, 373, 374, 375, 406, 419, 424, 433, 461
Profetas Mayores 81, 83, 176
Profetas Menores 77, 81, 83, 176
Promesas del reino 149
Propiciatorio 200, 471

Publicano 205, 315, 326, 330, 376
Purim 109

Q

Querubín 200

R

Rabí/es 233, 269, 271, 272, 308, 359, 361, 363, 373, 374, 376, 379, 381, 431
Rabino 143
Rapto 38, 39, 295, 354
Redención 13, 14, 16, 18, 44, 104, 116, 176, 183, 195, 208, 239, 382, 383, 386
Redentor 141, 176, 178, 195, 209, 256, 343, 443
Recaudador de impuestos 144, 363
Reconstruccionistas 21
Reforma, La 325, 398, 399
Regeneración 171, 359, 361, 362, 365, 366, 367, 368, 371, 382, 385, 387, 389, 391, 398, 405, 410, 435
Reino 13, 14, 15, 16, 17, 18, 20, 21, 22, 23, 25, 26, 31, 32, 33, 34, 35, 36, 37, 38, 39, 40, 43, 45, 46, 47, 48, 56, 57, 58, 59, 60, 62, 63, 67, 80, 81, 97, 99, 103, 105, 106, 111, 124, 144, 149, 163, 177, 179, 184, 218, 235, 245, 263, 267, 269, 277, 283, 286, 287, 293, 299, 302, 315, 318, 323, 324, 325, 326, 327, 333, 334, 343, 344, 345, 346, 348, 349, 350, 353, 355, 356, 359, 361, 362, 364, 365, 366, 367, 370, 371, 373, 376, 379, 381, 382, 383, 385, 388, 389, 403, 409, 415, 416, 417, 420, 422, 423, 434, 436, 439, 451, 454, 472
Reino milenial 276, 355
Reino teocrático 276, 277
Reino teonomista 21
Religión 66, 192, 202, 208, 269, 271, 273, 274, 278, 286, 293, 303, 308, 309, 313, 317, 318, 327, 336, 347, 348, 350, 351, 363, 365, 366, 373,

400, 415, 416, 417, 420, 424, 427, 432, 433, 435, 436
Renuevo 135, 142, 143
Resurrección 46, 141, 179, 180, 182, 183, 240, 263, 281, 283, 284, 285, 286, 287, 288, 289, 291, 292, 293, 294, 295, 296, 297, 305, 306, 318, 333, 348, 399, 440, 447, 449, 450, 451, 452, 453, 455, 456, 457, 459, 460, 461, 462, 463, 465, 472, 473
Revelación (de Dios) 45, 105, 125, 176, 204, 229, 312
Rey siervo 16

S

Sacerdote 120, 143, 233, 325, 471, 472
Sacrificio 56, 83, 139, 145, 166, 176, 181, 189, 191, 192, 194, 195, 200, 201, 202, 203, 204, 205, 207, 209, 210, 211, 265, 312, 336, 355, 426, 442, 461, 471
Sacrificio sustitutorio 208
Saduceo/s 143, 266, 278, 281, 283, 285, 286, 287, 288, 289, 291, 292, 294, 296, 303, 304, 306, 307, 309, 310, 314, 431
Salmo mesiánico 284
Salvación 40, 41, 59, 60, 66, 80, 84, 86, 110, 140, 141, 142, 148, 149, 161, 162, 169, 171, 172, 173, 174, 175, 176, 177, 178, 179, 180, 181, 182, 183, 184, 194, 202, 208, 210, 227, 239, 263, 269, 287, 323, 324, 325, 332, 338, 344, 346, 348, 349, 353, 361, 362, 365, 366, 368, 369, 370, 371, 373, 381, 383, 385, 386, 387, 388, 391, 393, 399, 400, 401, 407, 408, 409, 410, 415, 417, 418, 420, 421, 424, 425, 426, 429, 433, 434, 435, 436, 437, 438, 439, 440, 449, 461, 462, 469, 470
Salvador 40, 70, 90, 115, 122, 123, 124, 128, 130, 137, 139, 140, 145, 147, 166, 173, 176, 177, 178, 181, 184,

Índice temático

196, 278, 337, 338, 343, 359, 362, 364, 365, 367, 370, 373, 387, 399, 425, 426, 427, 433, 441, 443, 445, 461, 473
Salvados 109, 171, 174, 176, 194, 223
Sanedrín 266, 267, 268, 278, 285, 286, 303, 304, 305, 307, 363, 374, 375, 376, 415, 420, 432
Santidad 42, 145, 232, 240, 346, 382, 453, 467, 472, 473
Santos 15, 18, 19, 20, 24, 27, 33, 36, 39, 45, 46, 47, 57, 58, 61, 66, 69, 70, 126, 140, 149, 172, 174, 181, 183, 208, 237, 239, 240, 241, 242, 243, 244, 245, 246, 247, 249, 250, 251, 252, 253, 256, 257, 316, 341, 343, 352, 355, 384, 386, 393, 423, 439, 452, 465, 470, 472
Satanás 14, 16, 19, 20, 21, 33, 36, 38, 40, 43, 46, 47, 53, 56, 104, 110, 140, 147, 163, 171, 173, 195, 203, 209, 210, 232, 242, 255, 266, 366, 370, 373, 389, 422, 425, 434, 459
Segunda Venida 13, 17, 24, 25, 31, 39, 57, 64, 149, 354, 355, 441
Segundo Templo 97
Sermón de Pentecostés 148, 461
Seol 84, 284, 285
Señor 15, 17, 18, 19, 20, 22, 24, 25, 26, 31, 32, 33, 35, 38, 39, 41, 43, 44, 46, 47, 48, 53, 54, 55, 56, 57, 58, 59, 60, 62, 67, 70, 80, 82, 83, 84, 85, 86, 87, 88, 89, 90, 103, 111, 113, 117, 121, 124, 125, 126, 127, 128, 129, 130, 137, 139, 141, 142, 148, 154, 156, 157, 159, 160, 161, 162, 164, 165, 166, 171, 173, 176, 184, 196, 200, 203, 208, 210, 211, 218, 224, 226, 239, 241, 245, 254, 255, 256, 263, 265, 269, 271, 272, 276, 278, 279, 285, 289, 292, 293, 294, 295, 299, 301, 302, 303, 305, 310, 311, 312, 313, 314, 316, 317, 318, 324, 332, 334, 337, 343, 346, 348, 349, 351, 352, 353, 354, 355, 356, 361, 362, 363, 365, 368, 371, 373, 375, 376, 382, 384, 385, 386, 387, 388, 389, 391, 392, 397, 398, 399, 400, 402, 403, 406, 409, 410, 415, 418, 419, 420, 422, 423, 425, 426, 427, 432, 434, 437, 440, 442, 443, 445, 447, 449, 450, 452, 453, 454, 455, 456, 457, 458, 460, 461, 462, 463, 469, 470, 473
Sermón del monte 239, 346, 347
Shekinah 194
Shema 312, 318
Siete copas 14, 16
Siete trompetas 14, 16
Simeón 126, 127
Simiente 149, 195, 196, 209
Sinagoga 109, 144
Sirte 222
Sistema sacrificial 176, 318
Soberanía (divina) 105, 400, 401, 404, 405, 407, 435
Sola Cristus 399, 425, 437
Sola fide 398, 399, 411, 423, 425, 437
Sola gratia 399
Sola scriptura 398, 399, 437
Soli Deo gloria 399
Sumo sacerdote 192, 265, 266, 274, 275, 285, 289, 303, 332, 374, 462, 471, 472

T

Tabernáculo 32, 436
Talmud 146, 284, 308
Tarsis 78, 79, 80, 87
Templo 16, 24, 38, 84, 97, 120, 121, 126, 146, 203, 205, 232, 264, 265, 266, 268, 285, 286, 288, 289, 303, 304, 318, 363, 374, 407, 426, 436, 452, 459, 465, 471
Tentación 183, 323, 423
Teocracia 276
Teólogos liberales 60, 197
Teonomistas 21
Tiberias 156
Torre de Babel 79

Tradición rabínica 415
Transfiguración 423
Transgresiones 141, 426, 461, 469
Trapos de inmundicia 205, 327
Tribulación 14, 15, 16, 18, 19, 24, 26, 35, 39, 46, 56, 58, 60, 69, 162, 354
Tribus del norte 80, 81
Tribus del sur 81
Trinidad 32, 45, 241, 421, 425, 436, 454, 469

V

Vástago 23, 143, 144
Vasti, Reina 98, 101
Varón de dolores 135, 137, 142, 145, 147
Venida pre-milenarista de Cristo 22
Verbo (de Dios) 11, 13, 24, 29, 31, 45

Vida eterna 17, 59, 173, 263, 285, 323, 327, 335, 337, 343, 344, 346, 347, 350, 351, 361, 362, 395, 398, 399, 400, 401, 405, 406, 411, 415, 417, 418, 422, 426, 427, 429, 432, 436, 437, 438, 440, 441, 445, 462
Viña de Dios, La 264
Virgen 100, 115, 116, 117, 196

Y

Yom Kippur 220

Z

Zacarías 16, 31, 33, 38, 39, 60, 66, 68, 113, 115, 116, 117, 118, 120, 121, 126, 127, 129, 141, 142, 177, 180, 183, 426

Colección
John MacArthur

Sermones temáticos sobre escatología y profecía

Sermones temáticos sobre Jesús y los Evangelios

Sermones temáticos sobre hombres y mujeres de la Biblia

Sermones Temáticos sobre Pablo y liderazgo

Sermones temáticos sobre grandes temas de la Biblia

Sermones temáticos sobre Isaías 53

12 sermones selectos de John MacArthur

Lecciones prácticas de la vida

www.ingramcontent.com/pod-product-compliance
Lightning Source LLC
Chambersburg PA
CBHW011953150426
43198CB00019B/2920